湖北省学术著作
Hubei Special Funds for Academic Publications 出版专项资金

国家社会科学基金重点项目（2013）
国家社会科学基金一般项目（2009）
教育部高校古委会直接资助项目（2005）

辨伪研究书系

《经史杂记》辨伪

司马朝军　撰

WUHAN UNIVERSITY PRESS
武汉大学出版社

图书在版编目(CIP)数据

《经史杂记》辨伪/司马朝军撰 .—武汉：武汉大学出版社，2018.8
(2024.3 重印)
辨伪研究书系
湖北省学术著作出版专项资金
ISBN 978-7-307-20128-6

Ⅰ.经… Ⅱ.司… Ⅲ.经学—研究 Ⅳ.Z126

中国版本图书馆 CIP 数据核字(2018)第 068299 号

责任编辑:朱凌云　　责任校对:李孟潇　　整体设计:汪冰滢

出版发行：**武汉大学出版社**　(430072　武昌　珞珈山)
(电子邮箱：cbs22@ whu.edu.cn　网址：www.wdp. com.cn)
印刷:武汉邮科印务有限公司
开本:787×1092　1/16　印张:21.75　字数:526 千字　插页:2
版次:2018 年 8 月第 1 版　　2024 年 3 月第 2 次印刷
ISBN 978-7-307-20128-6　　定价:68. 00 元

王玉树《经史杂记》真伪考

(代前言)

一、问题的提出

《经史杂记》八卷，清王玉树撰。玉树字廷桢，一字芗林，号松亭，晚号芳梫老人，陕西安康人。生于乾隆二十九年(1764)，卒年不详，道光十七年(1837)尚在世。乾隆五十四年(1789)拔贡生，分发广东，历任新安县丞、高要知县、罗定州同知、惠州与潮州府通判。宦海浮沉三十余年，未尝求闻达，而文望日隆。《芗林草堂诗抄自序》称“少解声病，喜作韵语。自辛亥(1791)出都返舍，考订许氏《说文》，朝研夕摩，此事稍辍。迨乙卯(1795)需次羊城，辄复有诗”。喜著述，尤耽吟咏，与冯敏昌、刘彬华、宋湘、谢兰生交善，时相唱和。又曾与南海曾钊(1793—1854)往复论学。著有《退思易话》八卷、《说文拈字》七卷、《芗林草堂诗抄》八卷、《芗林草堂文抄》四卷、《诗薮余谈》四卷、《词薮余谈》二卷，有《芳梫堂丛书》行世。早年师从董诏，研治《说文》之学。晚年专力正学，复著《志学录》及《存心浅说》。事迹见《(嘉庆)安康县志》卷七。

《经史杂记》有道光芳梫堂本，为王氏自刻。《续修四库全书》列于子部杂家类。全书共计 236 条，以经史辨证为主，旁涉天象、地理、人事、职官、历法、制度、训诂等。

书首有王玉树道光庚寅自序，文曰：

> 刘向杂采群言以为《说苑》，列于儒家，此后世说部书所由作也。而其中之有裨经史者，则莫如宋洪容斋《随笔》、王伯厚《困学纪闻》及国朝孙北海《藤阴札记》、顾宁人《日知录》，皆彪炳艺苑，鼓吹儒林，洵足启迪后学，迥非《虞初》、《周说》之类所可比拟也。公余读书，每究寻经史。偶有所得，辄笔记之，间有他说，亦附益焉。日月既深，纸墨遂多，爰择其有关考证者，荟萃成编，题曰《经史杂记》。惟是义鲜发明，语无诠次，缅彼前修，瞻望弗及焉尔。

可见，《经史杂记》为王氏自撰，成于道光十年(1830)。《续修四库全书总目提要(稿本)》称"盖取《容斋随笔》、《困学纪闻》、《藤阴札记》、《日知录》诸书之例，是书所录，或杂采群说，或随文发明，虽不及《日知录》考证之精确，然征引尚为浩博"①。徐德明《清人学术笔记提要》亦谓其某些条目"论述精当"、"评论公允"②。然而细考之下，本书内容竟与《四库全书总目》、《尚书后案》、《廿二史劄记》、《经义杂记》、《韩门缀学》等存在诸多雷同之处。今本审慎态度对前人著作进行考证，论证此书系抄袭之作。

二、条目探源

表中所列《经史杂记》条目以原书顺序排列，出处栏标明其抄袭出处，之后以 A、B、C 区分不同类别。其中，A 类表示此条仅来自某一部书：或来自某书某一条，或由同一部书多条拼凑而成；B 类表示此条由多部书拼凑而成；C 类表示此条全文见于多书，无法确认王书为抄袭其中哪一部而来，故单列一类。

序号	《经史杂记》条目名称	抄袭他作的原始出处	类型
1	《论语》古本	《论语后案》，《四库全书总目》卷三十五《论语义疏》提要	B
2	《论语》引《汤誓》	《尚书后案》卷五《商书》	A
3	《释文》厩夫子家厩也	《经义杂记》卷六"民无德而称焉"条、卷七"厩焚"条、卷十九"《经典释文》"条	A
4	《论语》古今文	《经义杂记》卷二"《论语》古文今文"条、卷七"吾不梦见周公"条、卷十六"患不知也"条、卷十七"居不客"条	A
5	《论语》衍文	《经义杂记》卷六"朝服而立于阼阶"条，卷十七"雍也博学于文"条、"子曰义以为质"条，卷二十七"没阶趋进"条，《皇氏论语义疏参订》卷四"舜有臣五人章"，《四库全书总目》卷三十六《四书通》提要	B
6	王充、高诱解《论语》	《经义杂记》卷五"父母唯其疾之忧"条、卷十二"死生有命说"条、卷十七"王充《论衡》"条	A
7	《论语》异解	《四库全书总目》卷三十五《论语拾遗》提要、《论孟精义》提要、《论语集说》提要、《论语全解》提要、《论语意原》提要	A
8	《中庸》、《大学》注	《四库全书总目》卷三十五《大学章句·论语集注·孟子集注·中庸章句》提要、《中庸辑略》提要，清汪师韩《韩门缀学》卷一"《中庸》、《大学》注"条	B

① 中国科学院图书馆整理：《续修四库全书总目提要(稿本)》第 11 册，齐鲁书社 1996 年版，第 685 页。

② 徐德明：《清人学术笔记》，学苑出版社 2004 年版，第 152 页。

续表

序号	《经史杂记》条目名称	抄袭他作的原始出处	类型
9	赵岐注《孟子》	《四库全书总目》卷三十五《孟子正义》提要、《大学章句·论语集注·孟子集注·中庸章句》提要，《经义杂记》卷六“夫予之设科也”条、卷九“《孟子》西夷北夷”条、卷二十四“万子曰”条、卷三十“有攸不惟臣”条	B
10	《孟疏》甚浅陋	《四库全书总目》卷三十五《孟子正义》提要	A
11	《孟子》讹字	《经义杂记》卷六“行者必以赆”条、卷七“二女婐”条、卷十“行者有裹囊”条、卷十七“贪夫廉”条、“而民劝乐之”条、卷十九“不若是恖”条	A
12	郑氏《易注》	《四库全书总目》卷一《新本郑氏周易》提要、《周易郑康成注》提要、《周易集解》提要，《经义杂记》卷十五“为宣发”条	B
13	《易》古本	《经义杂记》卷三“承天龙也”条，卷五“君子以经论”条、“终朝三拕之”条，卷九“即鹿无虞”条，卷十“乘马般如”条、“其欲箟箟”条，卷十五“为宣发”条，《简庄疏记》卷一《易》，《尚书后案》卷二十九《周书》	B
14	《子夏易传》无真本	《四库全书总目》卷一《子夏易传》提要	A
15	《易数钩隐图》出道经	《四库全书总目》卷二《易数钩隐图》提要	A
16	杜林解筮法	《韩门缀学》卷一“《左传》筮法”条	A
17	张子《正蒙·动物篇》	《韩门缀学》卷一“本天亲上本地亲下”条	A
18	《诗序》不可废	《四库全书总目》卷十五《诗集传》提要、《诗序》提要	A
19	《诗传》作自毛亨	《四库全书总目》卷十五《毛诗正义》提要	A
20	毛传体例	《经义杂记》卷二十三“毛传文例最古”条	A
21	郑笺改字	《经义杂记》卷九“《毛诗》改从郑笺”条、卷十“愿言则疌”条、卷十二“古之人无择”条、卷十七“郑笺改字有本”条、卷二十九“君子好仇”条	A
22	《韩诗》为今文	《经义杂记》卷二十一“《诗》古文今文”条	A
23	《毛诗》讹异	《四库全书总目》卷十五《诗集传》(朱子本)提要	A
24	《毛诗》讹字非《集传》原本	《经义杂记》卷二十七“俗本《诗集传》”条	A
25	逸诗不当补	《韩门缀学》卷一“补逸诗”条	A
26	《毛诗》古本	《经义杂记》卷四“乘我乘骄”条、卷五“硕人颀颀”条、卷十一“万民不承”条、卷十二“维周之祺”和“维石严严”条、卷十七“郑笺改字有本”、卷二十七“好是家啬”条、卷二十九“湜湜其止”条	A

续表

序号	《经史杂记》条目名称	抄袭他作的原始出处	类型
27	逸书多亡于永嘉	《尚书后案》卷十《周书》、卷三十序，《尚书古文疏证》卷一第五，《孟子正义》卷十八	B
28	伏女传经	《尚书古文疏证》卷八第一百十五、《尚书序》，《汉书·儒林传》，《后汉书·伏湛传》	B
29	纳于大麓	《尚书后案》卷一《虞夏书》	A
30	郑解《洪范》	《尚书后案》卷十二《周书》	A
31	伪孔改字	《尚书后案》卷二十五《周书》(又见《蛾术编》卷三十二说字十八“卷十四上考证”条)	C
32	《酒诰》古今文皆有	《尚书后案》卷十六《周书》	A
33	虞翻驳郑	《尚书后案》卷二十五《周书》	A
34	《酒诰·成王若曰》	《经义杂记》卷二十一“成王若曰”条，《尚书后案》卷二十五《周书》	B
35	《孟子》引《书》	《尚书古文疏证》卷一第十四	A
36	柳谷有三义	《尚书后案》卷一《虞夏书》	A
37	《禹谟》十六字	《尚书古文疏证》卷二第三十一	A
38	平王文侯之命	《尚书后案》卷三十序	A
39	左丘明受经于孔子	《四库全书总目》卷二十六《春秋左传正义》提要	A
40	《左传》衍文	《经义杂记》卷二十八“《左传》衍文册二”条	A
41	《左传》引《商书》	《尚书后案》卷六《商书》	A
42	《公》、《穀》传非高、赤自作	《四库全书总目》卷二十六《春秋公羊传注疏》提要、《春秋穀梁传注疏》提要	A
43	《公》、《穀》经异同	《经义杂记》卷五“《穀梁》经召伯”条、“《公羊》经菑丘”条	A
44	三传详略不同处	《尚书后案》卷二十九《周书》	A
45	郑康成《春秋》无注	《经义杂记》卷二十“郑氏五经”条，《四库全书总目》卷二十六《针膏肓》、《起废疾》、《发墨守》提要	B
46	《周礼》非伪托	《四库全书总目》卷十九《周礼注疏》提要	A
47	安石《周礼》	《四库全书总目》卷十九《周礼新义》提要，《廿二史劄记》卷二十六“青苗钱不始于王安石”、“王安石之得君”条	B
48	陈澔《礼记》	《四库全书总目》卷二十一《云庄礼记集说》提要	A
49	卢植注《礼记》	《经义杂记》卷二十五“卢植《礼记》注”条、“卢植奏定石经”条	A
50	王肃改《礼记》	《经义杂记》卷十六“王肃改《玉藻记》”条	A

续表

序号	《经史杂记》条目名称	抄袭他作的原始出处	类型
51	《孝经·闺门章》	《经义杂记》卷五"《孝经·闺门章》"条，《四库全书总目》卷三十二《孝经正义》提要	B
52	经注引《苍颉》	《经义杂记》卷十六"《孝经·庶人章》"条、卷二十六"汉注用《苍颉篇》"条	A
53	《尔雅》列经部	《四库全书总目》卷四十《尔雅注疏》提要	A
54	《尔雅》句读	《经义杂记》卷四"误读《释山》文"条，《四库全书总目》卷四十《尔雅注疏》提要	B
55	西汉儒解经	《经义杂记》卷二十"董仲舒《孝经》解"条	A
56	古用"优贤扬历"语	《尚书后案》卷六《商书》、卷十四《周书》	A
57	"苍生"不作民解	《尚书后案》卷二《虞夏书》	A
58	有治人无治法	《尚书后案》卷十五《周书》	A
59	汉儒言性	《经义杂记》卷三"《说文》言性善"条、卷十八"董子言性"条、卷十九"韩子知命说"条	A
60	《周书·粜誓》	《尚书后案》卷三十序	A
61	《荀子》引经	《尚书后案》卷十二《周书》	A
62	《说文》古训	《尚书后案》卷十二《周书》	A
63	《周书》非出汲冢	《四库全书总目》卷五十《逸周书》提要	A
64	《说文》旁采诸说	《蛾术编》卷十七《说文》三"引诸家言"条	A
65	《论语》改字	《经义杂记》卷七"施弛古通"条、卷八"李翱《论语笔解》"条、"《论语笔解》纂"条、卷十七"《论语笔解》好改字"条	A
66	《洪范》改字	《尚书后案》卷十二《周书》	A
67	《史记》各本互异	《尚书后案》卷十二《周书》	A
68	《史记》纪年体例	《尚书古文疏证》卷四第五十四	A
69	《史记》有后人羼入者	《廿二史劄记》卷一"《史记》有后人窜入处"条、《四库全书总目》卷四十五《史记》提要	B
70	《史》、《汉》互异处	《廿二史劄记》卷一"《史》、《汉》不同处"条	A
71	《史》胜《汉》处	《廿二史劄记》卷一"汉王父母妻子"条、"《史》、《汉》互有得失"条、"《史》、《汉》不同处"条和《四库全书总目》卷四十五《史记疑问》提要	B
72	《汉》胜《史》处	《廿二史劄记》卷一"《史》、《汉》不同处"条、"《史记》自相歧互处"条、"《史》、《汉》互有得失"条，卷二"《汉书》增传"条、"《汉书》增事迹"条；《四库全书总目》卷四十五《汉书》提要	B

续表

序号	《经史杂记》条目名称	抄袭他作的原始出处	类型
73	荀悦《汉纪》	《四库全书总目》卷四十七《汉纪》提要	A
74	《史记》书金縢事	《尚书后案》卷十三《周书》	A
75	《后汉书》铺叙有法	《廿二史劄记》卷四"《后汉书》编次订正"条、"《后汉书》间有疏漏处"条，《四库全书总目》卷四十五《后汉书》提要	B
76	《后汉书》与《三国志》书法不同处	《廿二史劄记》卷六"《后汉书》、《三国志》书法不同处"条	A
77	袁宏《后汉纪》	《四库全书总目》卷四十七《汉纪》提要、《后汉纪》提要	A
78	《三国志》注征引之博	《廿二史劄记》卷六"裴松之《三国志》注"条，《四库全书总目》卷四十五《三国志》提要	B
79	《晋书》多舛漏	《廿二史劄记》卷七"《晋书》二"条、"《王导》、《陶侃》二传褒贬失当"条，《四库全书总目》卷四十五《晋书》提要	B
80	史家子孙附传之例	《廿二史劄记》卷十"南、北《史》子孙附传之例"条	A
81	《魏书》多党齐毁魏	《廿二史劄记》卷十三"《魏书》多曲笔"条，《四库全书总目》卷四十五《魏书》提要	B
82	《宋书》告成之速	《廿二史劄记》卷一"司马迁作史年岁"条、卷九"《宋书》多徐爰旧本"条，《韩门缀学》卷二"裴子野《宋略》"	B
83	《北齐书》多残阙	《四库全书总目》卷四十五《北齐书》提要	A
84	史家类叙之法	《廿二史劄记》卷四"《后汉书》编次订正"、卷九"《齐书》类叙法最善"条	A
85	《梁》、《南》二史得失	《四库全书总目》卷四十六《北史》提要、《南史》提要、《梁书》提要，《廿二史劄记》卷十"《南史》增《梁书》有关系处"条、卷十一"《梁》、《南》二史歧互处"条	B
86	《陈》、《南》二史不同处	《廿二史劄记》卷十一"《南史》与《陈书》歧互处"条，《四库全书总目》卷四十六《南史》提要	B
87	《周书》多取《北史》	《四库全书总目》卷四十五《周书》提要	A
88	私史反多回护	《廿二史劄记》卷十三"《北史》全用《隋书》"条	A
89	《宋书》带叙之法	《廿二史劄记》卷九"《宋》、《齐书》带叙法"条	A
90	《齐》、《南》二史得失	《廿二史劄记》卷十"《南史》与《齐书》互异处"条、"《南史》增《齐书》处"条，《四库全书总目》卷四十五《南齐书》提要	B
91	《陈书》多曲笔	《四库全书总目》卷四十五《陈书》提要、《梁书》提要，《廿二史劄记》卷九"萧子显、姚思廉皆为父作传入正史"条、"《陈书》多避讳"条，卷十一"《南史》与《陈书》歧互处"条、"《南史》于《陈书》无甚增删"条	B

续表

序号	《经史杂记》条目名称	抄袭他作的原始出处	类型
92	《南史》于《陈书》无大增删	《廿二史劄记》卷十一"《南史》于《陈书》无甚增删"条	A
93	《隋书》十志	《四库全书总目》卷四十五《隋书》提要	A
94	一人两史	《廿二史劄记》卷七"一人二史各传"条，《韩门缀学》卷二"一人两史"条，《四库全书总目》卷四十六《北史》提要	B
95	《新书》详于《旧书》	《廿二史劄记》卷十六"《新唐书》"条、卷十七"《新书》增《旧书》有关系处"条，《四库全书总目》卷四十六《新唐书》提要、《旧唐书》提要	B
96	唐修史避讳	《廿二史劄记》卷八"唐人避讳之法"条	A
97	唐人三礼之学	《廿二史劄记》卷二十"唐初三礼、《汉书》、《文选》之学"条	A
98	欧、薛二史得失	《四库全书总目》卷四十六《旧五代史》提要、《新五代史记》提要	A
99	《宋史》列传多失实	《廿二史劄记》卷二十三"《宋史》各传回护处"条，《四库全书总目》卷四十六《宋史》提要	B
100	王偁《东都事略》	《四库全书总目》卷五十《东都事略》提要	A
101	《辽史》最简略	《廿二史劄记》卷二十七"《辽史》"条、"《辽史》疏漏处"条、"《辽史》立表最善"条，《四库全书总目》卷四十六《辽史》提要	B
102	《金史》采录详核	《四库全书总目》卷四十六《金史》提要，《廿二史劄记》卷二十七"《金史》"条	B
103	《元史》多据实录	《四库全书总目》卷四十六《元史》提要，《廿二史劄记》卷二十九"《元史》"条	B
104	三史人名多雷同	《韩门缀学》卷二"一人两史"条、"三史姓氏"条	A
105	《明史》最完善	《四库全书总目》卷四十六《明史》提要，《廿二史劄记》卷三十一"《明史》"条	B
106	《明史》立传多斟酌	《廿二史劄记》卷三十一"《明史》立传多存大体"条	A
107	《竹书纪年》非本书	《四库全书总目》卷四十七《竹书纪年》提要，《经义杂记》卷二十五"《竹书纪年》"条	B
108	《家礼》非朱子之书	《四库全书总目》卷二十二《家礼》提要	A
109	纬候图谶之书	《韩门缀学》卷一"纬候图谶"条	A
110	《南史》较《齐书》加详	《廿二史劄记》卷十"《南史》增《齐书》处"条	A
111	《南史》增《梁书》最多	《廿二史劄记》卷十"《南史》增删《梁书》处"、"《南史》增《梁书》有关系处"条，卷十一"《南史》增《梁书》琐言碎事"条	A
112	历代纪年	《韩门缀学》卷三"年号"条	A

续表

序号	《经史杂记》条目名称	抄袭他作的原始出处	类型
113	公主立传	《韩门缀学》卷三“公主驸马”条	A
114	薛史书法多隐讳	《廿二史劄记》卷二十一“欧史不专据薛史旧本”条、“薛史书法回护处”条、“薛史亦有直笔”条、“薛居正《五代史》”条	A
115	康王冕服见群臣	《尚书后案》卷二十五《周书》	A
116	谅阴谓居庐	《尚书后案》卷二十一《周书》	A
117	祥禫不同月	《四库全书总目》卷二十五《齐家宝要》提要，《礼记正义》卷六	B
118	丧服无定制	《廿二史劄记》卷三“两汉丧服无定制”条，《日知录》卷十五“期功丧去官”条	B
119	属吏为长官持服	《廿二史劄记》卷三“长官丧服”条	A
120	弟子为师持服	《经义杂记》卷六“为师齐衰三月”条	A
121	鲁公居丧即戎	《尚书后案》卷二十六《周书》	A
122	公刘非后稷曾孙	《四库全书总目》卷三十五《论语集注考证·孟子集注考证》提要，《尚书古文疏证》卷四第五十七	B
123	父师、少师非疵、强	《尚书后案》卷九《商书》	A
124	太姒为文王继妃	《韩门缀学》卷一“田间释《关雎》诗义”条	A
125	文王十子序次	《尚书后案》卷十三《周书》	A
126	《左传》继室有二	《韩门缀学》卷一“娶妻先后”条	A
127	象刑非画象	《尚书后案》卷一《虞夏书》	A
128	刑罚世轻世重	《尚书后案》卷二十七《周书》	A
129	汉除肉刑	《尚书后案》卷二十七《周书》	A
130	援经决狱	《廿二史劄记》卷二“汉时以经义断事”条，《尚书后案》卷二十七《周书》	B
131	莽托《尚书》	《廿二史劄记》卷三“王莽引经义以文其奸”条，《尚书后案》卷十九《周书》	B
132	左右史得交相摄代	《尚书后案》卷十六《周书》	A
133	汉诏多天子自作	《廿二史劄记》卷四“汉帝多自作诏”条	A
134	汉定石经	《经义杂记》卷二十五“李巡奏定石经”条，《廿二史劄记》卷五“宦官亦有贤者”条	B
135	汉文帝始置五经博士	《经义杂记》卷六“文帝始置博士”条	A
136	经策尺度	《经义杂记》卷八“《左传》错简”条，《尚书后案》卷十三《周书》	B

续表

序号	《经史杂记》条目名称	抄袭他作的原始出处	类型
137	三族不得有异姓	《尚书后案》卷一《虞夏书》,《廿二史劄记》卷十四"后魏刑杀太过"条	B
138	汉重节义	《廿二史劄记》卷五"东汉尚名节"条	A
139	六朝世族	《廿二史劄记》卷十二"江左世族无功臣"条	A
140	朱陆异同	《鹅湖讲学会编》卷九《鹅湖诗说》	A
141	元尚风雅	《廿二史劄记》卷三十"元季风雅相尚"条	A
142	毛氏议礼之非	《四库全书总目》卷二十四《曾子问讲录》提要,《四书改错》卷二十二	B
143	祫大禘小之说	《尚书后案》卷六《商书》	A
144	有虞氏宗尧配天	《尚书后案》卷二《虞夏书》	A
145	昭穆原庙制	《四库全书总目》卷二十五《庙制考议》提要,《仪礼通论》、《唐会要》	B
146	庙制三代不同	《尚书注疏》卷八,《蛾术编》卷六十八说制六"庙制"条	B
147	明堂之制	《尚书后案》卷十九《周书》、卷二十五《周书》,《四库全书总目》卷十九《周礼传》提要、卷二十五《明堂问》提要	B
148	祼礼有二	《尚书后案》卷十九《周书》	A
149	皇天上帝	《尚书后案》卷二十二《周书》	A
150	古今乐律	《韩门缀学》卷一"古今乐器乐声"条	A
151	相墓非始于郭璞	《廿二史劄记》卷八"相墓"条	A
152	浑天仪传自齐、梁	《尚书后案》卷一《虞夏书》	A
153	唐古文非倡自昌黎	《廿二史劄记》卷二十"唐古文不始于韩柳"条	A
154	书院创自唐开元	《韩门缀学》卷二"四大书院"条	A
155	汉侍中多用宦官	《尚书后案》卷二十四《周书》	A
156	殷五官即六官	《尚书后案》卷二《虞夏书》,《四库全书总目》卷三《朱文公易说》提要	B
157	六军将皆用卿	《尚书后案》卷四《夏书》	A
158	兵车将居中	《尚书后案》卷四《夏书》	A
159	东汉功臣多儒将	《廿二史劄记》卷四"东汉功臣多近儒"条	A
160	宋初诸臣多习掌故	《廿二史劄记》卷二十四"宋初考古之学"条	A
161	因讳改谥	《韩门缀学》卷三"谥因讳改"条	A
162	名宦乡贤立祠	《韩门缀学》卷二"名宦乡贤祠"条	A
163	回授之典	《韩门缀学》卷三"移封"条	A

续表

序号	《经史杂记》条目名称	抄袭他作的原始出处	类型
164	后世官制不师古	《尚书古文疏证》卷七第一百	A
165	逃官无禁	《廿二史劄记》卷五“擅去官者无禁”条	A
166	北齐官吏猥滥	《廿二史劄记》卷十五“北齐以厮役为县令”条	A
167	晋人清谈之习	《廿二史劄记》卷八“六朝清谈之习”条	A
168	魏晋中正之弊	《廿二史劄记》卷八“九品中正”条	A
169	齐典签之权	《廿二史劄记》卷十二“齐制典签之权太重”条	A
170	齐梁台使之弊	《廿二史劄记》卷十二“齐梁台使之害”条	A
171	唐试士之法	《经义杂记》卷三“唐试士法”条	A
172	宋道学伪学之禁	《韩门缀学》卷二“道学之名”条、“庆元伪学之禁”条	A
173	南宋文字之祸	《廿二史劄记》卷二十六“秦桧文字之祸”条	A
174	历代科场之弊	《廿二史劄记》卷二十五“宋科场处分之轻”条、卷三十六“明代科场之弊”条	A
175	天子驾六马	《经义杂记》卷十一“天子驾六马”条	A
176	天子士皆用笏	《尚书后案》卷二《虞夏书》	A
177	戈戟之制	《尚书后案》卷十一《周书》	A
178	夷狄之数互异	《尚书后案》卷二《虞夏书》	A
179	古人名字相配	《尚书后案》卷二十八《周书》,《经义杂记》卷二十五“卢植《礼记》注”条	B
180	稽首礼最重	《尚书后案》卷一《虞夏书》	A
181	章服尊卑之制	《尚书后案》卷二《虞夏书》	A
182	韦弁非爵弁	《四库全书总目》卷二十二《礼书》提要、卷二十三《仪礼释例》提要	A
183	深衣之制	《四库全书总目》卷二十一《深衣考误》提要	A
184	周之九服	《尚书后案》卷二十四《周书》	A
185	井田沟洫不同制	《尚书后案》卷二《虞夏书》	A
186	呵引之制	《韩门缀学》续编“引喤”条	A
187	策简长短之制	《尚书古文疏证》卷七第一百十一	A
188	古尺数、步数、亩数、里数	《尚书后案》卷二《虞夏书》	A
189	大斗重秤起于魏齐	《廿二史劄记》卷十五“魏齐斗秤”条	A
190	十万为亿	《尚书后案》卷十九《周书》	A
191	钱法权子母	《经义杂记》卷七“权子母轻重”条	A

续表

序号	《经史杂记》条目名称	抄袭他作的原始出处	类型
192	合龠即两龠	《蛾术编》卷七十二说制十“《书》疏言量之数与《汉志》异”条	A
193	古赎刑用铜	《尚书后案》卷一《虞夏书》	A
194	三代以贝玉为货币	《尚书后案》卷六《商书》	A
195	书契非起于伏羲	《蛾术编》卷十五说字一“六书原本八卦出非一时”条	A
196	历家岁差之法	《尚书后案》卷一《虞夏书》	A
197	古历家九道八行之说	《尚书后案》卷十二《周书》	A
198	晦朔弦望	《尚书后案》卷十五《周书》	A
199	古今宿度不同	《韩门缀学》卷四“宿度古今不同”条	A
200	历数节气之度	《尚书后案》卷十二《周书》	A
201	古今星象不同	《韩门缀学》卷四“星有古今不同”条	A
202	置闰	《尚书后案》卷一《虞夏书》	A
203	日食有昼食夜食之分	《韩门缀学》卷四“日食”条	A
204	求地中	《尚书后案》卷十二《周书》、卷十八《周书》	A
205	箕风毕雨	《尚书后案》卷十二《周书》	A
206	古宫室之制	《蛾术编》卷六十六说制四“西南其户”条、“《顾命》宫室制度”条；《尚书后案》卷二十五《周书》；《四库全书总目》卷二十《宫室考》提要、《仪礼图》《仪礼旁通图》提要、《仪礼释宫》提要、《仪礼释宫增注》提要，卷二十二《参读礼志疑》提要	B
207	天子诸侯朝门之制	《尚书后案》卷二十五《周书》(又见《蛾术编》卷六十九说制七“天子诸侯各有三朝”条)	C
208	外朝治朝无堂阶	《蛾术编》卷六十九说制七“天子诸侯各有三朝”条，《尚书后案》卷二十五《周书》	B
209	门屏间谓之宁	《尚书后案》卷二十五《周书》	A
210	五行万物之本	《尚书后案》卷十二《周书》	A
211	五行所生之次	《尚书后案》卷十二《周书》	A
212	五事配五行	《尚书后案》卷十二《周书》	A

续表

序号	《经史杂记》条目名称	抄袭他作的原始出处	类型
213	董、刘《春秋》灾异之说	《经义杂记》卷一“亳社灾”条、“昭九年陈灾”条、“西宫灾”条、“宣谢火”条、“雉门及两观灾”条，卷二“鼷鼠食郊牛角”条、“庄十一年宋大水”条，卷十“恒星不见”条，卷十三“庄十八年日食”条，卷十四“李梅实”条、“僖廿九年大雨雹”条，卷十五“僖十年大雨雪”条、“陨霜杀菽”条、“庄廿九年有蜚”条，卷十六“哀十二年螽”条、“雨螽于宋”条，卷十八“新宫灾”条，卷二十“隐九年大雨”条、“桓宫、僖宫灾”条，卷二十二“隐三年日食”条，卷二十四“御廪灾”条，卷二十七“陨霜不杀草”条；《廿二史劄记》卷二“汉儒言灾异”条	B
214	汉儒以灾异规时政	《廿二史劄记》卷二“汉儒言灾异”条	A
215	黑水无考	《尚书后案》卷三《虞夏书》	A
216	今三江与《汉志》、《水经》不合	《尚书后案》卷三《虞夏书》，《禹贡锥指》卷六	B
217	《禹贡》九州	《尚书后案》卷一《虞夏书》、卷三《虞夏书》	A
218	九河遗迹	《尚书后案》卷三《虞夏书》	A
219	九江非湖汉九水	《尚书后案》卷三《虞夏书》，《蛾术编》卷四十五说地九“九江”条	B
220	太原六名	《尚书后案》卷三《虞夏书》	A
221	孟津在河北	《蛾术编》卷四十四说地八“孟津”条，《禹贡锥指》卷十三中之上	B
222	傅岩在虞虢之间	《国语正义》卷十七《楚语》上	A
223	太湖非笠泽	《禹贡锥指》卷六	A
224	五湖即太湖	《禹贡锥指》卷六	A
225	涂山不得有二	《尚书后案》卷二《虞夏书》	A
226	河徙始末	《尚书后案》卷三《虞夏书》	A
227	汉水有二源	《尚书后案》卷三《虞夏书》	A
228	汉人用字不同	《尚书后案》卷十三《周书》	A
229	唐宋人不识釆字	《尚书后案》卷一《虞夏书》	A
230	甄故有二音	《正字通》卷七，《古今韵会举要》卷四平声上	B
231	妇人识字	《挥麈后录》卷之七百三五	A
232	汉时俗字	《尚书后案》卷二《虞夏书》、卷七《商书》、卷二十一《周书》，《蛾术编》卷二十六说字十二，《九经古义》三	B

续表

序号	《经史杂记》条目名称	抄袭他作的原始出处	类型
233	古字多假借	《四库全书总目》卷三十三《九经古义》提要，《尚书后案》卷七《商书》、卷十一《周书》、卷十二《周书》，《经义杂记》卷十九“《仪礼》古文”条	B
234	古字多通用	《尚书后案》卷一《虞夏书》、卷十二《周书》、卷十三《周书》、卷二十《周书》、卷二十一《周书》、卷二十二《周书》、卷二十五《周书》，《四库全书总目》卷十九《周官集传》提要、卷三十三《九经古义》提要	B
235	古字音义相兼	《尚书后案》卷二《虞夏书》、卷十二《周书》、卷二十三《周书》、卷二十九《周书》，《说文解字义证》卷三十九，《四库全书总目》卷二十《仪礼小疏》提要	B
236	古人校书最精	《经义杂记》卷三“刘向校书”条	A

全书共计 236 条，其中：A 类 176 条，占总数的 74.57%；B 类 58 条，占总数的 24.58%；C 类 2 条，占总数的 0.85%。

三、分类举例

A 类

此类每一条目出自同一本书，又可分为两小类：

(1)摘自他书同一条目。如《经史杂记》卷四“唐修史避讳”条：

> 唐人修诸史，避祖讳。如“虎”字、“渊”字，或前人名有同之者，有字则称其字，如《晋书》公孙渊称公孙文懿，刘渊称刘元海，褚渊称褚彦回，石虎称石季龙是也。否则竟删去所犯之字，如《梁书》萧渊明、萧渊藻，但称萧明、萧藻，《陈书》韩擒虎但称韩擒是也。否则以文义改易其字，凡遇“虎”字皆称猛兽，李叔虎称李叔彪，殷渊源称殷深源，陶渊明称陶泉明，魏广阳王渊称广阳王深是也。其后讳“世”为“代”，讳“民”为“人”，讳“治”为“理”之类，皆从文义改换之法也。①

对比赵翼《廿二史劄记》卷八“唐人避讳之法”条：

> 唐人修诸史时，避祖讳之法有三：如“虎”字、“渊”字，或前人名有同之者，有字则称其字，如《晋书》公孙渊称公孙文懿，刘渊称刘元海，褚渊称褚彦回，石虎称

① 王玉树：《经史杂记》卷四，《续修四库全书》第 1156 册，上海古籍出版社 2002 年版，第 267 页。

石季龙是也。否则竟删去其所犯之字，如《梁书》萧渊明、萧渊藻，但称萧明、萧藻，《陈书》韩擒虎但称韩擒是也。否则以文义改易其字，凡遇“虎”字皆称猛兽，李叔虎称李叔彪，殷渊源称殷深源，陶渊明称陶泉明，魏广阳王渊称广阳王深是也。其后讳“世”为“代”，讳“民”为“人”，讳“治”为“理”之类，皆从文义改换之法。①

首句删去“时”和“之法有三”，末句增一“也”字，其余内容一字未易。此类作伪方法极为简便，比较容易识破。

(2)组合同一书的不同条目。如《经史杂记》卷二“古用优贤扬历语”条：

案《文选·魏都赋》刘渊林注，引《尚书·般庚》“优贤扬历”，裴松之注《三国志》亦引此语。《汉咸阳令唐扶颂》已云“优贤扬历”，载洪适《隶释》。又《国三老袁良碑》云“优贤之宠”，谓溥求贤者而优礼之，扬其所历试也。郑本《尚书》作“忧肾阳”，夏侯等《书》误以一“优”字，分作“心腹”二字。“肾阳”当作“贤扬”，亦以字形相似致误。今本作“心腹肾肠”，“历”字属下，古义遂微。亦犹《大诰》“不少延”为句，“洪”惟属下读，而毛氏奇龄据裴度《中和节赐百官尺》连用“延洪”字，以为唐人犹知古义。不知“延洪”之解出晚晋伪传，古实无此义也。②

对比以下两条：

王鸣盛《尚书后案》卷六《商书》：

《文选·魏都赋》刘渊林注引《尚书·般庚》曰“优贤扬历”，若依今本，则《盘庚》不见有此文，乃知郑本作“忧肾阳”者，“忧”本“优”字。夏侯等《书》以一“优”字，误分作“心腹”二字。“肾阳”者，当作“贤扬”，皆以字形相似而致误。……而前此《汉成阳令唐扶颂》已云“优贤扬历”，载洪适《隶释》。《隶释》又载《国三老袁良碑》有云“优贤之宠”。③

王鸣盛《尚书后案》卷十四《周书》：

据《释文》及疏，郑、马、王皆“不少延”为句，惟伪孔传以“延洪”连文。而毛氏奇龄据唐裴度《中和节赐百官尺》诗，连用“延洪”字，以为唐人犹知古义。然《翟义传》亦以“洪”属下句，则知“延洪”之解出晚晋伪传，古无此训也。④

可知《经史杂记》前半段据《商书》檃括成文，并改换顺序，又取《周书》，中间以“亦

① 赵翼著、王树民校证：《廿二史劄记校证》卷八，中华书局 2005 年版，第 175 页。

② 王玉树：《经史杂记》卷二，《续修四库全书》第 1156 册，上海古籍出版社 2002 年版，第 341 页。

③ 王鸣盛：《尚书后案》(上)，北京大学出版社 2012 年版，第 259 页。

④ 王鸣盛：《尚书后案》(上)，北京大学出版社 2012 年版，第 376 页。

犹”作为连接，并不显得突兀。

B 类

此类内容来自不同书籍，如《经史杂记》卷六“古人名字相配”条：

许氏《说文·㫃部》：“㫃，旌旗之游㫃蹇之貌。古人名㫃字子游。”又云：“施，旗貌。齐栾施字子旗，知施，旗也。”又《石部》云：“碫，厉石也。郑公子①碫，字子石。”又《黑部》：“黶，虽皙而黑也。古人名黶字子皙。”是名、字恒相配也。案卢植校定《礼记·檀弓下》：“子显以致命于穆公。”郑注：“使者，公子縶也。”卢氏曰：“古者名、字相配，‘显’当作‘韅’。”今考《诗·白驹》：“縶之维之”，传：“縶，绊也。”《礼记·月令》则“縶腾驹”，是縶为维绊义。《说文·页部》：“显，头明饰也。从页，㬎声。”与縶义无涉。《革部》：“𩌏，著掖鞥也。从革，显声。”又《释名·释车》云：“韅，经也。横经其腹下也。”与“维绊”义合，故名縶字。子显依《说文》当作𩌏，卢氏校定作“韅”者，汉人隶省也。②

对比以下两条：
臧琳《经义杂记》卷二十五“卢植《礼记》注”条：

卢氏校定《礼记》今日虽亡，汉唐人偶有称述，尚可得其略其一。《檀弓下》：“子显以致命于穆公。”郑注：“使者，公子縶也。”卢氏云：“古者名、字相配，‘显’当作‘韅’。”今考《诗·白驹》“縶之维之”，传：“縶，绊也。”《礼记·月令》则“縶腾驹”，是縶为维绊义。《说文·页部》：“显，头明饰也。从页，㬎声。”与縶义无涉。革部：“𩌏，著掖鞥也，从革，显声。”又《释名·释车》云：“韅，经也。横经其腹下也。”(案杜注《左传》僖廿八年云：“在背曰韅。”非是)与维绊义合，故名縶字子韅。依《说文》：“韅”当作“𩌏”。卢云当作“韅”者，汉人隶省。③

王鸣盛《尚书后案》卷二十八《周书》：

古人名、字往往相配，如《说文·㫃部》云：“㫃，旌旗之游㫃蹇之貌。古人名㫃字子游。”又云：“施，旗貌。齐栾施字子旗，知施者旗也。”又《石部》云：“碫，厉石也。郑公孙碫，字子石。”又《黑部》云：“黶，虽皙而黑也。古人名黶字子皙。”是名、字恒相配。④

---

① 考《说文》当为“公孙”，王书误。

② 王玉树：《经史杂记》卷六，《续修四库全书》第1156册，上海古籍出版社2002年版，第423页。

③ 臧琳：《经义杂记》卷二十五，《续修四库全书》第172册，上海古籍出版社2002年版，第237页。

④ 王鸣盛：《尚书后案》(下)，北京大学出版社2012年版，第613页。

《经史杂记》此条前部分取王鸣盛《尚书后案》“如《说文》㫃部云”至“是名、字恒相配”，后部分取臧琳《经义杂记》中的内容。连缀成文，可谓移花接木。

C 类

此类条目见于多书，如《经史杂记》卷二“伪孔改字”：

《说文·金部》“鈗”注云：“侍臣所执兵也。《周书》曰：‘一人冕执鈗。’读若允，余准切。”知《说文》所引皆真古文，郑注必与之同。今《周书·顾命》，伪孔则改鈗作锐。《说文》金部锐但云“芒也”。《左传》成二年“锐司徒免乎”，杜注：“锐司徒，主锐兵者。”《汉书·高帝纪》“朕亲被坚执锐”，颜注：“谓利兵。”锐皆作虚字，无兵器解也。又《汉书·扬雄传·长杨赋》有云：“究铤瘢耆，金镞淫夷者数十万人。”臣泌按：“字书无究字，今俗以为兖州字。”本作沇，此“究铤”合作“鈗铤”，《汉书》相承，误为究字。如淳乃云：“究，括也。”师古又依孟康为“箭括”，愈无所据。且箭括非刃，岂能与铤小矛同可伤夷人乎？考宋本《汉书》附此段于《雄传》之末。所谓“臣佖”者，宋祁谓是张佖，江南人归宋者。《说文》鈗字与铤字相次，则“臣佖”说是也。今伪孔妄改鈗作锐，唐人不知检察，且并郑注亦改作锐矣。皆非也。①

此条见于王鸣盛《尚书后案》卷二十五《周书》：

《说文》卷十四上《金部》锐字但云“芒也”，无兵器解。《左传》成二年“锐司徒免乎”，杜注：“锐司徒，主锐兵者。”《汉书·高帝纪》“朕亲被坚执锐”，颜注：“锐谓利兵。”锐皆作虚字，无兵器解也。金部鈗字注云：“侍臣所执兵也。从金，允声。《周书》曰：‘一人冕执鈗。’读若允，余准切。”据此，知当作鈗。《说文》所引皆真古文，郑必与之同。伪孔妄改锐，唐人不识字，并所引郑注亦作锐矣，皆非也。《汉书·扬雄传·长杨赋》有云：“究铤瘢耆，金镞淫夷者数十万人。”臣佖按：“字书无究字，今俗以为兖州字。”兖州本作沇，此“究铤”合作“鈗铤”，《汉书》相承，误为究字。如淳乃云：“究，括也。”师古又依孟康为“箭括”，愈无所据。且箭括非刃，岂与铤小矛同可伤夷人乎？考宋本《汉书》附此段于《雄传》之末。所谓“臣佖”者，宋祁谓是张佖，江南人归宋者。《说文》鈗字与铤字相次，则“臣佖”说是也。②

四、结　　论

由上可见，《经史杂记》与他书皆有雷同，或全文抄录，或拼凑组合。其中全抄自一书的有 176 条，占总数的 74. 57%，由多书拼凑而成的有 58 条，占总数的 24. 58%，见于

---

① 王玉树：《经史杂记》卷二，《续修四库全书》第 1156 册，上海古籍出版社 2002 年版，第 330 页。

② 王鸣盛：《尚书后案》(下)，北京大学出版社 2012 年版，第 555 页。

多书的有2条，占总数的0.85%。《经史杂记》在诸书成书以后，其抄袭作伪证据确凿，不容置疑。下表反映出所抄袭各书在《经史杂记》中出现条目数。

书 目 名 称	涉及该书的《经史杂记》条目数①
《尚书后案》	86
《四库全书总目》	61
《廿二史劄记》	58
《经义杂记》	37
《韩门缀学》	22
《蛾术编》	11
《尚书古文疏证》	8
《禹贡锥指》	4
《简庄疏记》	1
《国语正义》	1
《日知录》	1
《说文解字义证》	1
《孟子正义》	1
《九经古义》	1
《挥麈后录》	1
《皇氏论语义疏参订》	1
《古今韵会举要》	1
《正字通》	1
《礼记正义》	1
《鹅湖讲学会编》	1
《四书改错》	1
《仪礼通论》	1
《唐会要》	1
《论语后案》	1

另其抄袭前人著作，即使原书有误，也不知考证，而是妄加猜测，师心自用。如《经史杂记》卷七“求地中”条：

郑引郑司农云：“土圭之长，尺有五寸。以夏至之日立八尺之表，其影适与土圭

① 有《经史杂记》一条对应多书者，各算一条。故总条目数多于《经史杂记》的236条。

等，谓之地中。据中表之东表而言，于昼漏半中表景得正时，东表日已昳矣，是地与日为近。昼漏半已得正夕景，故云景夕多风。据中表之西表而言，是地与日为近。亦于昼漏半中表景得正时，西表日未中仍得朝时之景，故云日西则景朝多阴。据中表之南表而言，昼漏半，立八尺之表，表北得尺四寸景，不满尺五寸，不与土圭等，是其日南，是地与日为近南，景短多暑。据中表之北表而言，亦昼漏半，表北得尺六寸，是地与日为近北，景长多寒也。"①

对照王鸣盛《尚书后案》卷十八《周书》原文：

彼疏云："据中表之东表而言，于昼漏半中表景得正时，东表日已昳矣，是地与日为近。昼漏半已得夕景，故云景夕多风。据中表之西表而言，是地与日为近西。亦于昼漏半中表景得正时，西表日未中仍得朝时之景，故云日西则景朝多阴。据中表之南表而言，昼漏半，立八尺之表，表北得尺四寸景，不满尺五寸，不与土圭等，是其日南，是地于日为近南，景短多暑。据中表之北表而言，亦昼漏半，表北得尺六寸景，是地于日为近北，景长多寒也。"②

《尚书后案》此处引自郑玄《周礼疏》，于"东表日已昳矣，是地与日为近"后脱一"东"字，与后文不类。王玉树不知据《周礼疏》以补足，为求上下一致，竟牵合文字，将《尚书后案》"中表之西表而言，是地与日为近西"中"西"字删去，导致此段文字不知所云，殊为可笑。

如此之类，在《经史杂记》中还有颇多。可见《经史杂记》绝非自我创见，是一部彻头彻尾的伪书。

王玉树晚年讲学宗李颙，主"存心"之说，却做出如此掠美之行径，言行不一，令人匪夷所思。抄袭作伪，本为王氏一贯作风，考其所著《说文拈字》、《退思易话》等书，亦多掩袭。如晚清李慈铭早就揭发其《说文拈字》之伪：

其书大半稗贩，凡《尚书》中所有之字，皆直录王氏《后案》，《易》则多本惠氏《易述》，《诗》则多本陈氏《稽古》篇，而皆掩为己说，余亦不出《释文》、《汗简》、《六书故》、《复古编》、《丹铅录》诸书。其最可笑者，如枯字下袭《后案》引《释文》载陆玑《疏》箴可以为笞箱，印本皆烂一箱字，《学海堂经解》本亦作一黑块，《拈字》遂删去箱字，不知检《释文》补之矣。横字下言古黉舍字只作横，因引《鲍昱传》修起横舍，又引《儒林传》游庠序横塾，继引《后汉书》、《儒林传》更修黉宇云云，不知游庠序横塾即出《后汉书·儒林传论》，而《鲍昱传》亦在《后汉书》也。其订正文字，往往与段、钱诸君合，疑已见诸家之书而并讳之。惟校附一卷，折衷是非，颇多可取，足

① 王玉树：《经史杂记》卷七，《续修四库全书》第 1156 册，上海古籍出版社 2002 年版，第 440 页。

② 王鸣盛：《尚书后案》(下)，北京大学出版社 2012 年版，第 437 页。

> 与纽氏《新附考》毛氏《新附述谊》并传耳。①

由此观之，王玉树之作伪，前人已有辨及。然而《经史杂记》问世以来，无人揭其作伪事实。今论定其抄袭他书手法及内容，揭穿其作伪骗术，以免此书贻误后世。

此外，作为《经史杂记》主要来源的《经义杂记》也涉嫌作伪，陈鸿森教授曾经指出过，但迄今未见其详细论证之作。

① 李慈铭：《越缦堂读书记》，上海书店出版社2000年版，第169页。

目　　录

《经史杂记》卷一

1.《论语》古本

【A】《论语·为政》篇："子曰：'《书》云：孝乎惟孝，友于兄弟，施于有政。'"**未知所引出《书》何篇。何晏《集解》载包咸注云："孝乎惟孝，美大孝之辞。"则三句皆四字句**。案：蔡邕石经《论语》本作"孝于惟孝"，其残字载洪适《隶释》。《太平御览》载华峤《后汉书》刘平、江革等传序，班固《白虎通德论·五经》篇所引并同。日本山井鼎所引足利本《论语》正如此（日本根伯修与神君彝俱游下毛足利学，得其藏本，刻之平安，服元乔序）。惟《释文》云："孝于，一本作孝乎。"故晋夏侯湛《昆弟诰》、潘岳《闲居赋序》、梁元帝《刘孝绰墓志铭》、唐李善注丘希范《与陈伯之书》、独孤及《衢州司士参军李府君墓志铭》、王利贞《幽州石浮图颂》皆用"孝乎惟孝"之句。后开成石经遂定作"乎"字，至宋儒且以"《书》云孝乎"为句矣。**岂知《论语》古本原以"孝于惟孝"为句，"于"字必不可为句绝，作"乎"者非也。**

【B】案日本山井鼎等作《七经孟子考文》，其古本《论语》与今本多有异同。如"举一隅"句下有"而示之"三字，与《文献通考》所引石经《论语》合。"夫子之言性与天道，不可得而闻也"句下有"已矣"二字，与钱曾《读书敏求记》所引高丽古本合，当亦唐时旧本，非依托也。

【辨伪】A 段源自清黄式三《论语后案》：

> 或谓孔子曰："子奚不为政？"子曰："《书》云：'孝乎惟孝，友于兄弟，施于有政。'是亦为政，奚其为为政。"
>
> 〖后案〗注以此为定公初年语。据《白虎通·五经》篇引经自卫反鲁追定五经之时有此语也。包注以"孝乎惟孝"为句，真古文如此。王西庄《尚书后案》曰："蔡邕石经《论语》本作"孝于惟孝"，见洪适《隶释》，《太平御览》载华峤《后汉书》刘平、江革传

序，班固《白虎通·五经》篇引并同，日本山井鼎所引足利本《论语》正如此。”惟《论语释文》云：“孝于，一本作孝乎。”故晋夏侯湛《昆弟诰》、潘岳《闲居赋序》、梁元帝《刘孝绰墓志铭》、唐李善注丘希范《与陈伯之书》、独狐及《衢州司士参军李府君墓志铭》、王利贞《幽州石浮图颂》皆用“孝乎惟孝”之句。开成石经遂定作“乎”字，至宋以“《书》云孝乎”为句。

按：此段又引自王鸣盛《尚书后案》。其中“日本根伯修与神君彝俱游下毛足利学，得其藏本，刻之平安，服元乔序”一句，出自《尚书后案》卷九《商书》。

B段源自《四库全书总目》卷三十五经部三十五《论语义疏》提要：

日本国山井鼎等作《七经孟子考文》……其经文与今本亦多有异同。如“举一隅”句下有“而示之”三字……然与《文献通考》所引石经《论语》合。“夫子之言性与天道，不可得而闻也”下有“已矣”二字，亦与钱曾《读书敏求记》所引高丽古本合。……知其确为古本，不出依托。

【小结】此条A段抄自清黄式三《论语后案》、B段抄自《四库全书总目》卷三十五《论语义疏》提要。作伪方式有二：第一，点窜字句；第二，增加句子，原文中加粗部分的文字即为王氏所增，下同。

2.《论语》引《汤誓》

【A】《论语·尧曰》篇“予小子履”一节十句，《集解》载孔安国注于“予小子履”三句下，注云：“履，殷汤名。此伐桀告天之文。殷家尚白，未变夏礼，故用玄牡。皇，大。后，君也。大大君帝，谓天帝也。《墨子》引《汤誓》，其辞若此。”于“朕躬”四句下注云：“无以万方，万方不与也；万方有罪，我身之过。”今考《墨子·兼爱》篇引“予小子履”一节，十三句，为《汤说》，不曰《汤誓》。

【B】盖《墨子》所引于“告于后帝”下增多“今天大旱，即当朕身。履未知得罪于上”，下三句遂改为祷旱之辞，故称为说。其实三句皆衍文也。

【C】《国语》内史过引《汤誓》曰：“余一人有罪，无以万夫；万夫有罪，在余一人。”内史过远在墨子之前，业已称为《汤誓》，是后四句既为《汤誓》，则前三句亦为《汤誓》明矣。故安国注《论语》时，亦以《国语》为据。

【D】今检《汤誓》一百四十四字，首尾完好，安得斯语？

【E】且《墨子·尚贤中》篇又引《汤誓》曰：“聿求元圣，与之戮力同心，以治天下。”今《汤誓》亦无其文，乃皆散见于今《汤诰》中。《汤诰》为东晋晚出之书，何足为据？推求其故，当必别有一《汤誓》，所云“予小子履”一段及“聿求元圣”等语，皆其篇中逸文也。

【F】盖伐桀大事，不妨重言申戒。今《汤誓》“格尔众庶，悉听朕言”乃是伐桀告民之辞，《论语》所引“予小子履，敢用元牡”乃是伐桀告天之辞(【G】班固当东汉初，校理秘书得见古文《尚书》，而所著《白虎通》，两引“予小子履”，皆以为伐桀告天之辞，即包咸注“有罪不敢赦”三句，亦曰“顺天奉法，有罪者不敢擅赦”云云)，各不相蒙。虽小序无《汤誓》二篇之说，安知不更在百篇外乎？**然则《论语》所引者确是别一《汤誓》之逸文无疑矣。**

【辨伪】王鸣盛《尚书后案》卷五《尚书》：

【A】《论语·尧曰》篇云："予小子履，敢用玄牡，敢昭告于皇皇后帝：'有罪不敢赦。帝臣不蔽，简在帝心。朕躬有罪，无以万方；万方有罪，罪在朕躬。'"何晏《集解》载孔安国注于"予小子履"三句，注曰："履，殷汤名。此伐桀告天之文。殷家尚白，未变夏礼，故用玄牡。皇，大。后，君也。大大君帝，谓天帝也。《墨子》引《汤誓》，其辞若此。"于"朕躬"四句注曰："无以万方，万方不与也；万方有罪，我身之过。"今考《墨子·兼爱下》篇引"予小子履"一段，凡十三句，为《汤说》，不云《汤誓》。

【C】然《国语》内史过引《汤誓》曰："余一人有罪，无以万夫；万夫有罪，在余一人。"内史过远在墨子之前，业已称为《汤誓》……安国注《论语》时，亦以《国语》为据。后四句既为《汤誓》，则前三句亦为《汤誓》可知。

【B】唯《墨子》所引于"告于后帝"下增多"今天大旱，即当朕身。履未知得罪于上"，下三句不得不以为祷祠之说矣。不知此三句实衍文也。

【F】盖《汤誓》必别有一篇。伐桀大事，汤之誓告，必不一而足……王曰"格尔众庶，悉听朕言"，此为告民伐桀之辞；曰"予小子履，敢用玄牡"，此为告天伐桀之辞。各不相蒙。虽小序无《汤誓》二篇之说，然此一篇安知不更在百篇之外乎？

【E】且《墨子·尚贤中》篇又引《汤誓》曰："聿求元圣，与之戮力同心，以治天下。"其语亦不见于今《汤誓》中，岂非别有一《汤誓》之明验乎？及东晋晚出古文一出，则遂取《论语》、《国语》、《墨子》各处所引之《汤誓》，一概攘之入《汤诰》中。

【D】今《汤誓》一百四十四字，首尾完好……安得有"予小子履"一段，及"聿求元圣"等语为其所遗落乎？

【G】班固当东汉初，校理秘典得见古文《尚书》，而所著《白虎通》，两引"予小子履"，皆以为伐桀告天之辞，即包咸注"有罪不敢赦"三句，亦云："顺天奉法，有罪者不敢擅赦。"

【小结】作伪方式有三：第一，点窜字句；第二，改变顺序(《尚书后案》的原文顺序为A、C、B、F、E、D、G)；第三，增加观点句——"然则《论语》所引者确是别一《汤誓》之逸文无疑矣"。从此条可以看出，王玉树还是能够提炼观点的，可惜他隐匿材料出处，上下其手，玩弄小聪明，结果"机关算尽太聪明，反误了卿卿性命"。

3.《释文》厩夫子家厩也

【A】《论语·乡党》篇："厩焚，子退朝，曰：'伤人乎？'不问马。"《集解》引郑玄注云："重人贱畜。退朝，自君之朝来归。"《释文》："厩，夫子家厩也。"王弼云："公厩也。"案《礼记·杂记》："厩焚，孔子拜乡人为火来者。拜之，士壹，大夫再。亦相吊之道也。"注言拜者，为其来吊己。《正义》曰："厩焚，孔子马厩被火焚也。孔子拜乡人为火来者，谓孔子拜谢乡人为火而来慰问孔子者。"据《礼记·杂记》则实是孔子家厩矣。故郑注云“自君之朝来归”，**归字甚明。《释文》盖据郑本。王弼据**《盐铁论·刑德》云：“鲁厩焚，孔子罢朝，问人不问马，贱畜重人。”**遂注云：“公厩。”桓宽《盐铁论》殊不足据，非也。**而王肃注《家语》引《曲礼》云：“孔子为大司寇，国厩焚，子退朝而之火所。乡人有自为火来者，拜之，士一，大夫再。子贡曰：‘敢问何也？’孔子曰：‘其来者亦相吊之道也。吾为有司，故拜之。’”**今《曲礼》实无其文**，盖王肃据《盐铁论》诡称《曲礼》，而又窜易**《杂记》文。乃有心立异**，以与郑相难耳。

【B】又案《泰伯》：“民无得而称焉。”《释文》“无得”本亦作“德”。《集解》引王肃则作“无得”。然《汉书·丁鸿传》引《论语》正作“无德”，**又引郑玄注云：“三让之美，皆隐蔽不著，故人无德而称。”是陆氏所见亦即郑本**，王肃作“无得”者，亦是与郑为难也。【C】盖陆氏《释文》采汉、魏、晋、南北朝以来诸家训诂，于《周易》、《尚书》、《毛诗》、《论语》、《尔雅》、《庄子》尤为赅博。**考证古义，《注疏》而外，惟赖此书之存。研经者不可不以是为根柢也。**

【辨伪】A 段抄自臧琳《经义杂记》卷七“厩焚”条：

《论语·乡党》：“厩焚，子退朝，曰：‘伤人乎？’不问马。”《集解》郑曰：“重人贱畜。退朝，自君之朝来归。”《释文》：“厩，夫子家厩也。”王弼曰：“公厩也。”案《礼记·杂记下》：“厩焚，孔子拜乡人为火来者。拜之，士壹，大夫再。亦相吊之道也。”注言拜之者，为其来吊己。《正义》曰：“厩焚，孔子马厩被火焚也。孔子拜乡人为火来者，谓孔子拜谢乡人为火而来慰问孔子者。”……《礼记》云“乡人为火来者”，则明是夫子家厩矣。故郑云“自君之朝来归”。《盐铁论·刑德》云：“鲁厩焚，孔子罢朝，问人不问马，贱畜而重人也。”……又《家语·曲礼子贡问》云：“孔子为大司寇，国厩焚，子退朝而之火所。乡人有自为火来者，则拜之，士一，大夫再。子贡曰：‘敢问何也？’孔子曰：‘其来者亦相吊之道也。吾为有司，故拜之。’”案此乃王肃据《盐铁论》窜改《礼记》以与郑氏相难者。

B 段抄自臧琳《经义杂记》卷六“民无德而称焉”条：

《论语·泰伯》：“民无得而称焉。”《释文》“民无得”本亦作“德”。案《集解》引王肃云：“泰伯以天下三让于王季，其让隐，故无得而称言之者，所以为至德也。”……《后汉书·丁鸿传论》引孔子曰：“泰伯三以天下让民，无德而称焉。”……王肃好与郑难，故改其义。

C 段抄自臧琳《经义杂记》卷十九“经典释文”条：

此书采汉、魏、晋、南北朝以来诸家诂训，可谓博极群书矣。……于《周易》、《尚书》、《毛诗》、《论语》、《尔雅》、《庄子》更为赅博，治经者此书不可一日少也。

【小结】此条全部抄自《经义杂记》，其中 A 段抄自“厩焚”条，B 段抄自“民无德而称焉”条，C 段抄自“经典释文”条。作伪方式有二：第一，点窜字句；第二，增加句子，尤其是在最后增加观点句——“考证古义，《注疏》而外，惟赖此书之存。研经者不可不以是为根柢也”。今按：王玉树不是不知道学问门径，而是不遵守学术规范。

4.《论语》古今文

【A】案张禹受《鲁论》于夏侯建，又从庸生、王吉受《齐论》，号曰“张侯论”，是张禹《论语》已不全为《鲁论》矣。后汉包咸、周氏并为章句，列于学官者是也。郑康成就包、周之本以《齐论》、《古论》校正之，凡五十事，至郑本复参合《古》、《鲁》、《齐》三书定之，又非张、包、周之旧矣。何晏集孔安国、包咸、周氏、马融、郑玄、陈群、王肃、周生烈诸家内，惟孔安国、马融盖纯乎古文，余则三家皆有。何晏就诸家本颇多改易，惟郑氏校从《古论》，皆有注以识别之，使后人可得而考焉。今即何晏以前所**见于诸家者**，约略分析之。《古论》“传不习乎”，《鲁论》“专不习乎”，见《释文》。《古论》“未若贫而乐道”，见《仲尼弟子传》，《鲁论》“未若贫而乐”。【B】《古论》“不患人之不己知，患不知也”，见《释文》，《鲁论》“不患人之不己知，患不知人也”。【C】《古论》“而众星共之”，《鲁论》“而众星拱之”，见《释文》。《古论》“有酒食，先生馔”，《鲁论》“有酒食，先生馂”，见《释文》。《古论》“哀公问社于宰我”，《鲁论》“哀公问主于宰我”，见《释文》。《古论》“纵之，纯如也”，见《孔子世家》，《鲁论》“从之，纯如也”。《古论》“无适也”，《鲁论》“无敌也”，见《释文》。《古论》“可使治其赋也”，《鲁论》“可使治其傅也”，见《释文》。《古论》“夫子之言天道与性命，弗可得闻也已”，见《孔子世家》；《鲁论》“夫子之言性与天道，不可得而闻已矣”，见《汉书·眭两夏侯京翼李传赞》。《古论》：“未知，焉得仁?”《鲁论》：“未智，焉得仁?”见《汉书·古今人表》及《论衡·问孔》。《古论》“崔子弑其君”，《鲁论》“高子弑其君”，见《释文》。《古论》“吾不知所以裁之”，见《孔子世家》，《鲁论》“不知所以裁之”。《古论》：“命也夫！斯人也而有斯疾，命也夫!”见《仲尼弟子传》，《鲁论》：“命矣夫！斯人也而有斯疾也，斯人也而有斯疾也!”《古论》“文质彬彬”，《鲁论》“文质份份”，见《说文·人部》。《古论》“夫子矢之曰：‘予所否者’”，《鲁论》“夫子矢之曰：‘予所鄙者’”，见《论衡·问孔》。《古论》“子之燕居”，《鲁论》“子之宴居”，见《释文》。【D】《古论》“久矣吾不梦见周公”，见《释文》，《鲁论》“吾不复梦见周公”。【E】《古论》“吾未尝无诲焉”，《鲁论》“吾未尝无悔焉”，见《释文》。《古论》“假我数年，五十以学《易》，可以无大过矣”，见《孔子世家》；《鲁论》“加我数年，五十以学，亦可以无大过矣”，见《释文》。《古论》“其为人也，学道不倦，诲人不厌，发愤忘食，乐以忘忧”，见《孔子世家》，《鲁论》“其为人也，发愤忘食，乐以忘忧”。《古论》“多见而识之，知之次也”，《鲁论》“多见而志之，知之次也”，见《白虎通·礼乐》。《古论》“揖巫马旗而进之”，见《孔子弟子传》，《鲁论》“揖巫马期而进之”。《古论》“正唯弟子不能学也”，《鲁论》“诚唯弟子不能学也”，见《释文》。《古论》“君子坦荡荡”，《鲁论》“君子坦汤汤”，见《释文》。《古论》“民无得而称焉”，《鲁论》“民无德而称焉”，见《释文》及《后汉书·丁鸿传论》。《古论》“巍巍乎，舜禹之有天下也而不与焉”，《鲁论》“巍巍乎，舜禹之有天下也而不预焉”，见《白虎通·圣人》。《古论》“空空如也”，《鲁论》“悾悾如也”，见《释文》。《古论》“弁衣裳者”，《鲁论》“絻衣裳者”，见《释文》。《古论》“夫子循循然善诱人”，《鲁论》“夫子恂恂然善诱人”，见《后汉书·张壹传》及赵岐《孟子章指》。《古论》

“沽之哉，我待贾者也”，《鲁论》“贾之哉，我待价者也”，见《白虎通·商贾》。《古论》“孔子于乡党，恂恂如也”，《鲁论》“孔子于乡党，逡逡如也”，见《孔子世家索隐》及《隶释·山阳太守祝睦后碑》。《古论》“辩辩言，唯谨尔”，见《释文》，《鲁论》“便便言，唯谨尔”。《古论》“朝与上大夫言，訚訚如也。与下大夫言，侃侃如也”，见《孔子世家》，《鲁论》“朝与下大夫言，侃侃如也。与上大夫言，訚訚如也”。《古论》“执圭，鞠躬如也”，《鲁论》“执圭，鞠穷如也”，见《仪礼·聘礼》注。《古论》“上如揖，下如授”，《鲁论》“上如揖，趋如授”，见《释文》。《古论》“不使胜食既”，见《说文·皀部》，《鲁论》“不使胜食气”。《古论》“虽疏食菜羹瓜，祭必齐如也”，《鲁论》“虽疏食菜羹，必祭，必齐如也”，见《释文》。《古论》“乡人傩”，《鲁论》“乡人献”，见《释文》。《古论》“君赐生”，《鲁论》“君赐牲”，见《释文》。《古论》“见弁者”，《鲁论》“见絻者”，见《释文》。《古论》“朋友死无所归，曰：‘于我殡’”，《鲁论》“朋友无所归，生于我乎馆，死于我乎殡”，见《白虎通·三纲六纪》。【F】《古论》“寝不尸，居不客”，见《释文》，《鲁论》“寝不尸，居不容”。【G】《古论》“车中不内顾”，《鲁论》“车中内顾”，见《释文》。《古论》“德行：颜渊、闵子骞、冉伯牛、仲弓。政事：冉有、季路。言语：宰我、子贡。文学：子游、子夏”，见《仲尼弟子传》，《鲁论》“德行：颜渊、闵子骞、冉伯牛、仲弓。言语：宰我、子贡。政事：冉有、季路。文学：子游、子夏”。《古论》“南容三复白珪”，见《仲尼弟子传》，《鲁论》“南容三复白圭”。《古论》“仍旧贯”，《鲁论》“仁旧贯”，见《释文》。《古论》“师也辟，参也鲁，柴也愚，由也喭”，见《释文》，《鲁论》“柴也愚，参也鲁，师也辟，由也喭”。《古论》“无吾以也”，《鲁论》“无吾已也”，见《释文》。《古论》“因之以饥馑”，《鲁论》“因之以饥馑”，见《释文》。《古论》“咏而馈”，见《释文》，《鲁论》“咏而归”。《古论》“吾与黯也”，见《说文·黑部》，《仲尼弟子传》省作“箴”，《鲁论》“吾与点也”。《古论》“仲弓问政”，见《仲尼弟子传》，《鲁论》“仲弓问仁”。《古论》“片言可以折狱者”，《鲁论》“片言可以制狱者”，见《广雅》。《古论》“子之迂也”，《鲁论》“子之于也”，见《释文》。《古论》“夫君子为之必可名，言之必可行”，见《孔子世家》，《鲁论》“故君子名之必可言也，言之必可行也”。《古论》“吾党有直躬者”，《鲁论》“吾党有直弓者”，见《释文》。《古论》“硁硁然小人哉”，《鲁论》“悻悻然小人哉”，见《孟子·公孙丑下》注。《古论》“朋友切切节节，兄弟熙熙”，见《毛诗·伐木》传，《鲁论》“朋友切切偲偲，兄弟怡怡”。《古论》“子贡方人”，《鲁论》“子贡谤人”，见《释文》。《古论》“有荷臾而过孔氏之门者”，见《说文·艸部》，《鲁论》“有荷蒉而过孔氏之门者”。《古论》“高宗谅阴三年”，《鲁论》“高宗谅闇三年”，见郑注本及《公羊·文九年》传注。《古论》“在陈绝粮”，《鲁论》“在陈绝粻”，见《释文》。《古论》“小人穷斯嬺矣”，见《说文·女部》，《鲁论》“小人穷斯滥矣”。《古论》“工欲善其事，必先利其器”，《鲁论》“工欲善其事，必先厉其器”，见《汉书·梅福传》。《古论》“好行小慧”，《鲁论》“好行小惠”，见《释文》。《古论》“友谝佞”，见《说文·言部》，《鲁论》“友便佞”。《古论》“言未及之而言谓之躁”，《鲁论》“言未及之而言谓之傲”，见《释文》。《古论》“邦君之妻”，《鲁论》“国君之妻”，见《白虎通·嫁娶》两引。《古论》“邦人称之曰君夫人”，《鲁论》“国人称之曰君夫人”，见《白虎通·爵》又《嫁娶》。《古论》“馈孔子豚”，见《释文》，《鲁论》“归孔子豚”。《古论》“涅而不缁”，《鲁论》“泥而不滓”，见《史记·屈原贾生传》及《后汉书·隗嚣传》；又《隶释·费凤别碑》“泥”作“埿”，《隶续·廷尉仲定碑》“滓”作“宰”。《古论》“苟患失之，无所不至矣”，《鲁论》“苟患失之，亡所不至”，见《汉书·朱云传》。《古论》“古之矜也廉”，《鲁论》“古之矜也贬”，见《释文》。《古论》：“天何言哉！天何言哉！”《鲁论》：“夫何言哉！夫何言哉！”见《释文》。《古论》“夫三年之丧，天下之通义也”，见《仲尼弟子传》，《鲁论》“夫三年之丧，天下之通丧也”。《古论》“恶果敢而窒者”，《鲁论》“恶果敢而室者”，见《释文》。《古论》“恶徼以为知者”，《鲁论》“恶绞以为知者”，见《释文》。《古论》“齐人馈女乐”，见《释文》，《鲁论》“齐人归女乐”。《古论》“往者不可谏兮，来者犹可追也”，见《孔子世家》，《鲁论》“往者不可谏也，来者犹可追也”，今本无两“也”字。《古论》“已而已而，今之从政者殆而”，《鲁论》“期斯已矣，今之从政者殆”，见《释文》。《古论》“悠悠者天下皆是也”，见《孔子世家》及《文选》、《晋纪总论》注，《鲁论》“滔滔者天下皆是也”。《古论》“朱张”，《鲁论》“侏张”，见《释文》。《古论》“行中清”，见《孔子世家》，《鲁论》“身中清”。《古论》“废中权”，《鲁论》“发中权”，见《释文》。《古论》“百工居肆以成其事”，《鲁论》“百工居肆以致其事”，见《白虎通·辟雍》。《古论》“君子之道，焉可诬也”，《鲁论》“君子之道，焉可憮也”，见《汉书·薛宣传》。《古论》：“陈子禽问子贡曰：‘仲尼焉学?’”见《仲尼弟子传》，《鲁论》：“卫公孙朝问于子贡曰：‘仲尼焉学?’”《古论》“敢昭告于皇皇后帝”，《鲁论》“敢昭告于皇天上帝”，见《白虎通·三军》。《古论》有“孔子曰：‘不知命，无以为君子也’”一章，《鲁论》无。《鲁论》有“父在观其志”一章，《古论》亦无之。凡六经皆有古今文，古文多假借，今文多正字，**必取而参观之，乃得两通**。往往今文家不知古义，古文家鄙弃今学，**左右佩剑各执一偏，皆非也**。

【辨伪】臧琳《经义杂记》卷二“《论语》古文今文”条：

【A】《释文序录》云：“张禹受《鲁论》于夏侯建，又从庸生、王吉受《齐论》……号曰‘张侯论’……后汉包咸、周氏并为章句，列于学官。”……魏吏部尚书何晏集孔安国、包咸、周氏、马融、郑玄、陈群、王肃、周生烈之说……据此，则张侯《论语》已不全为《鲁论》……郑康成就包、周之本以《齐论》、《古论》校正之，凡五十事，则郑本《论语》又参合《古》、《鲁》、《齐》三书定之，非张、包、周之旧矣。何晏所集七家内，孔安国、马融盖纯乎古文，余则三家并有。然郑君校从《古论》，有注以识别，使后人可考。何晏就三家本……颇为改易。……今据何氏以前书，略为分别之。……《古论语》“传不习乎”，《鲁论语》“专不习乎”(《释文》。下凡见《释文》者皆不注所本)。《古论语》“未若贫而乐道”(《仲尼弟子传》)，《鲁论语》“未若贫而乐”。

【C】《古论语》“而众星共之”，《鲁论语》“而众星拱之”。《古论语》“有酒食，先生馔”，《鲁论语》“有酒食，先生馂”。《古论语》“哀公问社于宰我”，《鲁论语》“哀公问主于宰我”。《古论语》“纵之，纯如也”(《孔子世家》)，《鲁论语》“从之，纯如也”。《古论语》“无适也”，《鲁论语》“无敌也”。《古论语》“可使治其赋也”，《鲁论语》“可使治其傅也”。《古论语》“夫子之言天道与性命，弗可得闻也已”(《孔子世家》)，《鲁论语》“夫子之言性与天道，不可得而闻已矣”(《汉书·眭两夏侯京翼李传赞》)。《古论语》：“未知，焉得仁?”《鲁论语》：“未智，焉得仁?”(《汉书·古今人表》、《论衡·问孔》、《中论·智行》，下句同)《古论语》“崔子弑其君”，《鲁论语》“高子弑其君”。《古论语》“吾不知所以裁之”(《孔子世家》)，《鲁论语》“不知所以裁之”。《古论语》：“命也夫！斯人也而有斯疾，命也夫!”(《仲尼弟子传》)《鲁论语》：

“命矣夫！斯人也而有斯疾也，斯人也而有斯疾也！”《古论语》“文质彬彬”，《鲁论语》“文质份份”（《说文·人部》）。《古论语》“夫子矢之曰：‘予所否者’”，《鲁论语》“夫子矢之曰：‘予所鄙者’”（《论衡·问孔》）。《古论语》“子之燕居”，《鲁论语》“子之宴居”。

【E】《古论语》“吾未尝无诲焉”，《鲁论语》“吾未尝无悔焉”。《古论语》“假我数年”（《孔子世家》），《鲁论语》“加我数年”。《古论语》“五十以学《易》，可以无大过矣”，《鲁论语》“五十以学，亦可以无大过矣”。《古论语》“其为人也，学道不倦，诲人不厌，发愤忘食，乐以忘忧”（《孔子世家》），《鲁论语》“其为人也，发愤忘食，乐以忘忧”。《古论语》“多见而识之，知之次也”，《鲁论语》“多见而志之，知之次也”（《白虎通·礼乐》）。《古论语》“揖巫马旗而进之”（《仲尼弟子传》），《鲁论语》“揖巫马期而进之”。《古论语》“正唯弟子不能学也”，《鲁论语》“诚唯弟子不能学也”。《古论语》“君子坦荡荡”，《鲁论语》“君子坦汤汤”。《古论语》“民无得而称焉”，《鲁论语》“民无德而称焉”（《释文》、《后汉书·丁鸿传论》）。《古论语》“巍巍乎，舜禹之有天下也而不与焉”，《鲁论语》“巍巍乎，舜禹之有天下也而不预焉”（《白虎通·圣人》）。《古论语》“空空如也”，《鲁论语》“悾悾如也”。《古论语》“弁衣裳者”，《鲁论语》“絻衣裳者”。《古论语》“夫子循循然善诱人”，《鲁论语》“夫子恂恂然善诱人”（《后汉书·张壹传》、赵岐《孟子章指》）。《古论语》“沽之哉，我待贾者也”，《鲁论语》“贾之哉，我待价者也”（《白虎通·商贾》）。《古论语》“孔子于乡党，恂恂如也”，《鲁论语》“孔子于乡党，逡逡如也”（《孔子世家索隐》、《隶释·山阳太守祝睦后碑》）。《古论语》“辩辩言，唯谨尔”，《鲁论语》“便便言，唯谨尔”。《古论语》“朝与上大夫言，訚訚如也。与下大夫言，侃侃如也”（《孔子世家》），《鲁论语》“朝与下大夫言，侃侃如也。与上大夫言，訚訚如也”。《古论语》“执圭，鞠躬如也”，《鲁论语》“执圭，鞠穷如也”（《仪礼·聘礼注》）。《古论语》“上如揖，下如授”，《鲁论语》“上如揖，趋如授”。《古论语》“不使胜食既”（《说文·皀部》），《鲁论语》“不使胜食气”。《古论语》“虽疏食菜羹瓜，祭必齐如也”，《鲁论语》“虽疏食菜羹，必祭，必齐如也”。《古论语》“乡人傩”，《鲁论语》“乡人献”。《古论语》“君赐生”，《鲁论语》“君赐牲”。《古论语》“见弁者”，《鲁论语》“见絻者”。《古论语》“朋友死无所归，曰：‘于我殡’”，《鲁论语》“朋友无所归，生于我乎馆，死于我乎殡”（《白虎通·三纲六纪》）。

【G】《古论语》“车中不内顾”，《鲁论语》“车中内顾”。《古论语》：“德行：颜渊、闵子骞、冉伯牛、仲弓。政事：冉有、季路。言语：宰我、子贡。文学：子游、子夏。”（《仲尼弟子传》）《鲁论语》：“德行：颜渊、闵子骞、冉伯牛、仲弓。言语：宰我、子贡。政事：冉有、季路。文学：子游、子夏。”《古论语》“南容三复白珪”（《仲尼弟子传》），《鲁论语》“南容三复白圭”。《古论语》“仍旧贯”，《鲁论语》“仁旧贯”。《古论语》“师也辟，参也鲁，柴也愚，由也喭”，《鲁论语》“柴也愚，参也鲁，师也辟，由也喭”。《古论语》“无吾以也”，《鲁论语》“无吾已也”。《古论语》“因之以饥馑”，《鲁论语》“因之以饥馑”。《古论语》“咏而馈”，《鲁论语》“咏而归”。《古论语》“吾与黗也”（《说文·黗》……《仲尼弟子传》作“蒧”字。），《鲁论语》“吾与点也”。《古论语》“仲弓问政”（《仲尼弟子传》），《鲁论语》“仲弓问仁”。《古论语》“片言可以折狱者”，《鲁论语》“片言可以制狱者”（《广雅一·释诂》）。《古论语》“子之迂也”，《鲁论语》“子之于也”。《古论语》“夫君子为之必可名，言之必可行”（《孔子世家》），《鲁论语》“故君子名之必可言也，言之必可行也”。《古论语》“吾党有直躬者”，《鲁论语》“吾党有直弓者”。《古论语》“硁硁然小人哉”，《鲁论语》“悻悻然小人哉”（《孟子·公孙丑下》注）。《古论语》“朋友切切节节，兄弟熙熙”（《毛诗·伐木》传），《鲁论语》“朋友切切偲偲，兄弟怡怡”。《古论语》“子贡方人”，《鲁论语》“子贡谤人”。《古论语》“有荷臾而过孔氏之门者”（《说文·艸部》），《鲁论语》“有荷蒉而过孔氏之门者”。《古论语》“高宗谅阴三年”，《鲁论语》“高宗谅闇三年”（郑注本，又《公羊传》文九年注）。《古论语》“在陈绝粮”，《鲁论语》“在陈绝粻”。《古论语》“小人穷斯爁矣”（《说文·女部》），《鲁论语》“小人穷斯滥矣”。《古论语》“工欲善其事，必先利其器”，《鲁论语》“工欲善其事，必先厉其器”（《汉书·梅福传》）。《古论语》“好行小慧”，《鲁论语》“好行小惠”。《古论语》“友谝佞”（《说文·言部》），《鲁论语》“友便佞”。《古论语》“言未及之而言谓之躁”，《鲁论语》“言未及之而言谓之傲”。《古论语》“邦君之妻”，《鲁论语》“国君之妻”（《白虎通·嫁娶》两引）。《古论语》“邦人称之曰君夫人”，《鲁论语》“国人称之曰君夫人”（《白虎通·爵》又《嫁娶》）《古论语》“馈孔子豚”，《鲁论语》“归孔子豚”。《古论语》“涅而不缁”，《鲁论语》“泥而不滓”（《史记·屈原贾生传》……《后汉书·隗嚣传》……又《隶释·费凤别碑》“埿而不滓”，《隶续·廷尉仲定碑》“泥而不宰”……）《古论语》“苟患失之，无所不至矣”，《鲁论语》“苟患失之，亡所不至”（《汉书·朱云传》）。《古论语》“古之矜也廉”，《鲁论语》“古之矜也贬”。《古论语》：“天何言哉！天何言哉！”《鲁论语》：“夫何言哉！夫何言哉！”《古论语》“夫三年之丧，天下之通义也”（《仲尼弟子传》），《鲁论语》“夫三年之丧，天下之通丧也”。《古论语》“恶果敢而窒者”，《鲁论语》“恶果敢而室者”。《古论语》“恶徼以为知者”，《鲁论语》“恶绞以为知者”。《古论语》“齐人馈女乐”，《鲁论语》“齐人归女乐”。《古论语》“往者不可谏兮，来者犹可追也”（《孔子世家》……），《鲁论语》“往者不可谏也，来者犹可追也”（今本无二“也”……）。《古论语》“已而已而，今之从政者殆而”，《鲁论语》“期斯已矣，今之从政者殆”。《古论语》“悠悠者天下皆是也”（《史记·孔子世家》、《文选》、《晋纪总论》注），《鲁论语》“滔滔者天下皆是也”。《古论语》“朱张”，《鲁论语》“侏张”。《古论语》“行中清”（《孔子世家》），《鲁论语》“身中清”。《古论语》“废中权”，《鲁论语》“发中权”。《古论语》“百工居肆以成其事”，《鲁论语》“百工居肆以致其事”（《白虎通·辟雍》）。《古论语》“君子之道，焉可诬也”，《鲁论语》“君子之道，焉可憮也”（《汉书·薛宣传》）。《古论语》：“陈子禽问子贡曰：‘仲尼焉学?’”（《仲尼弟子传》）《鲁论语》：“卫公孙朝问于子贡曰：‘仲尼焉学?’”《古论语》“敢昭告于皇皇后帝”，《鲁论语》“敢昭告于皇天上帝”（《白虎通·三军》）。《古论语》有“孔子曰：‘不知命，无以为君子也……’”，《鲁论语》无此章。《鲁论语·卫灵公》有“子曰：‘父在观其志，父没观其行’”，《古论语》无此章。凡六经古今文，不可偏执。古文多假借，今文多正字……汉儒今文家不知古义，古文家鄙弃今学。

B 段抄自臧琳《经义杂记》卷十六“患不知也”条：

《论语·学而》："子曰：'不患人之不己知，患不知人也。'"《释文》作"患不知也"。

D段抄自臧琳《经义杂记》卷七"吾不梦见周公"条：

《论语·述而》："……久矣吾不复梦见周公。"《释文》："……本或无复字，非。"案《集解》载孔注云："孔子衰老，不复梦见周公。"据陆氏所见本，知经无复字，乃后人援注所增。

F段抄自臧琳《经义杂记》卷十七"居不客"条：

《论语·乡党》："寝不尸，居不容。"《释文》云："居不客，苦百反，本或作容，羊凶反。"

【小结】此条抄自《经义杂记》卷二"《论语》古文今文"条、卷七"吾不梦见周公"条、卷十六"患不知也"条、卷十七"居不客"条。A、C、E、G段抄自"《论语》古文今文"条，B段抄自"患不知也"条，D段抄自"吾不梦见周公"条，F段抄自"居不客"条。作伪方式有三：第一，点窜字句；第二，改变顺序；第三，增加句子。所谓"必取而参观之，乃得两通……左右佩剑各执一偏，皆非也"，可见王氏还善于摘折中。

5.《论语》衍文

【A】《论语·雍也》篇："子曰：'君子博学于文。'"《释文》云："君子博学于文。一本无'君子'。"后《颜渊》篇此章再见，正本无"君子"，《释文》又一本作"君子博学于文"。《正义》曰："或本亦有作'君子博学于文'，后人加也。"【B】**《泰伯》篇："予有乱臣十人。"《释文》云："'予有乱十人'，本或作'乱臣十人'，非。"据《释文》知古本《论语》本无"臣"字。马、郑以十人为文母等**，刘原父**遂**谓子无臣母之义，改为邑姜(【C】《集注》所引"刘侍讲曰"者，即刘敞《七经小传》之说也。敞在北宋，闭户穷经，不入伊洛之派，讲学家多不知其名)，其实唐石经《论语》尚无"臣"字，**今有者，后人加也**。【D】《乡党》篇："没阶趋进，翼如也。"《释文》作"没阶趋"，云一本作"没阶趋进"，误也。《集注》引陆氏曰："趋下本无'进'字，俗本有之，误。"案《史记·孔子世家》作"没阶趋进"。《仪礼·聘礼》注引《论语》同。《曲礼》："帷薄之外不趋。"《正义》引《论语》、《仪礼·士相见》疏引《论语》并有"进"字，是自两汉以至唐初皆作"没阶趋进"。旧本有此字，陆本无之，**或别有据，尚非衍也**。【E】若"朝服而立于阼阶"，《释文》："于阼，才故反，本或作'于阼阶'。"**据《释文》**知古本无"阶"字。孔安国云："朝服而立于庙之阼阶。"盖因注误衍也。案《礼记·郊特牲》："乡人禓，孔子朝服立于阼。"注："禓，或作傩。"知《礼记》与《论语》同，亦无"阶"字也。【F】《卫灵公》篇："子曰：'义以为质，礼以行之，孙以出之，信以成之，君子哉！'"《释文》云："义以为质，一本作'君子义以为质'。"郑本略同。据《释文》

知古本无“君子”。郑康成注本同为一本。今本有者，系衍文也。盖先言“义以为质”四句，然后言“君子哉”，不当先言“君子”可见也。

【辨伪】A 段抄自臧琳《经义杂记》卷十七“雍也博学于文”条：

《论语·雍也》：“子曰：‘君子博学于文，约之以礼，亦可以弗畔矣夫。’”《释文》云：“君子博学于文，一本无‘君子’字。”……后《颜渊》篇此章再见，正本皆无“君子”字。……颜渊篇《释文》云：“博学于文，一本作‘君子博学于文’。”《正义》曰：“或本亦有作‘君子博学于文’，盖皆后人所加。”

B 段抄自吴骞《皇氏论语义疏参订》卷四“舜有臣五人章”条：

刘原父谓子无臣母之义，改为邑姜。其实唐石经《论语》尚无“臣”字，纷纷改窜，皆为伪书所误也。

C 段抄自《四库全书总目》卷三十六《四书通》提要：

然如《集注》以“有妇人焉”为邑姜，所引“刘侍读曰”者，即刘敞《七经小传》之说也。……盖敞在北宋，闭户穷经，不入伊洛之派，讲学之家恶其不相攀，附遂无复道其姓名者。

D 段抄自臧琳《经义杂记》卷二十七“没阶趋进”条：

《乡党》“没阶趋进，翼如也”，《释文》作“没阶趋”，云一本作“没阶趋进”，误也。《集注》引陆氏曰：“趋下本无‘进’字，俗本有之，误。”案《史记·孔子世家》作“没阶趋进”。《仪礼·聘礼》注引《论语》同。《曲礼》：“帷薄之外不趋。”《正义》引《论语》、《仪礼·士相见礼》疏引《论语》并有“进”字。……然则自两汉以至唐初皆作“没阶趋进”。……旧有此字，非误，乃陆本无之。

E 段抄自臧琳《经义杂记》卷六“朝服而立于阼阶”条：

《论语·乡党》：“朝服而立于阼阶。”案《释文》：“于阼，才故反，本或作‘于阼阶’。”知古本无“阶”字。孔安国云：“朝服而立于庙之阼阶。”盖因注误衍也。《礼记·郊特牲》：“乡人禓，孔子朝服立于阼。”注：“禓，或为傩。”①知《礼记》文与《论语》同，亦无“阶”字。

---

① 【禓】古指强死鬼。亦指驱逐强死鬼之祭。《礼记·郊特牲》：“乡人禓。”汉郑玄注：“禓，强鬼也。谓时傩，索室驱疫，逐强鬼也。禓或为献，或为傩。”唐陆德明《经典释文》：“禓，音伤，鬼名也。”章太炎《訄书·原教上第四十七》：“况其内容，与民间宗教附丽者，往往而有。若景教以使徒为守护神，或为驱除疠疫者，中夏之所谓禓也。”

F段抄自臧琳《经义杂记》卷十七“子曰义以为质”条：

《论语·卫灵公》：“子曰：‘君子义以为质，礼以行之，孙以出之，信以成之，君子哉！’”《释文》云：“‘义以(此二字旧脱)为质’一本作‘君子义以为质’。”郑本略同。据此，知陆氏所从古本作“子曰：‘义以为质’”，无“君子”二字。郑康成注本同一本。有者系衍文。盖先说“义以为质”四句，然后言“君子哉”，不当先言“君子也”。

【小结】此条作伪方法有三：第一，点窜字句；第二，增加句子；第三，抄自多书——A段抄自《经义杂记》卷十七“雍也博学于文”条、D段抄自卷二十七“没阶趋进”条、E段抄自卷六“朝服而立于阼阶”条、F段抄自“子曰义以为质”条，B段抄自《皇氏论语义疏参订》卷四“舜有臣五人章”，C段抄自《四库全书总目》卷三十六《四书通》提要。

6. 王充、高诱解《论语》

【A】案《论衡·问孔》云：“武伯善忧父母，故曰：‘父母唯其疾之忧。’”又《淮南子·说林》云：“忧父母之疾者子，治之者医。”高注云：“《论语》曰：‘父母唯其疾之忧。’故曰‘忧之者子’。”是王充、高诱皆以为人子忧父母之疾为孝。盖人子事亲，万事皆可无**忧**，唯父母有疾独为忧之，所不容已耳。乃《集解》引马融曰：“言孝子不妄为非，唯有疾病，然后使父母之忧耳。”如其说，则是夫子告武伯者止是**余意**，其正意反在言外。圣人告人，从未有若是之隐约其辞者，王、高二氏之解，文从义顺，**较马说为长也。**

【B】案《论衡·命义》云：“子夏曰：‘死生有命，富贵在天。’而不曰‘死生在天，富贵有命’者何？则死生者，以性为主，无象在天，禀得坚强之性，则气渥厚而体坚强，坚强则寿命长，寿命长则不夭死。禀性软弱者，气少泊而性羸窳，羸窳则寿命短，短则早死。故言有命，命则性也。至于富贵所禀，犹性所禀之气，得众星之精。众星在天，天有其象。得富贵象则富贵，得贫贱象则贫贱，故曰‘在天’。在天如何？天有百官，有众星。天施气而众星布精，天所施气，众星之气在其中矣。人禀气而生，含气而长，得贵则贵，得贱则贱。贵或秩有高下，富或赀有多少，皆星位尊卑大小之所授也。”此解亦精确，**始若诡异，终有理实**。【C】盖仲任质性虽敏，学力未纯，故《问孔》、《刺孟》，每逞臆见。若《明雩》、《顺鼓》，正说书解，略得经子端绪，兼存汉儒旧义，**颇足取焉**。

【辨伪】A段抄自臧琳《经义杂记》卷五“父母唯其疾之忧”条：

《集解》：“马融曰：言孝子不妄为非，唯有疾病，然后使父母之忧耳。”案《论衡·问孔》云：“武伯善忧父母，故曰：‘唯其疾之忧。’”又《淮南子·说林》：“忧父之疾者子，治之者医。”高注云：“《论语》曰：‘父母唯其疾之忧。’故曰‘忧之者子’。”则王充、高诱皆以为人子忧父母之疾为孝。

……案如马义，则夫子所告武伯者止是余论，其正意反在言外。圣人之告人，未有隐约其词若此者。……惟王、高二氏说，文顺义洽。

盖人子事亲，万事皆可无虑，唯父母有疾独为忧之，所不容已。

B段抄自臧琳《经义杂记》卷十二“死生有命说”条：

《论衡·命义》云：“子夏曰：‘死生有命，富贵在天。’而不曰‘死生在天，富贵有命’者何？则死生者，以性为主，无象在天，禀得坚强之性，则气渥厚而体坚强，坚强则寿命长，寿命长则不夭死。禀性软弱者，气少泊而性羸窳，羸窳则寿命短，短则蚤死。故言有命，命则性也。至于富贵所禀，犹性所禀之气，得众星之精。众星在天，天有其象。得富贵象则富贵，得贫贱象则贫贱，故曰‘在天’。在天如何？天有百官，有众星。天施气而众星布精，天所施气，众星之气在其中矣。人禀气而生，含气而长，得贵则贵，得贱则贱。贵或秩有高下，富或赀有多少，皆星位尊卑大小之所授也。”此解亦精凿。

C段抄自臧琳《经义杂记》卷十六“王充《论衡》”条：

《问孔》、《刺孟》，语多有得罪名教者。盖(王)充资性虽敏，学力未深，故据其臆见。……若《明雩》、《顺鼓》，正说书解，略得经子端绪，兼存汉儒旧义。

【小结】此条抄自《经义杂记》卷五“父母唯其疾之忧”条、卷十二“死生有命说”条、卷十六“王充《论衡》”条。A段抄自《经义杂记》卷五“父母唯其疾之忧”条，B段抄自卷十二“死生有命说”条，C段抄自卷十六“王充《论衡》”条。作伪方式有二：第一，点窜字句；第二，增加观点句——“较马说为长也”，“始若诡异，终有理实”，“颇足取焉”。

7.《论语》异解

【A】《论语》自二程、横渠、杨、谢诸儒互相发明，而后《论语》之义明。【B】自朱子本先儒之学以发挥经旨，采摄菁华，撰成《集注》。而后《论语》之义定。乃当时诸家，或别分指归，断以己说，**亦往往不能无异解焉**。【C】如苏轼解“请讨陈恒”，谓能克田氏则三桓不治而自服，孔子欲借此以张公室。苏辙则谓虽知其无益，而欲明君臣之义。轼解“子见南子”及“齐人归女乐”，谓灵公未受命者故可，季桓子已受命者故不可。辙则谓诸侯之如灵公者多，不可尽去。齐间孔子，鲁君臣已受其饵，孔子不去则坐受其祸。轼解“泰伯至德”，谓泰伯不居其名，故乱不作；鲁隐、宋宣取其名，故皆被其祸。辙则谓鲁之祸始于摄，宋之祸成于好战，皆非让之过。是辙说较轼为长。【D】若陈祥道解“躬自厚而薄责于人”，则引《乡饮酒》之义以明之。“师冕见”则引礼“待瞽者如老者”之义以明之。至“臧文仲居蔡”，则云：“冀北多良马称冀，泸水之黑称卢，蔡出宝龟称蔡。”“《关雎》之乱”，则云：“治污谓之污，治弊谓之弊，治荒谓之荒，治乱谓之乱。”祥道比附安石，故未免创立别解。【E】郑汝谐解卫灵公问陈非不可对，乃有托而行；解子贱为人沉厚简默，非鲁多君子，不能取其君子。**郑学虽出伊洛，而其说颇异朱子**。至以“使民战栗”为鲁哀公之语，以“见善如不及”二节连下，“齐景公”、“伯夷、叔齐”为一章，**则更谬矣**。【F】蔡节解“贤贤易色”，谓贤人之贤为之改容更貌。“攻乎异端”，谓攻为攻击、害为反贻吾道之害(即郑汝谐说)。“知其说者之于天下也”，谓知鲁之僭禘则名正、名正而天下不难治。“无所取材”，谓无所取桴材(即郑玄说)“不有祝鮀之佞”三句，谓美色尚不足以免祸，惟口才乃可免。“不图为乐之至于斯也”，谓韶本揖逊之乐，今乃至于齐国(亦郑汝谐说)“五十以学易”，谓夫子是时年未五十，故云加年。“互乡童子”章，不作错简。“不至于穀”，谓三年不能至于善，则所学已难于有得。“没阶趋进”，谓“进疑作退”。“虽蔬食菜羹瓜祭”，谓瓜如字，以祭字属下读。“三嗅而作”，谓“嗅”疑作“叹”(即徐积说)。“冉有退朝”，谓朝为从季氏至鲁君之朝。“不恒其德”一节，谓别为一章。“曰今之成人者何必然”，谓为子路之言。“有马者借人乘之”，谓即史之阙文。“齐景公有马千驷”章，连上为一章(即郑汝谐、钱时二家之说)。“太师挚适齐”章，谓鲁君荒于女乐，故乐官散去。其中惟“太师挚”一条可备一解，余皆穿凿不根矣。朱子注《易》、注《诗》**容有**遗议，至《论语集注》，平生精力具在于斯，诸家务与立异，**则惑之甚者也**。

【辨伪】A 段抄自《四库全书总目》卷三十五《论语意原》提要：

二程、横渠、杨、谢诸公互相发明，然后《论语》之义显。……以求其指归。既断以己说。

B 段抄自《四库全书总目》卷三十五《论孟精义》提要：

盖本程氏之学以发挥经旨。其后采摄菁华，撰成《集注》。

C 段抄自《四库全书总目》卷三十五《论语拾遗》提要：

“请讨陈恒”一章，轼以为能克田氏则三桓不治而自服，孔子欲借此以张公室。辙则以为虽知其无益，而欲明君臣之义。“子见南子”及“齐人归女乐”二章，轼以为灵公未受命者故可，季桓子已受命者故不可。辙则以为诸侯之如卫灵公者多，不可尽去。齐间孔子，鲁君大夫已受其饵，孔子不去则坐受其祸。“泰伯至德”一章，轼以为泰伯不居其名，故乱不作；鲁隐、宋宣取其名，是以皆被其祸。辙则以为鲁之祸始于摄，宋之祸成于好战，皆非让之过。其说皆较轼为长。

D 抄自《四库全书总目》卷三十五《论语全解》提要：

如解“躬自厚而薄责于人”章，则引《乡饮酒》之义以明之。解“师冕见”章，则引礼“待瞽者如老者”之义以明之。……又如“臧文仲居蔡”章，则云：“冀多良马称骥，泸水之黑称卢，蔡出宝龟称蔡。”于“《关雎》之乱”章，则云：“治污谓之污，治弊谓之弊，治荒谓之荒，治乱谓之乱。”此类俱不免创立别解。

E 段抄自《四库全书总目》卷三十五《论语意原》提要：

真德秀序，称其学出于伊、洛，然所说颇与朱子《集注》异。如以卫灵公问陈非不可对，乃有托而行。以子贱为人沉厚简默，非鲁多君子，不能取其君子。皆足以备一解。至以“使民战栗”为鲁哀公之语，以“见善如不及”二节连下，“齐景公”、“伯夷叔齐”为一章，则大奇矣。

F段抄自《四库全书总目》卷三十五《论语集说》提要：

如“贤贤易色”，谓贤人之贤为之改容更貌。“攻乎异端”，谓攻为攻击，害为反贻吾道之害(案此郑汝谐之说)“知其说者之于天下也”，谓知鲁之僭禘则名正，名正而天下不难治；“无所取材”谓无所取桴材(案此郑玄之说)“不有祝鮀之佞”三句，谓美色尚不足以免祸，惟口才乃可免。“不图为乐之至于斯也”，谓韶本揖逊之乐，今乃至于齐国(案此亦郑汝谐之说)“五十以学易”，谓夫子是时年未五十，故云加年。“互乡童子”一章，不作错简。“不至于穀”谓三年不能至于善，则所学已难乎有得。“没阶趋进”，谓“进疑作退”。“虽蔬食菜羹瓜祭”，谓瓜为如字，以祭字属下句。“三嗅而作”，谓“嗅”疑作“叹”(案此徐积之说)。“冉有退朝”，谓朝为从季氏至鲁君之朝。“不恒其德”一节谓别为一章。“曰今之成人者何必然”，谓为子路之言。“有马者借人乘之”，谓即史之阙文。“齐景公有马千驷”章，连上为一章(案此郑汝谐、钱时二家之说)。“太师挚适齐”一章，谓鲁君荒于女乐，故乐官散去。其中惟“太师挚”一章可备一说，余皆牵强穿凿。盖朱子于注《易》、注《诗》，诚不免有所遗议。至于《论语集注》，则平生精力具在于斯，其说较他家为确务与立异，反至于不中理也。

【小结】此条用捏合法，分别抄自《四库全书总目》卷三十五《论语拾遗》提要、《论孟精义》提要、《论语集说》提要、《论语全解》提要、《论语意原》提要。作伪方式有二：第一，点窜字句；第二，增加观点句——“亦往往不能无异解焉”，“郑学虽出伊洛，而其说颇异朱子……则更谬矣”，“则惑之甚者也”。

8.《中庸》、《大学》注

【A】《汉书·艺文志》有《中庸说》二篇，颜师古注云：“今《礼记》有《中庸》一篇，亦非本礼经。”【B】《隋书·经籍志》载梁武帝《中庸讲疏》一篇，【C】《旧唐书》载戴颙《礼记中庸传》二卷，皆久佚不传。【D】惟《大学》自唐以前无别行之本。然《书录解题》载司马光有《大学广义》一卷、《中庸广义》一卷，是在二程以前，非自洛闽诸儒始为表章也。特其论说之详，则自二程始定耳；朱子分别经传，订其旧次，补其阙文，《中庸》亦不从郑注分节，故均谓之“章句”。【E】**复作《或问》，以申明之**。至若张九成《中庸说》、《大学说》，阳儒阴释，已为朱子所讥。即吕氏《大学解》，朱子亦谓其未能不惑于二氏之说。杨中立、晁以道、游定夫《中庸》皆各有解，郭忠孝有《燕山中庸说》，项安世亦有《中庸说》，而石𡼖更集周子、二程子、张子及吕大临、谢良佐、游酢、杨时、侯仲良十家之说，谓之《集解》，【F】朱子为作序，称其“谨密详审”。后朱子作《中庸章句》，因更为删定，更名《辑略》，而仍以《集解》原序冠之。**今是编渐晦**，【H】惟散见于《大全》耳。《礼记·中庸》第三十一，《大学》第四十二，今《四书》列《大学》于《中庸》之前者，盖《大学》乃曾子之言，而《中庸》则子思之笔也。

【辨伪】A、C、E、H 段皆抄自汪师韩《韩门缀学》卷一“《中庸》、《大学》注”：

《汉书·艺文志》有《中庸说》二篇，颜师古注曰：“今《礼记》有《中庸》一篇，亦非本礼经。”

《旧唐书》载戴颙《礼记中庸传》二卷，久已无传。

朱子《集注》之外更有《或问》。至若张无垢(九成)《中庸说》、《大学说》，则阳儒阴释，为朱子所讥者也。其独注一篇者《大学》有《吕氏大学解》，朱子谓其未能不惑于浮屠、老子之说。……又杨中立、晁以道、游定夫三家各有解，郭立之(忠孝)有《燕山中庸说》，项平父(安世)亦有《中庸说》，而石子重(𡼖)更集周子、二程、张、吕(大临)、谢(良佐)、游(酢)、杨(时)、侯(仲良)十家之说，谓之《集解》。

余但散见于《大全》耳。《礼记·中庸》第三十一，《大学》第四十二，四书列《大学》于《中庸》之前者，盖《大学》乃曾子之言，而《中庸》则子思之笔也。

B、D 段皆抄自《四库全书总目》卷三十五《大学章句·论语集注·孟子集注·中庸章句》提要：

戴颙《中庸传》二卷梁武帝《中庸讲疏》一卷见《隋书·经籍志》。

惟《大学》自唐以前无别行之本。然《书录解题》载司马光有《大学广义》一卷、《中庸广义》一卷，已在二程以前。均不自洛闽诸儒始为表章。特其论说之详，自二程始。……朱子则分别经传，颠倒其旧次，补缀其阙文。《中庸》亦不从郑注分节，故均谓之“章句”。

F 抄自《四库全书总目》卷三十五《中庸辑略》提要：

朱子为作序，极称其“谨密详审”。越十有六年，淳熙已酉，朱子作《中庸章句》，因重为删定，更名《辑略》。而仍以《集解》原序冠其首。

【小结】此条用捏合法，分别抄自《四库全书总目》卷三十五《大学章句·论语集注·孟子集注·中庸章句》提要、《中庸辑略》提要、清汪师韩《韩门缀学》卷一“《中庸》、《大学》注”条。作伪方式有三：第一，点窜字句；第二，增加句子；第三，抄自多书，A、C、E、H 段抄自“《中庸》、《大学》注”条，B、D 段抄自《大学章句·论语集注·孟子集注·中庸章句》提要，F 段抄自《中庸辑略》提要。仅增添十三字以连缀之。

9. 赵岐注《孟子》

【A】《孟子注》为岐避难北海时，在孙宾家夹柱中所作者。汉儒注经，多明训诂名物，此惟笺释文句，颇似后世口义，与古学稍疏。**然邠卿，汉人，去古为近，取择必真。**【B】

如“齐人伐燕”章、“宋小国”章、“我善为陈”章、“西夷怨北夷怨”，赵注上下皆作“夷”。魏晋人采《孟子》作《尚书》改“北夷”为“北狄”。【C】又《滕文公下》“有攸不惟臣”，赵注训“惟”为“念”，【D】**《尽心下》“夫子之设科也”**，赵注：“孟子曰：‘夫我设教授之科。’”盖因经省“曰”字，故特下“孟子曰”以补之。【E】又万子曰：“乡人皆称原人焉。”赵注：“万子，万章也。”【F】**北宋撰《正义》时犹如此，不知何时皆改从今文，尚赖赵注得见古本**。惟谓宰予、子贡、有若缘孔子圣德高美而盛称之，孟子知其太过，故贬谓之污下之类，殊觉纰缪。以屈原憔悴为征于色，以宁戚扣角为发于声，比拟亦觉不类。至于以盆成括、高子、告子为学于孟子，以季孙子叔为二弟子，以“折枝”为“按摩”之类，朱子作《孟子集注》、《或问》皆不从其说，余多取之。**盖注《孟子》者，汉有刘熙，梁有綦毋邃，今皆不存**。赵注虽未尽精密，而开辟荒芜，**究是汉儒古注，不可废也**。

【G】案胡爌《拾遗录》据李善《文选》注引《孟子》曰：“墨子兼爱，摩顶致于踵。”赵岐曰：“致，至也。”**今本作“摩顶放踵”，是经文误刊，而注文尚未改也**。盖今本与唐本不同，今证以孙奭《音义》所音，岐注亦多不相应。【H】朱子《论孟集注》颇取古注。如《论语》“瑚琏”一条与《明堂位》不合，《孟子》“曹交”一条与《春秋传》不合，不知“瑚琏”用包咸注，“曹交”用赵岐注也。又如“夫子之墙数仞”注“七尺曰仞”，“掘井九仞”注“八尺曰仞”，似觉矛盾，不知七尺用包咸注，八尺用赵岐注也。

【辨伪】A、F、G 三段抄自《四库全书总目》卷三十五《孟子正义》提要：

> 【A】是注即岐避难北海时，在孙宾家夹柱中所作。汉儒注经，多明训诂名物。惟此注笺释文句，乃似后世之口义，与古学稍殊。
>
> 【F】如谓宰予、子贡、有若缘孔子圣德高美而盛称之，孟子知其太过，故贬谓之污下之类，纰缪殊甚。以屈原憔悴为征于色，以宁戚扣角为发于声之类，亦比拟不伦。然朱子作《孟子集注》、《或问》，于岐说不甚掊击。至于书中人名，惟盆成括、告子不从其学于孟子之说，季孙子叔不从其二弟子之说，余皆从之。书中字义，惟“折枝”训“按摩”之类不取其说，余亦多取之。盖其说虽不及后来之精密，而开辟荒芜，俾后来得循途而深造，其功要不可泯也。
>
> 【G】胡爌《拾遗录》，据李善《文选》注引《孟子》曰：“墨子兼爱，摩顶致于踵。”赵岐曰：“致，至也。”知今本经文及注均与唐本不同。今证以孙奭《音义》所音，岐注亦多不相应。

B 段抄自臧琳《经义杂记》卷九“《孟子》西夷、北夷”条：

> “齐人伐燕”章……“宋小国也”章……“我善为陈”章……“南面而征北狄怨，东面而征西夷怨”。……赵注本上下皆作“夷”字。……魏晋间采《孟子》作《尚书》始改“北夷”为“北狄”。

C 段抄自臧琳《经义杂记》卷三十“有攸不惟臣”条：

> 《孟子·滕文公下》：……据此，则《孟子》本作“有攸不惟臣”。赵注训“惟”为

“念”。

D段抄自臧琳《经义杂记》卷六“夫予之设科也”条：

又“孟子曰：‘夫我设教授之科。’”……以经省“曰”字，故赵注特下“孟子曰”以补之。

E段抄自臧琳《经义杂记》卷二十四“万子曰”条：

《孟子·尽心下》：“万子曰：‘一乡皆称原人焉。’”赵注：“万子即万章也。”

H段抄自《四库全书总目》卷三十五《大学章句·论语集注·孟子集注·中庸章句》提要：

《论语》、《孟子》亦颇取古注。如《论语》“瑚琏”一条与《明堂位》不合，《孟子》“曹交”一注与《春秋传》不合。论者或以为疑。不知“瑚琏”用包咸注，“曹交”用赵岐注。……又如“夫子之墙数仞”注“七尺曰仞”。“掘井九仞”注“八尺曰仞”，论者尤以为矛盾。不知七尺亦包咸注，八尺亦赵岐注也。

【小结】此条用捏合法，抄自《四库全书总目》卷三十五《孟子正义》提要，《大学章句·论语集注·孟子集注·中庸章句》提要；《经义杂记》卷六“夫予之设科也”条、卷九“《孟子》西夷北夷”条、卷二十四“万子曰”条、卷三十“有攸不惟臣”条。作伪方式有三：第一，点窜字句；第二，增加观点句——“然邠卿，汉人，去古为近，取择必真”，“北宋撰《正义》时犹如此，不知何时皆改从今文，尚赖赵注得见古本”，“盖注《孟子》者，汉有刘熙，梁有綦毋邃，今皆不存。……究是汉儒古注，不可废也”等；第三，抄自多书，A、F、G段抄自《孟子正义》提要，B段抄自“《孟子》西夷、北夷”条，C段抄自“有攸不惟臣”条，D段抄自“夫予之设科也”条，E段抄自“万子曰”条，H段抄自《大学章句·论语集注·孟子集注·中庸章句》提要。

10.《孟疏》甚浅陋

【A】《孟子疏》虽题宋孙奭撰，而《朱子语录》谓邵武士人假托，蔡季通识其人。【B】其疏皆敷衍语气，如乡塾讲章。故朱子谓其全不似疏体，不曾解出名物制度，只绕缠赵岐之说。至岐注好用古事为比，疏多不得其根据。如注非礼之礼，若陈质娶妻而长拜之。非义之义，若借交报雠。此诚不得其出典(借交报雠，如朱家、郭解之属)。至于单豹养其内而虎食其外，事出《庄子》，亦不能举，殊觉弇陋。朱竹垞《经义考》摘其欲见西施者人输金钱一文事，诡称《史记》。今考注以尾生为不虞之誉，以陈不瞻为求全之毁，疏亦并称《史记》。尾生事实见《庄子》，陈不瞻事实见《说苑》，皆《史记》所无，则更为杜撰。【C】案《宋史·邢昺传》，称昺于咸平二年，受诏与杜镐、舒雅、孙奭、李慕清、崔偓佺等校定《周礼》、《仪礼》、《公羊》、《穀梁春秋传》、《孝经》、《论语》、《尔雅义疏》，不云有《孟子正义》。《涑水纪闻》载奭所定著，有《论语》、《孝经》、《尔雅正义》，亦不云有《孟子正义》。其不出奭手，确然可信矣。

【辨伪】A、C、B 三段皆抄自《四库全书总目》卷三十五《孟子正义》提要：

> 其疏虽称孙奭作，而《朱子语录》则谓邵武士人假托，蔡季通识其人。
>
> 今考《宋史·邢昺传》，称昺于咸平二年，受诏与杜镐、舒雅、孙奭、李慕清、崔偓佺等校定《周礼》、《仪礼》、《公羊》、《穀梁春秋传》、《孝经》、《论语》、《尔雅义疏》，不云有《孟子正义》。《涑水纪闻》载奭所定著，有《论语》、《孝经》、《尔雅正义》，亦不云有《孟子正义》。其不出奭手，确然可信。
>
> 其疏皆敷衍语气，如乡塾讲章。故《朱子语录》谓其全不似疏体，不曾解出名物制度，只绕缠赵岐之说。至岐注好用古事为比，疏多不得其根据。如注谓非礼之礼，若陈质娶妻而长拜之。非义之义，若借交报雠。此诚不得其出典(案：借交报雠……如朱家、郭解……)。至于单豹养其内而虎食其外，事出《庄子》，亦不能举，则弇陋太甚。朱彝尊《经义考》摘其欲见西施者人输金钱一文事，诡称《史记》。今考注以尾生为不虞之誉，以陈不瞻为求全之毁，疏亦并称《史记》。尾生事实见《庄子》，陈不瞻事实见《说苑》……皆《史记》所无。如斯之类，益影撰无稽矣。

【小结】此条抄自《四库全书总目》卷三十五《孟子正义》提要。作伪方法有二：第一，点窜字句；第二，改变顺序(原文顺序为 A—C—B)。

今按：王氏此条曾经被《续修四库全书总目提要(稿本)》肯定。

11.《孟子》讹字

【A】《孟子·梁惠王上》："文王以民力为台为沼，而民欢乐之。"孙奭《音义》云："欢乐，本亦作劝乐。"案《左传·昭九年》叔孙昭子引《诗》曰："经始勿亟，庶民子来。"杜注《诗·大雅》言："文王始经营灵台，非急疾之。众民自以子义来，劝乐为之。"《正义》曰："众民自以子成父事而来，劝乐以早成耳。"据此，知晋、唐时本皆作"劝乐"，故杜、孔据之，孙氏《音义》亦与之合。**今本作"欢"者**，盖因字形相近而讹也。①【B】《梁惠王下》："故居者有积仓，行者有裹粮也。"**古本**作"行者有裹囊也"。赵注云："乃积谷于仓，乃裹盛干食之粮于囊也。"是孟子以积裹为对，以仓囊为对，谓积谷于仓，裹粮于囊也。今本作"裹粮"。**俗儒改也**。【C】《公孙丑下》："予将有远行，行者必以賮。"案《论衡·刺孟》引《孟子》作"賮"。《文选·魏都赋》："繈负賮贽。"刘注："賮，贽也。"引《孟子》作"賮"。《赭白马赋》："或逾远而纳賮。"李注引《孟子》作"賮"。是王充、刘渊林、李善引《孟子》皆作"賮"，知《孟子》本作"賮"。今本作"赆"者，俗字也。【D】《万章上》："夫公明高以孝子之心，为不若是恝。"赵注云："恝，无愁之貌。"案《说文·心部》无"恝"字，有"忦"字，云："忽也，从心介声。"引《孟子》"孝子之心不若是忦"注"忽也"。与赵注"无愁之

① 今按：此条曾经被《续修四库全书总目提要(稿本)》肯定："能独抒所见。"殊不知抄袭成文。

貌”义合，据此，知古本《孟子》本作“忿”，今本作“恝”者，亦俗字也。【E】**《万章下》：“故闻伯夷之风者，顽夫廉，懦夫有立志。”《尽心下》：“闻伯夷之风者，顽夫廉，懦夫有立志。”**案《韩诗外传》、《汉书·王贡两龚鲍传序》、《后汉书·王龚传》、《丁鸿传论》、《三国名臣序赞》注皆引作“贪夫廉”。今《孟子》两章皆作“顽”，赵氏于《万章下》注云：“顽贪之夫。”于《尽心下》注云：“顽贪。”是赵氏本作“顽”矣。然据下文“鄙夫宽，薄夫敦”，皆以相反者对言之作“顽”，**虽非讹字**，要当以作“贪”为是。两汉、唐人皆引为“贪”，知必**有据**矣。【F】又《尽心下》：“被袗衣，鼓琴，二女果。”赵注：“果，侍也。”《正义》曰：“以尧帝二女事之实，若固自当有之也。”许慎谓女侍曰婐，今释果为侍，是有惑于许慎之说而遂误欤。盖木实曰果，果者，取其实而言也。朱子《集注》云：“果，《说文》作婐，女侍也。”案《说文·女部》：“婐，妮也。一曰女侍曰婐。从女果声。孟轲曰：‘舜为天子二女婐。’”据此，知《孟子》本作“婐”，今本作“果”者，盖“婐”之省借也。疏辟《说文》谓木实曰果者，**非也**。

【辨伪】A段抄自臧琳《经义杂记》卷十七“而民劝乐之”条：

《孟子·梁惠王上》：“文王以民力为台为沼，而民欢乐之。”……宋孙氏《音义》云：“欢乐本亦作劝乐。”案《左传·昭九年》叔孙昭子引《诗》曰：“经始勿亟，庶民子来。”杜注《诗·大雅》言：“文王始经营灵台，非急疾之。众民自以子义来，劝乐为之。”《正义》曰：“众民自以子成父事而来，劝乐而早成之耳。”是可知晋、唐时本皆作“劝乐”，故杜注、孔疏据之，与孙宣公《音义》正合……因“欢”与“劝”形相近，故经注皆讹作“欢”。

B段抄自臧琳《经义杂记》卷十“行者有裹囊也”条：

《孟子·梁惠王下》：“故居者有积仓，行者有裹粮也。”……翻刻宋板作“行者有裹囊也”。案赵注云：“乃积谷于仓，乃裹盛干食之粮于橐囊也。”然则孟子以积字与裹字相对，以仓字与囊字相对，谓积谷于仓，裹粮于囊也。……俗本改《孟子》“裹囊”为“裹粮”。

C段抄自臧琳《经义杂记》卷六“行者必以赆”条：

《孟子·公孙丑下》：“予将有远行，行者必以賮。”……案《论衡·刺孟》引《孟子》云：“行者必以賮，辞曰归賮。”又《文选·魏都赋》：“繈负賮贽。”刘渊林注：“賮，礼贽也。”《孟子》曰：“将有远行，行者必以賮。”……《赭白马赋》：“或逾远而纳賮。”李善注：“《孟子》曰：‘有远行者必以賮。’《苍颉篇》曰：‘賮，财货也。’《说文》曰：‘賮，会礼也。’”据此，知《孟子》本作“賮”，今作“赆”乃俗字。

D段抄自臧琳《经义杂记》卷十九“不若是忿”条：

《孟子·万章上》：“夫公明高以孝子之心，为不若是恝。”赵注：“恝，无愁之貌。”……案《说文·心部》无“恝”字，有“忿”字。云：“忽也，从心，介声。《孟子》曰：‘孝子之心不若是忿。’”据此，知古本《孟子》作“忿”，今作“恝”，为俗字。当从《说文》所引“忽，忘于心”，即是无愁，与赵注义合，知本作忿也。

E 段抄自臧琳《经义杂记》卷十七“贪夫廉”条：

《韩诗外传三》：“伯夷、叔齐目不视恶色，耳不听恶声。非其君不事，非其民不使，横政之所出，横民之所止，弗忍居也。思与乡人居，若朝衣朝冠坐于涂炭也。故闻伯夷之风者，贪夫廉，懦(一作惴)夫有立志。”(此见《万章下》)又《汉书·王贡两龚鲍传序》引《孟子》云：“闻伯夷之风者，贪夫廉，懦夫有立志。奋乎百世之上，行乎百世之下，莫不兴起，非贤人而能若是乎?”(此见《尽心下》)又《后汉书·王龚传》云：“闻伯夷之风者，贪夫廉，懦夫有立志。”《丁鸿传论》曰：“《孟子》曰：‘闻伯夷之风者，贪夫廉，懦夫有立志。’”……(《三国名臣序赞》注云：“《孟子》曰：‘闻伯夷之风者，贪夫廉，懦夫有立志。’”)……赵氏于《万章下》注云：“顽贪之夫更思廉洁。”于《尽心下》注云：“顽贪。”是赵本作“顽”矣。据下文“懦夫有立志，鄙夫宽，薄夫敦”，皆以相反者言之，则作“贪”为是。……而两汉及唐人皆引作“贪”，知必非无本矣。

F 段抄自臧琳《经义杂记》卷七“二女婐”条：

《孟子·尽心下》：“被袗衣，鼓琴，二女果，若固有之。”赵注：“果，侍也。”……《正义》曰：“以尧帝二女事之实，若固自当有之也。”许慎谓女侍曰婐(旧讹倮)，今释果为侍……是有惑于许慎之说而遂误欤。盖木实曰果，云果者，取其实而言也。朱子《集注》云：“果，《说文》作婐……女侍也。”案《说文·女部》：“婐，妮也。一曰女侍曰婐。……从女果声。孟轲曰：‘舜为天子二女婐。’”据此，知《孟子》本作“二女婐”，今作“果”者，是“婐”之省借。……疏辟旧说，谓木实曰果，取其实而言，义甚穿凿。

【小结】此条抄自《经义杂记》卷六“行者必以赆”条、卷七“二女婐”条、卷十“行者有裹囊”条、卷十七“贪夫廉”条和“而民劝乐之”条、卷十九“不若是忿”条。A 段抄自“而民劝乐之”条，B 段抄自“行者有裹囊也”条，C 段抄自“行者必以赆”条，D 段抄自“不若是忿”条，E 段抄自“贪夫廉”条，F 段抄自“二女婐”条。作伪方式有二：第一，点窜字句；第二，增加观点句——“有据”，“非也”等。

12. 郑氏《易注》

【A】郑康成先从第五元受京氏《易》，后从马季长复受费氏《易》，中间又遭党锢事，逃难来至元城，乃注《周易》，【B】有《周易注》九卷(见《隋志》)，**接费氏之正传，**《隋志》又称郑玄、王弼二注，梁陈列于国学。齐时惟传郑义，【C】故陆澄《与王俭书》曰：“王弼说《易》，玄学之所宗。今若崇儒，郑注自不可废。”**王俭亦云：“《易》体微远，实冠群经。施、孟异闻，周、韩殊旨，岂可专据小王，便为该备？依旧存郑……意谓可安。”皆笃论也。**【D】至隋，王注盛行，郑学遂微，**然犹并立学官。至唐初诏孔颖达等作疏，始祧郑宗王，汉学遂绝。李氏鼎祚《周易集解》中颇载其说，**【E】并杂采子夏等三十五家之说。自序所谓“刊辅嗣之野文，补康成之逸象”。【F】据此，知郑《易》在唐代尚存，故李氏犹及见之。至宋则仅存《文言》、《序卦》、《说卦》、《杂卦》四篇而已(见《崇文总目》)，余皆散佚。然则郑《易》殆于南北宋之间亡之矣。至宋王应麟旁摭诸书，**辑为一卷**，经文异字，亦皆并存。其无经文可缀者，则总录于末简。又以玄注多言互体，即并取《左传》、《礼记》、《周礼正义》中论互体者八条，以类附焉(后人附刻《玉海》末)。【G】能于散佚之余，搜罗放失，存汉《易》之**崖略**。【H】惟皆不著所出何书，又次序先后，间与经文不应，亦有遗漏未载者。故国朝惠栋因其旧本，重加补正。一一考求原本，注其出自某书，以明信而有征。其次序先后，悉从经文厘定。补《上经》二十八条、《下经》十六条、《系辞》十四条、《说卦传》二十二条、《序卦传》七条、《杂卦传》五条。移应麟所附《易赞》一篇于卷端，删去所引诸经《正义》论互体者八条。又别据玄《周礼·太师》注作《十二月爻辰图》，据玄《月令》注作《爻辰所值二十八宿图》，附于卷末，**共成三卷**。【I】王氏经营创始捃拾之劳，自不可泯，**而惠氏重加订正**，【J】考核精密，实胜原书，【K】均可谓笃志遗经，研心古义者矣。

【辨伪】A段抄自臧琳《经义杂记》卷十五“为宣发”条：

郑先通京氏《易》，后注费氏《易》，又遭党锢事，逃难注《礼》，为袁谭所逼，来至元城，乃注《周易》。

B、D、F、C、G、K、I段抄自《四库全书总目》卷一《周易郑康成注》提要：

【B】案《隋志》载郑玄《周易注》九卷，又称郑玄、王弼二注，梁陈列于国学，齐代惟传郑义，【D】至隋，王注盛行，郑学浸微。……【F】是唐时其书犹在，故李鼎祚《集解》多引之。宋《崇文总目》惟载一卷，所存者仅《文言》、《序卦》、《说卦》、《杂卦》四篇，余皆散佚。……则亡于南北宋之间……应麟始旁摭诸书，裒为此帙，经文异字，亦皆并存。其无经文可缀者，则总录于末简。又以玄注多言互体，并取《左传》、《礼记》、《周礼正义》中论互体者八条，以类附焉。【C】齐陆澄《与王俭书》曰：“王弼注《易》，玄学之所宗。今若崇儒，郑注不可废。”……【G】应麟能于散佚之余，搜罗放失……【K】可谓笃志遗经，研心古义者矣。【I】然经营创始，实自应麟，其捃拾之劳亦不可泯。

E段抄自《四库全书总目》卷一《周易集解》提要：

唐李鼎祚撰……所采凡子夏、孟喜、焦赣、京房、马融、荀爽、郑玄、刘表、何晏、宋衷、虞翻、陆绩、干宝、王肃、王弼、姚信、王廙、张璠、向秀、王凯冲、侯果、蜀才、翟玄、韩康伯、刘𪊲、何妥、崔憬、沈驎士、卢氏(案卢氏《周易注》，

《隋志》已佚其名)、崔觐、伏曼容、孔颖达(案以上三十二家，朱睦㮮序所考)、姚规、朱仰之、蔡景君(案以上三家，朱彝尊《经义考》所补考)等三十五家之说。自序谓“刊辅嗣之野文，补康成之逸象”。

H、J段抄自《四库全书总目》卷一《新本郑氏周易》提要：

【H】尚颇见汉学之崖略。……然皆不著所出之书，又次序先后，间与经文不应，亦有遗漏未载者。栋因其旧本，重为补正。……一一考求原本，注其出自某书，明其信而有征……其次序先后，亦悉从经文厘定。……《上经》补二十八条，《下经》补十六条，《系辞传》补十四条，《说卦传》补二十二条，《序卦传》补七条，《杂卦传》补五条，移应麟所附《易赞》一篇于卷端，删去所引诸经《正义》论互卦者八条。而别据玄《周礼·太师注》注作《十二月爻辰图》，据玄《月令》注作《爻辰所值二十八宿图》，附于卷末……【J】考核精密，实胜原书。

【小结】此条用捏合法，先以《经义杂记》卷十五“为宣发”条为引线，后将《四库全书总目》卷一的三条提要(《新本郑氏周易》提要、《周易郑康成注》提要、《周易集解》提要)捏合进来，又调整顺序，重新洗牌，让人难以索解。A段抄自《经义杂记》卷十五“为宣发”条，B、D、F、C、G、K、I段抄自《四库全书总目》卷一《周易郑康成注》提要，E段抄自《四库全书总目》卷一《周易集解》提要，H、J段抄自《四库全书总目》卷一《新本郑氏周易》提要。此条作伪方法有四：第一，点窜字句；第二，增加观点句——“王俭亦云：‘《易》体微远，实冠群经。施、孟异闻，周、韩殊旨，岂可专据小王，便为该备？依旧存郑……意谓可安。’皆笃论也”，“然犹并立学官。至唐初诏孔颖达等作疏，始祧郑宗王，汉学遂绝。李氏鼎祚《周易集解》中颇载其说”等；第三，改变顺序；第四，抄自多书。今按：王玉树身处乾嘉参据学大盛之世，不懂规矩，巧取豪夺，异哉！

13.《易》古本

【A】屯《象》：“君子以经纶。”王弼注：“君子经纶之时。”《正义》曰：“经谓经纬，纶谓纲纶。姚信云：‘纶谓纬也。’刘表、郑玄以‘纶’为‘沦’字。”案《释文》作“经论”，音伦。郑如字。黄颖云：“经论匡济也。本亦作‘纶’。”李氏《易》引荀爽曰：“经者，常也，论者，理也，君子以经论不失常道也。”是荀慈明、郑康成并作“经论”，刘表、黄颖亦同。知《易》古本本作“经论”矣。《正义》作“沦”者，字之讹也。【B】“六二，乘马班如。”王弼注：“时方屯难，正道未通，涉远而行，难可以进，故曰‘乘马班如’也。”《释文》：“班，如字。《子夏传》云：‘相牵不进貌。’郑本作‘般’。”李氏《易》引虞翻曰：“二乘初，故乘马班踬也。马不进，故班如矣。”案《说文·珏部》：“班，分瑞玉。从珏、从刀。”《舟部》：“般，辟也。象舟之旋。从舟、从殳，殳所以旋也。”“般旋”字当作“般”，“班”乃分布义。郑本作“般”。《子夏传》云：“相牵不进。”虞仲翔云：“乘马班踬。”皆般旋不进意，是诸家义皆作“般”，据此，知《易》古本本作“般”矣。陆氏云：“班，如字。”非也。【C】“六三，即鹿无虞，惟入于林中。”王弼注：“虽见其禽，而无其虞，徒入于林中，其可获乎？”《释文》"即鹿"，王肃作"麓"，云山足。李氏《易》引虞翻曰："艮为山，山足称鹿。鹿，林也。"案：王弼经作"鹿"，注不改字，故《正义》释经皆如字。读李氏引虞翻训鹿为山足，于经文尚未改为"麓"，知《易》古本本作"鹿"字，以为麋鹿。**郑与之同**。王肃好与郑难，因私改为"麓"。虞翻亦好讥议郑氏，与王肃同。但不至妄改圣经，以证合己意，少差于肃耳。【D】"讼，上九，或锡之鞶带，终朝三褫之。"王弼注："以讼受锡，荣何可保？故终朝三褫之也。"《释文》："褫，徐敕纸反，又直是反。王肃云：'解也。'郑本作'拕'，徒可反。"案《说文·衣部》："褫，夺衣也，从衣，虒声，读若池。"此二王所本。李氏《易》引侯果说亦云"解也"。据郑本作"拕"，知《易》古本本作"拕"矣。《说文·手部》："拕，曳也。"《论语·乡党》："加朝服拖绅。"拖即拕之俗。马融《易》以鞶带为大带，包咸注《论语》以绅为大带，是以大带宜言拕，而非褫夺之义也。【E】师九二《象》："承天宠也。"《释文》："宠，如字。郑云：'光耀也。'王肃作'龙'，云宠也。"案：龙，古宠字。《诗·蓼萧》"为龙为光"，传："龙，宠也。"笺云："为宠为光，言天子恩泽光耀被及己也。"《左传·昭十二年》"宠光之不宣"，杜注引《诗》曰："为龙为光。"据此，知《易》古本本作"承天龙也"。而郑以"光耀"释之，但云："龙当为宠。"**并未改经**。后人遂因郑注改之耳。【F】"颐，六四，虎视眈眈，其欲逐逐。"王弼注："虎视眈眈，威而不猛，不恶而严，养德施贤，何可有利？故'其欲逐逐'，尚敦实也。"李氏《易》引虞翻曰："眈眈，下视貌。逐逐，心烦貌。坤为吝啬，坎水为欲，故其欲逐逐。"《释文》："逐逐，如字。薛云速也。《子夏传》作'攸攸'。《志林》云'攸当为逐'。苏林音迪。荀作'悠悠'，刘作'跾跾'，云远也。"又《汉书·叙传下》："六世眈眈，其欲浟浟。"师古曰："《易·颐卦》六四爻辞曰：'虎视眈眈，其欲浟浟。'眈眈，威视之貌。浟浟，欲利之貌。"今《易》"浟"字作"逐"。案《说文·足部》："跾，疾也，长也。从足，攸声。"《攴部》："攸，行水。从攴，从人，水省。""汥"，秦石刻《绎山碑》"攸"字如此。《心部》："悠，忧也，从心攸声。"攴部、心部义皆不合。惟《足部》"疾也"一训，与薛云"速也"合，长也。一训与刘云远也合，则此字当从刘景升作"跾"为是。子夏作"攸"，荀爽作"悠"，《汉书》作浟，皆借用同声字，**知《易》古本定作"跾"矣。何以知其然**？观《志林》云"攸当为逐"，因声近云。然虞喜非经师，**固不足据**，然但云"攸当为逐"，**子夏亦作"攸攸"**，是经文尚作"攸"，**惟阙"足"**，犹未改为"逐"，至王弼竟改作"逐"矣。【G】《恒》上六："振恒凶。"郑云："振，摇落也。"马云："动也。"张伦及**虞翻本皆**作"震"。案《说文·木部》："榰，柱砥，古用木，今以石。从木，耆声。《易》曰：'榰恒凶。'"谓榰当在下而反在上，故下文象曰："榰恒在上，大无功也。"**榰在上，必震动摇落。亦与马、郑合。据此，知《易》古本本作"榰"矣**。【H】《困》上六："困于葛藟，于臲卼。"**孔疏："臲卼，动摇不安之貌。"**薛、虞作"劓杌"。案《说文·危部》无臲、卼字，《出部》："𥫃，不安也。从出，臬声。《易》曰：'槷𥫃。'"徐锴曰："物不安则出不在也。"槷字见《周礼》注，云"古文臬字"。又《仪礼》注以为即古文"闑"。今与𥫃连文，是假借为不安。**据此，知《易》古本本作"槷𥫃"矣**。【I】《说卦传》："其于人也为寡发。"《正义》曰："寡，少也。风落树之华叶，则在树者稀疏，如人之少发，亦类于此。"《释文》："寡发，如字。本又作'宣'，黑白杂为宣。"李氏《易》作"其于人也为宣发"。引虞翻曰："为白故宣发。"马君以宣为寡，非也。据此，知《易》本有作"宣发"者，宣，明也，又散也。故虞以为白。郑《周礼注》云："头发皓落曰宣。"即引《易·巽》为"宣发"以证。与虞翻本正合。贾疏引郑《易》注云："取四月靡草死，发在人体，犹靡草在地。”则是鲜少之义。经当作“寡”。盖马、郑所注古文《易》本作“寡发”。贾疏亦云今《易》作“寡”是也。考《易》施、孟、梁丘、京为今文，费氏为古文，马、郑传费氏《易》，虞传孟氏《易》，故文异。而《礼》注与《易》注不同者，郑先通京氏《易》，后受费氏《易》。然则《礼》注之为“宣发”，京氏《易》也。《易》注之为“寡发”，费氏《易》也。

【辨伪】A段抄自臧琳《经义杂记》卷五“君子以经论”条：

《易·屯》象：“云雷屯，君子以经纶。”王弼注：“君子经纶之时。”《正义》曰：“经谓经纬，纶谓纲纶。”姚信云：“纶谓纬也……刘表、郑玄以‘纶’为‘沦’字。……”案《释文》作“经论”，音伦。郑如字。……黄颖云：“经论，匡济也。本亦作‘纶’。”又李氏《集解》引荀爽曰：“……经者，常也，论者，理也，君子以经论不失常道也。”是汉荀慈明、郑康成并作“经论”（荀、郑皆传费氏《易》。费氏经与古文同）。刘表、黄颖亦同。《正义》“沦”为“论”字之讹。

B段抄自臧琳《经义杂记》卷十“乘马般如”条：

《易·屯六二》：“乘马班如。”王弼注：“时方屯难正道未通，涉远而行难可以进。故曰‘乘马班如’也。”《释文》：“班如，如字。《子夏传》云：‘相牵不进貌。’郑本作‘般’。”……《集解》引虞翻曰：“二乘初，故乘马班踬也。马不进，故班如矣。”案《说文·珏部》：“班，分瑞玉。从珏、从刀。”《舟部》：“般，辟也。象舟之旋。从舟、从殳，殳所以旋也。”然则“般旋”字当作“般”，“班”乃分布义。郑本作“般”为正。……《子夏传》云：“相牵不进。”虞仲翔云：“乘马班踬。”皆般旋难进之意，是诸家义皆作“般”。陆德明云：“‘班如’，如字。”非也。

C段抄自臧琳《经义杂记》卷九“即鹿无虞”条：

《易·屯六三》：“即鹿无虞，惟入于林中。”王弼注：“虽见其禽，而无其虞，徒入于林中，其可获乎?”《释文》“即鹿”，王肃作“麓”，云山足。李氏《集解》：“虞翻曰：‘……艮为山，山足称鹿。鹿，林也。’”……案：王弼经作鹿，注不改字，故《正义》释经注皆如字。读《集解》引虞仲翔训鹿为山足，于经尚未改作“麓”，知郑《易》本作“鹿”字，以为麋鹿。王弼本之。王肃好与郑难，因私改为“麓”。虞翻亦好讥议郑氏，与王肃同。……但不至妄改圣经，以证合己意，少差于肃耳。

D段抄自臧琳《经义杂记》卷五“终朝三拕之”条：

《易·讼》：“上九，或锡之鞶带，终朝三褫之。”王弼注：“以讼受锡，荣何可保，故终朝之间褫带者三也。”……《释文》：“褫，徐敕纸反，又直是反。……王肃云：‘解也。’郑本作‘拕’，徒可反。”案《说文·衣部》：“褫，夺衣也，从衣，虒声，读若池。”此二王所本。……李氏《集解》载侯果说亦云：“褫，解也。”据郑本作“拕”，知古文《易》作“拕”矣。……《说文·手部》：“拕，曳也。”《论语·乡党》：“加朝服拖绅。”拖即拕之俗。马融注《易》以鞶带为大带，包咸注《论语》以绅为大带，是于大带宜言拕，而非褫夺之义也。

E段抄自臧琳《经义杂记》卷三“承天龙也”条：

《易·师九二象》：“承天宠也。”《释文》：“宠，如字。郑云：‘光耀也。’王肃作‘龙’，云宠也。”案：龙，为古宠字。《诗·蓼萧》“为龙为光”，传：“龙，宠也。”笺云：“为宠为光，言天子恩泽光耀被及己也。”《左传·昭十二年》“……宠光之不宣”，杜注：“《诗》曰：‘为龙为光’。……”古《易》当为“天龙”，郑以“光耀”解之，盖云：“龙当为宠。”后人遂依注改经。

F段抄自臧琳《经义杂记》卷十“其欲跾跾”条：

《易·颐六四》：“颠颐吉。虎视眈眈，其欲逐逐。”王弼注：“虎视眈眈，威而不猛，不恶而严，养德施贤，何可有利？故‘其欲逐逐’，尚敦实也。”《集解》引虞翻曰：“眈眈，下视貌。逐逐，心烦貌。坤为吝啬，坎水为欲，故其欲逐逐。”《释文》：“逐逐，如字。……薛云速也。《子夏传》作‘攸攸’。《志林》云‘攸当为逐’。苏林音迪。荀作‘悠悠’，刘作‘跾跾’，云远也。”……又《汉书·叙传下》：“六世眈眈，其欲浟浟。”师古曰：“《易·颐卦》六四爻辞曰：‘虎视眈眈，其欲浟浟。’眈眈，威视之貌也。浟浟，欲利之貌也。”……今《易》“浟”字作“逐”。案《说文·足部》：“跾，疾也，长也。从足攸声。”《攴部》：“攸，行水也。从攴，从人，水省。”“汥”，秦刻石《峄山文》“攸”字如此。《心部》：“悠，忧也，从心，攸声。”攴部、心部义皆不合。惟《足部》“疾也”一训，与薛云“速也”合，长也。一训与刘云远也合，则此字当从刘景升作“跾”为正。子夏作“攸”，荀爽作“悠”，皆借用同声字。《汉书》作“浟”……《志林》云“攸当为逐”，因声近而云然。然虞喜非经师，其言恐未足据，且云“攸当为逐”，是经尚作“攸”，犹未改为“逐”，而今王弼本竟作“逐”，何也？

I段抄自臧琳《经义杂记》卷十五“为宣发”条：

《易·说卦》：“巽为木，其于人也为寡发。”《正义》曰：“寡，少也。风落树之华叶，则在树者稀疏，如人之少发，亦类于此。”《释文》：“寡发，如字。本又作‘宣’，黑白杂为宣发。”……又李氏《集解》作“其于人也为宣发”。引虞翻曰：“为白故宣发。”马君以宣为寡发，非也。据此，知《易》本有作为“宣发”者，宣，明也，又散也。故虞以为白。《周礼注》云：“头发皓落曰宣。”即引《易·巽》“为宣发”以证。与虞仲翔本正合。贾疏引郑《易》注云：“取四月靡草死，发在人体，犹靡草在地。”则是鲜少之义。经当作“寡”。盖马、郑所注古文《易》本作“寡发”。……贾疏亦云今《易》文作“寡”是也。考《易经》施、孟、梁丘、京为今文，费氏为古文，马、郑传费氏《易》，虞仲翔传孟氏《易》，故文异。而《礼》注与《易》注不同者，郑先通京氏《易》，后注费氏《易》。……然则《礼》注之为“宣发”，京氏《易》也。《易》注之“寡发”，费氏

《易》也。

G疑抄自陈鳣《简庄疏记》卷一《易》①：

《恒》上六云："振恒凶。"《释文》："振，马云：'动也。'郑云：'摇落也。'"张作"震"。按《说文》云："榰，柱砥，古用木，今以石。从木耆声。《易》曰：'榰恒凶。'"盖榰当在下而反在上，故象曰："榰恒在上，大无功也。"

H抄自王鸣盛《尚书后案》卷二十九《周书》：

《易·困上六》："困于葛藟，于臲卼。"薛、虞作"劓杌"。《说文》卷六上《木部》无杌字，卷九下《危部》无臲、卼字。……《说文》卷六下《出部》𣵠字注云："槷𣵠，不安也。从出，臬声。《易》曰'槷𣵠'。"……槷字见郑《周礼》注，云"是古文臬字"。又《仪礼》注以为即古文闑字，今与𣵠连文，为不安，亦是假借。

【小结】此条抄自《经义杂记》卷三"承天龙也"条和"君子以经论"条、卷五"终朝三拕之"条、卷九"即鹿无虞"条、卷十"乘马般如"条和"其欲篴篴"条、卷十五"为宣发"条，《简庄疏记》卷一《易》，《尚书后案》卷二十九《周书》。此条作伪方式有三：第一，点窜字句；第二，增加观点句——"并未改经"，"郑与之同"等；第三，抄自多书，A段抄自《经义杂记》卷五"君子以经论"条、B段抄自《经义杂记》卷十"乘马般如"条、C段抄自《经义杂记》卷九"即鹿无虞"条、D段抄自《经义杂记》卷五"终朝三拕之"条、E段抄自《经义杂记》卷三"承天龙也"条、F段抄自《经义杂记》卷十"其欲篴篴"条，G段抄自《简庄疏记》卷一，H段抄自《尚书后案》卷二十九《周书》，I段抄自《经义杂记》卷十五"为宣发"条。

14.《子夏易传》无真本

说《易》之书，惟《子夏易传》为最古。而**讹伪迭出，亦惟是书为最不可据**。案《唐会要》载开元七年诏："《子夏易传》，近无习者，令儒官详定。"刘知幾议曰："《汉志》《易》有十三家，而无子夏作传者，至梁阮氏《七录》始有《子夏易》六卷，或云韩婴作，或云丁宽作。然据《汉书》，韩《易》十二篇，丁《易》八篇，求其符合，事殊隳刺，必欲行用，深以为疑。"司马贞议亦云："刘向《七略》有《子夏易传》，但此书不行已久，今所存多失真本。荀勖《中经簿》云：'《子夏传》四卷，或云丁宽。'是先达疑非子夏矣。又《隋·经籍志》云：'《子夏传》残阙，梁六卷，今二卷。知其书错谬多矣。'又王俭《七志》引刘向《七略》云：'《易传》子夏，韩氏婴也。今题不称韩氏而载薛虞记，其质粗略，旨趣非远，无益后学。'"云云。据此，是《子夏易传》在唐以前已为伪本矣。而晁说之《传易堂记》又称："今号为《子夏传》者，乃唐张弧之《易》。"是唐时又一伪本并行矣。今朱竹垞《经义考》证以《经典释文》、《周易集解》、《困学纪闻》所引，又皆今文所无。则是今本又出讹托，不

① 陈鳣(1753—1817)，与王玉树时代靠得太近。此条存疑。

独非子夏之书，亦并非张弧之书矣。

【辨伪】此条抄自《四库全书总目》卷一《子夏易传》提要：

案：说《易》之家，最古者莫若是书。其伪中生伪，至一至再而未已者，亦莫若是书。《唐会要》载开元七年诏："《子夏易传》，近无习者，令儒官详定。刘知幾议曰："《汉志》《易》有十三家，而无子夏作传者，至梁阮氏《七录》，始有《子夏易》六卷，或云韩婴作，或云丁宽作。然据《汉书》，韩《易》十二篇，丁《易》八篇，求其符合，事殊隳刺，必欲行用，深以为疑。"司马贞议亦曰："案刘向《七略》有《子夏易传》，但此书不行已久，今所存多失真本。荀勖《中经簿》云：'《子夏传》四卷，或云丁宽。'是先达疑非子夏矣。又《隋书·经籍志》云：'《子夏传》残阙，梁六卷，今二卷。'知其书错缪多矣。又王俭《七志》引刘向《七略》云：'《易传》子夏，韩氏婴也。今题不称韩氏而载薛虞记，其质粗略，旨趣非远，无益后学。'"云云。是唐以前所谓《子夏传》，已为伪本。晁说之《传易堂记》又称："今号为《子夏传》者，乃唐张弧之《易》。"……是唐时又一伪本并行。……朱彝尊《经义考》证以陆德明《经典释文》、李鼎祚《周易集解》、王应麟《困学纪闻》所引，皆今本所无。……然则今本又出伪托，不但非子夏书，亦并非张弧书矣。

【小结】此条全抄自《四库全书总目》卷一《子夏易传》提要。作伪方式为点窜文句。

15.《易数钩隐图》出道经

刘牧《易数钩隐图》三卷附《遗论九事》一卷，何义门以为自《道藏》录出，今考《道藏目录》，实在洞真部灵图云字号中。是即图书之学出于道家之一证。南宋时刘敏士尝刻于浙江漕司，前有欧阳修序。吴澄曰："修不信《河图》，而有此序，殆为后人所伪作，而牧之后人误信之者。"俞琰亦云："序文俚浅，非修所作也。"其《遗论九事》：一为《太皞授龙马负图》，二为《六十四卦推荡诀》，三为《大衍之数五十》，四为《八卦变六十四卦》，五为《辨阴阳卦》，六为《复见天地之心》，七为《卦终未济》，八为《蓍数揲法》，九为《阴阳律吕图》。以先儒之所未及，故曰"遗论"也。

【辨伪】此条出自《四库全书总目》卷二《易数钩隐图》提要：

《易数钩隐图》三卷，附《遗论九事》一卷。……何焯以为自《道藏》录出。今考《道藏目录》，实在洞真部灵图类云字号中。是即图书之学出于道家之一证。……南宋时刘敏士尝刻于浙右漕司，前有欧阳修序。吴澄曰："修不信《河图》而有此序，殆后人所伪为，而牧之后人误信之者。"俞琰亦曰："序文浅俚，非修作。"……其《遗论九事》：一为《太皞授龙马负图》，二为《六十四卦推荡诀》，三为《大衍之数五十》，四为《八卦变六十四卦》，五为《辨阴阳卦》，六为《复见天地之心》，七为《卦终未济》，八为《蓍数揲法》，九为《阴阳律吕图》。以先儒之所未及，故曰"遗论"。

【小结】此条全抄自《四库全书总目》卷二《易数钩隐图》提要。作伪方式为点窜字句，仅将“何焯”改为“何义门”，其他大致相同。今按：读书笔记与学术札记性质不同。此本为王玉树之读书笔记，他却硬要伪装成学术札记，结果弄巧成拙，沦为大马扁矣。

16. 杜林解筮法

自古言占筮者不一家，而取象玩占，推之理而可验者，莫精于《左氏传》。而杜《注》及林氏《诠解》往往多误。如《襄公二十五年》：崔武子欲取棠姜，筮遇《困》之《大过》。陈文子曰：“夫从风，风陨妻，不可娶也。”案：三本互巽于上，是谓从风。坎变巽，则风象不在上而在下，陨者自上而下也。坎失其夫男之象，而但有巽风，《大过》“栋挠之凶”在三也。从言贞，陨言悔。杜氏以坎变巽为从风，似非其义。陨即指风，似亦不必谓风陨物也。又陆氏谓当以“风陨妻”为句。顾宁人《左传杜解补正》取其说。然先儒谓大过有死象，《系辞传》曰：“死期将至，兹竟变为大过。”则期已至矣。故崔子曰：“嫠也何害，先夫当之矣。”先夫谓棠公已死，是陨谓男不谓女明矣。陆氏特因不见其妻之文，以为陨妻。顾氏则以《襄二十七年》灭崔氏，东郭姜缢，崔子至则无归乃缢，于事有合而取之。然崔子死而犹尸于市，其事实起于棠姜，是乃妻不可娶之故，岂以丧其妻而无归耶？其曰：“困于石，往不济也。”之外为往，从风故欲往。于上济者，济坎，水中有石，则人为石困。困自否来，二在否，当乾、艮交。济水为石所碍，故不济。林氏以进遇九四、九五之刚为石，亦非也。其曰：“据于蒺藜，所恃伤也。”坎为丛棘，三据二上为据，非所据而据，故有伤。而杜氏乃以蒺藜为兑泽之生物而险者，是皆误以石与蒺藜之象为在上卦耳。又《昭公五年》传：“初穆子之生也，庄叔以《周易》筮之，遇《明夷》之《谦》，卜人楚丘曰：‘是将行，而归为子祀。以谗人入。’”又曰：“《明夷》，日也。日之数十，故有十时，亦当十位。自王以下，其二为公，其三为卿。日上其中，食日为二，旦日为三。《明夷》之《谦》，明而未融，其当旦乎？故曰‘为子祀’。日之《谦》，当鸟，故曰‘明夷于飞’。明而未融，故曰‘垂其翼’。象日之动，故曰‘君子于行’。当三在旦，故曰‘三日不食’。离，火也。艮，山也。离为火，火焚山，山败。于人为言，败言为谗，故曰‘有攸往，主人有言’。言必谗也。”所谓“十时十位”者，即《昭公七年》芋尹无宇言“天有十日，人有十等。王臣公，公臣大夫，大夫臣士，士臣皂，皂臣舆，舆臣隶，隶臣僚，僚臣仆，仆臣台”。凡数以十计者，古皆以甲乙为次。而十时则自日中以至日昳，其序自日中而逆数至食时，又逆至旦时。若以今十二时计之，乃以午、辰、寅、丑、子、亥、戌、酉、申、未为十位一二三四之次，古但以昼夜各分五时耳。而杜解谓“隅中日出，阙不在第”。尊王公，旷其位，是乃以后世之十二时而论古之十时，误矣。其曰“明而未融”者，日火外光，在两阳爻初变阴，故未融。而杜解以《谦》道卑退之说，亦非也。曰“其在旦乎”者，即在后之言“当三在旦”。九三为《谦》之主爻，于时为三之卿位，于日即为三日也。离象破，则无大腹之象。故为不食，亦不必谓旦非食时也。其曰“日之谦当鸟”者，《明夷》之初，自小过之四而下。小过固有飞鸟之象，自上而下，故为飞而垂其翼。若楚丘以“明而未融”解垂翼者，此是论筮非爻象之本义也。《谦》三互震主动，故曰“象日之动”，非泛言日也，此皆承“日之谦”之文而言。其曰：“火焚山，山败。”变离为艮，艮正山象，何云山败乎？盖山因焚而见，林氏以草木焦枯为山败是也。杜氏解“于人为言”、“败言为谗”二句曰：“艮为言，为离所焚，故言败。”艮何以有言？象言乃离火之声。艮为阍寺，是有败言之谗言。与山自属两象。而杜复以离焚艮为言败，遂不得不强以艮为言矣。

【辨伪】汪师韩《韩门缀学》卷一“《左传》筮法”条：

大《易》观象观变之法，莫精详于《左传》，而《注疏》及林氏所解往往有误。如《襄公二十五年》，崔武子欲取棠姜，筮遇《困》之《大过》。陈文子曰：“夫从风，风陨妻，不可娶也。”按三本互巽于上，是谓从风。坎变巽，则风象不在上而在下，陨者自上而下也。坎失其夫男之象，而但有巽风，《大过》“栋桡之凶”在三也。从言贞，陨言悔。杜氏以坎变巽为从风，似非其义。陨即指风，似亦不必谓风陨物也。又陆氏谓当以“风陨妻”为句。顾氏炎武《左传杜解补正》取其说。然先儒谓大过有死象，《系辞传》曰：“死期将至，兹竟变为大过。”则期已至矣。故崔子曰：“嫠也何害，先夫当之矣。”先夫谓棠公已死，是陨谓男不谓女明矣。陆氏特因不见其妻之文，以为陨妻。顾氏则以《襄公二十七年》灭崔氏，东郭姜缢，崔子至则无归乃缢，于事有合而取之。然崔子死而犹尸于市，其事实起于棠姜，是乃妻不可娶之故，岂以丧其妻为无归耶？其曰：“困于石，往不济也。”之外为往，从风故欲往。于上济者，济坎，水中有石，则人为石困。困自否来，二在否，当乾、艮交。济水为石所碍，故不济。林氏以进遇九四、九五之刚为石，亦非也。其曰：“据于蒺藜，所恃伤也。”坎为丛棘，三据二上为据，非所据而据，故有伤。而杜氏乃以蒺藜为兑泽之生物而险者，是皆误以石与蒺藜之象为在上卦耳。又《昭公五年》传：“初穆子之生也，庄叔以《周易》筮之，遇《明夷》之《谦》，卜人楚丘曰：‘是将行，而归为子祀。以谗人入。’”又曰：“‘《明夷》’，日也。日之数十，故有十时，亦当十位。自王已下，其二为公，其三为卿，日上其中，食日为二，旦日为三。《明夷》之《谦》，明而未融，其当旦乎，故曰‘为子祀’。日之《谦》，当鸟，故曰‘明夷于飞’。明而未融，故曰‘垂其翼’。象日之动，故曰‘君子于行’。当三在旦，故曰‘三日不食’。离，火也。艮，山也。离为火，火焚山，山败。于人为言，败言为谗，故曰：‘有攸往，主人有言。’言必谗也。”所谓“十时十位”者，即《昭公七年》芋尹无宇言“天有十日，人有十等。王臣公，公臣大夫，大夫臣士，士臣皂，皂臣舆，舆臣隶，隶臣僚，僚臣仆，仆臣台”。凡数以十计者，古皆以甲乙为次。而十时则自日中以至日昳，其序自日中而逆数至食时，又逆至旦时。若以今十二时计之，乃以午、辰、寅、丑、子、亥、戌、酉、申、未为十位一二三四之次，古但以昼夜各分五时耳。而杜注谓“隅中日出，阙不在第”。尊王公，旷其位，是乃以后世之十二时而论古之十时，误矣。其曰“明而未融”者，日火外光，在两阳爻初变阴，故未融。而杜以《谦》道卑退为说，亦非也。曰“其在旦乎”者，即后之言“当三在旦”。九三为《谦》之主爻，于时为三之卿位，于日即为三日也。离象破，则无大腹之象。故为不食，亦不必谓旦非食时也。其曰“日之谦当鸟”者，《明夷》之初，自《小过》之四而下。《小过》固有飞鸟之象，自上而下，故为飞而垂其翼。若楚丘以“明而未融”释垂翼者，此是论筮非爻象之本义也。《谦》三互震主动，故曰“象日之动”，非泛言日也，此皆承“日之谦”之文而言。其曰：“火焚山，山败。”夫变离为艮，艮正山象，何云山败乎？盖山因焚而见，林氏以草木焦枯为山败，是也。杜氏注“于人为言”、“败言为谗”二句曰：“艮为言，为离所焚，故言败。”艮何以有言？象言乃离火之声。艮为阍寺，是有败言之谗。言与山自属两象。而杜复以离焚艮为言败，遂不得不强以艮为言矣。

【小结】此条抄自汪师韩《韩门缀学》卷一"左传《筮法》"条。作伪方式有二：第一，点窜文句；第二，增加句子。今按：《韩门缀学》是学术札记，而《经史札记》是剽窃成书。天下文章一大抄，就看你会抄不会抄。遵守学术规范，"抄"可以为"撰"。否则，"撰"反而变为"抄"。

17. 张子《正蒙·动物篇》

《文言传》："本乎天者亲上，本乎地者亲下。"程子《易传》曰："本乎天者，如日月星辰；本乎地者，如虫兽草木。"程子盖因《离卦·彖传》有"日月丽乎天，百谷草木丽乎土"之语，故以本天者为日月星辰。然天无体，以日月星辰为体，是日月星辰即天也，不可以物言。《文言传》明《乾》九五爻"圣作物睹"之义，所以与《离·彖》各异。考《周礼·大宗伯》以天产作阴德，以地产作阳德。郑注云："天产者动物，谓六牲之属；地产者植物，谓九谷之属。"《大司徒》辨五土之物生，其动物有毛物、鳞物、羽物、介物①、蠃物②五者，其植物有皂物、膏物③、核物④、荚物⑤、丛物⑥五者。孔颖达《正义》本此为说，谓动物含灵之属，天体运动，动物亦运动。植物无识之属，地体凝滞，植物亦不移动。李氏《集解》中引唐崔憬之说谓动物亲于天之动，植物亲于地之静。朱子《本义》大概综括《程传》，惟此条不从程解而从崔氏、孔氏者，诚以其说确不可易也。但动物亦有静而寝息之时，植物亦有动于摇撼之时，岂得以动静两言概之？《朱子语类》又云："凡动物首向上，是亲乎上，人类是也；凡植物本向下，是亲乎下，草木是也。禽兽首多横生，所以无智。"其诠解更精，然亦但示以在外之流形，而未究其所以然之故也。惟张子《正蒙》足本《动物篇》曰："动物本诸天，以呼吸为聚散之渐；植物本诸地，以阴阳升降为聚散之渐。"又曰："有息者根于天，不息者根于地。根于天者不滞于用，根于地者滞于方。此动植之分也。"盖圣人之于民，亦类也。圣人位乎天德，而万物相见以天，是所谓各从其类也。横渠此解，为得孔子立言之旨矣。

---

① 【介物】有甲壳的动物。《周礼·地官·大司徒》："其动物宜介物。"郑玄注："介物，龟鳖之属。"《周礼·春官·大司乐》："五变而致介物。"

② 【蠃物】短毛的动物。

③ 【膏物】纹理白如膏脂的植物，如杨柳之属。或谓膏为"櫜"字之误，莲芡之实其外有櫜韬。《周礼·地官·大司徒》："以土会之法，辨五地之物生……二曰川泽，其动物宜鳞物，其植物宜膏物。"郑玄注："郑司农云：'膏物谓杨柳之属，理致且白如膏。'玄谓膏当为櫜，字之误也。莲芡之实有櫜韬。"

④ 【核物】泛称有核的果品。《周礼·地官·大司徒》"其植物宜核物"汉郑玄注："核物，李、梅之属。"

⑤ 【荚物】植物果实的一种名称。凡草木结实时，有狭长的果皮包裹着，至成熟时，皮自破裂而籽出者，统称荚物。《周礼·地官·大司徒》："四曰坟衍，其动物宜介物；其植物宜荚物。"郑玄注："荚物，荠荚，王棘之属。"贾公彦疏："荠荚，即今人谓之皂荚。"

⑥ 【丛物】丛生之物。指芦荻之类的植物。芦荻之类的植物，聚集在一起生长，故称。《周礼·地官·大司徒》："五曰原隰，其动物宜蠃物，其植物宜丛物。"郑玄注："丛物，萑苇之属。"

【辨伪】汪师韩《韩门缀学》卷一"本天亲上本地亲下"条：

> 《易·文言传》："本乎天者亲上，本乎地者亲下。"程子《易传》曰："本乎天者，如日月星辰；本乎地者，如虫兽草木。"程子盖因《离卦·彖传》有"日月丽乎天，百谷草木丽乎土"之语，故以本天者为日月星辰。窃思天无体，以日月星辰为体，是日月星辰即天也，不可以物言。《文言传》明《乾》九五爻"圣作物睹"之义，所取与《离·彖》各异。考《周礼·大宗伯》以天产作阴德，以地产作阳德。郑康成注云："天产者动物，谓六牲之属；地产者植物，谓九谷之属。"《大司徒》辨五土之物生，其动物有毛物、鳞物、羽物、介物、蠃物五者。其植物有皂物、膏物、核物、荚物、丛物五者。孔颖达《易正义》本此为说，谓动物含灵之属，天体运动，动物亦运动。植物无识之属，地体凝滞，植物亦不移动。李鼎祚《集解》引唐崔憬之说谓动物亲于天之动，植物亲于地之静。朱子《本义》大概综括《程传》，独此条不从程子而从崔氏、孔氏者，诚以其说确不可易也。但动物亦有静而寝息之时，植物亦有动于摇撼之时，岂得以动静两言概之？《朱子语类》又云："凡动物首向上，是亲乎上，人类是也；凡植物本向下，是亲乎下，草木是也。禽兽首多横生，所以无智。"其说为更精，然亦但示以在外之流形，而未究其所以然之故也。张子《正蒙·动物篇》曰："动物本诸天，以呼吸为聚散之渐；植物本诸地，以阴阳升降为聚散之渐。"又曰："有息者根于天，不息者根于地。根于天者不滞于用，根于地者滞于方。此动植之分也。"……盖圣人之于民，亦类也。圣人位乎天德，而万物相见以天，是所谓各从其类也。张子之解，为得孔子立言之旨矣。

【小结】此条抄自汪师韩《韩门缀学》卷一"本天亲上本地亲下"条。主要作伪方式为点窜字句。今按：汪师韩缀学以成文，点铁成金；王玉树因袭以成文，点金成铁。

18.《诗序》不可废

【A】《诗》大小《序》，首二句为毛苌以前经师所传，以下续申之词，为毛苌以下弟子所附。盖子夏五传至孙卿，授毛亨，毛亨授毛苌，是《毛诗》距孙卿再传。申培师浮丘伯，浮丘伯师孙卿，是《鲁诗》距孙卿亦再传。故二家之序大同小异，其为孙卿以来递相授受者明矣。其所授受止首二句，其下续申之词其为各家之演说，亦明矣。【B】朱子《集传》初稿全宗《小序》，后乃改从郑樵之说。说《诗》者遂分攻序、宗序两家，角立相争。【C】然《诗序》之说，前儒已纷如聚讼。以为《大序》子夏作，《小序》子夏、毛公合作者，郑玄《诗谱》也；以为子夏所序《诗》，即今《毛诗序》者，王肃《家语注》也；以为卫宏受学谢曼卿，作《诗序》者，《后汉书·儒林传》也；以为子夏所创，毛公及卫宏又加润益者，《隋书·经籍志》也；以为子夏不序《诗》者，韩愈也；以为子夏惟裁初句，以下出于毛公者，成伯玙也；以为诗人所自制者，王安石也；以《小序》为国史之旧文，以《大序》为孔子作者，明道程子也；以首句即为孔子所题者，王得臣也；以为毛传初行尚未有序，其后门人互相传授，各记其师说者，曹粹中也；以为村野妄人所作，昌言排击而不顾者，则倡之者郑樵、王质，和之者朱子也。

【辨伪】C、A 段抄自《四库全书总目》卷十五《诗序》提要：

【C】案《诗序》之说，纷如聚讼。以为《大序》子夏作，《小序》子夏、毛公合作者，郑玄《诗谱》也；以为子夏所序《诗》，即今《毛诗序》者，王肃《家语注》也；以为卫宏受学谢曼卿，作《诗序》者，《后汉书·儒林传》也；以为子夏所创，毛公及卫宏又加润益者，《隋书·经籍志》也；以为子夏不序《诗》者，韩愈也；以为子夏惟裁初句，以下出于毛公者，成伯玙也；以为诗人所自制者，王安石也；以《小序》为国史之旧文，以《大序》为孔子作者，明道程子也；以首句即为孔子所题者，王得臣也；以为毛传初行尚未有序，其后门人互相传授，各记其师说者，曹粹中也；以为村野妄人所作，昌言排击而不顾者，则倡之者郑樵、王质，和之者朱子也。

【A】盖子夏五传至孙卿，孙卿授毛亨，毛亨授毛苌，是《毛诗》距孙卿再传。申培师浮丘伯，浮丘伯师孙卿，是《鲁诗》距孙卿亦再传。故二家之序大同小异，其为孙卿以来递相授受者可知。其所授受只首二句，而以下出于各家之演说，亦可知也。……今参考诸说，定序首二语为毛苌以前经师所传，以下续申之词为毛苌以下弟子所附。

B 段抄自《四库全书总目》卷十五《诗集传》提要：

凡吕祖谦《读诗记》所称"朱氏曰"者皆其初稿，其说全宗《小序》，后乃改从郑樵之说。……自是以后说《诗》者遂分攻序、宗序两家，角立相争，而终不能以偏废。

【小结】此条抄自《四库全书总目》卷十五《诗集传》提要、《诗序》提要。作伪方式有二：第一，点窜字句；第二，改变顺序。今按："手莫伸，伸手必被捉"，此之谓也。

19.《诗传》作自毛亨

案《汉书·艺文志》，《毛诗》廿九卷，《毛诗故训传》三十卷，皆称毛公而不著其名。《后汉·儒林传》始云："赵人毛长传《诗》。"长字不从艸。《隋书·经籍志》《毛诗》二十卷，河间太守毛苌传，郑氏笺。于是《诗传》始称作自毛苌。流俗沿袭，莫之能改矣。然考郑玄《诗谱》曰："鲁人大毛公为训诂，传于其家，河间献王得而献之，以小毛公为博士。"陆玑《毛诗草木鸟兽虫鱼疏》亦云："孔子删《诗》授卜商，商为之序，以授鲁人曾申，曾申授魏人李克，克授鲁人孟仲子，仲子授根牟子，根牟子授赵人荀卿，荀卿授鲁国毛亨，毛亨作《训诂传》以授赵国毛苌。时谓亨为大毛公，苌为小毛公。"据此二说，是作传者乃毛亨，非毛苌也。郑氏后汉人，陆氏三国吴人，**去古为近**，又并传授《毛诗》，**作笺作疏**，渊源有自，其言可信。**《隋书·经籍志》殊不足据也。**

【辨伪】《四库全书总目》卷十五《毛诗正义》提要：

案《汉书·艺文志》，《毛诗》二十九卷，《毛诗故训传》三十卷，然但称毛公不著其名。《后汉书·儒林传》始云："赵人毛长传《诗》。……"其长字不从艸。《隋书·

经籍志》载《毛诗》二十卷，汉河间太守毛苌传，郑氏笺，于是《诗传》始称毛苌。然郑玄《诗谱》曰："鲁人大毛公为训诂，传于其家，河间献王得而献之，以小毛公为博士。"陆玑《毛诗草木鸟兽虫鱼疏》亦云："孔子删《诗》授卜商，商为之序，以授鲁人曾申，申授魏人李克，克授鲁人孟仲子，仲子授根牟子，根牟子授赵人荀卿，荀卿授鲁国毛亨，毛亨作《训诂传》以授赵国毛苌。时人谓亨为大毛公，苌为小毛公。"据是二书，则作传者乃毛亨，非毛苌。……而流俗沿袭，莫之能更。……以郑氏后汉人，陆氏三国吴人，并传授《毛诗》，渊源有自，所言必不诬也。

【小结】此条抄自《四库全书总目》卷十五《毛诗正义》提要。作伪方式有二：第一，点窜字句；第二，增加观点句——"去古为近"，"《隋书·经籍志》殊不足据也"等。今按：王氏讳其出处，殊不足据。

20. 毛传体例

【A】毛传最古雅且完善，**依经训义**，委曲诠解，而不拘于章句。【B】有经本一字而传重文者，如《击鼓》"忧心有忡"，传"忧心忡忡然"；《淇澳》"赫兮咺兮"，传"赫，有明德，赫赫然"；《芄兰》"容兮遂兮，垂带悸兮"，传"佩玉遂遂然，垂其绅悸悸然"；《丘中有麻》"将其来施"，传"施施难进之貌"；《中谷有蓷》"条其啸矣"，传"条条然啸也"；《黄鸟》"惴惴其栗"，传"栗栗，惧也"；《谷风》"有洸有溃"，传"洸洸，武也。溃溃，怒也"；《匪风》"匪风发兮，匪车偈兮"，传"发发飘风，非有道之风。偈偈疾驱，非有道之车"是也。有经重文而传一字者，如《公刘》"于时言言，于时语语"，传"直言曰言，论难曰语"；《有客》"有客宿宿，有客信信"，传"一宿曰宿，再宿曰信"是也。有经分而传合者，如《旄丘》"琐兮尾兮"，传"琐尾，少好之貌"；《泉水》"载脂载辖"，传"脂辖其车"；《北风》"其虚其邪"，传"虚邪也"；《女曰鸡鸣》"将翱将翔"，传"闲于政事，则翱翔习射"；《子矜》"挑兮达兮"，传"挑达，往来相见貌"；《卷阿》"有冯有翼"，传"道可冯依以为辅翼也"；《常武》"匪绍匪游"，传"不敢继以遨游也"；《有客》"有萋有且"，传"萋且，敬慎貌"是也。有经合而传分者，如《定之方中》"骒牝三千"，传"骒马与牝马也"；《淇澳》"绿竹猗猗"，传"绿，王刍也。竹，萹竹也"；《防有鹊巢》"中唐有甓"，传"中，中庭也。唐，堂涂也"；《七月》"以伐远扬"，传"远枝，远也。扬条，扬也"；《生民》"自土漆沮"，传"漆水也，沮水也"，"以兴嗣岁"，传"兴来岁，嗣往岁也"；《荡》"疾威上帝"，传"疾，病人矣。威，罪人矣"；《时迈》"明昭有周"，传"明，知未然也，昭然，不疑也"；《閟宫》"奄有龟蒙"，传"龟山也，蒙山也"，"保有凫绎"，传"凫山也，绎山也"是也。有经省文而传补者，如《生民》"鸟覆翼之"，传"一翼覆之，一翼藉之"是也。【C】俗儒不知，往往私意妄改者，**殊失毛公训诂之义矣**。

【辨伪】臧琳《经义杂记》卷二十三"毛传文例最古"条曰：

【A】十三经中惟《毛诗》传最古而最完好，其诂训能委曲顺经，不拘章句，【C】俗儒不知而私改者。……【B】有经本一字而传重文者，如《击鼓》"忧心有忡"，传"忧心忡忡然"；《淇奥》"赫兮咺兮"，传"赫，有明德，赫赫然"；《芄兰》"容兮遂兮，垂带悸兮”，传“佩玉遂遂然，垂其绅带悸悸然”；《丘中有麻》“将其来施”，传“施施难进之貌”；《中谷有蓷》“条其啸矣”，传“条条然啸也”；《黄鸟》“惴惴其栗”，传“栗栗，惧也”；《匪风》“匪风发兮，匪车偈兮”，传“发发飘风，非有道之风。偈偈疾驱，非有道之车”。……有经重文而传一字者，如《公刘》“于时言言，于时语语”，传“直言曰言，论难曰语”；《有客》“有客宿宿，有客信信”，传“一宿曰宿，再宿曰信”。……有经分而传合者，如《旄丘》“琐兮尾兮”，传“琐尾，少好之貌”；《泉水》“载脂载辖”，传“脂辖其车”；《北风》“其虚其邪”，传“虚邪也”；《女曰鸡鸣》“将翱将翔”，传“闲于政事，则翱翔习射”；《子衿》“挑兮达兮”，传“挑达，往来相见貌”；《卷阿》“有冯有翼”，传“道可冯依以为辅翼也”；《常武》“匪绍匪游”，传“不敢继以遨游也”；《有客》“有萋有且”，传“萋且，敬慎貌”。有经合而传分者，如《定之方中》“騋牝三千”，传“騋马与牝马也”；《淇奥》“绿竹猗猗”，传“绿，王刍也。竹，萹竹也”；《防有鹊巢》“中唐有甓”，传“中，中庭也。唐，堂涂也”；《七月》“以伐远扬”，传“远枝，远也。扬条，扬也”；《生民》“自土漆沮”，传“漆水，沮水也”，“以兴嗣岁”，传“兴来岁，嗣往岁也”；《荡》“疾威上帝”，传“疾，病人矣。威，罪人矣”；《时迈》“明昭有周”，传“明矣，知未然也，昭然，不疑也”；《閟宫》“奄有龟蒙”，传“龟山也，蒙山也”，“保有凫绎”，传“凫山也，绎山也”。有经省文而传补者，如《生民》“鸟覆翼之”，传“一翼覆之，一翼藉之”。

【小结】此条抄自《经义杂记》卷二十三“毛传文例最古”条。作伪方式有四：第一，点窜字句；第二，增加观点句——“殊失毛公训诂之义矣”；第三，改变顺序（原文顺序为A—C—B）；第四，改变标题，将“毛传文例最古”改为“毛传体例”。今按：任你颠三倒四，也无法将别人的变为自己的。

21. 郑笺改字

【A】郑氏笺明传义，有传义隐约者，**或申其义**，或正其义，或定其音，或辨其字。虽似改字，**要皆各有根据**。如《野有死麕》：“白茅纯束。”传：“纯束，犹包之也。”笺云：“纯，读如屯。”《正义》曰：“以纯非束之义，故读为屯。”案《史记·苏秦列传》：“锦绣千纯。”高诱注《战国策》：“音屯，屯，束也。”是古“屯”多假作“纯”也。【B】《终风》：“愿言则疌。”传：“疌，㰦也。”笺云：“疌，读当为不敢嚏咳之嚏。”《释文》：“疌，本又作嚏，又作疐，劫也。又作跲。”孙毓同。崔灵恩云：“毛训疌为㰦，今俗人云欠欠㰦㰦是也。”案《说文·欠部》无“㰦”字，《口部》：“嚔，悟解气也。《诗》曰‘愿言则嚔’。”“悟解气”正与毛传合。**以疌读嚏者，是以许义申毛也**。【C】《北风》：“其虚其邪。”传“虚邪也”，笺云：“邪，读如徐。”毛以“其虚其邪”言威仪，“虚徐”是以邪为徐字，是郑本《尔雅·释训》以正其读也。《大叔于田》：“叔善射忌。”传“忌，辞也”，笺云：“忌，读如彼己之子之己。”案《扬之水》“彼其之子”，笺云：“其或作记，或作已，读声相似。”是郑以其、忌、已、记四字同为语辞，因声相似而通用也。《鸳鸯》：“摧之秣之。”传“摧，莝也”，笺云：“摧，今莝字也。”《正义》曰：“传云：‘摧，莝转，古为今，其言不明，故辨之。’”云此摧乃今之莝字也。【D】《角弓》：“莫肯下遗。”笺云：“遗，读曰随，无肯谦虚，以礼相卑下，先人而后已。”案《荀子·非相》篇引《诗》作“隧”。杨注云：“隧读为随，隧与随同声。”《毛诗》本出荀卿，故郑据之。王肃申毛，作如字。乃与郑立异耳。【E】《思齐》：“烈假不瑕。”传“烈业，假大也”，笺云：“烈、假皆病也。”《正义》曰：“郑读‘烈假’为‘厉瘕’，故云皆病也。”【F】《云汉》：“靡人不周。”传“周，救也”，笺云：“周当作赒。”《正义》曰：“以周救于人，其字当从贝，故转为赒。”《崧高》：“往近王舅。”传“近，己也”，笺云：“声如彼记之子之记。”案《说文》：“迈读与记同。”毛以往迈为往己。古己、已声同，故郑以许读申毛也。凡此皆因传义隐约，或正其音，或申其义，非直改其字也。【G】《关雎》：“君子好逑。”传“逑，匹也，宜为君子之好匹”。笺云：“怨耦曰仇，能为君子和好众妾之怨者，皆化后妃，不嫉妒。”案：嘉耦曰妃，怨耦曰仇。嘉耦既以善相求，怨耦又以怨相求。嘉怨不同，而相求则一。故《尔雅》、《左传》皆作“仇”为“逑”之同声假借也。**是以“逑”作“仇”者，本《尔雅》、《左传》文也**。【H】《雄雉》：“自诒伊阻。”传“伊，维”。笺云：“伊当作繄，繄犹是也。”《正义》曰：“笺以《宣二年左传》赵宣子曰：‘呜呼！我之怀矣，自诒繄戚。’”《小明》云：“自诒伊戚。”为义既同，明伊有义为繄者，故此及《蒹葭》、《东山》、《白驹》各以伊为繄，《小明》不易者，以“伊戚”之文与传正同，为繄可知。据此，知《雄雉》“自诒伊阻”，《蒹葭》、《东山》、《白驹》“所谓伊人”，《正月》“伊谁云憎”，笺皆改“伊”为“繄”者，本《宣二年左传》文也。【I】《无衣》：“与子同泽。”传“泽，润泽也”，笺云：“襗，亵衣，近污垢。”《释文》同。“泽，如字。”毛“润，泽也”。郑“亵衣也”。《说文》作“襗”。《正义》曰：“笺：‘《易传》为襗。’”《说文》云：“襗，袴也。”《论语》注云：“亵衣，袍襗也。”又《周礼·玉府》“掌王之燕衣服”，注“燕衣服者，袍襗之属”。释曰：“《毛诗》云：‘岂曰无衣，与子同**襗。’”是以泽为襗者本许氏也**。【J】《山有枢》：“他人是愉。”传“愉，乐也”。笺云：“愉，读曰偷，偷取也。”案《汉书·地理志》引《诗》：“它人是媮。”《文选·西京赋》：“鉴戒唐诗，他人是媮。”薛综引《诗》“他人是媮”。《汉志》、张赋皆以“媮”为“偷”。盖康成时以媮为愉，乐字、恌、达字则作偷，或作媮，故郑随俗改愉为偷耳。是改愉为偷，与《班志》及张赋合，当本三家《诗》也。《扬之水》：“素衣朱襮。”传“诸侯绣黼”。笺云：“绣当为绡。”《正义》曰：“下章作素衣朱绣。”而《郊特牲》及《士昏礼》二注引《诗》皆作“素衣朱绡”者。笺破此传，绣当为绡。下章绣字，亦当破为绡。笺不言者，从此而略之耳。案《仪礼·士昏礼》“宵衣”注：“‘宵’读为《诗》‘素衣朱绡’之‘绡’。《鲁诗》以绡为绮属也。”《特牲馈食礼》“宵衣”注“宵，绮属也，此衣染之以黑其缯，本名曰绡。《诗》有‘素衣朱绡’，《礼》有‘玄绡衣’”。《礼记·郊特牲》“绣黼”注“绣读为绡，绡，缯名也。《诗》云：‘素衣朱绡。’”是郑改“绣”为“绡”者，本《鲁诗》也。《吉日》：“其祁孔有。”传“祁，大也”，笺云：“祁当作麎，麎，麋牝也。”《正义》曰：“注《尔雅》者某氏亦引《诗》云‘瞻彼中原，其麎孔有’。”与郑同。案唐人引某氏注《尔雅》，或引作樊光。樊，汉人。其引《诗》当本之三家，故与郑合。则改“祁”为“麎”，本三家《诗》也。【K】《有瞽》：“应田县鼓。”传“田，大鼓也”，笺云：“‘田’当作‘朄’，朄，小鼓，在大鼓旁，应、鞞之属也。”声转字误，变而为田。案《礼记·明堂位》：“周县鼓。”注：“《周颂》曰：‘应朄县鼓。’”郑先通韩、鲁《诗》，注三礼时所用《诗》多本韩、鲁，则改“田”为“朄”，本韩、鲁《诗》也。《那》：“置我鞉鼓。”传“殷人置鼓”。笺云：“置，读曰植。植鞉鼓者，为楹贯而树之。多其改夏之制，乃始植我殷家之乐鞉与鼓也。鞉虽不植，贯而摇之，亦植之类。”案《明堂位》：“殷楹鼓。”注：“《殷颂》曰：‘植我鞉鼓。’”然则读置为植，当亦本韩、鲁《诗》也。《书·金縢》："植璧秉珪。"郑注："植，古置字。《论语》'植其杖而芸'。石经残字作'置其杖'，可参证也。"《长发》："何天之龙。"传"龙，和也"。笺云："龙当作宠，宠，荣名之谓。"案《大戴礼记·卫将军文子》引《诗》曰："何天之宠。"《戴礼》，今文也。三家《诗》必有作宠者。则改龙为宠与《大戴礼记》合也。【L】若《思齐》："古之人无斁，誉髦斯士。"传"古之人无厌于有名誉之俊士"。笺云："口无择言，身无择行，以身化其臣下，故令此士皆有名誉于天下，成其俊乂之美也。"《释文》无斁，毛音亦猒也，郑作择，《正义》曰笺不言字误，则此经本有作"择"者，故不破之也。案孔氏此言校正毛、郑正见，千古卓识。吕伯恭《读诗纪》引董氏曰："《韩诗》作'古之人无择'，当即据郑笺也。"【M】凡此见郑学宏通，**虽似改毛**，皆本经师相承之训，各有根据，非若后人之师心臆断也。

【辨伪】臧琳《经义杂记》卷十七"郑笺改字有本"条曰：

【A】不知郑意在笺明传义。有传义隐约者，郑或正其音，或辨其字，虽似改毛。而实为申毛。……《野有死麕》："白茅纯束。"传"纯束，犹包之也"。笺云："纯，读如屯。"《正义》曰："以纯非束之义，故读为屯。"案《史记·苏秦列传》："锦绣千纯。"《索隐》曰："高诱注《战国策》，音屯，屯，束也。"……是古"屯"字多假作"纯"也。

【C】《北风》："其虚其邪。"传"虚邪也"。笺云："邪，读如徐。"毛以"其虚其邪"言威仪，"虚徐"是以邪为徐字，故郑本《尔雅·释训》以正其读。《大叔于田》"叔善射忌"，传"忌，辞也"。笺云："忌，读如彼己之子之己。"案《扬之水》："彼其之子。"笺云："其或作记，或作己，读声相似。"是郑以其、忌、己、记四字同为语辞，因声相似而通用。……《鸳鸯》："摧之秣之。"传"摧，莝也"。笺云："摧，今莝字也。"《正义》曰："传云：'摧，莝转，古为今，而其言不明，故辨之。'"云此摧乃今之莝字也。

【F】《云汉》："靡人不周。"传"周，救也"，笺云："周当作赒。"《正义》曰："以周救于人，其字当从贝，故转为赒。"《崧高》："往近王舅。"传"近，已也"，笺云："声如彼记之子之记。"案《说文》："迈读与记同"。毛以往迈为往已。古己、已声同，故郑以许读申毛也。……凡此皆因传义隐约，郑或正其言，或辨其字，实申毛而非改毛也。

【H】《雄雉》："自诒伊阻。"传"伊，维"。……笺云："伊当作緊，緊犹是也。"《正义》曰："笺以《宣二年左传》赵宣子曰：'呜呼！我之怀矣，自诒緊(旧讹伊)戚。'"《小明》云："自诒伊戚。"为义既同，明伊有义为緊者，故此及《蒹葭》、《东山》、《白驹》各以伊为緊，《小明》不易者，以"伊戚"之文与传正同，为緊可知。据此，则知《雄雉》"自诒伊阻"，《蒹葭》、《东山》、《白驹》"所谓伊人"，《正月》"伊谁云憎"，笺皆改"伊"作"緊"者，本《宣二年左传》"自诒緊戚"之文也。

【J】《山有枢》："他人是愉。"传"愉，乐也"。笺云："愉，读曰偷，偷取也。"案《汉书·地理志下》引《诗》："它人是媮。"《文选·西京赋》："鉴戒唐诗，他人是媮。"薛综注引《诗》"他人是媮"……《汉志》、张赋皆以"媮"为"偷"。盖康成时以媮为愉，乐字、恌、薄字则作偷，或作媮，故郑随俗改愉为偷。是改愉为偷，与《班志》及张赋合，当本三家《诗》也。《扬之水》："素衣朱襮。"传"诸侯绣黼"。笺云："绣当为绡。"《正义》曰："下章作素衣朱绣。"而《郊特牲》及《士昏礼》二注引《诗》皆作"素衣朱绡"者。笺破此传，绣当为绡。下章绣字，亦破为绡。笺不言者，从此而略之耳。案《仪礼·士昏礼》"宵衣"注："'宵'读为《诗》'素衣朱绡'之'绡'。《鲁诗》以绡为绮属也。"《特牲馈食礼》"宵衣"注："宵，绮属也。此衣染之以黑其缯，本名曰绡。《诗》有'素衣朱绡'，《礼》有'玄绡衣'。"《礼记·郊特牲》"绣黼"注"绣读为绡，绡，缯名也。《诗》云：'素衣朱绡。'"然则郑改"素衣朱绣"为"朱绡"者，本《鲁诗》也。《吉日》："其祁孔有。"传"祁，大也"，笺云："祁当作麎，麎，麋牝也。"《正义》曰："注《尔雅》者某氏亦引《诗》云：'瞻彼中原，其麎孔有'。"与郑同。案唐人引某氏注《尔雅》，或引作樊光。樊氏汉人，其引《诗》当本之三家，故与郑合。则改"祁"为"麎"，本三家《诗》也。

【D】《角弓》："莫肯下遗。"……笺云："遗，读曰随，无肯谦虚，以礼相卑下，先人而后己。"案《荀子·非相》篇："《诗》曰：'莫肯下隧。'"杨注云："隧读为随，莫肯下随于人，隧与随声同。"《毛诗》本出于荀卿，故郑氏据之。……王肃申毛，作如字。乃与郑立异耳。

【K】《有瞽》："应田县鼓。"传"田，大鼓也"，笺云："'田'当作'朄'，朄，小鼓，在大鼓旁。应、鞞之属也。"声转字误，变而作田。案《礼记·明堂位》："周县鼓。"注："《周颂》曰：'应朄县鼓。'"郑先通韩、鲁《诗》，注三礼时所用《诗》多本韩、鲁。……则改"田"为"朄"本。韩、鲁《诗》也。《那》："置我鞉鼓。"传"殷人置鼓"。笺云："置，读曰植。植鞉鼓者，为楹贯而树之。多其改夏之制，乃始植我殷家之乐鞉与鼓也。鞉虽不植，贯而摇之，亦植之类。"案《明堂位》："殷楹鼓。"注："《殷颂》曰：'植我鞉鼓。'"然则读置为植，当亦本韩、鲁。《书·金縢》："植璧秉珪。"郑注："植，古置字。《论语》'植其杖而芸'。石经残碑作'置其杖'，可参证也。"《长发》："何天之龙。"传"龙，和也"。笺云："龙当作宠，宠，荣名之谓。"案《大戴礼记·卫将军文子》引《诗》曰："何天之宠。"《戴礼》，今文也。三家《诗》必有作"何天之宠"者，则改龙为宠与《大戴礼记》合也。……【M】皆有根据……康成所改皆本经师相承之训，非若后人之师心妄作也。……郑学之闳通矣。

B 段抄自臧琳《经义杂记》卷十"愿言则疌"条：

《诗·终风》："寤言不寐，愿言则嚏。"传："嚏，跲也。"笺云："……嚏读当为不敢嚏咳之嚏。"……《释文》："疌，本又作啑，又作疐……劫也。……本又作跲。"……孙毓同。崔云："毛训疌为故，今俗人云欠欠故故是也。"……《说文·口部》云："嚏，悟解气也。……"《诗》曰："愿言则嚏。"案"悟解气也"与传义同。……《说文·欠部》无"故"字。

G 段抄自臧琳《经义杂记》卷二十九"君子好仇"条：

《诗·关雎》："君子好逑。"传"逑，匹也，宜为君子之好匹"。笺云："怨耦曰仇，能为君子和好众妾之怨者言，皆化后妃，不嫉妒。"……《左传·桓二年》师服曰：

“嘉耦曰妃，怨耦曰仇。”……《尔雅》、《毛诗》、《左传》皆作“仇”者，为“逑”之同声假借也。……嘉耦既以善相求，怨耦又以怨相求。嘉怨不同，而相求则一。

I、E 段抄自臧琳《经义杂记》卷九“《毛诗》改从郑笺”条：

【I】《无衣》：“与子同泽。”传“泽，润泽也”，笺云：“泽(旧作襗)，亵衣，近污垢。”《释文》同。“泽，如字。”毛“润，泽也”。郑“亵衣也”。《说文》作“襗”。而《正义》曰：“笺：‘《易传》为襗。’”《说文》云：“襗，袴也。”《论语》注云：“亵衣，袍襗也。”又《周礼·玉府》“掌王之燕衣服”，注“燕衣服者，袍襗之属”。释曰：“《毛诗》云：‘岂曰无衣，与子同袍。’”

【E】《思齐》：“烈假不瑕。”传“烈业，假大也”，笺云：“烈(旧作厉)、假皆病也。”《正义》曰：“郑读‘烈假’为‘厉瘕’，故云皆病也。”

L 段抄自臧琳《经义杂记》卷十二“古之人无择”条：

《诗·思齐》：“古之人无斁，誉髦斯士。”传：“古之人无厌于有名誉之俊士。”笺云：“古之人谓圣王明君也。口无择言，身无择行，以身化其臣下，故令此士皆有名誉于天下，成其俊乂之美也。”《释文》无斁，毛音亦猒也，郑作择。……案孔氏云：笺不言字误，则此经本有作“择”者。此言可为千古明识，欲校正毛、郑之经，当具此慧眼，以此折肃之谬，则势如破竹矣。吕伯恭《读诗纪》引董氏云：“《韩诗》作‘古之人无择’。”此窃取郑笺。

【小结】此条抄自《经义杂记》卷九“《毛诗》改从郑笺”条、卷十“愿言则疌”条、卷十二“古之人无择”条、卷十七“郑笺改字有本”条、卷二十九“君子好仇”条。A、C、F、H、J、D、K、M 段抄自“郑笺改字有本”条，B 段抄自“愿言则疌”条，G 段抄自“君子好仇”条，I、E 段抄自“《毛诗》改从郑笺”条，L 段抄自“古之人无择”条。作伪方式有三：第一，点窜字句；第二，增加观点句——“要皆各有根据”等；第三，改变顺序。今按：王氏不是不知道考据的规矩——“要皆各有根据”，何以明知故犯？真事隐去，竟成伪书。

22.《韩诗》为今文

【A】《毛诗·芄兰》：“能不我甲。”传：“甲，狎也。”《韩诗》作“能不我狎”。《毛诗·小旻》：“是用不集。”传：“集，就也。”《韩诗》作“是用不就”。《毛诗》：“摧之秣之。”传：“摧，莝也。”《韩诗》作“莝之秣之”。《毛诗·大明》：“伣天之妹。”传：“伣，磬也。”《韩诗》作“磬天之妹”。《毛诗·丘中有麻》：“将其来施。”传：“施施，难进之意。”《韩诗》作“将其来施施”。【B】盖《毛诗》为古文，齐、鲁、韩三家皆为今文。古文多假借，作传者每以正字释之。今文经直作正字，【C】故韩以诂训代经也。然《韩诗·防有鹊巢》“谁侜予娓”，娓，美也。《毛诗》作“谁侜予美”，又似《韩诗》为**古文**者。然三家各有**师承**，在好学者互相考正可耳。

【辨伪】臧琳《经义杂记》卷二十一“诗古文今文”条曰：

【B】《毛诗》为古文，齐、鲁、韩为今文。古文多假借，故作诂训传者以正字释之。若今文则经直作正字。

【A】《毛诗·芄兰》：“能不我甲。”传“甲，狎也”。《韩诗》作“能不我狎”。……《毛诗·小旻》：“是用不集。”传“集，就也”。《韩诗》作“是用不就”。……《毛诗·鸳鸯》：“摧之秣之。”传：“摧，莝也。”《韩诗》作“莝之秣之”。……《毛诗·大明》：“俔天之妹。”传：“俔，磬也。”《韩诗》作“磬天之妹”。……《毛诗·丘中有麻》：“将其来施。”……传：“施施，难进之意。”《韩诗》作“将其来施施”。

【C】是今文皆以诂训代经也。……然《韩诗·防有鹊巢》“谁侜予娓”，娓，美也。……《毛诗》作“谁侜予美”。又疑《韩诗》为本经。……然三家各有传授，其足互相考正者不少，但存乎好学深思之士耳。

【小结】此条抄自《经义杂记》卷二十一“诗古文今文”条。作伪方式有三：第一，点窜字句；第二，改变顺序；第三，改变标题，将“诗古文今文”改为“《韩诗》为今文”。

23.《毛诗》讹异

【A】五经中惟《诗》易读，习者**甚众**。故书坊刊版，辗转讹异者，惟《诗》为更夥。**今即各家所校正者，悉胪列焉**。【B】其经文讹异者，如《墉风》：“终然允臧。”“然”误为“焉”。《王风》：“牛羊下括。”“括”误为“栝”。《齐风》：“不能辰夜。”“辰”误为“晨”。《小雅》：“求尔新特。”“尔”误为“我”。“胡然厉矣”，“然”误为“为”。“朔月辛卯”，“月”误为“日”。“家伯维宰”，“维”误为“冢”。“如彼泉流”，“泉流”误为“流泉”。“爰其适归”，“爰”误为“奚”。《大雅》：“天降滔德。”“滔”误为“慆”。“如彼泉流”亦讹为“流泉”。《商颂》：“降予卿士。”“予”误为“于”。凡十二条，冯嗣京所校正者也。又《召南》：“无使尨也吠。”“尨”误为“厖”。“何彼襛矣”，“襛”误为“秾”。《卫风》：“远兄弟父母。”误为“远父母兄弟”。《小雅》：“言归斯复。”“斯”误为“思”。“昊天太怃”，“太”误为“泰”。《楚茨》：“以享以祀。”“享”误为“飨”。“福禄膍之”，“膍”误为“媲”。“畏不能趋”，“趋”误为“趍”。“不皇朝矣”，“皇”误为“遑”下二章同。《大雅》：“淠彼泾舟。”“淠”误为“渒”。“以笃于周祜”，脱“于”字。《周颂》：“既右飨之。”“飨”误为“享”。《鲁颂》：“其旗茷茷。”误为“茷茷”。《商颂》：“来格祁祁。”误为“祈祈”。凡十四条，陈启源所校正者也。其有传文讹异者，如《卫风·伯兮》篇，传曰：“女为悦己者容。”“己”下脱“者”字。《王风·采葛》篇：“萧，萩也。”“萩”误为“荻”。《唐风·葛生》篇：“域，营域也。”“营”误为“茔”。《秦风·蒹葭》篇：“小渚曰沚。”“小”误为“水”。《小雅·四牡》篇：“今鵻鸠也。”“鵻”误为“鹁”。《蓼萧》篇：“在衡曰鸾。”“衡”误为“镳”。《采芑》篇：“即今苦荬菜。”“荬”误为“蕒”。《正月》篇：“申包胥曰：‘人定则胜天。’”“定”误为“众”。《小弁》篇：“江东呼为鹎鸟。”“鹎”误为“鸭”。《巧言》篇：“君子不能堲谗。”“堲”误为“塈”。**凡十二条**，史荣所校正者也。又《召南·驺虞》篇：“豝，牝豕也。”“牝”误为“牡”。《终南》篇：“黻之状亞，象两弓相背。”“亞”误为“亚”、“弓”误为“巳”。《南有嘉鱼》篇：

"鲤质鳟鳞。""鳞"误为"鲫"，又衍"肌"字。《甫田》篇："或耘或耔。"引《汉书》："苗生叶以上。"脱"生"字。"隤其土"误为"壝其上"。《頍弁》篇："赋而比也。"误增"兴又"字。《小宛》篇："俗呼青雀。""雀"误为"觜"。《文王有声》篇："淢成沟也。""成"误为"城"。《召旻》篇"池之竭矣"章，"比也"误作"赋"。《闵予小子》篇引《大招》"三公穆穆"，误为"三公揖让"。《赉》篇："此颂文王之功。""王"误为"武"。《駉》篇："此言鲁侯牧马之盛。""鲁侯"误为"僖公"。凡十一条，陈启源所校正者也。【C】至于音叶，朱子初用吴棫《诗补音》。其孙鉴又意为增损，**不无**舛误。史荣《风雅遗音》辨之详矣。

【辨伪】《四库全书总目》卷十五《诗集传》(朱子本)提要：

【B】其间经文讹异，冯嗣京所校正者，如《墉风》："终然允臧。""然"误"焉"。《王风》："牛羊下括。""括"误"栝"。《齐风》："不能辰夜。""辰"误"晨"。《小雅》："求尔新特。""尔"误"我"。"胡然厉矣"，"然"误"为"。"朔月辛卯"，"月"误"日"。"家伯维宰"，"维"误"冢"。"如彼泉流"，"泉流"误"流泉"。"爰其适归"，"爰"误"奚"。《大雅》："天降滔德。""滔"误"慆"。"如彼泉流"亦误"流泉"。《商颂》："降予卿士。""予"误"于"。凡十二条。陈启源所校正者，《召南》："无使尨也吠。""尨"误"厖"。"何彼禯矣"，"禯"误"秾"。《卫风》："远兄弟父母。"误"远父母兄弟"。《小雅》："言归斯复。""斯"误"思"。"昊天大怃"，"大"误"泰"。《楚茨》："以享以祀。""享"误"飨"。"福禄膍之"，"膍"误"媲"。"畏不能趋"，"趋"误"趍"。"不皇朝矣"，"皇"误"遑"(下二章同)。《大雅》："淠彼泾舟。""淠"误"渒"。"以笃于周祜"，脱"于"字。《周颂》："既右飨之。""飨"误"享"。《鲁颂》："其旗茷茷。"误"茷茷"。《商颂》："来格祁祁。"误"祈祈"。凡十四条。又传文讹异，陈启源所校正者，《召南·驺虞》篇："豝，牝豕也。""牝"误"牡"。《终南》篇："黻之状亞，象两弓相背。""亞"误"亚"、"弓"误"已"。《南有嘉鱼》篇："鲤质鳟鳞。""鳞"误"鲫"，又衍"肌"字。《甫田》篇："或耘或耔。"引《汉书》："苗生叶以上。"脱"生"字。"隤其土"，误"壝其上"。《頍弁》篇："赋而比也。"误增"兴又"二字(案：此辅广《诗童子问》所增)。《小宛》篇："俗呼青雀。""雀"误"觜"。《文王有声》篇："淢成沟也。""成"讹"城"。《召旻》篇"池之竭矣"章，"比也"误作"赋"。《闵予小子》篇引《大招》："三公穆穆。"误"三公揖让"。《赉》篇："此颂文王之功。""王"误"武"。《駉》篇："此言鲁侯牧马之盛。""鲁侯"误"僖公"。凡十一条。史荣所校正者，《卫风·伯兮》篇，传曰："女为悦己者容。""己"下脱"者"字。《王风·采葛》篇："萧，荻也。""荻"误"萩"。《唐风·葛生》篇："域，营域也。""营"误"茔"。《秦风·蒹葭》篇："小渚曰沚。""小"误"水"。《小雅·四牡》篇："今鵓鸠也。""鵓"误"鹁"。《蓼萧》篇："在衡曰鸾。""衡"误"镳"。《采芑》篇："即今苦荬菜。""荬"误"蕒"。《正月》篇："申包胥曰：'人定则胜天。'""定"误"众"。《小弁》篇："江东呼为鹎鸟。""鹎"误"鸭"。《巧言》篇："君子不能堲谗。""堲"误"墍"。凡十条。

【A】盖五经之中，惟《诗》易读，习者十恒七八。故书坊刊版亦最伙。其辗转传讹，亦为最甚。今悉厘正，俾不失真。

【C】至其音叶，朱子初用吴棫《诗补音》。……其孙鉴又意为增损，颇多舛迕。史荣作《风雅遗音》已详辨之。

【小结】此条抄自《四库全书总目》卷十五《诗集传》(朱子本)提要。作伪方法有三：第一，点窜字句；第二，增加句子；第三，改变顺序(原文顺序为B、A、C)。

24.《毛诗》讹字非《集传》原本

《汉广》“南有乔木，不可休息”，《集传》云：“吴氏曰：‘《韩诗》作思。’”今本删此七字。案王伯厚《诗考序》云：“朱文公《集传》‘不可休思’从《韩诗》。”本此。《常棣》：“外御其务。”《集传》云：“《春秋传》作‘侮’，罔甫反。”既引其文，即从其义。故下云：“有外侮则同心御之。”今本改云音“侮”，删“《春秋传》”等八字。《四月》“爰其适归”，《集传》于爰下注云：“《家语》作奚。”故下云：“奚，何也。”今本删“《家语》作奚”四字而改“爰”为“奚”。案《毛诗》“爰其适归”，笺云：“爰，曰也。”《文选》潘安仁《关中诗》注引《诗》：“乱离斯莫，爰其适归。”《说苑·政理》亦作“爰”。惟《家语·辨政》作“奚”，必王肃私改异郑者，而朱子误从之，然亦止从其义，未改其字，今本直改作“奚”矣。《假乐》“假乐君子”，《集传》云：“《中庸》、《春秋传》皆作‘嘉’，今当作‘嘉’。”今本但作“音嘉”二字，与夫“何彼襛矣”之作“秾”、“终然允臧”之作“焉”、“远兄弟父母”之作“远父母兄弟”、“羊牛下括”之作“牛羊”、“不能辰夜”之作“晨”、“硕大且笃”之作“实”、“不可畏也”之作“亦”、“胡然厉矣”之作“为”、“朔月辛卯”之作“日”、“家伯维宰”之作“冢”、“如彼泉流”之作“流泉”、“降予卿士”之作“于”以及**冯**、陈两家校定之十余条，皆由书坊辗转传刊，讹误相沿，不从《集传》元本。**校勘鲜**不疑为朱子之误也。

【辨伪】臧琳《经义杂记》卷二十七“俗本《诗集传》”条曰：

> 《汉广》：“南有乔木，不可休息。”《集传》云：“吴氏曰：‘《韩诗》作思。’”……俗本删此七字。案王伯厚《诗考序》云：“朱文公《集传》‘不可休思’从《韩诗》。”本此。《常棣》：“外御其务。”《集传》云：“《春秋传》作‘侮’，罔甫反。”既引其文，即从其义。故下云：“有外侮则同心御之。”乃今本改云音“侮”，删“《春秋传》”等八字。《四月》：“爰其适归。”《集传》于爰下注云：“《家语》作奚。”故下云：“奚，何也。”乃今删“《家语》作奚”四字而改“爰”为“奚”。案《毛诗》：“爰其适归。”笺云：“爰，曰也。”《文选》潘安仁《关中诗》注引《韩诗》：“乱离斯莫，爰其适归。”《说苑·政理》亦作“爰”。惟《家语·辨政》作“奚”。必王肃私改以异郑。朱子不觉其非，故误从之。然虽用其义，尚未改其文。若如今本竟作“奚”。……《假乐》：“假乐君子。”《集传》云：“《中庸》、《春秋传》皆作‘嘉’，今当作‘嘉’。”俗本但作“音嘉”二字，以及“何彼襛矣”之作“秾”、“终然允臧”之作“焉”、“远兄弟父母”之作“远父母兄弟”、“羊牛下括”之作“牛羊”、“不能辰夜”之作“晨”、“硕大且笃”之作“实”、“不可畏也”之作“亦”、“胡然厉矣”之作“为”、“朔月辛卯”之作“日”、“家伯维宰”之作“冢”、“如彼泉流”之作“流泉”……“降予卿士”之作“于”，凡此，余初以为朱子之误，后考之有年，获见宋元板《集传》，知并俗本删改之失也。

【小结】此条抄自《经义杂记》卷二十七“俗本《诗集传》”条。作伪方法有二：第一，点窜字句；第二，改变标题，将“俗本《诗集传》”改为“《毛诗》讹字非《集传》原本”。

25. 逸诗不当补

【A】逸诗之词见于经传者，《礼记·坊记》、《中庸》、《缁衣》、《射义》诸篇及《大戴礼》、《汲冢周书》、《左传》、《国语》、《家语》、《战国策》、《管子》、《晏子》、《墨子》、《庄子》、《列子》、《荀子》、《吕览》、《淮南》、《说苑》、《列女传》、《史记》、《汉书》等书时一见之。而《论语》“素以为绚”、“唐棣之华”，《孟子》“畜君何尤”，其尤**著**焉者也。【B】晋束皙《补亡诗》，夏侯湛续《周诗》，至唐元结补十代乐歌，自伏羲《网罟》、神农《丰年》、轩辕《云门》、少昊《九渊》、颛顼《五茎》、高辛《六英》、陶唐《咸池》、有虞《大韶》、**大夏**《大夏》、有殷《大濩》皆为词以补之。皮日休补《九夏》之奏《系文》九篇。考元、皮词义俱平近，似涉于妄。【C】宋大中祥符时，《毛诗》博士沈朗进新添《毛诗》四篇，云《关雎》后妃之德不可为《三百篇》之首，今别撰二篇为尧舜诗，取《虞人之箴》为禹诗，取《大雅·文王》之篇为文王诗，请以此四诗置《关雎》之前。朝廷嘉之。丘光庭谓其首尾乖张，自相矛盾，斥其狂谬妄作。及观光庭所撰《兼明书》，则又自补《新宫》三章《茅鸱》四章，其词乃至浅陋，岂可追配《国风》、《小雅》乎？【D】余谓《礼记》舞莫重于《武宿夜》。《左传》“公子赋河水”，《国语》“秦伯赋鸠飞”，《周礼》“趋以《采齐》”，《周书》“《明明》、《崇禹》、《生开》”皆逸诗也，不惟不当补，且亦有不胜补者矣。

【辨伪】汪师韩《韩门缀学》卷一“补逸诗”条曰：

> 【C】宋大中祥符时，《毛诗》博士沈朗进新添《毛诗》四篇，云《关雎》后妃之德，不可为《三百篇》之首，今别撰二篇为尧舜诗，取《虞人之箴》为禹诗，取《大雅·文王》之篇为文王诗，请以此四诗置《关雎》之前。朝廷嘉之。丘光庭谓其首尾乖张，自相矛盾，斥其狂谬妄作。及观光庭所撰《兼明书》，则又自补《新宫》三章……《茅鸱》四章。……其词乃至浅陋，而欲以追配《国风》、《小雅》，可乎？
>
> 【B】晋束皙有《补亡诗》，夏侯湛亦有续《周诗》。……至唐则元结补十代乐歌，自伏羲(《网罟》)、神农(《丰年》)、轩辕(《云门》)、少昊(《九渊》)、颛顼(《五茎》)、高辛(《六英》)、陶唐(《咸池》)、有虞(《大韶》)、有夏(《大夏》)、有殷(《大濩》)，并为词以补之。皮日休补《九夏》之奏《系文》九篇。……元、皮俱词义平近，似涉于妄。
>
> 【D】《礼记》舞莫重于《武宿夜》……《左传》：“公子赋河水。”国语：“秦伯赋鸠飞。”《周礼》：“趋以《采荠》。……”《周书》“《明明》”、“《崇禹》《生开》”……皆逸诗，是有不胜补者。
>
> 【A】其若逸诗之词见于经传者，《礼记》之《坊记》、《中庸》、《缁衣》、《射义》等篇与夫《大戴礼》、《汲冢周书》、《左传》、《国语》、《家语》、《战国策》、《管子》、《晏子》、《墨子》、《庄子》、《列子》、《荀子》、《吕览》、《淮南》、《说苑》、《列女传》、《史记》、《汉书》等书，时一见之。而如《论语》之“素以为绚”、“唐棣之华”，《孟子》之“畜君何尤”，尤其显然者矣。

【小结】此条抄自汪师韩《韩门缀学》卷一《补逸诗》条。作伪方法有二：第一，点窜字句；第二，改变顺序(原文顺序为C、B、D、A)；第三，改变标题，将"补逸诗"改为"逸诗不当补"。今按：王玉树一定是麻将老手，以为著书如搓麻将，多搓几下，又成新局，《经史札记》全书反复使用变序之法，有心作伪，其心可诛。

26.《毛诗》古本

【A】《谷风》："湜湜其沚。"笺云："小渚曰沚。"《释文》云："其沚音止。"然笺云："泾水以有渭，故见谓浊。湜湜，持正貌。喻君子得新昏。故谓己恶也。己之持正守初。如止然不动摇。"**据郑笺知经古本本作"止"矣**。《说文·水部》："湜，水清见底也。从水，是声，《诗》曰：'湜湜其止。'"水清见底即止，然不动摇之义正与郑合。《白氏六帖》两载此诗，皆作"湜湜其止"，是唐时犹作"止"也。今本乃作"沚"。笺云："小渚曰沚。"《释文》云："其沚音止。"**皆浅人妄加也**。【B】《硕人》"硕人**其颀**"，传："颀，长貌。"笺云："言庄姜仪表长丽俊好颀颀然。"又下章"硕人敖敖"，笺云："敖敖犹颀颀也。"据郑笺知《诗》古文作重文，故《玉篇·页部·颀》亦引作"硕人颀颀"，是六朝时犹未误也。至《正义》云："下笺云：'敖敖犹颀颀。'与此相类，故亦为长貌。以类宜重言，故笺云：'颀颀然长也。'"知唐初本已作"其颀"矣。【C】《株林》："乘我乘驹。"《释文》："乘骄，音驹，沈云：'或作驹字，是后人改之，《皇皇者华》篇内同。'"又《皇皇者华》："我马维驹。"《释文》："维驹，音俱，本亦作骄。"据《株林》《释文》引沈重说(吴兴沈重，撰《诗音义》，陆每引之)，知《株林》、《皇皇者华》古本并作"骄"，今作"驹"者，后人改也。【D】《节南山》"维石岩岩"，传："岩岩，积石貌。"案笺云："喻三公之位人所尊严。"**据郑笺知经**古本本作"严"矣。《释文》云："岩岩，如字。本或作'严'，音同。"《正义》亦作"严严"。今疏中皆作"岩"字者，后人据《释文》改也。【E】《抑》："子孙绳绳，万民靡不承。"《释文》："靡不承，一本'靡'作'是'。"案笺云："王之子孙敬戒行王之教令，天下之民不承顺之乎？言承顺也。"经如有"靡"字，文义已明，毋庸笺矣。盖经古本本作"万民不承"，无"靡"字，后人窜入也。《释文》云："一本'靡'作'是'。"**是在唐时已然矣**。【F】《桑柔》："好是稼穑。"《释文》云："王申毛义音'驾'，谓耕稼也。郑作'家'，谓**家居**也。下句'家穑维宝'同。'穑'，本亦作'啬'，音色。王申毛谓'收穑也'，郑云'吝啬也'。寻郑'家啬'二字本皆无禾者，下'稼穑卒痒'始从禾。"据此，知"好是稼穑"、"稼穑维宝"郑皆作"家啬"。《释文》"稼"作"家"，"穑"从禾，然云本亦作"啬"，是旧本皆作"啬"矣。王虽申毛音"驾"，以"家啬"为"稼穑"，尚未遽改经文。后人因肃义，遂俱改作"稼穑"矣。【G】《崧高》："往近王舅。"传："近，已也。"笺云："近，辞也，声如'彼记之子'之'记'。"案："近"乃"迈"字形近之讹。《说文·丌部》："迈，古之遒人，以木铎记诗。"言"从辵，从丌，丌亦声。读与记同"。郑从许读若记，故云"辞也"。毛传为"已"，则音"以"。盖古巳、己、迈声皆相似也。**《正义》曰："以命往之国，不复得与之相近，故转为已，以为辞也。"是唐时本已作"近"，仲达亦不知古本作"迈"矣**。【H】《维清》："维周之祯。"传："祯，祥也。"笺云："得天下之吉祥。"《释文》作："之祺，音其，《尔雅》同。徐云：'本又作之祯，音贞。'与崔本同。"唐开成石经作"祯"，故今本多作"祯"。盖唐时定本据崔灵恩集注也。

【辨伪】A 段抄自臧琳《经义杂记》卷二十九“湜湜其止”条：

《诗·谷风》“泾以渭浊，湜湜其沚”，本作“湜湜其止”。今各本及注疏本皆作“沚”……笺首增“小渚曰沚”四字于《释文》加“其沚音止”四字。……笺云：“泾水以有渭，故见谓浊。湜湜，持正貌。喻君子得新昏。故谓己恶也。己之持正守初。如止然不动摇。”……《说文·水部》：“湜，水清底见也。从水，是声。《诗》曰：‘湜湜其止。’”……水清底见即止，然不动摇之义与郑君正合。《白氏六帖》卷七两载此诗皆作“湜湜其止”……则唐时未误也。

B 段抄自臧琳《经义杂记》卷五“硕人颀颀”条：

《玉篇·页部·颀》：“渠衣切。《诗》云：‘硕人颀颀。’传：‘颀，长貌。’……”案：今《诗》作“硕人其颀”，传：“颀，长貌。”笺云：“言庄姜仪表长丽俊好颀颀然。”又下章“硕人敖敖”，笺云：“敖敖犹颀颀也。”据郑笺知《诗》颀字本重文，六朝时犹未误。故顾野王据之《正义》曰“下笺云‘敖敖犹颀颀’”也。与此相类，故亦为长貌。以类宜重言，故笺云：‘颀颀然长也。’”据此，知唐初孔所见本已作“其颀”矣。

C 段抄自臧琳《经义杂记》卷四“乘我乘骄”条：

《诗·株林》：“乘我乘驹。”……《释文》：“乘骄，音驹，沈云：‘或作驹字，是后人改之，《皇皇者华》篇内同。’”又《皇皇者华》：“我马维驹。”《释文》：“维驹，音俱，本亦作骄。”据《株林》《释文》引沈重说(《释文序录》：“吴兴沈重撰《诗音义》。”陆每引之)知《株林》、《皇皇者华》并作“骄”，其作“驹”者，出后人所改。

D 段抄自臧琳《经义杂记》卷十二“维石严严”条：

《诗·节南山》：“节彼南山，维石岩岩。”传：“……岩岩，积石貌。”案笺云：“喻三公之位人所尊严。”然则经本作“严”。……《释文》：“岩岩，如字。本或作‘严’，音同。”……考《正义》亦作“严严”。今疏中皆作“岩”字，此后人据《释文》改也。

E 段抄自臧琳《经义杂记》卷十一“万民不承”条：

《诗·抑》：“子孙绳绳，万民靡不承。”《释文》：“靡不承，一本‘靡’作‘是’。”案笺云：“王之子孙敬戒行王之教令，天下之民不承顺之乎？言承顺也。”经如有“靡”字，文义已明，郑可毋庸笺矣。盖经本作“万民不承”，靡字后人窜入。依《释文》“靡”当作“是”较通。

F 段抄自臧琳《经义杂记》卷二十七“好是家啬”条：

《桑柔》："好是稼穑。"《释文》："家，王申毛音'驾'，谓耕稼也。郑作'家'，谓居家也。下句'家穑惟宝'同。'穑'，本亦作'啬'，音色。王申毛谓'收穑也'，郑云'吝啬也'。寻郑'家啬'二字本皆无禾者，下'稼穑卒痒'始从禾。"……则"好是稼穑"、"稼穑维宝"，郑作"家啬"。……《释文》："稼作家。"穑从禾，然云本亦作"啬"，可见旧本皆作"啬"矣。……王申毛音"驾"，疑肃虽以"家啬"为"稼穑"，尚未敢遽改经字，殆后人又因肃义而改耳。

G 段抄自臧琳《经义杂记》卷十七"郑笺改字有本"条：

《崧高》"往近王舅"，传："近，已也。"笺云："声如彼记之子之记。"案《说文》迈读与记同。毛以往近为往已，古己、已声同，故郑以许读申毛也。

今按：清胡承珙《毛诗后笺》卷二十五亦云：

"往近王舅"，传："近，已也。"笺云："近，辞也，声如'彼记之子'之'记'。"臧氏《经义杂记》曰："案'近'乃'迈'字形近之讹。"《说文·丌部》："迈，古之遒人，以木铎记诗。"言"从辵，从丌，丌亦声。读与记同"。……郑从许读若记，故云"辞也"。毛传为"已"，则音"以"。盖古已、己、迈声皆相近也。……《正义》又曰："以命往之国，不复得与之相近，故转为已，以为辞也。"然则唐时本已作"近"，孔仲达亦不知本作"迈"矣。①

H 段抄自臧琳《经义杂记》卷十二"维周之祺"条：

《诗·维清》："维周之祯。"传："祯，祥也。"笺云："得天下之吉祥。"《释文》作："之祺，云音其，《尔雅》同。徐云：'本又作祯，音贞。'与崔本同。"……唐石经作"祯"，故今本多作"祯"。盖即唐之定本据崔灵恩集注也。

【小结】此条抄自《经义杂记》卷四"乘我乘骄"条、卷五"硕人颀颀"条、卷十一"万民不承"条、卷十二"维周之祺"条和"维石严严"条、卷十七"郑笺改字有本"条、卷二十七"好是家啬"条、卷二十九"湜湜其止"条。作伪方法有三：第一，点窜字句；第二，增加观点句——"皆浅人妄加也"，"是在唐时已然矣"等；第三，多源组合，A 段抄自"湜湜其止"条，B 段抄自"硕人颀颀"条，C 段抄自"乘我乘骄"条，D 段抄自"维石严严"条，E 段抄自"万民不承"条，F 段抄自"好是家啬"条，G 段抄自"郑笺改字有本"，H 段抄自"维周之祺"条。

① 胡承珙(1776—1832)，比王玉树小 12 岁。《毛诗后笺》成于道光十四年，而《经史杂记》一书成于道光十年。

今按：王玉树一再指斥他人为“浅人妄加”，其实他也是浅人加妄人。乾嘉之考据学之所以能够成立，就是因为乾嘉学派严格遵守学术规范，决不像明人抄袭前人以成书。王氏非不明此理，却有心作贼，无可救药。我们之所以不惮繁琐之讥，穷打落水狗，是为了重新回到乾嘉时代，重申考据学之规矩。曾几何时，学界集体沦落，剽窃成风，花样百出，较之王氏犹有过之。没有规矩，不成方圆。离开了学术规范，哪里谈得上学术创新？

《经史杂记》卷二

27. 逸书多亡于永嘉

【A】**诸家辨伪《尚书》者**，皆谓孔壁真古文，于伏生外增多十六篇内本有《舜典》，至西晋时又亡(【B】如《论语》“天之历数”、《孟子》“只载见瞽瞍”皆《舜典》文，但逸书不立学官，薮在秘府，人不得见。永嘉之乱，伏孔之本皆亡)。好事者伪撰古文，乃割《尧典》“慎徽”以下为《舜典》。由今考之，《孟子》咸丘蒙引“二十有八载”云云，为《尧典》，不为《舜典》。《史记》载“慎徽”至“四罪”于《尧本纪》，不于《舜本纪》。孟子时，典谟完全，篇次不乱，确乎可信。马迁亲从安国问故，其言当亦不谬。《王莽传》两引“十有二州”，皆云《尧典》。光武时，张纯奏宜遵唐尧之典，二月东巡。章帝时，陈宠言“唐尧著典，眚灾肆赦”。晋武帝初，幽州秀才张髦上疏，引“肆类于上帝”至“格于艺祖”，亦曰《尧典》。且《尧典》“钦哉！慎徽”，紧相承接，马、郑、王本皆合为一，是真出孔壁者，非伏生误合之也。故《仪礼》注引“扑作教刑”，《公羊传》注引“岁二月东巡”，贾公彦、徐彦皆云《尧典》文。是马、郑、王本至唐犹存，有识者犹知援据也。【C】又谓《太誓》一篇出于汉初，伏、孔两家皆有之，真壁中旧书，但文有遗落者。凡书传所引《太誓》，不在《太誓》者甚多，故马以为疑，郑亦云“民间得”，王亦云“后得”。皇甫谧辈见马、王疑之，又世称非伏、孔所传，遗落之文又易掇取，遂别撰《太誓》三篇，唐作疏行之，反斥此篇为伪《太誓》。案：马、郑、王皆为之注，必不斥之为伪。且今马迁载《太誓》于《周本纪》，本约略可寻。其他汉魏子史中引之者，更不可枚举。**其为真本已亡，而逸文剩句犹散见于他书者明矣。若《武成》则谓亡于建武，魏晋间作伪《武成》者，援《三统历》而补缀以成之也**。【D】今案：刘歆作《三统历》，引《武成》篇，见《汉书·律历志》。其辞曰：“惟一月壬辰旁死霸，若翌日癸巳，武王乃朝步自周，于征伐纣。粤若来二月既死霸，粤五日甲子，咸刘商王纣。惟四月即旁生霸，粤六日庚戌，武王燎于周庙。翌日辛亥，祀于天位。粤五日乙卯，乃以庶国祀馘于周庙。”凡八十二字，**当是安国所传真本幸存至今者**。《律历志》于此文分为三截："惟一月壬辰旁死霸"为一截，"粤若来二月既死霸"为一截，"惟四月既旁生霸"为一截。各以他语间隔之。**熟玩文义**，确是掇取第一截援入今本者无疑矣。【E】第秦火未焚之书，建武亡《武成》一篇，永嘉亡《舜典》、《汩作》等二十三篇，至唐又亡《太誓》一篇，良可惜也。**古典沦亡，好事者缀辑逸经成文，苟不悖于理，亦可毋庸深诘已**。

【辨伪】A 段抄自王鸣盛《尚书后案》卷三十序：

孔壁所得真古文《尚书》，于伏生外增多十六篇内本有《舜典》，西晋又亡。好事者又撰古文，乃割《尧典》"慎徽"以下为《舜典》。不知《孟子》咸丘蒙引"二十有八载"云云，为《尧典》，不为《舜典》。《史记》载"慎徽"至"四罪"于《尧本纪》，不于《舜本纪》。孟子时，典谟完具，篇次未乱，的然可信。马迁亲从安国问故，其言皆不谬也。《王莽传》两引"十有二州"，皆云《尧典》。光武时，张纯奏宜遵唐尧之典，二月东巡。章帝时，陈宠言"唐尧著典，眚灾肆赦"。晋武帝初，幽州秀才张髦上疏，引"肆类于上帝"至"格于艺祖"，亦曰《尧典》。……"钦哉慎徽"，紧相承接，郑、马、王本皆合为一，此孔壁之真，岂伏生误合之？……而《仪礼》注引"扑作教刑"，《公羊》注引"岁二月东巡"，贾公彦、徐彦皆云《尧典》文。盖郑、马本犹存，有识者犹知援据也。

是不立学官，逸在秘府，直至永嘉之乱始亡。

C、E 段抄自王鸣盛《尚书后案》卷十《周书》：

【C】又案曰《太誓》一篇出于汉初，伏、孔两家所得，复皆有之，真孔氏旧书也，但其文有遗落者。凡书传所引《太誓》，不在《太誓》者甚多，故马以为疑，而郑亦云"民间得"，王亦云"后得"。要之，郑、马、王皆为之注，则不斥为伪明矣。司马迁亲从安国问故，载《太誓》于《周本纪》，其他汉魏子史中引之者，更不可枚举。皇甫谧辈见马、王之疑之也，世又共称非伏、孔所传也，遗落之文掇取甚便也，遂别撰《太誓》三篇，唐作疏用之，而反斥此篇为伪《太誓》。

【E】秦火未焚之书，建武亡《武成》一篇，永嘉亡《舜典》、《汩作》等二十三篇，唐又亡《太誓》一篇，良可惜也。……然今考《史记》所载犹约略可寻。

D 段抄自阎若璩《尚书古文疏证》卷一第五：

刘歆作《三统历》，引《武成》篇八十二字，其辞曰："惟一月壬辰旁死霸，若翌日癸巳，武王乃朝步自周，于征伐纣。粤若来二月既死霸，粤五日甲子，咸刘商王纣。惟四月既旁生霸，粤六日庚戌，武王燎于周庙。翌日辛亥，祀于天位。粤五日乙卯，乃以庶国祀馘于周庙。"

又按：《三统历》引《武成》篇，见《汉·律历志》，班固分为三截："惟一月壬辰旁死霸"为一截，"粤若来二月既死霸"为一截，"惟四月既旁生霸"为一截，各以他语间隔之。伪作古文者似止瞥见第一截援入今《武成》。

B段抄自焦循《孟子正义》卷十八：

> 如《论语》“天之历数”、《孟子》“只载见瞽瞍”，皆《舜典》文。但逸书不列学官，藏在秘府，人不得见。①

【小结】此条抄自《尚书后案》卷十《周书》、卷三十序、《尚书古文疏证》卷一第五、《孟子正义》卷十八。作伪方法有三：第一，点窜字句；第二，增加观点句——“当是安国所传真本幸存至今者”，“古典沦亡，好事者缀辑逸经成文，苟不悖于理，亦可毋庸深诘已”等；第三，抄自多书，A段抄自《尚书后案》卷三十，B段抄自《孟子正义》卷十八、C、E段抄自《尚书后案》卷十，D段抄自《尚书古文疏证》。今按：王氏若遵守规则，其实亦不失为一作手。惜其不肯下苦功夫，因捷径而窘步。居乾嘉之后，用明人之法，异哉！

28. 伏女传经

【A】孔安国《尚书序》云：“汉室龙兴，开设学校，旁求儒雅，以阐大猷。济南伏生年过九十，失其本经，口以传授，裁二十余篇，以其上古之书，谓之《尚书》。百篇之义，世莫得闻。”云云。案《汉书·儒林传》：“孝文使朝错往受伏生书。”【B】颜注引卫宏《尚书序》云：“伏生老不能正言，使其女传教错。齐人语与颍川异，错所不知十二三，略以意读。”**宏说是也。彼传谓伏生当秦时，亦壁藏其书。汉兴求得其书。《艺文志》经二十九卷即伏生所传之本。欧阳、大、小夏侯三家列于学官者，亦即伏生所传之本。则授朝错自有简策，似不借口授而必使女传教者**。【C】汉人读书与今人异，扬子云言：“一哄之市必立之平，一卷之书必立之师。如《春秋》有邹、夹二氏，夹氏口说流行，未著竹帛，故曰未有书。邹氏著竹帛，师传之人中绝，故曰无师。”盖汉人之经未有无师者。《书》简策虽存，而其间句读音义亦须指授，方可承学，**非如今人读书不劳师授也**。【D】伏生有孙，以治《尚书》征。《后汉·伏湛传》，湛是生九世孙，历叙其先，皆名学。则伏生固有子孙矣。【E】但当错往受之时，或子已前卒，孙尚幼，未能承学，弟子皆已散去，故使女传言耳。伪孔则竟谓伏生失其本经，口以传授。生纵老耄，何至家无本经？**伪孔特误会卫敬仲之言，遂妄造斯语耳**。

【辨伪】E、C段抄自阎若璩《尚书古文疏证》卷八第一百十五：

> 【E】然错往受时，生年过九十，子先父卒，人事之常。藐尔孤孙，未承家学，己又耄矣，口不能宣，及门弟子业成辞归，错奉诏至，安可空还？不得已，令女传授。……唯《大序》有“失其本经”之语，自非。生纵老，何至家无本经？
>
> 【C】朏明曰：“汉人读书颇与今异，扬子云言：‘一哄之市必立之平，一卷之书必立之师。如《春秋》有邹、夹二氏，夹氏口说流行，未著竹帛，故曰未有书。邹氏著竹帛，师传之人中绝，故曰无师。’盖经未有无师者。《书》简策虽存，而其间句读音

① 焦循（1763—1820），仅仅比王玉树大一岁。此条存疑待考。

义亦须略为指授，方可承学。”

【小结】作伪方法有三：第一，点窜字句；第二，增加观点句——“伪孔特误会卫敬仲之言，遂妄造斯语耳”等；第三，多源组合，E、C段抄自《尚书古文疏证》卷八第一百十五，A、B、D段分别引自孔安国《尚书序》、《汉书·儒林传》、《后汉书·伏湛传》。

29. 纳于大麓

《尚书·尧典》“纳于大麓”，马、郑皆云：“麓，山足也。”《说文·林部》云：“林属于山为麓。”是山足也。《史记》云：“尧使舜入山林川泽，暴风雷雨，舜行不迷。”此司马迁从安国问故而得者，与马、郑合。颜之推《家训·书证》篇云：“**柏**人城东北有一孤山。阚骃《十三州志》以为舜‘纳于大麓’即此山，上有尧祠，世俗或呼宣务山。余为赵州佐，共太原王邵读柏人城西门内碑，是汉桓帝时，柏人县民为县令徐整。铭云‘上有巏务山’，方知此即巏务山也。”然则“纳于大麓”，在北齐人犹能实指其处。**足征**马、郑注确不可易也。而王肃乃破麓为录，竟解为大录万机。案：王充《论衡·正说》篇引此经，并引说曰“言大麓，三公之位也，居一公之位，大总录二公之事。众多并吉，**无**疾风大雨”云云，即当日博士之说如此。王肃号传真古文者，乃取今文家说，盖欲与郑注立异耳。

【辨伪】王鸣盛《尚书后案》卷一《虞夏书》：

> 案曰郑、马云“麓，山足也”者，《说文》卷六上《林部》云：“林属于山为麓。”是山足也。《史记》云：“尧使舜入山林川泽，暴风雷雨，舜行不迷。”此司马迁从安国问故而得者，与郑、马合。颜之推《家训》卷下《书证》篇云：“柏人城东北有一孤山。阚骃《十三州志》以为舜‘纳于大麓’即此山，上有尧祠，世俗或呼宣务山。余为赵州佐，共太原王邵读柏人城西门内碑，是汉桓帝时，柏人县民为县令徐整。铭云‘上有巏务山’，方知此巏务山也。”然则“纳于大麓”，北齐人犹能实指其处。郑、马注不可易也。王破麓为录，解为大录万机。王充《论衡》卷二十八《正说》篇引此经并引说曰：“言大麓，三公之位也，居一公之位，大总录二公之事。众多并吉，若疾风大雨。”此所引即当日博士之说。王肃号为传古文，乃取今文家说，以与郑立异。

【小结】此条抄自王鸣盛《尚书后案》卷一《虞夏书》。作伪方法为点窜字句。

30. 郑解《洪范》

《周书·洪范》“惟十有三祀，王访于箕子”，盖文王自虞、芮质成，始为受命之元年，七年而崩，武王嗣位，不改称元年。十一年观兵于商，十三年胜殷杀纣，还归镐京，访于箕子，而作《洪范》。此郑康成说也。晚出古文据《汉书·律历志》，改为文王受命九年而崩。其言武王以十一年观兵，十三年胜殷杀纣则同。故以十三祀为归宗周，告武成之后。案伏生《大传》云：“武王胜殷，继公子禄父，释箕子之囚。箕子不忍为周之释，走之朝鲜。武王闻之，因以朝鲜封之。箕子既受周之封，不得无臣礼，故于十三祀来朝。武王因其朝而问《鸿范》。"据此，是十一年灭纣，十三年访《洪范》矣。《大传》郑为之注，至解经复不从之。盖郑学择善而从，无所偏主。又注经与注纬不同，与注传亦不同。《中候》、《大传》，郑皆注之。《中候》言《书》有百二篇，《大传》言十一年灭纣，郑解经皆不从其说也。

【辨伪】王鸣盛《尚书后案》卷十二《周书》：

> 惟十有三祀，王访于箕子。……文王自虞、芮质成，始为受命之元年，七年而崩，武王嗣位，不改称元年。十一年观兵于商，十三年胜殷杀纣，还归镐京，访于箕子，而作此篇。此郑氏说也。晚出古文据《汉书·律历志》，改为文王受命九年而崩。其言武王以十一年观兵，十三年胜殷杀纣则同。故以此十三祀为归宗周，告武成之后。伏生《大传》云："武王胜殷，继公子禄父，释箕子之囚。箕子不忍为周之释，走之朝鲜。武王闻之，因以朝鲜封之。箕子既受周之封，不得无臣礼，故于十三祀来朝。武王因其朝而问《洪范》。"观此似十一年灭纣，十三年访《洪范》矣。……《中候》言《书》有百二篇，《大传》言十一年灭纣，解经皆不用其说。

【小结】此条抄自王鸣盛《尚书后案》卷十二《周书》。作伪方法为点窜字句。

31. 伪孔改字

【A】《说文·金部》"銳"注云："侍臣所执兵也。《周书》曰：'一人冕，执銳。'读若允，余准切。"知《说文》所引皆真古文，郑注必与之同。今《周书·顾命》，伪孔则改"銳"作"锐"。【B】《说文·金部》"锐"但云"芒也"。《左传·成二年》："锐司徒免乎?"杜注："锐司徒，主锐兵者。"《汉书·高帝纪》："朕亲被坚执锐。"颜注："谓利兵。"锐皆作虚字，无兵器解也。【C】又《汉书·扬雄传·长杨赋》有云："兖鋋瘢耆，金镞淫夷者数十万人。"臣佖按："字书无兖字，今俗以为兖州字。"本作沇，此"兖鋋"合作"銳鋋"，《汉书》相承，误为兖字。如淳乃云："兖，括也。"师古又依孟康为"箭括"，愈无所据。且箭括非刃，岂能与鋋小矛同可伤夷人乎？考宋本《汉书》附此段于《雄传》之末。所谓"臣泌"者，宋祁谓是张佖，江南人归宋者。《说文》銳字与鋋字相次，则"臣佖"说是也。**【D】今伪孔妄改銳作锐**，唐人不知检察，且并郑注亦改作"锐"矣。皆非也。

【辨伪】王鸣盛《尚书后案》卷二十五《周书》：

> 【B】《说文》卷十四上《金部》锐字但云"芒也"。……《左传·成二年》"锐司徒免乎"，杜注："锐司徒，主锐兵者。"《汉书·高帝纪》"朕亲被坚执锐"，颜注："锐谓利兵。"锐皆作虚字，无兵器解也。
>
> 【A】《金部》銳字注云："侍臣所执兵也。从金，允声。《周书》曰：'一人冕，执銳。'读若允，余准切。"据此，知当作銳。《说文》所引皆真古文，郑必与之同。伪孔妄改锐。
>
> 【D】唐人不识字，并所引郑注亦作锐矣，皆非也。
>
> 【C】《汉书·扬雄传·长杨赋》有云："兖鋋瘢耆，金镞淫夷者数十万人。"臣佖

按："字书无窕字，今俗以为兖州字。"兖州本作沇，此"窕鋋"合作"铳鋋"，《汉书》相承，误为兖字。如淳乃云："兖，括也。"师古又依孟康为"箭括"，愈无所据。且箭括非刃，岂与鋋小矛同可伤夷人乎？考宋本《汉书》附此段于《雄传》之末。所谓"臣佖"者，宋祁谓是张佖，江南人归宋者。《说文》铳字与鋋字相次，则"臣佖"说是也。

《蛾术编》卷三十二说字十八"卷十四上考证"条亦曰：

"铳"字注："侍臣所执兵也。从金，允声。《周书》：'一人冕，执铳。'读若允。"案：今《尚书》作"执锐"。上文"锐"字注但云"芒也"，无兵器解。《左传·成二年》"锐司徒免乎"，杜注："锐司徒，主锐兵者。"《汉高帝纪》"朕亲被坚执锐"，颜注："锐谓利兵。"盖皆作虚字，无兵器解也。《说文》所引系真古文，郑必与之同，伪孔妄改为"锐"，唐人不识字，并所引郑注亦作"锐"，非也。《扬雄传·长杨赋》云："窕鋋瘢耆，金镞淫夷者数十万人。"臣佖案：字书无"窕"字，今俗以为兖州字。兖州本作"沇"。此"窕鋋"合作"铳鋋"，《汉书》相承，误为"兖"字。如淳乃云："兖，括也。"师古依孟康为"箭括"，愈无所据。考宋本《汉书》附此段于《雄传》之末。所谓臣佖者，宋祁谓是张佖，江南人归宋者。《说文》"铳"字与"鋋"字相次，则臣佖说是也。

【小结】此条抄自王鸣盛《尚书后案》卷二十五《周书》。另王鸣盛《蛾术编》卷三十二说字十八"卷十四上考证"条亦与此文类似。作伪方法有三：第一，点窜字句；第二，增加句子；第三，改变顺序(原文顺序为B、A、D、C)。

32.《酒诰》古今文皆有

案扬子《法言·问神》篇云："昔之说《书》者序以百，而《酒诰》之篇俄空焉，今亡夫！"《酒诰》今见在，何得言俄空？此言甚可疑。李轨、吴秘注又不明析。王应麟《困学纪闻》谓："刘向以中古文校欧阳、大、小夏侯三家经文，《酒诰》脱简一。俄空即脱简之谓。而《大传》引《酒诰》：'王曰：封，惟曰若圭璧。'今无此句。疑所脱即此等句。"应麟之说如此。然刘向校书，见有脱简，即应补入，必不任其脱落。但刘向以中古文校今文，所云脱简者乃古文有而今文无。《大传》则伏生今文之学，欧阳、大小夏侯三家所辑，"圭璧"之句，想是伏生于他处别得逸文，古文所无，故今《酒诰》亦无此句。其俄空自指全亡，非脱一简之谓，不可以"圭璧"句当之。然则《酒诰》既已全亡，今《酒诰》甚完善，又何从而出？《朱子语类》"徐孟宝问"一条，竟以子云不见孔壁古文为说。孔壁古文汉大儒多见之，况《酒诰》古文今文皆有，子云岂有不见？《语类》亦非。反复考之，《韩非·说林》篇引《酒诰》之文以为《康诰》，盖《尚书》或有别本，将《酒诰》混入《康诰》者，故子云偶据其本，遂以为"俄空"耳。

【辨伪】王鸣盛《尚书后案》卷十六《周书》：

又案曰：扬子《法言》卷四《问神》篇云："昔之说《书》者序以百，而《酒诰》之篇俄空焉，今亡夫！"《酒诰》今见在，何得言俄空？此言甚可疑。李轨、吴秘注皆不明确，徒乱人意。王应麟《困学纪闻》谓："刘向以中古文校欧阳、大、小夏侯三家经文，《酒诰》脱简一。俄空即简脱之谓。而《大传》引《酒诰》：'王曰：封，惟曰若圭璧。'今无此句。疑所脱即此等句。"应麟此说亦非也。刘向校书，见有脱简即应补入，必不任其脱落。但刘向以中古文校今文，所云脱简者乃古文有而今文无。《大传》则伏生今文之学，欧阳、大小夏侯三家所辑，"圭璧"之句，想是伏生于他处别得逸文，古文所无，故今《酒诰》亦无此句。其俄空自指全亡，非脱一简之谓，不可以"圭璧"句当之。然则《酒诰》既已全亡，今《酒诰》甚完善，又何从而出？《朱子语类》"徐孟宝问"一条，竟以子云不见孔壁古文为说。孔壁古文汉大儒多见之，况《酒诰》古今文皆有，子云岂有不见？《语类》尤大误。反复考之，《韩非·说林》篇引《酒诰》之文以为《康诰》，盖《尚书》或有别本，将《酒诰》混入《康诰》，扬雄偶据其本，遂以为"俄空"耳。

【小结】此条抄自王鸣盛《尚书后案》卷十六《周书》。作伪方法为点窜字句。

33. 虞翻驳郑

裴松之引《虞翻别传》，翻奏郑解《尚书》："《顾命》'执瑁'，古'冃'字似'同'，从误作'同'，既不觉定，复训为桮，谓之酒桮。"甚违不知盖阙之义。玉人职曰"天子执瑁以朝诸侯"，谓之酒桮，误莫大焉。马融训注亦以为"同者，大同天下"，今经益"金"就作"铜"字，诂训言天子副玺。虽皆不得，犹愈于玄，推翻之意，因《说文·玉部》古文瑁字作珇，遂以经文本当作"上宗奉珇"，无同字。只缘今文作"瑁"，传写分为两字，遂误作"冃珇"，后人以"冃"似"同"，复误作"同瑁"，郑不能觉定其误，从而训为酒桮。马融虽不能觉"同"为误，而犹不解为酒桮，故训为大同，以同瑁配介圭，尚为近理。又据翻所见别本，竟有同旁益金训为玺者，故翻以为二说"虽皆不得，犹愈于玄"。此则翻驳郑之意也。翻见经典无以同为酒桮者，独此一见，故不肯信，其实非也。假如其说，则下文"乃受同、瑁"，亦当作"乃受瑁"，犹可通也。而下文用以祭、用以酢、用以哜者，是何物乎？岂皆当作瑁乎？岂瑁亦可酌酒乎？则瑁是镇圭重器，奠于坐以示王之为主者也。乃于此献酢行礼之际，屡相授受如儿戏，胡为乎？翻真大误矣。且玺起秦汉，周初安得有此？乃云"犹愈于玄"，则更**误矣**。

【辨伪】王鸣盛《尚书后案》卷二十五《周书》：

> 裴松之引《虞翻别传》，翻奏郑解《尚书》违失事云："《顾命》'执瑁'，古'冃'字似'同'，从误作'同'，既不觉定，复训为桮，谓之酒桮。甚违不知盖阙之义。玉人职曰'天子执瑁以朝诸侯'，谓之酒桮，误莫大焉。马融训注亦以为'同者，大同天下'，今经益'金'就作'铜'字，诂训言天子副玺。虽皆不得，犹愈于玄。"推翻之意，因《说文》卷一上《玉部》古文瑁字作珇，遂以为经文本当作"上宗奉珇"，无同字。只缘今文作"瑁"，传写分为两字，遂误作"冃珇"，后人以"冃"似"同"，复误作"同瑁"，郑不能觉定其误，从而训为桮。马融虽不能觉"同"为误，而犹不解为酒桮，故

训为大同，以同瑁配介圭，尚为近理。又据翻所见别本，竟有同旁益金训为玺者，故翻以为二说"虽皆不得，犹愈于玄"。此则翻驳郑之意也。翻见经典无以同为酒桮者，独此一见，故不肯信，其实则大谬不然也。假如其说，则下文"乃受同、瑁"，亦当作"乃受瑁"，犹可通也？而下文用以祭、用以醋、用以哜者，是何物乎？岂皆当作瑁乎？岂瑁亦可酌酒乎？若非酌酒，则瑁是镇圭重器，奠于坐以示王之为主者也。乃于此献醋行礼之际，屡相授受如儿戏，何为乎？翻真妄人矣。玺起秦汉，周初安有此？乃云"犹愈于玄"，更妄矣。

【小结】此条抄自王鸣盛《尚书后案》卷二十五《周书》。作伪方法为点窜字句。王鸣盛指斥虞翻为妄人，连用两"妄"字，王玉树却改为"误"，有心乎？抑无心乎？王玉树亦真妄人也。清儒每斥不懂学术规矩之人为"妄人"，学识浅陋之人为"浅人"。今人亦讳言之，因既妄且浅之故也。

34.《酒诰·成王若曰》

【A】《周书·酒诰》："王若曰：'明大命于妹邦。'"**郑注云："成王，言成道之王。"**《释文》云："'王若曰'，马本作'成王若曰'。注云：'言成王者，未闻也。俗儒以为成王骨节始成，故曰成王。'或曰：'以成王为少成二圣之功，生号曰成王，没因为谥。卫、贾以为戒成康叔以慎酒，成就人之道也，故曰成。'此三者吾无取焉。吾以为后录《书》者加之，**未敢专从，故曰未闻也。"传曰："周公以成王命诰，康叔顺其事而言之。"**疏曰："马、郑、王本以文涉三家而有成字。郑玄云'成王言成道之王'，三家云'王年长骨节成立'，皆为妄也。"据此，是卫敬仲、贾景伯、马季长、郑康成、王子雍所注古文皆有"成"字，**此汉学也**。即欧阳、大小夏侯三家今文亦皆作"成王若曰"。**孔本无"成"字，晋人删也**。疏云马、郑、王以文涉三家有"成"字，反以有为误者，意在回护伪孔也。不知《尚书》亦每言"成王顾命"。**乙丑王崩，《释文》云**："马本作成王崩。注云：'安民立政曰成。'"【B】又**王注云："成王二十八年崩。**"见刘恕《通鉴外纪》。王注在宋已无全本，但刘恕博学，所引当必不谬也。

【辨伪】A段抄自臧琳《经义杂记》卷二十一"成王若曰"条：

> 《书·酒诰》："王若曰：'明大命于妹邦。'"《释文》："'王若曰'……马本作'成王若曰'。注云：'言成王者，未闻也。俗儒以为成王骨节始成，故曰成王。'或曰：'以成王为少成二圣之功，生号曰成王，没因为谥。卫、贾以为戒成康叔以慎酒，成就人之道也，故曰成。'此三者吾无取焉。吾以为后录《书》者加之。"《正义》曰："马、郑、王本以文涉三家而有成字。郑玄云'成王所言成道之王'，三家云'王年长骨节成立'，皆为妄也。"据此，知卫敬仲、贾景伯、马季长、郑康成、王子雍所注古文皆作"成王若曰"，即欧阳、大小夏侯今文亦作"成王"。……《正义》意在回护伪孔。因云马、郑、王以文涉三家而有成字，盖反以有者为误矣。不知《尚书》亦每言"成王顾命"。王崩，马本作成王崩。注云："安民立政曰成。"

B段见于王鸣盛《尚书后案》卷二十五《周书》：

> 见《外纪》。王注在宋当已无全本，但刘恕博学，所引宜不谬。

【小结】此条抄自《经义杂记》卷二十一"成王若曰"条和《尚书后案》卷二十五《周书》。作伪方法有三：第一，点窜字句；第二，增加句子；第三，多源组合，A段抄自《经义杂记》卷二十一"成王若曰"条，B段抄自《尚书后案》卷二十五《周书》。

35.《孟子》引《书》

案：阎若璩曰，《书》有古、今文，自西汉始然，孟子时无有也，则同一百篇而已。……试为道破，有令人失笑者。孟子引今文者六："时日害丧"二句，"若保赤子"一句，"舜流共工于幽州"五句，"二十有八载"五句，"杀越人于货"三句，"**享**多仪"四句。……"罔不譈"上有"凡民"二字。《说文》所引正同，可知《孟子》非自增之也。至"天降下民"一段，玩其文义，似应至"武王耻之"止。今截至"曷敢有越厥志"止，赵岐读"其助上帝宠之"为句，"四方"属下。今以"宠之四方"为句，"有罪无罪"下削去"惟我在"三字，以"予"字代"天下"，是《书》原指民言，今竟指君言矣。"有攸不为臣"一段截去首句，"东征"上增"肆予"二字，"绥厥士女"下复出"惟其士女"，"绍我周王见休"一句变作"昭我周王，天休震动"二句：其不同如此。然犹可言也。若义理之抵牾、叙议之错杂，未有如"王曰无畏"一节者。岂孟子逆知百余年后《书》分古、今文，而于古文特多改窜？抑孟子引《书》原未改窜，故今以真《书》校之只见其合。而作伪《书》者必多方改窜，以**就己之文势**，而不顾后有以《孟子》校之者耶？**观百诗此论甚明辨，第就《孟子》所引旧文互相参证，已足钤作伪者之口矣。**

【辨伪】此条见于阎若璩《尚书古文疏证》卷一第十四：

> 《书》有今文、古文，此自西汉时始然，孟子时固无有也。无有则同一百篇而已矣。……试为道破，真有令人失笑者焉！《孟子》引今文者六："时日害丧"二句（一），"若保赤子"（二），"舜流共工于幽州"五句（三），"二十有八载"五句（四），"杀越人于货"三句（五），"享多仪"四句（六）。……"罔不譈"上有"凡民"二字。然许氏《说文》引《周书》正作"凡民罔不憝"，亦可证非《孟子》自增之也。至"天降下民"为《书》辞，玩其文义，似应至"武王耻之"止。今截至"曷敢有越厥志"，赵岐读"其助上帝宠之"为句，"四方"字属下。今以"宠之四方"为句，"有罪无罪"下削去"惟我在"三字，以"予"字代"天下"，是《书》原指民言，今竟指君言矣。"有攸不为臣"一段截去首句，"东征"上增"肆予"二字，"绥厥士女"下复出"惟其士女"，"绍我周王见休"一句变作"昭我周王，天休震动"二句：其不同至如此。然犹可言也。若义理之抵牾、叙议之错杂，则未有如前所论"王曰无畏"一节者也。岂孟子逆知百余年后《书》分今文、古文，而于古文时多所改窜？抑孟子当日引《书》原未尝改窜，故今以真《书》校之只觉其合。而晚作伪《书》者必须多方改窜，以与己一类，而遂不顾后有以《孟子》校者之不合耶？

【小结】此条来自阎若璩《尚书古文疏证》卷一第十四。作伪方法有三：第一，点窜字句；第二，删去“阎若璩曰”字样；第三，增加观点句：“观百诗此论甚明辨，第就《孟子》所引旧文互相参证，已足钤作伪者之口矣。”

36. 柳谷有三义

《虞书》“昧谷”，夏侯等皆作“昧谷”，郑作“柳谷”。《三国·吴志·虞翻传》注翻以此当作“柳”，郑作“昧”非是。亦见王应麟《困学纪闻》。考郑注《周礼》引此作“柳谷”，《尚书》疏则郑作“柳谷”，翻谓郑作“昧”者非也。且柳谷①有三义：聚也，蒙也，留也。《缝人》注“柳之言聚”，《正义》：“柳者，诸色所聚。日将没，其色赤，兼有余色。”《太玄》云：“日没，其光贲于东方。”言日入之色如初出。贲者，五色杂也。《论衡》云：“日出扶桑，暮入细柳，故宅西曰柳谷。”是日夕为卯，五色错聚。《庄子》“聚偻”，偻即柳也。此聚之义也。《尔雅》：“日所入为大蒙。”卯东方主开，卯西方主闭，闭则蒙也。《淮南子》：“日薄于虞渊，是谓黄昏。沦于蒙谷，是谓定昏。”蒙谷，柳谷也。日之将入有蒙昧之象也。《左传》：“陈成子救郑及留舒。”郑笺《诗》引之作“柳舒”，是“柳”通“留”。日之将没，又有系留之象也。

【辨伪】王鸣盛《尚书后案》卷一《虞夏书》：

> 《三国·吴志》十二卷《虞翻传》注，翻以此当作“柳”，郑作“昧”非是。亦见王应麟《困学纪闻》二卷。考郑注《周礼》引此作“柳谷”，《尚书》疏郑作“柳”尤甚明，翻乃以郑作昧为非，非也。
>
> 柳有三义：聚也，蒙也，留也。《缝人》注“柳之言聚”，《正义》：“柳者，诸色所聚。日将没，其色赤，兼有余色。”《太玄》云：“日没，其光贲于东方。”言日入之色如初出。贲者，五色杂也。《论衡》云：“日出扶桑，暮入细柳，故宅西曰柳谷。”是日夕为卯，五色错聚。《庄子》“聚偻”，偻即柳也。此聚之义也。《尔雅》“日所入为大蒙”，卯东方主开，卯西方主闭，闭则蒙也。《淮南子》：“日薄于虞渊，是谓黄昏。沦于蒙谷，是谓定昏。”蒙谷者，柳谷也。日之将没有蒙昧之象也。《左传》“陈成子救郑及留舒”，郑笺《诗》引之作“柳舒”，是“柳”通“留”。日之将没，又有系留之象也。

【小结】此条抄自王鸣盛《尚书后案》卷一《虞夏书》。作伪方法有二：第一，点窜字句；第二，增加观点句。

---

① 【柳谷】古以为主西方之官和仲所居，日入之处。《周礼·天官·缝人》“衣翣柳之材”汉郑玄注：“《书》曰：‘分命和仲度西，曰柳谷。’”孙诒让正义：“柳者诸色所聚，日将没，其色赤，兼有余色，故云柳谷。”一本作“桺谷”。《史记·五帝本纪》“申命和仲，居西土，曰昧谷”裴骃集解引晋徐广曰：“一作‘柳谷’。日入于谷而天下冥，故曰昧谷。此居治西方之官，掌秋天之政也。”

37.《禹谟》十六字

案："允执其中"见《论语·尧曰》篇，孔安国云："舜亦以尧命己之辞命禹。"并不言见《大禹谟》。《荀子·解蔽》篇"昔者舜之治天下也"云云，"故《道经》曰：'人心之危，道心之微。'危微之几，惟明君子而后能知之"。此篇前又有"精于道，一于道"之语，**考《尚书》者，皆疑魏晋间人采取古经**，檃括为四字云"**人心惟危，道心惟微，惟精惟一**"，复续《论语》"允执其中"，成十六字，**为《大禹谟》。然细味之，虽出后人搜辑补缀，实古圣相传之精言，不可废也。程子、朱子出，阐发精密，其义益尊。亦有疑之者，如吴澄、郝敬辈，竟为删去。至元王充耘、明梅鷟并加以驳难，谓尧舜本无此语，则又过矣**。合《荀子》前后篇读之，凡引《尚书》共十六见，皆称"书曰"，或冠以篇名，惟引"一人有庆，兆民赖之"作"《传》曰"。"传"，疑"书"字之讹。然《孟子》"于传有之"，传亦《书》也。独此则云"《道经》"，则知此虽非出《尚书》，实是古《道经》**所载尧舜之语也。杨倞注云："今《虞书》有此语，而云《道经》，盖有道之经也。"倞，唐元和间人，是时未有言《尚书》之伪者，至宋始有异议。故倞之言如是也**。

【辨伪】阎若璩《尚书古文疏证》卷二第三十一：

> 《荀子·解蔽》篇"昔者舜之治天下也"云云，"故《道经》曰：'人心之危，道心之微。'危微之几，唯明君子而后能知之"。此篇前又有"精于道，一于道"之语，遂檃括为四字，复续以《论语》"允执厥中"，以成十六字。……合《荀子》前后篇读之，引"无有作好"四句则冠以"《书》曰"，引"维齐非齐"一句则冠以"《书》曰"，以及他所引《书》者十皆然，甚至引"弘覆乎天若德裕乃身"，则明冠以《康诰》；引"独夫纣"，则明冠以《泰誓》，以及《仲虺之诰》亦然。岂独引《大禹谟》而辄改目为《道经》邪？予是以知"人心之危，道心之微"必真出古《道经》，而伪古文盖袭用。
>
> 按《荀子》引今文、古文《书》者十六，惟"一人有庆，兆民赖之"作"《传》曰"。传，疑"书"字之讹。然《孟子》"于传有之"，亦指《书》言也。

【小结】此条抄自阎若璩《尚书古文疏证》卷二第三十一。作伪方法有二：第一，点窜字句；第二，增加句子。

38. 平王文侯之命

案马氏骕曰：《史记·周本纪》及《竹书纪年》皆谓幽王嬖褒姒，废申后及世子宜臼，宜臼奔申。王立褒姒为后，褒姒之子伯盘为太子。申人及犬戎入周，弑王及伯盘，申侯、鲁侯、许男、郑子立宜臼于申，虢公翰立王子余臣于携，周二王并立。平王元年，东徙洛邑，晋侯会卫侯、郑伯、秦伯，以师**徙**王，入于成周。二十一年，晋文侯杀王子余臣于携。《文侯之命》报其立己之功，望以杀携王之效也。平王既立于申，自申还洛，又使周人为之戍申，则王之弑不可谓非平王之志也。诸侯但知其冢嗣当立，不察其与弑为可诛，虢公有见于此，而立携王，文侯杀携王而平王之位定。夫子录《文侯之命》一篇，盖著其事而恶自见矣。

【辨伪】王鸣盛《尚书后案》卷三十序：

马氏骕曰：《史记·周本纪》及《竹书纪年》皆谓幽王嬖褒姒，废申后及世子宜臼，宜臼奔申。王立褒姒为后，褒姒之子伯盘为太子。申人及犬戎入周，弑王及伯盘，申侯、鲁侯、许男、郑子立宜臼于申，虢公翰立王子余臣于携，周二王并立。平王元年，东徙洛邑，晋侯会卫侯、郑伯、秦伯，以师从王，入于成周。二十一年，晋文侯杀王子余臣于携。《文侯之命》报其立己之功，望以杀携王之效也。平王既立于申，自申还洛，又使周人为之戍申，则王之弑不可谓非平王之志矣。诸侯但知其冢嗣为当立，不察其与弑为可诛，虢公有见于此，而立携王，文侯杀携王而平王之位定。夫子录此篇，盖著其事而恶自见。

【小结】此条抄自《尚书后案》卷三十序。作伪方法为点窜字句。

39. 左丘明受经于孔子

案：自刘向、刘歆、桓谭、班固皆谓《春秋传》出左丘明，左丘明受经于孔子。魏晋以来，儒者更无异议。至唐，赵匡始谓左氏非丘明。盖欲攻传之不合经，故必先攻作传之人非受经于孔子也。宋、元诸儒继起，王安石有《春秋解》一卷，证左氏非丘明者十一事。陈振孙《书录解题》谓出依托，未见其书，不知十一事者为何事。惟朱子谓“虞不腊矣”为秦人之语，叶梦得谓纪事终于智伯，当为六国时人，似皆近理。然考《史记·秦本纪》，称惠文公十二年始腊。张守节《正义》称秦惠文王始效中国为之，明古有腊祭，秦至是时始用，非至是时始创也。阎百诗《古文尚书疏证》亦驳此说，曰：“史称秦文公始有史以记事，秦宣公初志闰月，岂亦中国所无，待秦独创哉？”则腊为秦礼之说不足据也。《左传》载豫断祸福，无不征验，盖不免从后传合之。惟哀公九年称赵氏其世有乱，后竟不然，是未见后事之证也。经止获麟，而弟子续至孔子卒。传载智伯之亡，殆亦后人所续。《史记·司马相如传》中有扬雄之语，岂得执此一事指司马迁为后汉人乎？则载及智伯之说亦未可疑也。

【辨伪】《四库全书总目》卷二十六《春秋左传正义》提要云：

自刘向、刘歆、桓谭、班固皆以《春秋传》出左丘明，左丘明受经于孔子。魏晋以来，儒者更无异议。至唐，赵匡始谓左氏非丘明。盖欲攻传之不合经，必先攻作传之人非受经于孔子。……宋、元诸儒相继并起，王安石有《春秋解》一卷，证左氏非丘明者十一事。陈振孙《书录解题》谓出依托，今未见其书，不知十一事者何据。……惟朱子谓“虞不腊矣”为秦人之语，叶梦得谓纪事终于智伯，当为六国时人，似为近理。然考《史记·秦本纪》称惠文君十二年始腊。张守节《正义》称秦惠文王始效中国为之，明古有腊祭。秦至是始用，非至是始创。阎若璩《古文尚书疏证》亦驳此说，曰：“史称秦文公始有史以记事，秦宣公初志闰月，岂亦中国所无，待秦独创哉？”则腊为秦礼之说未可据也。《左传》载预断祸福，无不征验，盖不免从后传合之。

惟哀公九年称赵氏其世有乱，后竟不然，是未见后事之证也。经止获麟，而弟子续至孔子卒。传载智伯之亡，殆亦后人所续。《史记·司马相如传》中有扬雄之语，不能执是一事指司马迁为后汉人也。则载及智伯之说不足疑也。

【小结】此条抄自《四库全书总目》卷二十六《春秋左传正义》提要。作伪方法为点窜字句。

40.《左传》衍文

《左传·僖十五年》："秦获晋侯以归。穆姬闻晋侯将至，以太子罃、宏与女简璧登台而履薪焉，使以免服衰绖逆，且告。"《正义》曰："传文于此或有曰：'上天降灾，使我两君相见不以玉帛，而以兴戎。若晋君朝以入，则婢子夕以死；夕以入，则朝以死。唯君裁之。'"《左传》本无此言，后人妄增之耳。何以知其然？《二十二年传》曰："寡君之使婢子侍执巾栉。"杜云："婢子，妇人之卑称。若此有婢子，不当舍此而注彼也。又此注云且告夫人'将以耻辱自杀'，若有此辞，不烦彼注。服虔《解谊》，其文甚繁，传本若有此文，服虔必应多解，何由四十余字不解一言？**直**至二十二年始解婢子，明是本无之也。今定本亦无。"《释文》云曰："'上天降灾'，此四十七字，检古本皆无寻。杜注亦不得有。有是后人加也。"案《正义》言后人妄增者，自曰"上天降灾"至"唯君裁之"，止凡四十二字。《释文》云四十七字，则合下"**舍诸灵台**"五字方合此数。然此句杜氏有注，《释文》亦云"鄠县，音户"。是陆亦不数下五字，与《正义》同，当是七与二之讹耳。

【辨伪】臧琳《经义杂记》卷二十八"《左传》衍文册二"：

> 《左传·僖十五年》："秦获晋侯以归。穆姬闻晋侯将至，以太子罃、宏与女简璧登台而履薪焉，使以免服衰绖逆，且告。"《正义》曰："传文于此或有曰：'上天降灾，使我两君相见不以玉帛，而以兴戎。若晋君朝以入，则婢子夕以死；夕以入，则朝以死。唯君裁之。'"《左传》本无此言，后人妄增之耳。何以知其然？《二十二年传》曰："寡君之使婢子侍执巾栉。"杜云："婢子，妇人之卑称。若此有婢子，不当舍此而注彼也。又此注云且告夫人'将以耻辱自杀'，若有此辞，不烦彼注。服虔《解谊》，其文甚繁，传本若有此文，服虔必应多解，何由四十余字不解一言？亦至二十二年始解婢子，明是本无之也。今定本亦无。"《释文》云曰："'上天降灾，'此凡四十七字，检古本皆无寻。杜注亦不得有。有是后人加也。"案《正义》说后人妄增者，至"唯君裁之"，止凡四十二字。《释文》云四十七字，则连下"乃舍诸灵台"五字方合数。然此句杜氏有注，《释文》亦云"鄠县，音户"。则陆亦不数下五字，与《正义》同，七为二字之讹耳。

【小结】此条抄自《经义杂记》卷二十八"《左传》衍文册二"。作伪方法有二：第一，点窜字句；第二，改变标题，将"《左传》衍文册二"改为"《左传》衍文"。

41.《左传》引《商书》

《隐六年·左传》："君子曰：《商书》曰：'恶之易也，如火之燎于原。'云云。"杜预曰："《盘庚》言恶易长，如火焚原野，不可乡近，不可扑灭。"《庄十四年传》所引同。据此，**知《盘庚》经文本有**"恶之易也"句，伪孔因《尚书》无"也"字，**故**删之(《礼记》引《太甲》"无越厥命，以自覆也"，又引"天作孽，可为也"。《墨子》引《太誓》"乃闻不言也"。**及**此四处有"也"字。其伏生二十八篇，梅氏二十五篇，**皆无也字**)。考《左传》前段以陈桓公长恶不悛，欲救不能。后段以蔡哀侯绳息妫，语楚子，楚灭息，取息妫，后欲悦息妫，遂伐蔡。各引《书》证之，皆言恶之易长，则此四字不可删。且**经文**本言恶易长，非指浮言易动，今删此四字，遂以此节专承浮言说。又以不可扑灭，改为尚可扑灭，正相违反。**当从**《左传》及杜预注为是，伪孔之删削及传义**皆不足据**。

【辨伪】王鸣盛《尚书后案》卷六《商书》：

> 《隐六年·左传》："君子曰：《商书》曰：'恶之易也，如火之燎于原。'云云。"杜预曰："《盘庚》言恶易长，如火焚原野，不可乡近，不可扑灭。"《庄十四年》所引同。据此，**则经有**"恶之易也"句，伪孔因《尚书》无"也"字，**遂**删之(《礼记》引《太甲》"无越厥命，以自覆也"，又引"天作孽，可为也"。《墨子》引《太誓》"乃闻不言也"。**惟**此四处有"也"字。……其伏生二十八篇，梅氏二十五篇，**则皆无之**)。考《左传》前段以陈桓公长恶不悛，欲救不能。后段以蔡哀侯绳息妫，语楚子，楚灭息，取息妫，后欲悦息妫，遂伐蔡。各引《书》证之，皆言恶之易长，则此四字不可删。且**经**本言恶易长，非指浮言易动，今删去四字，遂以此节专承浮言说。又以不可扑灭，改作尚可扑灭，正相违反。**恐当从**《左传》及杜预注为是，伪孔之删削及传义**皆非也**。

【小结】此条抄自《尚书后案》卷六《商书》。作伪方法为点窜字句。

42.《公》、《穀》传非高、赤自作

【A】徐彦疏引戴宏序曰："子夏传与公羊高，高传与其子平，平传与其子地，地传与其子敢，敢传与其子寿。至汉景帝时，寿乃与齐人胡母子都著于竹帛。"**案**今传中有"子沈子曰"，"子司马子曰"，"子女子曰"，"子北宫子曰"，又有"高子曰"，"鲁子曰"，盖皆传授之经师，不尽出于公羊子。定公元年传"正棺于两楹之间"二句，《穀梁传》引之，直称沈子，不称公羊，是并其不著姓氏者亦不尽出公羊子。且并有"子公羊子曰"，尤不出于高之明证。知传确为寿撰，而胡母子都助成之**也**。【B】杨士勋疏称**穀梁**名俶，字符始，一名赤。受经于子夏。为经作传，而徐彦《公羊传疏》又称，公羊高五世**相传，至胡母生题其亲师**，故曰《公羊传》。《穀梁》亦是著竹帛者题其亲师，故曰《穀梁传》。**则传当为**其学者所作也。案《公羊传》"定公即位"一条，引"子沈子曰"，何休《解诂》以为后师。**《穀梁传》**"定公即位"一条亦称"沈子曰"。公羊、穀梁既同师子夏，不应及见后师。又"初献六羽"一条，称"穀梁子曰"。传既穀梁自作，不应自引已说。且此条又引"尸子曰"。尸佼为商鞅之师，鞅既诛，佼逃于蜀。其人亦在穀梁后，不应豫为引据。**则是徐彦之言疑得其实，但未知谁著竹帛耳。**

【辨伪】A段抄自《四库全书总目》卷二十六《春秋公羊传注疏》提要：

> 徐彦疏引戴宏序曰："子夏传与公羊高，高传与其子平，平传与其子地，地传与其子敢，敢传与其子寿。至汉景帝时，寿乃与齐人胡母子都著于竹帛。"……**今观**传中有"子沈子曰"，"子司马子曰"，"子女子曰"，"子北宫子曰"，又有"高子曰"，"鲁子曰"，盖皆传授之经师，不尽出于公羊子。定公元年传"正棺于两楹之间"二句，《穀梁传》引之，直称沈子，不称公羊。是并其不著姓氏者亦不尽出公羊子。且并有"子公羊子曰"，尤不出于高之明证。知传确为寿撰，而胡母子都助成之。

B段抄自《四库全书总目》卷二十六《春秋穀梁传注疏》提要：

> 士勋疏称**穀梁子**名俶，字符始，一名赤，受经于子夏。为经作传。……徐彦《公羊传疏》又称，公羊高五世**相授，至胡母生乃著竹帛，题其亲师**，故曰《公羊传》。《穀梁》亦是著竹帛者题其亲师，故曰《穀梁传》。**则当为传**其学者所作。案《公羊传》"定公即位"一条，引"子沈子曰"，何休《解诂》以为后师。……**此传**"定公即位"一条，亦称"沈子曰"。公羊、穀梁既同师子夏，不应及见后师。又"初献六羽"一条，称"穀梁子曰"。传既穀梁自作，不应自引己说。且此条又引"尸子曰"。尸佼为商鞅之师，鞅既诛，佼逃于蜀。其人亦在穀梁后，不应预为引据。**疑徐彦之言为得其实。但谁著于竹帛，则不可考耳**。

【小结】此条用捏合法，抄自《四库全书总目》卷二十六《春秋公羊传注疏》提要、《春秋穀梁传注疏》提要。作伪方法有二：第一，点窜字句；第二，合二为一，A段抄自《春秋公羊传注疏》提要，B段抄自《春秋穀梁传注疏》提要。

43.《公》、《穀》经异同

【A】《春秋·文五年》："三月辛亥，葬我小君成风。王使召伯来会葬。"《左氏》、《公羊》同杜注。"召伯，天子卿也。召，采地。伯，爵也。"《释文》："召伯，上照反。"《穀梁》经作"毛伯"。**《释文》**："《左氏》、**《公羊》、徐邈**本并云'召伯'，此本作'毛伯'，疑误也。"据此，知徐仙民所注《穀梁》亦同二传作"召伯"，今本误也。**然**《元年》："天王使毛伯来锡公命。"范注："毛，采邑。伯，字也，天子上大夫。"于此无注。则范本作"毛伯"。又《元年》："天王使叔服来会葬。"疏引此亦作"毛伯"。【B】**又**《公羊·文十六年》："六月戊辰，公子遂及齐侯盟于犀丘。"**疏**云："盟于犀丘。"正本作"菑丘"。故贾氏云"公羊曰菑丘，穀梁曰师丘"是也。据此，知《公羊》经本作"菑丘"，当从**贾氏《公羊》疏**。【C】**系唐以前人作**，所据**是**晋、宋书，犹见正本。故与贾景伯合。【D】**若**陆氏《释文》作"犀丘"，《穀梁音义》亦云《公羊》作"犀丘"，则是唐以来本多不作"菑"矣。

【辨伪】A段抄自臧琳《经义杂记》卷五"《穀梁》经召伯"条：

《春秋·文五年》："三月辛亥，葬我小君成风。王使召伯来会葬。"《左氏》、《公羊》同杜注。"召伯，天子卿也。召，采地。伯，爵也。"《释文》："召伯，上照反。"《穀梁》经作"毛伯"。**《释》曰**："《左氏》、**《公羊》及徐邈本**并云'召伯'，此本作'毛伯'，疑误也。"据此，知徐仙民所注《穀梁》亦同二传作"召伯"，今本误也。《元年》："天王使毛伯来锡公命。"范注："毛，采邑。伯，字也，天子上大夫。"于此无注。则范注本作"毛伯"。又《元年》："天王使叔服来会葬。"疏引此亦作"毛伯"。

B、D、C三段抄自《经义杂记》卷五"《公羊》经菑丘"条：

【B】《公羊·文十六年》："六月戊辰，公子遂及齐侯盟于犀丘。"**解**云："盟于犀丘。"正本作"菑丘"。故贾氏云……"公羊曰菑丘，穀梁曰师丘"是也。据此，知《公羊》经本作"菑丘"，当从**贾氏所见本**。

【D】陆氏《释文》作"犀丘"……《穀梁音义》亦云《公羊》作"犀丘"，则唐以来本多不作"菑"字矣。

【C】**《公羊》疏唐以前人为之**，所据**皆**晋、宋古书，故犹见正本。与贾景伯合也。

【小结】此条用捏合法，抄自《经义杂记》卷五"《穀梁》经召伯"、"《公羊》经菑丘"条。A抄自"《穀梁》经召伯"条，B、D、C抄自"《公羊》经菑丘"条。作伪方法有二：第一，点窜字句；第二，改变顺序。

44. 三传详略不同处

三传纪载，虽多详略不同，亦有不相抵牾者。如《左传》谏穆公毋袭郑者，惟一蹇叔。《公羊》、《穀梁》则谓蹇叔与百里奚同谏，不见听，遂使三帅帅师而东，为晋败于殽，虏三帅，已而归之。《史记·秦本纪》与《公》、《穀》同。又《左传》言三帅归，穆公素服郊迎，向师哭曰："孤违蹇叔，以辱二三子，孤之罪也。大夫何罪！"而《秦本纪》则云："孤以不用百里奚、蹇叔言，以辱三子，三子何罪乎？"据《史记》，蹇叔本百里奚所荐，其意见议论必合。且《左传》言蹇叔之子与师，哭而送之曰："晋人御师必于殽。余收尔骨焉。"而《公》、《穀》、《史记》皆言二人同送其子而哭之。《左传》载三帅之名为百里孟明视、西乞术、白乙丙。《史记》以孟明视为百里奚子，西乞术、白乙丙为蹇叔子。《左传》疏引《世族谱》云："姓百里，名视，字孟明，百里奚之子。"《谱》又云："或以西乞术、白乙丙为蹇叔子。"然则百里奚与蹇叔同送其子而哭之，以感悟穆公，是实有其事。三传虽详略各异，无大抵牾，不可执《左》以驳《公》、《穀》也。

【辨伪】王鸣盛《尚书后案》卷二十九《周书》曰：

据《左传》谏穆公毋袭郑者，惟一蹇叔。《公羊》、《穀梁》则谓蹇叔与百里奚同谏，不见听，遂使三帅帅师而东，为晋败于殽，虏三帅，已而归之。《史记·秦本纪》与《公》、《穀》同。又《左传》言三帅归，穆公素服郊迎，向师哭曰："孤违蹇叔，以辱二三子，孤之罪也。大夫何罪！”而《秦本纪》则云：“孤以不用百里奚、蹇叔言，以辱三子，三子何罪乎？”……据《史记》，蹇叔本百里奚所荐，其意见议论必合。且《左传》言蹇叔之子与师，哭而送之曰：“晋人御师必于殽。余收尔骨焉。”而《公》、《穀》、《史记》皆言二人同送其子而哭之。《左传》载三帅之名为百里孟明视、西乞术、白乙丙。《史记》以孟明视为百里奚子，西乞术、白乙丙为蹇叔子。《左传》疏引《世族谱》云：“姓百里，名视，字孟明，百里奚之子。”《谱》又云：“或以西乞术、白乙丙为蹇叔子。”然则百里奚与蹇叔同送其子而哭之，以感悟穆公，其事是实。三传纪载虽详略不同，无大抵牾，不可执《左》以驳《公》《穀》。

【小结】此条抄自《尚书后案》卷二十九《周书》。作伪方式有二：第一，点窜字句；第二，增加观点句——“三传纪载，虽多详略不同，亦有不相抵牾者”。

45. 郑康成《春秋》无注

【A】刘义庆《世说新语》谓郑注《春秋传》未成，时行，与服子慎遇，宿客舍，先未相识。服在外车上与人说己注传意，郑听之良久，多与己同。就车与语，曰：“吾久欲注，尚未了。听君向言，多与吾同，今当尽以所注与君。”遂为服氏注。**【B】案《郑康成传》**载郑所注《周易》、《尚书》、《毛诗》、《仪礼》、《礼记》、《论语》、《孝经》、《尚书大传》、《中候》、《乾象历》，又著《天文七政论》、《鲁礼禘祫志》、《六艺论》、《毛诗谱》、《驳许慎〈五经异义〉》、《答临孝存〈周礼难〉》，凡**万余言，而无《春秋注》**。**【C】当是服子慎注即郑义也。然**今服注虽亡，唐以前书征引尚多，而郑注绝未之见。【D】止有《发墨守》、《针膏肓》、《起废疾》而已，今亦残阙不完。【E】惟《针膏肓》二十余条、《起废疾》四十余条、《发墨守》四条，**不知谁氏从诸书所引掇拾以成编者**，**【F】然究是因**何休著有《公羊墨守》、《左氏膏肓》、《穀梁废疾》**等书，郑特取而反之，亦不得谓为《春秋注》也**。

【辨伪】B、D、F、A、C 段抄自臧琳《经义杂记》卷二十“郑氏五经”条：

> **【B】《后汉书·郑康成传》**载郑所注《周易》、《尚书》、《毛诗》、《仪礼》、《礼记》、《论语》、《孝经》、《尚书大传》、《中候》、《乾象历》，又著《天文七政论》、《鲁礼禘祫议》、《六艺论》、《毛诗谱》、《驳许慎〈五经异义〉》、《答临孝存〈周礼难〉》，**凡百余万言，惟《春秋》无注**。
>
> 【D】止有《发墨守》、《针膏肓》、《起废疾》而已。
>
> **【F】任城何休好公羊学**，遂著《公羊墨守》、《左氏膏肓》、《穀梁废疾》，**故郑反之**。
>
> 【A】《世说新语》言郑注《春秋传》未成，时行，与服子慎遇，宿客舍，先未相识。服在外车上与人说己注传意，郑听之良久，多与己同。就车与语，曰：“吾久欲注，尚未了。听君向言，多与吾同，今当尽以所注与君。”遂为服氏注。
>
> **【C】据此，知服子慎《解谊》本之郑君为多**。今服注虽亡，唐以前书征引者尚多**有之**，而郑注**《左传》**绝未之见。

E 段抄自《四库全书总目》卷二十六《箴膏肓·起废疾·发墨守》提要：

此本凡《针膏肓》二十余条、《起废疾》四十余条、《发墨守》四条，**并从诸书所引，掇拾成编，不知出自谁氏**。

【小结】此条抄自《经义杂记》卷二十"郑氏五经"条、《四库全书总目》卷二十六《针膏肓》、《起废疾》、《发墨守》提要。作伪方式有四：第一，点窜字句；第二，增加句子；第三，改变顺序；第四，多源组合，B、D、F、A、C 段抄自"郑氏五经"条，E 段抄自《针膏肓·起废疾·发墨守》提要。

46.《周礼》非伪托

【A】《周礼》上自河间献王，其出为最晚。后之议者纷如聚讼，**有谓刘歆赝托周公为之者**。【B】案郑樵《通志》引**孙楚之**言曰："周公居摄六年之后，书成归丰，而实未尝行。盖周公之为《周礼》，亦犹唐之显庆、开元礼，豫为之以待他日之用，其实未尝行也。惟其未经行，故仅述大略，俟临事而损益之。故建都之制不与《召诰》、《洛诰》合，封国之制不与《武成》、《孟子》合，设官之制不与《周官》合。"云云。**考**《禹贡》乃唐虞之制，《武成》、《周官》乃梅赜古文《尚书》，《王制》乃汉文帝博士所述，其说**虽稍有离合，然究谓为周公未行之书，而不云出于伪托也**。【C】且刘歆宗《左传》，而《左传》所云《礼经》，**皆**不见于《周礼》。而《仪礼·聘礼》宾行饔饩之物，禾米刍薪之数，笾豆簠簋之实，铏壶鼎瓮之列，与《掌客》之文不同。又《大射礼》天子诸侯侯数侯制与《司射》之文不同。《礼记·杂记》载子、男执圭与《典瑞》之文不同。《礼器》天子诸侯席数与《司几筵》之文不同。皆与二《礼》**显相违戾**。歆果**伪托**周公，**当必弥缝其文，亦与伪孔之假《尚书》多方牵合，委曲迁就**，使与经传相合，**以为征验**，**何为**留此异同，**以贻后世人之口实哉**？【D】惟张横渠《语录》云："《周礼》是的当之书，然其间有末世增入者。"【E】今案《考工记》所称郑之刀，又称秦无庐。郑封于宣王时，秦封于孝王时，其非周公之旧典，已无疑义。【F】然则《周礼》一书，不尽原文，而**亦**非出于伪托，**已灼然可见**矣。

【辨伪】《四库全书总目》卷十九《周礼注疏》提要曰：

【A】《周礼》**一书**上自河间献王，**于诸经之中**，其出最晚。**其真伪亦**纷如聚讼。

【D】惟横渠《语录》曰："《周礼》是的当之书，然其间必有末世增入者。"

【B】郑樵《通志》引**孙处之**言曰："周公居摄六年之后，书成归丰，而实未尝行。盖周公之为《周礼》，亦犹唐之显庆、开元礼，预为之以待他日之用，其实未尝行也。惟其未经行，故仅述大略，俟**其**临事而损益之。故建都之制不与《召诰》、《洛诰》合，封国之制不与《武成》、《孟子》合，设官之制不与《周官》合。……"云云(……《禹贡》乃唐虞之制，《武成》、《周官》乃梅颐古文《尚书》，《王制》乃汉文帝博士所**追**述……其**说盖离合参半**)**其说差为近之，然亦未尽也**。……

【C】刘歆宗《左传》，而《左传》所云《礼经》，皆不见于《周礼》。……而《仪礼·聘礼》宾行飧饩之物，禾米刍薪之数，笾豆簠簋之实，铏壶鼎瓮之列，与《掌客》之文不同。又《大射礼》天子诸侯侯数侯制与《司射》之文不同。《礼记·杂记》载子、男执圭与《典瑞》之文不同。《礼器》天子诸侯席数与《司几筵》之文不同。**如斯之类**，与二《礼》**多相矛盾**。歆果**赝托**周公**为此书**，**又何难牵就其文**，使与经传相合，**以相证验**。而必留此异同，**以启后人之攻击**？

【F】然则《周礼》一书，不尽原文，而非出依托，**可概睹矣**。

【E】《考工记》称郑之刀，又称秦无庐。郑封于宣王时，秦封于孝王时，其非周公之旧典，已无疑义。

【小结】此条抄自《四库全书总目》卷十九《周礼注疏》提要。作伪方式有三：第一，点窜字句；第二，增加句子；第三，改变顺序(原文顺序为A、D、B、C、F、E)。

47. 安石《周礼》

【A】案罗大经《鹤林玉露》《咏安石放鱼诗》云："错认苍姬六典书，中原从此变萧疏。"**是真谓安石误用《周礼》以祸宋者而不知其非也**。【B】盖安石初知鄞县时，**曾行贷谷立息之法**，民甚便之。及登朝柄用，【C】**窥**神宗**喜功好**大之资，【D】**值国家**积弱**之候，计惟有富强之术足以济之**。【E】**遂欲以己之事效一邑者，复令**行之天下，**此青苗法所由行也**。【F】而又虑富强之说，【G】**必为光献太后阻挠于内**，【H】神宗欲取燕云，太后止之，【I】韩、富诸大臣排击于外，**则富强之术将终扞格而不得行**，【J】**故特假借**经义以钳**内外**之口耳。**岂真谓《周礼》之可行于今哉**？迨用**吕惠卿、章惇**等之不得其人，**以致头会箕敛**之不以其道，百弊丛生，**生民罹害**，而宋因以大坏。**论安石者第责其执经泥古之过，究未深窥其怙权遂私之巧谋也。考安石曾注《周礼新义》**，【K】蔡绦《铁围山丛谈》云"《周礼新义》，**手**迹如斜风细雨，诚介甫亲书"云云，【L】**故后儒攻**《周礼》者因并攻安石所注之《周礼》，**盖意其所注必多舞文害道也**。【M】及观其书，惟训诂多用《字说》，余**皆**依经**解**义，**多所**发明，**毫**无舞文害道之**弊**。**盖解经、立法自是两事，各不相蒙。论世者甚毋苛诋其人而并及其书也**。

【辨伪】K、D、F、J、A、L、M段抄自《四库全书总目》卷十九《周礼新义》提要：

【K】蔡绦《铁围山丛谈》曰"……《周礼新义》，**笔**迹如斜风细雨，诚介甫亲书"云云。

【D】**本以宋当**积弱之后，**而欲济之以富强**。

【F】又惧富强之说必为儒者所排击。

【J】**于是附会**经义以钳**儒者**之口，**实非真信《周礼》为可行**。迨**其后**用之不得其人，行之不得其道，百弊丛生，而宋以大坏。

【A】罗大经《鹤林玉露》《咏安石放鱼诗》曰："错认苍姬六典书，中原从此变萧疏。"**是犹为安石所绐，未究其假借六艺之本怀也**。

【L】因是而攻《周礼》，因**是而攻**安石所注之《周礼》。

【M】今观此书，惟训诂多用《字说》……其余依经诠义……**皆具有**发明，**无所谓**舞文害道之**处**。

B、E 段抄自赵翼《廿二史劄记》卷二十六“青苗钱不始于王安石”条：

【B】至安石**则**初知鄞县时，**贷谷与民，立息以偿，俾新陈相易**，民甚便之。

【E】及登朝柄用，**以此事已效于一县，遂欲**行之天下。

H、G、I、C 段抄自赵翼《廿二史劄记》卷二十六“王安石之得君”条曰：

【H】是帝久有取燕云之志。后帝与大臣定议，将遂举兵，朝慈圣光献太后白其事，太后曰：“吉凶悔吝生乎动，得之不过南面受贺而已。万一不谐，生灵所系，可胜言哉！苟可取，则太祖、太宗已取之，何待今日？”

【G】甚至内而慈圣光献太后，

【I】外而韩琦、富弼诸老臣，俱以安石为不可用。

【C】**史臣亦谓**神宗**以好大喜功**之资。

【小结】此条抄自《四库全书总目》卷十九《周礼新义》提要，《廿二史劄记》卷二十六“青苗钱不始于王安石”条、“王安石之得君”条。作伪方式有四：第一，点窜字句；第二，增加句子；第三，改变顺序；第四，多源组合，K、D、F、J、A、L、M 段抄自《四库全书总目》卷十九《周礼新义》提要，B、E 段抄自《廿二史劄记》卷二十六“青苗钱不始于王安石”条，H、G、I、C 段抄自《廿二史劄记》卷二十六“王安石之得君”条。

今按：王氏为王安石辩护：“论世者甚毋苛诋其人而并及其书也。”其意甚善。吾辈于王玉树当苛诋其人而并及其书也。

48. 陈澔《礼记》

【A】**案元陈澔撰《礼记集说》**在延祐之后，未为学者所**重**。【B】缘澔父大猷师饶鲁，鲁师黄榦，榦为朱子之婿。【C】当南宋宝庆以后，朱子之学大行，【D】遂借考亭余荫，得**立**学官。【E】**故至**明诏胡广等修《五经大全》，《礼记》以澔注为主，用以取士。民间诵习相沿，久而不废职是故也。盖说《礼记》者，汉、唐莫如郑、孔，宋代莫如卫湜。然郑注古奥，孔疏典赡，猝不易通。而卫注又卷帙繁富，端绪亦不易寻，皆不若澔注之浅显简易。【F】其所注《学记》“术有序”句，引《周礼·乡大夫》：“春秋以礼会民，而射于州序。”《周礼》实无此文。注《檀弓》“五十以伯仲”句，引贾公彦《仪礼疏》，乃孔颖达《礼记疏》文，正与贾疏相反。每为学者所议。然朱子注《诗》“骒牝三千”引《礼记》“问国君之富，数马以对”，《礼记》无此文。注《孟子》“神农之言”引史迁“所谓农家者流”，《史记》无此文。蔡沈注《书》“釐降二女于沩汭”引《尔雅》“水北曰汭”，《尔雅》无此文。又注《西伯戡黎》引《史记》“纣使胶鬲观兵”，注“星有好雨”句引《汉志》“轸星好雨”，《史记》、《汉志》亦均无此文。此皆偶尔笔误，不足为病。且何休汉代通儒，号称学海，而注《公羊传》“舟中之指可掬”句，引“天子造舟，诸侯维舟，卿大夫方舟，士特舟”语，尚误记《尔雅》为《礼》文，又何论于澔乎？澔惟于礼制少证据，礼意欠发明，而笺释文句，颇极清晰。【G】《礼》文奥赜，得此疏解，于初学不为无补。【H】朱竹垞《经义考》诋为“兔园册子”，亦太过矣。

【辨伪】《四库全书总目》卷二十一《云庄礼记集说》提要曰：

【A】**澔成是书，又**在延祐之后，亦未为儒者所**称**。

【E】明初始定《礼记》用澔注。胡广等修《五经大全》，《礼记》亦以澔注为主，用以取士，遂诵习相沿。盖说《礼记》者，汉、唐莫善于郑、孔，而郑注简奥，孔疏典赡，皆不似澔注之浅显。宋代莫善于卫湜，而卷帙繁富，亦不似澔注之简便。

【C】又南宋宝庆以后，朱子之学大行。

【B】而澔父大猷师饶鲁，鲁师黄榦，榦为朱子之婿。

【D】遂借考亭之余荫，得**独列**学官。

【F】其注《学记》"术有序"句，引《周礼·乡大夫》："春秋以礼会民，而射于州序。"《周礼·乡大夫》实无此文。注《檀弓》"五十以伯仲"句，引贾公彦《仪礼疏》，乃孔颖达《礼记疏》文，正与贾说相反。颇为论者所讥。然朱子注《诗》"騋牝三千"，引《礼记》"问国君之富数马以对"，《礼记》无此文。注《孟子》"神农之言"引史迁"所谓农家者流"，《史记》无此文。蔡沈注《书》"釐降二女于妫汭"，引《尔雅》"水北曰汭"，《尔雅》无此文。又注《西伯戡黎》引《史记》"纣使胶鬲观兵"，注"星有好雨"引《汉志》"轸星好雨"，《史记》、《汉书》亦均无此文。是皆偶然笔误，未足以累全书。且何休汉代通儒，号为学海，而注《公羊传》"舟中之指可掬"句，引"天子造舟，诸侯维舟，卿大夫方舟，士特舟"语。尚误记《尔雅》为《礼》文，又何有于澔？澔所短者，在不知礼制当有证据，礼意当有发明，而笺释文句，一如注《孝经》、《论语》之法。故用为蒙训则有余求，以经术则不足。

【H】朱彝尊《经义考》以"兔园册子"诋之，固为已甚。

【G】特《礼》文奥赜，骤读为难。因其疏解，得知门径，以渐进而求于古，于初学之士，固亦不为无益。

【小结】此条抄自《四库全书总目》卷二十一《云庄礼记集说》提要。作伪方式有二：第一，点窜字句；第二，改变顺序（原文顺序为A、E、C、B、D、F、H、G）。

49. 卢植注《礼记》

【A】卢植校定《礼记》，**旧籍**虽亡，而遗文剩义，**隋**唐人犹有能称述者。如《曲礼》："猩猩能言，不离禽兽。"《释文》云："'禽兽'，卢本作'走兽'。"【B】《正义》曰："禽兽之名，经记不同。《尔雅》云：'二足而羽谓之禽，四足而毛谓之兽。'鹦鹉是羽而曰禽，猩猩四足而毛，正可曰兽。今并云禽兽者，凡语有通别，别而言之，羽则曰禽，毛则曰兽。所以然者，禽者，擒也，言鸟力小，可擒捉而取之；兽者，守也，言其力多，不易可擒，先须围守，然后乃获，故曰兽也。通而为说，鸟不可曰兽，兽亦可曰禽。故鹦鹉不曰兽，而猩猩通曰禽也。"故《易》云："王用三驱，失前禽。"则驱走者亦曰禽也。又《周礼·司马职》云："大兽公之，小兽私之。"以此而言，则禽未必皆鸟也。又康成注《周礼》云："凡鸟兽未孕曰禽。"《周礼》又云："以禽作六挚，卿羔，大夫雁。"《白虎通》云："禽者，鸟兽之总名。”以此诸经证禽名通兽者，以其小兽可擒，故得通名禽也。案：孔氏所据甚精博，然卢氏定为“走兽”，与上“飞鸟”相对，**是散言皆可通称对文，究不妨异名也。《孟子》“麒麟走兽”、“凤凰飞鸟”亦是对文也**。【C】《淮南子·泛论》：“猩猩知往而不知来。”高注云：“《礼记》曰：‘猩猩能言，不离走兽。’”诱盖受业卢氏，故引师说如是也。

【D】**案：植曾上书，奏求校正**石经《礼记》。当时虽未刊定，而所自撰《解诂》犹存。《隋》、《唐志》载卢植注《小戴礼记》二十卷是也。**植与郑玄俱从马融受古学**，唐人表章郑学，而不及卢，其书遂亡。

【辨伪】A、C、B 段抄自臧琳《经义杂记》卷二十五“卢植《礼记注》”条：

> 【A】卢氏校定《礼记》，**今日**虽亡，**汉**唐人偶有称述尚可得其略。……《曲礼》：“猩猩能言，不离禽兽。”《释文》：“‘禽兽’，卢本作‘走兽’。”
>
> 【C】述案《淮南子·泛论》：“猩猩知往而不知来。”高注云：“《礼记》曰：‘猩猩能言，不离走兽。’”高氏受业于卢，《尚书》故用师校本。
>
> 【B】《正义》曰：“禽兽之名，经记不同。《尔雅》云：‘二足而羽谓之禽，四足而毛谓之兽。’鹦鹉是羽而曰禽，猩猩四足而毛，正可曰(旧讹是)兽。今并云禽兽者，凡语有通别，别而言之，羽则曰禽，毛则曰兽。所以然者，禽者，擒也，言鸟力小可，擒捉而取之；兽者，守也，言其力多，不易可擒，先须围守，然后乃获，故曰兽也。通而为说，鸟不可曰兽，兽亦可曰禽。故鹦鹉不曰兽，而猩猩通曰禽也。”故《易》云：“王用三驱，失前禽。”则驱走者亦曰禽也。又《周礼·司马职》云：“大兽公之，小禽私之。”以此而言，则禽未必皆鸟也。又康成注《周礼》云：“凡鸟兽未孕曰禽。”《周礼》又云：“以禽作六挚，卿羔，大夫雁。”《白虎通》云：“禽者，鸟兽之总名。”以此诸经证禽名通兽者，以其小兽可擒，故得通名禽也(……孔氏所据可称精博，旧本禽兽卢氏定为“走兽”，与上“飞鸟”相对)。

D 段抄自臧琳《经义杂记》卷二十五“卢植奏定石经”条：

> 然石经《礼记》虽未刊定，而卢所自著《解诂》犹存。《隋》、《唐志》载卢植注《小戴礼记》二十卷是也。唐人表章郑学，而未及卢氏，其书遂亡。

【小结】此条抄自《经义杂记》卷二十五“卢植《礼记注》”条、“卢植奏定石经”条。A、C、B 段抄自“卢植《礼记注》”条，D 段抄自“卢植奏定石经”条。作伪方式有三：第一，点窜字句；第二，增加句子；第三，改变顺序。

50. 王肃改《礼记》

【A】**王肃好与郑难，与虞翻同。凡有郑与马合者，则或迁就之，与马稍有不合者，则必别立异解，以证郑注之非。私意妄改，有心立异，至有割裂经文以证合己意者**。如《礼记·玉藻》：“君子之饮酒也，受一爵而色洒如也。”郑注：“洒如，肃敬貌。”“二爵而言言斯”，注：“言言，和敬貌。斯，犹耳也。”“礼已三爵而油油”，注：“油油，说敬貌。”“以退”，注：“礼饮过三爵，则敬杀，可以去矣。”【B】盖三句皆言饮酒之色，故一爵而色洒如，二爵而色言言斯，三爵而色油油斯。二爵、三爵不言色者，蒙上文也。郑以“肃敬”、“和敬”、“说敬”解之，义甚精当，故《广雅·释训》“言言，喜也”，《孟子·公孙丑上》“由由然与之偕，而不自失焉”，俱与郑义合。【C】《释文》云“洒如”，王肃作“察”，云“明貌也”。“言言”，王肃本作“二爵而言”，注云：“饮二爵可以语也。”又云：“‘言斯’，《礼》注云：‘语必以礼也。’”“三爵而油”，注(油)云“悦敬”。无“已而油油然也”。【D】是二爵而言，岂一爵、三爵皆不当言乎？**妄改《礼》文，割裂语句，违背经旨，纰缪甚矣**。

【辨伪】臧琳《经义杂记》卷十六“王肃改《玉藻记》”条曰：

> 【A】《礼记·玉藻》：“君子之饮酒也，受一爵而色洒如也。”注：“洒如，肃敬貌。”……“二爵而言言斯”，注：“言言，和敬貌。斯，犹耳也。”“礼已三爵而油油”，注：“油油，说敬貌。”“以退”注：“礼饮过三爵，则敬杀，可以去矣。”
>
> 【C】《释文》“洒如”，王肃作“察”，云“明貌也”。“言言”，王肃本作“二爵而言”，注云：“饮二爵可以语也。”又云：“‘言斯’，《礼》注云：‘语必以礼也。’”“三爵而油”，注云“悦敬貌”。无“已”及下“油”字也。
>
> 【B】此三句皆言饮酒之色，故一爵而色洒如，二爵而色言言斯，三爵而色油油斯。二爵、三爵不言色者，蒙上文也。郑以“肃敬”、“和敬”、“说敬”解之，义甚精。《广雅·释训》“言言，喜也”，《孟子·公孙丑上》“由由然与之偕，而不自失焉”，俱与郑义合。
>
> 【D】若作二爵而言，岂一爵、三爵皆不言乎？

【小结】此条抄自《经义杂记》卷十六“王肃改《玉藻记》”条。作伪方式有四：第一，点窜字句；第二，增加句子；第三，改变顺序(原文顺序为A、C、B、D)；第四，改变标题，将“王肃改《玉藻记》”改为“王肃改《礼记》”。

51.《孝经·闺门章》

【A】**元行冲**《正义》载司马贞议曰：“近儒欲崇古学，伪作《闺门》一章。刘炫诡随，妄称其善。且闺门之义，近俗之语，必非宣尼正说。案其文云：‘**子曰**：闺门之内，具礼矣乎！严父严兄，妻子臣妾，**犹**百姓徒役也。’是比妻子于徒役。文句凡鄙，不合经典。”云云。【B】案：《孝经》有今文、古文二本。今文称郑玄注，其说自荀昶，而《郑志》不载其名。古文称孔安国注，其书出自刘炫，而《隋书》已言其伪。至**唐开元中，诏**右庶子刘知幾主古文，立十二验以驳郑。国子祭酒司马贞主今文，摘《闺门》章文句凡鄙，《庶人》章割裂旧文，妄加“子曰”字，及注中“脱衣就功”诸语，以驳孔。其文载《唐会要》中。【C】后明皇诏令郑、孔并行，迨御注出而古文、今文皆废。是非因贞议而废孔也。【D】乃元熊禾作《董鼎〈孝经大义〉序》，遂谓贞去《闺门》一章，卒启玄宗无礼无度之祸。明孙本作《孝经辨疑》，并谓唐宫闱不肃，贞削《闺门》一章乃为国讳。夫削《闺门》一章，遂启幸蜀之衅，使当时行用古文，果遂无天宝之乱乎？唐宫闱不肃诚有之，至于《闺门》章二十四字，绝与武、韦不相涉。【E】且玄宗所讳者莫如杨妃。然册封妃在天宝四年，贞进议在开元七年，何得豫为避讳乎？【F】盖禾等以朱子《刊误》偶用古文，遂以为**古文不可废**。又徒闻《中兴书目》有“议者排毁，古文遂废”之语，遂沿其误说耳。【G】而近儒又有谓《闺门》一章文简意足，理致精严，非后儒所能伪作，不当以贞议“文句凡鄙”废之者，亦未免好古之过也。

【辨伪】A、G段抄自臧琳《经义杂记》卷五“《孝经·闺门章》”条：

> 【A】元氏《正义》载司马贞议曰：“近儒欲崇古学，伪作《闺门》一章。刘炫诡随，妄称其善。且闺门之义，近俗之语，必非宣尼正说。案其文云：‘闺门之内，具礼矣！严亲严兄，妻子臣妾，繇百姓徒役也。’是比妻子于徒役。文句凡鄙，不合经典。”
>
> 【G】但《闺门》一章文简意足，理致精严，似非后儒所能伪作，不当以文句疑之。

B、D、E、C、F段抄自《四库全书总目》卷三十二《孝经正义》提要：

> 【B】《孝经》有今文、古文二本。今文称郑玄注，其说传自荀昶，而《郑志》不载其名。古文称孔安国注，其书出自刘炫，而《隋书》已言其伪。至唐开元**七年三月，诏令群儒质定**。右庶子刘知幾主古文，立十二验以驳郑。国子祭酒司马贞主今文，摘《闺门》章文句凡鄙，《庶人》章割裂旧文，妄加“子曰”字，及《注》中“脱衣就功”诸语，以驳孔。其文具载《唐会要》中。
>
> 【D】元熊禾作《董鼎〈孝经大义〉序》，遂谓贞去《闺门》一章，卒启玄宗无礼无度之祸。明孙本作《孝经辨疑》，并谓唐宫闱不肃，贞削《闺门》一章乃为国讳。夫削《闺门》一章，遂启幸蜀之衅，使当时行用古文，果无天宝之乱乎？唐宫闱不肃诚有之，至于《闺门》章二十四字，则绝与武、韦不相涉。
>
> 【E】指为避讳，不知所避何讳也。
>
> 【C】御注既行，孔、郑两家遂并废，亦未闻贞更建议废孔也。
>
> 【F】禾等徒以朱子《刊误》偶用古文，遂以**不用古文为大罪**。……徒闻《中兴书目》有“议者排毁，古文遂废”之语，遂沿其误说。

【小结】此条抄自《经义杂记》卷五“《孝经·闺门章》”条和《四库全书总目》卷三十二《孝经正义》提要。作伪方式有三：第一，点窜字句；第二，改变顺序；第三，多源组合，A、G段抄自《经义杂记》卷五“《孝经·闺门章》”条，B、D、E、C、F段抄自《四库全书总目》卷三十二《孝经正义》提要。

52. 经注引《苍颉》

【A】**王应麟**《急就章补注序》云：“《汉·艺文志》小学十家，《苍颉篇》见《考工记》，注者唯鞄、㲃、柯、欘四字。”【B】案《考工记》：“攻皮之工，函、鲍、韗、韦、裘。”郑司农云：“**鲍**或为鞄，《苍颉篇》有鞄、㲃。”又**车**人之事。柯，欘有半谓之柯。郑司农云《苍颉篇》有柯、欘，王氏所**举盖此四字也**。【C】然《公羊·定四年传》“朋友相卫”，注“同门曰朋，同志曰友”。解云：“出《苍颉篇》。”【D】又《孝经·庶人》章：“故自天子至于庶人，孝无终始，而患不及者，未之有也。”唐明皇注：“始自天子，终于庶人。尊卑虽殊，孝道同致。而患不及者，未之有也。言无此理，故曰未有。”《正义》曰：“郑玄：‘诸家皆以为患及身。’”《说文》云：“患，忧也。”《广雅》云：“患，恶也。”惟《苍颉篇》谓患为祸。孔、郑、韦、王之学，引之以释此经。据此，知孔氏古文传、郑氏今文注皆引《苍颉》训“患”为“祸”矣。经云“孝无终始”者，谓“身体发肤，受之父母，不敢毁伤”**为始**，“立身行道，扬名于后世以显父母”**为终**。言人子不能全受全归、立身行道而灾祸不逮其身者，卒未之有。**决言之**以警人子之不能守身也。【E】今《孝经正义》虽经邢昺删定，犹本唐人旧书。是古今传注在唐时具存，故**元行冲辈**犹得博引为据也。

【辨伪】B、A、C、E 段抄自《经义杂记》卷二十六“汉注用《苍颉篇》”条：

【B】《考工记》：“攻皮之工，函、鲍、韗、韦、裘。”郑司农云：“**书**或为鞄，《苍颉篇》有鞄、甏。”又**鲍**人之事。郑司农云：“《苍颉篇》有鞄、甏。”车人之事。柯，欘有半谓之柯。郑司农云《苍颉篇》有柯、欘。

【A】**王伯厚**《急就章补注序》云：“《汉·艺文志》小学十家，《苍颉篇》见《考工记》，注者唯鞄、甏、柯、欘四字。”

【C】《公羊传·定四年》“朋友相卫”，注“同门曰朋，同志曰友”。解云：“出《苍颉篇》。”

【E】然则《孝经正义》虽经邢氏删改，犹本唐人旧书。……唐时古今文具存，故元氏得博引为据。

D 段抄自臧琳《经义杂记》卷十六“《孝经·庶人章》”条：

《孝经》：“故自天子至于庶人，孝无终始，而患不及者，未之有也。”唐明皇注：“始自天子，终于庶人。尊卑虽殊，孝道同致。而患不能及者，未之有也。言无此理，故曰未有。”《正义》曰：“郑玄：‘诸家皆以为患及身。’《说文》云：‘患，忧也。’《广雅》曰：‘患，恶也。’惟《苍颉篇》谓患为祸。孔、郑、韦、王之学，引之以释此经。”据此，则孔氏古文传、郑氏今文注皆引《苍颉篇》训“患”为“祸”矣。经云：“身体发肤，受之父母，不敢毁伤，孝之始也。立身行道，扬名于后世，以显父母，孝之终也。”……言人子不能全受全归、立身行道而灾祸不逮其身者，卒未之有。**决言有灾祸**，以警人子之不守身者也。

【小结】此条抄自《经义杂记》卷十六“《孝经·庶人章》”条、卷二十六“汉注用《苍颉篇》”条。作伪方式有三：第一，点窜字句；第二，改变顺序；第三，多源组合，B、A、C、E 段抄自“汉注用《苍颉篇》”条，D 段抄自“《孝经·庶人章》”条。

53.《尔雅》列经部

【A】**案：《尔雅》系**小学家缀集旧文，递相增益。或言周公著，或言孔子增，皆依托之词。**大抵杂采诸书为之**，亦非纂自一手也。【B】如《释天》云："暴雨谓之涷。"《释艸》云："卷施艸，拔心不死。"采《楚辞》文也。《释天》云："扶摇谓之猋。"《释虫》云："蒺蔾，蝍蛆。"采《庄子》文也。《释诂》云："嫁，往也。"《释水》云："瀵，大出尾下。"采《列子》文也。《释地·四极》云："西王母。"《释畜》云："小领，盗骊。"采《穆天子传》文也。《释地》云："东方有比目鱼焉，不比不行，其名谓之鲽。南方有比翼鸟焉，不比不飞，其名谓之鹣鹣。"采《管子》文也。又云："邛邛岠虚负而走，其名谓之蟨。"采《吕氏春秋》文也。又云："北方有比肩民焉，迭食而迭望。"《释地》云："河出昆仑虚。"采《山海经》文也。《释诂》云："天、帝、皇、王、后、辟、公、侯。"又云："弘、廓、宏、溥、介、纯、夏、幠。"《释天》云"春为青阳"至"谓之醴泉"，采《尸子》文也。《释鸟》云："爰居，杂县。"采《国语》文也。如斯之类甚夥，说经家多资以考证古义，故从其所重，特列之于经部耳。而郭璞注亦颇有可据，后人虽多补正，终不能出其范围。邢昺疏亦多能引证，如《尸子·广泽》篇、《仁意》篇，皆今人所未及见。惟犍为文学、樊光、李巡之注，见于陆氏《释文》者，则尚有遗漏焉。

【辨伪】《四库全书总目》卷四十《尔雅注疏》提要：

> 【A】大抵小学家缀缉旧文，递相增益，周公、孔子皆依托之词。……知非纂自一手也。
>
> 【B】如《释天》云："暴雨谓之涷。"《释艸》云："卷施艸，拔心不死。"此取《楚辞》之文也。《释天》云："扶摇谓之猋。"《释虫》云："蒺蔾，蝍蛆。"此取《庄子》之文也。《释诂》云："嫁，往也。"《释水》云："瀵，大出尾下。"此取《列子》之文也。《释地·四极》云："西王母。"《释畜》云："小领，盗骊。"此取《穆天子传》之文也。《释地》云："东方有比目鱼焉，不比不行，其名谓之鲽。南方有比翼鸟焉，不比不飞，其名谓之鹣鹣。"此取《管子》之文也。又云："邛邛岠虚负而走，其名谓之蟨。"此取《吕氏春秋》之文也。又云："北方有比肩民焉，迭食而迭望。"《释地》云："河出昆仑虚。"此取《山海经》之文也。《释诂》云："天、帝、皇、王、后、辟、公、侯。"又云："弘、廓、宏、溥、介、纯、夏、幠。"《释天》云"春为青阳"至"谓之醴泉"。此取《尸子》之文也。《释鸟》曰："爰居杂县。"此取《国语》之文也。如是之类，不可殚数。……特说经之家多资以证古义，故从其所重，列之经部耳。璞时去汉未远……故所注多可据。后人虽迭为补正，然宏纲大旨，终不出其范围。昺疏亦多能引证。如《尸子·广泽》篇、《仁意》篇，皆非今人所及睹。其犍为文学、樊光、李巡之注，见于陆氏《释文》者虽多所遗漏。

【小结】此条抄自《四库全书总目》卷四十《尔雅注疏》提要。作伪方式有二：第一，点窜字句；第二，增加观点句。

54.《尔雅》句读

【A】《尔雅·释山》："小山岌，大山峘。"郭注："岌谓高过。"《埤苍》云："峘，大山。又音恒。"《说文·马部》："馺，马行相及也，从马从及，读若《尔雅》'小山馺，大山峘'。"则许氏读《尔雅》以六字为句，郭注谓"高过"，与许氏"马行相及"**义合**。盖岋者，及也。峘者，恒也。以小山而及于大山为长。《埤苍》云："峘，大山。"则张氏读《尔雅》以"小山岋"为句，"大山峘"为句矣。又"大山宫，小山霍"，郭注："谓宫围绕之。"《水经注·卢江水》曰："岩上有宫殿故基者三，以次而上，最上者极于山峰。山下又有神庙，号曰宫亭庙。胡彭湖亦有宫亭之称焉。"余案《尔雅》："大山曰宫。"宫之为名，盖起于此。是郦氏读《尔雅》以"大山宫"为句，"小山霍"为句矣。又"小山别，大山鲜"，郭注"不相连"，李云："大山少，故曰鲜。或作巘，又音仙。"《诗·皇矣》"度其鲜原"，传："小山别，大山曰鲜。"《正义》引孙炎曰："别，不相连也。"《公刘》"陟则在巘"，传："小山别于大山也。"盖毛以"鲜"、"巘"为一字。案：孙、郭皆云不相连，**亦以六字为句**。李云："大山少，故曰鲜。"是以"小山别"为句，"大山鲜"为句矣。郭氏独以毛公、许君、孙氏读为据，而不从李巡、张揖、郦道元等，**其学识宏通，为不可及矣。**【B】盖郭氏去汉未远，如"遂幠大东"称《诗》，"钊我周王"称逸《书》，所见尚多古本，其所注**自较诸家**多有可据也。

【辨伪】臧琳《经义杂记》卷四"误读《释山》文"：

> 【A】《尔雅·释山》："小山岋，大山峘。"郭注："岋谓高过。"……《埤苍》云："峘，大山。又音恒。"案《说文·马部》："馺，马行相及也，从马从及，读若《尔雅》'小山馺，大山峘'。"则许读《尔雅》以六字为句，郭注谓"高过"，与许氏"马行相及"**训亦合**。盖岋者，及也。峘者，恒也。以小山而及于大山为长。……《埤苍》云："峘，大山。"则张氏读《尔雅》以"小山岋"为句，"大山峘"为句矣。又"大山宫，小山霍"，郭注："谓宫围绕之。"……郦道元注《水经·庐江水》曰："岩上有宫殿故基者三，以次而上，最上者极于山峰。山下又有神庙，号曰宫亭庙。胡彭湖亦有宫亭之称焉。"余案《尔雅》云："大山曰宫。"宫之为名，盖起于此。……是郦氏读《尔雅》以"大山宫"为句，"小山霍"为句矣。……又"小山别，大山鲜"，郭注"不相连"……李云："大山少，故曰鲜，或作巘，又音仙。"《诗·皇矣》"度其鲜原"，传："小山别，大山曰鲜。"《正义》引孙炎曰："别，不相连也。"《公刘》"陟则在巘"，传："巘，小山别于大山也。"盖毛意"鲜"、"巘"为一字。……案：孙、郭皆云不相连。……李云："大山少，故曰鲜。"是以"小山别"为句，"大山鲜"为句矣。……郭氏以毛公、许君、孙氏读为据而不从李巡、张揖、郦元等，**其识较他差胜矣**。

《四库全书总目》卷四十《尔雅注疏》提要：

> 【B】璞时去汉未远，如"遂幠大东"称《诗》，"钊我周王"称逸《书》，所见尚多古本，故所注多可据。

【小结】此条抄自《经义杂记》卷四"误读《释山》文"条、《四库全书总目》卷四十《尔雅注疏》提要。作伪方式有三：第一，点窜字句；第二，多源组合，A 段抄自《经义杂记》卷四"误读《释山》文"条，B 段抄自《四库全书总目》卷四十《尔雅注疏》提要；第三，改变标题，将"误读《释山》文"改为"《尔雅》句读"。今按：王氏认为郭璞"学识宏通，为不可及矣”，为何不见贤思齐？

55. 西汉儒解经

《春秋繁露·五行对》：“河间献王问温城董君曰：‘《孝经》曰：夫孝，天之经，地之义，何谓也？’对曰：‘天有五行，木、火、土、金、水是也。木生火，火生土，土生金，金生水。水为冬，金为秋，土为季夏，火为夏，木为春。春主生，夏主长，季夏主养，秋主收，冬主藏，藏冬之所成也。是故父之所生，其子长之；父之所长，其子养之；父之所养，其子成之。诸父所为，其子皆奉承而续行之，不敢不致如父之意，尽为人之道也。故五行者，五行也。由此观之，父授之，子受之，乃天之道也。故曰：夫孝者，天之经也，此之谓也。’王曰：‘善哉！天经既得闻之矣，愿闻地之义。’对曰：‘地出云为雨，起气为风。风雨者，地之为。为地不敢有其功名，必上之于天命。若从天气者，故曰天风、天雨也。莫曰地风、地雨也。勤劳在地，名一归于天，非至有义，其孰能行此？故下事上如地事天也。可谓大忠矣。土者，火之子也。五行莫贵于土，土之于四时无所命者，不与火分功名。木名春，火名夏，金名秋，水名冬。忠臣之义，孝子之行，取之土。土者，五行最贵者也。其义不可以加矣。’王曰：‘善哉！’（此下**疑阙王问辞**）‘衣服容貌者，所以说目也；声言应对者，所以说耳也；好恶去就者，所以说心也。故君子衣服中而容貌恭，则目说矣；声言理应对逊，则耳说矣；好仁厚而恶浅薄，就善人而远僻鄙，则心说矣。故曰，行意可乐，容止可观（今本作容止可观，进退可度，意似复），此之谓也。’”此西汉儒解经语，非东汉以后人所能道也。当存之，以见其梗概焉。

【辨伪】臧琳《经义杂记》卷二十“董仲舒《孝经》解”条曰：

> 《春秋繁露·五行对》：“河间献王问温城董君曰：‘《孝经》曰：夫孝，天之经，地之义，何谓也？’对曰：‘天有五行，木、火、土、金、水是也。木生火，火生土，土生金，金生水。水为冬，金为秋，土为季夏，火为夏，木为春。春主生，夏主长，季夏主养，秋主收，冬主藏，藏冬之所成也。是故父之所生，其子长之；父之所长，其子养之；父之所养，其子成之。诸父所为，其子皆奉承而续行之，不敢不致如父之意，尽为人之道也。故五行者，五行也。由此观之，父授之，子受之，乃天之道也。故曰：夫孝者，天之经也，此之谓也。’王曰：‘善哉！天经既闻得之矣，愿闻地之义。’对曰：‘地出云为雨，起气为风。风雨者，地之为。为地不敢有其功名，必上之于天命。若从天气者，故曰天风、天雨也。莫曰地风、地雨也。勤劳在地，名一归于天，非至有义，其孰能行此？故下事上如地事天也。可谓大忠矣。土者，火之子也。五行莫贵于土，土之于四时无所命者，不与火分功名。木名春，火名夏，金名秋，水名冬。忠臣之义，孝子之行，取之土。土者，五行最贵者也。其义不可以加矣。’……王曰：‘善哉！’（此下**当有王问之**）‘衣服容貌者，所以说目也；声言应对者，所以说耳也；好恶去就者，所以说心也。故君子衣服中而容貌恭，则目说矣；声言理应对逊，则耳说矣；好仁厚而恶浅薄，就善人而远僻鄙，则心说矣。故曰行意可乐，容止可观（今文《孝经》作容止可观，进退可度。……进退可度与容止可观意复。），此之谓也。’”案：西汉儒解经之言不可多得，存此以见其概然，非东汉以后人

所能言也。

【小结】此条抄自《经义杂记》卷二十"董仲舒《孝经》解"条。作伪方式有二：第一，点窜字句；第二，改变标题，将"董仲舒《孝经》解"改为"西汉儒解经"。今按：王氏亦为清代中期之"标题党"。

56. 古用"优贤扬历"语

【A】案《文选·魏都赋》刘渊林注，引《尚书·般庚》"优贤扬历"，【B】裴松之注《三国志》亦引此语。【C】《汉**咸**阳令唐扶颂》已云"优贤扬历"，载洪适《隶释》。又《国三老袁良碑》云"优贤之宠"，【D】谓溥求贤者而优礼之，扬其所历试也。【E】郑本《尚书》作"忧肾阳"，夏侯等《书》误以一"优"字，分作"心腹"二字。"肾阳"当作"贤扬"，亦以字形相似致误。**【F】今本作"心腹肾肠"，"历"字属下古义遂微。亦犹《大诰》"不少延"为句，"洪"惟属下读**，而毛氏奇龄据裴度《中和节赐百官尺》连用"延洪"字，以为唐人犹知古义。不知"延洪"之解出晚晋伪传，古实无此义也。

【辨伪】A、E、B、D、C 段抄自王鸣盛《尚书后案》卷六《商书》：

> 【A】《文选·魏都赋》刘渊林注引《尚书·般庚》曰"优贤扬历"，若依今本，则《盘庚》不见有此文。
>
> 【E】乃知郑本作"忧肾阳"者，"忧"本"优"字。夏侯等《书》以一优字，误分作心腹二字。"肾阳"者，当作"贤扬"，皆以字形相似而致误。
>
> 【B】裴松之注《三国志》亦引此。
>
> 【D】溥求贤者而优礼之，扬其所历试也。
>
> 【C】而前此《汉**成**阳令唐扶颂》已云"优贤扬历"，载洪适《隶释》。《隶释》又载《国三老袁良碑》有云"优卧之宠"。

F 段抄自王鸣盛《尚书后案》卷十四《周书》：

> 【F】而毛氏奇龄据唐裴度《中和节赐百官尺》诗，连用"延洪"字，以为唐人犹知古义。然《翟义传》亦以"洪"属下句，则知"延洪"之解出晚晋伪传，古无此训也。

【小结】此条抄自《尚书后案》卷六《商书》、卷十四《周书》。A、E、B、D、C 段抄自《商书》，F 段抄自《周书》。作伪方式有三：第一，点窜字句；第二，增加句子；第三，改变顺序。今按：王氏以搓麻将之术运用于著书，可谓"麻将党"。

57. "苍生"不作民解

【A】考《晋书》，山涛谓王衍"误苍生**者必此人也**"。《世说》云："安石不肯出，将如苍生何!"是晋人皆谓民为苍生。【B】**不知《尚书》**"海隅苍生"传谓"苍生"为"苍苍然生草木”者，言所及广远也。【C】**谓苍生为民乃后世义**，古无是训也。

【辨伪】王鸣盛《尚书后案》卷二《虞夏书》：

> 【B】海隅苍生。传曰：“……苍苍然生草木，言所及广远。”
>
> 【A】《晋书》山涛谓王衍“误天下苍生”。《世说》云：“安石不肯出，将如苍生何!”是晋人皆谓民为苍生。
>
> 【C】然古无是训，不可施于经典也。

【小结】此条抄自《尚书后案》卷二《虞夏书》。作伪方式有三：第一，点窜字句；第二，增加句子；第三，改变顺序(原文顺序为B、A、C)。

58. 有治人无治法

案《荀子·君道》篇云：“有治人，无治法。法不能独立，得其人则存，故明主急得其人。劳于索之，而休于使之。《书》曰：‘惟文王敬忌，一人以择。’此之谓也。”据此，**知《尚书》**怿当作择，谓择人而用也。择得其人，一人已足致治。**今《尚书》本**作怿，以为悦怿，且多“乃裕民”二句，疑由伪孔所增改也。

【辨伪】王鸣盛《尚书后案》卷十五《周书》：

> 《荀子》卷八《君道》篇云：“有治人，无治法。法不能独立，得其人则存，故明主急得其人。劳于索之，而休于使之。《书》曰：‘惟文王敬忌，一人以择。’此之谓也。”据此，则怿当作择，谓择人而用也。择得其人，一人已足致治。……伪孔作怿，以为悦怿，且多“乃裕民”二句，疑皆伪孔所增改也。

【小结】此条抄自《尚书后案》卷十五《周书》。作伪方式为点窜字句。

59. 汉 儒 言 性

【A】《说文·心部》：“情，人之阴气有欲者，从心，青声。性，人之阳气性善者也，从心，生声。”自孔子后，言性者多矣，以性为善者，惟孟子、韩子，而许氏亦与之同。然叔重**诠解**，或自古相传**旧义无论矣**。【B】至醇儒如董子，其言性且不能醇而无疵。【C】《春秋繁露·实性》云：“无教之时，何处能善？善如米，性如禾。禾虽出米，而禾未可谓米也。性虽出善，而性未可谓善也。米与善人之继天而成于外也，非在天所为之内也。天之所为止于茧、麻与禾。以麻为布、以茧为丝、以米为饭、以性为善，此皆圣人所继天而进也，非性情质朴之能至也。圣人言中，本无性善名，而有曰：‘善人吾不得见之矣。’使万民之性皆已能善，善人者何为不见也？观孔子言此之意，以为善难当甚。而孟子以为万民性皆能当之，过矣。圣人之性不可以名性，斗筲之性又不可以名性。名性者，中民之性。中民之性，如茧如卵。卵待复二十日而后能为雏，茧待缲以绾汤而后能为丝，性待渐于教训而后能为善。善，教诲之所然也。”云云。是谓性不能本善，必待教而后能善。殆即告子以人性为仁义，犹以杞柳为栝棬而小变之。但不至如荀子之言性恶耳。【D】**《韩诗外传》**有曰："子曰：'不知命，无以为君子。'"言天之所生皆有仁、义、礼、智、顺善之心，不知天之所以命生则无仁、义、礼、智、顺善之心，无仁、义、礼、智、顺善之心谓之小人。故曰："不知命，无以为君子。"《小雅》曰："天保定尔，亦孔之固。"言天之所以仁、义、礼、智保定人之甚固也。《大雅》曰："天生烝民，有物有则，民之秉彝，好是懿德。"言民之秉德以则天也。不知所以则天，又焉得为君子乎？斯言也，即孟子性善之说也。【E】孔子虽无性善之说，然《论语》云："性相近，习相远。"谓性与善相近，亦即性善之说矣。若必待教而后善，**将何解于**《生民》之诗乎？【F】余谓性善之说，孟子而后，惟有取于韩子。**其阐发精密而无遗者**，其惟程朱乎？

【辨伪】A 段抄自臧琳《经义杂记》卷三"《说文》言性善"条：

> 《说文·心部》云："情，人之阴气有欲者，从心，青声。性，人之阳气性善者也，从心，生声。"自孔子后，言性者纷纷矣，以性为善者，独孟子、韩子，而许氏亦与之同。……要知《说文》之书非许叔重自撰，乃记集三代以来遗文，故其诠解亦俱自古相传。

C、E 段抄自臧琳《经义杂记》卷十八"董子言性"条：

> 【C】《春秋繁露·实性》云："无教之时，何处能善？善如米，性如禾。禾虽出米，而禾未可谓米也。性虽出善，而性未可谓善也。米与善人之继天而成于外也，非在天所为之内也。天之所为止于茧、麻与禾。以麻为布、以茧为丝、以米为饭、以性为善，此皆圣人所继天而进也，非情性质朴之能至也。圣人言中，本无性善名，而有(当脱曰字)：'善人吾不得见之矣。'使万民之性皆已能善，善人者何为不见也？观孔子言此之意，以为善难当甚。而孟子以为万民性皆能当之，过矣。圣人之性不可以名性，斗筲之性又不可以名性。名性者，中民之性。中民之性，如茧如卵。卵待复二十日而后能为雏，茧待缫以绾汤而后能为丝，性待渐于教训而后能为善。善，教诲之所然也。"……谓性不能本善，必待教而后能善。殆即告子以人性为仁义，犹以杞柳为栝棬之说而小变之。但不如荀子之言性恶耳。
>
> 【E】孔子虽无性善之言，然《论语》云："性相近。"谓性与善相近，斯即圣人性善之说矣。若谓必待王教而后善，《蒸民》之诗将何说焉？

D、B、F 段抄自臧琳《经义杂记》卷十九"韩子知命说"条：

> 【D】**其书**有曰："子曰：'不知命，无以为君子。'"言天之所生皆有仁、义、礼、智、顺善之心，不知天之所以命生则无仁、义、礼、智、顺善之心，无仁、义、礼、智、顺善之心谓之小人。故曰："不知命，无以为君子。"《小雅》曰："天保定尔，亦孔之固。"言天之所以仁、义、礼、智保定人之甚固也。《大雅》曰："天生烝民，有物有则，民之秉彝，好是懿德。"言民之秉德以则天也。不知所以则天，又焉得为君子乎？斯言也，即孟子性善之说也。

【B】如毛公、董生皆可为见道之醇儒矣。而性善之说则俱未能言也。

【F】琳谓孟子之后，程朱以前，知性善者韩君一人而已，故特为表出之。

【小结】此条抄自《经义杂记》卷三"《说文》言性善"条、卷十八"董子言性"条、卷十九"韩子知命说"条。A 段抄自"《说文》言性善"条，C、E 段抄自"董子言性"条，D、B、F 段抄自"韩子知命说"条。作伪方式有三：第一，点窜字句；第二，增加句子；第三，改变顺序。

60.《周书·粜誓》

郑注《周礼·雍氏》及《礼记·曾子问》皆引作《粜誓》。《史记》云："伯禽帅师伐之于肸。"徐广曰："一作鲜，一作狝。"裴骃曰："《尚书》作粜。"司马贞曰："《尚书大传》作《鲜誓》。"《鲜誓》即《肸誓》，古今字异，义亦变也。鲜，狝也。言于肸地誓众，自行狝田之礼，以取鲜兽而祭。故字或作鲜，或作狝。考粜本地名，作肸、作鲜、作狝皆非。司马贞又强为之说，皆谬也。《说文·米部》粜注云："恶米也。从米，北声。《周书》有《粜誓》。"《广韵》、《五经文字》略同，此古义也。粜为鲁东郊地，则应在今曲阜县，而已无考，唐人改为费。考春秋之初，费自为国，隐元年《左传》云："费伯帅师城郎。"后并于鲁，为季氏邑，僖元年《左传》云"公赐季友汶阳之田及费"是也。汉为县，属东海郡，故城在今兖州府费县西北二十里，去曲阜且三百里，后人疑此即作誓之地，非也。

【辨伪】王鸣盛《尚书后案》卷三十序：

> 郑注《周礼·雍氏》及《礼记·曾子问》皆引作《粜誓》。《史记》云："伯禽帅师伐之于肸。"徐广曰："一作鲜，一作狝。"裴骃曰："《尚书》作粜。"司马贞曰："《尚书大传》作《鲜誓》。"《鲜誓》即《肸誓》，古今字异，义亦变也。鲜，狝也。言于肸地誓众，自行狝田之礼，以取鲜兽而祭。故字或作鲜，或作狝。愚考粜本地名，作肸、作鲜、作狝皆非。司马贞又强为之说，并谬也。《说文》卷七上《米部》粜字注云："恶米也。从米，北声。《周书》有《粜誓》。"《广韵》、《五经文字》略同，此古义也。粜为鲁东郊地，则应在今曲阜县，而已无考，唐人改为费。考春秋之初，费自为国，隐元年《左传》云："费伯帅师城郎。"后并于鲁，为季氏邑，僖元年《左传》"公赐季友汶阳之田及费"是也。汉为县，属东海郡，故城在今兖州府费县西北二十里，去曲阜且三百里，后人疑作誓之地即在此，皆非也。

【小结】此条抄自《尚书后案》卷三十序。作伪方式为点窜字句。

61.《荀子》引经

案《荀子·天论》篇云："道之所善，中则可从，畸则不可为。""万物为道一偏，一物为万物一偏，愚者为一物一偏，而自以为知道，无知也。慎子有见于后，无见于先。老子有见于诎，无见于信。墨子有见于齐，无见于畸。宋子有见于少，无见于多。有后无先，则群众无门。有诎无信，则贵贱不分。有齐无畸，则政令不施。有少无多，则群众不化。《书》曰：'**无有作好，遵王之道。无有作恶，遵王之路**。'此之谓也。"盖言道贵中不贵偏，乃断章取义耳。其实"作好、恶"是党私害公，不但畸偏而已也。

【辨伪】王鸣盛《尚书后案》卷十二《周书》：

《荀子》卷十一《天论》篇云："道之所善，中则可从，畸则不可为。""万物为道一偏，一物为万物一偏，愚者为一物一偏，而自以为知道，无知也。慎子有见于后，无见于先。老子有见于诎，无见于信。墨子有见于齐，无见于畸。宋子有见于少，无见于多。有后无先，则群众无门。有诎无信，则贵贱不分。有齐无畸，则政令不施。有少无多，则群众不化。《书》曰云云，此之谓也。"此言道贵中，不贵偏，乃断章取义。其实"作好"、"作恶"是党私害公，不但畸偏，与《荀子》意异。

【小结】此条抄自《尚书后案》卷十二《周书》。作伪方式为点窜字句。

62.《说文》古训

【A】案《说文》卷一："王，天下所归往也。**董仲舒曰：'古之造文者**，三画而连其中**谓之王**。三者，天地人也。而参通之者，王也。'"【B】考《韩诗外传》云："王者，往也。天下往谓之王。"《白虎通》、《风俗通》及蔡邕《独断》，说皆与《诗外传》同。《春秋繁露·灭国上》篇云："王者，民之所往。君者，不失其群。能使万民往之而得天下之群者，无敌于天下。"又《深察名号》篇云："深察王号大意，其中有五科：皇科、方科、匡科、黄科、往科，合此五科以一言，谓之王。王者，皇也；王者，方也；王者，匡也；王者，黄也；王者，往也。是故王意不普大皇，则道不能正直而方；道不能正直而方，则德不能匡运周遍；德不能匡运周遍，则美不能黄；美不能黄，则四方不能往；四方不能往，则不全于王。"《汉书·刑法志》："归而往之，是谓王矣。"【C】以上诸说皆与**《说文》**合，真先汉古义也。

【辨伪】王鸣盛《尚书后案》卷十二《周书》：

【B】《韩诗外传》卷五云："王者，往也。天下往之谓之王。"《白虎通》、《风俗通》及蔡邕《独断》，说皆与《诗外传》略同。《春秋繁露》卷四《灭国上》篇云："王者，民之所往。君者，不失其群。能使万民往之而得天下之群者，无敌于天下。"又卷十《深察名号》篇云："深察王号大意，其中有五科：皇科、方科、匡科、黄科、往科，合此五科以一言，谓之王。王者，皇也；王者，方也；王者，匡也；王者，黄也；王者，往也。是故王意不普大皇，则道不能正直而方；道不能正直而方，则德不能匡运周遍；德不匡运周遍，则美不能黄；美不能黄，则四方不能往；四方不能往，则不全于王。"《汉书》卷二十三《刑法志》云："归而往之，是为王矣。"

【A】《说文》卷一上《王部》云："王，天下所归往也。三画连其中，三者天地人，参通之者王。"

【C】以上诸文皆与王注合，此先汉古义也。

【小结】此条抄自《尚书后案》卷十二《周书》。原文顺序为B、A、C。作伪方式有二：第一，点窜字句；第二，改变顺序。

63.《周书》非出汲冢

案：汲冢《周书》，《隋·经籍志》、《唐·艺文志》俱称此书以晋太康二年得于魏安釐王冢中，则汲冢之说由来久矣。然《晋书·武帝纪》及《荀勖》、《束皙传》载汲郡人不准所得《竹书》七十五篇，俱有篇名，无所谓《周书》，杜预《春秋集解后序》载汲冢诸书，亦不列《周书》之目，是《周书》不出汲冢也。考《汉书·艺文志》先有《周书》七十一篇。史迁纪武王克商事，多与此书相应。许氏《说文》引《周书》"大翰若翚雉"。又引《周书》"豲有爪而不敢以撅"。马融注《论语》，引《周书·月令》。郑玄注《周礼》，引《周书·王会》，注《仪礼》，引《周书·北唐**戎**以闾》。皆在汲冢前，知为汉代相传之旧。郭璞注《尔雅》，称《逸周书》。李善注《文选》所引，亦称《逸周书》。知晋至唐初尚不题"汲冢"。其相沿称汲冢者，殆以梁任昉得竹简漆书，不能辨识，以示刘显。显识为孔子删书之余。其时《南史》未出，流传不审，遂误合汲冢竹简为一事，而修《隋志》者误采之。**《唐志》亦竟标"汲冢周书"，此相沿致误之由也**。惟旧本载嘉定十五年丁黼跋，反复考证，确以为不出汲冢。斯定论矣。其书载有太子晋事，则当成于灵王以后。所云文王受命称王，武王、周公私计东伐，俘馘殷遗，暴殄原兽，辇括宝玉，悬纣首太白，又用之南郊，皆古人必无之事。故陈振孙以为战国后人所为。然《左传》引《周志》"勇则害上，不登于明堂"。又引《书》"慎始而敬终，终乃不困"。又引《书》"居安思危"。又称"周作九刑"。其文皆在今《书》中，则春秋时已有之。特战国以后又辗转附益之，故其言庞杂耳。究其实，终为三代之遗文，不可废也。

【辨伪】《四库全书总目》卷五十《逸周书》提要：

> 旧本题曰《汲冢周书》。考《隋·经籍志》、《唐·艺文志》俱称此书以晋太康二年得于魏安釐王冢中。则汲冢之说，其来已久。然《晋书·武帝纪》及《荀勖》、《束皙传》载汲郡人不准所得《竹书》七十五篇，俱有篇名，无所谓《周书》。杜预《春秋集解后序》，载汲冢诸书，亦不列《周书》之目，是《周书》不出汲冢也。考《汉书·艺文志》先有《周书》七十一篇。……司马迁纪武王克商事，亦与此书相应。许慎作《说文》，引《周书》"大翰若翚雉"。又引《周书》"豲有爪而不敢以撅"。马融注《论语》，引《周书·月令》。郑玄注《周礼》，引《周书·王会》。注《仪礼》，引《周书·北唐以闾》。皆在汲冢前，知为汉代相传之旧。郭璞注《尔雅》，称《逸周书》。李善《文选注》所引，亦称《逸周书》。知晋至唐初旧本尚不题"汲冢"。其相沿称汲冢者，殆以梁任昉得竹简漆书，不能辨识，以示刘显。显识为孔子删书之余。其时《南史》未出，流传不审。遂误合汲冢竹简为一事，而修《隋志》者误采之耶。……惟旧本载嘉定十五年丁黼跋，反复考证，确以为不出汲冢。斯定论矣。其书载有太子晋事，则当成于灵王以后。所云文王受命称王，武王、周公私计东伐，俘馘殷遗，暴殄原兽，辇括宝

玉……悬纣首太白，又用之南郊，皆古人必无之事。陈振孙以为战国后人所为。……然《左传》引《周志》“勇则害上，不登于明堂”。又引《书》“慎始而敬终，终乃不困”。又引《书》“居安思危”。又称“周作九刑”。其文皆在今《书》中，则春秋时已有之。特战国以后又辗转附益，故其言驳杂耳。究厥本始终，为三代之遗文，不可废也。

【小结】此条抄自《四库全书总目》卷五十《逸周书》提要。作伪方式有二：第一，点窜字句；第二，增加句子。①

64.《说文》旁采诸说

【A】许氏叙今篆文，合以古籀，其解字往往旁采诸家之说，信而有证。如《王部》“王”，《虫部》“蟓”用董仲舒说，《玉部》“玭”用宋弘说，《中部》“中”用尹彤说，《艸部》“芸”，《虫部》“蜩”、“蛃”，《田部》“畜”用《淮南子》说，《艸部》“萋”用刘向说，《艸部》“菱”重文“蔆”，“茵”重文“鞇”，“营”重文“芎”，《鸟部》“鵽”及“鶃”重文“鶂”，《虫部》“蠁”重文“蚼”，“蠕”重文“蝮”，《车部》“軨”重文“轜”，【B】《口部》“嗙”，《禾部》“藁”，《豕部》“豦”用司马相如说。【C】《东部》“东”，《華部》“華”，“粪”用官溥说。【D】《水部》“汶”，“溺”用桑钦说。《八部》“背厶为公”，《厶部》“自营为厶”用韩非说。【E】《艸部》“蘄”，《辵部》“造”，【F】《口部》“嘷”重文“獋”，《片部》“牖”，《䖵部》“蠹”重文“螙”，《水部》“沙”重文“沚”，《又部》“叚”重文“叚”用谭长说。【G】《廾部》“弄”，《肉部》“膴”，“(㲋)”重文“胏”，《晶部》“迭”，《纟部》“绊”，《黾部》“鼂”，《斗部》“斡”，《页部》“俯”，《手部》“擊”，《氏部》“氏”，《舛部》“舛”重文“踳”用扬雄说。案注中所引，多与《方言》合。许氏卒未实指其名者，盖当时《方言》之名尚未著也。《廾部》“畀”用黄颢说。【H】《丌部》“典”用庄都说。【I】《卤部》“㮚”古文“䙴”用徐巡说。《用部》“用”，【J】《㡀部》“黺”用卫宏说。【K】《爪部》“为”，《秃部》“秃”，《女部》“女”，《亡部》“无”，《酉部》“医”用王育说，【L】《亡部》“匃”用逯安说。《虫部》“蟓”用刘歆说。《艸部》“䒱”、“蕐”，《廾部》“畀”，《木部》“构”，《女部》“娸”、“娶”、“婪”，《巢部》“甹”，【M】《水部》“渭”，《甾部》“甾幷”，《犬部》“狛”重文“怯”，《宋部》“索”，《车部》“軎”用杜林说。惟《耳部》“耿”从光圣省，《黾部》“鼂”以为“朝旦”则不从其说。【N】《辛部》“辛”用张林说。《于部》“平”用爰礼说。【O】《市部》“市”用周盛说。【P】《内部》“离”用欧阳乔说。《人部》“併”，《火部》“爝”用吕不韦说。【Q】《金部》“鉊”用张彻说。【R】《牛部》“牺”，《是部》“尟”，《辵部》“迹”，《言部》“謓”，《囧部》“囧”，《県部》“県”，《象部》“豫”，《木部》“槗”，《禾部》“馨”，《卪部》“卮”，《女部》“嫛”，《毋部》“毐”，《阜部》“陧”，《亚部》“亚”，《己部》“巳”，《酉部》“酏”用贾侍中说。案许氏本从逵受古学，故引师说独多。惟《㹜部》“狱”引复说“狱司空”。惠定宇云复说未详，疑是律说也。

【辨伪】王鸣盛《蛾术编》卷十七《说文》三“引诸家言”条曰：

---

① 今按：此条曾经被《续修四库全书总目提要(稿本)》肯定：“考证甚为确凿，足正《隋·经籍志》、《唐·艺文志》之误焉。”未考辨真伪，遂妄下结论，徒贻笑大方之家。

【A】《说文》引诸家之言，如《王部》引董仲舒曰："古之造文者，三画而连其中谓之王。三者，天地人也，而参通之者，王也。"见《春秋繁露》；《屮部》首引尹彤说，《艸部》"芸"字注引《淮南子》；【E】"斴"字注引谭长说；【R】《牛部》"犆"字注引贾侍中说；（独逵称官不名）【B】《口部》"嗙"字注引司马相如说，【F】"嗥"字重文引谭长说；……【N】《辛部》首引张林说；【G】《廾部》首重文"𢍰"字注引扬雄说；……【K】《爪部》引王育说；【C】《草部》、《皿部》、《东部》皆引官溥说；【H】《丌部》"典"字注引庄都说；【O】《市部》引周盛说；【I】《卤部》"㮚"字重文"𣡌"字注引徐巡说；……【J】《黹部》"黺"字注引卫宏说"黺，画粉也"；……【D】《水部》"溺"字注引桑钦说，【M】"渭"字注引杜林说；【L】《亡部》"匄"字注引逯安说，《虫部》"蝝"字注引刘歆、董仲舒说……【Q】《金部》"鉊"字注："大镰也。从金，召声。"张彻说。【P】《内部》"离"字注引欧阳乔说。不能备引，随举数条。

【小结】此条以《蛾术编》卷十七《说文》三"引诸家言"条为粉本，又据《说文解字》补充部分例证。王玉树曾掩袭他书而成《说文拈字》一书，他对《说文解字》并不陌生。作伪方式有三：第一，点窜字句；第二，改变顺序（原文顺序为 A、E、R、B、F、N、G、K、C、H、O、I、J、D、M、L、Q、P）；第三，增加例证。

65.《论语》改字

【A】李翱《论语笔解》世传与韩愈同注，非也。盖习之所作，而退之评骘者也。【B】或疑后人托撰，然亦有可备一解者。【C】如"事君数"章，谓"数"当为"频数"之"数"，是与朱子《集注》合也。"子见南子"章，谓"矢，陈也。'否'，当为'否泰'之'否'，'厌'当为'厌乱'之'厌'"。案《释文》引蔡谟云："矢，陈也。"否，王弼、李充"备鄙反"。厌，"于琰反，又于艳反"。是与蔡、王、李充等合也。"自行束脩"章谓束脩为束修。案：汉人皆以束脩为约束、修絜，是与旧说合也。子曰："由，知德者鲜矣。"谓此一句当在"子路愠见"下。案《集解》载王肃注云："君子固穷，而子路愠见，故谓之少于知德。"是与王意合也。"君子不施其亲"，谓施当为弛。【D】案：凡沿及陈设义，当作施，凡废解义，当作弛。古多互通，是与古义合也。【E】据此数条，似非宋以后学者所能伪托。【F】若"六十而耳顺"，云"'耳'当为'尔'"；"曾谓泰山"，云"'谓'当作'为'"；"宰予昼寝"，云"'昼'当作'画'"；"人之生也直"，云"'直'当作'悳'"；"子所雅言"，云"'音'作'言'字误"；"三嗅而作"，云"'嗅'作'鸣鸣'之'鸣'，雉声也"；"而货殖焉"，云"'货'当为'资'，'殖'当为'权'"；"吾以女为死矣"，云"'死'当为'先'"；"浴乎沂"，云"'浴'当为'沿'"；"硁硁然小人哉"，云"'小'当为'之'"；"善人教民七年"，云"'七'当作'五'"；"君子而不仁者有矣夫，未有小人而仁者也"，云"'仁'当为'备'"；"以杖叩其胫"，云"古文'叩'作'扣'，当作'指'"；"君子贞而不谅"，云"'谅'当为'让'"；"孔子时其亡也"，云"'时'当为'待'"；"乡原，德之贼也"，云"'原'类'柔'，字之误"；"犹之与人也"，云"'犹之'当为'犹上'"。凡此皆改易本文，殊属浅陋，毫无根据矣。

【辨伪】C、B、E 段抄自臧琳《经义杂记》卷八"《论语笔解》纂"条：

【C】“事君数”章，谓“数”当谓“频数”之“数”。……此解与《集注》同。“子见南子”章……李云：“矢，陈也。否，当为‘否泰’之‘否’，‘厌’当为‘厌乱’之‘厌’。”……案《释文》引蔡谟云：“矢，陈也。”否，王弼、李充“备鄙反”。厌，“于琰反，又于艳反”。……此解与蔡、王、李充等合。“自行束脩”章……谓以束脩为束修。……案：汉人皆以束脩为约束、修絜，李解与旧说合。子曰：“由，知德者鲜矣。”云此一句是简编脱漏，当在“子路愠见”下文一段为得。案《集解》载王肃注云：“君子固穷，而子路愠见，故谓之少于知德。”此解与王意合。“君子不施其亲”，云施当为弛。

【B】或疑此为后人托撰。

【E】然即以兹数端论之，似非宋以来学者所能言。

F 段抄自臧琳《经义杂记》卷十七“《论语笔解》好改字”条：

唐李习之《论语笔解》好改本文。“六十而耳顺”，云“‘耳’当为‘尔’”……“‘曾谓泰山’”，云“‘谓’当作‘为’”；“宰予昼寝”，云“‘昼’当为‘画’”……“人之生也直”，云“‘直’当为‘悳’”；“子所雅言”，云“‘音’作‘言’字误也”……“三嗅而作”，云“‘嗅’当作‘鸣鸣’之‘鸣’，雉声也”……“而货殖焉”，云“‘货’当为‘资’，‘殖’当为‘权’”……“吾以女为死矣”，云“‘死’当为‘先’”；“浴乎沂”，云“‘浴’当为‘沿’”……“硁硁然小人哉”，云“‘小’当为‘之’”……“善人教民七年”，云“当作五年”；“君子而不仁者有矣夫，未有小人而仁者也”，云“‘仁’当为‘备’”……“以杖叩其胫”，云“古文‘叩’作‘扣’，当作‘指’”；“君子贞而不谅”，云“‘谅’当为‘让’”；“孔子时其亡也”，云“‘时’当为‘待’”；“乡原，德之贼也”，云“‘原’类‘柔’，字之误”；“犹之与人也”，云“‘犹之’当为‘犹上’”。凡所改易皆无依，据义又浅陋，不可从也。

D 段抄自臧琳《经义杂记》卷七“施弛古通”条：

凡延及陈设义，当作施，凡废解义，当作弛。**古书既**互通。

A 段抄自臧琳《经义杂记》卷八“李翱《论语笔解》”条：

世传《论语笔解》题唐韩愈著。余读其书，知是李习之所为，盖韩退之评骘者也。

【小结】此条抄自《经义杂记》卷七“施弛古通”条、卷八“李翱《论语笔解》”条、“《论语笔解》纂”条、卷十七“《论语笔解》好改字”条。作伪方式有三：第一，点窜字句；第二，改变顺序；第三，多源组合，A 段抄自“李翱《论语笔解》”条，C、B、E 段抄自“《论语笔解》纂”条，F 段抄自“《论语笔解》好改字”条，D 段抄自“施弛古通”条。

66.《洪范》改字

【A】《新唐志》开元十四年，玄宗以《洪范》“无偏无颇”声不协，诏改为“无偏无陂”。《册府元龟》天宝三载敕曰：“典谟既作，虽曰不刊，文字或讹，岂必相袭。朕听政之暇，乙夜观书，非徒阅于微言，实欲畅于精理。每读《尚书·洪范》至‘无偏无颇，遵王之义’，三复兹句，常有所疑。据其下文，并皆协韵，惟‘颇’一字，实则不伦。又《周易·泰卦》‘无平不陂’，《释文》云陂字亦有颇音。陂之与颇，训诂无别，为陂则亦会义，为颇则声不成文。应由煨烬之余，编简坠缺，传授之际，差舛相沿。原始要终，须有刊革。朕虽先觉，兼访诸儒，佥以为然，终非独断。其‘无偏无颇’字，宜改为陂，庶使先儒之义，去彼膏肓，后学之徒，正其鱼鲁。仍宣示国学主者施行。”《文苑英华》亦载此敕，是孙逖草。但陆氏《释文》成于贞观，“陂音秘”云云，虽陆氏原本亦有之，恐为后人所加也。【B】案蔡邕石经及《尚书》旧本皆作“无颇”，唐明皇据《周易》改“陂”。然《楚词》“修绳墨而不颇”，王逸注：“颇，倾也。《易》曰：‘无平不颇。’”是古《易》本作“颇”。乃反据改坏之《易》以改无误之《书》，**误矣**。【C】且“遵王之义”，义古本音莪。东吴顾氏曰：《周礼·肆师》：“治其礼仪，以佐宗伯。”注：“故书仪为义。”郑司农云：“义读为仪。”洪适《隶释》云：“《周礼》注仪、义二字，古皆音莪。”以今考之，汉《孔耽神祠碑》“竭凯风以惆惨，惟蓼仪以怆悢”，《平都相蒋君碑》“感慕诗人，蓼蓼者仪”，并以仪为莪也。《卫尉卿衡方碑》“感卫人之凯风，悼蓼义之劬劳”，《司隶校尉鲁峻碑》“**恐**蓼义之不报，痛昊天之靡嘉”，并以义为莪也。吴才老《韵补》：“仪，牛何反。”《周礼》注：“仪作义，古皆音俄。”《诗》：“泛彼柏舟，在彼中河。髧彼两髦，实惟我仪，之死矢靡他。”又：“九十其仪。其新孔嘉，其旧如之何。”又：“菁菁者莪，在彼中阿。既见君子，乐且有仪。”又：“饮酒孔嘉，维其令仪。”又：“其告维何，笾豆静嘉。朋友攸摄，摄以威仪。”又：“慎尔出话，无不柔嘉。”又：“辟尔为德，俾臧俾嘉。淑慎尔止，不愆于仪。”《穆天子传》黄泽谣：“黄**泽**之陁，其马歕沙，皇人威仪。”《管子·弟子职》：“相切相磋，各长其仪。”刘向《说苑》：“食则有节，饮则有仪。往则有文，来则有嘉。”扬雄《太玄经》：“阳气泛施，不偏不颇。物与争讼，各遵其仪。”韩敕《孔庙礼器碑》：“上合紫台，稽之中和。下合圣制，事得礼仪。”仪皆音俄。自中山王《文木赋》“载重雪而捎劲风，将等于二仪”，始与枝、雌、知、斯为韵。**是《洪范》“无偏无陂①，遵王之义”，“陂”本作“颇”，“义”古音俄**，顾说甚是。

【辨伪】王鸣盛《尚书后案》卷十二《周书》：

> 【A】《新唐志》开元十四年，玄宗以《洪范》“无偏无颇”声不协，诏改为“无偏无陂”。《册府元龟》天宝三载敕曰：“典谟既作，虽曰不刊，文字或讹，岂必相袭。朕听政之暇，乙夜观书，匪徒阅于微言，实欲畅于精理。每读《尚书·洪范》至‘无偏无颇，遵王之义’，三复兹句，常有所疑。据其下文，并皆协韵，惟‘颇’一字，实则不伦。又《周易·泰卦》‘无平不陂’，《释文》云陂字亦有颇音。陂之与颇，训诂无别，

① 【无偏无陂】不偏向；不邪曲。《书·洪范》：“无偏无陂，遵王之义。”孔传：“偏，不平；陂，不正。”亦作“无偏无颇”。汉王符《潜夫论·释难》：“无偏无颇，亲疏同也。”

为陂则亦会意，为颇则声不成文。应由煨烬之余，编简坠缺，传授之际，差舛相沿。原始要终，须有刊革。朕虽先觉，兼访诸儒，佥以为然，终非独断。其‘无偏无颇’字，宜改为陂，庶使先儒之义，去彼膏肓，后学之徒，正其鱼鲁。仍宣示国学主者施行。”《文苑英华》亦载此敕，是孙逖草。但陆氏《释文》成于贞观，“陂音秘”云云，虽陆氏原本亦有之，恐是后人所加也。【C】东吴顾氏曰：《周礼·肆师》：“治其礼仪，以佐宗伯。”注：“故书仪为义。”郑司农云：“义读为仪。”……洪适《隶释》云：“《周礼》注仪、义二字，古皆音莪。”以今考之，汉《孔耽神祠碑》“竭凯风以惆憀，惟蓼仪以怆悢”，《平都相蒋君碑》“感慕诗人，蓼蓼者仪”，并以仪为莪也。《卫尉卿衡方碑》“感卫人之凯风，悼蓼义之劬劳”，《司隶校尉鲁峻碑》“悲蓼义之不报，痛昊天之靡嘉”，并以义为莪也。吴才老《韵补》：“仪，牛何反。”《周礼》注：“仪作义，古皆音俄。”《诗》：“泛彼柏舟，在彼中河。髧彼两髦，实惟我仪，之死矢靡他。”又：“九十其仪。其新孔嘉，其旧如之何。”又：“菁菁者莪，在彼中阿。既见君子，乐且有仪。”又：“饮酒孔嘉，维其令仪。”又：“其告维何，笾豆静嘉。朋友攸摄，摄以威仪。”又：“慎尔出话，敬尔威仪，无不柔嘉。”又：“辟尔为德，俾臧俾嘉。淑慎尔止，不愆于仪。”《穆天子传》黄泽谣：“黄之陁，其马歕沙，皇人威仪。”《管子·弟子职》：“相切相磋，各长其仪。”刘向《说苑》：“食则有节，饮则有仪。往则有文，来则有嘉。”扬雄《太玄经》：“阳气泛施，不偏不颇。物与争讼，各遵其仪。”韩敕《孔庙礼器碑》：“上合紫台，稽之中和。下合圣制，事得礼仪。”仪皆音俄。自中山王《文木赋》“载重雪而捎劲风，将等于二仪”，始与枝、雌、知、斯为韵。顾说近是。【B】……蔡邕石经及《尚书》旧本皆作“无颇”，唐明皇据《周易》改“陂”。然《楚辞》“修绳墨而不颇”，王逸注：“颇，倾也。《易》曰：‘无平不颇。’”是古《易》本作“颇”。乃反据改坏之《易》以改无误之《书》，何也？

【小结】此条抄自《尚书后案》卷十二《周书》。作伪方式有三：第一，点窜字句；第二，增加句子；第三，改变顺序(原文顺序为A、C、B)。

今按：此卷内容多论《尚书》、《春秋》三传、《周礼》、《礼记》、《孝经》以及小学类。《尚书》多袭王鸣盛之《尚书后案》，间参以《经义杂记》、《尚书古文疏证》。春秋类多袭《经义杂记》，三礼类多袭《四库全书总目提要》。经义之作，当潜心玩索，毋袭陈言。而王氏乏考索之功，又欲昌经学之名，铤而走险，掩耳盗铃。不思王鸣盛当头棒喝之词，反而将“妄人”隐去，笑骂由人，玷污简册。时而标题党，时而麻将党，妄图漂白，误用心思，枉费心机，到头来遭我们彻底清查，难逃斧钺之诛。

《经史杂记》卷三

67.《史记》各本互异

王应麟云："五者来备，《史记》作'五是来备'。"今刻《史记》仍作"五者**来备"，盖**应麟所见犹裴骃本。**今考《洪范》经文**，上文列"庶征"五目，继以"曰时"云云，言其休；"一极"云云，言其咎。当以"曰时五者来备"为句，言是五者皆备至也。"时，是"，本《释诂》文。此以时为是，与上"立时人"之时同也。《后汉书·李云传》云："得其人则五氏来备。"《荀爽传》云："五韪咸备，各以其叙。"李贤两注皆引《史记》，一作"五者"，一作"五是"。又释韪为是，氏与是通。李、荀约举经文，故云尔。此汉学也。伪孔以"曰时"属上读，如此则时即以叙，何用重言耶？司马迁传孔安国学，必从古读。王应麟误以作"是"为传写之误，裴骃又误采伪孔传，不采郑注，致《史记》诸本互异，皆俗儒所乱也。

【辨伪】王鸣盛《尚书后案》卷十二《周书》：

> 案曰王应麟云："五者来备，《史记》作'五是来备'。"今刻《史记》仍作"五者"，应麟所见犹裴骃本。**考其实**，上文列"庶征"五目，继以"曰时"云云言其休，"一极"云云言其咎。当以"曰时五者来备"为句，言是五者皆备至也。"时，是"，本《释诂》文。此以时为是，与上"立时人"之时同也。《后汉书·李云传》云："得其人则五氏来备。"《荀爽传》云："五韪咸备，各以其叙。"李贤两注皆引《史记》，一作"五者"，一作"五是"。又释韪为是，氏与是通。李、荀约举经文，故云尔。此汉学也。伪孔以"曰时"属上读，如此则时即以叙，何用重言邪？司马迁传孔安国学，所载必从古读。王应麟不识古，反以作"是"为传习之差。……裴骃亦无识，于此节采伪孔传，不采郑注，致《史记》诸本互异，皆俗儒所乱也。

【小结】此条抄自《尚书后案》卷十二《周书》。作伪方式为点窜字句。

68.《史记》纪年体例

案《魏世家》，裴骃引《纪年》曰："梁惠成王九年四月甲寅，徙都大梁。""四月"上不见"夏"字，乃知古人文各有例，**《纪年》体**虽似《春秋》，终有不尽同处。马迁踵《秦记》成《秦本纪》，颇书时，然多略，不似《汉书》于秦二世元年书"秋七月"，汉元年书"冬十月"，尽从而整核其体。疑后代史册遵《春秋》例者，自班氏始也。

【辨伪】阎若璩《尚书古文疏证》卷四第五十四：

> 考《魏世家》，裴骃引《纪年》曰："梁惠成王九年四月甲寅，徙都大梁。""四月"上不见"夏"字，乃知古人文各有例，虽似《春秋》，终有不尽同处。马迁踵《秦记》成《秦本纪》，颇书时，然多略，不似《汉书》于秦二世元年书"秋七月"，汉元年书"冬十月"，尽从而整核其体。疑后代史册遵《春秋》例者，自班氏始。

【小结】此条全抄自阎若璩《尚书古文疏证》卷四第五十四。作伪方式为点窜字句。

69.《史记》有后人羼入者

【A】案《司马相如传赞》有"扬雄以为靡丽之赋，劝百讽一"语，雄乃哀、平、王莽时人，史迁何由豫引其言？【B】又《公孙弘传》中有"平帝元始中，诏赐弘子孙爵"语。《贾谊传》中有"贾嘉最好学，至孝昭时列为九卿"语。亦皆史迁所不及见。【C】今《汉书》各传赞与《史记》正同，当是班书所有，而后人反移入《史记》传赞中，【D】并非少孙所补也。【E】若《田儋传赞》，忽云："蒯通辩士，著书八十一篇，项王欲封之而不受。"此事与儋何涉而赞及之？【F】当亦是后人所羼入者。

【辨伪】E、A、D、F、C 段抄自赵翼《廿二史劄记》卷一"《史记》有后人窜入处"条：

> 【E】《史记·田儋传赞》，忽言"蒯通辩士，著书八十一篇，项羽欲封之而不受"，此事与儋何涉而赞及之？
>
> 【A】《司马相如传赞》谓"……扬雄以为靡丽之赋，劝百讽一……"云云。按雄乃哀、平、王莽时人，史迁何由预引其语？
>
> 【D】此并非少孙所补。
>
> 【F】而后人窜入者也。
>
> 【C】《汉书·相如传赞》正同。岂本是班固引雄言作赞，而后人反移作《史记》传赞耶？

B 段抄自《四库全书总目》卷四十五《史记》提要：

> 又摘《公孙弘传》中有"平帝元始中，诏赐弘子孙爵"语。……《贾谊传》中有"贾嘉最好学，至孝昭时列为九卿语"。皆非迁所及见。

【小结】此条抄自《廿二史劄记》卷一“《史记》有后人窜入处”条和《四库全书总目》卷四十五《史记》提要。作伪方式有四：第一，点窜字句；第二，改变顺序；第三，改变标题，将“《史记》有后人窜入处”改为“《史记》有后人羼入者”；第四，多源组合，E、A、D、F、C 段抄自《廿二史劄记》卷一“《史记》有后人窜入处”条，B 段抄自《四库全书总目》卷四十五《史记》提要。

70.《史》、《汉》互异处

【A】案《汉书·高帝纪》及《诸王侯年表》、诸臣列传，多与《史记》同，并有全用《史记》文一字不改者。其间亦有互异者，【B】如《史记·项羽纪》、《高帝纪》皆言项羽徙义帝长沙，都郴，使衡山王、临江王击杀义帝。《汉书》则云羽使九江王布击杀义帝于郴。【C】《史记》田荣击杀济北王田安，并王三齐，《汉书》则云彭越击杀田安，荣遂王三齐。【D】《史记》项羽立田都为齐王，田荣怒，乃杀都自立为齐王。《汉书》则云荣攻都，都走降楚。【E】《史记·项羽纪》楚军败于定陶，项梁死。楚怀王恐，乃从盱眙徙彭城，并项羽、吕臣军自将之。《汉书》则云羽与沛公等闻项梁死，乃徙怀王都于彭城。【F】《史记·任敖传》高后崩，敖不与大臣共诛诸吕，故免官。《汉书》则云与大臣共诛诸吕，后坐事免官。《史记》沛公破丰，命雍齿守之。齿以丰降魏，沛公攻之，不能下。项梁益沛公五千兵攻丰，而不言攻之胜负。《汉书》则云攻丰拔之，雍齿奔魏。《史记·李陵传》陵降匈奴，汉闻单于以女妻陵，遂族其母妻子。《汉书》则云汉闻李陵教匈奴为兵，遂族其母妻子。后乃知教兵者李绪，非李陵也。【G】**至纪事年岁亦有不同处**。如韩信击魏豹，《史记》在汉三年，《汉书》在二年。韩信袭杀龙且，《史记》在三年，《汉书》在四年。诸侯会垓下，《史记》在四年，《汉书》在五年。项羽使海春侯曹咎守成皋，为汉王所虏，《史记》在刘项同军广武之后，《汉书》在同军广武之前。徙王韩信于楚，《史记》在汉王即帝位后，《汉书》在杀羽未即位前。萧何造未央宫，《史记》在八年，《汉书》在七年。黥布封九江王后，《史记》谓七年朝陈，八年朝洛阳，《汉书》谓六年朝陈，七年朝洛阳。二史纪事，亦每差一年也。

【辨伪】赵翼《廿二史劄记》卷一“《史》、《汉》不同处”条曰：

> 【A】如《高祖纪》及《诸王侯年表》、诸臣列传，多与《史记》同，并有全用《史记》文一字不改者。……其间有不同者。
>
> 【G】韩信击魏豹，《史记》在汉三年，《汉书》在二年。韩信袭杀龙且，《史记》在三年，《汉书》在四年。诸侯会垓下，《史记》在四年，《汉书》在五年。项羽使海春侯曹咎守成皋，为汉王所虏，《史记》在刘项同军广武之后，《汉书》在同军广武之前。徙王韩信于楚，《史记》在汉王即帝位后，《汉书》在杀羽未即位前。萧何造未央宫，《史记》在八年，《汉书》在七年。黥布封九江王后，《史记》谓七年朝陈，八年朝洛阳，《汉书》谓六年朝陈，七年朝洛阳。二书纪事，每差一年。
>
> 【D】《史记》，项羽立田都为齐王，田荣怒，乃杀都自立为齐王。《汉书》谓荣攻都，都走降楚。
>
> 【B】《史记·项纪》、《高纪》皆言项羽徙义帝长沙，都郴，使衡山王、临江王击

杀义帝。《汉书·高纪》则云羽使九江王布击杀义帝于郴。

【E】《史记·项纪》楚军败于定陶，项梁死。楚怀王恐，乃从盱眙徙彭城，并项羽、吕臣军自将之。《汉书》谓羽与沛公等闻项梁死，乃徙怀王都于彭城。

【C】《史记》田荣击杀济北王田安，并王三齐，《汉书》彭越击杀田安，荣遂王三齐。

【F】《任敖传》，《史记》谓高后崩，敖不与大臣共诛诸吕，故免官。《汉书》皆与大臣共诛诸吕，后坐事免官。……《史记》，沛公破丰，命雍齿守之。齿以丰降魏，沛公攻之，不能下。项梁益沛公五千兵攻丰，而不言攻之胜负。《汉书》则云攻丰拔之，雍齿奔魏。……《李陵传》，《史记》陵降匈奴，汉闻单于以女妻陵，遂族其母妻子。《汉书》谓汉闻李陵教匈奴为兵，遂族其母妻子。后乃知教兵者李绪，非李陵也。

【小结】此条抄自《廿二史劄记》卷一"《史》、《汉》不同处"条。作伪方式有四：第一，点窜字句；第二，增加句子；第三，改变顺序(原文顺序为A、G、D、B、E、C、F)；第四，改变标题，将"《史》、《汉》不同处"改为"《史》、《汉》互异处"。

71.《史》胜《汉》处

【A】**案：《汉书》不及《史记》处甚多，姑就易见者约举数条焉。如彭城之战**，《史记》取汉王父母妻子置宫中，《汉书》则但云取太公、吕后，而不言父母妻子。不知高祖母虽已前死(高祖起兵时，母死于小黄)，而楚元王为高祖异母弟，则是高祖尚有庶母也。孝惠帝有庶兄肥，后封鲁，为悼惠王。当时既未与孝惠、鲁元偕行，又别无投归之事，自必与太公、吕后俱同为楚所得者，则是高祖尚有子在项军也。《汉书》止云太公、吕后，转疏漏矣。【B】《高帝纪》垓下之战。《史记》叙韩信、孔将军、费将军等战颇详，《汉书·高帝纪》但撮叙数语。灭项羽为汉王第一大事，《汉书》略之，殊失轻重。七国反时，《史记》谓胶西听吴王计，约同反，遂发使约齐、临菑、胶东、济南、济北，皆许诺。**是七国同反也**。而《汉书》独无济北。夫济北以城坏未完，又为郎中令劫守不得发，与齐孝王因汉兵且至，遂坚守不敢发，**同为约反而未成反也**，何以齐王自杀，遂坐以谋反，济北免罪，**不列党内**，并其欲反不得反之处亦概为隐讳耶？**失其实矣**。四国攻临菑时。《史记》谓胶西为渠率，与胶东、菑川、济南共攻临菑，《汉书》则云胶西、胶东为渠率，与菑川、济南共攻临菑。夫胶西实听吴王之谋，约诸王同反，是主兵者胶西也。《汉书》增胶东，亦非。《淮南厉王传》，《史记》高帝过赵，赵王献美人，帝幸之，有身。会贯高等谋反，帝令尽捕赵王家属。美人亦在系中，告吏曰："得幸上，有身。"而《汉书》叙事同，而改美人告吏曰："得幸上，有子。"是时厉王尚未生，何得豫言有子？【C】《高帝纪》，《史记》高祖为亭长，以竹皮为冠，令求盗之薛治之。《汉书》但云令求盗之薛治，删一"之"字，便不明晰。又《帝纪》，《史记》秦始皇以东南有天子气，乃东游以厌之。高祖即自疑，隐于芒砀山泽之间。"即自疑"三字，正见高祖以匹夫而以天子自疑，志气不凡处。《汉书》删此三字，便觉**少味**。《韩信传》，《史记》汉王之败彭城，信收兵与汉王会荥阳。《汉书》谓信发兵与汉王会荥阳。是时信未有分地，何从发兵？盖收合溃卒耳，《史记》收字得其实也。【D】案《史记》采众说成书，征引浩博，间有抵牾，**后人往往驳摘。惟邵泰衢《史记疑问》**谓《高祖纪》解纵罪人，坦然回沛之非情实。《留侯世家》诸将偶语沙中之不可信。《李陵传》“兵矢既尽，尚杀匈奴万余人”之言为夸诞。据《功臣表》汉九年吕泽已死，而驳《留侯世家》所纪汉十一年不应又有吕泽，数条皆据理校勘，尚属得间。

【辨伪】A 段抄自赵翼《廿二史劄记》卷一“汉王父母妻子”条：

据《史记》谓是时羽取汉王父、母、妻、子置军中，《汉书》则但谓取太公、吕后，而不言父母妻子。……盖以高祖之母久已前死(高祖起兵时，母死于小黄)……不知高祖母虽已前死，而楚元王为高祖异母弟，则高祖尚有庶母也。……孝惠帝尚有庶兄肥，后封鲁，为悼惠王。……悼惠既未偕行，又别无投归高祖之事，则必与太公、吕后同为羽所得，故高祖有子在项军也。……而《汉书》改云太公、吕后，转疏漏矣。

B 段抄自赵翼《廿二史劄记》卷一“《史》、《汉》互有得失”条：

垓下之战。《史记·高祖纪》叙韩信、孔将军、费将军等战颇详，《汉书·高纪》但撮叙数语。然杀项羽是汉王一大事，《汉书》略之，殊失轻重。……七国反时，《史记》谓胶西王听吴王计，约同反，遂发使约齐、临菑、胶东、济南、济北，皆许诺。《汉书》独无济北。……时孝王狐疑不同反……会路中大夫来告汉兵且至，遂坚守。……而济北王以城坏未完，郎中令劫守其王不得发兵……岂以齐王自杀，遂坐以反谋，济北免罪，则并其先欲从而不得反之处概为隐讳耶？四国攻临菑时。《史记》谓胶西为渠率，与胶东、菑川、济南共攻临菑，《汉书》则云胶西、胶东为渠率，与菑川、济南共攻临菑。案胶西听吴王之谋，使人约诸王反，则主兵者胶西也。《汉书》增胶东为主谋，亦非。《淮南厉王传》。《史记》高帝过赵，赵王献美人，帝幸之，有身。会贯高等谋反，帝令尽捕赵王家属系之，美人亦在系中，告吏曰：“得幸上，有身。”……《汉书》叙事亦同，而改美人告吏曰：“得幸上，有子。”按是时厉王尚未生也，何得先言有子？

C 段抄自赵翼《廿二史劄记》卷一“《史》、《汉》不同处”条：

《史记》，高祖为亭长，以竹皮为冠，令求盗之薛治之。……《汉书》但云令求盗之薛治(删一“之”字，便不明)。《史记》秦始皇以东南有天子气，乃东游以厌之。高祖即自疑，隐于芒砀山泽之间。……《汉书》删却“即自疑”三字，高祖以匹夫而以天子自疑，正见其志气不凡也。《汉书》删此三字，便觉无意。《韩信传》，《史记》汉王之败彭城，信收兵与汉王会荥阳。《汉书》谓信发兵与汉王会荥阳。按是时信未有分地，从何发兵？盖收集溃卒耳，收字得实。

D 段抄自《四库全书总目》卷四十五《史记疑问》提要：

《史记》采众说以成书，征引浩博，不免抵牾。……谓《高祖纪》解纵罪人，坦然回沛之非情实。《留侯世家》“诸将偶语沙中”之不可信。《李陵传》“兵矢既尽，尚杀匈奴万余人"之言为夸诞。据《功臣表》汉九年吕泽已死，而驳《留侯世家》所纪汉十一年不应又有吕泽。大抵皆参互审勘，得其间隙，故所论多精确不移。

【小结】此条抄自《廿二史劄记》卷一"汉王父母妻子"条、"《史》、《汉》互有得失"条、"《史》、《汉》不同处"条和《四库全书总目》卷四十五《史记疑问》提要。作伪方式有三：第一，点窜字句；第二，增加句子；第三，多源组合，A段抄自《廿二史劄记》卷一"汉王父母妻子"条，B段抄自《廿二史劄记》卷一"《史》、《汉》互有得失"条，C段抄自"《史》、《汉》不同处"条，D段抄自《四库全书总目》卷四十五《史记疑问》提要。

72.《汉》胜《史》处

《史记》亦有不及《汉书》处，姑就易见者约举数条焉。【A】如荆王刘贾，《史记》谓不知何属，《汉书》则谓高祖从父兄。燕王刘泽，《史记》谓诸刘远属，《汉书》则谓高祖从祖兄弟。【B】《周仁传》，**《史记》**谓仁以不洁清得幸，景帝崩，仁尚在郎中令，终无所言，景帝以此再自幸其家。案既云"景帝崩"，又云"景帝再幸其家"，文义不顺。《汉书》则删去"景帝崩"三字便明。【C】《循吏传》，《史记》载周秦间人孙叔敖、子产、公仪休、石奢、李离。《汉书》则载文翁、王成、黄霸、朱邑、龚遂、召信臣，皆汉人也。《田蚡传》，《史记》景帝后三年，封蚡为武安侯。《汉书》则云武帝初即位，以舅封武安侯。案：景帝后三年，正武帝即位之年，实是武帝所封，特是时尚未改元耳。【D】《高帝纪》末，《史记》但记其诸子，《汉书》则总叙高祖之明达好谋，虽日不暇给而规模宏远。《史记》少此议论。《吴王濞传》，《史记》先云削吴之豫章、会稽，下又方议削吴，是又于二郡外再议削矣。下文所谓及削豫章、会稽书至，**作何解耶**？《汉书》则删去"削豫章、会稽"字，但云削楚及赵胶西地，廷臣方议削吴，及削豫章、会稽书至，吴王遂反，较为明晰。厉王以罪徙蜀。《史记》谓一路传送者不敢听发封。王谓**使**者曰："吾以骄故，不闻过至此。人生一世间，安能邑邑如此？"乃不食死。至雍，雍令发封，以死闻。案既不发封，王在车中与谁语？若有人共语，饿死岂有不知，直至雍发封乃知耶？《汉书》先叙王语，后方叙传送者不敢发封以致饿死，文义较明。【E】**又有增益处**，如《楚元王传》，《汉书》增元王少时尝与穆生、申生受《诗》于浮丘伯，后随高祖军中，出入卧内。及封楚王，又遣子郢至长安，与申公仍从浮丘伯卒业云云。《史记》但载其封国生卒及子孙承袭而已。【F】淮南王安好文学及神仙事，本贤王也。《汉书》则增其好学，作《内书》二十一篇，《外书》甚多。《中书》八篇，言神仙黄白之事。武帝好文，每作报书，必令司马相如等视草。及安入朝献赋颂等事。《史记》但叙其父厉王死，怨望欲叛，初不述其贤行，并谏伐南粤之事也。【G】景帝子为王者十三人，《史记》以同母者为一宗，作《五宗世家》，《汉书》则十三王**皆增**立传。而《河间献王传》详叙其好古爱儒，所积书与汉朝等；《鲁共王传》叙其好治宫室，坏孔子宅广其宫，因得壁中古书。《史记》皆不载。【H】《王陵传》，《史记》吕后欲王诸吕，问陵，陵曰不可，问平，平曰可。《汉书》则增陵责平负先帝约，及平自解之语。【I】《石庆传》，《汉书》增武帝责丞相一诏。《李广传》，《汉书》增广斩霸陵尉自劾，武帝不责，反加奖誉一诏。《公孙弘传》，《汉书》增弘没后为相者李、蔡等十人尽诛，惟石庆得善终，正以见弘之能得君也。**惟**《卫青传》，《汉书》增青初为平阳公主骑奴，及后贵为大将军，而平阳主以夫曹寿有恶疾，当另嫁，问左右列侯谁贤，左右皆以大将军对。主笑曰："是常骑从我，奈何用为夫？"左右曰："于今尊贵无比。"遂以青尚主。**此班氏**从褚少孙《外戚世家》**所补者增之也**。史迁当日实目击其事，而不载入传者，盖其时青正贵盛，不敢直书以取怨耳。

【J】案：固作是书，有受金之谤，又有窃据父书之议。然观刘勰《文心雕龙·史传》篇云："征贿鬻笔之愆，公理辨之究矣。"韦贤、翟方进、元后三传俱称"司徒掾班彪曰"。颜师古注发例，于《韦贤传》曰："《汉书》诸赞皆固所为。其叔皮先论述者，固亦显以示后人。"而或者谓固窃盗父名，观此可以免矣。据此，是皆无其事也。

【辨伪】A、C 段抄自赵翼《廿二史劄记》卷一"《史》、《汉》不同处"条：

【A】荆王刘贾，《史记》谓不知其何属，《汉书》谓高祖从父兄。燕王刘泽，《史记》谓诸刘远属，《汉书》谓高祖从祖兄弟。

【C】《史记·循吏传》载周秦间人孙叔敖、子产、公仪休、石奢、李离。《汉书》所载则文翁、王成、王霸、朱邑、龚遂、召信臣，皆汉人也。……《史记·田蚡传》，景帝后三年，封蚡为武安侯。《汉书》则云武帝初即位，蚡以舅封武安侯。按景帝后三年，正是武帝即位之岁。蚡乃武帝所封，特是时尚未改元故耳。

B 段抄自赵翼《廿二史劄记》卷一"《史记》自相歧互处"条：

《周仁传》，仁以不洁清得幸，景帝崩，仁尚为郎中令，终无所言，景帝以此再自幸其家。按既云"景帝崩"，乃又云"景帝再幸其家"，文义不顺。《汉书》删"景帝崩"三字便明。

D 段抄自赵翼《廿二史劄记》卷一"《史》、《汉》互有得失"条：

《高祖纪》末。《史记》但记其诸子，《汉书》独总叙高祖之明达好谋，虽日不暇给而规模弘远。《史记》少此议论。……先云削吴之豫章、会稽，下又云方议削吴，是又于二郡外再议削矣。则下文所谓及削豫章、会稽书至者，又何说耶？《汉书》先删去"削豫章、会稽"字，但云削楚及赵胶西地，廷臣方议削吴，及削豫章、会稽书至，吴王遂反，较为明晰。……厉王以罪废徙蜀。《史记》谓一路传送者皆不听发车封。王谓侍者曰："吾以骄故，不闻过至此。人生一世间，安能邑邑如此？"乃不食死。至雍，雍令发封，以死闻。按既不发封，则王在车中与谁语？若有人共语，则饿死后岂**不声言**，直待雍令发封始知耶？《汉书》先叙王语，方叙传送者不敢发封以致饿死，文义较明。

E、H、F、I 段抄自赵翼《廿二史劄记》卷二"《汉书》增事迹"条：

【E】《楚元王传》，《史记》但载其封国生卒及子孙承袭之事。《汉书》增元王少时尝与穆生、申生受《诗》于浮丘伯，后随高祖军中，出入卧内。及封楚王，又遣子郢至长安，与申公仍从浮丘卒业。

【H】《王陵传》，《史记》吕后欲王诸吕，问陵，陵曰不可，问陈平，平曰可。《汉书》增陵责平负先帝约，及平自解之语。

【F】淮南王安好文学及神仙之事，其始固贤王也。《史记·世家》开首即叙其以父厉王死，怨望欲叛，初不述其贤行，并其谏伐南粤一书最可传者，亦但载入《严助传》，而《安世家》内不载。《汉书》则增其好学，作《内书》二十一篇，《外书》甚多，《中书》八篇，言神仙黄白之事。武帝好文，每作报书，必令司马相如等视草。及安入朝献赋颂等事。

【I】《石庆传》，《汉书》增武帝责丞相一诏。《李广传》，《汉书》增广斩霸陵尉自劾，武帝不责，反加奖誉一诏。《卫青传》，《汉书》增青初为平阳公主骑奴，及后贵为大将军，而平阳主以夫曹寿有恶疾，当另嫁，问左右列侯谁贤，左右皆以大将军对。主笑曰："是常骑从我，奈何用为夫？"左右曰："于今尊贵无比。"遂以青尚主。按：此事本在褚少孙《外戚世家》遗事内，史迁是时目击其事而不载入传，盖其时青正贵盛，不敢直书以取怨也。《公孙弘传》，《汉书》增弘没后为相者李、蔡等十余人尽诛，惟石庆得善终，正以见弘之能得君也。

G段抄自赵翼《廿二史劄记》卷二"《汉书》增传"条：

景帝子为王者十三人，《史记》以同母者为一宗，作《五宗世家》，《汉书》则十三王各立传。而《河间献王传》详叙其好古爱儒，所积书与汉朝等；《鲁共王传》叙其好治宫室，坏孔子宅广其宫，因得壁中古书。《史记》皆不载。

J段抄自《四库全书总目》卷四十五《汉书》提要条：

固作是书，有受金之谤。……然《文心雕龙·史传》篇曰："征贿鬻笔之愆，公理辨之究矣。"……又有窃据父书之谤。然韦贤、翟方进、元后三传俱称"司徒掾班彪曰"。颜师古注发例，于《韦贤传》曰："《汉书》诸赞皆固所为。其有叔皮先论述者，固亦显以示后人。而或者谓固窃盗父名，观此可以免矣。"是亦无其事也。

【小结】此条抄自《廿二史劄记》卷一"《史》、《汉》不同处"条、"《史记》自相歧互处"条、"《史》、《汉》互有得失"条，卷二"《汉书》增传"条、"《汉书》增事迹"条，《四库全书总目》卷四十五《汉书》提要。作伪方式有四：第一，点窜字句；第二，增加句子；第三，改变顺序；第四，多源组合，A、C段抄自《廿二史劄记》卷一"《史》、《汉》不同处"条，B段抄自《廿二史劄记》卷一"《史记》自相歧互处"条，D段抄自《廿二史劄记》卷一"《史》、《汉》互有得失"条，E、H、F、I段抄自《廿二史劄记》卷二"《汉书》增事迹"条，G段抄自《廿二史劄记》卷二"《汉书》增传"条，J段抄自《四库全书总目》卷四十五《汉书》提要。今按：似层累造成，情无己见，全采自他人，可谓"采花大盗"。

73. 荀悦《汉纪》

【A】**汉荀悦《汉纪》(共三十卷)**。顾宁人《日知录》惟取其宣帝赐陈遂玺书一条，及元康三年封海昏侯诏一条，谓能改正《汉书》三四字。其余则病其叙事索然无味，或首尾不备。其小有不同，皆以班书为长。又云："纪王莽事自始建国元年以后，则云其二年、其三年以至十五年，以别于正统而尽没其天凤、地皇之号。"不知班书莽自为传，自可载其伪号。荀书以汉系编年，岂可以莽纪元哉？**宁人之**说似非确论。【B】盖荀书词约事详，论辨多美，**唐、宋人甚重其书**。刘知幾《史通·六家》篇，以悦书为"《左传》家"之首。其《二体》篇又称其历代宝之，有逾本传。班、荀二体，角力争先，故唐人试士，以悦《纪》与《史》、《汉》为一科。《文献通考》载李焘跋曰："悦为此《纪》，固不出班书，亦时有删润。而谏大夫王仁、侍中王闳谏疏，班书皆无之。"又称司马光《资治通鉴》，书太上皇事及五凤郊泰畤之月，要皆舍班而从荀。又称其"君兰"、"君简"，"端"、"瑞"，"兴"、"誉"，"宽"、"竟"诸字与《汉书》互异者，先儒皆两存之。其中若壶关三老茂，《汉书》无姓，悦书云姓令狐。朱云请上方剑，《汉书》作斩马，悦书乃作断马。证以唐张渭诗"愿得上方断马剑，斩取朱门公子头"①句，知《汉书》字误。其足资考证者甚多，【C】**后人偶有纠正**，究不足为悦病也。

【辨伪】《四库全书总目》卷四十七《汉纪》提要：

> 【B】《汉纪》三十卷，汉荀悦撰。……词约事详，论辨多美。……唐刘知幾《史通·六家》篇，以悦书为"《左传》家"之首。其《二体》篇又称其历代宝之，有逾本传。班、荀二体，角力争先。……故唐人试士，以悦《纪》与《史》、《汉》为一科。《文献通考》载宋李焘跋曰："悦为此《纪》，固不出班书，亦时有所删润。而谏大夫王仁、侍中王闳谏疏，班书皆无之。"又称司马光编《资治通鉴》，书太上皇事及五凤郊泰畤之月，要皆舍班而从荀。……又称其"君兰"、"君简"，"端"、"瑞"，"兴"、"誉"，"宽"、"竟"诸字与《汉书》互异者，先儒皆两存之。……其中若壶关三老茂，《汉书》无姓，悦书云姓令狐。朱云请上方剑，《汉书》作斩马，悦书乃作断马。证以唐张渭诗"愿得上方断马剑，斩取朱门公子头"句，知《汉书》字误。资考证者亦不一。
>
> 【A】近时顾炎武《日知录》乃惟取其宣帝赐陈遂玺书一条，及元康三年封海昏侯诏一条，能改正《汉书》三四字。其余则病其叙事索然无意味，间或首尾不备。其小有不同，皆以班书为长。……又曰："纪王莽事自始建国元年以后，则云其二年、其三年以至其十五年，以别于正统而尽没其天凤、地皇之号。"云云。……不知班书莽自为传，自可载其伪号。荀书以汉系编年，岂可以莽纪元哉？是亦非确论。
>
> 【C】不足为悦病也。

【小结】此条抄自《四库全书总目》卷四十七《汉纪》提要。作伪方式有三：第一，点窜字句；第二，增加句子；第三，改变顺序(原文顺序为B、A、C)。今按：抄书容易看书难，欺人容易欺天难。伪书流传，徒贻笑柄。

---

① 《全唐诗》卷一百五十六《飞燕篇》："安得上方断马剑，斩取朱门公子头。"

74.《史记》书金縢事

案：《史记·鲁周公世家》所载金縢事，其抵牾甚多，而尤异者有二说焉。其前一说则云：作诗贻王之后，营成周雒邑，以朝诸侯，七年之后还政成王。“初，成王少时，病，周公乃自揃其蚤沈之河，以祝于神曰：‘王少未有识，奸神命者乃旦也。’亦藏其策于府。成王病有瘳。及成王用事，人或谮周公，周公奔楚。成王发府，见周公祷书，乃泣，反周公。”此一说也。其后一说则曰：周公病将没，曰：“必葬我成周，以明吾不敢离成王。”公卒，王葬公于毕，“从文王，以明予小子不敢臣周公”。周公卒后，秋未获，暴风雷雨。王开金縢见书，曰“朕小子其迎”云云。此又一说也。又《蒙恬列传》秦二世令人赐恬死，恬对使者称引周公之事，其说与前一说同。谯周谓秦既燔书，时人欲言金縢之事，失其本末，故有此说。王充《论衡·感类》篇亦并载二说，与《史记》略同，而以前一说为古文家说，则后一说为今文家说。前说于代武王外增代成王，居东都为奔楚，虽误犹近之。后说所云公欲葬成周，王葬之于毕，出亡篇《亳姑》序，事诚有之，然是周公致政退老归丰以后事，与**风雷**示变，开金縢书无涉，乃合而为一。且周公既卒，所云亲迎，又何迎乎？此不可信也。

【辨伪】王鸣盛《尚书后案》卷十三《周书》：

> 又案曰：《史记·鲁周公世家》所载金縢一篇事，其抵牾者甚多，而尤异者有二说焉。其前一说则云：作诗贻王之后，营成周雒邑，以朝诸侯，七年之后还政成王。“初，成王少时，病，周公乃自揃其蚤沈之河，以祝于神曰：‘王少未有识，奸神命者乃旦也。’亦藏其策于府。成王病有瘳。及成王用事，人或谮周公，周公奔楚。成王发府，见周公祷书，乃泣，反周公。”此一说也。其后一说则云：周公病将没，曰：“必葬我成周，以明吾不敢离成王。”公卒，王葬公于毕，“从文王，以明予小子不敢臣周公”。周公卒后，秋未获，暴风雷雨。王开金縢见书，曰“朕小子其迎”云云。此又一说也。又《蒙恬列传》秦二世令人赐恬死，恬对使者称引周公之事，其说与前一说同。谯周谓秦既燔书，时人欲言金縢之事，失其本末，故有此说。王充《论衡》卷十八《感类》篇亦并载二说，与《史记》略相似，而以前一说为古文家说，则后一说乃今文家说也。前说于代武王外增代成王，居东都为奔楚，虽误犹近之。后说所云公欲葬成周，王葬之于毕，出亡篇《亳姑》序，事诚有之，然是周公致政老归丰以后事，与雷风示变，开金縢书无涉，乃合而为一。……夫周公既卒，所云亲迎，又何迎乎？此不可信也。

【小结】此条抄自王鸣盛《尚书后案》卷十三《周书》。作伪方式为点窜字句。

75.《后汉书》铺叙有法

【A】范书**体例多仿班书、马史**，有时代不同而各就其人之生平，以类相从者。如郭伋、杜诗、孔奋、张堪、廉范，国初人，王堂、苏章，安帝时人，羊续、贾琮、陆康，桓灵时人，因其皆治行卓著，即同为一卷。张纯国初人，郑康成汉末人，因其皆深于经学，即同为一卷。张宗、法雄国初人，度尚、杨璇汉末人，因其皆为郡守，能讨贼，即同为一卷。王充国初人，王符、仲长统汉末人，因其皆著书，恬于荣利，即同为一卷。又如邓彪、张禹、徐防、胡广，因其和光取荣，人品相似，即同为一卷。袁安、张辅、韩陵、周荣、郭躬、陈宠，因其皆能决狱平允，即同为一卷。班超、梁慬，因其皆立功绝域，即同为一卷。杨终、李法、翟酺、应奉，因其皆有文学，即同为一卷。杜根、刘陶、李云，因其皆仗节直谏，即同为一卷。苏竟、杨厚、郎顗、襄楷，因其皆明于天文，能规切时政，即同为一卷。周燮、黄宪、徐稺、姜肱、申屠蟠，因其皆高士，即同为一卷。惟樊宏、樊谦、樊准、阴识、阴兴、阴就皆外戚，因其皆有功绩可纪，故不入《外戚》而仍同为一卷。此编次之**详慎**也。有详简得宜**以避繁复**者，如《吴汉传》叙其破公孙述之功，故《述传》不复详载。《耿弇传》叙其破降张步之功，故《步传》亦不复详载。宦者孙程以张防诬构虞诩，上殿力争，事已见《诩传》矣，则《程传》不复载。张俭奏劾中常侍侯览，籍没其家，事已见《览传》矣，则《俭传》不复载。俭避难投孔褒，褒弟融藏之，事泄，褒兄弟争相死，事已见《融传》矣，则《俭传》不复载。《公孙瓒传》不载刘虞以十万众来攻，以事已见《虞传》矣。《袁绍传》不载绍尽诛宦官二千余人，无少长皆死，以事已见《何进传》矣。此皆悉心核订，**无迭出之弊**也。【B】**然亦间有小误者**。如《光武纪》书帝崩，年六十二。然纪中又书帝起兵时年二十八，更始元年破王寻、王邑，持节渡河，镇慰州郡，二年诛王郎，更始拜帝为萧王，明年六月始即位，改元建武，是帝年三十一矣。建武凡三十二年，又加以中元二年始崩，则应是六十四岁。《本纪》所云六十二，不相符矣。又安帝以延光元年三月崩，阎后立北乡侯懿即位，是年十月薨。北乡侯在帝位已阅八月，应有《本纪》，而范书无之。或以未逾年未改元故也。然殇帝在位仅一年，冲帝在位仅半年，何以皆为立纪耶？凡史传叙事皆书名，未有以字行者。范书惟光武兄演字伯升，凡纪、传皆书其字，盖因帝亲兄，首事舂陵，其功最大故也。且班书《王莽传》内已书伯升矣，然范式、张劭合传，前半叙劭事则称元伯，叙式事则称巨卿，**何复自乱其例耶**？

【C】案范撰是书，以志属谢瞻。范败后，瞻悉蜡以覆车，遂无传本，今本八志为司马彪所撰，【D】洪容斋《随笔》、孙北海《藤阴札记》俱误引为《后汉书》，【E】盖因唐以后以《续汉志》并入范书耳。

【辨伪】A 段抄自赵翼《廿二史劄记》卷四“《后汉书》编次订正”条：

> 范书又有不拘时代，而各就其人之生平以类相从者。……郭伋、杜诗、孔奋、张堪、廉范皆国初人，王堂、苏章皆安帝时人，羊续、贾琮、陆康皆桓灵时人，而同为一卷，亦以其治行卓著也。张纯国初人，郑康成汉末人，而亦同卷，以其深于经学也。张宗、法雄国初人，度尚、杨璇汉末人，而亦同卷，以其皆为郡守，能讨贼也。王充国初人，王符、仲长统汉末人，而亦同卷，以其皆著书，恬于荣利也。邓彪、张禹、徐防、胡广等同卷，以其皆和光取容，人品相似也。袁安、张辅、韩陵、周荣、郭躬、陈宠等同卷，以其皆……决狱平允也。班超、梁慬同卷，以其立功绝域也。杨终、李法、翟酺、应奉同卷，以其文学也。杜根、刘陶、李云同卷，以其皆仗节能直谏也。樊宏、樊谦、樊准、阴识、阴兴、阴就同卷，以其皆外戚而有功绩可纪，故不入《外戚》而仍列一卷也。苏竟、杨厚、郎顗、襄楷同卷，以其皆明于天文，能以之

规切时政也。周燮、黄宪、徐穉、姜肱、申屠蟠同卷，以其皆高士也。此编次之用意也。……又有详简得宜而无复出迭见之弊者，《吴汉传》叙其破公孙述之功，则《述传》不复详载。《耿弇传》叙其破降张步之功，则《步传》亦不复详载。宦者孙程以张防诬构虞诩，上殿力争，事见《诩传》，则《程传》不覆载。张俭奏劾中常侍侯览，籍没其家，事见《览传》，则《俭传》不复载。俭避难投孔褒，褒弟融藏之，后事泄，褒兄弟争相死，事见《融传》，则《俭传》不复载。……刘虞以十万众攻公孙瓒，事见《虞传》，则《瓒传》不复载。袁绍尽诛宦官二千余人，无少长皆死，事见《何进传》，则《绍传》不复载。此更可见其悉心核订，以避繁复也。

B 段抄自赵翼《廿二史劄记》卷四"《后汉书》间有疏漏处"条：

《光武纪》书帝崩年六十二。然纪又书帝起兵时年二十八，下有更始元年破王寻、王邑，持节北渡河，镇慰州郡，二年诛王郎，更始拜帝为萧王，明年六月始即位，改元建武，是帝年已三十一矣。建武凡三十二年，又加以中元二年始崩，则应是六十四岁。《本纪》所云六十二，殊不符也。……

安帝以延光元年三月崩，阎后立北乡侯懿即位，是年十月薨。计北乡侯在帝位已阅八月，应有《本纪》，乃范书无之。盖以未逾年未改元故耳。然殇帝在位仅一年，冲帝在位并只半年，皆为立纪。……史传叙事皆书名，未有以字行文者。范书惟光武兄演字伯升，凡纪、传皆书其字，盖帝之亲兄，舂陵首事，其功最大。且班书《王莽传》内已书伯升。……乃范式、张劭合传，前半篇叙劭事则称元伯，叙式事则称巨卿，皆其字也，殊非史体。

C、E、D 段抄自《四库全书总目》卷四十五《后汉书》提要：

【C】范撰是书，以志属谢瞻。范败后，瞻悉蜡以覆车，遂无传本。今本八志……以昭所注司马彪《续汉书志》。

【E】与范书合为一编。……疑唐以前已并八志入范书。

【D】故孙北海《藤阴札记》亦误出"蔚宗志律历之文"云云，考洪迈《容斋随笔》已误以八志为范书。

【小结】此条抄自《廿二史劄记》卷四"《后汉书》编次订正"条、"《后汉书》间有疏漏处"条、《四库全书总目》卷四十五《后汉书》提要。作伪方式有四：第一，点窜字句；第二，增加句子；第三，改变顺序；第四，多源组合，A 段抄自《廿二史劄记》卷四"《后汉书》编次订正"条，B 段抄自《廿二史劄记》卷四"《后汉书》间有疏漏处"条，C、E、D 段抄自《四库全书总目》卷四十五《后汉书》提要。

76.《后汉书》与《三国志》书法不同处

陈寿修书于晋，不能不为晋**回护，即不能不为魏回护**。故历代史家《本纪》多用回护之法者，**循寿例也**。范蔚宗修书于宋，事隔两朝，**时阅百年**，则据事直书，**不从其例。故《献帝纪》与《魏纪》每多互异。今姑校之**。如陈志《魏纪》书天子以公领冀州牧，范书《献帝纪》则谓曹操自领冀州牧。《魏纪》汉罢三公官，置丞相，以公为丞相，《献纪》则谓曹操自为丞相。《魏纪》天子使郗虑策命公为魏公，加九锡，《献纪》则谓曹操自立为魏公，加九锡。《魏纪》汉皇后伏氏坐与父完书，后废黜死，兄弟皆伏法，《献纪》则谓曹操杀皇后伏氏，灭其族及其二子。《魏纪》天子进公爵为魏王，《献纪》则谓曹操自进爵为魏王。《魏纪》韦晃等反，攻许，烧长史王必营，必与严巨讨，斩之，《献纪》则谓耿纪、韦晃起兵诛曹操，不克，夷三族。至禅代，《魏纪》书汉帝使张音奉玺绶禅位，《献纪》则谓魏王丕称天子，奉帝为山阳公。他如董承、孔融等之诛，皆书操杀，盖史法也。至荀彧，陈志以彧为操谋主，列魏臣传，范书以彧乃心王室，特编入汉臣传。尤见能主持公道。**盖曹操加九锡在彧死后**，倘彧不死，操尚不至僭窃也。其余所纪事迹亦有不同者。《袁绍传》，陈志谓何进召董卓，范书谓袁绍劝何进召董卓。《吕布传》，陈志谓布畏恶凉州人，以致李郭之乱，范书谓王允不赦凉州人，以致激变。又《吕布传》，陈志谓布投袁术，术拒而不纳，乃投袁绍，范书谓布投术后恣兵抄掠，术患之，布不安去，投张扬。《董卓传》，李傕劫帝幸其营，陈志谓傕使公卿诣泛请和，泛皆执之，范书谓帝使杨彪、张嘉和郭泛，泛留公卿。《荀彧传》，陈志谓因阻九锡事留寿春，以忧卒，范书谓彧因病留寿春，操遣人馈食，发乃空器，遂饮药而卒。此皆各有所据，不妨并存其说也。

【辨伪】赵翼《廿二史劄记》卷六“《后汉书》、《三国志》书法不同处”条曰：

> 自《三国志·魏纪》创为回护之法，历代《本纪》遂皆奉以为式。……虽陈寿修书于晋，不能无所讳。蔚宗修书于宋，已隔两朝，可以据事直书。固其所值之时不同，然史法究应如是也。陈寿《魏纪》书天子以公领冀州牧；蔚宗《献帝纪》则曰曹操自领冀州牧。《魏纪》汉罢三公官，置丞相，以公为丞相；《献纪》则曰曹操自为丞相。《魏纪》天子使郗虑策命公为魏公，加九锡；《献纪》则曰曹操自立为魏公，加九锡。《魏纪》汉皇后伏氏坐与父完书……后废黜死，兄弟皆伏法；《献纪》则曰曹操杀皇后伏氏，灭其族及其二子。《魏纪》天子进公爵为魏王；《献纪》则曰曹操自进号魏王。《魏纪》韦晃等反，攻许，烧丞相长史王必营，必与严巨讨，斩之；《献纪》则曰耿纪、韦晃起兵诛曹操，不克，夷三族。至禅代之际，《魏纪》书汉帝众望在魏，乃召群公卿士，使张音奉玺绶禅位；《献纪》则曰魏王丕称天子，奉帝为山阳公。他如董承、孔融等之诛，皆书操杀，此史家正法也。……惟荀彧一传，陈寿以其为操谋主，已列魏臣传内，蔚宗以其乃心王室，特编入汉臣，此则其主持公道处。寿志虽列之于魏臣，而传末云“彧死之明年，曹公遂加九锡”，可见彧不死，操尚不得僭窃也。……至二书所纪事迹有彼此不同者。《袁绍传》，寿志谓何进召董卓；范书谓袁绍劝何进召董卓。《吕布传》，寿志谓布畏恶凉州人，以致李傕、郭泛之乱，范书谓王允不赦凉州人，以致激变。《吕布传》，寿志谓布投袁术，术拒而不纳，乃投袁绍；范书谓布投术后，恣兵抄掠，术患之，布不安，去从张扬。《董卓传》，李傕劫帝幸其营，寿志谓傕使公卿诣泛请和，泛皆执之；范书谓帝使杨彪、张嘉和傕、泛，泛留质公卿。《荀彧传》，寿志谓以阻九锡事留寿春，以忧薨；范书谓彧病留寿春，曹操遣人馈之食，发之乃空器也。遂饮药而卒。二书不同，盖皆各有所据，固可两存其说。

【小结】此条抄自《廿二史劄记》卷六“《后汉书》、《三国志》书法不同处”条。作伪方式有二：第一，点窜文句；第二，增加句子。

77. 袁宏《后汉纪》

【A】晋袁宏因范书繁秽杂乱，别撰《后汉纪》(共三十卷)。虽自序称所缀会《汉纪》、谢承书、司马彪书、华峤书、谢沈书、《汉山阳公记》、《汉灵献起居注》、《汉名臣奏》，旁及诸部《耆旧先贤传》等书，**复以张璠**《汉纪》为准。然考《隋志》载璠书三十卷，虽已散佚，**尚有散见于**《三国志注》及《后汉书注》者。**取与比校**，璠《纪》所有而宏《纪》往往不载，所载者又多互有详略不同处。如璠《纪》称“卢芳，安定人，属国夷数十畔在蛮，芳从之，诈姓刘氏”。宏书则作“刘芳，安定三川人，本姓卢氏。王莽末，天下咸思汉，芳由是诈称武帝后，变姓名为刘文伯。及莽败，芳与三川属国羌胡起兵北边”。以及朱穆论梁冀池中舟覆、吴佑谏父写书事，皆校璠《纪》为详。璠《纪》称明德马皇后不喜出游，未尝临御窗牖。宏《纪》则作不喜出入游观。璠《纪》称杨秉尝曰：“我有三不惑，酒、色、财也，天下以为名公。”宏《纪》删下一句。又如叙王龚与薛勤丧妻事，璠《纪》先叙龚而追叙勤。宏《纪》则先叙勤而后叙龚。叙吕布兵败，劝王允同逃事，璠《纪》叙在长安陷时，宏《纪》追叙于后。颇有移置然。核其文义，宏书较长。盖宏之体例实仿荀悦书，而悦书因班旧文，剪裁**尚易**。宏书抉择去取，自出**心裁**，较悦尤难。【B】故王铚作《两汉纪后序》云：“荀袁二纪，于朝廷纪纲、礼乐刑政、治乱成败、忠邪是非之际，指陈论著，每致意焉。反复辨达，明白条畅，启告当代，而垂训无穷。”【C】信非溢美也。

【辨伪】A、C段抄自《四库全书总目》卷四十七《后汉纪》提要：

> 【A】是书前有宏自序，称：“尝读《后汉书》，烦秽杂乱，聊以暇日，撰集为《后汉纪》。其所缀会《汉纪》、谢承书、司马彪书、华峤书、谢沈书、《汉山阳公记》、《汉灵献起居注》、《汉名臣奏》，旁及诸部《耆旧先贤传》……”盖大致以《汉纪》为准也。案：《隋志》载璠书三十卷，今已散佚。惟《三国志注》及《后汉书注》间自变量条。今取与此书互勘，璠《纪》所有，此书往往不载。其载者亦多所点窜，互有详略。如璠《纪》称：“卢芳，安定人，属国夷数十畔在参蛮，芳从之，诈姓刘氏。”此书则作：“刘芳，安定三川人，本姓卢氏。王莽末，天下咸思汉，芳由是诈称武帝后，变姓名为刘文伯。及莽败，芳与三川属国羌胡起兵北边。”以及朱穆论梁冀池中舟覆、吴佑谏父写书事，皆较璠《纪》为详。璠《纪》称明德马皇后不喜出游，未尝临御窗牖。此书则作性不喜出入游观。璠《纪》称杨秉尝曰：“我有三不惑，酒、色、财也，天下以为名公。”此书删下一句。又如序王龚与薛勤丧妻事，璠《纪》先叙龚而追叙勤。此书则先叙勤而后叙龚。叙吕布兵败，劝王允同逃事，璠《纪》叙在长安陷时。此书追叙于后。亦颇有所移置。而核其文义，皆此书为长。其体例虽仿荀悦书，而悦书因班固旧文，翦裁联络。此书则抉择去取，自出鉴裁，抑又难于悦矣。
>
> 【C】要非溢美也。

B段抄自《四库全书总目》卷四十七《汉纪》提要：

【B】王铚作《两汉纪后序》亦称："荀袁二纪，于朝廷纪纲、礼乐刑政、治乱成败、忠邪是非之际，指陈论著，每致意焉。反复辨达，明白条畅。启告当代，而垂训无穷。"

【小结】此条抄自《四库全书总目》卷四十七《汉纪》、《后汉纪》提要。作伪方式有二：第一，点窜字句；第二，多源组合，A、C段抄自《后汉纪》提要，B段抄自《汉纪》提要。

78.《三国志》注征引之博

【A】裴松之在宋元嘉中奉诏注陈寿《三国志》，鸠集传纪，增广异闻，【B】其所引用书凡五十余种：谢承《后汉书》、司马彪《续汉书》、《九州春秋》、《战略》、《序传》、张璠《汉纪》、袁晞《献帝春秋》、孙思光《献帝春秋》、袁宏《汉纪》、习凿齿《汉晋春秋》、孔衍《汉魏春秋》、华峤《汉书》、《灵帝纪》、《献帝纪》、《献帝起居注》、《山阳公载记》、《三辅决录》、《献帝传》、《汉书·地理志》、《续汉书·郡国志》、蔡邕《明堂论》、《汉末名士录》、《先贤行状》、《汝南先贤传》、《陈留耆旧传》、《零陵先贤传》、《楚国先贤传》、荀绰《冀州纪》、《襄阳记》、《英雄记》、王沈《魏书》、夏侯湛《魏书》、阴澹《魏纪》、魏文帝《典论》、孙盛《魏世籍》、孙盛《魏氏春秋》、《魏略》、《魏世谱》、《魏武故事》、《魏名臣传》、《魏末传》、吴人《曹瞒传》、鱼氏《典略》、王隐《蜀记》、《益都耆旧传》、《益部耆旧杂记》、《华阳国志》、《蜀本纪》、汪隐《蜀记》、郭冲《记诸葛五事》、郭颁《魏晋世语》、孙盛《蜀世谱》、韦曜《吴书》、胡冲《吴历》、张勃《吴录》、虞溥《江表传》、《吴志》、环氏《吴纪》、虞预《会稽典录》、王隐《交广记》、王隐《晋书》、虞预《晋书》、干宝《晋纪》、《晋阳秋》、傅畅《晋诸公赞》、陆机《晋惠帝起居注》、《晋泰始起居注》、《晋百官表》、《晋百官名》、《太康三年地理记》、《帝王世纪》、《河图括地象》、皇甫谧《逸士传》、《列女传》、张隐《文士传》、虞喜《志林》、陆氏《异林》、荀勖《文章叙录》、《文章志》、《异物志》、《博物记》、《列异传》、《高士传》、《文士传》、孙盛《杂语》、孙盛《杂记》、孙盛《同异评》、徐众《三国评》、《袁子》、《傅子》、干宝《搜神记》、葛洪《抱朴子》、葛洪《神仙传》、卫桓《书势序》、张俨《默记》、殷基《通语》、顾礼《通语》、挚虞《决疑》、《曹公集》、《孔融集》、《傅咸集》、《嵇康集》、《高贵乡公集》、《诸葛亮集》、《王朗集》、庾阐《扬都赋》、《孔氏谱》、《庾氏谱》、《孙氏谱》、《嵇氏谱》、《刘氏谱》、《王氏谱》、《郭氏谱》、《陈氏谱》、《诸葛氏谱》、《崔氏谱》、华峤《谱叙》、《袁氏世纪》、《郑玄别传》、《荀彧别传》、《祢衡传》、《荀氏家传》、《邴原别传》、《程晓别传》、《王弼传》、《孙资别传》、《曹志别传》、《陈思王传》、《王朗家传》、《何氏家传》、《裴氏家记》、《刘廙别传》、《任昭别传》、《钟会母传》、《虞翻别传》、《赵云别传》、《费祎别传》、《华佗别传》、《管辂别传》、《诸葛恪别传》、何邵作《王弼传》、缪袭撰《仲长统〈昌言〉表》、傅玄撰《马先生序》、会稽《邵氏家传》、陆机作《顾谭传》、《陆氏世颂》、《陆氏祠堂像赞》、陆机所作《陆逊铭》、《机云别传》、蒋济《万机论》、陆机《辨亡论》。【C】凡此所引书，皆六朝旧籍今多所不传者，尚可因以见其厓略焉。【D】其奏进表云："寿书铨叙可观，然失在于略，时有所脱漏。臣奉旨寻详，务在周悉。其寿所不载，而事宜存录者，罔不毕取。或同说一事而辞有乖杂，或事出本异，疑不能判者，并皆抄内以备异闻。”此松之作注，大旨在于搜辑之富，以补寿志之所阙，其有讹谬乖违者，则出己意辨正，以附于注内。【E】可见其采辑之博矣。【F】惟于《袁绍传》中之胡母班，本因为董卓使绍而见，乃注曰：“班尝见太山府君及河伯，事在《搜神记》，语多不载。”似觉太赘。《钟繇传》中乃引《陆氏异林》一条载繇与鬼妇狎昵事。《蒋济传》中引《列异传》一条载济子死为泰山伍伯，迎孙阿为泰山令。事未免嗜奇爱博，稍伤芜杂。然网罗繁富，足资考证，实为注史家所罕觏也。

【辨伪】A、B、D、E 段抄自赵翼《廿二史劄记》卷六“裴松之《三国志注》”条：

【A】宋文帝命裴松之采三国异同，以注陈寿《三国志》。松之鸠集传纪，增广异闻。

【D】其表云：“寿书铨叙可观，然失在于略，时有所脱漏。臣奉旨寻详，务在周悉，其寿所不载而事宜存录者，罔不毕取。或同说一事，而辞有乖杂，或出事本异，疑不能判者，并皆抄内以备异闻。”此松之作注大旨，在于搜辑之博，以补寿之阙也。其有讹谬乖违者，则出己意辨正，以附于注内。

【B】今按松之所引书凡五十余种：谢承《后汉书》、司马彪《续汉书》、《九州春秋》、《战略》、《序传》、张璠《汉纪》、袁晔《献帝春秋》、孙思光《献帝春秋》、袁宏《汉纪》、习凿齿《汉晋春秋》、孔衍《汉魏春秋》、华峤《汉书》、《灵帝纪》、《献帝纪》、《献帝起居注》、《山阳公载记》、《三辅决录》、《献帝传》、《汉书・地理志》、《续汉书・郡国志》、蔡邕《明堂论》、《汉末名士录》、《先贤行状》、《汝南先贤传》、《陈留耆旧传》、《零陵先贤传》、《楚国先贤传》、荀绰《冀州纪》、《襄阳记》、《英雄记》、王沈《魏书》、夏侯湛《魏书》、阴澹《魏纪》、魏文帝《典论》、孙盛《魏世籍》、孙盛《魏氏春秋》、《魏略》、《魏世谱》、《魏武故事》、《魏名臣奏》、《魏末传》、吴人《曹瞒传》、鱼氏《典略》、王隐《蜀记》、《益都耆旧传》、《益部耆旧杂记》、《华阳国志》、《蜀本纪》、汪隐《蜀记》、郭冲《记诸葛五事》、郭颁《魏晋世语》、孙盛《蜀世谱》、韦曜《吴书》、胡冲《吴历》、张勃《吴录》、虞溥《江表传》、《吴志》、环氏《吴纪》、虞预《会稽典录》、王隐《交广记》、王隐《晋书》、虞预《晋书》、干宝《晋纪》、《晋阳秋》、傅畅《晋诸公赞》、陆机《晋惠帝起居注》、《晋泰始起居注》、《晋百官表》、《晋百官名》、《太康三年地理记》、《帝王世纪》、《河图括地象》、皇甫谧《逸士传》、《列女传》、张隐《文士传》、虞喜《志林》、陆氏《异林》、荀勖《文章叙录》、《文章志》、《异物志》、《博物志》、《博物记》、《列异传》、《高士传》、《文士传》、孙盛《杂语》、孙盛《杂记》、孙盛《同异评》、徐众《三国评》、《袁子》、《傅子》、干宝《搜神记》、葛洪《抱朴子》、葛洪《神仙传》、卫桓《书势序》、张俨《默记》、殷基《通语》、顾礼《通语》、挚虞《决疑》、《曹公集》、《孔融集》、《傅咸集》、《嵇康集》、《高贵乡公集》、《诸葛亮集》、《王朗集》、庾阐《扬都赋》、《孔氏谱》、《庾氏谱》、《孙氏谱》、《嵇氏谱》、《刘氏谱》、《王氏谱》、《郭氏谱》、《陈氏谱》、《诸葛氏谱》、《崔氏谱》、华峤《谱叙》、《袁氏世纪》、《郑玄别传》、《荀彧别传》、《祢衡传》、《荀氏家传》、《邴原别传》、《程晓别传》、《王弼传》、《孙资别传》、《曹志别传》、《陈思王传》、《王朗家传》、《何氏家传》、《裴氏家记》、《刘廙别传》、《任昭别传》、

《钟会母传》、《虞翻别传》、《赵云别传》、《费祎别传》、《华佗别传》、《管辂别传》、《诸葛恪别传》、何邵作《王弼传》、缪袭撰《仲长统昌言表》、傅玄撰《马先生序》、会稽《邵氏家传》、陆机作《顾谭传》、《陆氏世颂》、《陆氏祠堂像赞》、陆机所作《陆逊铭》、《机云别传》、蒋济《万机论》、陆机《辨亡论》。

【E】凡此所引书皆注出书名，可见其采辑之博矣。

C、F段抄自《四库全书总目》卷四十五《三国志》提要：

【F】其中往往嗜奇爱博，颇伤芜杂。如《袁绍传》中之胡母班，本因为董卓使绍而见，乃注曰："班尝见太山府君及河伯，事在《搜神记》，语多不载。"斯已赘矣。《钟繇传》中乃引《陆氏异林》一条，载繇与鬼妇狎昵事。《蒋济传》中引《列异传》一条，载济子死为泰山伍伯，迎孙阿为泰山令事。……然网罗繁富。

【C】凡六朝旧籍今所不传者，尚一一见其厓略。……故考证之家取材不竭。

【小结】此条抄自赵翼《廿二史劄记》卷六"裴松之《三国志注》"条、《四库全书总目》卷四十五《三国志》提要。作伪方式有三：第一，点窜字句；第二，改变顺序；第三，多源组合，A、D、B、E段抄自《廿二史劄记》卷六"裴松之《三国志注》"条，F、C段抄自《四库全书总目》卷四十五《三国志》提要；第四，改变标题，将"裴松之《三国志注》"改为"《三国志》注征引之博"。

79.《晋书》多舛漏

【A】唐贞观中诏，前后《晋史》十八家未能尽善，敕房乔等重撰(共一百三十卷)书成之日，即不惬于众论。【B】第谓其多取《世说》，体近稗官，**是其所短。不知纪传记载中，其褒贬失实采择疏漏者更多。今细案之**。【C】如《列传》中惟陶潜本属晋完节之臣，因不应列《宋书·隐逸》之首，仍列其传于本书隐逸之内。愍怀太子妃，王衍之女抱冤以死者，因太子妃不应入《后妃传》特入之于《列女传》内，尚属位置**得体**，【D】而恭王之妃夏侯氏通小吏牛金，事当入《夏侯太妃传》内，乃反载在《元帝纪》后。【E】毛德祖本属宋功臣，已入《宋书》列传中，乃于毛宝之传内复叙德祖事，**殊为舛误**。【F】至王导为元帝功臣，历事三朝，固称贤相，**然尽略其祖亲负友、党恶遂私之疵累**，而直比之管仲、孔明。陶侃勤王，因温峤三邀，始率兵东下，未免偶不达义，乃因其八翼升天之梦，而即坐以无将之罪，亦觉褒贬失当。【G】马汧立功孤城，死于非罪，后加封赠祭，而不为之立传。郭琦**不仕赵王伦**，终老于家，是始终亮节之士，亦削而不书。**忠义尚多脱落，尤疏漏之大者矣**。【H】至《苻坚载记》内不应附苻朗一传，苻登记载内不应附索泮一传，而《姚兴记载》内又忽叙西胡梁国儿作寿冢，将其妻妾入冢饮燕，此事与兴何涉**而阑入之？亦未免淆杂。惟列传中所载论疏尚有关于体要者**。【I】如《刘实传》载《崇让论》，见当时营竞之风。《裴頠传》载《崇有论》，见当时清谈之习。《李重传》论九品之害，见当时选举之弊。《傅玄传》载兴学校、务农功疏，见切于时政。《郭璞传》载《刑狱疏》，见当时刑罚之滥。《段灼传》载申理邓艾一疏，《阎缵传》载申理愍怀太子一疏，**尤见急于申冤理枉**。【J】今十八家旧史皆不传，欲稽考晋事者，舍是书而莫由。当亦考史家所不可废也。

【辨伪】C、I、D、H、E 段抄自赵翼《廿二史劄记》卷七“《晋书》二”条：

【C】如陶潜已在《宋书·隐逸》之首，而潜本晋完节之臣……故仍列其传于晋隐逸之内。愍怀太子妃，王衍之女，抱冤以死，而太子妃不便附入《后妃传》内，则入之于《列女传》，此皆位置得当者。

【I】如《刘实传》载《崇让论》，见当时营竞之风也。《裴頠传》载《崇有论》，见当时谈虚之习也。《刘毅传》载论九品之制有八损……见当时选举之弊也。……《傅玄传》载兴学校、务农功等疏，固切于时政也。《段灼传》载申理邓艾一疏，《阎缵传》载申理愍怀太子一疏，以二人皆冤死也。……《郭璞传》不载《江赋》、《南郊赋》，而独载《刑狱》一疏，见当时刑罚之滥也。

【D】《元帝纪》后叙其父恭王之妃夏侯氏通小吏牛金生帝，而《夏侯太妃传》内不载，讳其丑于传，而转著其恶于纪。亦属两失。

【H】《苻坚载记》后附王猛、苻融二人，以其为坚功臣也。苻朗不过一达士，亦附一传。《苻登载记》后又附一索泮。……《姚兴载记》忽叙西胡梁国儿作寿冢，每将妻妾入冢燕饮，升灵床而歌。此与兴有何关系而拉杂及之?

【E】毛德祖为宋功臣，《宋书》已立传……乃毛宝之传后又叙德祖事甚详。

A、G、B、J 段抄自《四库全书总目》卷四十五《晋书》提要：

【A】唐房乔等奉敕撰。……贞观中诏，前后《晋史》十八家，未能尽善……书成之日，即有不惬于众论者乎?

【G】马汧立功孤城，死于非罪，后加赠祭。而《晋书》不为立传。……琦曰：“我已为武帝吏，不能复为今世吏。”终于家。琦盖始终亮节之士也，而《晋书》亦削而不载。

【B】取刘义庆《世说新语》。……是直稗官之体。

【J】十八家之书并亡，考晋事者舍此无由，故历代存之不废耳。

F 段抄自赵翼《廿二史劄记》卷七“王导、陶侃二传褒贬失当”条：

导为元帝佐命功臣，历事三朝，以宏厚镇物，固称贤相。……而《晋书·导传论》至比之管仲、孔明。……陶侃……不肯勤王，经温峤等再三邀说，始率兵东下，此是其见小不达大义之处。……梦生八翼……因其一梦而悬坐以无将之罪，岂非褒贬失当乎?

【小结】此条抄自赵翼《廿二史劄记》卷七“《晋书》二”、“王导、陶侃二传褒贬失当”、《四库全书总目》卷四十五《晋书》提要。作伪方式有四：第一，点窜字句；第二，增加句子；第三，改变顺序；第四，多源组合，A、G、B、J 段抄自《四库全书总目》卷四十五《晋书》提要，C、I、D、H、E 段抄自《廿二史劄记》卷七“《晋书》二”条，F 段抄自《廿二史劄记》卷七“王导、陶侃二传褒贬失当”条。

80. 史家子孙附传之例

案：《史记》世家，凡传一人，而其子孙皆附传内。至列传，则各传其人，不必及其后裔。间有父子、祖孙各有可传，则牵连书之。如《前汉书》楚元王之裔孙向、歆，周勃之子亚夫，李广之孙陵，张汤之子安世、孙延寿，金日磾之子安上，疏广之兄子受，萧望之之子育、咸、由，翟方进之子宣、义，韦贤之子元成。《后汉书》来歙之曾孙历，邓禹之子训、孙骘，寇恂之曾孙荣，耿弇之弟国，子秉、夔，窦融之弟固、曾孙宪、玄孙章，马援之子廖、防，伏湛之子隆，梁统之子竦、曾孙商、玄孙冀，桓荣之子郁、孙焉、曾孙鸾、玄孙典、彬，班彪之子固，班超之子勇，杨震之子秉、孙赐、曾孙彪、玄孙修，荀淑之子爽、孙悦，陈实之子纪。《三国志》袁绍之子谭、尚，公孙度之子康、孙渊，曹真之子爽，荀彧之子恽、孙勖，钟繇之子毓，王朗之子肃，杜畿之子恕、预，胡质之子威，诸葛亮之子乔、瞻，张昭之子承、休，步骘之子阐，吕范之子据，朱桓之子异，陆逊之子抗，陆凯之弟胤，代不过十余人。然《后汉书》班彪与固各为一传，班超与勇又各为一传。《三国志》诸葛瑾与诸葛恪亦各为传，惟沈约《宋书》始有以子孙附祖父传内者，然萧思话、萧惠开，徐羡之、**徐湛**，谢宏微、谢庄，王宏、王僧达，范泰、范奕，王昙首、王僧绰，颜延之、颜峻，皆父子。檀道济、檀韶、檀祗，谢晦、谢瞻，皆兄弟，犹皆各自为传，不相牵混，使阅者一览了然。**终不似别史**，凡立一人传，并其子孙兄弟宗族，不论可传不可传，一概附入，竟似代人作家谱者。如《魏书》一传数十人，《南史》、《北史》并其子孙之仕于列朝者，**亦皆附书焉。非史法也**。

【辨伪】赵翼《廿二史劄记》卷十“南北《史》子孙附传之例”条曰：

> 传一人而其子孙皆附传内，此《史记》世家例也。至列传，则各因其人之可传而传之，自不必及其后裔。间有父子、祖孙各可传者，则牵连书之。如《前汉书》之于楚元王(裔孙向、歆)、周勃(子亚夫)、李广(孙陵)、张汤(子安世，孙延寿)、金日磾(子安上)、疏广(兄子受)、萧望之(子育、咸、由)、翟方进(子宣、义)、韦贤(子玄成)，《后汉书》之来歙(曾孙历)、邓禹(子训，孙骘)、寇恂(曾孙荣)、耿弇(弟国，子秉、夔)、窦融(弟固，曾孙宪，玄孙章)、马援(子廖、防)、伏湛(子隆)、梁统(子竦，曾孙商，玄孙冀)、桓荣(子郁，孙焉，曾孙鸾，玄孙典、彬)、班彪(子固)、班超(子勇)、杨震(子秉，孙赐，曾孙彪，玄孙修)、荀淑(子爽，孙悦)、陈实(子纪)，《三国志》之于袁绍(子谭、尚)、公孙度(子康，孙渊)、曹真(子爽)、荀彧(子恽，孙勖)、钟繇(子毓)、王朗(子肃)、杜畿(子恕、预)、胡质(子威)、诸葛亮(子乔、瞻)、张昭(子承、休)、步骘(子阐)、吕范(子据)、朱桓(子异)、陆逊(子抗)、陆凯(弟胤)，代不过十余人。然《后汉书》班彪与固为一传，班超与勇又为一传，一家父子尚各为传。《三国志》，诸葛瑾与诸葛恪父子也，而亦各为传。其以子孙附祖父传之例，沈约《宋书》已开其端，然如萧思话、萧惠开，徐羡之、徐湛之，谢宏微、谢庄，王宏、王僧达，范泰、范奕，王昙首、王僧绰，颜延之、颜峻，皆父子也，檀道济、檀韶、檀祗，谢晦、谢瞻，皆兄弟也，犹皆各自为

传……故不牵混，使阅者一览瞭如也。若一人立传，而其子孙兄弟宗族，不论有官无官，有事无事，一概附入，竟似代人作家谱。……《魏书》一传数十人。……《南史》、《北史》则并其子孙之仕于列朝者，俱附此一人之后。

【小结】此条抄自《廿二史劄记》卷十“南北《史》子孙附传之例”。作伪方法有二：第一，点窜字句；第二，增加观点句。今按：王氏亦论“史法”，惜此“史法”早已被赵翼拈出。

81.《魏书》多党齐毁魏

【A】**北齐魏收撰《魏书》，共纪传一百十四卷，内亡逸者二十九篇，皆后人取《北史》之文以足之**。或谓《太宗纪》阙，补以魏澹《后魏书》，志阙《天象》二篇，补以张太素《后魏书》，**疑未能明也**。【B】**而论史者乃**谓收受尔朱荣子金，为减荣传之恶。【C】又谓杨愔、高德正势倾朝野，遂为作佳传，**号为秽史**。【D】案：收仕于北齐，修史正当齐文宣时，故凡涉齐神武(高欢)在魏朝时事，不得不曲为回护。如《孝庄纪》，建义元年书齐献武王破羊侃于瑕丘。二年书破邢杲于济南。《前废帝纪》普泰元年书齐献武王弭尔朱荣之乱，《尔朱荣传》内书荣欲篡立，齐献武王劝止，仍奉庄帝。皆深著齐神武之功。孝武迁为西魏，神武立孝静帝为东魏，其于西魏之君臣则多贬辞。如孝武崩，则书宇文黑獭，南阳王宝炬则书僭尊号，斛斯椿随入关，则谓其狡狯多事，好乱乐祸，贺拔胜自魏奔梁，自梁奔西魏，则谓其好行小数，志大胆薄。凡仕于西魏者，多肆为诋訾。当时已有谓其党齐毁魏，肆情褒贬者，**信有之矣。若谓受金讳恶，附势作传，称为秽史，非平情之论也**。【E】案《尔朱荣传》其凶恶未尝不书，观论中云：“若修德义之风，则韩、彭、伊、霍夫何足数?”反言见意，正史家之微词。【F】至杨愔之先世为杨椿、杨津，德正之先世为高允、高祐，椿、津之孝友亮节，允之名德，祐之文学，皆为一代闻人，岂能因其门祚方昌，遂引嫌不书耶?【G】又有谓孝静帝后高氏，帝崩后，书下嫁杨遵彦，为谄附杨愔，欲见其联姻帝室之荣，【H】不知《皇后传》已亡，为后人所补，**非收原本也**。【I】至谓卢同位至仪同，不为立传，崔绰位止功曹，乃为首传，更不足以服收矣。盖收早有“惊蛱蝶”之名，本不惬人望，又值魏齐世近，凡册名史籍者，皆有后裔，不能显荣其先世，遂为当时所诟厉，秽史之论有自来矣。

【辨伪】D、G 两段抄自赵翼《廿二史劄记》卷十三“《魏书》多曲笔”条：

魏收仕于北齐，修史正在齐文宣时(高洋)，故凡涉齐神武(高欢)在魏朝时事，必曲回回护。如《孝庄纪》，建义元年书齐献武王(高欢先谥)与于晖等大破羊侃于瑕丘。……二年书齐献武王与上党王天穆大破邢杲于济南。……《前废帝纪》，普泰元年书齐献武王以尔朱荣逆乱，兴义于信都。……又《尔朱荣传》……荣欲篡立，齐献武王及司马子如劝止之，乃仍奉庄帝。……此皆深著齐神武之功也。孝武西迁为西魏，神武立孝静帝为东魏，则于西魏之君臣率多贬词。孝武之殂，则书宇文黑獭。……南阳王宝炬僭尊号。……斛斯椿随入关……则谓其狡狯多事，好乱乐祸……贺拔胜自魏奔梁，又自梁归西魏……则谓其好行小数，志大胆薄。……皆以其仕于西魏，故肆为诋訾。当时已谓其党齐毁魏，褒贬肆情。

【G】惟《后妃传》内孝静帝后高氏……而书帝崩后下嫁杨遵彦……正见收之谄附遵彦，欲以见其联姻帝室之荣。

其余见于《四库全书总目》卷四十五《魏书》提要：

【A】收书阙《太宗纪》，以魏澹书补之，志阙《天象》二卷，以张太素书补之。

【H】卷十三《皇后传》亡，亦后人所补。

【B】如云收受尔朱荣子金，故减其恶。

【E】其实荣之凶悖，收未尝不书于册。至论中所云："若修德义之风，则韩、彭、伊、霍夫何足数。"反言见意，正史家之微词。

【C】又云杨愔、高德正势倾朝野……作佳传。

【F】案愔之先世为杨椿、杨津。德正之先世为高允、高祐。椿、津之孝友亮节，允之名德，祐之文学，实为魏代闻人。宁能以其门祚方昌，遂引嫌不录？

【I】又云卢同位至仪同，功业显著，不为立传。崔绰位止功曹，本无事迹，乃为首传。……是亦未足服收也。盖收恃才轻薄，有惊蛱蝶之称，其德望本不足以服众。又魏齐世近，著名史籍者并有子孙，孰不欲显荣其祖父？既不能一一如志，遂哗然群起而攻。

【小结】此条抄自赵翼《廿二史劄记》卷十三"《魏书》多曲笔"条、《四库全书总目》卷四十五《魏书》提要。作伪方式有四：第一，点窜字句；第二，增加句子；第三，改变顺序，第四，多源组合，D、G段抄自《廿二史劄记》卷十三"《魏书》多曲笔"条，A、H、B、E、C、F、I段抄自《四库全书总目》卷四十五《魏书》提要。

82.《宋书》告成之速

【A】**考史迁编纂《史记》，自元封二年至征和二年，凡阅十八年始成。班固受诏著《汉书》，自永平迄建初中，积二十年。其八表及《天文志》尚未就，其妹昭始续成之**。其余李延寿之修南、北《史》，欧、宋二公之修《新唐书》俱历十七年。司马温公之修《资治通鉴》，**自治平二年受诏，至元丰七年始奏上**，更阅十九年。惟元末修宋、辽、金三史，**成书最速**。然亦尚须三年。【B】乃沈约修《宋书》，于齐永明五年奉敕，于次年二月即告成，共纪志列传一百卷，从古修史未有若是之速者也。**推求其故**，盖由宋著作郎何承天已撰《宋书》，纪、传止武帝功臣，其诸志亦惟《天文》、《律历》而已，**余皆命**山谦之作。谦之亡后，诏苏宝生续撰，亦止及元嘉诸臣。宝生诛后，又命徐爰。爰即因何、苏之本，勒为一史，起自义熙之初，迄于大明之末，《臧质》、《鲁爽》、《王僧达》三传，尚皆孝武所作，惟永光以后至亡国十余年，记载皆缺。然后知约书是取徐爰旧本踵成。其《宋书》内自永光以后纪传，盖为约等所补也。**然亦有删削者**。如晋末诸臣及桓玄、卢循等身为晋贼，吴隐、谢混等义止前朝，并刘毅、何无忌等**与宋武同起义者，亦意非造**宋，徐爰皆列于书，约则概从删除，不入书内。其余皆从爰本，故成书若是之速且易也。

【C】案：宋元嘉中，裴松之续修何承天《宋书》，未成而卒，曾孙子野常欲继成先业。及沈约撰《宋书》既行，子野因撰《宋略》二十卷。约见叹曰："吾弗逮也。"邓氏《函史》谓沈书因于子野，方氏《释疑》又谓裴略乃删约书为之，皆非也。《宋略》李善《文选注》犹引之，不知亡于何时，而马贵与《经籍考》已无其目，惜其不得与荀、袁两《汉纪》并传也。

【辨伪】A段见于赵翼《廿二史劄记》卷一"司马迁作史年岁"条：

李延寿作南、北《史》凡十七年，欧阳修、宋子京修《新唐书》亦十七年，司马温公作《资治通鉴》凡十九年……元末修宋、辽、金三史不过三年。

B段抄自赵翼《廿二史劄记》卷九"《宋书》多徐爰旧本"条：

沈约于齐永明五年奉敕撰《宋书》，次年二月即告成，共纪志列传一百卷，古来修史之速未有若此者。今按其自序而细推之，知约书多取徐爰旧本而增删之者也。宋著作郎何承天已撰《宋书》，纪、传止于武帝功臣，其诸志惟《天文》、《律历》，此外悉委山谦之。谦之亡，诏苏宝生续撰，遂及元嘉诸臣。宝生被诛，又以命徐爰。爰因苏、何二本勒为一史，起自义熙之初，迄于大明之末，其《臧质》、《鲁爽》、《王僧达》三传，皆孝武所造，惟永光以后至亡国十余年，记载并缺。今《宋书》内永光以后纪传，盖约等所补也。……约以为桓玄、焦纵、卢循，身为晋贼，无关后代；吴隐、郗僧施、谢混，义止前朝，不宜入宋；刘毅、何无忌、诸葛长民、魏咏之、檀凭之，志在匡晋，亦不得谓之宋臣，故概从删除。……其余则皆爰书之旧，是以成书若此之易也。①

C段抄自汪师韩《韩门缀学》卷二"裴子野《宋略》"条：

宋元嘉中，裴松之续修何承天《宋书》，未成而卒，曾孙子野常欲继成先业。及沈约撰《宋书》既行，子野更撰为《宋略》二十卷。约见而叹曰："吾勿逮也。"邓氏《函史》谓沈书因于子野，固谬。方氏《释疑》谓裴略乃删沈约之书，亦臆度耳。《宋略》则李善《文选注》犹引之，不知亡于何时，而马氏《经籍考》已无其目，惜不得与荀、袁两《汉纪》并传也。

【小结】此条抄自赵翼《廿二史劄记》卷一"司马迁作史年岁"条、卷九"《宋书》多徐爰旧本"条、汪师韩《韩门缀学》卷二"裴子野《宋略》"条。作伪方式有四：第一，点窜字句；第二，增加句子；第三，改变顺序；第四，多源组合，A段抄自"司马迁作史年岁"条，B段抄自"《宋书》多徐爰旧本"条，C段抄自"裴子野《宋略》"条。今按：赵汪是著书，王氏是抄书。

① 今按：《蠡勺编》卷十一"《宋书》多徐爰旧本"条亦撮录此条。

83.《北齐书》多残阙

【A】唐李百药承父德林之业，纂缉成书(共五十卷)，【B】其《文襄纪》舂集冗杂，《文宣纪》、《孝昭纪》议论亦多重复。【C】大约文气萎苶，节目**粗疏**，【D】盖由北齐立国本浅，自文宣以后，纪纲废弛，整饬疆围既不如后魏，修明法制复不如后周。**当国者**又无始终亮节之臣，有奇功伟业足以资文笔之发挥，**故史材、史学远逊前人**。观《儒林》、《文苑》二传，除已见于《魏书》及《周书》之外者，寥寥数人可见矣。【E】惟一代之兴亡，典章之沿革，政事之得失，人材之优劣，**尚可藉以资其考证焉**。【F】**其体例**全仿《后汉书》，传后各系论赞。【G】然列传中有论赞俱无者，有有论无赞者，有有赞无论者，【H】是久已残阙矣。今所行者，盖后人取《北史》以传之，非旧帙也。

【辨伪】《四库全书总目》卷四十五《北齐书》提要：

【A】《北齐书》五十卷，唐李百药奉敕撰。盖承其父德林之业，纂缉成书。

【F】大致仿《后汉书》之体，卷后各系论赞。

【H】已称残阙不完。今所行本盖后人取《北史》以补亡，非旧帙矣。

【B】本纪则《文襄纪》舂集冗杂。《文宣纪》、《孝昭纪》论辞重复。

【G】列传则九卷、十卷、十一卷、十四卷、十五卷、二十六卷、二十七卷、二十九卷至四十卷俱无论赞。二十八卷有赞无论。十二卷、四十六卷、四十七卷、四十八卷、四十九卷有论无赞。

【D】北齐立国本浅，文宣以后，纲纪废弛……既不及后魏之整饬疆围，复不及后周之修明法制。其倚任为国者，亦鲜始终贞亮之士。均无奇功伟节，资史笔之发挥。观《儒林》、《文苑传叙》，去其已见《魏书》及见《周书》者，寥寥数人。

【C】是其文章萎苶，节目丛脞。固由于史材史学不及古人。

【E】然一代兴亡，当有专史。典章之沿革，政事之得失，人材之优劣，于是乎有征焉。未始非后来之鉴也。

【小结】此条抄自《四库全书总目》卷四十五《北齐书》提要。作伪方式有三：第一，点窜字句；第二，增加句子；第三，改变顺序(原文顺序为A、F、H、B、G、D、C、E)。

84. 史家类叙之法

【A】史家有类叙之法，盖因人各一传则不胜传，不立传则又遗之。故每一传辄类叙之。【B】此法始于班固《汉书》，如《鲍宣传》后类叙当时清名之士纪逡、王思、薛方、郇越、唐林、唐尊、蒋诩、栗融、禽庆、苏章、曹竟等，《货殖传》后类叙樊嘉、如氏、苴氏、王君房、豉樊小翁等。【C】范蔚宗《后汉书》，《卓茂传》后类叙不仕莽者孔休、蔡勋、刘宣、龚胜等，《来历传》后类叙祋讽、刘祎、薛皓、闾丘弘、陈光、赵代、施延、朱伥、第五颉、曹成、李尤、张敬、龚调、孔显、徐崇、乐阐、郑安世等，【D】《董卓传》后类叙李傕、郭汜、张绣等，《公孙瓒传》后类叙阎柔、鲜于辅等。陈寿《三国志》，《王粲传》

后类叙一时文人徐干、陈琳、阮瑀、应玚、刘桢及阮籍、嵇康等，《卫觊传》后类叙潘勖、王象等，《刘劭传》后类叙缪袭、仲长统、苏林、韦诞、夏侯惠、孙该、杜挚等，此古法也。【E】**后史家亦多袭此法**。如《宋书·褚澄传》叙其精于医，而因叙徐嗣医术更精于澄。《韩灵敏传》叙其妻卓氏守节，而因及吴康之妻赵氏、蒋隽之妻黄氏、倪翼之妻丁氏，传不多而人自备载。【F】《梁书·滕昙恭传》因昙恭之孝，并及徐普济被火伏棺之事，又因普济之孝，并及宛陵女子搏虎救母之事。叙何逊工诗，因及会稽虞骞、孔翁归、江避等俱能诗，皆此法也。

【辨伪】赵翼《廿二史劄记》卷九"《齐书》类叙法最善"条曰：

> 【A】《孝义传》用类叙法……盖人各一传则不胜传，而不立传则竟遗之，故每一传辄类叙数人。
>
> 【E】如《褚澄传》叙其精于医，而因叙徐嗣医术更精于澄。《韩灵敏传》叙其妻卓氏守节，而因及吴康之妻赵氏、蒋隽之妻黄氏、倪翼之母丁氏，传不多而人自备载。
>
> 【B】类叙之法本起于班固《汉书》，如《鲍宣传》后历叙当时清名之士纪逡、王思、薛方、郇越、唐林、唐尊、蒋诩、栗融、禽庆、苏章、曹竟等，《货殖传》后类叙樊嘉、如氏、苴氏、王君房、鼓樊小翁等。
>
> 【D】其后范蔚宗《后汉书》，《董卓传》叙李傕、郭汜、张绣等，《公孙瓒传》叙阎柔、鲜于辅等。陈寿《三国志》，《王粲传》后叙一时文人徐干、陈琳、阮瑀、应玚、刘桢及阮籍、嵇康等，《卫觊传》后叙潘勖、王象等，《刘劭传》后叙缪袭、仲长统、苏林、韦诞、夏侯惠、孙该、杜挚等。此本古法也。
>
> 【F】如《滕昙恭传》，因昙恭之孝，而并及于徐普济被火伏棺之事，又因普济之孝，而并及宛陵女子搏虎救母之事。又如叙何逊工诗，而因及会稽虞骞、孔翁归、江避等俱能诗，皆此法也。

C段抄自赵翼《廿二史劄记》卷四"《后汉书》编次订正"条：

> 【C】《卓茂传》叙当时与茂俱不仕莽者孔休、蔡勋、刘宣、龚胜、鲍宣等五人，《来历传》叙同谏废太子者祋讽、刘祎、薛皓、闾丘弘、陈光、赵代、施延、朱伥、第五颉、曹成、李尤、张敬、龚调、孔显、徐崇、乐闟、郑安世等十七人。

【小结】此条抄自《廿二史劄记》卷四"《后汉书》编次订正"条、卷九"《齐书》类叙法最善"条①。A、E、B、D、F段抄自"《齐书》类叙法最善"条，C段抄自"《后汉书》编次订正"条。作伪方式有三：第一，点窜字句；第二，增加句子；第三，改变顺序。

85.《梁》、《南》二史得失

【A】李延寿世居北土，于《北史》用功独深(共一百卷)，故叙事详密，首尾典赡。如

① 今按：《蠡勺编》卷十一"《齐书》类叙法"条亦撮录此条。

《酷吏传》之去郦道元，《艺术传》之附陆法和，**颇有卓识**。于元韶奸利，彭乐勇敢，与夫郭琬、沓龙超诸人节义，亦具见特笔。【B】**至《南史》(共八十卷)，则惟博采异闻，以助人谈资**。虽于诸书大加删汰，而凡四朝九锡之文、符命之说、告天之词，沿袭备书，仍未删削尽净。【C】**独于《梁书》增益不少，而互异者尤多，然亦各有得失焉**。如《长沙嗣王业传》，《梁书》叙其父懿当东昏无道，崔慧景奉江夏王宝元围台城，东昏征懿赴援。懿在历阳，即投箸而起，进兵击败慧景，乃加懿侍中尚书令。而幸臣茹法珍等忌懿功高位重，寻构东昏赐死。《南史·懿传》则谓懿率兵入援时，武帝遣虞安福劝懿，诛贼后即勒兵入宫，行伊、霍故事，若放兵受其厚爵，必生后悔。懿不从，遂及于难云。案懿在历阳，闻诏即赴，一二日即达京师，败慧景，时武帝方在襄阳，距京二千里，岂能逆知其事，而遣使于未平慧景之先乎？此必《南史》误也。《邵陵王纶传》，《梁书》载其少年为丹阳尹时，侵渔细民，为少府丞何智通所奏，纶使戴子高刺杀智通。智通子诉于阙下，帝令围纶第捕子高，纶匿之，竟不出，坐是罢官，后复爵。其载纶之不善如此而已。《南史》则增纶因帝敕责，乃取一老公类帝者，加以衮冕，朝以为君，自陈无罪，旋自剥褫，而挞之于庭。又因昭明太子薨，帝立简文为太子，纶以为非，乃伏兵于莽，常伺车驾，有张僧幸知之，谋颇泄。又献曲阿酒百器，帝以赐寺人，饮之而毙。帝由是不自安，每加卫士以警宫禁云。案：纶当侯景之变，率兵赴援，钟山之战最力，后兵败而逃。闻湘东王绎以兵围河东王誉，作书劝湘东息家门之愤，赴君父之难。湘东不从，反以兵逼纶，纶遂遁入齐昌，尚思匡复，为西魏兵所攻，被杀。是纶非肆逆者。且帝既先防其为乱，加以卫士。当侯景反时，岂肯反假以征讨大都督之权，令其统军讨贼乎？此又《南史》好采异闻，而未究其实也。至《武陵王纪传》，《梁书》谓侯景之乱，纪不赴援。《南史》则谓纪先遣世子圆照领兵三万，受湘东王节度，绎令且驻白帝，未许东下。及武帝凶问至，纪总戎将发，绎又使智监至蜀止之。是纪未尝不发兵也。《梁书》所谓不发兵者，盖据元帝时国史。元帝既杀纪，欲著其逆迹而加之罪也。此传究当以《南史》为得其实。【D】《沈约传》，约之先世田子、林子，为宋初开国功臣。应入《宋功臣传》，约不入宋传，载于《自序》者，欲自夸其先世也。《梁书》不载，自属得体。乃延寿不补于《宋史》而仍增于约传者，亦误矣。【E】《王僧孺传》，《梁书》载其为南康王长史时，被典签中伤去职，奉辞王府一笺，凡千余字。内有云"去矣何生，高树芳烈"之语，不解何谓。《南史》虽删此文，而谓僧孺将去，有友人何炯犹在王府，僧孺与炯书以见意始知。何生者，指致书何炯，非辞王府笺也。此又见《南史》之精核也。若《任昉传》，《梁书》、《南史》俱谓昉出为新安太守，卒于官。而刘孝标《广绝交论》有云："瞑目东粤，藐尔诸孤，流离大海之南，寄命瘴厉之地。"是昉卒于粤，非卒于新安也。**二史俱失其实矣**。

【F】案姚思廉《梁书》，承藉家学，用力勤笃。然赵与时《宾退录》议其于《江革传》中则称"何敬容掌选，序用多非其人"，于《敬容传》中则称其"铨序明审，号为称职"，**自相矛盾**。其余事迹之复互者，尤多证以《南史》，亦往往抵牾。

【辨伪】A 段抄自《四库全书总目》卷四十六《北史》提要：

> 《北史》一百卷，唐李延寿撰，延寿既与修《隋书》十志，又世居北土……于《北史》用力独深。故叙事详密，首尾典赡。如载元韶之奸利，彭乐之勇敢，郭琬、沓龙超诸人之节义，皆具见特笔。出郦道元于酷吏，附陆法和于艺术，离合编次，亦深有

别裁。

B段抄自《四库全书总目》卷四十六《南史》提要：

则多删词赋。意存简要，殊胜本书。然宋、齐、梁、陈四朝九锡之文、符命之说、告天之词，皆沿袭虚言，无关实证，而备书简牍，陈陈相因。是芟削未尽也。

C、E段抄自《廿二史劄记》卷十一“《梁》、《南》二史歧互处”条：

【C】《长沙嗣王业传》。《梁书》叙其父懿当东昏无道，崔慧景奉江夏王宝元围台城，东昏征懿赴援。懿在历阳，即投箸而起，进兵击败慧景，乃加懿侍中尚书令。而幸臣茹法珍等忌懿功高位重，寻构东昏赐死。《南史·懿传》则谓懿率兵入援时，武帝遣虞安福劝懿诛贼后即勒兵入宫，行伊、霍故事，若放兵受其厚爵，必生后悔。懿不从，遂及于难云。按懿在历阳闻诏即赴，一二日已达京师，败慧景，时武帝方在襄阳，距京二千里，岂能逆知其事，而遣使在未平慧景之先？此必误也。

《邵陵王纶传》。《梁书》载其少年为丹阳尹时侵渔细民，为少府丞何智通所奏，纶使戴子高刺杀智通。智通子诉于阙下，帝令围纶第捕子高，纶匿之，竟不出，坐是罢官，后复爵。其载纶之不善如此而已。《南史》则增纶因帝敕责，乃取一老公类帝者，加以衮冕，朝以为君，自陈无罪，旋即剥褫，而挞之于庭。又因昭明太子薨，帝立简文为太子，纶以为非，乃伏兵于莽，常伺车驾。有张僧幸知之，谋颇泄。又献曲阿酒百器，帝以赐寺人，饮之而毙。帝由此始不自安，每加卫士以警宫禁云。按：纶当侯景之变，率兵赴援，钟山之战最力，后兵败而逃。闻湘东王绎以兵围河东王誉，作书劝湘东息家门之愤，赴君父之难。湘东不听，反以兵逼纶，纶遂遁入齐昌，尚思匡复，为西魏兵所攻，被杀。是纶非肆逆者。且帝既先防其为乱，加卫士防之矣，侯景反时，岂肯又加以征讨大都督之权，令其统诸军讨贼乎？此亦必《南史》好采异闻，而不究事之真伪也。至《武陵王纪传》，《梁书》谓侯景之乱，纪不赴援。《南史》则谓纪先遣世子圆照领兵三万，受湘东王绎节度，绎令且驻白帝，未许东下。及武帝凶问至，纪总戎将发，绎又使胡智监至蜀止之。是纪未尝不发兵也。而《梁书》所谓不发兵者，盖本元帝时国史。元帝既杀纪，欲著其逆迹而有是言，所谓欲加之罪，其无辞乎！此事当以《南史》为正。

【E】《王僧孺传》。《梁书》载其为南康王长史时，被典签中伤去职，奉辞王府一笺凡千余字。按笺内有云“去矣何生，高树芳烈”之语。既辞王府，何以独称何生，殊不可解。《南史》虽删此文，而谓僧孺将去，有友人何炯犹在王府，僧孺与炯书以见意，然后何生句始明，盖别何炯书，非辞王府笺也。此又可见《南史》详细处。至《任昉传》，《梁书》、《南史》俱谓昉出为新安太守，卒于官。而刘孝标《广绝交论》有云“瞑目东粤，藐尔诸孤，流离大海之南，寄命瘴疠之地”，是则昉殁于粤，非殁于新安也，二书俱误。

F段抄自《四库全书总目》卷四十五《梁书》提要：

思廉承藉家学……其用力亦云勤笃。……赵与时《宾退录》，议其于《江革传》中则称“何敬容掌选，序用多非其人”，于《敬容传》中则称其“铨序明审，号为称职”。尤是非矛盾。其余事迹之复互者，前后错见，证以《南史》，亦往往抵牾。

D段抄自赵翼《廿二史劄记》卷十“《南史》增《梁书》有关系处”条：

《沈约传》(增)约之先世田子、林子为宋初开国功臣。……本应入《宋功臣传》，约欲自夸其先世，故不入列传而载于自序内，此私见也。《梁书·约传》删此二人，自属得体。延寿惟恐遗二人功绩，乃亦仍自序之旧而载之。……何不补此二人于《宋史》内，而仍序于《约传》耶？

【小结】此条抄自《四库全书总目》卷四十六《北史》提要、《南史》提要、《梁书》提要、《廿二史劄记》卷十“《南史》增《梁书》有关系处”条、卷十一“《梁》、《南》二史歧互处”条。作伪方式有三：第一，点窜字句；第二，增加句子；第三，多源组合，A段抄自《北史》提要，B段抄自《南史》提要，C、E段抄自“《梁》、《南》二史歧互处”条，D段抄自“《南史》增《梁书》有关系处”条，F段抄自《梁书》提要。

86.《陈》、《南》二史不同处

【A】《长沙王叔坚传》，《陈书》谓后主待坚渐薄，坚不自安，乃为左道祈福，刻木作偶人，衣以道士服，昼夜醮之。有人上书告其事，后主令宣敕责之。坚曰：“非有他故，但欲求亲媚耳。”是左道厌魅，叔坚实有其事也。《南史》则云后主阴令人造其厌魅之具，又令人告之，案验令实。是叔坚本无此事，而后主诬陷之耳。江总《自序》：“太建之末，权移群小，屡被摧黜，生平惟奉佛，深悟苦空。”《陈书》本传谓此序时人谓之实录。《南史》则谓此序识者讥其言迹之乖。惟两传二书不同，观江总谄事后主，与《自序》不合。要当以《南史》为信。【B】盖《宋略》、《齐春秋》、《梁典》诸书俱亡，其可备《宋》、《齐》、《梁》、《陈》四书之参校者，惟赖《南史》之存，不可废也。

【辨伪】A段抄自赵翼《廿二史劄记》卷十一“《南史》与《陈书》歧互处”条：

《长沙王叔坚传》，《陈书》谓后主待坚渐薄，坚不自安，乃为左道祈福，刻木作偶人，衣以道士服，昼夜醮之。有人上书告其事，后主令宣敕责之。坚曰：“非有他故，但欲求亲媚耳。”是左道厌魅，叔坚实有其事也。《南史》则云后主阴令人造其厌魅之具，又令人告之，案验令实。是叔坚本无此事，而后主诬陷之耳。又江总《自序》：“太建之末，权移群小，屡被摧黜，生平惟奉佛教，深悟苦空。”《陈书》本传谓此序时人谓之实录。《南史》则谓此叙识者讥其言迹之乖。惟此两传，二书歧互。观于江总谄事后主，与《自序》不同。则亦当以《南史》为定也。

B段抄自《四库全书总目》卷四十六《南史》提要：

然自《宋略》《齐春秋》《梁典》诸书尽亡，其备《宋》、《齐》、《梁》、《陈》四史之参校者，独赖此书之存，则亦何可尽废也。

【小结】此条抄自《廿二史劄记》卷十一“《南史》与《陈书》歧互处”条和《四库全书总目》卷四十六《南史》提要。作伪方式有二：第一，点窜字句；第二，多源组合，A段抄自“《南史》与《陈书》歧互处”条，B段抄自《四库全书总目》卷四十六《南史》提要。

87.《周书》多取《北史》

【A】唐贞观中修梁、陈、周、齐、隋五史，令狐德棻等领修《周书》(共五十卷)。今其书盖有散佚，乃后人剽取《北史》以补之，然多**率意刊削，每成疏漏，似非德棻全书**。【B】按德棻旁征简牍，意在摭实。故《元伟传》后于元氏戚属事迹湮没者，犹考其名位，连缀附书，固不可概斥为疏略。《庾信传论》仿《宋书·谢灵运》之体，推论六艺源流，而于信独致微辞。盖于当时俪偶相高，故有意于矫时之弊，知非专尚虚辞。【C】刘知幾《史通》谓其书文而不实，雅而不检，真迹甚寡，客气尤繁。又议其以王劭、蔡允恭、萧韶、萧大圜、裴政、杜台卿之书中有俚言，故致遗落，其诋諆德棻者，**皆非笃论也**。

【辨伪】《四库全书总目》卷四十五《周书》提要：

> 【A】《周书》五十卷，唐令狐德棻等奉敕撰。贞观中修梁、陈、周、齐、隋五史……而德棻专领《周书》。……今考其书，则残阙殊甚，多取《北史》以补亡。又多有所窜乱，而皆不标其所移掇者何卷，所削改者何篇。遂与德棻原书混淆莫辨。
>
> 【C】刘知幾《史通》曰：……其书文而不实，雅而不检，真迹甚寡，客气尤繁。……又议其以王劭、蔡允恭、萧韶、萧大圜、裴政、杜台卿之书中有俚言，故致遗略。其诋諆德棻甚力。
>
> 【B】况德棻旁征简牍，意在摭实。故《元伟传》后于元氏戚属事迹湮没者，犹考其名位，连缀附书，固不可概斥为疏略。《庾信传论》仿《宋书·谢灵运传》之体，推论六义源流，于信独致微辞。良以当时俪偶相高，故有意于矫时之弊，亦可见其不端尚虚辞矣。

【小结】此条抄自《四库全书总目》卷四十五《周书》提要。作伪方式有二：第一，点窜字句；第二，改变顺序(原文顺序为A、C、B)。

88. 私史反多回护

【A】凡正史有**不得不**隐讳者，赖私史**据事直书，庶几是非邪正，昭然共见于后世。若有所瞻狗**，略无别白，何以称**一代信史**哉？【B】乃《北史》于魏、齐、周各正史，俱间有改订，独于《隋书》略无删削，且多回护者。如于隋文帝之纂，《北史》俱照依《隋书》国史书法，叙禅位诏，叙三让，绝不见攘夺之迹。于文帝杀宇文诸王，《北史》则书诛，一似有罪伏法者。于介国公薨，则书上举哀朝堂，书赠谥周静帝，一似善终而加以恩礼者。于文帝崩，则书帝疾，书崩大宝殿，书遗诏，一似寿考令终，并非遇弑者。于《炀帝纪》，亦但书高帝崩，书上即位仁寿宫，绝不及使张衡侍疾之事。惟于《宣华夫人传》微露端倪，然亦非直书也。延寿自作私史，当据事直书，何独于隋反多回护？**若是耶，非信史矣**。

【辨伪】赵翼《廿二史劄记》卷十三"《北史》全用《隋书》"条云：

> 【B】《北史》于魏、齐、周正史间有改订之处，惟于隋则全用《隋书》，略为删节，并无改正，且多有回护之处。如隋文帝之篡，《隋书》本纪既循照历代国史旧式，叙九锡文、禅位诏，并帝三让乃受，绝不见攘夺之迹矣。……文帝杀宇文诸王……而《北史》则第书诛陈王纯、诛代王达、诛滕王逌，一似有罪而伏法者。……《北史》但书介国公薨，上举哀于朝堂，谥曰周静帝，一似善终而加以恩礼者。其于文帝之崩，书帝疾甚……崩于大宝殿，又载遗诏一篇……一似凭几末命，寿考令终，并非遭害者。《炀帝纪》亦但书高祖崩，上即位于仁寿宫，而炀帝使张衡侍疾致毙，及矫诏即位之事……惟于《宣华夫人传》……略露端倪于隐约之间，然亦未尝直书也。……李延寿自作私史，正当据事直书垂于后世，何必有所瞻徇……岂于隋独有所党附耶？
>
> 【A】然正史隐讳者赖有私史，若依样胡卢，略无别白，则亦何贵于自成一家言也？

【小结】此条抄自《廿二史劄记》卷十三"《北史》全用《隋书》"条。作伪方式有三：第一，点窜字句；第二，增加句子；第三，改变顺序。原文顺序为B、A。今按：王氏云："若是邪，非信史矣。"以子之矛，攻子之盾，可乎？

89.《宋书》带叙之法

史家有带叙之法，盖其人不必立传，而其事当附见于某人传内者，即于某人传内叙其履历以了之，而下文仍叙某人之事。如《宋书·刘道规传》攻徐道覆时，使刘遵为将，攻破道覆，即带叙遵淮西人，官至淮南太守，义熙十年卒，下文重叙道规事，以完本传。《庐陵王义真传》，义真从关中逃回，藏匿草中，值段宏来寻，始得就路。因带叙宏鲜卑人，本慕容超尚书，元嘉中为青、冀二州刺史。下又重叙义真事，以完本传。他如《何承天传》带叙谢玄，《何尚之传》带叙孟颉，《谢灵运传》带叙荀雍、羊璇之、何长瑜三人，此作史良法也。但他史于附传者，多在本传后方缀附传者之履历，此则正在叙事中而忽以附传者履历插入之，此例惟《宋书》所独创耳。

案：《南齐书》亦有带叙法。如《文惠太子传》，因文惠诱执梁州刺史范柏年，即带叙柏年先在梁州平氐贼之绩。及襄阳有盗发冢，得竹简书，王僧虔以为科斗书《考工记》阙文。又因文惠使徐文景作乘舆服御之属，即带叙文景父陶仁恶文景所作，曰："终当灭门，乃移家避之。又《张敬儿传》，因敬儿斩沈攸之使，而姚道和不斩攸之使，即带叙道和本姚兴之孙。"云云，是也。

【辨伪】赵翼《廿二史劄记》卷九"《宋》、《齐书》带叙法"条云：

《宋书》有带叙法，其人不必立传，而其事有附见于某人传内者，即于某人传内叙其履历以毕之，而下文仍叙某人之事。如《刘道规传》，攻徐道覆时，使刘遵为将，攻破道覆，即带叙遵淮西人，官至淮南太守，义熙十年卒。下文又重叙道规事，以完本传。……《庐陵王义真传》，义真从关中逃回，藏匿草中，值段宏来寻，始得就路。因带叙宏鲜卑人，本慕容超尚书，元嘉中为青、冀二州刺史。下文又重叙义真事，以完本传。……他如《何承天传》带叙谢玄也，《何尚之传》带叙孟颤也，《谢灵运传》带叙荀雍、羊璇之、何长瑜三人也……此诚作史良法。但他史于附传者，多在本传后方缀附传者之履历，此则正在叙事中而忽以附传者履历入之，此例乃《宋书》所独创耳。……《齐书》亦多带叙法。如《文惠太子传》，因文惠诱执梁州刺史范柏年，而带叙柏年先在梁州平氐贼之绩，又带叙襄阳有盗发冢，得竹简书，王僧虔以为科斗书《考工记》阙文也。因文惠使徐文景作乘舆服御之属，而带叙文景父陶仁恶文景所作，曰："终当灭门，乃移家避之。……又如《张敬儿传》，因敬儿斩沈攸之使，而姚道和不斩攸之使，遂带叙道和本姚兴之孙，自称祖天子，父天子，身经作皇太子。"云云。

【小结】此条抄自《廿二史劄记》卷九"《宋》、《齐书》带叙法"。作伪方式为点窜字句。

90.《齐》、《南》二史得失

【A】**李延寿撰《南史》**，于《宋》、**《梁》、《陈书》**大加删削，以**诸书**所载章、表、符、檄本多繁芜也。惟于《齐书》则增益较多，而**互异者亦不少**。今以两书相校，盖亦各有**得失**焉。【B】如《齐书·张敬儿传》谓敬儿本无大志，《南史》则叙其征荆州时，每见诸将，辄自言未贵时梦村中社树忽高数十丈，在雍州又梦此树高至天，以此诱部曲。又为谣言，使村儿歌之曰："天子在何处？宅在赤谷口。天子是阿谁？非猪即是狗。"敬儿本名苟儿，家在赤谷。敬儿少习武事，既从容都下，益不得志云云。是明言敬儿有叛志，与《齐书》不合。盖由李延寿好采新奇，既取社树、童谣，自不能复言意存知足也。《齐书·周奉叔传》谓郁林欲诛宰辅(时明帝鸾方辅政)，乃出奉叔为都督青、冀二州军事以为外援。《南史》则谓明帝辅政，令萧谌说帝出奉叔为外援，又说奉叔以方岳之重，奉叔乃许。是奉叔之出非郁林意也。案郁林欲诛宰辅，正赖奉叔勇力过人，倚以为助，肯令外出乎？当是明帝欲谋废立，故使人说帝出之也。此又《南史》得其实也，

【C】案萧子显《南齐书》纪建元创业诸事，载沈攸之书于《张敬儿传》。述颜灵宝语于《王敬则传》。直书无隐，尚见是非之公。《高十二王传》引陈思之表、曹冏之论。感怀宗国，亦得史家言外之意。【D】惟于《高帝纪》引太乙九宫占，《祥瑞志》附会纬书，于《高逸传》论推阐禅理。盖因齐高好用图谶，梁武崇尚释氏，**犹未能剔厘其余习耳**。又《高帝纪》载王蕴之抚刀，袁粲之郊饮，亦未免琐屑，有乖纪体。至列传更多芜杂。

【辨伪】B段抄自赵翼《廿二史劄记》卷十"《南史》与《齐书》互异处"条：

《齐书·张敬儿传》，谓敬儿……本无大志。《南史》则叙其征荆州时，每见诸将，辄自言未贵时梦村中社树忽高数十丈，在雍州又梦此树高至天，以此诱部曲。又为谣言，使村儿歌之，曰："天子在何处？宅在赤谷口。天子是阿谁？非猪即是狗。"敬儿

本名苟儿，家在赤谷。敬儿少习武事，既从容都下，益不得志云。是明言敬儿有反志，与《齐书》本传不同。盖李延寿好取新奇语入史，既采社树及童谣，则传不能又谓其意存知足也。《齐书·周奉叔传》谓郁林欲诛宰辅(时明帝写方辅政)，乃出奉叔为都督青、冀二州军事以为外援。《南史》则谓明帝辅政，令萧谌说帝出奉叔为外援；又说奉叔以方岳之重，奉叔乃许。是奉叔之出乃明帝意，非郁林意也。按奉叔勇力绝人，郁林欲诛宰辅，方倚以为助，岂肯出之于外？当是明帝谋废立，惧其在帝左右为难，故说帝出之。此则《南史》为得其实也。

A 段抄自赵翼《廿二史劄记》卷十"《南史》增《齐书》处"条：

《南史》于《宋书》大概删十之三四，以《宋书》所载章表符檄本多芜词也。于《齐》不惟不删，且大增补。今以两书相校，惟豫章王嶷及竟陵王子良二传多所删削，其他则各有所增。

D、C 段抄自《四库全书总目》卷四十五《南齐书》提要：

【D】齐高好用图谶，梁武崇尚释氏。故子显于《高帝纪》卷一引太乙九宫占，《祥瑞志》附会纬书，《高逸传》论推阐禅理。盖牵于时尚，未能厘正。又如《高帝纪》载王蕴之抚刀，袁粲之郊饮。连缀琐事，殊乖纪体。至列传尤为冗杂然。

【C】如纪建元创业诸事，载沈攸之书于《张敬儿传》。述颜灵宝语于《王敬则传》。直书无隐，尚不失是非之公。《高十二王传》引陈思之表、曹冏之论。感怀宗国，有史家言外之意焉。

【小结】此条抄自《廿二史劄记》卷十"《南史》与《齐书》互异处"条、"《南史》增《齐书》处"条、《四库全书总目》卷四十五《南齐书》提要。作伪方式有三：第一，点窜字句；第二，改变顺序；第三，多源组合，A 段抄自"《南史》增《齐书》处"条，B 段抄自"《南史》与《齐书》互异处"条，D、C 段抄自《四库全书总目》卷四十五《南齐书》提要。

91.《陈书》多曲笔

【A】唐姚思廉承父察之业，纂集成书(共三十六卷)。考《隋书·经籍志》有顾野王《陈书》三卷、傅縡《陈书》三卷、陆琼《陈书》四十二卷，即察所据之本。而思廉于《顾野王传》称其撰《国史纪传》二百卷，与《隋志》不合，当是《隋志》误也。书中惟二卷、三卷题"陈吏部尚书姚察"，余则皆称"史臣"。是察先纂《梁书》，此书仅成二卷，他皆思廉所补纂也。案：察陈亡入隋，为秘书丞、北绛郡开国公，与同时江总、袁宪诸人并稽首新朝，历践华秩，而仍列于《陈书》，未免稍失限断。【B】然为人子者得借国史以表章其亲，亦人生至幸。萧子显作《齐书》，亦为其父豫章王嶷作传，不独思廉也。【C】**第其书中每多曲笔**，如武帝之进爵，梁帝之禅位，俱为循照国史**体例，书法姑无论已**。至《衡阳王昌传》、《始兴王伯茂传》、《刘师知传》皆**概为**隐讳，绝不见有被害之迹。【D】《南史》则于《衡阳王传》直书其为文帝所害，《始兴王传》直书其为宣帝所害，《刘师知传》直书其害梁敬帝之事，**独见是非之公**，使奸恶不得以藏匿，颇为有功于《陈书》。其他如长沙王叔坚、【E】义阳王叔达、萧摩诃、陈慧纪、吴明彻、任忠、傅縡、江总各传，【F】证以《南史》亦每多歧互不同。然持论尚觉平允，次第排比犹具史法。其与取成众手者固不侔矣。

【辨伪】A 段抄自《四库全书总目》卷四十五《陈书》提要：

《陈书》三十六卷，唐姚思廉奉敕撰。……属子思廉继其业……《隋书·经籍志》有顾野王《陈书》三卷、傅縡《陈书》三卷、陆琼《陈书》四十二卷。殆即察所据之本。而思廉……至《顾野王传》，称其撰《国史纪传》二百卷，与《隋志》卷帙不符。则疑《隋志》舛讹……惟察陈亡入隋，为秘书丞、北绛郡开国公。与同时江总、袁宪诸人并稽首新朝，历践华秩，而仍列传于《陈书》。揆以史例，失限断矣。……书中惟二卷、三卷题"陈吏部尚书姚察"，他卷则俱称史臣。盖察先纂《梁书》，此书仅成二卷，其余皆思廉所补撰。

B 段抄自赵翼《廿二史劄记》卷九"萧子显、姚思廉皆为父作传入正史"条：

惟萧子显作《齐书》，为其父豫章王嶷立传，姚思廉修《陈书》为其父吏部尚书察立传。……为人子者得借国史以表彰其父，此亦人之至幸也。

C 段抄自赵翼《廿二史劄记》卷九"《陈书》多避讳"条：

武帝之进公爵，封十郡，加九进王，封二十，建天子旌以及梁帝禅位逊于别宫……此固仿照前史格式，当时国史本是如此。……衡阳王昌……不见有被害之迹也。始兴王伯茂。

D 段抄自赵翼《廿二史劄记》卷十一"《南史》与《陈书》歧互处"条：

《南史》于《陈书》虽无甚增删，然如《衡阳王传》直书其为文帝所害，《始兴王伯茂传》直书其为宣帝所害，《刘师知传》直书其害梁敬帝之事，使奸恶不能藏匿，此最有功于《陈书》。……其他有与《陈书》歧互者，《长沙王叔坚传》……

E 段抄自赵翼《廿二史劄记》卷十一"《南史》于《陈书》无甚增删"条：

《傅縡传》……《萧摩诃传》……《陈慧纪传》……《任忠传》……《傅縡传》……《吴明彻传》……《义阳王叔达传》……

F 段抄自《四库全书总目》卷四十五《梁书》提要：

证以《南史》，亦往往抵牾。盖著书若是之难也。然持论多平允，排整次第，犹具汉、晋以来相传之史法，要异乎取成众手编次失伦者矣。

【小结】此条抄自《四库全书总目》卷四十五《陈书》提要、《梁书》提要、《廿二史劄记》卷九“萧子显、姚思廉皆为父作传入正史”条、“《陈书》多避讳”条、卷十一“《南史》与《陈书》歧互处”条、“《南史》于《陈书》无甚增删”条。作伪方式有三：第一，点窜字句；第二，增加句子；第三，多源组合，A段抄自《四库全书总目》卷四十五《陈书》提要，B段抄自“萧子显、姚思廉皆为父作传入正史”条，C段抄自“《陈书》多避讳”条，D段抄自“《南史》与《陈书》歧互处”条，E段抄自“《南史》于《陈书》无甚增删”条，F段抄自《四库全书总目》卷四十五《梁书》提要。

92.《南史》于《陈书》无大增删

《周铁虎传》删马明战死事，《任忠传》删后主幸臣沈客卿、施文庆弄权误国事，《华皎传》删戴僧朔、曹庆、钱明本、鲁闲、席慧略等附见之事，《傅縡传》删《明道论》，《沈炯传》删请终养疏并答诏，《江总传》删其《修心赋》而已。《萧摩诃传》，隋将贺若弼兵至建邺，鲁广达力战，若弼与七总管兵八千人，各勒阵以待之。若弼躬当广达，麾下死者二百七十余人，若弼纵烟以自隐，窘而复振。陈人得人头，辄走献后主取赏。若弼更趋孔范军，范败走，陈军遂溃。隋将擒萧摩诃送若弼，若弼以刀临颈，辞色不挠，乃释而礼之。《陈慧纪传》，慧纪闻隋师攻建邺，先遣吕肃据巫峡，以铁锁横江，四十余战，隋军死者五千余人，陈军尽取其鼻以邀赏。既而隋军获陈卒则纵遣之。别帅廖世宠诈降于隋，欲烧隋舰，风浪大起，火反烧陈船，陈军大败，慧纪尚率兵东下，隋晋王广遣使以慧纪子来谕降，又使降将樊毅等谕上流城戍悉解，慧纪不得已乃降。此皆《陈书》所略而《南史》详之者也。《任忠传》，忠降隋数年而死，隋文帝谓群臣曰：“平陈之初，我悔不杀任蛮奴。受人荣禄，兼当重寄，不能横尸，而云无所用力，与弘演纳肝①何其异也?”《傅縡传》，縡以直谏死，死后有蛇屈尾来上灵座，去而复来，百余日，时时有弹指声。《吴明彻传》，明彻为周所擒，封怀德郡公。《义阳王叔达传》，《陈书》止载其入隋为绛郡通守，《南史》并载其入唐为礼部尚书。此皆《陈书》所无，而《南史》增之者也。此外，惟删减行墨，别无增添事迹。盖延寿修南、北《史》多历年所，至修《陈书》精力已疲，无暇搜辑，**不过因其旧文，排纂删润耳**。

【辨伪】赵翼《廿二史劄记》卷十一“《南史》于《陈书》无甚增删”条云：

《周铁虎传》删马明战死之事，《任忠传》删后主幸臣沈客卿、施文庆弄权误国之事，《华皎传》删戴僧朔、曹庆、钱明本、鲁闲、席慧略等附见之事，《傅縡传》删其《明道论》一篇，《沈炯传》删其请终养一疏、答诏一道，《江总传》删其《修心赋》一篇

① 【纳肝】《吕氏春秋·忠廉》：“卫懿公有臣曰弘演，有所于使。翟人攻卫……及懿公于荣泽，杀之，尽食其肉，独舍其肝。弘演至，报使于肝，毕，呼天而啼，尽哀而止，曰：‘臣请为襮。’因自杀，先出其腹实内懿公之肝。”内，同“纳”。后以“纳肝”为忠烈的典故。《隋书·诚节传序》：“申蒯断臂于齐庄，弘演纳肝于卫懿……凡在立名之士，莫不庶几焉。”

而已。……如《萧摩诃传》，隋将贺若弼兵至建业，鲁广达力战，贺若弼与七总管兵八千人，各勒阵以待之。弼躬当广达，麾下死者二百七十余人，弼纵烟以自隐，窘而复振。陈人得人头辄走献后主取赏。弼更趋孔范军，范败走，陈军遂溃。隋将擒萧摩诃送弼，弼以刀临颈，辞色不挠，乃释而礼之。又《陈慧纪传》，慧纪闻隋师攻建业，先遣吕肃据巫峡，以铁锁横江，四十余战，隋军死者五千余人，陈军尽取其鼻以邀赏。既而隋军获陈卒则纵遣之。别帅廖世宠诈降于隋，欲烧隋舰，风浪大起，火反烧陈船，陈军大败。慧纪尚率兵东下，隋晋王广遣使以慧纪子来谕降，又使降将樊毅等谕上流城戍悉解，慧纪不得已乃降。此《陈书》所略而详之者也。《任忠传》，忠降隋数年而死，隋文帝谓群臣曰："平陈之初，我悔不杀任蛮奴。受人荣禄，兼当重寄，不能横尸而云无所用力，与弘演纳肝，何其异也?"《傅縡传》，傅縡以直谏死，死后有蛇屈尾来上灵座，去而复来，百余日，时时有弹指声。《吴明彻传》，明彻为周所擒，封怀德郡公。《义阳王叔达传》，《陈书》止载其入隋为绛郡通守，《南史》并载其入唐为礼部尚书。此皆《陈书》所无而《南史》增之者也。其余但删减行墨，而绝无添列事迹。盖李延寿修《南》、《北》二史阅十七年，至修《陈书》则已精力渐竭，故不能多为搜辑耳。

【小结】此条抄自《廿二史劄记》卷十一"《南史》于《陈书》无甚增删"条。作伪方式有三：第一，点窜字句；第二，增加观点句——"不过因其旧文，排纂删润耳"；第三，改变标题，将"《南史》于《陈书》无甚增删"改为"《南史》于《陈书》无大增删"。

今按：王氏至修此书，"精力已疲，无暇搜辑，不过因其旧文，排纂删润耳"。此数语无异于不打自招！

卷三论史部书，起《史记》、《汉书》，迄《陈书》，多抄袭赵翼、王鸣盛之妙论，《四库全书总目》也被反复利用。最初流览时，因此引起怀疑，我于《四库全书总目》与清儒名作皆相当熟悉。正因似曾相识，遂生破案之心。初步结论载于《续修四库全书杂家类提要》，书此以志因缘。

《经史杂记》卷四

93.《隋书》十志

【A】案：刘知幾《史通·古今正史》篇称唐太宗以梁、陈及齐、周、隋氏并未有书，乃命学士分修，仍以秘书监魏徵总知其务。始以贞观三年创造，至十八年方就。合为五代纪传。书成，下于史阁。【B】**《隋书》八十五卷**，其纪传不出一手，间有异同。如《文帝本纪》载“善相者赵昭”，而《艺术传》则作“来和”。又以“贺若弼为楚州总管”，而《弼传》则作“吴州”。其抵牾固所不免。【C】惟十《志》至太宗崩后刊勒始成，**最为后人所推**。当时五史本合为一书，十《志》即为五史而作。其编入《隋书》者，以隋居五代之末也。后五史各行，十《志》遂专称《隋志》。或议其兼载前代，**失于限断者**，非也。其《律历》、《天文志》所载，皆上溯魏晋，多与《晋志》复出。《五行志》体例与《律历》、《天文》三志殊，不类李淳风一人手作，而《地理》详载山川，《百官》辨明品秩，颇能补萧子显、魏收所未备。惟《经籍志》述经学源流，**偶有**舛误。然自后汉以后艺文犹得借以考见源流，辨别真伪，**究心典籍者所不可废也**。

【辨伪】《四库全书总目》卷四十五《隋书》提要云：

【B】其纪传不出一手，间有异同。如《文帝本纪》云“善相者赵昭”，而《艺术传》则作“来和”。又《本纪》云“以贺若弼为楚州总管”，而弼本传则作“吴州”。……抵牾在所不免。

【A】考《史通·古今正史》篇，称太宗以梁、陈及齐、周、隋氏并未有书，乃命学士分修，仍以秘书监魏徵总知其务。始以贞观三年创造，至十八年方就。合为五代纪传，并日录凡二百五十二卷。书成，下于史阁。

【C】惟有十《志》……太宗崩后，刊勒始成其篇第，编入《隋书》。……是当时梁、陈、齐、周、隋五代史本连为一书，十《志》即为五史而作……特以隋于五史居末……后来五史各行，十《志》遂专称《隋志》……乃议其兼载前代，是全不核始末矣。……而《律历志》……《天文志》所载……皆上溯魏、晋，与《晋志》复出……《五行志》体例与《律历》、《天文》三志颇殊，不类淳风手作。……《地理志》详载山川……《百官志》辨明品秩……能补萧子显、魏收所未备。惟《经籍志》……述经学源流，每多舛误。……然后汉以后之艺文惟借是以考见源流，辨别真伪，亦不以小疵为病矣。

【小结】此条抄自《四库全书总目》卷四十五《隋书》提要。作伪方式有三：第一，点窜字句；第二，增加句子；第三，改变顺序(原文顺序为B、A、C)。

94. 一人两史

【A】有一人分传两史者，如陈寿《三国志》以后汉董卓、公孙瓒、陶谦、袁绍、刘表、袁术、吕布诸人皆与曹操并立，事多相涉，故立传于《魏志》。昭烈因刘焉、刘璋之地，欲纪昭烈，则不得不各立其传于《蜀志》。至范蔚宗撰《后汉书》，以董卓等为汉末之臣，荀彧虽为操画策，而心犹为汉，皆不得因《三国志》有传，遂从删削。沈约《宋书》以陶潜隐居完节，卒于宋代，乃列传于隐逸之首。然潜家世晋臣，不复仕宋，始终为晋完人，自应入《晋书》，故至唐修《晋书》者特立传于《晋隐逸》之末。**此所以一人两史也**。至李延寿《南》、《北史》，系一手编纂，凡南人归北，北人归南，**漫无裁制**。如毛修之自宋流转入魏，后卒于魏，《北史》有传矣，而《南史》又传之。朱修之自宋入魏，后又逃归，以功封南昌县侯，《南史》有传矣，而《北史》又传之。【B】《南史》既有《晋熙王昶传》矣，而《北史》复有《刘昶传》。《南史》既有《鄱阳王宝寅传》矣，而《北史》复有《萧宝夤传》。【C】以及薛安都、裴叔业莫不皆然。又裴矩在隋朝事迹甚多，其入唐仕宦之处，《隋书》已叙入《矩传》内矣，而《唐书》又传之。【D】至宋、辽、金时，王继忠仕宋，为郓州刺史、殿前都虞候，仕辽为枢密使，封楚王，更其姓名为耶律显忠，又改名宗信。太平三年致仕卒。**《宋》、《辽》二史皆有传**。张邦昌、刘豫，《金史》俱在列传，金册邦昌为大楚皇帝，册豫为大齐皇帝。宋高宗即位，封邦昌同安郡王，后赐死。豫僭号凡八年，废为蜀王，封曹王，死于金皇统三年。《宋史》俱入《叛臣传》。张觉(亦作瑴)、郭药师俱为辽臣，分载《宋》、《金》两史。觉在《金·叛臣传》，药师，史赞谓"辽之余孽，宋之厉阶，金之功臣"也，赐姓完颜，《宋史》俱入《奸臣传》。若宇文虚中、王伦，《宋》、《金》两史亦皆有传。史论谓虚中之死由于自取，然观施德操《北窗炙輠》称其在金作三诗，有云："人生一死浑闲事，裂眦穿胸不汝忘。"其仕金为国师，令南北讲和，大母获归，皆其力也。绍兴十五年(本十四年事，至十五年宋方知之)，谋挟渊圣以归，前五日为人告变，虚中觉有警，急发兵直至金主帐，金主几不能脱，为所擒。而两史皆谓以谤讪获罪，果尔，何至老幼百口同时共死耶？王伦事，《宋史》云："绍兴十四年，金欲以伦为平滦三路都转运使，遣使来趣，伦拒益力。金杖其使，俾缢杀之。伦厚赂使少缓，遂冠带，南向再拜，恸哭就死。人皆哀之。子述与从兄遵间入金境，得伦骨以归，官给葬事。谥愍节。"《金史》则云："皇统四年，以伦为平州路转运使，伦已受命，复辞逊。上曰：'此反复之人也。'杀之上京。"其赂使及归骨事，俱不载。两史皆托克托所修(托克托旧作脱脱)，而拒命受命，所言互异，何也？

【辨伪】A、C段抄自赵翼《廿二史劄记》卷七“一人二史各传”条：

【A】一人而传于两史，如后汉之董卓、公孙瓒、陶谦、袁绍、刘表、袁术、吕布等，当陈寿撰《三国志》时，以诸人皆与曹操并立，且事多与操相涉，故必立传于《魏志》。……刘焉乃刘璋之父，其地则昭烈所因也，欲纪昭烈必先传璋，欲传璋必先传焉，故亦立其传于《蜀志》之首。及范蔚宗修《后汉书》，则董卓等皆汉末之臣，荀彧虽为操画策而心犹为汉，皆不得因《三国志》有传遂从删削。……陶潜隐居完节，卒于宋代，故《宋书》以为隐逸之首。然潜以家世晋臣，不复仕宋，始终为晋完人，自应入《晋书》内，故修《晋书》者特传于《晋隐逸》之末。……至李延寿作《南》、《北史》，系一手编纂，则南人归北，北人归南者。……乃毛修之自宋流转入魏，后卒于魏，则但立传《北史》可矣，而《南史》又传之。朱修之自宋入魏，后又逃归，以功封南昌县侯，则但立传《南史》可矣，而《北史》又传之。

【C】以及薛安都、裴叔业等莫不皆然，何其漫无裁制也？又裴矩在隋朝事迹甚多，且《隋书·矩传》内已叙其入唐仕宦之处，则《唐书》不必再传矣，而又传之。

D段抄自汪师韩《韩门缀学》卷二“一人两史”条：

宋、辽、金之时，王继忠仕宋，为郓州刺史、殿前都虞侯。……仕辽为枢密史，封楚王，更其姓名为耶律显忠，又改名宗信。太平三年致仕卒。……张邦昌、刘豫，《金史》俱在列传，金册邦昌大楚皇帝，册豫大齐皇帝。宋高宗即位，封邦昌同安郡王，后赐死。豫僭号凡八年，废为蜀王，封曹王，死于金皇统三年。《宋史》俱入《叛臣传》。又《张觉》(亦作瑴)、郭药师皆辽之臣，分载《宋》、《金》两史。觉在《金史·叛臣传》，药师……史赞以为“辽之余孽，宋之厉阶，金之功臣”也。《宋史》俱入《奸臣传》。……史论皆以虚中之死为自取，然观施德操《北窗炙輠》，称其在金作三诗，有云：“人生一死浑闲事，裂眦穿胸不汝忘。”其仕金为国师，令南北讲和，大母获归，皆其力也。绍兴十五年(乃十四年事，宋至十五年方知之)，谋挟渊圣以归，前五日为人告变，虚中觉有警，急发兵直至金主帐下，金主几不能脱，为所擒。……而两史皆谓以谤讪获罪，果尔，何至老幼百口同时共死耶？……王伦事，《宋史》云：“绍兴十四年，金欲以伦为平滦三路都转运使，遣使来趣，伦拒益力。金杖其使，俾缢杀之。伦厚赂使，少缓，遂冠带，南向再拜，恸哭就死。人皆哀之。子述与从兄遵间入金境，得伦骨以归，官给葬事。谥愍节。”《金史》则云：“皇统四年，以伦为平州路转运使，伦已受命，复辞逊。上曰：‘此反复之人也。’杀之上京。”其赂使及归骨事，俱不载。两史皆脱脱所修，而拒命受命，所言不同，何以取信后世耶？

B段抄自《四库全书总目》卷四十六《北史》提要：

乃《南史》既有《晋熙王昶传》矣，《北史》复有《刘昶传》。《南史》既有《鄱阳王宝寅传》矣，《北史》复有《萧宝夤传》。

【小结】此条抄自《廿二史劄记》卷七"一人二史各传"条、汪师韩《韩门缀学》卷二"一人两史"条、《四库全书总目》卷四十六《北史》提要。作伪方式有三：第一，点窜字句；第二，增加句子；第三，多源组合，A、C 段抄自"一人二史各传"条，B 段抄自《北史》提要，D 段抄自"一人两史"条。

95.《新书》详于《旧书》

【A】《旧唐书》撰于五代乱离、载籍无稽之时，掇拾**不易**。《新唐书》刊修在**宋仁宗承平既久之后**，**文事**方兴，**人间**残编故册，次第多出，**采取较广**。又欧、宋二公老于文学，**故撰辑参考，独称精详(共二百二十五卷)**。自谓事增于前，文省于旧，**信不诬也。今即二书比较，有新详于旧者，约检出若干条，而其撰辑之精详，可概见焉。**【B】如《房玄龄传》，《新书》帝问创业守成孰难，玄龄谓创业难，魏徵谓守成难。帝曰："玄龄从我定天下，徵与我安天下，故所见各异。然创业之事往矣，守成之难，当与公等共之。"此正见太宗之图治。**而《旧书》无之**。《刘仁轨传》，《新书》仁轨平百济后，高宗遣刘仁愿代还。仁轨以百济新定，恐新兵不得力，愿再留镇守。此正见其忠于为国处。而《旧书》但言仁愿率兵渡海，与旧镇兵交代，仁轨乃西还。《姚崇传》，《新书》玄宗欲相崇，崇先以十事邀帝，此为相业之始。又崇在帝前序进郎吏，帝不顾，后谓高力士曰："我任崇以大政，此小事，何必渎耶?"此正见玄宗任相之专。**而《旧书》皆不载**。《宋璟传》，《新书》璟不赏郝灵佺斩默啜之功，恐启天子幸边功。此正见大臣远虑。又张嘉贞为相，阅堂案，见璟危言切论，不觉失声叹息。而《旧书》皆无之。《韩休传》，《新书》帝尝猎苑中，或张乐，必视左右曰："韩休知否?"帝尝引镜不乐，左右曰："自休入相，陛下无一日欢。"帝曰："吾虽瘠，天下肥矣。"**《旧书》乃无之**。《张九龄传》，《新书》武惠妃谋陷太子瑛，私使人言于九龄，九龄即奏之，帝为动色。故终九龄为相，太子得无患。**《旧书》乃无之**。《裴耀卿传》，《新书》玄宗封禅后，谓张说曰："怀州刺史王丘，饩牵外无他献，我知其不市恩也。魏州刺史崔沔，供张不用锦绣，示我以俭也。济州刺史裴耀卿，上书言扰民。即不足告成功，此其爱人也。"**此正见君能知臣处。而《旧书》不载**。《吴兢传》，《新书》兢撰《则天宝录》，书张昌宗诬构魏元忠有不顺之言，引张说为证，说已许之，赖宋璟再三劝阻，说始明元忠无此语。后说为相，私乞改之，兢曰："狥公之请，何名实录?"卒不改。世谓今之董狐。**《旧书》亦无之**。《杨国忠传》，《新书》国忠主议征云南，募兵之惨酷，州县吏至召贫弱者，缚置室中械而送军前，亡者即以送吏代之。又国忠请以安禄山为平章事，追入辅政，已草诏，而帝遣辅璆琳觇之。璆琳得赂，还言禄山不反，帝遂焚前诏。此大有关系而《旧书》不载。《崔涣传》，《新书》载涣劾奏元载怙权树党之疏，正见其疾恶。**《旧书》乃无之**。《姜公辅传》，《新书》德宗出避泾师之乱，欲往凤翔倚张镒，公辅谓镒文臣，而其下皆朱泚旧部曲，军且有变，帝乃往奉天。不数日，凤翔大将李楚琳果杀镒应泚。又帝初至奉天，闻泚欲来迎，乃诏止诸道援兵。公辅力言不可无备，乃纳兵。不数日，泚兵来犯。**此正见其料事之明，而《旧书》不载**。《韩游瑰传》，《新书》李怀光诱游瑰叛，游瑰白发其书，帝嘉之。后又有书来诱，为浑瑊所获，稍伺察之，游瑰怒骂瑊，帝惧有变，遂幸梁州。此事亦有关系者，《旧书》乃无之。又吐蕃入寇，游瑰破之于合水。吐蕃攻陷盐州，游瑰收复之，及吐蕃请盟，游瑰奏不可信，帝不从。及平凉之盟，游瑰以劲骑赴柳泉，会盟使浑瑊被劫，逃出，赖游瑰兵乃得归。《旧书》亦无之。《李希烈传》，《新书》窦良女为希烈所得。女谓父母曰："勿戚戚，吾能杀贼。"果为希烈所嬖，乃与陈仙奇密谋，酖死希烈。《旧书》但云仙奇酖死希烈，而窦良女不载。《杨凭传》，《新书》凭为李夷简所劾，贬临贺尉，姻友无敢送者，徐晦独送至蓝田。夷简特荐晦为御史，曰："君不负杨临贺，肯负国耶!"《旧书》以此另立《徐晦传》，《新书》则删《晦传》而以晦附《凭传》内。《郑细传》，《新书》宦官窦文玚新为中尉，欲以白麻制下中书，细力谏止。又卢从史怀不轨，李吉甫谮细漏言于从史。宪宗怒，召李绛告之，绛曰："诚如是，罪当族。然谁为陛下言者?"帝曰："吉甫。"绛曰："安知非吉甫诬陷之。"帝乃悟。**《旧书》乃无之**。《牛僧孺传》，《新书》初对策切直，得罪时宰之处，此为牛、李党事之始。《旧书》无之。又刘稹诛后，石雄军吏得刘从谏与僧孺、李宗闵交结书。此盖因李德裕当国，希旨者附会为之。《旧书》亦无。《李德裕传》，《新书》德裕帅蜀时，筑筹边楼、仗义城、御侮城、柔远城等事。又宰相合，百官非公不入。自李宗闵时，往往通宾客，至设宴其中。德裕为相，奏文宗禁止。又帝欲官李训，德裕以为佥人，不当授。帝语王涯别与官，德裕摇手止之，适为帝所见，帝不悦。又武宗欲杀杨嗣复、李珏，皆宗闵党也，德裕三叩求，乃免死。对武宗论任宰相一事，又极论朋党之害。传末又附载崔嘏、魏铏、丁柔立等，皆为德裕讼冤者。**《旧书》皆不载**。《黄巢传》，《新书》王仙芝为宋威败于沂州，仙芝亡去，威因奏仙芝已死，散遣诸道兵。已而仙芝复出，诸道兵始休又征，于是皆怨。又刺史裴渥为贼求官，王仙芝、黄巢皆诣渥饮。适诏至，拜仙芝左神策军押衙。仙芝喜，巢以官不及己，訽曰："君独得官，此五千众安归乎?"因击仙芝。仙芝惮众怒，亦不受官，分其众各路剽掠。**《旧书》皆不载**。《田令孜传》，《新书》令孜导僖宗荒乐、赏赐，及强夺商旅财货之事。令孜讨王重荣，战败，逼帝幸兴元，以致朱玫立嗣襄王熅为帝，皆令孜召祸也。帝幸蜀后，令孜激黄帽军乱，孟昭图上疏谏，令孜矫诏贬而害之。又中人曹知悫与破贼有功，因大言帝还时当在大散关阅群臣，可归者归之。令孜恐其图己，密令王行瑜杀之。此皆令孜酿祸肆恶处，《旧书》皆无之，但云令孜从幸梁州，求为监军以去而已。惟《李吉甫传》，《新书》罢冗员一疏。奏伐蜀之师，宜增三峡一路，以分贼势。中书吏滑涣勾结枢密使窃权。李锜将反，吉甫建议使韩宏进兵。因田弘正归顺，请撤河阳之兵戍汝州，以逼吴元济。案武宗时，吉甫子德裕重修《宪宗实录》，虚张其父之美，宣宗时特命刊正。今《旧书》所无而《新书》增之，当是《新书》尚据会昌重修之本也。

【C】案《旧唐书》创始吴兢，虽历经韦述、于休烈、令狐峘诸人续增，而规模已就。晋刘昫等据以撰修(共二百卷)，具有典型。【D】大抵长庆以前，《本纪》简而得当；《列传》**详而不芜**，颇有史法。长庆以后，《本纪》每多猥杂，《列传》亦太简略，**为世所病**。【E】盖长庆以后，史失其官，无旧籍可循故也。【F】《新书》补《旧书》之舛漏，自谓事增于前，文省于旧。然事欲其增，恐不免有芜杂之弊；文欲其省，必不能无梗涩之失。第一代全史，分门别类，端绪纷繁，精力难周，抵牾参差，在所不免。吴缜《纠谬》亦未免过为**吹索**也。

【辨伪】B 段抄自赵翼《廿二史劄记》卷十七"《新书》增《旧书》有关系处"条：

《房玄龄传》(增)帝问创业守成孰难，玄龄谓创业难，徵谓守成难。帝曰："玄龄从我定天下，徵与我安天下，故所见各异。然创业之事往矣，守成之难，当与公等共之。”此正见太宗之图治也。……《刘仁轨传》增仁轨平百济后，高宗遣刘仁愿代还。仁轨以百济新定，恐新兵不得力，愿再留镇守。此正见其忠于为国之处。《旧书》但书仁愿率兵渡海，与旧镇兵交代，仁轨乃西还。……《姚崇传》(增)玄宗欲相崇，崇先以十事邀帝(此为相业之始，而《旧书》不载)。(又增)崇在帝前序进郎吏，帝不顾，后谓高力士曰：“我任崇以大政，此小事，何必渎耶!”(此见玄宗任相之专)《宋璟传》(增)璟不赏郝灵佺斩默啜之功，恐启天子幸边功(此见大臣远虑)。(又增)张嘉贞为相，阅堂案，见璟危言切论，不觉失声叹息。《韩休传》(增)帝尝猎苑中，或张乐，必视左右曰：“韩休知否?”帝尝引镜不乐，左右谓：“自休入相，陛下无一日欢。”帝曰：“吾虽瘠，天下肥矣。”《张九龄传》(增)武惠妃谋陷太子瑛，私使人言于九龄，九龄即奏之，帝为动色。故终九龄为相，太子得无患。《裴耀卿传》(增)玄宗封禅后，谓张说曰：“怀州刺史王丘，饩牵外无他献，我知其不市恩也。魏州刺史崔沔，供张不用锦绣，示我以俭也。济州刺史裴耀卿，上书言扰民。即不足告成功，此其爱人也。”《吴兢传》(增)兢撰《则天实录》，书张昌宗诬构魏元忠有不顺之言，引张说为证，说已许之，赖宋璟再三劝阻，说始明元忠无此语。后说为相，私乞改之，兢曰：“狗公之请，何名实录?”卒不改。世谓今之董狐。……《杨国忠传》(增)国忠主议征云南募兵之惨酷，州县吏至召贫弱者，缚置室中械而送军前，亡者即以送吏代之。(又增)国忠请以安禄山为平章事，追入辅政。已草诏，而帝遣辅璆琳觇之。璆琳得赂还，言禄山不反，帝遂焚前诏。……《崔涣传》(增)涣劾奏元载怙权树党之疏，正见其疾恶。……《姜公辅传》(增)德宗出避泾师之乱，欲往凤翔倚张镒，公辅谓镒文臣，而其下皆朱泚旧部曲，军且有变，帝乃往奉天。不数日，凤翔大将李楚琳果杀镒应泚。(又增)帝初至奉天，闻泚欲来迎，乃诏止诸道援兵。公辅力言不可无备，乃纳兵。不数日，泚兵来犯。……《韩游瑰传》(增)李怀光诱游瑰叛，游瑰白发其书，帝嘉之。后又有书来诱，为浑瑊所获，稍伺察之，游瑰怒骂瑊，帝惧有变，遂幸梁州。此事大有关系，《旧书》乃无之。(又增)吐蕃入寇，游瑰破之于合水。吐蕃攻陷盐州，游瑰收复之。及吐蕃请盟，游瑰奏不可信，帝不从。及平凉之盟，游瑰以劲骑赴柳泉，会盟使浑瑊被劫，逃出，赖游瑰兵乃得归。《旧书》亦无。……《李希烈传》(增)窦良女为希烈所得。女谓父母曰：“勿戚戚，吾能杀贼。”果为希烈所嬖，乃与陈仙奇密谋，鸩死希烈。《旧书》但云仙奇鸩死希烈，而窦良女不载。……《杨凭传》(增)凭为李夷简所劾，贬临贺尉，姻友无敢送者，徐晦独送至蓝田。夷简特荐晦为御史，曰：“君不负杨临贺，肯负国耶!”《旧书》至以此另立《徐晦传》，《新书》删《晦传》，而以此附《凭传》内。……《李吉甫传》(增)罢冗员一疏。奏伐蜀之师宜增三峡一路，以分贼势。劾中书吏滑涣勾结枢密使窃权。李锜将反，吉甫建议使韩宏进兵。因田宏正归顺，请撤河阳之兵戍汝州，以逼吴元济。按武宗时吉甫子德裕重修《宪宗实录》，虚张其父之美，宣宗时特命刊正。今此等事《旧书》皆无，而《新书》增之。岂《旧书》据大中刊正之本，而《新书》尚据会昌重修之本耶? ……《郑细传》(增)宦官窦文场新为中尉，欲以白麻制下中书，细力谏止。(又增)卢从史怀不轨，李吉甫谮细漏言于从史。宪宗怒，召李绛告之，绛曰：“诚如是罪当族。然谁为陛下言者?”帝曰：“吉甫。”绛曰：“安知非吉甫诬陷之?”帝乃悟。……《牛僧孺传》(增)初对策切直，得罪时宰之处，此为牛、李党事之始。(又增)刘稹诛后，石雄军吏得刘从谏与僧孺、李宗闵交结书(此盖因李德裕当国，希旨者附会为之)……《李德裕传》(增)德裕帅蜀时，筑筹边楼、仗义城、御侮城、柔远城等事。(又增)宰相合，百官非公事不入。自李宗闵时，往往通宾客，至设宴其中。德裕为相，奏文宗禁止。(又增)帝欲官李训，德裕以为佥人，不当授。帝语王涯别与官，德裕摇手止之，适为帝所见，帝不悦。武宗欲杀杨嗣复、李珏，皆宗闵党也，德裕三叩求，乃免死。对武宗论任宰相一事，又极论朋党之害。传末又附载崔嘏、魏铏、丁柔立等，皆为德裕讼冤者。……《田令孜传》(增)令孜导僖宗荒乐、赏赐，及强夺商旅财货之事。令孜讨王重荣，战败，逼帝幸兴元，以致朱玫立嗣襄王煴为帝，皆令孜召祸也。帝幸蜀后，令孜激黄帽军乱，孟昭图上疏谏，令孜矫诏贬而害之。(增)中人曹知悫与破贼有功，因大言帝还时当在大散关阅群臣，可归者归之。令孜恐其图己，密令王行瑜杀之。此等《旧书》皆无之，但云令孜从幸梁州，求为监军以去而已。按此等事皆令孜之酿祸肆恶，不叙于《令孜传》而谁传耶?《黄巢传》(增)王仙芝为宋威败于沂州，仙芝亡去。威因奏仙芝已死，散遣诸道兵。已而仙芝复出，诸道兵始休又征，于是皆怨。(又增)刺史裴渥为贼求官，王仙芝、黄巢皆诣渥饮。适诏至，拜仙芝左神策军押衙，仙芝喜，巢以官不及己，询曰:“君独得官，此五千众安归乎?”因击仙芝。仙芝惮众怒，亦不受官，分其众各路剽掠。

A段抄自赵翼《廿二史劄记》卷十六“《新唐书》”条:

论者谓《新书》事增于前，文省于旧，此固欧、宋二公之老于文学，然难易有不同者。《旧书》当五代乱离、载籍无稽之际，掇拾补葺，其事较难。至宋时文治大兴，残编故册次第出见。

F段抄自《四库全书总目》卷四十六《新唐书》提要:

是书本以补正刘昫之舛漏，自称事增于前，文省于旧。……今必欲广所未备，势必搜及小说而至于猥杂……今必欲减其文句，势必变为涩体而至于诘屈……然一代史书，网罗浩博，门分类别，端绪纷拏。出一手则精力难周，出众手则体裁互异。爰从三史以逮八书，抵牾参差，均所不免。……吴缜所纠，存备考证则可，因是以病《新书》，则一隅之见矣。

其余抄自《四库全书总目》卷四十六《旧唐书》提要:

【D】今观所述，大抵长庆以前，《本纪》惟书大事，简而有体。《列传》叙述详明，赡而不秽。颇能存班、范之旧法。长庆以后，《本纪》则诗话、书序、婚状、狱词委悉具书，语多支蔓。……列传则多叙官资，曾无事实。……诚如宋人之所讥。

【C】案《崇文总目》，初吴兢撰《唐史》……韦述因兢旧本……史官于休烈又增《肃宗纪》二卷。史官令狐峘等复于纪志传随篇增辑……昫等用为蓝本，故具有典型。

【E】至长庆以后，史失其官，无复善本。

【小结】此条抄自《廿二史劄记》卷十六"《新唐书》"条、卷十七"《新书》增《旧书》有关系处"条、《四库全书总目》卷四十六《新唐书》提要、《旧唐书》提要。作伪方式有四：第一，点窜字句；第二，增加句子；第三，改变顺序；第四，多源组合，A 段抄自"《新唐书》"条，B 段抄自"《新书》增《旧书》有关系处"条，D、C、E 段抄自《四库全书总目》卷四十六《旧唐书》提要，F 段抄自《四库全书总目》卷四十六《新唐书》提要。

96. 唐修史避讳

唐人修诸史，避祖讳。如"虎"字、"渊"字。或前人名有同之者，有字则称其字，如《晋书》公孙渊称公孙文懿，刘渊称刘玄海，褚渊称褚彦回，石虎称石季龙是也。否则竟删去所犯之字，如《梁书》萧渊明、萧渊藻，但称萧明、萧藻，《陈书》韩擒虎但称韩擒是也。否则以文义改易其字，凡遇"虎"字皆称猛兽，李叔虎称李叔彪，殷渊源称殷深源，陶渊明称陶泉明，魏广阳王渊称广阳王深是也。其后讳"世"为"代"，讳"民"为"人"，讳"治"为"理"之类，皆从文义改换之法也。

【辨伪】赵翼《廿二史劄记》卷八"唐人避讳之法"条曰：

> 唐人修诸史时，避祖讳之法有三：如"虎"字、"渊"字，或前人名有同之者，有字则称其字，如《晋书》公孙渊称公孙文懿，刘渊称刘玄海，褚渊称褚彦回，石虎称石季龙是也。否则竟删去其所犯之字，如《梁书》萧渊明、萧渊藻，但称萧明、萧藻，《陈书》韩擒虎但称韩擒是也。否则以文义改易其字，凡遇"虎"字皆称猛兽，李叔虎称李叔彪，殷渊源称殷深源，陶渊明称陶泉明，魏广阳王渊称广阳王深是也。其后讳"世"为"代"，讳"民"为"人"，讳"治"为"理"之类，皆从文义改换之法。

【小结】此条抄自《廿二史劄记》卷八"唐人避讳之法"。作伪方式为点窜字句。

97. 唐人三礼之学

唐人最重三《礼》之学，当时精究其业者推贾公彦。公彦撰《周礼义疏》、《仪礼义疏》。公彦子大隐，亦传其业。李元植从公彦受礼学，撰《三礼音义》。王恭精三礼，别为义证，甚精博。王元感撰《礼记绳愆》。王方庆尤精三礼，学者有所咨质，必究其微，门人次为《杂礼答问》。他如褚无量、韦逌、高仲舒、唐休璟、苏安恒，皆精三礼，见各本传。其各见于论著者，如王方庆、张齐贤论每月皆告朔之说，王元感三年之丧以二十七月，张柬之以二十五月，一本郑康成说，一本王肃说也。史元灿议禘祫三年、五年之别，朱子奢议七庙、九庙之制，韦万石、沈伯仪、元万顷、范履冰等议郊丘、明堂之配，皆各有依据，不同剿说。其据以论列时政者，如卢履冰、元行冲论父在为母三年服之非，彭景直论陵庙日祭之非，康子玄驳许敬宗先燔柴而后祭之非，黎干驳归崇敬请以景皇帝配天地之非，唐绍、蒋钦绪、褚无量驳祝钦明皇后助祭郊天之非，陈贞符论隐、章怀、懿德、节愍四太子庙四时祭享之非，皆见各本传。李淳风辨太微之神不可为天，见《萧德言传》。韦述议堂姨舅不宜服，见《韦绦传》。无不援引该博，证辨明确，可为千百世法。其后元行冲奉诏用魏徵《类礼》列于经，与诸儒作疏，成五十篇。将立学官，为张说所阻，行冲又著论辨之。大历中，尚有仲子陵、袁彝、韦彤、韦茝以礼名其家学。可见唐人究心三礼，务为有用之学，而非徒以炫博也。

【辨伪】赵翼《廿二史劄记》卷二十“唐初三《礼》、《汉书》、《文选》之学”条曰：

> 六朝人最重《三礼》之学，唐初犹然。……当时受其业者推贾公彦。……公彦撰《周礼义疏》五十卷，《仪礼义疏》四十卷。公彦子大隐，亦传其业。又有李元植，从公彦授礼学，撰《三礼音义》。……王恭精三礼，别为义证，甚精博。……王元感尝撰《礼记绳愆》。……王方庆尤精三礼，学者有所咨质，必究其微，门人次为《杂礼答问》。……他如褚无量、韦逌、高仲舒、唐休璟、苏安恒皆精三礼，见各本传。今诸儒论著见于新、旧《书》者，如王方庆、张齐贤论每月皆告朔之说。……王元感三年之丧以二十七月，张柬之以二十五月，一本郑康成说，一本王肃说也。……史元灿议禘祫三年、五年之别。……朱子奢议七庙、九庙之制。……韦万石、沈伯仪、元万顷、范履冰等议郊丘、明堂之配。……皆各有据依，不同剿说。其据以论列时政者，如卢履冰、元行冲论父在为母三年服之非，彭景直论陵庙日祭之非，康子玄驳许敬宗先燔柴而后祭之非，黎干驳归崇敬请以景皇帝配天地之非，唐绍、蒋钦绪、褚无量驳祝钦明皇后助祭郊天之非，陈贞符论隐、章怀、懿德、节愍四太子庙四时祭享之非，皆见各本传。李淳风辨太微之神不可为天，见《萧德言传》。韦述议堂姨舅不宜服，见《韦绦传》。无不援引该博，证辨确切，可为千百世之准。其后元行冲奉诏用魏徵《类礼》列于经，与诸儒作疏，成五十篇。将立之学官，为张说所阻，行冲又著论辨之。大历中，尚有仲子陵、袁彝、韦彤、韦茝以礼名其家学。此可见唐人之究心三礼，考古义以断时政，务为有用之学，而非徒以炫博也。

【小结】此条抄自《廿二史劄记》卷二十“唐初三礼、《汉书》、《文选》之学”条。作伪方式为点窜字句。

98. 欧、薛二史得失

【A】宋开宝中，薛居正等奉诏修梁、唐、晋、汉、周五代史。据各朝实录及范质《五代通录》成之。【B】当时宋初秉笔之臣若卢多逊、扈蒙、张澹、李昉、刘兼、李穆、李九龄等尚多逮事五代，见闻较近，纪传事迹皆足征信，而遗闻琐事亦借以获传。但文体卑弱，叙事烦冗，【C】远不及欧史之义例谨严，文笔高简。盖欧褒贬祖《春秋》，叙述法《史记》(共七十五卷)，【D】意在刊削旧史之文也。【E】自金泰和中诏学官专用欧史，而薛史遂微。【F】然欧史止述《司天》、《职方》二考，而诸志皆阙，又不如薛史文献之有征矣。【G】吴缜《纂误》、杨陆荣《志疑》，群起攻驳，亦未必尽无当也。【H】惟沈括、洪迈、王应麟辈，为一代博洽之士，其所撰述，于欧、薛二史每多兼采，知二史各有短长，固未可意为轩轾也。

【辨伪】《四库全书总目》卷四十六《旧五代史》提要曰：

【A】开宝中，诏修《梁》、《唐》、《晋》、《汉》、《周书》，卢多逊、扈蒙、张澹、李昉、刘兼、李穆、李九龄同修。……多据累朝实录及范质《五代通录》为稿本。

【E】至金章宗泰和七年，诏学官止用欧阳修史，于是薛史遂微。

【H】沈括、洪迈、王应麟辈，为一代博洽之士，其所著述，于薛、欧二史亦多兼采，而未尝有所轩轾。

【D】盖修所作皆刊削旧史之文。

【B】本在宋初。其时秉笔之臣，尚多逮事五代。见闻较近，纪传皆首尾完具，可以征信。……虽其文体平弱，不免叙次烦冗之病。而遗闻琐事，反借以获传。

【F】又欧史止述《司天》、《职方》二考，而诸志俱阙，凡礼乐职官之制度，选举刑法之沿革，上承唐典，下开宋制者，一概无征，亦不及薛史诸志为有裨于文献。

《四库全书总目》卷四十六《新五代史记》提要曰：

【C】大致褒贬祖《春秋》，故义例谨严。叙述祖《史记》，故文章高简。

【G】吴缜之《五代史纂误》、杨陆荣之《五代史志疑》，引绳批根，动中要害。虽吹求或过，要不得谓之尽无当也。

【小结】此条抄自《四库全书总目》卷四十六《旧五代史》提要、《新五代史记》提要。A、E、H、D、B、F段抄自《旧五代史》提要，C、G段抄自《新五代史记》提要。作伪方式有二：第一，点窜字句；第二，改变顺序。

99.《宋史》列传多失实

【A】元修《宋史》(共四百九十六卷)，多本宋朝国史，而国史又据各人家传、表志、行状以及言行录、笔谈、遗事之类杂缀成文，**凡此**皆出于各家子弟门生标榜其父师者，自必隐恶而扬善。元人修史不暇参订，悉仍其旧，故是非失当者多。**今特检出若干条焉**。如《胡安国传》不载安国本为秦桧所荐，及安国求去，秦桧三次疏留之事。《刘一止传》不载一止为秦桧党，力言修政局不可废之事。《何铸传》不载铸尝劾岳飞，及为秦桧劾张居正，又劾张九成、劾廖刚与陈渊等，反载治岳飞狱，力辨其冤，谓不当无故杀一大将。《李纲传》不载靖康围城，姚平仲劫营之败。纲主其议，乃谓平仲密奏，夜半奉旨使纲策应，纲实不与其谋者。是据纲所著《靖康传信录》也。《吕好问传》不载好问污张邦昌伪命从逆之罪，反载谏阻邦昌毋干大位，及劝遣使迎高宗等事。《张浚传》不载浚劾李纲、荐秦桧、奏解岳飞军、起汪伯彦官，惟杀曲端一事略见传中。《叶梦得传》不载梦得曾为蔡京客，为京定元祐党籍，及坐京党落职等事。《李显忠传》宿州之败，不载显忠私其金帛，不肯犒军，与邵弘渊忿争致败，反载弘渊欲发仓库，显忠不可，因以致溃者。是明为显忠讳也。《史弥远传》弥远欲诛韩侂胄，由皇后皇子从中主之。弥远使夏震杀之。《本纪》则谓先奏请，得旨而后行诛者。此固国史实录书法如此，不欲见大臣操擅杀之权，**犹可言也**。

至拥立理宗一事，以先帝豫立之储君，辄敢废罢，转拥立一先帝未识之人。弥远之恣横，**罪不容诛**。乃《宁宗本纪》但云帝崩，史弥远传遗诏，立侄贵诚为皇子，更名昀，即皇帝位。竑为济阳王，居湖州，并不著其废立之罪。盖是时弥远柄政，史馆实录皆所监修，故书法如是也。《贾涉传》李全降宋，涉为制置使，不载李全冒功辄奏授观察使，及全并军跋扈不能钤辖，乃在楚州军士遮道涉不得入城等事，反谓李全因献玺赏官，涉曾叹其滥爵养骄，见能驾驭群盗者，此传必其子似道当国时史馆所录，元人未及改正也。《赵范》、《赵葵传》，宋与蒙古本无嫌隙，忽兴师入洛，规复中原，此事实赵范兄弟任之于外，郑清之主之于内也。乃《范传》不载其主谋兴师事，反谓灭金后，范奏理宗当鉴宣和海上之盟。《葵传》亦载其奏姑从和议，似皆能审度时势者。《郑清之传》亦不载其主谋开边事，反谓因理宗惧边警，密疏不宜忧悔太过，似能持危定倾、事后补救者。【B】**盖当时作家传者，各讳其先人始谋之不善，而国史因之也**。故沈世泊《宋史就正编》亦纠其纪志列传，前后每多互异，世系、官资皆不足取信。至于宋师伐辽，高凤以易州来归，见《北盟会编》，而《宋史》误作郭药师。绍兴中，赵鼎以奉国军节度使出知绍兴府，见《宰辅编年录》，而《宋史》误作忠武军。又失载王坚之守城不降，与林同之题壁自尽。忠义之士，尚多阙落，尤为疏漏之大。皆切中其失。又南唐刘仁瞻之死节，见于欧阳修《五代史》、司马光《通鉴》，而《宋史》仍作以城降。李澣终于辽，未尝入宋，见《辽史》本传，而《宋史》仍附于《李涛传》，是书列学官、事载史局者尚未及勘证，其他可知矣。

【辨伪】B段抄自《四库全书总目》卷四十六《宋史》提要：

> 其后，沈世泊撰《宋史就正编》，综核前后，多所匡纠。……所叙官资，又岂可尽信哉？至于宋师伐辽，高凤以易州来归，见《北盟会编》。而《宋史》误作郭药师。绍兴中，赵鼎以奉国军节度使出知绍兴府，见《宰辅编年录》。而《宋史》误作忠武军。失载王坚之守城不降，与林同之题壁自尽。忠义之士，尚多阙落，尤为疏漏之大者矣。其所攻驳，皆一一切中其失。……至于南唐刘仁瞻之死节，欧阳修《五代史记》、司马光《通鉴》俱为之证明。而此书仍作"以城降"。李澣终于辽，未尝入宋，见《辽史》本传。而此书仍附于《李涛传》。是于久列学官之书，共在史局之稿，尚不及互相勘证。则其他抑可知矣。

A段抄自赵翼《廿二史劄记》卷二十三"《宋史》各传回护处"条：

> 元修《宋史》，度宗以前多本之宋朝国史，而宋国史又多据各家事状、碑铭编缀成篇……盖宋人之家传、表志、行状以及言行录、笔谈、遗事之类，流传于世者甚多，皆子弟门生所以标榜其父师者，自必扬其善而讳其恶……元人修史又不暇参互考证，而悉仍其旧，毋怪乎是非失当也。李纲靖康围城之事，姚平仲欲劫营……遂及于败。……李纲实与其谋，而《纲传》则谓平仲密奏斫营。夜半中使传旨使纲策应。似纲初不知者。……此事本载纲所著《靖康传信录》。……吕好问靖康之变朝臣多污张邦昌伪命……《好问传》不载其从逆之事，反备书谏阻张邦昌毋干大位，及趣邦昌遣使迎高宗等事。……浚为御史，劾纲以私意杀侍。……又尝荐秦桧可任大事。……又尝与岳飞论吕祉、王德、郦琼兵事不合，飞因解兵奔丧归……起伯彦知宣州……今

《浚传》皆不载，惟杀曲端一事略见传中。……梦得初为蔡京客……尝为京立元祐党籍……以京党落职……今《梦得传》不载。……安国本秦桧所荐用……安国求去，桧三疏留之。……今《安国传》不载。……一止，秦桧党也，桧置修政局，或有言局当废者。一止与林待聘力言不可废……《一止传》不载。铸尝与罗汝楫劾岳飞……又尝为秦桧劾王居正为赵鼎之党……又劾张九成党赵鼎……又劾廖刚与陈渊等……反云治岳飞狱，力辨其冤，谓不当无故杀一大将。……李显忠宿州之败……显忠欲私其金帛，不以犒军，与邵弘渊忿争，遂致师溃。……今显忠传乃谓宏渊欲发仓库，犒军显忠不可……遂致溃……亦为显忠讳。……弥远欲诛侂胄，皇后皇子从中主之。……弥远乃使震亟杀之……似乎先奏请，得旨而后行诛者。……盖实录书法本如是，不欲以大臣擅杀……至其拥立理宗一事……以先帝预立之储君，擅敢废罢，而所立者并非先帝所识之人。虽以唐宦官之"定策国老，门生天子"，尚不至如此之恣横，则弥远之罪上通于天，无可讳饰者。乃《宁宗本纪》并不著其废立之罪，但云帝崩，史弥远传遗诏，立侄贵诚为皇子，更名昀，即皇帝位。封皇子竑为济阳王，出居湖州……盖其时弥远正柄政，史馆实录皆所监修，故书法本是如此。……李全既降于宋……涉为制置使……全以所得金牌上于涉，谓杀四驸马所得者，涉遂奏授观察使，其实四驸马不死也。季先死，全欲并将其军，诡称其军有三千虚籍，覆之可省费，涉遂付以兵，将遣人覆实，全忽报昨闻邳州有警，已遣七千人往赴矣，遂不得覆。……全军在楚州者，遮道不得入……今《贾涉传》皆不载，反谓李全得玉玺以献朝廷赏以节度使，涉叹曰："朝廷但知官爵可以得其心，岂知骄则至于不可劝耶?"是并能驾驭群盗矣。此传亦必其子似道当国日史馆所立，而元人因之不改者也。……宋与蒙古本敦邻好，并无嫌隙，忽焉兴师入洛，规复中原……此事实赵范兄弟任之于外，郑清之主之于内也。乃《赵范传》不载其主谋用兵事，反云灭金后，范言于理宗曰宣和海上之盟。……《赵葵传》亦载其所奏云国家兵力未赡，姑从和议。……据此，则二人又似能审度时势。……《郑清之传》亦不载其主谋开边事，反载理宗因边警，甚惧。清之密疏谓陛下忧悔太过……似能持危定倾、补救于事后者矣。

【小结】此条抄自《四库全书总目》卷四十六《宋史》提要、《廿二史劄记》卷二十三"《宋史》各传回护处"条。作伪方式有三：第一，点窜字句；第二，增加句子；第三，多源组合，A 段抄自"《宋史》各传回护处"条，B 段抄自《四库全书总目》卷四十六《宋史》提要云。

100. 王偁《东都事略》

【A】长洲汪钝翁谓元人修《宋史》，实据王季平《东都事略》为稿本。以今考之，惟《文艺传》为《宋史》所资取，故所载北宋为多，南宋文人甚属寥寥。其余事迹亦每多异同。如符彦卿二女为周室后，而《宋史》阙其一。刘美本姓龚，冒附于《外戚》，《事略》直书其事，《宋史》采其家传，转为之讳。赵普先阅章奏，田锡极论其非，而《宋史》误以为群臣章奏，必先白锡。杨守一以涓人补右班殿直，迁翰林副使，而《宋史》误作翰林学士。新法初行，坐仓籴米，吴申等言其不便，《宋史》误以为司马光之言。至于地名、谥法，舛谬尤多。是元人修史，实未取资是书。钝翁之言非确论也。【B】是书(共一百三十卷,)叙事约而该，议论亦皆持平。如康保裔不列于《忠义》，张方平、王拱辰不讳其瑕疵，皆具卓识。于熙宁之启衅、元符之绍述，尤三致意焉。《朱勔传》后附僧祖秀《艮岳记》，盖仿《三国志·诸葛亮传》后附载《文集目录》及陈寿《进表》之例。虽非史法，亦足资考证。【C】是与李焘、李心传之书(李焘撰有《资治通鉴长编》，李心传撰有《建炎以来系年要录》及《朝野杂记》)，在宋人私史中皆为卓然可传者也。【D】惟南宋人乃不满其书，盖由偁闭户著述，不入讲学宗派，党同伐异，势所必至，未足据为定论也。

【辨伪】《四库全书总目》卷五十《东都事略》提要云：

> 【B】《东都事略》一百三十卷，宋王偁撰。……叙事约而该，议论亦皆持平。如康保裔不列于《忠义》，张方平、王拱辰不讳其瑕疵，皆具史识。熙宁之启衅、元符之绍述，尤三致意焉。《朱勔传》后附载僧祖秀《艮岳记》，盖仿《三国志·诸葛亮传》后附载《文集目录》及陈寿《进表》之例。虽非史法，亦足资考证。
>
> 【D】而南宋诸人，乃多不满其书。盖偁闭门著述，不入讲学之宗派。党同伐异，势所必然，未可据为定论也。
>
> 【A】近时汪琬复谓元修《宋史》，实据此书为稿本。以今考之，惟《文艺传》为《宋史》所资取，故所载北宋为多，南宋文人寥寥无几。其余事迹异同，如符彦卿二女为周室后，而《宋史》阙其一。刘美本姓龚，冒附于《外戚》，《事略》直书其事。《宋史》采其家传，转为之讳。赵普先阅章奏，田锡极论其非，而《宋史》误以为群臣章奏，必先白锡。杨守一以涓人补右班殿直，迁翰林副使，而《宋史》误作翰林学士。新法初行，坐仓籴米，吴申等言其不便，《宋史》误以为司马光之言。至地名、谥法，《宋史》尤多舛谬。元人修史，盖未尝考证此书。琬之言未得其实也。其中如张齐贤以雍熙三年忤旨出外，而误作自请行边，以副使王履楚辞误属之李若水，又不载王履于《忠义传》，虽不免间有抵牾。
>
> 【C】然宋人私史卓然可传者，唯偁与李寿、李心传之书而三，固宜为考《宋史》者所宝贵矣。

【小结】此条抄自《四库全书总目》卷五十《东都事略》提要。作伪方式有二：第一，点窜字句；第二，改变顺序(原文顺序为 B、D、A、C)。

101.《辽史》最简略

【A】契丹之俗，记载本少。自太宗会同元年诏有司编修，已多荒渺无稽。【B】**后虽立有监修国史之官**，又书禁甚严，不得流传邻境。五京兵燹后，典策散亡，故二百年纪传志表皆缕割分隶，重复琐碎。求盈卷帙，**仅百余篇**，其简略亦甚矣。【C】如《东都事略》载辽太宗建国号大辽，圣宗即位，改大辽为大契丹国，道宗咸雍二年又改大契丹为大辽。改复国号，一朝大事，而《辽史》不书。【D】《文献通考》称辽道宗改元寿昌，《老学庵笔记》载圣宗改号重熙，后避天祚嫌名，追称重熙曰重和。改元大典而《辽史》亦不书。【E】圣宗统和二十四年幽皇太妃呼纽于怀州。案皇太妃曾诏领西北路乌尔古等及永熙宫军，抚定西辽事者。是有辟土靖边之功，其因何事幽死，《后妃传》内并无其人。统和四年纳皇后萧氏，乃圣宗元配也。于统和十九年以罪降为惠妃。后系何族之女，因何事得罪，《后妃传》内亦无一字及之。既为《辽史》，则本国兴兵不应自称辽兵、辽军。乃《本纪》贝州之战云“纳辽兵”，戚城之战云“辽军围晋将”、“辽军引退”，邺都之战云“辽军数万”、“辽军又至”、“辽军乃退”，反似他国记载。称契丹为辽军者，亦太疏矣。【F】亦有体例最善者，在于立表之多。表多则传自可少。除宋邻国凡与宋和战交际之事，则书于《本纪》，不复立表，余皆列之于表。既著其世系、官位，而功罪亦附书焉。内而各部族，外而各属国，亦列于表。而朝贡叛服、征讨胜负亦附书焉。笔墨既省，而事亦不废。故列传虽少，而一代之事迹亦得略备焉。

【辨伪】C、E 段抄自赵翼《廿二史劄记》卷二十七“《辽史》疏漏处”条：

【C】《东都事略》记辽太宗建国大辽，圣宗即位，改大辽为大契丹，道宗又改大契丹为大辽。改号复号，一朝大事，而《辽史》不书。

【E】圣宗统和二十四年，幽皇太妃呼纽于怀州。……按统和十二年，诏皇太妃领西北路乌尔古。……及永熙宫军，抚定西边……则此皇太妃不惟有辟土之大功……其幽死也，又以何事？《后妃传》内当专立一传，乃并无其人，何也？又圣宗统和四年，纳皇后萧氏……此后乃圣宗元配也，统和十九年以罪降为惠妃。……后系何人之女，以何事得罪？《后妃传》……绝无一字及之，何耶？且既为《辽史》，则本国兴兵之事，不应自称曰“辽兵”，乃《本纪》贝州之战云，军校邵珂开城门纳辽兵。戚城之战云，辽军围晋别将于戚城，晋主自将救之，辽军引退。邺都之战云，慕容彦超遇辽军数万，至榆林，辽军又至，彦超等力战，辽军乃退。……反似他国记载而称契丹为辽军者，此亦修史者之疏也。

B、D 段抄自《四库全书总目》卷四十六《辽史》提要：

【B】考辽制，书禁甚严。凡国人著述，惟听刊行于境内。有传于邻境者，罪至死。……迨五京兵燹之后，遂至旧章散失，澌灭无遗。……此其重复琐碎，在……缕割分隶，以求卷帙之盈。

【D】《文献通考》称辽道宗改元寿昌。……又《老学庵笔记》载圣宗改号重熙，后避天祚嫌名，追称重熙曰重和。……此书均不载，是其于改元之典章多舛漏也。

F 段抄自赵翼《廿二史劄记》卷二十七“《辽史》立表最善”条：

二百年人物，列传仅百余篇，其脱漏必多矣。然其体例亦有最善者，在乎立表之多，表多则传自可少。……既著明其世系官位，而功罪亦附书焉……又如内而各部族，外而各属国，亦列之于表，凡朝贡叛服、征讨胜负之事，皆附书其中，又省却多少外国等传。故《辽史》列传虽少，而一代之事迹亦略备。惟与宋和战交际之事，则书于本纪而不复立表。

A 段抄自赵翼《廿二史劄记》卷二十七“辽史”条：

盖契丹之俗记载本少。太宗会同元年，虽诏有司编……盖已荒渺无可稽也。

【小结】此条抄自《廿二史劄记》卷二十七“《辽史》”条、“《辽史》疏漏处”条、“《辽史》立表最善”条、《四库全书总目》卷四十六《辽史》提要。作伪方式有三：第一，点窜字句；第二，增加句子；第三，多源组合，A 段抄自“《辽史》”条，B、D 段抄自《四库全书总目》卷四十六《辽史》提要，C、E 段抄自“《辽史》疏漏处”条，F 段抄自“《辽史》立表最善”条。

102.《金史》采录详核

【A】《金朝实录》在顺天张万户家，元好问**求之不得**，遂纂《壬辰杂编》。又刘祁撰有《归潜志》。【B】盖二人身历南渡后，或游于京，或仕于朝，凡金源君臣遗言往行，皆得之耳闻目见。元托克托等撰修(共一百三十五卷)，得借资采录，【C】故叙事详明，文笔老洁。使当日情事历历如见，洵称良史。【D】今案《世纪》于卷首，而列景宣帝、睿宗、显宗于《世纪补》，则酌取《魏书》之例。《历志》则采赵知微之《大明历》，而兼考浑象之存亡。《礼志》则采韩企先等之《大金集礼》，而兼及杂仪之品节。《河渠志》之详于二十五埽。《百官志》之首叙建国诸官，具有条理。【E】且金初臣辽，继叛辽而灭之。一切以诈力从事，皆直书不讳。其征战之事中多诡谋，亦无所隐，咸得其实。**而铺叙尤为得法**。【F】如珠赫店之战，太祖自将，则书于《本纪》。获辽主，取宋帝，则详于《宗翰》、《宗望传》。渡江追宋高宗，则详于《宗弼传》。富平之战，则详于《宗弼》及《持嘉晖(旧名赤盏晖)传》。和尚原之战，则详于《宗弼》及《古云传》。泾州西原之战，则详于《古云》及《萨里罕(旧名撒离喝)传》。正隆用兵，则详于《海陵本纪》及《李通传》。太定中，复取淮、泗，则详于《布萨忠义(旧名仆散忠义)》、《赫舍里志宁(旧名纥石烈志宁)传》。泰和中宋兵来侵，则详于《布萨揆(旧名仆散揆)》、《宗浩》、《完颜纲传》。兴定中发兵侵宋，则详于《约赫德(旧名牙吾塔)传》。三峰山之战，则详于《完颜哈达(旧名合达)传》。汴城括粟之惨，则详于《锡默爱实(旧名斜卯爱实)传》。汴城之攻围，则详于《博索》及《完颜纳申(旧名奴申)》、《崔立传》。归德之窜，则详于《白华传》。蔡州之亡，则详于《完颜仲德传》。各就当局一二人叙其颠末，而同事诸将自可以类相从，最得史法。至辽将和尚、道温二人之忠于辽，宋将徐徽言之忠于宋，亦不忍没其临危不屈之节，即用夹叙法，附书道温二人于《宗望传》，附书徽言于《罗索(旧名娄室)传》，使诸人千载犹有生气，尤见不没人善。【G】惟晋王宗翰之上书求免，见《北盟会编》。沈王宗弼之遗令处分，见《建炎以来系年要录》，皆关国政，而本传不书。海陵之失德既见于《本纪》，而诸嬖之猥亵复详于《后妃传》。王伦以奉使被留，未尝受职。而传列于郦琼、李成之后。《张邦昌传》既云《宋史》有传，事具宗翰等传，而复引《本纪》之文，列于刘豫之前，未免稍乖体例也。

【辨伪】《四库全书总目》卷四十六《金史》提要云：

【A】元好问……《金国实录》在顺天张万户家……既因有阻而止，乃构野史亭著述其上。凡金源君臣遗言往行，采摭所闻有所得。……又称刘祁撰《归潜志》……

【D】如载《世纪》于卷首，而列景宣帝、睿宗、显宗于《世纪补》，则酌取《魏书》之例。《历志》则采赵知微之《大明历》，而兼考浑象之存亡。《礼志》则掇韩企先等之《大金集礼》，而兼及杂仪之品节。《河渠志》之详于二十五埽。《百官志》之首叙建国诸官。……具有条理。

【G】晋王宗翰之上书乞免，见《北盟会编》。沈王宗弼之遗令处分，见《建炎以来系年要录》。皆有关国政，而本传不书。海陵之失德既见于《本纪》，而诸嬖之猥亵，复详述于《后妃传》。王伦以奉使被留，未尝受职。而传列于郦琼、李成之后。《张邦昌传》既云《宋史》有传，事具宗翰等传，而复引《本纪》之文，列于刘豫之前。皆乖体例。①

赵翼《廿二史劄记》卷二十七"《金史》"条云：

【C】《金史》叙事最详核，文笔亦极老洁。……多取刘祁《归潜志》、元好问《壬辰杂编》以成书，故称良史。然《好问传》，金亡后，累朝实录在顺天张万户家，好问言于张，欲据以撰述，后为乐夔所沮而止。

【E】至与契丹往来及征战之事，中多诈谋诡计，悉无所隐，故所纪咸得其实云。……初臣辽而事之，继叛辽而灭之，一切以诈力从事，皆直书不讳。

【B】盖二人身历南渡后，或游于京，或仕于朝，凡庙谋疆事，一一皆耳闻目见。

【F】如珠赫店(《辽史》作出店河，《金史》作出河店)之战，太祖自将，则书于《本纪》。获辽主，取宋帝，则详于《宗翰》、《宗望传》。渡江追宋高宗，则详于《宗弼传》。富平之战，则详于《宗弼》及《持嘉晖(旧名赤盏晖)传》。和尚原之战，则详于《宗弼》及《古云传》。泾州西原之战，则详于《古云》及《萨里罕(旧名撒离喝)传》。正隆用兵，则详于《海陵本纪》及《李通传》。大定中，复取淮、泗，则详于《布萨忠义(旧名仆散忠义)》、《赫舍里志宁传》(旧名纥石烈志宁)。泰和中宋兵来侵，则详于《布萨揆(旧名仆散揆)》、《宗浩》、《完颜纲传》。兴定中发兵侵宋，则详于《约赫德(旧名牙吾塔)传》。巩昌之战，则详于《博索(旧名白撒)传》。禹山之战，则详于《伊刺布哈(旧名移刺蒲阿)传》。三峰山之战，则详于《完颜哈达(旧名合达)传》。汴城括粟之惨，则详于《锡默爱实(旧名斜卯爱实)传》。汴城之攻围，则详于《博索》及《完颜纳申(旧名奴申)》、《崔立传》。归德之窜，则详于《白华传》。蔡州之亡，则详于《完颜仲德传》。各就当局一二人叙其颠末，而同事诸将自可以类相从，最得史法。又如辽将和尚、道温二人之忠于辽，宋将徐徽言之忠于宋，则但书其殉节，而死事之详，听其入《辽史》、《宋史》可矣。乃不忍没其临危不屈之烈，特用古人夹叙法，附书道温二人于《宗望传》，徐徽言于《罗索(旧名娄室)传》，使诸人千载下犹有生气。

【小结】此条抄自《四库全书总目》卷四十六《金史》提要、《廿二史劄记》卷二十七"《金史》"条。作伪方式有四：第一，点窜字句；第二，增加句子；第三，改变顺序；第四，多源组合，A、D、G段抄自《四库全书总目》卷四十六《金史》提要，C、E、B、F段抄自

① 邵晋涵《南江诗文钞》文钞卷十二《金史提要》与此略同。

“《金史》”条。

103.《元史》多据实录

【A】《元史》初成，即有异议。及递相考证，而纰漏者尤多。顾宁人摘其赵孟頫诸传，备书上世赠官，仍志铭之文，未经芟削。《河渠志》言耿参政。《祭祀志》言田司徒引案牍之语，失于剪裁。朱竹垞又谓其急于成书，故前后复出。因举其一人两传者，条其篇目，为仓猝失检之病。然《元史》之草率虽因蒇事甚速，亦由始事太骤。明初两次开局，距元亡仅二三年。**人间私纪著录尚未编集成书、见行于世**。【B】当时可据以为稿本者，惟《十三朝实录》，如《世祖实录》，则李之绍、马绍、李谦、姚燧、张九思、张升等修。《裕宗实录》，则张九思修。《成宗实录》，则元明善、程巨夫、邓文原等修。《顺宗实录》，则元明善修。《武宗实录》，则元明善、苏天爵等修。《仁宗实录》，则元明善、廉惠山海牙、曹元用等修。《英宗实录》，则曹元用、马祖常、廉惠山海牙等修。《泰定帝实录》，则成遵、王结、张起岩、欧阳玄等修。《明宗实录》，则成遵、谢端等修。《文宗实录》，则王结、张起岩、欧阳玄、苏天爵、成遵等修。《宁宗实录》，则谢端修。累朝《后妃》、《功臣传》，则张起岩、杨宗瑞、揭傒斯、吕思诚、贡师泰、周伯琦等修。凡执笔撰述者类，皆老于文学，熟于掌故。故修史，宋濂诸臣即抄撮成书(共二百十卷)，**诸志惟阙《艺文》**，其《天文》、《五行》诸志，则据郭守敬所创简仪、仰仪诸说；《职官》、《兵》、《刑》诸志，则据虞集等所修《经世大典》；《水利》、《河渠》诸志，则据郭守敬成法及欧阳玄《河防记》，一朝制度，亦颇详赡。惟顺帝朝二十六年之事，虽无实录，而事皆明初修史诸人所目击。凡《伯颜》、《太平》、《脱脱》、《哈麻》、《孛罗》、《察罕》、《扩廓》等传，功罪亦最为明晰。其末造殉节诸人，又得张翥所集《忠义录》足资记载。故一代全史数月即可告成，其毋以蒇书甚速，疑其疏略而忽之也。

【辨伪】A 段抄自《四库全书总目》卷四十六《元史》提要：

> 始颁行，纷纷然已多窃议。迨后来递相考证，纰漏弥彰。顾炎武《日知录》摘其赵孟頫诸传，备书上世赠官，仍志铭之文，不知芟削。《河渠志》言耿参政，《祭祀志》言田司徒，引案牍之语，失于剪裁。朱彝尊《曝书亭集》又谓其急于成书，故前后复出。因举其一人两传者，条其篇目，为仓猝失检之病。然《元史》之舛驳，不在于蒇事之速，而在于始事之骤。……其在当日，则重开史局，距元亡二三年耳。后世所谓古书，皆当日时人之书也。其时有未著者，有著而未成者，有成而未出者，势不能裒合众说，参定异同。

B 段抄自《廿二史劄记》卷二十九“元史”条：

> 明初得元十三朝《实录》，即据以修辑此《元史》底本也。……旧时纂修《实录》者，多有熟于掌故之人……其执笔撰述者又多老于文学……(《世祖实录》，李之绍、马绍、李谦、姚燧、张九思、张升所修。《裕宗实录》，张九思所修。《成宗实录》，元明善、程巨夫、邓文原所修。《顺宗实录》，元明善所修。《武宗实录》，元明善、

苏天爵所修。《仁宗实录》，元明善、廉惠山海牙、曹元用所修。《英宗实录》，曹元用、马祖常、廉惠山海牙所修。《泰定帝实录》，成遵、王结、张起岩、欧阳玄所修。《明宗实录》，成遵、谢端所修。《文宗实录》，王结、张起岩、欧阳玄、苏天爵、成遵所修。《宁宗实录》，谢端所修。累朝《后妃》、《功臣传》，张起岩、杨宗瑞、揭傒斯、吕思诚、贡师泰、周伯琦等所修。……）明初修史诸臣，即抄撮成书。故诸列传尚多老笔，而无酿词①。其《天文》、《五行》诸志，则有郭守敬所创简仪、仰仪诸说；《职官》、《兵》、《刑》诸志，又有虞集等所修《经世大典》；《水利》、《河渠》诸志，则有郭守敬成法及欧阳玄《河防记》以为据依，故一朝制度亦颇详赡。顺帝一朝虽无实录，而事皆明初修史诸人所目击，睹记较切，故《伯颜》、《太平》、《脱脱》、《哈麻》、《孛罗》、《察罕》、《扩廓》等传，功罪更为分明。末造殉节诸人，则又有张翥所集《忠义录》以资记载。故一部全史数月成书，亦尚首尾完具，不得概以疏略议之。

【小结】此条抄自《四库全书总目》卷四十六《元史》提要和《廿二史劄记》卷二十九“《元史》”条。作伪方式有三：第一，点窜字句；第二，增加句子；第三，多源组合，A 段抄自《四库全书总目》卷四十六《元史》提要，B 段抄自“《元史》”条。

104. 三史人名多雷同

【A】有两人同名者，如辽之萧韩家奴有二，一为奚长渤鲁恩之后，封兰陵王；一为涅剌部人，官节度使，入《文学传》。又耶律宏吉有二，一为遥辇鲜质可汗之后，封公，官侍中；一为化哥之弟，迁南院大王，加于越（贵官名）。又耶律挞不也有二，一为孟父房仁先之子，官招讨使；一为季父房高家之子，官宣徽使。**金**之神土懑有二，一太宗子充；一太宗时宗室，胡速鲁改之子。又阿鲁补有二，一系出景祖冶诃之子；一太宗子宗敏。又阿鲁有三，一始祖子宗贤；一太祖子宗强；一太宗子宗本。此皆内族，雷同莫辨，**是又三人同名矣**。元之两察罕，一唐兀乌密氏，都元帅，追封河南王；一西域人，拜中书，进平章政事。又两拜住，一安童之孙，英宗时死难；一康里海蓝伯之裔，明兵至，死节。又两和尚，一玉耳别里伯牙吾台氏；一蒙古，乃蛮台氏。又两蛮子，皆为修史提调官。一参议中书省事；一左司郎中。又脱脱有四，一功臣木华黎之后，撒蛮之子，札剌儿氏也；一牙牙之子，康里脱脱，康里，汉高车国，当与乌古相同；一马札儿台之子，伯颜之弟，亦蔑儿吉艄氏也；一大阳可汗之子，高昌人。伯颜有五，两宰相，一蒙古八邻部人，一蔑儿吉艄氏，一儒学，乃蒙古哈剌鲁氏，居濮阳。一苗军帅杨完者之弟，为张士诚所围，自杀。一贺仁杰之子胜，小字伯颜，以小字行，后被诬见杀。**是又四人、五人同名矣**。【B】凡史传中有一人两传者，如《旧唐书》之杨朝晟、《元史》之速不台、雪不台，完者都、完者拔都，石抹也先、石抹阿辛。除已见于《日知录》者，余前已详考之矣。而又有误两为一者，如《五代史》拓拔思恭、思敬，兄弟也，而误作一人，见陈后山《丛谈》。【C】然或时有先后，苟在同时，每致淆惑。惟金有两婆卢火，皆太宗时宗室，因以在后者附前传。又有两讹可，一曰草火讹可；一曰板子讹可。皆内族之护卫出身，又同守河中，因同为一

① 【酿词】芜杂之辞。

传。又有三娄室，皆完颜氏，曰大娄室、中娄室、小娄室，以长幼别之，而合为一传。分其所分，合其所合，最得史法，此例惟金所独创耳。

【辨伪】B 段抄自汪师韩《韩门缀学》卷二“一人两史”条：

至如一史之中有一人两传者，《旧唐书》之杨朝晟、《元史》之速不台、雪不台，完者都、完者拔都，已著于《日知录》。而史传又有误两为一者，《五代史》拓拔思恭、思敬，兄弟也，误作一人，见于陈后山《丛谈》。

A、C 段抄自汪师韩《韩门缀学》卷二“三史姓氏”条：

辽之萧韩家奴有二，一为奚长渤鲁恩之后，封兰陵王；一为涅剌部人，官节度使，入《文学传》。又耶律宏吉有二，一为遥辇鲜质可汗之后，封公，官侍中；一为化哥之弟，迁南院大王，加于越(贵官名)。又耶律挞不也有二，一为孟父房仁先之子，官招讨使；一为季父房高家之子，官宣徽使。金之阿鲁有三，一始祖子宗贤；一太祖子宗强；一太宗子宗本。又神土懑有二，一太宗子充；一太宗时宗室，胡速鲁改之子。又阿鲁补有二，一系出景祖冶诃之子；一太祖子宗敏。凡皆内族而雷同莫辨……伯颜有五，两宰相，一蒙古八邻部人，一蔑儿吉解氏，一儒学，乃蒙古哈剌鲁氏，居濮阳。一苗军帅杨完者之弟，为张士诚所围，自杀。一贺仁杰之子胜，小字伯颜，以小字行，后被诬见杀。又脱脱有四，一功臣木华黎之后，撒蛮之子，札剌儿氏也；一牙牙之子，康里脱脱，康里，汉高车国当与乌古相同；一马札儿台之子，伯颜之弟，亦蔑儿吉解氏也；一大阳可汗之子，高昌人。又两察罕，一唐兀乌密氏，都元帅，追封河南王；一西域人，拜中书，进平章政事。又两拜住，一安童之孙，英宗时死难；一康里海蓝伯之裔，明兵至，死节。又两和尚，一玉耳别里伯牙吾台氏；一蒙古，乃蛮台氏。又两蛮子，皆为修史提调官。一参议中书省事；一左司郎中。

【C】至于时有后先，苟在并时，毋令淆惑。若金有两婆卢火，皆太宗时宗室，因以在后者附前传。又有两讹可，一曰草火讹可；一曰板子讹可。皆内族之护卫出身，又同守河中，因合为一传。又有三娄室，皆完颜氏，曰大娄室、中娄室、小娄室，以长幼别之，而合为一传。……分其所分，合其所合，《金史》创其例，似可为法也。

【小结】此条抄自汪师韩《韩门缀学》卷二“一人两史”条、“三史姓氏”条。A、C 段抄自“三史姓氏”条，B 段抄自“一人两史”条。作伪方式有二：第一，点窜字句；第二，增加句子。

105.《明史》最完善

【A】《明史》自康熙十八年圣祖仁皇帝始诏修，命叶方蔼、张玉书总裁其事，继又以汤斌、徐乾学、王鸿绪、陈廷敬、张英先后为总裁。**并召试彭孙遹等五十人入馆纂修，一时应诏诸臣**，皆博学能文之士。故玉书任志书，廷敬任本纪，鸿绪任列传。至五十三年，鸿绪列传稿先成，上之。本纪、志、表尚未就，【B】盖记载浩繁，异同歧出，递相考证，未遽定也。【C】至雍正二年，世宗宪皇帝命张廷玉等为总裁，就鸿绪本再加订正，至乾隆四年始进呈(共三百三十六卷)。盖历六十年而后成书，从古修史未有**编摩**如此之年久功深者，**故能尽美尽善，为近代诸史所不能及**。盖其修史时去胜朝甚近，见闻较切，事迹原委多得其实，非如《后汉书》之修于宋，《晋书》之修于唐，徒据前人记载也。又**多历年所**，是非久定，无所回避，**从容详订**，事皆征信，非如元末之修《宋》、《辽》、《金》三史，明初之修《元史》，时日促迫，潦草从事也。其列传功臣及世次，一一俱仿《史记》、《汉书》之例，无论已。惟姚广孝非武臣，以其为永乐诸臣之首，故与张玉、朱能等同卷。黄福、陈洽等皆文臣，柳升、王通等皆武臣，以其同事安南，故文武同卷。秦良玉本女土司，以其曾官总兵，有战功，故与诸将同卷。又如熊廷弼、王化贞，一主战，一主守，意见不同，而事相涉，则并入《廷弼传》内。袁崇焕、毛文龙，一经略，一岛帅，官职不同，而事相涉，则并入《崇焕传》内。又如李东阳、徐阶、高拱、张居正、沈一贯、方从哲、熊廷弼、袁崇焕、陈奇瑜、熊文灿、杨嗣昌等皆有关国之兴替，叙述诸人功罪轻重，亦**各得其平**。至末造殉节诸人应附传者，如《朱大典传》附王道焜等若干人，《张肯堂传》附吴钟峦等若干人，《史可法传》附文臣同殉者若干人，而诸武臣等则尽附于《刘肇基传》内，**皆得列名史策，无一挂漏**。此皆排纂之得当者也。【D】惟列传中增添三门，曰《阉党》，曰《流贼》，曰《土司》……盖貂珰之祸，虽汉、唐以下皆有，而士大夫趋炎附势者，惟明为最多，其流毒亦甚烈。别立一传，不惟示斧钺之诛，亦以著乱亡之源也。闯、献二寇猖獗，至于明亡，非他小丑可比，别立一传，著剿抚之失策，足为炯鉴也。至于土司，盖所谓羁縻州也。不内不外，衅隙易萌，大抵建置于元，而蔓延于明。控驭之道，与牧民御敌不同，故别为一类也。【E】其诸志皆从旧例，而于《历志》、《艺文志》则稍有变焉。《历志》则增以图，盖历生于数，数生算，算法之句股面线，今密于古，非有图则寸刌不能明；《艺文志》止载明人著述，而前史著录皆不载。其例始于宋孝王《关中风俗传》及刘知幾《史通》也。其表例于《诸王》、《功臣》、《外戚》、《宰辅》四门外，增《七卿》一门。盖明废左右丞相，而分其政于六部，都察院纠核百官，为任亦重，故为七也。【F】近代诸史，自欧阳公《五代史》外，《宋史》繁芜，《辽史》简略，《元史》草率，惟《金史》行文雅洁，叙事详核，颇有可观。然终逊。《明史》之**体例、书法无一可议**也。

【辨伪】《四库全书总目》卷四十六《明史》提要云：

> 【B】以记载浩繁，异同歧出，递相考证，未遽定也。
>
> 【E】其间诸志，一从旧例。而稍变其例者二：《历志》增以图，以历生于数，数生算，算法之句股面线，今密于古，非图则分刌不明；《艺文志》惟载明人著述，而前史著录者不载。其例始于宋孝王《关中风俗传》，刘知幾《史通》……表从旧例者四，曰《诸王》，曰《功臣》，曰《外戚》，曰《宰辅》。创新例者一，曰《七卿》。盖明废左右丞相，而分其政于六部。而都察院纠核百司，为任亦重。故合而七也。……
>
> 【D】创新例者三：曰《阉党》，曰《流贼》，曰《土司》。盖貂珰之祸，虽汉、唐以下皆有，而士大夫趋势附膻，则惟明人为最伙，其流毒天下亦至酷。别为一传，所以著乱亡之源，不但示斧钺之诛也。闯、献二寇，至于亡明，剿抚之失，足为炯鉴，非他小丑之比……故别立之。至于土司，古谓羁縻州也，不内不外，衅隙易萌，大抵多建置于元，而滋蔓于明，控驭之道，与牧民殊，与御敌国又殊，故自为一类焉。

赵翼《廿二史劄记》卷三十一“明史”条亦云：

【F】近代诸史，自欧阳公《五代史》外，《辽史》简略，《宋史》繁芜，《元史》草率，惟《金史》行文雅洁，叙事简括，稍为可观，然未有如《明史》之完善者。

【A】盖自康熙十七年用博学弘词诸臣分纂《明史》，叶方蔼、张玉书总裁其事，继又以汤斌、徐乾学、王鸿绪、陈廷敬、张英先后为总裁官，而诸纂修皆博学能文……后玉书任志书，廷敬任本纪，鸿绪任列传。至五十三年，鸿绪传稿成，表上之，而本纪、志、表尚未就，鸿绪又加纂辑。

【C】雍正元年再表上。世宗宪皇帝命张廷玉等为总裁，即鸿绪本选词臣再加订正，乾隆初始进呈。盖阅六十年而后讫事，古来修史未有如此之日久而功深者也。惟其修于康熙时，去前朝未远，见闻尚接，故事迹原委多得其真，非同《后汉书》之修于宋，《晋书》之修于唐，徒据旧人记载而整齐其文也。又经数十年参考订正……且是非久而后定，执笔者无所狗隐于其间，益可征信，非如元末之修《宋》、《辽》、《金》三史，明初之修《元史》，时日迫促，不暇致详，而潦草完事也。……此仿《史记》、《汉书》之例，以叙功臣世次。……姚广孝非武臣，而以其为永乐功臣之首，则与张玉、朱能等同卷。黄福、陈洽等皆文臣，柳升、王通等皆武臣，而以其同事安南，则文武同卷。秦良玉本女土司，而以其曾官总兵，有战功，则与诸将同卷。……甚至熊廷弼、王化贞，一主战，一主守，意见不同也，而事相涉，则化贞不另传，而并入《廷弼传》内。袁崇焕、毛文龙，一经略、一岛帅，官职不同也，而事相涉，则文龙不另传，而并入《崇焕传》内。此又编纂之得当也。……至末造殉难者附传尤多。如《朱大典传》附王道焜等数十人，《张肯堂传》附吴钟峦等数十人，而《史可法传》既附文臣同死扬州之难者数十人，若再附武臣则篇幅太冗，乃以诸武臣尽附于《刘肇基传》。……至诸臣有关于国之兴替，事之功罪，则轻重务得其平。如李东阳、徐阶、高拱、张居正、沈一贯、方从哲、熊廷弼、袁崇焕、陈奇瑜、熊文灿、杨嗣昌等。

【小结】此条抄自《四库全书总目》卷四十六《明史》提要、《廿二史劄记》卷三十一“《明史》”条。作伪方式有四：第一，点窜字句；第二，增加句子；第三，改变顺序；第四，多源组合，B、E、D 段抄自《四库全书总目》卷四十六《明史》提要，F、A、C 段抄自“《明史》”条。

106.《明史》立传多斟酌

《明史》立传多有斟酌，必悉心参校，方见修史用意之精细。如徐达、刘基二传，皆惟叙帝始终恩礼，毫无纤芥，虽平时有猜嫌之处，固可略而不书。而不从《龙兴慈记》谓徐达病疽，帝赐蒸鹅食之而卒。为传闻无稽之谈，盖当时功臣多不保全，如达、基得令终已属幸免，故不复著微词。《宋讷传》惟叙其次子复祖为司业，诫诸生守讷规，违者罪至死而已。而不从《草木子》载讷以元臣降，为国子祭酒，极意严酷，至有诸生自缢者，谓甚于周、来等语。《张辅传》惟叙其从英宗北征，死土木之难，而不从《庚己编》谓辅逃归，与家人诀，而死于先墓之说。盖讷教有师法；辅四朝勋德，故各著其现在之大醇，而略其疑似之小疵。《杨廷和传》不从《双岐杂记》谓廷和之入阁由刘瑾之力，反言廷和忤瑾，瑾摘《会典》小误，夺其俸二级。是不惟不附瑾，且与瑾为忤矣。《于谦传》惟谓以石亨、曹吉祥诬以谋立襄王世子，故被杀。而不言事之真伪，而于《襄王瞻墡传》书之。谓英宗复辟后，于皇太后阁内见襄国金符，乃土木陷后，欲召襄王而不果，其符遂留阁中。则谦之冤不辨而自白。国朝定鼎，但为崇祯帝及周后发丧成礼，而独不及熹宗懿安张后，盖当时传闻张后未死故也(时南昌推官史夏隆云：国变时后出宫，为李贼麾下刘旗鼓所得。刘本旧弁，事后无失礼。及我朝兵至，谓后不可失了朱家体面，后遂缢死。又陈玉堪作《宦者高永寿传》，张后与周后同日缢死。后有熹宗妃任氏出宫，为少年所得，年余，费其资且尽，怒自称"我张后也，胡为至此"，闻者不敢隐，遂送官。永寿独识之，然亦不敢明正其伪)，《本纪》则直据陈玉堪所传，大书国变时张后缢死宫中，而《流贼传》亦称李严保护懿安皇后令自尽，使贤后不遭传闻之诬蔑，尤见书法之不苟矣。

【辨伪】赵翼《廿二史劄记》卷三十一"《明史》立传多存大体"条云：

> 《明史》立传多存大体，不参校他书，不知修史者斟酌之苦心也。如《龙兴慈记》，徐达病疽，帝赐以蒸鹅，疽最忌鹅，达流涕食之，遂卒。……此固传闻无稽之谈。……今《明史》达、基二传则帝始终恩礼，毫无纤芥……而平时偶有嫌猜之处，固可略而不论。且其时功臣多不保全，如达、基之令终已属仅事，故不复稍著微词也。又如《草木子》载宋讷以元臣降，为国子祭酒，极意严刻，以称上意，监生自缢者月不乏人……其酷甚于周兴、来俊臣云。而《明史·讷传》绝不及之，但谓其次子复祖为司业，诫诸生守讷规，违者罪至死而已。又如张辅之死，据《庚己编》谓：……土木之难逃归，与家人诀，而缢死于先墓。今辅本传则但谓从英宗北征，死土木之难，绝不及逃归自缢之事。盖讷以严重立教，最有师法；辅四朝勋德……故各著其所优，而小疵在所略也。又如杨延和之入阁，《双岐杂记》谓由刘瑾之力，而本传绝不及，并言廷和忤瑾，瑾摘《会典》小误，夺其俸二级。是廷和不惟不附瑾，且与瑾忤矣。于谦之死，以石亨、曹吉祥诬以谋立襄王世子，故被杀。《谦传》但谓曹、石之诬，而事之真伪，传中不暇缕析，则于《襄王瞻墡传》见之。谓英宗复辟后，于皇太后阁内见襄国金符，乃土木陷后，欲召襄王而不果，其符遂留阁中。……则谦之冤自不辨而白矣。熹宗懿安张后，国变时生死传闻未确，故本朝定鼎，但为崇祯帝及周后发丧成礼，而张后独缺，盖其时有传张后未死者(时南昌推官史夏隆云，国变时后出宫，为李贼麾下刘旗鼓所得。刘本旧弁，事后无失礼，及我朝兵至，谓后不可失了朱家体面，后遂缢死。……又陈玉堪作《宦者高永寿传》，张后与周后同日缢死。后有熹宗妃任氏出宫，为少年所得，年余，费其赀且尽，任氏怒，自称"我张后也，胡为至此"，闻者不敢隐，遂送官。永寿独识之，然亦不敢明正其伪)……则本纪据陈玉堪所传，大书国变时张后缢死宫中，而《流贼传》亦称李严保护懿安皇后令自尽，使贤后不遭传闻之诬蔑，尤见书法之不苟矣。

【小结】此条抄自《廿二史劄记》卷三十一"《明史》立传多存大体"条。作伪方式为点窜字句。

107.《竹书纪年》非本书

【A】案《晋书·束皙传》，《竹书纪年》十三篇，与《隋志》合。今本止上下二卷，【B】后人以其所载皆三代时事，往往与经传相合，故通人博士多喜引据。然考《束皙传》“记夏以来”，《左传后序》言“起自夏商周，皆三代王事”。而今本起自黄帝、颛顼、帝喾、尧、舜，**又证以诸家所引《竹书》，皆今本所无，有亦多不相符**，知非汲冢本书矣。【C】案杜预注《左传》“携王奸命”句，引服虔说，以为伯服，疏并引束皙以为伯盘。今本乃有余臣之说。使《竹书》原有此文，不应杜、孔二人皆未睹。郭璞注《穆天子传》，引《纪年》七条，与今本相同者三条。璞称《纪年》而今在注中者三条。璞时不应先有注，且文亦不属。其“穆天子见西王母，西王母止之曰：有鸟䳘人”，今本无之。《隋书·经籍志》曰：“《纪年》皆用夏正建寅之月为岁首。”今本自入春秋以后，时月并与经同，全从周正，郦道元《水经注》引《竹书》七十六条，如《春秋》之为鲁史。而今本晋国之年皆附周下。又所引“出公六年荀瑶成宅阳”，“梁惠王元年邺师邯郸，师次于平阳”，“魏襄王六年秦取我焦”及“齐师伐赵东鄙围中牟”诸条，今本皆无之。刘知幾《史通》引《竹书》“文王杀季历”，今本作“文丁”。又引《竹书》“郑桓公，厉王之子”，今本锡王子多父命居洛，在宣王二十二年。王子多父为郑公在幽王二年，皆不云厉王子。李善《文选注》引《竹书》五条，惟有“太甲杀伊尹”一条。瞿昙悉达《开元占经》引《竹书》四条，今本皆无之。司马贞《史记索隐》引《竹书》晋出公二十三年奔楚，乃立昭公之孙，是为敬公。今本作“出公薨”。又引秦与卫战岸门，惠王后元十一年会齐于平阿，十三年会齐于甄，齐桓公君母，齐宣王后，宋易成肝废君自立，楮里疾围蒲七条，今本皆无之。杨士勋《穀梁传疏》引《竹书》周昭王胶舟之事，以驳《吕氏春秋》。今本但云王陟，无胶舟事。王存《元丰九域志》引《竹书》阴司马败燕公子翌于武垣，今本无之。罗泌、罗苹《路史》引《竹书》周武王年五十四，辨武王非年九十三。今本乃作九十三。又注引《竹书》夏后不降六十九年，证《世纪》五十九之异。今本乃亦作五十九。《路史》又引梁惠成八年雨骨于赤鞞，注又引夏桀末社坼裂。今本皆无之。鲍彪《战国策注》引《竹书》魏救中山，塞集胥口。今本无之。董逌《广川书跋》引《竹书》秦穆公十一年取灵丘，今本无之。其余虽证以《竹书》多相合符，然《胤征》辰弗集于房，《说命》称旧学于甘盘，皆出梅颐《古文尚书》。在西晋之后，不应先见《竹书》。其为后人抄撮诸书成之无疑矣。【D】卷首署“梁沈约附注”。案《梁书·沈约传》不云约注汲郡古文。《隋》、《唐志》载《纪年》亦不言约有附注。今本《纪年》所载祥瑞事，自黄帝至周武王，皆见《宋书·符瑞志》，其文正同。当亦后人取《宋书·符瑞志》附益之，而卷首妄为题署耳。读者当分别观之可也。

【辨伪】A、D、B段抄自臧琳《经义杂记》卷二十五“竹书纪年”条：

【A】《束皙传》，《纪年》十三篇，《隋志》，《纪年》十二卷并《竹书同异》一卷，共十三卷。……与《束传》正合。……乃今本止上下两卷……又《束传》云“记夏以来”，《左传后序》言“起自夏商周，皆三代王事”。而今本起自黄帝、颛顼、帝喾、尧、舜，则非汲冢本书矣。

【D】卷首署“梁沈约附注”。今考《纪年》所载祥瑞事，自黄帝至周武王，皆见《宋书·符瑞志》，其文正同。……《梁书》、《南史·沈约传》俱不云注汲郡古文。《隋》、《唐志》载《纪年》亦不言约有附注。殆后人取《宋书·符瑞志》附益卷首，妄为题署耳。

【B】后人以其所载多三代时事，往往与经传有合者，故通人博士咸喜引据。然不可不分别观之也。

C段抄自《四库全书总目》卷四十七《竹书纪年》提要：

又杜预注《左传》“携王奸命”句，引服虔说，以为伯服。疏并引束皙以为伯盘。今本乃有余臣之说。使《竹书》原有此文，不应二人皆未睹。则非束皙、杜预所见本也。郭璞注《穆天子传》，引《纪年》七条。以今本核之，相同者三条。璞称《纪年》而今在注中者三条。璞时不应先有注。且三条并为一条，文亦不属。其“穆天子见西王母，西王母止之曰：有鸟𪁉人”一条，今本无之。……《隋书·经籍志》曰：“《纪年》皆用夏正建寅之月为岁首。”今本自入春秋以后，时月并与经同，全从周正。……《水经注》引《竹书》七十六条……如《春秋》之为鲁史。而此本晋国之年皆附周下。又所引“出公六年荀瑶成宅阳”，“梁惠王元年邺师邯郸，师次于平阳”，“魏襄王六年秦取我焦”，及“齐师伐赵东鄙围中牟”诸条，今本皆无。……《史通》引《竹书》“文王杀季历”。今本作“文丁”。又引《竹书》“郑桓公，厉王之子”。今本锡王子多父命居洛，在宣王二十二年。王子多父为郑公在幽王二年。皆不云厉王子。……《文选注》引《竹书》五条。今惟有“太甲杀伊尹”一条。……《开元占经》引《竹书》四条。今本皆无。……《史记索隐》引《竹书》晋出公二十三年奔楚，乃立昭公之孙，是为敬公。今本作“出公薨”。又引秦与卫战岸门，惠王后元十一年会齐于平阿，十三年会齐于甄，齐桓公君母，齐宣王后，宋易成肝废君自立，楮里疾围蒲七条。今本皆无。……《穀梁传疏》引《竹书纪年》周昭王胶舟之事，以驳《吕氏春秋》。今本但曰王陟，无胶舟事。……《元丰九域志》引《竹书》阴司马败燕公子翌于武垣一条。今本亦无。……《路史》引《竹书》周武王年五十四，辨武王非年九十三。今本乃作九十三。又注引《竹书》夏后不降六十九年，证《世纪》五十九年之异。今本乃亦作五十九。《路史》又引梁惠成八年雨骨于赤鞞，注又引夏桀末年社坼裂。今本并无。……《战国策注》引《竹书》魏救中山，塞集胥口。今本无之。……《广川书跋》引《竹书》秦穆公十一年取灵丘。今本无之。……虽其他证以《竹书》往往相合，然《胤征》称辰弗集于房，《说命》称旧学于甘盘，均出梅赜《古文尚书》。在西晋之后，不应先见《竹书》。岂亦明人抄合诸书以为之？

【小结】此条抄自《经义杂记》卷二十五“《竹书纪年》”条、《四库全书总目》卷四十七《竹书纪年》提要。作伪方式有四：第一，点窜字句；第二，增加句子；第三，改变顺序；第四，多源组合，A、D、B段抄自“《竹书纪年》”条，C段抄自《四库全书总目》卷四十七《竹书纪年》提要。

108.《家礼》非朱子之书

王懋竑《白田杂著》有《家礼考》，曰："《家礼》非朱子之书也。《家礼》载于《行状》，其《序》载于《文集》，其成书之岁月载于《年谱》，其书亡而复得之，由载于《家礼》附录。自宋以来，遵而用之。其为朱子之书，几无可疑者。乃今反复考之，而知决非朱子之书也。李公晦叙《年谱》，《家礼》成于庚寅居祝孺人丧时。《文集序》不记年月，而《序》中绝不及居丧事。《家礼》附录陈安卿述朱敬之语，以为此往年僧寺所亡本，有士人录得，会先生葬日携来，因得之。其录得携来，不言其何人，亦不言其得之何所也。黄勉斋作《行状》，但云所辑《家礼》，世所遵用，其后有损益，未及更定。既不言成于居母丧时，亦不言其亡而复得。其《书家礼后》亦然。敬之，朱子季子。公晦、勉斋、安卿，皆朱子高第弟子。而其言参错，不可考据如此。案《文集》朱子《答汪尚书书》、《与张敬夫书》、《吕伯恭书》，其论《祭仪》、《祭说》，往复甚详。汪、吕书在壬辰、癸巳，张书不详其年，计亦在其前后也。壬辰、癸巳距庚寅仅二三年。《家礼》已有成书，何为绝不之及，而仅以《祭仪》、《祭说》为言耶？陈安卿录云：'向作《祭仪》、《祭说》，甚简而易晓，今已亡之矣。'则是所亡者乃《祭仪》、《祭说》，而非《家礼》也明矣。《文集》、《语录》自《家礼序》外，无一语及《家礼》者。惟《与蔡季通书》有已取《家礼》四卷纳一哥之语。此《仪礼经传通解》中《家礼》六卷之四，而非今所传之《家礼》也。甲寅八月《跋三家礼范后》云：'尝欲因司马氏之书，参考诸家，裁订增损，举纲张目，以附其后。顾以衰病，不能及已。后之君子，必有以成吾志也。'庚寅距甲寅二十余年，庚寅已有成书，朱子虽耄老，岂尽忘之，至是而乃为是语耶？窃尝推求其故，此必有因《三家礼范》跋语而依仿以成之者。盖自附于后之君子，而传者遂以托之朱子所自作。其《序》文亦依仿《礼范》跋语，而于《家礼》反有不合。《家礼》重宗法，此程、张、司马氏所未及。而《序》中绝不言之，以跋语所未有也。其《年谱》所云'居母丧时所作'，则或者以意附益之耳。敬之但据所传，不加深考，此如司马季思刻温公书之比。公晦从游在戊申后，其于早年固所不详，只叙所闻以为谱，而勉斋《行状》之作在朱子没后二十余年。其时《家礼》已盛行，又为敬之所传录，故不欲公言其非，但其词略而不尽。其《书家礼后》，谓《经传通解》未成为百世之遗恨，则其微意亦可见矣。后之人徒以朱子季子所传，又见《行状》、《年谱》所载，廖子晦、陈安卿皆为刊刻，三山杨氏、上饶周氏复为之考订，尊而用之，不敢少致其疑。然虽云尊用其书，实未有能行之者，故于其中谬误，亦不及察，徒口相传以熟文公《家礼》云尔。惟元应氏作《家礼辨》，其文亦不传，仅见于明丘仲深濬所刻《家礼》中。其辨专据《三家礼范》跋语，多疏略，未有解世人之惑，仲深亦不然之。故余今遍考《年谱》、《行状》及朱子《文集》、《语录》所载，俱附于后，而一一详证之。其应氏、丘氏，亦附焉。其他所载谬误亦数十条，庶来者有以知《家礼》决非朱子之书，而余亦得免于凿空妄言之罪。"云云，其考证颇精核有据。案：懋竑之学，笃信朱子，惟于《易本义》九图及是书断断辩论，不肯附会。则是书不出朱子，决然无疑矣。

【辨伪】《四库全书总目》卷二十二《家礼》提要云：

王懋竑《白田杂著》有《家礼考》，曰："《家礼》非朱子之书也。《家礼》载于《行状》，其《序》载于《文集》，其成书之岁月载于《年谱》，其书亡而复得之，由载于《家礼》附录。自宋以来，遵而用之。其为朱子之书，几无可疑者。乃今反复考之，而知决非朱子之书也。李公晦叙《年谱》，《家礼》成于庚寅居祝孺人丧时。《文集序》不记年月，而《序》中绝不及居丧事。《家礼》附录陈安卿述朱敬之语，以为此往年僧寺所亡本。有士人录得，会先生葬日携来，因得之。其录得携来，不言其何人。亦不言其得之何所也。黄勉斋作《行状》，但云所辑《家礼》，世所遵用，其后有损益，未及更定。既不言成于居母丧时，亦不言其亡而复得。其《书家礼后》亦然。敬之，朱子季子。公晦、勉斋、安卿，皆朱子高第弟子。而其言参错，不可考据如此。案《文集》朱子《答汪尚书书》、《与张敬夫书》、《吕伯恭书》，其论《祭仪》、《祭说》，往复甚详。汪、吕书在壬辰、癸巳，张书不详其年，计亦在其前后也。壬辰、癸巳距庚寅仅二三年。《家礼》既有成书，何为绝不之及，而仅以《祭仪》、《祭说》为言耶？陈安卿录云：'向作《祭仪》、《祭说》，甚简而易晓，今已亡之矣。'则是所亡者乃《祭仪》、《祭说》，而非《家礼》也明矣。《文集》、《语录》自《家礼序》外，无一语及《家礼》者。惟《与蔡季通书》有已取《家礼》四卷纳一哥之语。此《仪礼经传通解》中《家礼》六卷之四，而非今所传之《家礼》也。甲寅八月《跋三家礼范后》云：'尝欲因司马氏之书，参考诸家，裁订增损，举纲张目，以附其后。顾以衰病，不能及已。后之君子，必有以成吾志也。'甲寅距庚寅二十年，庚寅已有成书，朱子虽耄老，岂尽忘之，至是而乃为是语耶？窃尝推求其故，此必有因《三家礼范》跋语而依仿以成之者。盖自附于后之君子，而传者遂以托之朱子所自作。其《序》文亦依仿《礼范》跋语，而于《家礼》反有不合。《家礼》重宗法，此程、张、司马氏所未及。而《序》中绝不言之，以跋语所未有也。其《年谱》所云'居母丧时所作'，则或者以意附益之尔。敬之但据所传，不加深考，此如司马季思刻温公书之比。公晦从游在戊申后，其于早年固所不详，只叙所闻以为谱，而勉斋《行状》之作在朱子没后二十余年。其时《家礼》已盛行，又为敬之所传录，故不欲公言其非，但其词略而不尽。其《书家礼后》谓《经传通解》未成为百世之遗恨，则其微意亦可见矣。后之人徒以朱子季子所传，又见《行状》、《年谱》所载，廖子晦、陈安卿皆为刊刻，三山杨氏、上饶周氏复为之考订，尊而用之，不敢少致其疑。然虽云尊用其书，实未有能行者。故于其中谬误亦不及察，徒口相传，以熟文公《家礼》云尔。惟元应氏作《家礼辨》，其文亦不传，仅见于明丘仲深濬所刻《家礼》中。其辨专据《三家礼范》跋，语多疏略，未有以解世人之惑。仲深亦不然之。故余今遍考《年谱》、《行状》及朱子《文集》、《语录》所载，俱附于后，而一一详证之。其应氏、丘氏语，亦并附焉。其他所载谬误亦数十条，庶来者有以知《家礼》决非朱子之书。而余亦得免于凿空妄言之罪。"云云。其考证最明。又有《家礼后考》十七条，引诸说以相印证《家礼》，《考误》四十六条，引古礼以相辨难，其说并精核有据。懋竑之学，笃信朱子，独于《易本义》九图及是书断断辩论，不肯附会。则是书之不出朱子，可灼然无疑。

【小结】此条抄自《四库全书总目》卷二十二《家礼》提要。作伪方式为点窜字句。

109. 纬候图谶之书

汉哀、平之世，纬谶兴焉。纬有七，凡三十六篇。《易》之纬六，曰《稽览图》、《乾凿度》、《坤灵图》、《通卦验》、《是类谋》、《辨终备》；《诗》之纬三，曰《推度灾》、《泛历枢》、《含神雾》；《书》之纬五，曰《璇玑钤》、《考灵曜》、《帝命验》、《刑德放》、《运期授》；《礼》之纬三，曰《含文嘉》、《稽命征》、《斗威仪》；《乐》之纬三，曰《动声仪》、《稽曜嘉》、《叶图征》；《孝经》之纬二，曰《援神契》、《钩命决》；《春秋》之纬十四，曰《演孔图》、《元命苞》、《文耀钩》、《运斗枢》、《感精符》、《合诚图》、《考异邮》、《保乾图》、《汉含孳》、《佐助期》、《握诚图》、《潜潭巴》、《说题词》、《命历序》。凡三十六篇，所谓七纬也。《困学记闻》所载阙《命历序》，只三十有五，应是遗漏耳。李善《文选注》，《易》纬无《稽览图》、《辨终备》而有《通系卦》，《乐》有《乐录图》，《春秋》有《孔录图》，其《通系卦》或即《通卦验》也。《太平御览》，《书》纬有《帝验期》，《礼》纬有《稽命曜》，或即《帝命验》与《稽命征》，而《孝经》有《左方契》、《威嬉拒》，则又选注所不及也。《隋书》言《河图》九篇，《洛书》六篇，自黄帝至周文王所受本文。又别有三十篇，自初起至孔子，九圣之所增衍，以广其意。又有七经纬三十六篇，并为孔子所作，并合前为八十一篇。今考《尚书·中候》之外，《河图》九篇，具见《文选注》，曰《括地象》，曰《帝览嬉》，曰《帝通纪》，曰《著命》，曰《闿包受》，曰《会昌符》，曰《龙文》，曰《玉版》，曰《考钩》，其数相符。惟《洛书》只有其二，曰《摘亡辞》，曰《天准听》。而有独称《尚书》"雒书"者，岂本无篇名耶？又有曰《春秋河图揆命》篇者，岂即《著命》耶？有《乐录图》，又有《春秋录图》，其皆在别三十篇之数耶？《隋书》于《中候》外有《洛罪级》、《五行传》，《文献通考》有《坤凿度》、《乾坤凿》、《周易乾元序制记》，名之各异，其异同不可知矣。至谶与纬异，而《唐志》有《论语纬》十卷，则谶亦称纬。谶有十，其可举者曰《论语比考谶》、《论语撰考谶》、《论语阴嬉谶》、《论语纠滑谶》、《论语摘辅像谶》、《论语素王受命谶》、《论语崇爵谶》、《论语摘衰圣承进谶》，尚有二者之名不知也。郑氏《释礼》于七纬皆曰说，不曰纬。自汉以来，通内学者，朱竹垞考之正史及诸碑版，作《说纬》，详载《曝书亭集》中。

【辨伪】汪师韩《韩门缀学》卷一"纬候图谶"条云：

> 汉哀、平之世，谶纬兴焉。纬有七，凡三十六篇。《易》之纬六，曰《稽览图》(二卷，又称三卷)、《乾凿度》(二卷)、《坤灵图》(一卷)、《通卦验》(亦作验卦)、《是类谋》(一卷)、《辨终备》(一卷)；《诗》之纬三，曰《推度灾》、《泛历枢》、《含神雾》；《书》之纬五，曰《璇玑钤》、《考灵曜》、《帝命验》、《刑德放》、《运期授》(二卷)；《礼》之纬三，曰《含文嘉》、《稽命征》、《斗威仪》；《乐》之纬三，曰《动声仪》、《稽耀嘉》、《叶图征》；《孝经》之纬二，曰《援神契》、《钩命决》；《春秋》之纬十四，曰《演孔图》、《元命苞》、《文耀钩》、《运斗枢》、《感精符》、《合诚图》、《考异邮》、《保乾图》、《汉含孳》、《佐助期》、《握诚图》、《潜潭巴》、《说题词》、《命历序》。凡三十六篇，所谓七纬也。《困学纪闻》载七经，纬阙载《命历序》，数只三十有五，应是遗漏。李善《文选注》，《易》纬无《稽览图》、《辨终备》，《书》纬无《运期

授》，而《易》有《通系卦》，《乐》有《乐录图》，《春秋》有《孔录法》，其《通系卦》或即《通卦验》也。《太平御览》，《书》纬有《帝验期》，《礼》纬有《稽命曜》，或即《帝命验》与《稽命征》，而《孝经》有《左方契》、《威嬉拒》，则又选注所不及也。《隋书》言《河图》九篇，《洛书》六篇，自黄帝至周文王所受本文。又别有三十篇，自初起至于孔子，九圣之所增衍，以广其意。又有七经纬三十六篇，并为孔子所作，并前合为八十一篇。今考《尚书·中候》之外，《河图》九篇，具见《文选注》，曰《括地象》，曰《帝览嬉》，曰《帝通纪》，曰《著命》，曰《闿包受》，曰《会昌符》，曰《龙文》，曰《玉版》，曰《考钩》，其数相符。惟《洛书》只有其二，曰《摘亡辟》，曰《天准听》。而有独称《尚书》"雒书"者，岂本无篇名耶？又有曰《春秋河图揆命篇》者，岂即《著命》耶？有《乐录图》，又有《春秋录图》，其皆在别三十篇之数耶？《隋书》于《中候》外有《洛罪级》、《五行传》，《文献通考》有《坤凿度》(二卷)、《乾坤凿》(二卷)、《周易乾元序制记》(一卷)，名之各异，其同异不可知矣。至谶与纬异，而《唐志》有《论语纬》十卷，则谶亦称纬。谶有十，其可举者曰《论语比考谶》、《论语撰考谶》、《论语阴嬉谶》、《论语纠滑谶》、《论语摘辅像谶》、《论语素王受命谶》、《论语崇爵谶》、《论语摘衰圣承进谶》，尚有二者之名不知也。郑氏《释礼》于七纬皆曰说，不曰纬。自汉以来，通内学者，竹垞考之正史及诸碑版，作《说纬》，载集中。

【小结】此条抄自汪师韩《韩门缀学》卷一"纬候图谶"条。作伪方式为点窜字句。

110.《南史》较《齐书》加详

【A】《南史》于《宋书》、《梁书》、《陈书》颇多删减，而于《齐书》每多加详处。今姑就有关系者约检出若干条焉。《王俭传》，齐高为相，俭请间于帝曰："功高不赏，以公今日地位，欲北面居人臣，可乎？"帝正色裁之，而神采内和。又言："小复推迁，恐人情易变，七尺不能保。"帝笑曰："卿言不无理。"俭即曰："当令褚公知之。"帝曰："我当自往。"乃造渊，款言移晷，曰："我梦应得官。"渊曰："今授始尔，恐一二年间未容便移。"帝还告俭，俭曰："褚是未达事理。"乃即令虞整作诏。及高帝为太尉以至受禅，诏策皆出于俭，此正见俭倾心于齐高，为佐命功臣之处。又更定衣服之制，引《汉书》及《魏都赋》，为藩国侍臣服貂之证。又引《晋典·劝进表》，定百僚致敬齐公之礼。引《春秋》曹世子来朝，定齐国世子之礼。及受禅改元应特举郊祭之礼，立春在上辛后仍应南郊之礼，皆援据有典。此正见俭深于礼学，为开国文臣之首。《褚渊传》，父湛之有所爱牛堕井，湛之躬率左右救之，渊弗顾也。湛之没，有两府宝物在渊生母郭氏处，嫡母吴氏求之，郭不与，渊再三请，乃从之。又山阴公主见渊貌美，请于废帝，召以自侍，备见逼迫，终不移志。又时淮北已属魏，江南无鳆鱼，一枚直数千钱。或有饷三十枚者，门生请卖之可得十万钱。渊悉以与亲游噉之，少日而尽。又后废帝时，袁粲知渊私于齐高，谓渊曰："国家所倚，惟公与刘丹阳及粲耳，愿各自勉，无为竹帛所笑。"渊曰："愿以鄙心寄公腹内。"然竟不能贞固。齐高功业日重，王俭议加九锡，齐高恐渊不同，任遐曰："渊保妻子，爱性命，非有奇才，遐力能制之。"果无违异。《张敬儿传》，敬儿贫时，尝为襄阳城东吴泰家担水，通其婢。事发逃空棺中，以盖加上，乃免。及建鹊尾军功，收籍吴氏家财数千万，并取所通婢为妾。《王敬则传》，生时母为女巫，谓应得鸣鼓角，人笑之曰："汝子得为人鸣鼓角，幸矣。"及长，与既阳县吏斗，谓曰："我若得既阳县，当鞭汝背。"吏唾其面曰："汝得既阳县，我应作司徒公矣。"又尝至高丽，与其国女子私通，后将被收，乃逃归。后果得既阳县，昔日吏逃亡，勒令出，遇之甚厚，曰："我已得既阳，汝何时作司徒公耶？"又禅位时，宋顺帝逃入宫内，敬则将舆入宫，启譬令出。顺帝谓敬则曰："欲见杀乎？"答曰："出居别宫耳。官昔取司马家亦如此。"顺帝泣曰："惟愿生生世世不复与帝王作因缘。"宫内尽哭。又敬则与王俭同拜开府仪同三司，徐孝嗣戏俭曰："今日可谓合璧。"俭曰："不意老子与韩非同传。"或以告敬则，敬则欣然曰："我南沙县小吏，得与王卫军同日拜三公，复何恨？"《柳世隆传》，世隆初起兵应明帝，为孔道存所败，逃匿，其母妻并絷在狱。时购世隆甚急，或斩一貌似者送道存，道存示其母妻，母哭不甚哀，而妻号恸方甚，窃谓姑曰："今不悲，恐为人所觉。"故大恸以灭其迹也。又世隆性清廉，张绪曰："君当以清名遗子孙耶？"答曰："一身之外，亦复何须？子孙不才，将为争府，如其才也，不如一经。"韦祖征乡里旧德，世隆虽贵，每为之拜。或劝祖征止之，答曰："司马公为后生楷法，吾何为止之。"《张瓌传》，安陆王缅行部雍州，见丐者，问何不事业而行乞，答曰："张瓌使君在州，百姓家得相保，后人苛虐，故至行乞。"又后拜太常卿，自以闲职，辄归家。武帝曰："卿辈未富贵，谓人不与。既富贵，那复欲委去？"《王广之传》，广之求刘勔所乘马，皇甫肃曰："广之敢夺节下马，当斩。"后广之破敌还，甚敬肃。勔亡后，肃转依广之，广之启为东海太守。其不念旧恶如此。《豫章王嶷传》，《南史》所删削最多，然亦有增益者。是时武帝奢侈，后宫万余人，宫内不容，暴室皆满。嶷后房亦千余人，荀丕献书谏嶷，嶷咨嗟良久，为之稍减。又嶷死后，忽见形于沈文季曰："我未便应死，皇太子加膏中十一药，使我痈不差，汤中又加一药，使我利不断。吾已诉上帝矣。"俄而太子薨。《齐书》无之。盖子显不欲见其父之中毒，且为文惠太子讳也。《武陵王奕传》，侍武帝宴，醉伏地，貂抄肉柈，帝曰："污貂。"对曰："陛下爱其羽毛，而疏其骨肉。"又尝在帝前与竟陵王子良围棋，子良大北。豫章王嶷私劝其让，奕曰："生平未尝一口妄语。"执心疏婞，偏不知悔。《江夏王锋传》，其母张氏为宋苍梧王逼取，又欲害锋，高帝乃匿锋于张氏村舍。五岁学凤尾诺，一学即工。又武帝禁藩邸诸王不得读异书，《五经》之外惟许看《孝子图》，锋乃密使人买书。又锋善琴，帝欲试以临人，锋曰："昔邹忌鼓琴，齐威王委以国政。"遂出为南徐州刺史。又善与人交，幕僚王和赴益州任，来告，流涕曰："下官少来未尝作诗，今日违恋，不觉文生于情。"锋工书，南郡王昭业谓武帝曰："臣书胜江夏。"帝曰："阇梨第一，法身第二。"法身，昭业小名；阇梨，锋小名也。又明帝辅政时，锋危惧，深自晦迹。江祏曰："江夏王有才行，而善能匿迹。"锋闻叹曰："江祏遂为混沌画眉，益反敝耳。寡人声酒自耽，狗马是好，岂复一毫于平生哉。"尝著《修柏赋》以寓意。又见明帝，言次及遥光才力可任，锋曰："遥光之于殿下，犹殿下之于高皇，卫宗庙，安社稷。"明帝失色。后被杀，江敩闻之流涕曰："芳兰当门，不得不锄，其《修柏》之赋乎！"《宜都王铿传》，三岁丧母，及有识，闻知母死，悲祷。一夕果梦一女人，云是其母。因向左右说梦中所见，形貌衣服皆如平生，闻者以为孝感。又明帝诛高、武诸子，铿咏陆机《吊魏武》云："昔以四海为己任，死则以爱子托人。"左右皆泣下。后果遣吕文显赍药至，正逢八关斋，铿从容谓曰："高帝昔宠任君，何事有今日之行？"答曰："出不得已。"乃仰药死。又死后见梦于其师陶弘景，云当托生某家。弘景参访果符，乃著《梦记》。

《河东王铉传》，幼时高帝昼卧缠发，铉上高帝腹弄绳，帝因以绳赐之。及崩后，铉以锦函盛绳，岁时开示，辄流涕呜咽。被杀时欣然曰："死生命也，终不效建安王乞为奴。"乃仰药死。【B】《鱼腹侯子响传》，子响以董蛮为僚属，武帝闻之，曰："人以蛮名，何得蕴藉?"改名为仲舒。谓："今日仲舒何如昔日仲舒?"对曰："昔日仲舒出自私庭，今日仲舒降自天帝，故当胜之。"【C】《竟陵王子良传》，《南史》所删削者亦最多，然亦有增益者。幼时高帝为赣县令，其母裴后尝为高帝所怒，遣还家，已登路。子良不悦，帝曰："何不读书?"子良曰："娘今何在? 何用读书?"帝乃召还裴后。子良亡后，袁彖谓陆慧晓曰："齐氏微弱，已数年矣。爪牙柱石之臣都尽，所余惟风流名士耳。若不立长君，无以镇四海。王融欲立子良，实安社稷，恨其不能断事，以至被杀。今苍生方涂炭，正当沥耳听之。"《晋安王子懋传》，幼时母阮淑媛尝病危，请僧祈祷。有献莲花供佛者，子懋礼佛曰："若使阿姨病愈，愿佛令此花不萎。"七日斋毕，花更鲜好，当时称其孝感。又子懋被害后，参军周英、防阁陆超之、董僧慧皆抗节不屈。王元邈执僧慧，僧慧曰："晋安举事，仆实与谋。今得为主人死，不恨矣。愿至主人大敛毕，退就死。"元邈许之。还，具白明帝，以配东冶。子懋子昭基，年九岁，以方寸绢为书，问消息。僧慧得书曰："此郎君书也。"悲恸而卒。陆超之见子懋死，或劝其逃亡，答曰："人皆有死，何足惧? 吾若逃，非惟孤晋安之眷，亦恐田横客笑人。"有门生姓周者，谓杀超之可得赏，乃伺超之坐，自后斩之。及殡敛，周又助举棺，堕压其头，折而死，闻者以为天道焉。《巴陵王伦传》，明帝遣茹法亮杀子伦，子伦镇琅琊，有守兵，恐其见拒，以问典签裴伯茂。伯茂曰："若遣兵取之，恐不可即**辨**。若委伯茂，伯茂一小吏力耳。"法亮乃令伯茂以鸩逼之。子伦谓法亮曰："君是身家旧人，今衔此命，当由事不获已，此酒非劝酬之爵。"因仰之而死。**以上皆《齐书》所略而《南史》加详者也。**

【辨伪】赵翼《廿二史劄记》卷十"《南史》增《齐书》处"条云：

> 【A】《南史》于《宋书》大概删十之三四……于齐不惟不删，且大增补。今以两书相校……姑摘录于左：《王俭传》(增)齐高帝为相，俭请间于帝曰："功高不赏。以公今日地位，欲北面居人臣，可乎?"帝正色裁之，而神采内和。俭又言："公若小复推迁，恐人情易变，七尺不能保。"帝笑曰："卿言不无理。"俭即曰："当令褚公知之。"帝曰："我当自往。"乃造渊，款言移晷，曰："我梦应得官。"渊曰："今授始尔，恐一二年间未容便移。"帝还告俭，俭曰："褚是未达事理。"乃即令虞整作诏。及高帝为太尉以至受禅，诏策皆出于俭，此正见俭倾心于齐高，为佐命功臣之处。更定衣服之制，引《汉书》及《魏都赋》，为藩国侍臣服貂之证。又引《晋典·劝进表》，定百僚致敬齐公之礼。引《春秋》曹世子来朝，定齐国世子之礼。及受禅改元应特举郊祭之礼，立春在上辛后仍应南郊之礼，皆援据有典。此正见俭深于礼学，为开国文臣之首。《褚渊传》(增)幼时父湛之有所爱牛堕井，湛之躬率左右救之，渊勿顾也。湛之殁，有两府宝物在渊生母郭氏处，嫡母吴氏求之，郭不与，渊再三请，乃从之。山阴公主见渊貌美，请于废帝，召以自侍，备见逼迫，渊终不移志。时淮北已属魏，江南无鳆鱼，一枚直数千钱，或有饷三十枚者，门生请卖之，可得十万钱，渊悉以与亲游啖之，少日而尽。后废帝时，袁粲知渊私于齐高，谓渊曰："国家所倚，惟公与刘丹阳及粲耳。愿各自勉，无为竹帛所笑。"渊曰："愿以鄙心寄公腹内。"然竟不能贞固。齐

高功业日重，王俭议加九锡，齐高恐渊不同，任遐曰："渊保妻子，爱性命，非有奇才，遐力能制之。"果无违异。《张敬儿传》(增)敬儿贫时，尝为襄阳城东吴泰家担水，通其婢。事发逃空棺中，以盖加上，乃免。及建鹊尾军功，收籍吴氏家财数千万，并取所通婢为妾。《王敬则传》(增)生时母为女巫，谓应得鸣鼓角，人笑之曰："汝子得为人鸣鼓角，幸矣。"及长，与既阳县吏斗，谓曰："我若得既阳县，当鞭汝背。"吏唾其面曰："汝得既阳县，我应作司徒公矣。"又尝至高丽，与其国女子私通，后将被收，乃逃归。后果得既阳令，昔日吏逃亡，勒令出，遇之甚厚，曰："我已得既阳，汝何时作司徒公耶?"禅位时，宋顺帝逃入宫内，敬则将舆入宫，启譬令出。顺帝谓敬则曰："欲见杀乎?"答曰："出居别宫耳。官昔取司马家亦如此。"顺帝泣曰："惟愿生生世世不复与帝王作因缘。"宫内尽哭。敬则与王俭同拜开府仪同三司，徐孝嗣戏俭曰："今日可谓合璧。"俭曰："不意老子与韩非同传。"或以告敬则，敬则欣然曰："我南沙县小吏，遂与王卫军同日拜三公，复何恨?"《柳世隆传》(增)世隆初起兵应明帝，为孔道存所败，逃匿，其母妻并絷在狱。时购世隆甚急，或斩一貌似者送道存，道存示其母妻，母哭不甚哀，而妻号恸方甚，窃谓姑曰："今不悲，恐为人所觉。"故大恸以灭其迹也。世隆性清廉，张绪曰："君当以清名遗子孙耶?"答曰："一身之外，亦复何须。子孙不才，将为争府，如其才也，不如一经。"韦祖征乡里旧德，世隆虽贵，每为之拜。或劝祖征止之，答曰："司马公为后生楷法，吾何必止之?"《张瑰传》(增)安陆王缅行部雍州，见丐者，问何不事产而行乞，答曰："昔张瑰使君在州，百姓家得相保。后人苛虐，故至行乞。"后拜太常卿，自以闲职，辄归家。武帝曰："卿辈未富贵，谓人不与。既富贵，那复欲委去?"……《王广之传》(增)广之求刘勔所乘马，皇甫肃曰："广之敢夺节下马，当斩。"后广之破敌还，甚敬肃。勔亡后，肃转依广之，广之启为东海太守。其不念旧恶如此。《豫章王嶷传》，《南史》所删最多，以此传本太冗，至八九千字也，然又有增者。是时武帝奢侈，后宫万余人，宫内不容，暴室皆满。嶷后房亦千余人，荀丕献书谏嶷，嶷咨嗟良久，为之稍减。又增嶷死后，忽见形于沈文季曰："我未使应死，皇太子加膏中十一药，使我痈不差，汤中又加一药，使我利不断。吾已诉先帝矣。"俄而太子薨。又尝见形于后园，呼直兵，直兵无手板，左右以玉板与之，出园后，直兵倒地，仍失玉板。《齐书》皆无之，盖不欲见其父之中毒，且为文惠太子讳也。……《武陵王奕传》(增)幼时生母死，奕思慕不异成人，高帝令与武帝同居。帝时甚贫，诸子学书无纸笔，奕尝以指画空中及画掌学字，遂工篆法。无棋局，乃破荻为片，纵横为之，指点行势，遂至名品。后侍武帝宴，醉伏地，貂抄肉柈，帝曰："污貂。"对曰："陛下爱其羽毛，而疏其骨肉。"又尝在帝前与竟陵王子良围棋，子良大北，豫章王嶷私劝其让，奕曰："生平未尝一口妄语。"执心疏婞，偏不知悔。《江夏王锋传》(增)其母张氏为宋苍梧王逼取，又欲害锋，高帝乃匿锋于张氏村舍。五岁学凤尾诺，一学即工。武帝禁藩邸诸王不得读异书，《五经》之外惟许看《孝子图》，锋乃密使人买书。锋善琴，帝欲试以临人，锋曰："昔邹忌鼓琴，齐威王委以国政。"遂出为南徐州刺史。善与人交，幕僚王和赴益州任，来告，流涕曰："下官少来未尝作诗，今日违恋，不觉文生于情。"锋工书，南郡王昭业谓武帝曰："臣书胜江夏。"帝曰："阇梨第一，法身第二。"法身，昭业小名；阇梨，锋小名也。明帝辅政时，锋危惧，深自晦迹。江祏曰："江夏王有才行，而善能匿迹。”锋闻叹曰：“江祏遂为混沌画眉，益反敝耳。寡人声酒自耽，狗马是好，岂复一毫于平生哉!”尝著《修柏赋》以寓意。见明帝，言次及遥光才力可任，锋曰：“遥光之于殿下，犹殿下之于高皇，卫宗庙，安社稷，实有攸寄。”明帝失色。后被杀，江敩闻之流涕曰：“芳兰当门，不得不锄，其《修柏》之赋乎!”《宜都王铿传》(增)三岁丧母，及有识，闻知母死，悲祷。一夕果梦一女人，云是其母。因向左右说梦中所见，形貌衣服皆如平生，闻者以为孝感。善射，常插甘蔗于百步外射之，十发十中。明帝诛高、武诸子，铿咏陆机《吊魏武》云：“昔以四海为已任，死则以爱子托人。”左右皆泣下。后果遣吕文显赍药至，正逢八关斋，铿从容谓曰：“高帝昔宠任君，何事有今日之行?”答曰：“出不得已。”乃仰药死。又死后见梦于其师陶弘景，云当托生某家。弘景参访果符，乃著《梦记》。《河东王铉传》(增)幼时高帝尝昼卧缠发，铉上高帝腹弄绳，帝因以绳赐之。及崩后，铉以锦函盛绳，岁时开示，辄流涕呜咽。被杀时，欣然曰：“死生命也，终不效建安王乞为奴。”乃仰药死。

【C】《竟陵王子良传》，所删亦最多，如谏遣台使督租一疏，请垦荒田一疏，谏租布折钱一疏，谏射雉二疏，共三四千字，然亦有增者。幼时高帝为赣县令，其母裴后尝为高帝所怒，遣还家，已登路。子良不悦，帝曰：“何不读书?”子良曰：“娘今何在，何用读书?”帝乃召还裴后。子良亡后，袁彖谓陆慧晓曰：“齐氏微弱，已数年矣。爪牙柱石之臣都尽，所余惟风流名士耳。若不立长君，无以镇四海。王融欲立子良，实安社稷，恨其不能断事，以至被杀。今苍生方涂炭，正当沥耳听之。”

【B】《鱼复侯子响传》(增)子响以董蛮为僚属，武帝闻之曰：“人以蛮名，何得蕴藉。”乃改名为仲舒。谓：“今日仲舒何如昔日仲舒?”对曰：“昔董仲舒出自私庭，今仲舒降自天帝，故当胜之。”《晋安王子懋传》(增)幼时母阮淑媛尝病危，请僧祈祷。有献莲花供佛者，子懋礼佛曰：“若使阿姨病愈，愿佛令此花不萎。”七日斋毕，花更鲜好，当世称其孝感。子懋被害，参军周英，防阁陆超之、董僧慧皆抗节不屈。王元邈执僧慧，僧慧曰：“晋安举事，仆实与谋，今得为主人死，不恨矣。愿至主人大敛毕，退就死。”元邈许之，还，具白明帝，以配东冶。子懋子昭基，年九岁，以方寸绢为书，探问消息，僧慧得书曰：“此郎君书也。”悲恸而卒。陆超之见子懋死，或劝其逃亡，答曰：“人皆有死，何足惧? 吾若逃，非惟孤晋安之眷，亦恐田横客笑人。”有门生姓周者，谓杀超之可得赏，乃伺超之坐，自后斩之。及殡敛，周又助举棺，堕压其头折颈而死，闻者以为天道焉。……《巴陵王子伦传》(增)明帝遣茹法亮杀子伦，子伦镇琅琊，有守兵，恐其见拒，以问典签裴伯茂。伯茂曰：“若遣兵取之，恐不可即办。若委伯茂，一小吏力耳。”法亮乃令伯茂以酖逼之。子伦谓法亮曰：“君是身家旧人，今衔此命，当由事不获已，此酒非劝酬之爵。”因仰之而死。

【小结】此条抄自《廿二史劄记》卷十“《南史》增《齐书》处”条①。作伪方式有三：第一，点窜字句；第二，增加句子；第三，改变顺序(赵翼原文顺序为A、C、B)。

---

① 此条又见于赵翼《陔馀丛考》卷七“《齐书》书法”。

111.《南史》增《梁书》最多

【A】《梁书》本据国史旧文，有关系则书，无关系则不书，即有关系，而其中或有忌讳，亦即隐而不书，故行墨最简。《南史》以博采为长，虽琐言细事、新奇可喜者，亦必**搜罗无遗**，故觉《南史》所增独多也。然亦**有事关体要者，姑检出数条焉**。【B】《武帝纪》，皇考之薨不得志(武帝父顺之，在齐武帝时讨鱼腹侯子响，缢杀之，齐武心恶之，顺之忧惧而卒。见《齐书·子响传》)。至是郁林失德，齐明帝辅政，帝欲助明帝倾武帝之嗣，乃与明帝谋废立等事。又齐明帝性猜忌，帝避时嫌，常乘折角小牛车以自晦。晚年为侯景所制，临崩，口苦索蜜不得，再曰"荷荷"而崩。《元帝纪》，帝性情矫饰，多猜忌，于名无所假借，人有胜己，必加毁害。王铨兄弟有盛名，帝妒之，乃改宠姬王氏之父名琳，以同其父之名。忌刘之遴才，使人鸩之。虽骨肉亦罹其祸。始居母忧，依丁兰刻木为像，及武帝崩，秘丧逾年，乃发凶问，方刻檀为像，朝夕事之，其虚㤭如此。武陵之平，议者欲因其舟楫迁都建业，宗懔、黄罗汉皆楚人，不愿移，帝亦不欲动，乃止。西魏来攻，城将破，乃聚书十万卷焚之，在幽辱中犹作四绝句。《昭明太子传》，丁贵嫔薨，太子欲求得善墓地。有卖地者欲以己地出售，乃赂奄人俞三副言于帝，谓太子所得地不如己地，于帝最吉。帝便命市之。既葬，有道士善图墓，谓此地不利长子，教以用蜡鹅诸物厌之。有宫监密闻于帝，帝遣检果然，将穷其事，徐勉固谏而止。由是太子终以此惭惧，以及于薨，其后嗣亦不得立。《南康王会理传》，会理在建业，伺侯景出征，欲与柳仲礼起事拒景。建安侯贲以谋告王伟，遂伏诛。《临川王宏传》，宏统军北伐时，军容甚盛。既克梁城，诸将欲乘胜深入，宏闻魏援兵至，遂不敢进。吕僧珍亦赞之。裴邃曰："是行也，固敌是求何难之避?"马仙琕曰："但有前死一尺，何得退生一寸?"昌义之曰："吕僧珍可斩也。岂有百万之师轻言可退?"朱僧、胡辛生拔剑起曰："欲退自退，下官当向前取死。"议罢，宏终不敢出。魏人遗以巾帼，歌曰："不畏萧娘与吕姥，但畏合肥有韦武(韦叡也)。"宏仍不进。于是军政不和，遂大溃而归，弃甲投戈填满山谷，士卒丧失十之八九。又宏败后常怀愧愤，有人伏于朱雀航伺帝窃发，被获，称为宏所使。宏自辨无此事，帝乃宥之。宏恣意聚敛，有库百间。帝疑藏军仗，具馔至其家宴，半醉曰："我欲履行汝后房。"见其积钱百万标一黄榜，千万悬一紫标，凡三十余间，帝疑始释，大悦曰："阿六，汝生活大可!"豫章王综尝作《钱愚论》以讥之，帝持以激宏，敕综曰："天下文章何限，那忽作此?"而宏不知愧也。《南平王伟传》，其世子恪刺郢州，侯景之乱，邵陵王纶至，恪以州让之，纶不受。《鄱阳王恢传》，其子修镇汉中，拒魏师，力屈乃降。宇文泰礼之，令还金陵。元帝方疑忌，修请输仗马而后入。及江陵，患发背卒。又其子谘当简文为侯景所制，外人莫得见，惟谘以文弱，得出入卧内。景恶之，遣人刺杀之。《范云传》，云在齐朝豫章王嶷常在私第，不居东府；竟陵王子良亦好游，不常居石头。云言其非，乃各镇一城。又梁武将加九锡，云适中病，医者徐文伯谓须一月愈，若欲速愈，恐二年不可复救。云急于痊愈以备佐命，文伯乃下火而床焉，重衾覆之，汗果出，遂愈。二年卒。《徐勉传》，勉掌选时，奏立九品，为十八班。自是贪冒者以财货取通，守道者以贫寒见没矣。《朱异传》，异贪冒财贿，欺罔视听，四方馈饷，曾无推拒。起宅极美丽，退直则酣饮其中，虑日晚台门闭，先令卤簿自家列至城门，城门不敢闭。声势所驱，熏灼内外。【C】《武陵王纪传》，纪初授扬州时，帝于诏书内增数语曰："贞白俭素，是其清也；临财能让，是其廉也；知法不犯，是其慎也；庶事无留，是其勤也。"后使都督益州，辞以远。帝曰："天下若乱，惟益州可免，故以处汝，汝念我老，我犹再见汝还益州也。"**以上皆《梁书》，从简而《南史》，增益者也**。

【辨伪】A 段抄自赵翼《廿二史劄记》卷十"《南史》增删《梁书》处"条：

《南史》增《梁书》事迹最多。李延寿专以博采见长……凡琐言碎事，新奇可喜之迹，无不补缀入卷。而《梁书》本据国史旧文，有关系则书，无关系则不书，即有关系，而其中不无忌讳，亦即隐而不书，故行墨最简，遂觉《南史》所增益多也。今略举其增删处两相比较，可以见二书之大概也。

B 段抄自赵翼《廿二史劄记》卷十"《南史》增《梁书》有关系处"条：

【B】《武帝纪》(增)皇考之薨不得志(武帝父顺之，在齐武帝时讨鱼复侯子响，缢杀之，齐武心恶之，顺之忧惧而卒。见《齐书·子响传》)，至是郁林失德，齐明帝辅政，帝欲助明帝以倾武帝之嗣，乃与明帝谋废立等事。(又增)齐明性猜忌，帝避时嫌，常乘折角小牛车以自晦。晚年为侯景所制，临崩，口苦索蜜不得，再曰"荷荷"而崩。《元帝纪》(增)帝性情矫饰，多猜忌，于名无所假借，人有胜己，必加毁害。王铨兄弟有盛名，帝妒之，乃改宠姬王氏之父名琳，以同其父之名。忌刘之遴才，使人鸩之，虽骨肉亦罹其祸。始居母忧，依丁兰刻木为像，及武帝崩，秘丧逾年，乃发凶问，方刻檀为像，朝夕事之，其虚憍如此。武陵之平，议者欲因其舟楫迁都建业，宗懔、黄罗汉皆楚人，不愿移，帝亦不欲动，乃止。西魏来攻，城将破，乃聚书十万卷烧之，在幽辱中犹作四绝句。……《昭明太子传》(增)丁贵嫔薨，太子求得善墓地。有卖地者欲以己地出售，乃赂奄人俞三副言于帝，谓太子所得地不如己地，于帝最吉，帝便命市之。既葬，有道士善图墓，谓此地不利长子，教以用蜡鹅诸物厌之。有宫监密闻于帝，帝遣检果然，将穷其事，徐勉固谏而止。由是太子终以此惭惧，以及于薨，其后嗣亦不得立。《南康王会理传》(增)会理在建业，伺侯景出征，欲与柳仲礼等起事拒景。建安侯贲以谋告王伟，遂被诛。……《临川王宏传》(增)宏统军北伐时，军容甚盛。既克梁城，诸将欲乘胜深入，宏闻魏援兵至，遂不敢进。吕僧珍亦赞之。裴邃曰："是行也，固敌是求，何难之避?"马仙琕曰："但有前死一尺，何得退生一寸?"昌义之曰："吕僧珍可斩也。岂有百万之师轻言可退?"朱僧、胡辛生拔剑起曰："欲退自退，下官当向前取死。"议罢，宏终不敢出。魏人遗以巾帼，歌曰："不畏萧娘与吕姥，但畏合肥有韦武(韦叡也)。"宏仍不进。于是军政不和，遂大溃而归，弃甲投戈填满山谷，士卒丧失十之八九。(又增)宏败后常怀愧愤，有人伏于朱雀航伺帝窃发，被获，称为宏所使。宏自辨无此事，帝乃宥之。宏恣意聚敛，有库百间。帝疑其藏军仗，具馔至其家宴，半醉曰："我欲履行汝后房。"见其积钱百万标一黄榜，千万悬一紫标，凡三十余间，帝疑始释，大悦曰："阿六，汝生活大可!"豫章王综尝为《钱愚论》以讥之，帝特以激宏，敕综曰："天下文章何限，那忽作此?"而宏不知愧也。……《南平王伟传》(增)其世子恪刺郢州，侯景之乱，邵陵王纶至，恪以州让之，纶不受。《鄱阳王恢传》(增)其子修镇汉中，拒魏师，力屈乃降。宇文泰礼之，令还金陵。元帝方疑忌，修请输仗马而后入。及江陵，患发背卒。(又增)其子谘当简文为侯景所制，外人莫得见，惟谘以文弱，得出入卧内。景恶之，遣人刺杀之。……《范云传》(增)云在齐朝时，豫章王嶷常在私第，不居东府；竟陵王子良亦好游，不常居石头。云言其非，乃各镇一城。(又增)梁武将加九锡，云适中病，医者徐文伯谓须一月愈，若欲速愈，恐二年不可复救。云急于痊愈以备佐命，文伯乃下火而床焉，重衾覆之，汗果出，遂愈。二年卒。……《徐勉传》(增)勉掌选时，奏立九品，为十八班。自是贪冒者以财货取通，守道者以贫寒见没矣。《朱异传》(增)异贪冒财贿，欺罔视听，四方馈饷，曾无推拒。起宅极美丽，退直则酣饮其中，虑日晚台门闭，先令卤簿自家列至城门，城门不敢闭。声势所驱，熏灼内外。

C 段抄自赵翼《廿二史劄记》卷十一“《南史》增《梁书》琐言碎事”条：

《武陵王纪传》(增)纪初授扬州时，帝于诏书内增数语曰：“贞白俭素，是其清也；临财能让，是其廉也；知法不犯，是其慎也；庶事无留，是其勤也。”后使都督益州，纪辞以远。帝曰：“天下若乱，惟益州可免，故以处汝，汝念我老，我犹当再见汝还益州也。”

【小结】此条抄自《廿二史劄记》卷十“《南史》增删《梁书》处”条、“《南史》增《梁书》有关系处”条、卷十一“《南史》增《梁书》琐言碎事”条。A 段抄自“《南史》增删《梁书》处”条，B 段抄自“《南史》增《梁书》有关系处”条，C 段抄自“《南史》增《梁书》琐言碎事”条。作伪方式有二：第一，点窜字句；第二，增加句子。

112. 历代纪年

纪年，春秋而后，始于秦孝公子惠文君十四年更为元年，惠文始称惠王，见《史记》。**梁**惠成王三十六年改元称一年，见《竹书纪年》。至汉孝文帝有后元年，孝景帝有中元年、后元年，孝武帝建元、元光，其先但称元年，至改元元狩，乃并前之元追改之，见《封禅书》及《郊祀志》。而元狩以后，始定年号。但元狩以前，尚有元朔，惟称一元、二元，不称元朔也。有三字、四字者，如光武建武之后有“建武中元”，梁武帝大通之后有“中大通”，大同之后有“中大同”是也。有始建号即四字者，如元魏太武帝之“太平真君”，唐武后之“天册万岁”、“万岁通天”，宋太宗之“太平兴国”，真宗之“大中祥符”，徽宗之“建中靖国”以及西夏谅祚之“延嗣宁国”、“天祐垂圣”、“福圣承道”，秉常之“天安礼定”；乾顺之“天义治平”、“天祐民安”是也。有六字者，如元昊曰“天授礼法延祚”，秉常曰“天赐礼盛国庆”是也。有两世同号者，如唐高宗咸亨之后曰上元，肃宗乾元之后亦曰上元；元世祖中统之后曰至元，顺帝元统之后亦曰至元是也。有易世仍称旧号者，如唐昭宗天复四年改元天祐，李克用仍称天复五年，时哀宗亦仍称天祐。五代梁太祖崩于乾化二年，末帝复称乾化三年。晋高祖建号天福，至重贵已改开运，后汉高祖仍称天福。汉高祖号乾祐，隐帝仍称乾祐，北汉刘崇亦仍称乾祐。周太祖改元显德，一月而崩，世宗即称显德，恭帝亦仍称显德。金太宗建号天会，熙宗仍称天会是也。有年号相同者，如东汉光武帝、西晋成都王颖、东晋元帝、后魏北海王颢、十六国之赵石虎、燕慕容忠、南齐明帝俱号建武。又魏明帝、后魏孝文帝、十六国之赵石勒、成李势、东晋废帝奕、唐文宗、十国吴杨溥俱号太和。又西燕慕容永、后魏废帝朗、齐和帝、唐渤海王钦茂孙华屿、唐末骠信舜化、南唐李璟俱号中兴。又汉武帝、东汉安帝、十六国之汉刘聪、前秦苻坚、东晋康帝、南齐和帝俱号建元。又汉哀帝、后赵石勒、后燕慕容盛、南燕慕容德、西燕慕容瑶、后魏京兆王愉俱号建平。又梁贞阳王渊明、后周宣帝、隋末林士弘、操师乞、南唐明宗俱号天成。又汉明帝、晋穆帝、后秦姚泓、北凉牧健、十国闽王鏻俱号永和。又十国燕刘守光、西夏赵安全俱号应天。又吴孙亮、北燕冯跋、梁敬帝、隋林士弘、辽圣宗俱号太平。又蜀汉后主、吴孙亮、晋愍帝、后蜀李雄俱号建兴。又东汉章帝、后秦姚苌、西凉李暠、成都李特俱号建初。又魏齐王芳、后燕高云、北凉沮渠蒙逊、后魏宣武帝俱号正始。又汉成帝、赵王伦、东晋桓灵宝俱号建始。又晋惠帝、西秦乞伏炽盘、后燕慕容宝俱号永康。又唐昭宗、西夏赵谅祚、元末张士诚俱号天祐。又隋末辅公祏、北宋太祖、十国蜀王宗衍俱号乾德。又陈废帝、南蜀王宗衍、南汉刘玢俱号光天。汉孝宣帝、吴孙亮、唐窦建德俱号五凤。唐刘武周、金哀宗、蒙古太祖(见孟珙《备录》)俱号天兴。又梁豫章王栋、武陵王纪、金移剌窝干俱号天正。以至汉宣帝、晋惠帝皆曰元康。东汉章帝、唐宪宗皆曰元和。东汉和帝、东晋安帝皆曰元兴。金耶律留哥、元顺帝皆曰元统。汉光武帝、唐谯王重福皆曰中元。东汉冲帝、晋怀帝皆曰永嘉。唐太宗、西夏赵乾颂皆曰贞观。唐明皇、十国吴越王皆曰天宝。北齐文宣帝、后梁萧岿皆曰天保。吴孙休、北梁段业皆曰天玺。唐昭宗、辽末奚王回离保皆曰天复。北汉刘承钧、金太宗皆曰天会。隋末宇文化及、唐武后皆曰天寿。后魏道武帝、金宣宗时紏军皆曰天赐。吴孙皓、前凉张大豫皆曰凤凰。隋末操天成、高开道皆曰始兴。梁武帝、辽太宗皆曰大同。后周静帝、金世宗皆曰大定。宋高宗、西辽夷列皆曰绍兴。南宋孝宗、西夏赵秉常皆曰乾道。以上考之尚有未尽者。惟前明一帝一号，**远胜前代**。然有猥及伪号者，如前凉张重华、后五代妖人张遇贤、宋贼方腊俱称永乐，西夏乾顺改元正德，金叛将杨安儿、元泰定帝太子阿速吉八俱改元天顺，元魏元法僧、梁永嘉王萧庄、唐末南诏丰祐俱号天启。**昔宋太祖改元乾德，窦仪对以伪蜀曾有此号**。孝宗受内禅，议改元重熙，汪应辰谓契丹尝以纪年。**皆文臣娴于掌故，猝能征引，当时明诸臣竟无一人捡及，何也?**

【辨伪】汪师韩《韩门缀学》卷三“年号”条云：

> 古有一君而两纪元者，自春秋后即有之。秦孝公子惠文君十四年更为元年，惠文始称惠王，见《史记》。魏惠成王三十六年改元称一年，见《竹书纪年》。……至汉孝文帝有后元年，孝景帝有中元年、后元年……即孝武帝建元、元光，其先亦但改称元年，及至改元元狩时，乃并前之元追改之，《封禅书》及《郊祀志》可考。元狩以后，始定年号。但元狩之前有元朔，不知当日有司何以只称一元、二元，而不及元朔，乃以元狩为三元也。更有增至三字、四字、六字者，光武建武之后有“建武中元”，梁武帝大通之后有“中大通”，大同之后有“中大同”。……且有始建号即四字者，元魏太武帝之“太平真君”，唐武后之“天册万岁”、“万岁通天”，宋太宗之“太平兴国”，真宗之“大中祥符”，徽宗之“建中靖国”，以至西夏谅祚之“延嗣宁国”、“天祐垂

圣”、“福圣承道”，秉常之“天安礼定”；乾顺之“天义治平”、“天祐民安”。……更有多至六字，如元昊曰“天授礼法延祚”，秉常曰“天赐礼盛国庆”是已。其若一朝而两世同一号者，唐高宗咸亨之后曰上元，肃宗乾元之后亦曰上元；元世祖中统之后曰至元，顺帝元统之后亦曰至元也。又有易世而仍称旧号者，唐昭宗天复四年改元天祐，李克用仍称天复五年，时哀宗亦仍称天祐。五代梁太祖崩于乾化二年，明年末帝复称乾化三年。晋高祖建号天福，至重贵已改开运矣，后汉高祖仍称天福。汉高祖号乾祐，隐帝仍称乾祐，北汉刘崇亦仍称乾祐。周太祖改元显德，一月而崩，世宗即称显德，恭帝亦仍称显德。……金太宗建号天会，熙宗仍称天会。……其年号之雷同者：“建武”有七，则东汉光武帝、西晋成都王颖、东晋元帝、后魏北海王颢、十六国之赵石虎、燕慕容忠、南齐明帝也。“太和”有七，则魏明帝、后魏孝文帝、十六国之赵石勒、成李势、东晋废帝奕、唐文宗、十国吴杨溥也。“中兴”有六，则西燕慕容永、后魏废帝朗、齐和帝、唐渤海王钦茂孙华屿、唐末骠信舜化、南唐李璟也。“建元”有六，则汉武帝、东汉安帝、十六国之汉刘聪、前秦苻坚、东晋康帝、南齐和帝也。“建平”有六，则汉哀帝、后赵石勒、后燕慕容盛、南燕慕容德、西燕慕容瑶、后魏京兆王愉也。“天成”有六，则梁贞阳王渊明、后周宣帝、隋末林士弘、操师乞、唐安庆绪、南唐明宗也。“永和”有五，则汉明帝、晋穆帝、后秦姚泓、北凉牧健、十国闽王鏻也。“应天”有五，则唐朱泚、史思明、李希烈、十国燕刘守光、西夏赵安全也。“太平”有五，则吴孙亮、北燕冯跋、梁敬帝、隋林士弘、辽圣宗也。“建兴”有四，则蜀汉后主、吴孙亮、晋愍帝、后蜀李雄也。“建初”有四，则东汉章帝、后秦姚苌、西凉李暠、成都李特也。“正始”有四，则魏齐王芳、后燕高云、北凉沮渠蒙逊、后魏宣武帝也。“建始”有三，则汉成帝、晋赵王伦、东晋桓灵宝也。“永康”有三，则晋惠帝、西秦乞伏炽盘、后燕慕容宝也。“天祐”有三，则唐昭宗、西夏赵谅祚、元末张士诚也。“乾德”有三，则隋末辅公祏、北宋太祖、十国蜀王宗衍也。“光天”有三，则陈废帝、南蜀王宗衍、南汉刘玢也。“五凤”有三，则汉孝宣帝、吴孙亮、唐窦建德也。“天兴”有三，则唐刘武周、金哀宗、蒙古太祖也(《元史》不载，见孟珙《备录》)。“天正”有三，梁豫章王栋、武陵王纪、金移剌窝干也。以至汉宣帝、晋惠帝俱曰“元康”，东汉章帝、唐宪宗俱曰“元和”，东汉和帝、东晋安帝俱曰“元兴”，金耶律留哥、元顺帝俱曰“元统”，汉光武帝、唐谯王重福俱曰“中元”，东汉冲帝、晋怀帝俱曰“永嘉”，唐太宗、西夏赵乾顺俱曰“贞观”，唐明皇、十国吴越王俱曰“天宝”，北齐文宣帝、后梁萧岿俱曰“天保”，吴孙休、北梁段业俱曰“天玺”，唐昭宗、辽末奚王回离保俱曰“天复”，北汉刘承钧、金太宗俱曰“天会”，隋末宇文化及、唐武后俱曰“天寿”，后魏道武帝、金宣宗时乣(《字汇补》云疑即糺字，音纠)军俱曰“天赐”，吴孙皓、前凉张大豫俱曰“凤凰”，隋末操天成、高开道俱曰“始兴”，梁武帝、辽太宗俱曰“大同”，后周静帝、金世宗俱曰“大定”，宋高宗、西辽夷列俱曰“绍兴”，南宋孝宗、西夏赵秉常俱曰“乾道”。外此，犹考之未尽也。……前明一帝一号，非汉、晋、唐、宋、元各朝所能及。其建号虽不雷同前代，而未尝考及伪号。……前凉张重华、后五代妖人张遇贤、宋贼方腊俱称“永乐”，西夏乾顺改元“正德”，金叛将杨安儿……元泰定帝太子阿速吉八，俱改元“天顺”，元魏元法僧、梁永嘉王萧庄、唐末南诏丰祐俱称“天启”。当时竟无人检及此者。昔宋

> 孝宗受内禅，议改元“重熙”，权吏部尚书汪应辰(字圣锡，信州玉山人，绍兴五年状元)谓契丹尝以纪年。……遂改“隆兴”。明诸臣对此有愧矣。

【小结】此条抄自汪师韩《韩门缀学》卷三“年号”条。作伪方式有二：第一，点窜字句；第二，增加句子。

113. 公主立传

旧史列传首后妃，而诸子则随时代载之，未有为公主立传者。既不可附后妃而列诸子之前，又不可连诸子而杂列传之内。独隋之南阳公主载在《列女》，《旧唐书》以平阳公主附于柴绍之传。自《魏书》以诸子总载后妃之次，《新唐书》因以诸子总载，并及公主。公主之有传自《新唐书》始也。《宋史》仿《唐书》亦有传，《辽》、《金史》俱作《公主表》，他史所无。《明史》作《公主列传》，仿唐、宋例也。而以驸马都尉附焉，即以巩永固之贤，不得纪名于目录。至于《宋史》称燕国长公主薨，高怀德去驸马都尉号，此制则他代所无也。

【辨伪】汪师韩《韩门缀学》卷三“公主驸马”条云：

> 旧史列传首后妃，而诸子则随时代载之，未有为公主立传者。既不可附后妃而列诸子之前，又不可连诸子而杂列传之内。独隋之南阳公主载在《列女》，《旧唐书》以平阳公主附于柴绍之传。自《魏书》以诸子总载后妃之次，《新唐书》因亦诸子总载，并及公主。公主之有传自《新唐书》始也。《宋史》仿《唐书》亦有传，《辽史》、《金史》俱作《公主表》，他史所无。《明史》作《公主列传》，仿唐、宋例也。而以驸马都尉附焉，即以巩永固之贤，不得纪名于目录。至于《宋史》称燕国长公主薨，高怀德去驸马都尉号，此制则他代所无也。

【小结】此条抄自汪师韩《韩门缀学》卷三“公主驸马”条。作伪方式为点窜字句。

114. 薛史书法多隐讳

【A】欧史博采群书，旁参互证，真伪见而是非各得其真。薛史第据五代实录，故成之甚易(共一百五十卷)，而记载多有沿袭回护之处。【B】案李彦威、氏叔琮等传，温既迁唐昭宗于洛阴，遣敬翔至洛，令彦威、叔琮行弑。而薛史云温在河中，昭宗遇弑于大内。一若昭宗之弑无与于温者。又云温至洛，临于梓宫，只见于嗣君。一似能曲尽臣节者。欧史则直书温遣朱友恭(即李彦威)、氏叔琮、蒋玄晖①等行弑，昭宗崩。又《孔循传》，唐哀帝(即昭宣宗)封温魏王备九锡，拒不受。而薛史云帝让相国魏王九锡，一似温真能辞让

① 蒋玄晖(？—906年1月10日)，唐朝末年奸臣，官至枢密使，宣武节度使朱温的心腹，不遗余力地协助朱温铲除其谋篡帝位的阻碍，设计杀死唐昭宗九子，还是弑杀昭宗的主谋，最终低估朱温妄图立即称帝的野心，被朱温借故杀害。

者。欧史则直云温怒而不受。是岁，温遣人告蒋玄晖私侍何太后，遂杀玄晖，弑太后。薛史不书。昭宣帝禅位后，梁封为济阴王，开平二年正月弑之。薛史亦不书。《唐明宗纪》，明帝奉庄宗命讨赵在礼，**遇军变，后率兵向京师**，欲赴阙自陈。迨庄宗被弑，犹欲行礼梓宫，俟其子继岌而奉之，是可谓纯臣矣。欧史则云军变后，嗣源入魏，与在礼合。以其兵南，遣石敬塘将三百骑为先锋，至巨鹿，掠马三千以益军。是明著其反逆之迹，可谓直笔。而其先本无反心，则于《石晋纪》及《霍彦威传》内见之，是又不没其初念也。《魏仁溥传》，郭威得李洪义所示密诏，即召仁溥于卧内，仁溥教威倒用留守印，更为诏书，令威诛将校，以激怒。将校遂举兵渡河。薛史，《汉隐帝纪》则云帝密诏李洪义诛王殷，又诏郭崇诛郭威、王峻。而洪义不敢发，反以诏示威。威即召王峻、郭崇及诸将校至，曰："君等当奉行诏书，断予首以报。"是威尚能守臣节者，欧史则直书郭威反，隐帝既崩，郭威遣人迎湘阴公赟即位。王峻闻赟已至宋州，虑左右变生，遣郭崇以七百骑往卫之。案《十国春秋》载崇至宋州，赟召见崇。判官董裔说赟曰："崇瞻视举措，必有异谋，不如杀之。"赟不能决，崇遂幽赟于外馆。是峻之遣崇，实欲害之也，而《本纪》反云卫之。欧史则直书，王峻遣郭崇以七百骑逆赟于宋州，杀之。盖当时实录例有隐讳，修史者但照本钞录，不复改订耳。【C】惟列传中诸臣多有与居正同仕前朝，而其子孙亦有与居正同官于宋者。乃皆据事直书，尚见是非之公。如赵延寿子廷赞仕宋，为庐延等州节度使。而《延寿传》不讳其背晋附辽之事。崔协子颂仕宋，为谏议大夫。而《协传》不讳其任圜讥其没字碑之语。符存审子彦卿，仕宋封魏王，而《存审传》不讳其少时犯罪将就戮，得妓者救免之事。王继宏子永昌，仕宋为内诸司使，而《继宏传》不讳其曾为高唐英将，杀唐英自为留后之事。尹晖子勋，仕宋为防御使，而《晖传》不讳其反戈推戴唐废帝之事。赵在礼孙廷勋，仕宋历岳、蜀二州刺史，而《在礼传》不讳其贪暴，及愤恚自缢之事。安审琦三子皆仕宋，为显官。而《审琦传》不讳其妾通于隶人，与之谋杀审琦事。皆直书不隐，初不以同官而稍有瞻狥。【D】盖欧史重书法，**每谨严不苟**。薛史重叙事，**亦多信而有征**。以四五百年久湮之籍，幸逢盛朝佑文之代，复得成为完书。俾考古者借以互参考证，其嘉惠后学，岂浅鲜哉！

【辨伪】A 段抄自赵翼《廿二史劄记》卷二十一"欧史不专据薛史旧本"条：

盖薛史第据各朝实录，故成之易，而记载或有沿袭失实之处。欧史博采群言，旁参互证，则真伪见而是非得其真。

B 段抄自赵翼《廿二史劄记》卷二十一"薛史书法回护处"条：

按李彦威(即朱友恭)氏叔琮等传，温既迁唐昭宗于洛，阴遣敬翔至洛，令彦威、叔琮行弑。……而薛史云温在河中，昭宗遇弑于大内，一若昭宗之弑无与于温者。下又云温至洛，临于梓宫，只见于嗣君，一似能曲尽臣节者。欧史则直书温遣朱友恭、氏叔琮、蒋玄晖等行弑，昭宗崩。……帝让相国、魏王、九锡。案《孔循传》，唐哀帝(即昭宣帝)封温魏王，备九锡，拒不受。……而薛史云云，则似温真能辞让矣。欧史则云温怒不受。……又是岁，温遣人告蒋玄晖私侍何太后，遂杀玄晖，弑太后。薛史亦不书。昭宣帝禅位后，梁封为济阴王。开平二年正月，弑之。薛史亦不书。……《唐明宗纪》，帝奉庄宗命讨赵在礼……夜有军士张破败等鼓噪逼营。……正当赴阙自陈……庄宗寻为郭从谦所弑……吾奉大行梓宫礼毕……犹欲俟其子继岌至而奉之，可谓纯臣矣。……盖当时实录，例有隐讳，修史者但照本抄录，不复改订耳。欧史则书军变后嗣源入于魏，与在礼合。以其兵南，遣石敬塘将三百骑为先锋。嗣源至巨鹿，掠马三千以益军。是明著其反逆之迹，可谓直笔。而其先本无欲反之意，则于《石晋纪》及《霍彦威传》内见之。是又不没其初念，以见其仓卒被逼，不同于郭威之自澶州入也。《汉隐帝纪》，帝密诏李洪义诛王殷，又诏郭崇诛郭威、王峻。而洪义不敢发，反以诏示威。威即召王峻、郭崇及诸将校至，曰："君等当奉行诏书，断予首以报天子。"……是郭威本志似尚能守臣节者。按《魏仁浦传》，郭威得洪义所示密诏，即召仁浦于卧内，仁浦教威倒用留守印，更为诏书，令威诛诸将校，以激怒之。将校皆愤然效用，遂举兵渡河。……欧史帝纪则直书郭威反。……隐帝既崩，郭威遣人迎湘阴公赟来即位。已而威至澶州，兵变入京。王峻闻赟已至宋州，虑左右变生，遣郭崇以七百骑往卫之。按《十国春秋》，崇至宋州，赟召见于楼上，判官董裔说赟曰："崇瞻视举措，必有异谋，不如杀之。"赟犹豫不决，崇遂幽赟于外馆。是峻之遣崇，本欲害赟于途也，而本纪反云卫之，尤属矛盾。欧史则直书王峻遣郭崇以七百骑逆赟于宋州，杀之。

C段抄自赵翼《廿二史劄记》卷二十一"薛史亦有直笔"条：

薛史虽多回护处，然是非亦有不废公道者。列传诸臣多与居正同仕前朝，否则其子孙亦有与居正同官于宋者。赵延寿子延赞，仕宋为庐、延等州节度使，而《延寿传》不讳其背晋附辽，求为辽太子之事。崔协子颂，仕宋为谏议大夫，而《协传》直书任圜讥其没字碑。符存审子彦卿，仕宋封魏王，而《存审传》不讳其少时犯罪将就戮，以善歌得妓者救免之事。王继宏子永昌，仕宋为内诸司使，而《继宏传》载其曾为高唐英将，唐英待之甚厚，后竟杀唐英自为留后，曰："吾侪小人，若不因利乘便，何以得志?"尹晖子勋，仕宋为防御使，而《晖传》不讳其反戈推戴唐废帝之事，传赞并谓因倒戈而杖钺，岂义士之所为？赵在礼孙廷勋，仕宋历岳、蜀二州刺史，而《在礼传》载其在宋州贪暴，及移镇，民相贺曰："拔去眼中钉矣。"在礼闻之，怒，又乞留宋一年，每户征钱一千，号"拔钉钱"。后契丹入汴，索在礼货财，在礼不胜愤，以衣带就马枥自缢死。安审琦三子，皆仕宋为显官，而审琦妾通于隶人，遂与之通谋杀死审琦之事，传中亦不讳。此足见其直笔，不以同官而稍有瞻狥也。

D段抄自赵翼《廿二史劄记》卷二十一"薛居正《五代史》"条：

盖欧史专重书法，薛史专重叙事，本不可相无。以四五百年久晦之书一旦复出，俾考古者得参互核订，所以嘉惠后学，诚非浅鲜也。

【小结】此条抄自《廿二史劄记》卷二十一"欧史不专据薛史旧本"条、"薛史书法回护处"条、"薛史亦有直笔"条、"薛居正《五代史》"条。A段抄自"欧史不专据薛史旧本"条、

B 段抄自“薛史书法回护处”条、C 段抄自“薛史亦有直笔”条、D 段抄自“薛居正《五代史》”条。作伪方式有二：第一，点窜字句；第二，增加句子。

今按：卷四论史书，起《隋书》，迄薛史，主要抄袭《廿二史劄记》、《四库全书总目》、《韩门缀学》三书。作伪手段较前几卷大为简化，不过稍加点窜、简单拼合而已。王氏深谙读者心理，前三卷如果蒙倒读者，已大功告成，中间已至阅读疲劳阶段，随意点窜足矣，不必再惨淡经营。

《经史杂记》卷五

115. 康王冕服见群臣

案：《曲礼》天子未除丧称“予小子”，《春秋》嗣王在丧则书名。《尚书》大敛后，王麻冕黼裳受策，即继体之位，所以示臣民不可一日无君也。释冕反丧，明未称王以御事也。至逾年方称即位，缘始终之义，一年不得有二君也。《南史·沈文阿传》：“陈文帝即位，文阿议：‘千人无君，不败则乱。当隆周之日，公旦叔父，吕召爪牙，成王在丧，祸几覆国。是以既葬便有公冠之仪，始殡受麻冕之策，斯盖示天下以有主，虑社稷之艰难。’”云云。此千古嗣王不易之常经也。至宋元祐间，孙莘老党等竟议康王冕服见群臣为非礼者，后儒不察，从而附和之，遂至纷纭而不已。若谓陈设华美，非丧中所宜，则《春官·天府》“大丧陈宝器”，《典路》“大丧出路”，经固有明文也。若谓吉服非礼，《曾子问》曰：“天子尝禘郊社五祀之祭，簠簋既陈，天子崩，后之丧如之何？孔子曰：‘废。’”此盖专指初崩而言。若既殡之后，仍有不废祭者。《王制》云：“丧三年不祭，惟祭天地社稷，为越绋而行事。”《汉志》引《伊训》“太甲当丧，越绋行事”是也。郊之日丧者，不哭，不敢凶服。盖不独王被大裘龙衮，戴冕璪，抑且畿内臣庶，虽有私丧之服，尽释之而即吉，以听命乎上，其严于事天如此。推之于地社若稷，一岁之间，盖不啻叠举服，亦屡释矣。嗣王受策见群臣，亦当视此例。其祭于殡宫，特比朝夕馈奠稍有加，固无害也。若谓受策见群臣，在路寝，丧次以哭踊从事，则《曾子问》曰：“君薨，世子生。卿大夫士从摄主北面于西阶南，太祝裨冕，执束帛，升自西阶尽等，不升堂，命毋哭。”注云：“将有事，宜清静也。”彼世子甫生，尚且止其哭，以致祝辞，况真即继体位，犹当以哭踊为礼哉？诸儒之议非也。

【辨伪】王鸣盛《尚书后案》卷二十五《周书》：

王麻冕黼裳，此敛之后也。王者既殡，而即继体之位何？缘民臣之心不可一日无君。……缘始终之义，一年不可有二君也。……释冕藏铜反丧，明未称王以统事也。……《曲礼》天子未除丧称“予小子”，《春秋》嗣王在丧则书名之例，至逾年方即位。……《南史·沈文阿传》：陈文帝即位，文阿议：“千人无君，不败则乱。当隆周之日，公旦叔父，吕召爪牙，成王在丧，祸几覆国。是以既葬便有公冠之仪，始殡受麻冕之策，斯盖示天下以有主，虑社稷之艰难。”……至宋元祐间，孙觉莘老遂论康王冕服见群臣为非礼，苏氏轼作《书传》推衍其说，俗人从而掇拾之，纷哓不已。愚谓若以陈设华美，非丧中应有，则《春官·天府》“大丧陈宝器”，《典路》“大丧出路”，经固有明文也。以吉服非礼，《曾子问》云：“天子尝禘郊社五祀之祭，簠簋既陈，天子崩，后之丧如之何？孔子曰：‘废。’”此乃专指初崩而言。若既殡之后，仍有不废祭者。《王制》云：“丧三年不祭，惟祭天地社稷，为越绋而行事。”《汉志》引《伊训》“太甲当丧，越茀行事”是也。郊之日丧者，不哭，不敢凶服。盖不独王被大裘龙衮，戴冕璪，抑且合畿内臣庶，虽有私丧之服，尽释之而即吉，以听命乎上，其严于事天如此。推之于地社若稷，一岁之间，盖不啻迭举服，亦屡释矣。传顾命亦可视此例。其祭于殡宫，特比朝夕馈奠稍有加，固无害也。若谓受册见群臣，当在路寝，丧次以哭踊行事，则《曾子问》云：“君薨，世子生。大夫士从摄主北面于阶南，太祝裨冕，执束帛，升自西阶尽等，不升堂，命毋哭。”证曰：“将有事，宜清静也。”彼世子甫生，尚且止其哭，以致祝辞，况真即继体位，自不当徒以哭踊为礼，诸儒之说皆非也。

【小结】此条抄自《尚书后案》卷二十五《周书》。作伪方式有二：第一，点窜字句；第二，增加句子。

116. 谅阴谓居庐

【A】案《论语·子张》引“高宗谅阴”，何晏《集解》载孔安国注云：“谅，信也。阴，犹默也。”马融从之，遂采《论语注》入之《说命》传中，而邢昺《论语疏》亦用之，皆非。【B】《尚书·说命》、《无逸》“谅阴”皆作“亮阴”，《礼记·丧服四制》则作“谅闇”。郑注云：“谅，古作梁，楣谓之梁。闇读如鶕鹑之鶕，闇谓庐也。”**当从郑说作“居倚庐”为是。**【C】考《晋书·杜预传》，元皇后崩，依汉魏制，既葬，帝及群臣皆除服，疑皇太子亦应除否，诏尚书会仆射卢钦论之。预以为：“古者天子、诸侯三年之丧，始服齐、斩，既葬除丧服，谅阴以居，心丧终制，不与士庶同。”卢钦问证据，预曰：“《春秋》晋侯享诸侯，子产相郑伯，时简公未葬，请免丧以听命，君子谓之得礼。‘宰咺归惠公、仲子之赗’，传曰：‘吊生不及哀。’此皆既葬除服，谅闇之证也。周景王有后、世子之丧，既葬除服而宴乐。叔向讥之曰：‘三年之丧，虽贵遂服，礼也。王虽不遂，宴乐以早。’称高宗不言丧服三年，而云谅闇三年，此释服心丧之文也。讥景王，不讥其除丧，而讥其宴乐早，则既葬应除，而违谅闇之节也。尧丧，舜谅闇三年，故称遏密八音。由此言之，天子居丧，齐、斩既葬而除，谅闇以终之，三年无改于父之道。”玩预说，知梁闇乃凶庐，谓居倚庐柱楣，非信默之谓也。信默之解，出于安国，郑不褒其说，知郑学之宏通，非诸儒所及也。

【辨伪】王鸣盛《尚书后案》卷二十一《周书》：

【B】“亮阴”，《说命》同。《论语》作“谅阴”，《丧服四制》作“谅闇”。……郑于《丧服四制》注云：“谅，古作梁，楣谓之梁。闇读如鶉鹑之鶉，闇谓庐也。”

【A】《论语·子张》引《书》“高宗谅阴”云云。何晏《集解》采孔安国注云：“……谅，信也。阴，犹默也。”……马融从之。古文《尚书》伪本……亦采《论语注》入之。《说命》传同。……邢昺《论语疏》亦用之，尤妄中之妄矣。

【C】《晋书·杜预传》：元皇后崩，依汉魏制，既葬，帝及群臣皆除服，疑皇太子亦应除否，诏诸尚书会仆射卢钦论之。预以为：“古者天子、诸侯三年之丧，始服齐、斩，既葬除丧服，谅闇以居，心丧终制，不与士庶同礼。”卢钦问证据，预曰：“《春秋》晋侯享诸侯，子产相郑伯，时简公未葬，请免丧以听命，君子谓之得礼。‘宰咺归惠公、仲子之赗’，《传》曰‘吊生不及哀’。此皆既葬除服，谅闇之证也。周景王有后、世子之丧，既葬除殷而宴乐。叔向议之曰：‘三年之丧，虽贵遂服，礼也。王虽不遂，宴乐以早。’称高宗不言丧服三年，而云谅闇三年，此释服心丧之文也。讥景王，不讥其除丧，而讥其宴乐早，则既葬应除，而违谅闇之节也。尧丧，舜谅闇三年，故称遏密八音。由此言之，天子居丧齐、斩，既葬而除，谅闇以终之，三年无改于父之道。”玩预说，知梁闇乃凶庐，非信默之谓。信默之解，出于安国。郑师祖孔学，而不袭其说，知郑学之宏通，非诸儒所及也。

【小结】此条抄自《尚书后案》卷二十一《周书》。作伪方式有三：第一，点窜字句；第二，增加句子；第三，改变顺序(原文顺序为B、A、C)。

117. 祥禫不同月

【A】《礼记·间传》：“父母之丧，期而小祥，又期而大祥，素缟麻衣，**中月而禫。禫而纤，无所不佩。”疏云：“中，间也。**”(《丧服小记》：“妾祔于妾祖姑，亡则中一以上而祔。”又《学记》云：“中年考校。”皆以中为间)【B】“大祥之后，更间一月而为禫祭。二十五月而祥，**二十七月而禫。”此经疏甚明。王肃乃以“中月”为“月中”，则二十六月即可即吉。盖据《檀弓》“祥而缟，是月禫，徙月乐”而云，然也。然郑于“祥而缟”下云：“缟，冠素纰也。”于“是月禫，徙月乐”下云：“言禫明月可以用乐。”隔，别言之，不相连属。明是月者不蒙。上祥缟之文，特以发下徙月耳。又《檀弓》：“孟献子禫，县而不乐，比御而不入。”**疏云：“郑必以二十七月为禫者，《杂记》云：‘父在为母为妻十三月大祥，十五月禫。为母、为妻尚祥、禫异月，岂容三年之丧乃祥、禫反同月？若以父在为母，屈而不申，故延禫月，为妻当亦不申祥、禫异月乎？’”【C】其“鲁人朝祥暮歌”及《丧服四制》“祥之日，鼓素琴”，及“夫子既祥，五日弹琴不成声”，皆据省乐忘哀非正乐也。其《三年问》云：“三年之丧，二十五月而毕。”据丧事终，除衰去杖，余哀未尽，更延两月，非丧之正也。王肃难郑云：“若二十七月禫，其岁末遭丧，则出入四年，《丧服小记》何以云‘再期之丧三年’？”如王肃此难，则为母十五月而禫，出入三年，《小记》何以云“期之丧二年”？明《小记》所云，据丧之大断也。**疏驳王说甚精，盖大祥之后间月而禫，徙月而乐即吉，有渐不忍忘亲。王肃异说害教，不可从也。**

【D】案：沈尧中又谓三年之丧当为三十六月者。此说倡自唐王元感，当时已为礼官所驳，其议遂寝。钱唐张文嘉又据宣公新宫灾在薨后二十九月，其时主犹在寝，证古人丧不止二十七月之说，亦非。考《成三年》："二月甲子，新宫灾。"杜注："三年丧毕，宣公神主新入庙，故谓之新宫。"据此，知宣公之主已入庙矣。

【辨伪】《四库全书总目》卷二十五《齐家宝要》提要曰：

> 【D】但据沈尧中之说，谓三年之丧当三十六月。……至谓丧三十六月，则始于唐王元感，而张柬之驳之。其议遂寝。……文嘉乃取唐人已废之说，谓宣公新宫灾在薨后二十九月，其时主犹在寝。证古人丧不止于二十七月，尤为误中之误。考《成三年》："二月甲子，新宫灾。"杜注："三年丧毕，宣公神主新入庙，故谓之新宫。"据此，则宣公之主已入庙矣。

孔颖达《礼记正义》卷六曰：

> 【B】郑必以为二十七月禫者，以《杂记》云："父在为母为妻十三月而大祥，十五月而禫。"为母、为妻尚祥、禫异月，岂容三年之丧乃祥、禫同月？若以父在为母，屈而不伸，故延禫月，其为妻当亦不申祥、禫异月乎？
>
> 【A】案《丧服小记》云："妾祔于妾祖姑，亡则中一以上而祔。"又《学记》云："中年考校。"皆以中为间谓。
>
> 【C】其"鲁人朝祥而莫歌"及《丧服四制》云"祥之日，鼓素琴"，及"夫子五日弹琴不成声，十日成笙歌"，并此"献子禫县"之属，皆据省乐忘哀非正乐也。……《三年问》云："三年之丧，二十五月而毕。"据丧事终，除衰去杖，其余哀未尽，故更延两月，非丧之正也。王肃难郑云："若以二十七月禫，其岁末遭丧，则出入四年，《丧服小记》何以云'再期之丧三年'？"如王肃此难，则为母十五月而禫，出入三年，《小记》何以云"期之丧二年"？明《小记》所云，据丧之大断也。

【小结】此条抄自《四库全书总目》卷二十五《齐家宝要》提要、《礼记正义》卷六。作伪方式有四：第一，点窜字句；第二，增加句子；第三，改变顺序；第四，多源组合，B、A、C 段抄自《礼记正义》，D 抄自《四库全书总目》卷二十五《齐家宝要》提要。今按：《齐家宝要》二卷，清张文嘉撰。

118. 丧服无定制

【A】案：西汉河间王良丧太后，服三年，哀帝特诏以为宗室仪表，益封万户。东汉济北王次守丧，梁太后诏曰："王谅闇以来二十八月，自诸国有忧，未之闻也。"薛宣后母死，弟修去官持服，宣以为三年丧人罕行之。兄弟自相驳，修竟服。兄弟一也，而一服一不服，无定制故也。邓衍不服父丧，明帝虽薄其为人，然本无服丧定例，故亦不能以此罪之。其臣下丁忧，有自愿持服者，则上书陈请，有听者，有不听者，亦有暂听而朝廷为之起复者。如太尉赵憙遭母丧，乞身持服，明帝不许，遣使者为释服。太仆邓彪遭母丧，乞身，诏以光禄大夫行服。桓郁遭母丧，乞身，诏以侍中行服。桓焉以母丧乞身，诏以大夫行服，逾年，诏赐牛酒释服是也。霍谞为金城太守，崔寔为辽东太守，俱以母忧自上归行丧服。因无定制，听人自为轻重，故狥名义者宁过无不及。如江华遭母忧，三年服竟犹不忍除，郡守丞掾为除服。东海王臻丧母，服阕，又追念丧父时幼小，哀礼有阙，乃重行丧制。袁绍母死，去官。三年礼毕，追念幼孤，又行父丧。青州民赵宣葬亲而不闭埏，隧居其中。行服二十余年，乡里称孝，然五子皆服中生。**皆狥名之过也。**【B】甚至有期功之丧，亦得弃官持服者。如贾逵以祖父丧，戴封以伯父，韦义以兄顺丧，杨仁以兄丧，陈实以期丧，西鄂长杨弼以伯母，繁阳令杨君以叔父，上虞长度尚以从父，勃海王郎中刘衡以兄，思善侯相杨著以从兄，太常丞谯玄、槐里令曹全以弟，广平令仲定以姊，王纯以妹，马融以兄子，皆以忧去官。范滂父字叔矩，博士征，以兄丧不行；围令赵君，司徒杨公辟，以兄忧不至；陈重当迁会稽太守，亦以姊忧去职。《通典》云："安帝初，长吏多避事弃官，乃令自非父母服，不得去职。"虽当时诏令綦严，当亦有依违不行者。至晋稽绍拜徐州刺史，犹以长子丧去职。陶渊明以程氏妹丧自免，作《归去来辞》，是犹沿两汉之风也。

【辨伪】A 段抄自赵翼《廿二史劄记》卷三"两汉丧服无定制"条：

> 西汉河间王良丧太后，服三年，哀帝特诏以为宗室仪表，益封万户(《良传》)。东汉济北王次守丧，梁太后诏曰："王谅闇以来二十八月，自诸国有忧，未之闻也。"(《次传》)薛宣后母死，弟修去官持服，宣以为三年丧人罕行之，兄弟自相驳，修遂竟服。兄弟一也，而一服一不服，可见朝廷本无定制也。邓衍不服父丧，明帝闻之，虽薄其为人，然本无服丧定例，故亦不能以此罪之。其臣下丁忧，自愿持服者则上书自陈，有听者有不听者，亦有暂听而朝廷为之起复者。如太尉赵熹遭母忧，乞身行丧，明帝不许，遣使者为释服(《憙传》)。太仆邓彪遭母忧，乞身，诏以光禄大夫行服(《彪传》)。桓郁遭母忧，乞身，诏以侍中行服。桓焉以母忧乞身，诏以大夫行服，逾年，诏赐牛酒释服(《郁》、《焉传》)。霍谞为金城太守，崔寔为辽东太守，俱以母忧，自上归行丧服。……惟其无定制，听人自为轻重，于是狥名义者宁过无不及。如江华遭母忧，三年服竟犹不忍除，郡守遣丞掾为除服(《华传》)。东海王臻丧母，服阕，又追念丧父时幼小，哀礼有阙，乃重行丧制(《臻传》)。袁绍母死，去官三年，礼毕，追感幼孤，又行父丧。……青州民赵宣葬亲而不闭埏隧，居其中，行服二十余年，乡里称其孝。然五子皆服中生。

B 段抄自顾炎武《日知录》卷十五"期功丧去官"条：

> 古人于期功之丧，皆弃官持服。《通典》："安帝初，长吏多避事弃官。乃令自非父母服，不得去职。"考之于书，如韦义以兄顺丧去官，杨仁以兄丧去官，谯玄以弟服去官，戴封以伯父丧去官，马融遭兄子丧自劾归，陈实以期丧去官，贾逵以祖父丧去官。又《风俗通》云："范滂父字叔矩，博士征，以兄忧不行。"《刘衡碑》云："为勃海王郎中令，以兄琅邪相忧，即日轻举。"《围令赵君碑》云："司徒杨公辟，以兄忧，不至。"则兄丧亦谓之忧也。《曹全碑》云："迁右扶风槐里令，遭同产弟忧弃官。"则弟

丧亦谓之忧也。《度尚碑》云："除上虞长，以从父忧去官。"《杨著碑》云："高阳令，遭从兄沛相忧，笃义忘宠，飘然轻举。"则从父、从兄丧亦谓之忧也。《陈重传》云："举尤异，当迁为会稽太守，遭姊忧去官。"则姊丧亦谓之忧也。……《王纯碑》云："拜郎，失妹宁归，遂释印绂。"晋陶渊明作《归去来辞》，自序曰："寻程氏妹丧于武林，情在骏奔，自免去职。"则已嫁之妹，犹去官以奔其丧也。晋《嵇绍传》："拜徐州刺史，以长子丧去职。"则子之丧亦可以去官也。

【小结】此条抄自《廿二史劄记》卷三"两汉丧服无定制"条、《日知录》卷十五"期功丧去官"条。作伪方式有三：第一，点窜字句；第二，增加句子；第三，多源组合，A 段抄自"两汉丧服无定制"条，B 由《日知录》卷十五"期功丧去官"条而来。

119. 属吏为长官持服

案《晋・丁潭传》，潭为琅邪王裒郎中令，裒薨，潭上书求终丧礼，曰："今制，王侯之丧，官僚服斩，既葬而除。今国无嗣子，丧廷乏主，臣宜终丧。"诏下博议，令既葬除服，心丧三年。又《桓玄传》，桓温卒，服终，府州文武咸辞去。《齐书・王俭传》，皇太子妃薨，宫臣未知应服否，王俭议，宫僚本属臣隶，存既尽敬，亡自应服。褚渊由司徒改司空，未拜而卒，司空掾属疑应服与否，王俭议，依妇在途，闻夫家丧，改服而入之礼，其司空掾属，宜居官持服。《魏书・公孙邃传》，邃为青州刺史，卒，佐吏疑所服，孝文帝诏曰："专古也理与今违，专今也大乖曩义。主簿云，近代相承服斩，过葬而除，自余无服，如此则太寥落，可准诸境内为齐衰三月。"据此，是晋以后属吏为长官持服并有定制，非如汉时自以意为之也。

【辨伪】赵翼《廿二史劄记》卷三"长官丧服"条云：

《晋书》，丁潭为琅邪王裒郎中令，裒薨，潭上书求终丧礼，曰："今制，王侯之丧，官僚服斩，既葬而除。今国无嗣子，丧廷乏主，臣宜终丧。"诏下博议，令既葬除服，心丧三年(《潭传》)。桓温卒，服终，府州文武咸辞去(《桓玄传》)。《齐书》，皇太子妃薨，宫臣未知应服与否。王俭议宫僚本属臣隶，存既尽敬，亡自应服。褚渊由司徒改司空，未拜而卒，司空掾属疑应服与否。王俭议依妇在途，闻夫家丧，改服而入之礼，其司徒掾属，宜居官持服(《王俭传》)。《魏书》，公孙邃为青州刺史，卒，佐吏疑所服。孝文帝诏曰："专古也理与今违，专今也大乖曩义。主簿云近代相承服斩，过葬而除，自余无服。如此则太寥落，可准诸境内为齐衰三月。"(《邃传》)是晋以后属吏为长官持服并有定制，非如汉时之自以意为之也。

【小结】此条抄自《廿二史劄记》卷三"长官丧服"条。作伪方式为点窜字句。

120. 弟子为师持服

案《晋书・礼志》云："丧服无弟子为师服之制。新礼弟子为师齐衰三月。挚虞以为自古无师服之制，故仲尼之丧，门人心丧三年。此则怀三年之哀，而无齐衰之制也。先圣为礼，必易从而可传。师徒义诚重而服制不著，历代相袭，不以为缺。且寻师者以弥高为得，故屡迁而不嫌；修业者以日新为益，故舍旧而不疑。仲尼称：'三人行，必有我师焉。'子贡云：'夫何常师之有。'浅教之师，暂学之徒，不可皆为之服。义有轻重，服有废兴，则臧否由之而起，是非因之而争。爱恶相攻，悔吝生焉。宜定新礼无服如旧。诏从之。"据此，知晋时新礼，弟子为师齐衰三月，正准情酌理，足以辅翼先王之制，可以心丧三年，内外并行，诚不刊之典也。存此，庶足以振浇薄、敦礼义，于师友一伦，所裨岂浅鲜哉！

【辨伪】臧琳《经义杂记》卷六"为师齐衰三月"条云：

> 《晋书·礼志》云："丧服无弟子为师服之制。新礼弟子为师齐衰三月。挚虞以为自古无师服之制，故仲尼之丧，门人心丧三年。此则怀三年之哀，而无齐衰之制也。先圣为礼，必易从而可传。师徒义诚重，而服制不著，历代相袭，不以为缺。且寻师者以弥高为得，故屡迁而不嫌；修业者以日新为益，故舍旧而不疑。仲尼称：'三人行，必有我师焉。'子贡云：'夫何常师之有。'浅教之师，暂学之徒，不可皆为之服。义有轻重，服有废兴，则臧否由之而起，是非因之而争。爱恶相攻，悔吝生焉。宜定新礼无服如旧。诏从之。"据此，知晋时新礼，弟子为师服齐衰三月，琳谓准情当理，足以辅翼先王之制，可与心丧三年，内外并行，诚不刊之典也。存此，庶足以振浇薄、敦礼义，于师友一伦，所裨匪浅。

【小结】此条抄自《经义杂记》卷六"为师齐衰三月"。作伪方式为点窜字句。

121. 鲁公居丧即戎

案《礼记·曾子问》篇：**子夏曰："金革之事无辟也者，非与？"孔子曰："吾闻诸老聃曰：'昔者鲁公伯禽有为，为之也。'**"注言："伯禽时，有戎夷作难。虽有三年之丧，卒哭往征，作《粜誓》。"王应麟《困学纪闻》云："《书·多方》注云：周公归政，明年，鲁征淮夷，作《费誓》。《鲁世家》：伯禽即位后，淮夷、徐戎并兴，率师伐之，作《肸誓》。据此，则伯禽征淮、徐在周公未没时，非居丧即戎也。《左传》：'殽之役，晋始墨。'若伯禽行之，则晋非始。《礼记》之言恐非。"然《曾子问》疏明言伯禽所遭为母丧，伯厚偶未照察，遽议《礼记》之非，非也。父在，为母虽期，其实则是三年，故以为三年之丧也。

【辨伪】王鸣盛《尚书后案》卷二十六《周书》：

> 又案曰《礼记·曾子问》篇为经注言："伯禽时，有戎夷作难。虽有三年之丧，卒哭往征，作《粜誓》。"王应麟《困学纪闻》云："《书·多方》注云：周公归政明年，鲁征淮夷，作《费誓》。《鲁世家》：伯禽即位后，淮夷、徐戎并兴，率师伐之，作《肸誓》。据此，则伯禽征淮、徐在周公未没时，非居丧即戎也。《左传》：'殽之役，晋始墨。'若伯禽行之，则晋非始。《礼记》之言恐非谓《费誓》。"……应麟固不足与语此，但《曾子问》疏明言伯禽所遭是母丧，亦不检照。……如此父在，为母虽期，其

实则是三年，故以为三年之丧也。

【小结】此条抄自《尚书后案》卷二十六《周书》。作伪方式有二：第一，点窜字句；第二，增加句子。

122. 公刘非后稷曾孙

【A】**据《史记·周本纪》，后稷子不窋，孙鞠陶，曾孙公刘，是序其世次。直谓公刘为后稷之曾孙**，与《左传》郯子自称高祖少皞，蒯聩自称皇祖文王，泛引远祖者不同矣。既以世次而论，【B】则《史记》、《汉书》并云公刘避桀居豳，【C】由后稷至桀时已四百余年，安得公刘为其曾孙哉？【D】盖不窋失官，窜于戎翟之间，其时不过西陲一小部落耳，国无史官，家无谱牒。及传至鞠陶，又不知凡阅几何世矣。公刘居豳，始复为声教之国，始有文字纪事，故其后君长名氏历历可考。【E】然自公刘至文王，中历庆节、皇仆、差弗、毁隃、公非、高圉、亚圉、公叔祖绀、古公亶父、季历，亦仅十二世，历商六百余岁。必每世在位皆五十许年，又必即位后二三十年生冢嗣，方可充其数。不然，有一甫即位生子者，子且如百龄之文王，享国百年之穆王矣。揆之情理，实难据信。**然则史册之失于纪载者甚多，岂仅后稷至公刘之世次乎？**

【辨伪】《四库全书总目》卷三十五《论语集注考证·孟子集注考证》提要曰：

> 【C】至于辨公刘后稷之曾孙一条，谓公刘避桀居邠，去后稷世远，非其曾孙。
>
> 【A】不知古人凡远祖多称高祖，《左传》郯子称“我高祖少皞”是也。凡远孙多称曾孙，《左传》蒯聩称“曾孙蒯聩，敢昭告皇祖文王”是也。

阎若璩《尚书古文疏证》卷四第五十七曰：

> 【D】不窋失官……惟不窋窜于戎翟间，其时不过西戎一部落耳，国无史官，家无谱牒，及传至鞠，不知凡几世矣。公刘迁豳，始复为声教之国，始有文字纪事，故后君长名氏悉历历可数。
>
> 【B】然《史》、《汉》并称居豳由避桀。
>
> 【E】公刘至文王亦仅十二世。以十二世历商六百二十九岁，必每世在位皆五十许年，又必即位后二三十年生冢嗣，方可充其数。不然，有一甫即位生子者，子且如百龄之文王享国、百年之穆王矣。以情以理，实难据信。

【小结】此条抄自《四库全书总目》卷三十五《论语集注考证·孟子集注考证》提要、阎若璩《尚书古文疏证》卷四第五十七。作伪方式有四：第一，点窜字句；第二，增加句子；第三，改变顺序；第四，多源组合，C、A 段抄自《四库全书总目》卷三十五《论语集注考证·孟子集注考证》提要，D、B、E 段抄自《尚书古文疏证》卷四第五十七。

123. 父师、少师非疵、强

《史记·殷本纪》云："纣淫乱不止，微子数谏不听，与太师、少师谋，遂去。比干曰：'为人臣者，不得不以死争。'乃强谏。纣剖比干心。箕子惧，乃佯狂为奴，纣又囚之。殷之太师、少师乃持其祭器奔周。"《周本纪》云："纣杀比干，囚箕子。太师疵、少师强抱其乐器奔周。"《宋世家》云："微子数谏，纣弗听，欲死之。及去，未能自决，乃问于太师、少师。箕子被发佯狂为奴，比干谏，纣剖其心。太师、少师乃劝微子去，遂行。"于比干已死后，复言太师、少师劝微子去，则《尚书·微子》篇所云父师、少师者，别有其人，即名疵、强者是。此司马迁说也。裴骃不明迁之意，于《世家》所引《微子》篇文，仍引孔传、郑注，而又云："比干已死，而云少师，似误。"盖错会《史记》之文耳。然《史记》杂采古书，不必悉本安国，其言不足据。而郑康成注《微子》云："箕子，纣诸父。少师不答，志在必死。"则郑意固以微子所告父师、少师为箕子、比干矣，非疵、强也。郑师祖孔学，其说本于安国，不可易也。且太师是乐官，故抱乐器奔周。太师不可称父师，父师必是箕子，而少师之为比干可知矣。又《左传》："楚克许，许男面缚、衔璧、衰绖、舆榇以见楚子。楚子问诸逢伯，逢伯曰：'昔武王克商，微子启如是，武王亲释其缚，受其璧而祓之，焚其榇，礼而命之。'"《史记》亦云："周武王克商，微子持其祭器造军门，肉袒面缚，左牵羊，右把茅，膝行而前。武王乃释微子，复其位。"案：武王克商时，微子未必面缚自诣。《左传》、《史记》皆不足信也。《论语》"微子去之"，马融注云："微子见纣无道，早去之。"下一"早"字，知微子与父师、少师商论去就，即先决计长往，武王求之不得，故封武庚以续殷祀，直至武王崩，武庚以叛诛，微子方归周受封于宋。若使宗国阽危之时，则恝然远引；新王革命之际，则抱器来归，孔子肯以"仁"许之耶？

【辨伪】王鸣盛《尚书后案》卷九《商书》：

> 又案曰：《史记·殷本纪》云："纣淫乱不止，微子数谏不听，与太师、少师谋，遂去。比干曰：'为人臣者，不得不以死争。'乃强谏。纣剖比干心。箕子惧，乃佯狂为奴，纣又囚之。殷之太师、少师乃持其祭器奔周。"《周本纪》云："纣杀比干，囚箕子。太师疵、少师强抱其乐器奔周。"《宋世家》云："微子数谏，纣弗听，欲死之。及去，未能自决，乃问于太师、少师。箕子被发佯狂为奴，比干谏，纣剖其心。太师、少师乃劝微子去，遂行。"于比干已死后，复言太师、少师劝微子去，则《尚书·微子》篇所云父师、少师者别有其人，即名疵、强者是。此司马迁说也。……裴骃不明迁之意，于《世家》所引《微子》篇文，仍引孔传、郑注，而又云："比干已死，而云少师，似误。"此盖错会《史记》之文耳。然《史记》杂采古书，不必悉本安国，其言不足据。而郑康成注《微子》云："箕子，纣诸父。少师不答，志在必死。"则郑意固以微子所告父师、少师为箕子、比干矣，非疵、强也。……郑师祖孔学，其说本于安国，不可易也。且太师是乐官，故抱乐器奔周。太师不可称父师，父师必是箕子，而少师之为比干可知矣。又《左传》："楚克许，许男面缚、衔璧、衰绖、舆榇以见楚子。楚子问诸逢伯，逢伯曰：'昔武王克商，微子启如是，武王亲释其缚，受其璧而祓之，焚其榇，礼而命之。'"《史记》亦云："周武王伐纣克殷，微子持其祭器造军门，肉袒面

缚，左牵羊，右把茅，膝行而前。武王乃释微子，复其位。”愚谓武王克殷时，微子未必面缚自诣。《左传》、《史记》皆不可信也。《论语》“微子去之”，马融注云：“微子见纣无道，早去之。”下一“早”字，知微子与父师、少师商论去就既定，即先决计长往，武王求之不得，故封武庚以续殷祀，直至武王崩，武庚以叛诛，微子方归周而受封于宋也。若使宗国阽危之时，则恝然而远引；新王革命之际，则抱器而来归，孔子肯以“仁”许之耶？

【小结】此条抄自《尚书后案》卷九《商书》。作伪方式为点窜字句。

124. 太姒为文王继妃

案：《关雎》之诗，邹氏忠胤以太姒为文王继妃。龙眠钱饮光著《田间诗学》推明其说，曰：“朱子宗毛氏，以淑女为后妃。或疑宫人，不知何指。如谓王季之宫人，古者命士，父子异宫，彼淑女何豫于王季宫人之忧乐也？如谓文王之宫人，古者诸侯一娶九女，侄娣从之，未有夫人未至，先有宫人者也。考胡宏《皇王大纪》，昌为世子，娶于有莘，曰太姒。谓太姒至时，王季故在，文王无宫人审矣。然尝读《大明》之诗曰：‘文王初载，天作之合。’明为文王即位之初年。其曰：‘文定厥祥，亲迎于渭，造舟为梁。’一皆由于文王。夫娶妻必待父母之命，父在，子得自主乎？《书·无逸》云：‘文王受命惟中身，厥享国五十年。’《史记》载文王年九十七，而云享国五十年，当以四十七即位，不知太姒此时为年几何？若正当及笄，则文王且五十，齿不相当也。《大明》又曰：‘缵女维莘。’缵，继也。疑太姒为文王继妃，因悟《大纪》称昌为世子，娶于有莘者，非太姒也。意必前有莘女，不禄无子，文王中年再娶于莘而得太姒，有不妒之德，因有‘则百斯男’之庆。若是，则《关雎》为文王宫人之作，亦足据矣。”又注《大明》诗云：“文王为世子时，所娶之莘女非太姒，姒之姊也。故曰：‘俔天之妹。’明有姊也。曰：‘缵女维莘。’明以莘女继莘女也。其‘长子维行’，行，嫁也。‘女子有行’之行。此自有莘氏珍重其女而尊称之，以礼重嫡长故也。然则仲任与太姒皆不居长，厥后周人凡称女，每以季女为贵，岂不以此哉？”

【辨伪】汪师韩《韩门缀学》卷一“田间释《关雎》诗义”条云：

> 《关雎》之诗，邹氏忠胤以太姒为文王之继妃。龙眠钱饮光著《田间诗学》推明其说，曰：“朱子宗毛氏，以淑女指后妃。或疑宫人，不知何指。如谓王季之宫人，古者命士，父子异宫，彼淑女何预于王季宫人之忧乐也？如谓文王之宫人，古者诸侯一娶九女，侄娣从之，未有夫人未至，先有宫人者也。考《皇王大纪》，昌为世子，娶于有莘，曰太姒。谓太姒至时，王季故在，文王无宫人审矣。然尝读《大明》之诗曰：‘文王初载，天作之合。’明为文王即位之初年。其曰：‘文定厥祥，亲迎于渭，造舟为梁。’一皆由于文王。夫娶妻必待父母之命，父在，子得自主乎？《书·无逸》云：‘文王受命惟中身，厥享国五十年。’《史记》载文王年九十七，而云享国五十年，当以四十七即位，不知太姒此时为年几何？若正当及笄，则文王且五十，齿不相当也。《大明》又曰：‘缵女维莘。’缵，继也。疑太姒为文王继妃，因悟《大纪》称昌为世子，娶于有莘者，非太姒也。意必前有莘女，不禄无子，文王中年再娶于莘而得太姒，有

不妒之德，因有‘则百斯男’之庆。若是，则《关雎》为文王宫人之作，亦足据矣。”……又注《大明》诗云：“文王为世子时，所娶之莘女非太姒，姒之姊也。故曰：‘伣天之妹。’明有姊也。曰：‘缵女维莘。’明以莘女继莘女也。其曰：‘长子维行。’行，嫁也，‘女子有行’之‘行’。此自有莘氏珍重其女而尊称之，以礼重嫡长故也。然则仲任与太姒皆不居长，厥后周人凡称女，每以季女为贵，岂不以此哉？”

【小结】此条抄自汪师韩《韩门缀学》卷一“田间释《关雎》诗义”条①。作伪方式为点窜字句。

125. 文王十子序次

考《管蔡世家》云：“武王同母弟十人。母曰太姒，文王正妃也。其长子曰伯邑考，次曰武王发，次曰管叔鲜，次曰周公旦，次曰蔡叔度，次曰曹叔振铎，次曰郕叔武，次曰霍叔处，次曰康叔封，次曰聃季载。”据此，则十人同母。《后汉书·襄楷传》云：“文王一妻，诞致十子。”与《史记》合。《史记》当据《世本》，言必可信。乃《定四年传》苌弘言蔡叔，康叔之兄，而贾逵、杜预并以蔡叔为周公兄，盖据《僖二十四年传》富辰言文之昭十六国，蔡在鲁上为说。然富辰或可随便言之，未足据也。又祝佗言：“武王之弟八人，周公为太宰，康叔为司寇，聃季为司空，五叔无官，岂尚年哉？”八人者，伯邑考前死，不数武王，故八也。无官者，非无爵邑之谓也。若管、若蔡、若曹、若郕、若霍，皆其封邑，但非周公等为六卿之长可比，故曰**世官**耳。周公于管叔为弟，康叔、聃季于曹、郕、霍皆为弟，而并为六卿。佗言此，以明不尚年之义。其下遂言：“曹，文之昭也；晋，武之穆也。曹为伯甸，非尚年也。”盖曹之祖振铎，文王子，晋之祖唐叔虞，武王子也。曹乃晋之叔父，行齿尊长，晋侯爵而曹伯爵，故非尚年也。此就五叔中抽出言之耳。而杜以振铎与武王异母，解五叔于管、蔡、郕、霍外，去振铎而易以毛叔聃。毛叔聃无可考。此皆诸说之与《史记》互异者。至管叔为周公兄，自古相传，初无异议。而《白虎通·姓名》篇云：“文王十子，伯邑考、武王发、周公旦、管叔鲜、蔡叔度、曹叔振铎、郕叔处、霍叔武、康叔封、南季载。”是又以管叔为周公弟，恐不足信，究当以《史记》为定。

【辨伪】王鸣盛《尚书后案》卷十三《周书》：

《管蔡世家》云：“武王同母兄弟十人，母曰太姒，文王正妃也。其长子曰伯邑考，次曰武王发，次曰管叔鲜，次曰周公旦，次曰蔡叔度，次曰曹叔振铎，次曰郕叔武，次曰霍叔处，次曰康叔封，次曰聃季载。”据此，则十人同母。《后汉·襄楷传》云：“文王一妻，诞致十子。”与《史记》合也。《史记》所列十人序次，当据《世本》，言必可信。乃《定四年传》苌弘言蔡叔，康叔之兄，而贾逵、杜预并以蔡叔为周公兄，盖据《僖二十四年传》富辰言文之昭十六国，蔡在鲁上为说。然富辰或可随便言之，未足据也。又祝佗言：“武王之母弟八人，周公为太宰，康叔为司寇，聃季为司空，五叔无官，岂尚年哉？”八人者伯邑考前死，不数武王，故八也。无官者，非无爵邑

① 今按：袁枚《随园随笔》卷一“说经新奇”条对此文观点有所批评。

之谓，若管、若蔡、若曹、若郕、若霍，皆其封邑，但非周公等为六卿之长可比，故曰世官耳。周公于管叔为弟，康叔、聃季于曹、郕、霍皆为弟，而并为六卿，佗言此，以明不尚年之意。其下遂言："曹，文之昭也，晋，武之穆也。曹为伯甸，非尚年也。"盖曹之祖振铎，文王子，晋之祖唐叔虞，武王子。曹乃晋之叔父，行齿尊长，晋侯爵而曹伯爵，故非尚年也。此就五叔中抽出言之耳。而杜以振铎与武王异母，解五叔于管、蔡、郕、霍外，去振铎而易以毛叔聃。毛叔聃无可考。……此皆诸说之与《史记》互异者……至于管叔为周公兄，则自古相传，初无异说。……独有伪孔及《白虎通》卷下《姓名》篇，彼文云："文王十子，伯邑考、武王发、周公旦、管叔鲜、蔡叔度、曹叔振铎、郕叔处、霍叔武、康叔封、南季载。"……恐不足信，究当以《史记》为正。

【小结】此条抄自《尚书后案》卷十三《周书》。作伪方式为点窜字句。

126.《左传》继室有二

案《左传》："惠公元妃孟子卒，继室以声子。"注云："元妃死，则次妃摄治内事，犹不得称夫人，故谓之继室。"此继室即元妃之娣侄，始娶元妃时之媵也。又昭公二年，晋平公少姜卒，三年，齐侯使晏婴请继室于晋，晋韩起如齐逆女。此继室乃娶于夫人卒之后者也，未有两在而一称继者。昔晋文公出亡，狄人以廧咎如二女叔隗、季隗纳诸公子，公子取季隗，以叔隗妻赵衰。后归国，文公以女妻赵衰，是曰赵姬。赵姬请逆叔隗，叔隗来，赵姬以叔隗为内子，而己下之，是文公贵女为妾也。文公已妻季隗矣，及其至秦，穆公以宗女五人妻之。公既归，迎夫人于秦，是后娶为妻，不以季隗为夫人也。**亦有两在而不同室者**。如《晋书·礼志》所载二妻者王昌、刘仲武、吴国朱某、郑子群，皆处乱世。昌、子群皆以前妻隔绝，仲武以出其妻别舍，朱以入晋，晋赐之妻是也。**亦有两在同室者**。如延康中，陈诜妻李遭贼，请活姑命，为贼掠去。诜更娶卢氏，后得李消息，迎还。李亡，诜疑**服制**。司马王愆期议曰："诜有老母，不可莫之养，妻无归期，纳妾可也。李虽没贼，尚有生冀，诜寻求之理未尽，而便娶妻，诚诜之短也。"**应**以卢氏为继室是也。若他史所载，晋程谅之立二嫡，贾充之左右夫人，五代晋高祖于安重荣两妻并封，陆定国娶河东柳氏，又纳范阳卢氏，俱为旧族，嫡庶不分，以至温峤之后妻王氏、何氏俱赠夫人，而不及前妻李氏，皆私意曲情，不足道矣。

【辨伪】汪师韩《韩门缀学》卷一"娶妻先后"条云：

《左传》："惠公元妃孟子卒，继室以声子。"注云："元妃死，则次妃摄治内事，犹不得称夫人，故谓之继室。"此继室即元妃之娣侄，始娶元妃时之媵也。昭公二年，晋平公少姜卒，三年，齐侯使晏婴请继室于晋，晋韩起如齐逆女。此继室乃娶于夫人卒之后者也。……未有两在而一为继者。……昔晋文公出亡，狄人以廧咎如二女叔隗、季隗纳诸公子，公子取季隗，以叔隗妻赵衰。其后归国，文公以女妻赵衰，是曰赵姬。赵姬请逆叔隗，叔隗来，赵姬以叔隗为内子，而己下之。文公之女岂不贵乎？贵女为妾，此见于传者也。且文公已妻季隗矣，及其至秦，穆公以宗女五人妻之。公既归，迎夫人于秦，不以季隗为夫人也。……至如《晋书·礼志》所载二妻者，王昌、刘仲武、吴国朱某、郑子群，皆处乱世。昌、子群皆以与前妻隔绝，仲武以出其妻别舍，朱以入晋，晋赐之妻。……又延康中，陈诜妻李遭贼，请活姑命，为贼略去。诜更娶卢氏(一作严氏)，后得李消息，迎还。李亡，诜疑制服。司马王愆期议曰："诜有老母，不可以莫之养，妻无归期，纳妾可也。李虽没贼，尚有生冀，诜寻求之理不尽，而便娶妻，诚诜之短也。"……要以卢氏为继室。……其他史册所载，晋程谅之立二嫡，贾充之左右夫人，五代晋高祖于安重荣两妻并加封爵，陆定国娶河东柳氏，又纳范阳卢氏，以其俱为旧族，嫡庶不分，又如温峤之后妻王氏、何氏俱赠夫人，而不及前妻李氏，凡皆私意曲情，不足道也。

【小结】此条抄自汪师韩《韩门缀学》卷一"娶妻先后"。作伪方式有二：第一，点窜字句；第二，增加句子。

127. 象刑非画象

【A】世俗以为治古无肉刑，有象刑。【B】其言出于战国奸民游士之口。【C】**案《尧典》"象以典刑"**，郑康成注云："正刑五，加之流宥、鞭、扑、赎刑，谓之九刑。"正刑五者，墨、劓、宫、刖、杀，见《周礼·秋官》司刑、掌戮诸职，其实起于唐虞以前。考苗民之劓、刵、椓、黥，用以杀戮无辜，故舜遏绝之，非谓不用五刑也。《尧典》"象以典刑"及"五刑有服"，《皋陶谟》："五刑五用"皆是。《书序》："穆王训夏赎刑，作《吕刑》。"郑注《司刑》引《吕刑》，以为夏时之法。又《多方》"劓割夏邑"，此夏之刑也。《盘庚》"我乃劓殄灭之，无遗育"，《康诰》"无或劓刵人"，此商之刑也。然则，肉刑三代皆有之矣。《书大传》则云："唐虞象刑，而民不敢犯。苗民用刑，而民兴犯渐。唐虞之象刑，上刑赭衣不纯，中刑杂屦，下刑墨幪，以居州里，而民耻之，而反于礼。"又云："唐虞象刑，犯墨者蒙帛，犯劓者赭其衣，犯膑者以墨幪膑处而画之，犯大辟者布衣无领。"又汉文帝十三年下令曰："有虞氏之时，画衣冠、异章服，以为戮，而民弗犯。"诸说皆以象刑为画象之象，【D】故荀卿非之：【E】"以为治古人莫触罪邪？岂独无肉刑，亦不待象刑矣。以为人或触罪而直轻其刑，是杀人者不死，而伤人者不刑也。罪至重，刑至轻，民无所畏，乱莫大焉。"所谓象刑者，言象天道而作刑，安有菲屦赭衣者哉！然则象刑即郑注五刑是也。

【辨伪】王鸣盛《尚书后案》卷一《虞夏书》云：

【C】郑以正刑五，兼流宥、鞭、扑、赎言之，传与郑合也。正刑五者，墨、劓、宫、刖、杀，见《周礼·秋官》司刑、掌戮诸职，其实则起唐虞以前。考苗民之劓、刵、椓、黥，用以杀戮无辜，故舜遏绝之，非谓不用五刑。此经所言及下文"五刑有服"、《皋陶谟》"五刑五用"，皆是也。《书序》："穆王训夏赎刑，作《吕刑》。"郑注《司刑》引《吕刑》，以为即夏时之法。又《多方》"劓割夏邑"，此夏之刑也。《盘庚》"我乃劓殄灭之，无遗育"，《康诰》"无或劓刵人"，此商之刑也。然则，肉刑三代亦皆有之。……马本《大传》，彼文云："唐虞象刑，而民不敢犯。苗民用刑，而民兴犯渐。唐虞之象刑，上刑赭衣不纯，中刑杂屦，下刑墨幪，以居州里，而民耻之，而反于礼。”又云：“唐虞象刑，犯墨者蒙帛。犯劓者赭其衣。犯膑者，以墨幪膑处而画之。犯大辟者，布衣无领。”又汉文帝十三年下令曰：“有虞氏之时，画衣冠、异章服，以为戮，而民弗犯。”诸说皆以象刑为画象之象，

【B】其言出于战国奸民游士之口。

【D】故荀卿非之曰：

【A】“世俗以为治古无肉刑，有象刑。”

【E】“以为治古人莫触罪邪？岂独无肉刑，亦不待象刑矣。以为人或触罪而轻其刑，是杀人者不死，而伤人者不刑也。罪至重，刑至轻，民无所畏，乱莫大焉。”所谓象刑，言象天道而作刑，安有菲屦赭衣者哉！然则象刑即五刑，断从郑注为正也。

【小结】此条抄自《尚书后案》卷一《虞夏书》。作伪方式有三：第一，点窜字句；第二，增加句子；第三，改变顺序（王鸣盛原文顺序为C、B、D、A、E）。

128. 刑罚世轻世重

《周书·吕刑》：“刑罚世轻世重。”传云：“刑罚随世轻重。刑新国用轻典，刑乱国用重典，刑平国用中典。”《荀子·正论》篇云：“刑称罪则治，不称罪则乱。故治则刑重，乱则刑轻。犯治之罪固重，犯乱之罪固轻。《书》曰：‘刑罚世轻世重。’此之谓也。”杨倞注云：“治世家给人足，犯法者少，有犯则众恶之，罪固当重也。乱世人迫于饥寒，犯法者多，不可尽用重典，当轻也。《书·甫刑》言：‘世有治乱，故刑有轻重。’”此说与传正相反，非也。传虽魏晋间人伪撰，大略亦本汉经师古训，非尽臆造也。若荀卿非《尚书》儒，所引或断章取义耳，不必概从也。

【辨伪】王鸣盛《尚书后案》卷二十七《周书》云：

刑罚世轻世重。……传曰：“刑罚随世轻重。刑新国用轻典，刑乱国用重典，刑平国用中典。”……《荀子》卷十二《正论》篇云：“刑称罪则治，不称罪则乱。故治则刑重，乱则刑轻。犯治之罪固重，犯乱之罪固轻。《书》曰：‘刑罚世轻世重。’此之谓也。”杨倞注云：“治世家给人足，犯法者少，有犯则众恶之，罪固当重也。乱世人迫于饥寒，犯法者多，不可尽用重典，当轻也。《书·甫刑》言：‘世有治乱，故法有轻重。’”此说与传正相反，非也。传虽魏晋人伪撰，大略亦本汉经师古训，非尽臆造。……若荀卿非《尚书》儒，所引或断章取义，不必概从也。

【小结】此条抄自《尚书后案》卷二十七《周书》。作伪方式为点窜字句。

129. 汉除肉刑

【A】案崔浩《汉律序》云：“文帝除肉刑而宫不易。”张斐《律注》云：“以淫乱人族序，故不易也。”考《汉书》晁错对策曰：“除去阴刑。”张晏曰：“宫刑也。”则汉文已除宫刑矣，或后仍复之也。【B】《周书·吕刑》疏：“汉除肉刑，宫刑犹在。”**大隋开皇之初始除**。【C】

《舜典》“鞭作官刑”及《武成》“罔有敌于我师”疏，皆称“大隋”，乃隋儒语也。疏虽系孔颖达作，实取之顾彪、刘焯、刘炫，三人皆隋人，语有未经删除尽净，故元文犹有存者也。

【辨伪】王鸣盛《尚书后案》卷二十七《周书》云：

> 【B】《疏》云：汉除肉刑，宫刑犹在。隋始除者。
>
> 【A】崔浩《汉律序》云：“文帝除肉刑而宫不易。”张斐《律注》云：“以淫乱人族序，故不易也。”考《汉书》晁错对策曰：“除去阴刑。”张晏曰：“宫刑也。”则汉文亦除宫刑矣，或后仍复之。
>
> 【C】此与《舜典》“鞭作官刑”及《武成》“罔有敌于我师”疏，皆称“大隋”，乃隋儒语也。此经疏名虽系孔颖达，其实皆取之顾彪、刘焯、刘炫，三人皆隋人，故未经删净处，元文犹有存者。

【小结】此条抄自《尚书后案》卷二十七《周书》。作伪方法有三：第一，点窜字句；第二，改变顺序（王鸣盛原文顺序为B、A、C）；第三，改注文为正文，C段原为小字注文。

130. 援经决狱

【A】案：张汤为廷尉，每决大狱，欲傅古义，乃请博士弟子治《尚书》、《春秋》者补廷尉史，亭疑奏谳。倪宽为廷尉掾，以古义决疑狱，奏辄报可。张敞为京兆尹，每朝廷大议，敞引古今，处便宜，公卿皆服。宣帝时有一男子诣阙，自称卫太子，举朝莫敢发言。京兆尹隽不疑即令缚之。或以为是非未可知，不疑曰：“昔蒯聩违命出奔，辄拒而不纳，《春秋》是之。卫太子得罪先帝，已为罪人矣。”帝及霍光闻之，曰：“公卿当用经术明大义者。”匈奴大乱，议者遂欲举兵灭之。萧望之曰：“《春秋》：士匄侵齐，闻齐侯卒，引师还。君子善其不伐丧。今宜遣使吊问，则四夷闻之，咸服中国之仁义。”宣帝从之，呼韩邪单于遂内属。朱博、赵玄、傅晏等奏何武、傅喜虽已罢退，仍宜革爵。彭宣劾奏博、玄、晏等禁锢大臣，以专国权。诏下公卿议。龚胜引叔孙侨如欲专国，谮季孙行父于晋，晋人执囚行父，《春秋》重而书之。今傅晏等职为乱阶，宜治其罪。帝乃削晏封户，坐玄罪。贾捐之与杨兴迎合石显，上书荐显，为显所恶，下狱定谳，引《书》“谗说殄行”，《王制》“顺非而泽”，请论如法。捐之遂弃市，兴减死一等。此皆无成例可援，而引经以断事者也。援引古义，固不免于附会然，**有合于《王制》、《周礼》邦成比例之法**。【B】《王制》：“凡听五刑，必察大小之比以成之。”注曰：“大小犹轻重。已行故事曰比。”《大司寇》：“凡狱讼，以邦成比之。”注曰：“邦成，谓若今时决事比也。”疏曰：“邦成是旧法成事品式，若今律其断事皆依旧事断之。”**夫曰：“已行故事”，曰：“旧法品式”，即所谓古义也。曰：“比之成之”，即所谓援引断决也。**

【辨伪】A段抄自赵翼《廿二史劄记》卷二“汉时以经义断事”条：

> 如张汤为廷尉，每决大狱，欲傅古义，乃请博士弟子治《尚书》、《春秋》者补廷尉史，亭疑奏谳（《汤传》）；倪宽为廷尉掾，以古义决疑狱，奏辄报可（《宽传》）；张敞为京兆尹，每朝廷大议，敞引古今，处便宜，公卿皆服，是也（《敞传》）。今见于

各传者，宣帝时有一男子诣阙，自称卫太子，举朝莫敢发言。京兆尹隽不疑至，即令缚之。或以为是非未可知，不疑曰："昔蒯聩违命出奔，辄拒而不纳，《春秋》是之。卫太子得罪先帝，已为罪人矣。"帝及霍光闻之，曰："公卿当用经术明大义者。"(《不疑传》)匈奴大乱，议者遂欲举兵灭之。萧望之曰："《春秋》：士匄侵齐，闻齐侯卒，引师还。君子善其不伐丧。今宜遣使吊问，则四夷闻之，咸服中国之仁义。"宣帝从之。呼韩邪单于遂内属(《望之传》)朱博、赵玄、傅晏等奏何武、傅喜虽已罢退，仍宜革爵。彭宣劾奏博、玄、晏等欲禁锢大臣，以专国权。诏下公卿议，龚胜引叔孙侨如欲专国，赞季孙行父于晋，晋人执囚行父，《春秋》重而书之。今傅晏等职为乱阶，宜治其罪。哀帝乃削晏封户，坐玄罪(《朱博传》)。……贾捐之与杨兴迎合石显，上书荐显，为显所恶，下狱定谳，引《书》"谗说殄行"，《王制》"顺非而泽"，请论如法。捐之遂弃市，兴减死一等(《捐之传》)。此皆无成例可援，而引经义以断事者也。援引古义，固不免于附会。

B 段抄自王鸣盛《尚书后案》卷二十七《周书》：

《王制》："凡听五刑，必察小大之比以成之。"注云："小大犹轻重。已行故事曰比。"……《大司寇》："凡狱讼，以邦成比之。"注云："邦成，谓若今时决事比也。"疏云："邦成是旧法成事品式，若今律其断事皆依旧事断之。"

【小结】此条抄自《廿二史劄记》卷二"汉时以经义断事"条、《尚书后案》卷二十七《周书》。作伪方式有三：第一，点窜字句；第二，增加句子；第三，多源组合，A 段抄自"汉时以经义断事"条，B 段抄自王鸣盛《尚书后案》卷二十七《周书》。

131. 莽托《尚书》

【A】王莽僭窃，动引经义以文其奸。使群臣奏曰："周成王幼，不能修文、武之**业**。周公居摄，则周道成；不摄，则恐失坠天命。故《君奭》篇曰：'我嗣子孙，大不克共上下，遏失前人光，在家不知命不易。天应棐谌，乃亡队命。'此言周公服天子衮冕，南面朝群臣，发号施令常称王命，召公不知其意，故不悦也。《书·嘉禾》逸篇曰：'周公奉鬯立于阼阶，延登，赞曰：假王莅政，勤和天下。'此周公摄政赞者所称也。又《康诰》篇：'王若曰：孟侯，朕其弟，小子封。'此周公居摄称王之文也。"平帝疾，莽又作策，请于泰畤，**植**璧秉圭，愿以身代，藏策金縢于前殿，敕**左右**勿言。又以汉高庙为文祖庙，取《虞书》"受终文祖"之意。此皆援《尚书》以行事也。【B】盖汉重经术，经重家法，博士所习皆有师承。案据非能空造。莽之伪托，正为摄政，复辟古学如此，故得售其欺。倘本无此事，莽亦何由托之哉？**后胡广《中庸》、安石《周礼》，欲借经术以行其私者，皆袭莽之故智耳。**

【辨伪】A 段抄自赵翼《廿二史劄记》卷三"王莽引经义以文其奸"条：

王莽僭窃，动引经义以文其奸。……使群臣奏曰："周成王幼小，不能修文、武之烈。周公摄政，则周道成；不摄，则恐失坠天命。故《君奭》篇曰：'我嗣子孙，大不克共上下，遏失前人光，在家不知命不易，天应棐谌，乃亡队命。'此言周公服天子衮冕，南面朝群臣，发号施令常称王命，召公不知其意，故不悦也。《书》逸《嘉禾》篇曰：周公奉鬯立于阼阶，延登，赞曰：假王莅政，勤和天下。此周公摄政，赞者所称也。"又："《康诰》篇：'王若曰：孟侯，朕其弟，小子封。'此周公居摄称王之文也。"平帝疾，莽又作策，请于泰畤，戴璧秉珪，愿以身代，藏策金縢，置于前殿，敕诸公勿言。又以汉高庙为文祖庙，取《虞书》"受终文祖"之意。此皆援《尚书》以行事也。

B段抄自王鸣盛《尚书后案》卷十九《周书》：

但汉重经术，经重家法，博士所习皆有师承。案据非能空造。莽之假托，正为摄政，复辟古学如此，故得售其欺。倘本无此事，莽亦无由托之？

【小结】此条抄自《廿二史劄记》卷三"王莽引经义以文其奸"条、《尚书后案》卷十九《周书》。作伪方式有三：第一，点窜字句；第二，增加句子；第三，多源组合，A段抄自"王莽引经义以文其奸"条，B段抄自《尚书后案》卷十九《周书》。

132. 左右史得交相摄代

案《周礼·太史职》云："太史抱天时，与太师同车。"《襄二十五年传》曰："太史书曰：'崔杼弑其君。'是太史记动作之事。在君左厢记事，则太史为左史也。"《周礼》内史掌王之八柄，其职云："凡命诸侯及孤卿、大夫，则策命之。"《僖二十八年传》曰："内史叔兴父策命晋伯为侯伯。"是皆言诰之事。是内史所掌在君之右，故为右史也。若有阙，则得交相摄代，故《尚书·洛诰》史佚命周公伯禽。服虔注《文十五年传》云："史佚，周成王太史。"《襄二十年》："郑使太史命伯石为卿。"皆太史主爵命，以内史阙故也。若太史有阙，则内史亦摄之。《觐礼》赐"诸公奉箧服，太史是右"者，彼亦宣行王命，故居右也。《周书·史记》篇云："维正月，王在成周。昧爽，召三公、左史、戎夫，乃取遂事之要戒，俾戎夫言之。"《汲郡古文》亦云："穆王二十四年，命左史戎夫作记。"是左史记言矣。

【辨伪】王鸣盛《尚书后案》卷十六《周书》云：

彼疏又引熊安期疏云："《周礼·太史职》云：太史抱天时，与太师同车。《襄廿五年传》曰：太史书曰：'崔杼弑其君。'是太史记动作之事。在君左厢记事，则太史为左史也。《周礼》内史掌王之八柄，其职云：'凡命诸侯及孤卿、大夫，则策命之。'《僖廿八年传》曰：'内史叔兴父策命晋侯为侯伯。'是皆言诰之事。是内史所掌在君之右，故为右史。……"此论正法，若有阙，则得交相摄代，故《洛诰》史佚命周公伯禽。服虔注《文十五年传》云："史佚，周成王太史。"《襄廿年》："郑使太史命伯石为卿。"皆太史主爵命，以内史阙故也。若太史有阙，则内史亦摄之。《觐礼》赐"诸公奉箧服，太史是右"者，彼亦宣行王命，故居右也。《周书·史记》篇云："维正月，王在成周。昧爽，召三公、左史、戎夫，乃取遂事之要戒，俾戎夫言之。”《汲郡古文》亦云：“穆王廿四年，命左史戎夫作记。”似左史记言矣。

【小结】此条抄自《尚书后案》卷十六《周书》。作伪方式为点窜字句。

133. 汉诏多天子自作

案：武帝以淮南王安工文词，每赐安书，辄令司马相如视草，是帝先具草而使词臣润色也。哀帝策董贤为大司马，有“允执其中”之语，萧咸谓此乃尧禅舜之文，非三公故事，长老莫不心惧，此必非代言者所敢作也。光武诏司徒邓禹曰：“司徒，尧也；亡贼，桀也。宜以时进讨。”立阴贵人为后，诏曰：“贵人乡里良家，归自微贱，自我不见，于今三年。宜奉宗庙，为天下母。”又帝疑侯霸荐士有私，赐书曰：“崇山、幽都何可偶？黄钺一下无处所。欲以身试法耶？将杀身成仁耶？”明帝登极，诏曰：“今上无天子，下无方伯，实赖有德，左右小子。”章帝诏亦有云：“上无明天子，下无贤方伯。”**此等诏词**，又岂人臣代草所敢出也？明德马皇后答章帝请封外家诏曰：“吾为天下母，而身服大练，欲以身率下，以为外亲见之当伤心自饬，但笑言太后素好俭。前过濯龙门，见外家车如流水，马如游龙，仓头衣绿鞲，领袖正白，顾视御者，不及远矣。”又饬章帝曰：“吾素刚急，有胸中气，不可不顺也。”后好学能文，此诏当亦自作也。

【辨伪】赵翼《廿二史劄记》卷四“汉帝多自作诏”条云：

> 武帝以淮南王安工文词，每赐安书，辄令司马相如等视草，是帝先具草而使词臣讨论润色也。哀帝策董贤为大司马，有“允执其中”之语，萧咸谓此乃尧禅舜之文，非三公故事，长老莫不心惧，此必非代言者所敢作也。光武诏司徒邓禹曰：“司徒，尧也；亡贼，桀也。宜以时进讨。”立阴贵人为后，诏曰：“贵人乡里良家，归自微贱，自我不见，于今三年。宜奉宗庙，为天下母。”又帝疑侯霸荐士有私，赐书曰：“崇山、幽都何可偶？黄钺一下无处所。欲以身试法耶？将杀身成仁耶？”……明帝登极，诏曰：“今上无天子，下无方伯……实赖有德，左右小子。”章帝诏亦有云：“上无明天子，下无贤方伯。”按二帝方在位，而诏云上无天子，人臣代草敢为此语耶？……明德马皇后答章帝请封外家诏曰：“吾为天下母，而身服大练，欲以身率下，以为外亲见之当伤心自饬，但笑言太后素好俭。前过濯龙门，见外家车如流水，马如游龙，仓头衣绿鞲，领袖正白，顾视御者，不及远矣。”又饬章帝曰：“吾素刚急，有胸中气，不可不顺也。”……后本好学能文，此诏亦必自作者也。

【小结】此条抄自《廿二史劄记》卷四“汉帝多自作诏”条。作伪方式为点窜字句。

134. 汉定石经

【A】据《后汉书・灵帝纪》及《儒林传》皆谓熹平四年，灵帝诏诸儒正定五经，刊于石碑，树之学门。据《蔡邕传》又言，熹平四年，邕与五官中郎将堂溪典、光禄大夫杨赐、谏议大夫马日磾、议郎张驯、韩说、太史令单扬等奏求正定六经文字，灵帝许之。邕自书丹于碑，使工镌刻，立于太学门外。然考《宦者·吕强传》，则云：时宦者汝阳李巡"以为诸博士，试甲乙科，争高下，更相告言，至有行赂定兰台漆书经字，以合其私文者。乃白帝，与诸儒共刻五经文于石，于是诏蔡邕等正其文字"。据此，是熹平正定石经，虽有灵帝之诏，蔡邕之奏，而发端白帝，实自李巡始也，**洵为有功圣经**。【B】又《隋书·经籍志》李巡注《尔雅》三卷。【C】夫后汉宦官如郑众、孙程、良贺、曹腾及吕强等，固皆属清慎自守之辈，而求如巡之笃学有志者，曾有几人？惟和帝时蔡伦始造纸，曾典东观，校雠经传。同时北海赵佑博学多览，儒者称之，**庶堪与先后颉颃焉**。【D】特身属宦寺，不得与当时缙绅士大夫同见称述于后世，为可惜也。

【辨伪】臧琳《经义杂记》卷二十五"李巡奏定石经"条云：

【A】范书《灵帝纪》云："熹平四年春三月，诏诸儒正五经文字，刻石立于大学门外。"《儒林传》云："有私行金货，定兰台漆书经字，以合其私文。熹平四年，灵帝乃诏诸儒正定《五经》，刊于石碑。为古文、篆、隶三体书法，树之学门，以相参检，使天下咸取则焉。"此功归君上，以为灵帝意也。《蔡邕传》云："……熹平四年，乃与五官中郎将堂溪典、光禄大夫杨赐、谏议大夫马日磾、议郎张驯、韩说、太史令单扬等……奏求正定六经文字，灵帝许之。邕乃自书丹于碑，使工镌刻，立于太学门外。"……《宦者·吕强传》云："时宦者……汝阳李巡……以为诸博士，试甲乙科，争第高下，更相告言，至有行赂定兰台漆书经字，以合其私文者。乃白帝，与诸儒共刻《五经》文于石，于是诏蔡邕等正其文字。……"据此，知熹平立石经，虽有灵帝之诏，蔡邕之奏，而发端白帝，实自李巡。

【D】特身为宦官，不能与帝王及士大夫并称乎后世，为可惜耳。

【B】《隋书·经籍志》有李巡注《尔雅》三卷，可谓笃学有志之士矣。

C段抄自赵翼《廿二史劄记》卷五"宦官亦有贤者"条：

后汉宦官……其中亦间有清慎自守者……郑众谨敏有心……蔡伦在和帝时……创意用树肤、麻头、敝布、鱼网以为纸，天下称"蔡侯纸"。又典东观，校雠经传。……后与兄显又欲援立外藩，宦官孙程不平。……良贺清俭退厚。……曹腾在省闼三十余年，未尝有过。……吕强尽忠奉公。……佑博学多览，著作诸儒称之。

【小结】此条抄自《经义杂记》卷二十五"李巡奏定石经"条、《廿二史劄记》卷五"宦官亦有贤者"条。作伪方式有四：第一，点窜字句；第二，增加句子；第三，改变顺序；第四，多源组合，A、D、B段抄自"李巡奏定石经"条，C段抄自"宦官亦有贤者"条。

135. 汉文帝始置五经博士

《汉书·武帝纪》，建元五年春置五经博士。疑《文帝纪》无立博士事。然考《楚元王传》，"文帝时闻申公为《诗》最精，以为博士"。又刘歆《移书太常博士》曰："孝文皇帝始使掌故朝错从伏生受《尚书》。《尚书》初出于屋壁，朽折散绝，今其书见在，时师传读而已。《诗》始萌芽，天下众书，往往颇出，皆诸子传说(**‘说’字误，当作‘传记’**)，犹广立于学官，为置博士。”《翟酺传》：“上言：‘孝文皇帝始置五经博士，武帝大合天下之书。’”又赵氏《孟子题辞》：“孝文帝欲广游学之路，《论语》、《孝经》、《孟子》、《尔雅》皆置博士。后罢传记博士，独立五经而已。”王应麟《玉海·艺文》云：“《尔雅》文帝立博士。”亦本之《孟子》、《汉书》也。而李贤注《翟酺传》则云“武帝建元五年始制五经博士，文帝时未遑庠序之事”云云，不知何据，殆未详考耳。

【辨伪】臧琳《经义杂记》卷六“文帝始置博士”条云：

> 《汉书·武帝纪》，建元五年春置五经博士。《文帝纪》无立博士事。……《楚元王传》：“文帝时闻申公为《诗》最精，以为博士。”又刘歆《移书太常博士》曰：“孝文皇帝始使掌故朝错从伏生受《尚书》。《尚书》初出于屋壁，朽折散绝，今其书见在，时师传读而已。《诗》始萌牙，天下众书往往颇出，皆诸子传说，犹广立于学官，为置博士。”《翟酺传》：“上言：‘孝文皇帝始置五经博士，武帝大合天下之书。’”又赵氏《孟子题辞》：“孝文帝欲广游学之路，《论语》、《孝经》、《孟子》、《尔雅》皆置博士。后罢传记博士，独立五经而已。”王氏《玉海·艺文》云：“《尔雅》文帝立博士。”本之《孟子》、《汉书》也。李贤注《翟酺传》云：“武帝建元五年始置五经博士，文帝时未遑庠序之事。”酺之言不知何据，盖未详考也。

【小结】此条抄自《经义杂记》卷六“文帝始置博士”条。作伪方式有二：第一，点窜字句；第二，增加句子。

136. 经策尺度

【A】案《仪礼·聘礼·记》云：“百名以上书于策，不及百名书于方。”注云：“名，书文，今谓之字。策，简也。方，板也。”疏云：“简者，未编之称，策是众简相连之名。”郑《论语序》云：“《易》、《诗》、《礼》、《乐》、《春秋》策皆尺二寸，《孝经》谦半之，《论语》四寸，三分居一，又谦焉。是策长短也。”郑注《尚书》三十字一简，服虔注《左氏》云：“古文篆书，一简八字。”是简容字多少也。【B】是《尚书》与《左氏》竹简字数多寡不同，然亦大概言之，不必《尚书》定三十字，《左氏》定八字。故《汉书·艺文志》论《酒诰》、《召诰》脱简云：“率简二十五字者，脱亦二十五字。简二十二字者，脱亦二十二字。”盖多不过三十字，少不过八字耳。

【辨伪】B 段抄自臧琳《经义杂记》卷八“《左传》错简”条：

> 则《尚书》与《左氏》竹简字数多寡不同，然亦止大概言之，不必《尚书》定三十字，《左氏》定八字。故《汉书·艺文志》论《酒诰》、《召诰》脱简云：“率简二十五字者，脱亦二十五字。简二十二字者，脱亦二十二字。”盖多不过三十字，少不过八字耳。

A段抄自王鸣盛《尚书后案》卷十三《周书》：

《仪礼·聘礼·记》云："百名以上书于策，不及百名书于方。"注云："名，书文，今谓之字。策，简也。方，板也。"疏云："简者，未编之称，策是众简相连之名。"郑《论语序》云："《易》、《诗》、《书》、《礼》、《乐》、《春秋》策皆尺二寸，《孝经》谦半之，《论语》四寸，三分居一，又谦焉。"是策长短。郑注《尚书》三十字一简，服虔注《左氏》云"古文一简八字"，是简容字多少。

【小结】此条抄自《经义杂记》卷八"《左传》错简"条、《尚书后案》卷十三《周书》。作伪方式有二：第一，点窜字句；第二，多源组合，A段抄自《尚书后案》卷十三《周书》，B段抄自"《左传》错简"条。

137. 三族不得有异姓

【A】郑康成注《尧典》云："上自高祖，下至玄孙，凡九族。"《毛诗·葛藟》序云："周室道衰，弃其九族。"《传》云："九族者，据己上至高祖、下及玄孙之亲。"《正义》云："此古《尚书》说，郑取用之。《异义》：今《戴礼》、《尚书》欧阳说云：九族乃异姓有亲属者。父族四：五属之内为一族，父母昆弟适人者与其子为一族，己女昆弟适人者与其子为一族，己之子适人者与其子为一族。母族三：母之父姓为一族，母之母姓为一族，母女昆弟适人者为一族。妻族二：妻之父姓为一族，妻之母姓为一族。古《尚书》说：九族者，上从高祖，下至玄孙，凡九，皆为同姓。谨案：《礼》，缌麻三月以上，恩之所及。《礼》为妻父母有服，明九族不得但施于同姓。玄之闻也，妇人归宗，女子虽适人，字犹系姓，明不与父兄为异姓，其子则然。《昏礼》请期辞曰：'惟是三族之不虞。'欲及今三族未有不亿度之事而迎妇也。如此所云，则三族不当有异姓。异姓其服皆缌麻，缌麻之服，不废嫁女娶妻。是为异姓不在族中明矣。"

【B】案《尔雅》：内宗曰族，母妻则曰党。古所谓族者，专指宗姓而言。后世误以父母妻为三族，以致滥刑。顾宁人谓始于杜预，然《汉书》张晏三族注谓父母、兄弟、妻子也。如淳注则曰父族、母族、妻族也。则此误不自杜预始矣。

【辨伪】A段抄自王鸣盛《尚书后案》卷一《虞夏书》：

郑曰："上自高祖，下至玄孙，凡九族。"……《毛诗·葛藟》序云："周室道衰，弃其九族。"《传》云："九族者，据己上至高祖、下及玄孙之亲。"《正义》云："此古《尚书》说，郑取用之。《异义》……今《戴礼》、《尚书》欧阳说云：九族乃异姓有亲属者。父族四：五属之内为一族，父女昆弟适人者与其子为一族，己女昆弟适人者与其子为一族，己之子适人者与其子为一族。母族三：母之父姓为一族，母之母姓为一族，母女昆弟适人者为一族。妻族二：妻之父姓为一族，妻之母姓为一族(《正义》述夏侯说亦如此)。古《尚书》说：九族者，上从高祖，下至玄孙，凡九，皆为同姓。谨案：《礼》，缌麻三月以上，恩之所及。《礼》为妻父母有服，明九族不得但施于同姓。玄之闻也，妇人归宗，女子虽适人，字犹系姓，明不与父兄为异族，其子则然。《昏礼》请期辞曰：‘惟是三族之不虞。’欲及今三族未有不亿度之事而迎妇也。如此所云，则三族不当有异姓。异姓其服皆缌麻，缌麻之服，不废嫁女娶妻。是为异姓不在族中明矣。”

B段抄自赵翼《廿二史劄记》卷十四“后魏刑杀太过”条：

《尔雅》：内宗曰族，母妻则曰党。是古所谓族者，专指宗姓而言。……后世乃误以父母妻为三族，以致滥杀益多。顾宁人谓始于杜预……然《汉书》张晏三族注谓父母、兄弟、妻子也。如淳注则曰父族、母族、妻族也。则此误不自杜预始矣。

【小结】此条抄自《尚书后案》卷一《虞夏书》、《廿二史劄记》卷十四“后魏刑杀太过”条。作伪方式有二：第一，点窜字句；第二，多源组合，A段抄自《尚书后案》卷一《虞夏书》，B段抄自“后魏刑杀太过”条。

138. 汉重节义

【A】东汉人士尚气节，重名义，好为苟难以邀声誉，遂成风俗。有尽力于所事以著其忠义者。如李固被戮，弟子郭亮负斧锧上书，请收固尸。杜乔被戮，故掾杨匡守护其尸不去，由是皆显名。第五种为卫相，善门下掾孙斌，种以劾宦官单超兄子匡，坐徙朔方。朔方太守董援，乃超外孙，斌知种往必被害，乃追及种于途，格杀送吏，俱逃以脱其祸。太原守刘瓆，以考杀小黄门赵津下狱死，王允为郡吏，送瓆丧还平原，终三年乃归。公孙瓒为郡吏，太守刘君坐事徙日南，瓒身送之，自祭父墓曰：“昔为人子，今为人臣。送守日南，恐不得归，便当长辞。”乃再拜而去是也。有感知遇之恩，而制服过厚者。如傅奕闻举将没，即弃官行服。李恂为太守李鸿功曹，而州辟为从事，会鸿卒，恂不应州命，而送鸿丧归葬，持丧三年。乐恢为郡吏，太守坐法诛，恢独行丧服。桓典以国相王吉诛，独弃官收葬，服丧三年，负土成坟。袁逢举荀爽有道，爽不应，及逢卒，爽制服三年是也。有辞爵以为高者。如西汉时韦贤卒，子元成应袭爵，让于庶兄宏，宣帝高其节，许之。至东汉邓彪亦让爵于异母弟，明帝亦许之。刘恺让封于弟宪，逃去十余年，有司请绝其封，帝不许，贾逵奏当成其让国之美，乃诏宪嗣是也。亦有让不得请者。如桓荣卒，子郁让爵于兄子泛，明帝不许，乃受封。丁綝卒，子鸿请让爵于弟盛，不报，鸿乃逃去，以采药为名。后友人鲍骏遇之东海，责以兄弟私恩绝其父不灭之基，鸿感悟，乃归受封。郭躬子贺当袭，让与小弟而逃去，诏下州郡追之，不得已乃出就封。徐防卒，子贺当袭，让于弟崇，数岁不归，不得已乃就封是也。有轻生报仇，发于义愤者。如崔瑗兄为人所害，手刃报仇亡去。魏朗兄亦为人所害，朗白日操刀，杀其人于县中。苏谦为司隶校尉李暠按罪死狱中，谦子不韦与宾客掘地道至暠寝，值暠入厕，乃杀其妾与子，又疾驰至暠父墓，掘得其父头以祭父是也。又有代人报仇，殉友忘身者。如何容有友虞纬高，父仇未报而病将死，泣诉于容，容即为复仇，以头祭其父墓。郅恽有友董子张，父为人所杀，子张病且死，对恽欷歔不能言。恽曰：“子以父仇未报也。”乃将宾客杀其人，以头示子张，子张见而气绝是也。

【B】凡此皆气节相尚，一意孤行，【C】狗人刻己而不自知其过当也。然倘值国家缓急，友朋患难，尚可借以扶持颠危。**若皆优游恬退，置身局外，称无心老，作自了汉，其于斯世何赖焉？令人思汉代之风不置也。**

【辨伪】赵翼《廿二史劄记》卷五“东汉尚名节”条云：

> 【B】自战国豫让、聂政、荆轲、侯嬴之徒，意气相尚，一意孤行，能为人所不敢为，世竟慕之。
>
> 【A】驯至东汉，其风益盛。盖当时荐举征辟，必采名誉，故凡可以得名者，必全力赴之，好为苟难，遂成风俗。……如李固被戮，弟子郭亮负斧锧上书，请收固尸。杜乔被戮，故掾杨匡守护其尸不去，由是皆显名(《固》、《乔》二传)。第五种为卫相，善门下掾孙斌，种以劾宦官单超兄子匡，坐徙朔方。朔方太守董援，乃超外孙也，斌知种往必被害，乃追及种于途，格杀送吏，与种俱逃以脱其祸(《种传》)。太原守刘瓆，以考杀小黄门赵津下狱死，王允为郡吏，送瓆丧还平原，终三年乃归(《允传》)。公孙瓒为郡吏，太守刘君坐事徙日南，瓒身送之，自祭父墓曰：“昔为人子，今为人臣，送守日南，恐不得归，便当长辞。”乃再拜而去(《瓒传》)。此尽力于所事，以著其忠义者也。傅奕闻举将没，即弃官行服(《奕传》)。李恂为太守李鸿功曹，而州辟恂为从事，会鸿卒，恂不应州命，而送鸿丧归葬，持丧三年(《恂传》)乐恢为郡吏，太守坐法诛，恢独行丧服(《恢传》)。桓典以国相王吉诛，独弃官收葬，服丧三年，负土成坟(《典传》)。袁逢举荀爽有道，爽不应，及逢卒，爽制服三年。……又有以让爵为高者。西汉时韦贤卒，子元成应袭爵，让于庶兄宏，宣帝高其节，许之(《元成传》)。至东汉邓彪亦让封爵于异母弟，明帝亦许之(《彪传》)。刘恺让封于弟宪，逃去十余年，有司请绝其封，帝不许，贾逵奏当成其让国之美，乃诏宪嗣(《恺传》)。此以让而得请者也。桓荣卒，子郁请让爵于兄子泛，明帝不许，乃受封(《郁传》)。丁綝卒，子鸿请让爵于弟盛，不报，鸿乃逃去，以采药为名，后友人鲍骏遇之于东海，责以兄弟私恩绝其父不灭之基，鸿感悟，乃归受爵(《鸿传》)。郭躬子贺当袭，让与小弟而逃去，诏下州郡追之，不得已乃出就封(《躬传》)。徐防卒，子贺当袭，让于弟崇，数岁不归，不得已乃就封。……又有轻生报仇者。崔瑗兄为人所害，手刃报仇，亡去。魏朗兄亦为人所害，朗白日操刀，杀其人于县中。苏谦为司隶校尉李暠按罪死狱中，谦子不韦与宾客掘地道至暠寝室，值暠如厕，乃杀其妾与子，又疾驰至暠父墓，掘得其父头以祭父。……然此犹曰出于义愤也。又有代人报仇者。何容有友虞纬高，父仇未报而病将死，泣诉于容，容即为复仇，以头祭其父墓。郅恽有友董子张，父为人所杀，子张病且死，对恽欷歔不能言，恽曰：“子以父仇未报也。”乃将宾客杀其人，以头示子张，子张见而气绝。……此则徒徇友朋私情，而转捐父母遗体……
>
> 【C】……而不自知其非也。……故国家缓急之际尚有可恃，以撑拄倾危。

【小结】此条抄自《廿二史劄记》卷五“东汉尚名节”条。作伪方式有四：第一，点窜字句；第二，增加句子；第三，改变顺序(赵翼原文顺序为B、A、C)；第四，改变标题，将“东汉尚名节”改为“汉重节义”。

139. 六朝世族

【A】案陶侃微时，郎中令杨晫与之同乘，温雅谓晫曰："奈何与小人同载?"杨方在都，缙绅咸厚之，方自以地寒不愿留京，求补远郡，乃出为高梁太守。王僧虔为吴兴郡守，听民何系先等一百十家为旧门，遂为阮佃夫所劾。张敬儿斩桂阳王休范，以功高当乞镇襄阳。齐高辅政，以敬儿人位本轻，不欲便处以襄阳重镇。侯景请婚王、谢，梁武曰："王、谢门高，可于朱、张以下求之。"【B】陈显达既贵，自以人微位重，每迁官，常有愧惧之色，诫诸子曰："我本志不及此，汝等勿以富贵骄人。"王敬则与王俭同拜开府，褚渊戏俭以为连璧，俭曰："老子遂与韩非同传。"敬则闻之曰："我本南沙小吏，今得与王卫军同拜三公，复何恨?"【C】据此，知当时门第之见，习为固然。有出自寒微，即官高位重，亦不敢与世族比。【D】如晋之顾荣、卞壸、毛宝、朱伺、朱序、刘牢之、刘毅等，宋之檀道济、朱龄石、沈田子、毛修之、朱修之、刘康祖、到彦之、沈庆之等，齐之王敬则、张敬儿、陈显达、崔慧景等，梁之陈伯之、陈庆之、兰钦、曹景宗、张惠绍、昌义之、王琳、杜龛等，陈之周文育、侯安都、黄法𣰋、吴明彻等，皆身出素族，而能御侮戡乱，为国家所倚重。而所谓高门大族者，【E】除王导、谢安，尚称朝廷柱石，余如王宏、王昙首、褚渊、王俭等，与时推迁，为兴朝佐命。【F】雍容令仆，裙屐相高，【G】一时咸以士庶之别为贵贱之分，积习相沿，遂成此风俗耳。

【辨伪】赵翼《廿二史劄记》卷十二"江左世族无功臣"条云：

> 【G】以士庶之别为贵贱之分，积习相沿，遂成定制。
>
> 【A】陶侃微时，郎中令杨晫与之同乘，温雅谓晫曰："奈何与小人同载?"……杨方在都，缙绅咸厚之，方自以地寒不愿留京，求补远郡，乃出为高梁太守。王僧虔为吴兴郡守，听民何系先等一百十家为旧门，遂为阮佃夫所劾。张敬儿斩桂阳王休范，以功高当乞镇襄阳。齐高辅政，以敬儿人位本轻，不欲便处以襄阳重镇。侯景请婚王、谢，梁武曰："王、谢门高，可于朱、张以下求之。"
>
> 【C】一时风尚如此，即有出自寒微，奋立功业，官高位重，而其自视犹不敢与世族较。
>
> 【B】陈显达既贵，自以人微位重，每迁官，常有愧惧之色，诫诸子曰："我本志不及此，汝等勿以富贵骄人。"……王敬则与王俭同拜开府，褚渊戏俭以为连璧，俭曰："老子遂与韩非同传。"或以告敬则，敬则欣然曰："我本南沙小吏，今得与王卫军同拜三公，复何恨?"
>
> 【D】如顾荣、卞壸、毛宝、朱伺、朱序、刘牢之、刘毅等之于晋，檀道济、朱龄石、沈田子、毛修之、朱修之、刘康祖、到彦之、沈庆之等之于宋，王敬则、张敬儿、陈显达、崔慧景等之于齐，陈伯之、陈庆之、兰钦、曹景宗、张惠绍、昌义之、王琳、杜龛等之于梁，周文育、侯安都、黄法𣰋、吴明彻等之于陈，皆御武戡乱，为国家所倚赖。而所谓高门大族者，
>
> 【F】不过雍容令仆，裙屐相高。
>
> 【E】求如王导、谢安柱石国家者，不一二数也。次则如王宏、王昙首、褚渊、王

俭等，与时推迁，为兴朝佐命。

【小结】此条抄自《廿二史劄记》卷十二“江左世族无功臣”条。作伪方式有三：第一，点窜字句；第二，改变顺序（赵翼原文顺序为G、A、C、B、D、F、E）；第三，改变标题。

140. 朱陆异同

朱陆异同，**后之论者断断不已**，盖始于鹅湖之诗。初，朱子送吕东莱先生至鹅湖，东莱约陆子寿、子静二先生来会。子寿赋诗云：“孩提知爱长知钦，古圣相传只此心。大抵有基方筑室，未闻无址忽成岑。留情传注翻榛塞，著意精微**转**陆沈。珍重友朋勤切琢，须知至乐在于今。”孩提知爱，稍长知敬，即孟子所谓人心之所固有，使人知**省察**扩充。如筑室有基，成岑有址也。固也。但筑室成岑，自有许多结构积累之功，非基即是室，址即是岑也。正赖圣经贤传辨别是非邪正，不至卤莽灭猎，以求得其精微之蕴。乃谓传注可不留情，精微可不著意乎？子静和云：“墟墓兴衰宗庙钦，斯人千古不磨心。涓流积至沧溟水，拳石崇成泰华岑。简易工夫终久大，支离事业竟浮沈。欲知自下升高处，真伪先须辨自今。”前四句正见欲多识前言往行，以畜德集义，以生其浩然之气也。**固也**。乃谓自有简易功夫，则是博学、审问、慎思、明辨、笃行皆属多事，**终日止谓心即理，冥心寂坐而已**。其真伪何由以辨，何由能自下升高乎？朱子三年后乃和以寄怀云：“德义风流夙所钦，别离三载更关心。偶扶藜杖出寒谷，又枉篮舆度远岑。”此追忆当日相会时事也。“旧学商量加邃密，新知培养转深沈。”此探问别后工夫也。因子寿脱离传注，子静自矜简易，恐开蹈空之弊。故下结云：“只愁说到无言处，不信人间有古今。”后朱子《答项平甫书》云：“近世学者务返求者，以博观为外驰，务博观者以内省为狭隘。左右佩剑，各主一偏。而道术分裂，不可复合。此学者之大病。”又云：“子静所说，专是尊德性事。而某平日所论，却是道问学上多了。今当反身用力，去短集长，庶几不堕一偏。”朱子之心可谓虚公广大，所以**为百世**儒宗。朱子《答吕东莱书》云：“近两得子寿兄弟书，却自讼前见之误。”东莱《与朱子书》云：“陆子寿前日经过，留此二十余日，翻然以鹅湖所见为非。”**然则二陆先生之学，固不可以鹅湖之诗定其生平也**。

【辨伪】郑之侨①《鹅湖讲学会编》卷九《鹅湖诗说》云：

> 朱陆异同，聚讼至今，始于鹅湖之诗。试与诸生言之。当日朱子送吕东莱先生至鹅湖，东莱约陆子寿、子静二先生来会。子寿赋诗云：“孩提知爱长知钦，古圣相传只此心。大抵有基方筑室，未闻无址忽成岑。留情传注翻榛塞，著意精微更陆沉。珍重友朋勤切琢，须知至乐在于今。”孩提知爱，稍长知敬，此孟子指出人人本心所固

---

① 郑之侨（1707—1784），字茂云，号东里，潮阳举练都金浦乡人。为郑氏金浦系十九世裔孙。雍正十三年举人，乾隆二年（1737）进士，授江西铅山县令，兼弋阳县令，历升饶州府同知，署广西柳州府知府，湖南宝庆知府，山东济东泰武道员，湖广安襄郧兵备道。致仕后家居近20年。《鹅湖讲学汇编》成于任铅山县令时。

有，使知寮识而扩充。即如筑室之有基，成岑之有址。子寿此诗，夫何间然。但以筑室成岑，正有结构积累之功，非即以基为室，以址为岑也。圣经贤传辨别是非邪正……正恐卤莽涉猎，不得其精微之意耳。顾谓传注可不留情，精微可不著意乎？……子静和云：“墟墓兴哀宗庙钦，斯人千古不磨心。涓流积至沧溟水，拳石崇成泰华岑。易简功夫终久大，支离事业竟浮沉。欲知自下升高处，真伪先须辨自今。”……多识前言往[行]，但以蓄德集义以生浩然之气，正如是也。如谓自有易简功夫，则……“博学、审问、慎思、明辨、笃行”亦为多事。……则真伪之辨明，自下升高。……朱子三年后乃和诗以寄怀云：“德义风流夙所钦……别离三载更关心。……偶扶藜杖出寒谷，又枉篮舆度远岑。”此追忆当日相会时事也。“旧学商量加邃密，新知培养转深沉。”此探间别后功夫也。因子寿脱离传注，子静自矜易简，恐开蹈空之弊。故曰：“却愁说到无言处，不信人间有古今。”厥后朱子《答项平甫书》云：“近世学者务反求者，以博观为外驰，务博观者以内省为狭隘。左右佩剑，各主一偏。而道术分裂，不可复合。此学者之大病。”又云：“子静所说，专是尊德性事。而某平日所论，却是道问学上多了。今当反身用力，去短集长，庶几不堕一偏。”朱子之心虚公广大，所以为万世儒宗。……朱子《答吕东莱书》云：“近两得子寿兄弟书，却自讼前日偏见之说。”东莱《与朱子书》云：“陆子寿前日经过，留此二十余日，幡然以鹅湖所见为非。”

【小结】此条抄自郑之侨《鹅湖讲学会编》卷九《鹅湖诗说》。作伪方式有三：第一，点窜字句；第二，增加观点句——“终日止谓心即理，冥心寂坐而已”，“然则二陆先生之学，固不可以鹅湖之诗定其生平也”等；第三，改变标题，将“《鹅湖诗说》”改为“朱陆异同”。

141. 元尚风雅

【A】案：有元一代，文学甚轻，当时有“九儒十丐”之谣，科举亦屡兴屡废，宜乎风雅之事弃如弁髦矣。【B】而缙绅之徒往往以文墨相尚，每岁必联诗社，四方名士毕集，燕赏穷日夜，诗胜者辄有厚赠。饶介为淮南行省参政，豪于诗，自号醉樵。尝大集诸名士，赋《醉樵歌》，张简诗第一，赠黄金一饼；高启次之，得白金三斤；杨基又次之，犹赠白金一镒。见《明史·文苑传》。然此犹仕宦者之提唱也。贯酸斋工诗文，所至士大夫从之若云，得其片言尺牍，如获拱璧。见《元史·小云石海涯传》。浦江吴氏结“月泉社”，聘谢皋羽为考官，《春日田园杂兴》题，取罗公福为首。见《怀麓堂诗话》。松江吕璜溪尝走金帛，聘四方能诗之士，请杨铁崖为主考，第其甲乙，厚有赠遗，一时文人毕至，倾动三吴。见《四友斋丛说》。又顾仲瑛玉山草堂，杨廉夫、柯九思、倪元镇、张伯雨、于彦成诸人尝寓其家，流连觞咏，声光映蔽江表。见《元诗选》。此皆林下之人，扬风抡雅者也。其他以名园别墅、书画古玩相尚者更夥[夥]。如倪元镇之清閟阁，杨竹西之不碍云山楼，花木竹石，图书彝鼎，擅名江南，至今犹有艳称之者。【C】盖自南宋遗民故老相与唱叹于荒江蔓草间，而流风余韵久而弗替，遂相沿为此风会焉耳。

【辨伪】赵翼《廿二史劄记》卷三十“元季风雅相尚”条云：

【B】元季士大夫好以文墨相尚，每岁必联诗社，四方名士毕集，燕赏穷日夜，诗胜者辄有厚赠。饶介为淮南行省参政，豪于诗，自号醉樵。尝大集诸名士，赋《醉樵歌》，张简诗第一，赠黄金一饼；高启次之，得白金三斤；杨基又次之，犹赠白金一镒(见《明史·文苑传》)。然此犹仕宦者之提唱也。贯酸斋工诗文，所至士大夫从之若云，得其片言尺牍如获拱璧(《元史·小云石海涯传》)。浦江吴氏结"月泉社"，聘谢皋羽为考官，《春日田园杂兴》题，取罗公福为首(见《怀麓堂诗话》)。松江吕璜溪尝走金帛，聘四方能诗之士，请杨铁崖为主考，第其甲乙，厚有赠遗，一时文人毕至，倾动三吴(见《四友斋丛说》)。又顾仲瑛玉山草堂，杨廉夫、柯九思、倪元镇、张伯雨、于彦成诸人尝寓其家，流连觞咏，声光映蔽江表(见《元诗选》)。此皆林下之人，扬风扢雅……其他以名园别墅、书画古玩相尚者，更不一而足。如倪元镇之清閟阁，杨竹西之不碍云山楼，花木竹石，图书彝鼎，擅名江南，至今犹有艳称之者。

【A】独怪有元之世文学甚轻，当时有"九儒十丐"之谣，科举亦屡兴屡废，宜乎风雅之事弃如弁髦，乃缙绅之徒风流相尚如此。

【C】盖自南宋遗民故老，相与唱叹于荒江寂寞之滨，流风余韵久而弗替，遂成风会。

【小结】此条抄自《廿二史劄记》卷三十"元季风雅相尚"条。作伪方式有三：第一，点窜字句；第二，改变顺序(赵翼原文顺序为B、A、C)；第三，改变标题——将"元季风雅相尚"改为"元尚风雅"。

142. 毛氏议礼之非

【A】案《曾子问》："婿免丧，女之父母使人请，婿弗许，而后嫁之礼也。女之父母死，婿亦如之。"孔疏曰："女之父母已葬，婿家使人请，女家不许，婿然后别取，礼也。"盖孔氏以女家不许而男别取，与男家不许而女别嫁，互文见义。毛氏乃谓婿请辞婚后，女家复请重理前说，而男家反故以余哀未忘，弗敢即取，然后女家徐徐嫁之。谓仍嫁此婿，弗别嫁也。殆因何孟春《余冬序录》深疑此记之有**伪**。故毛氏解以此说。案之经文，全不相合。夫读古人书，当知其立言之意，而不可拘滞于其辞。此礼文盖为届婚期而遭丧者，男或以中馈之乏主，不能待其女免丧，而先议别取。女或以摽梅之过期，不能待其婿免丧，而先议别嫁。故圣人明为之制，使必待三年免丧而后请。明未三年免丧以前，不容有异词也。使必待婿不取而后别嫁，必待女不嫁而后别取，苟非婿不取、女不嫁，则断无别取、别嫁之理也。然则所谓婿不取、女不嫁者，乃充类至义之尽，要亦必无之事也。毛氏解为"仍嫁此婿，弗别嫁也"，横生臆见，不可从也。【B】又经文"三月庙见称来妇也"，毛氏谓三月庙见为庙见舅姑。引《春秋传》楚公子围娶于郑，告于庄共之庙。是迎妇必告庙也。谓宋人误信《士礼》不告庙，改三月庙见为三日，必成妇三日而后庙见。又谓舅姑见妇在娶日，妇见舅姑在次日，脱不幸而舅姑偕亡，则必三月之后奠于庙。而见舅姑，成子妇之礼谓之庙见，乃曰"不庙见者不成妇"，是庙见见舅姑，非见祖也。成妇者，成子妇之礼，非成夫妇也。今考之《礼》，纳采即告庙，今《家礼》"主人具书，夙兴奉以告祠堂”是也。至亲迎又告庙，今《家礼》“主人告于祠堂，遂醮其子而命之迎”是也。与《春秋》楚公子围告于庄共之庙岂有异乎？至谓宋人误信《士礼》，改三月为三日，司马温公有妇入门，即拜影堂之说，而朱子非之。安得谓宋人误信《士礼》乎？其所谓舅姑见妇在娶日，妇见舅姑在次日，则是舅姑先见妇，妇后见舅姑也，有是礼乎？且改三月为三日，正斟酌古今之宜也。如必谓妇始至，当先见舅姑而后入寝，则舅姑偕亡，何为必三月之后始庙见乎？如必谓舅姑偕亡，之庙见为成子妇之礼，则下文“择日而祭于祢，成妇之礼”，不几赘乎？**然则毛氏之说，殆委巷之礼也夫**。

【辨伪】A 段抄自《四库全书总目》卷二十四《曾子问讲录》提要：

如经文“婿免丧，女之父母使人请，婿弗取，而后嫁之，礼也。女之父母死，婿亦如之”，孔疏曰：“女之父母已葬，婿家使人请，女家不许，婿然后别取，礼也。”盖孔氏以女家不许而男别取，与男家不许而女别嫁，互文见义。奇龄则谓婿辞婚后，女家复请重理前说，而男家反故以余哀未忘，弗敢即取，然后女家徐徐嫁之。谓仍嫁此婿，弗别嫁也。殆因何孟春《余冬序录》深疑此记之有讹，故奇龄解以此说。然案之经文，全不相合。夫读古人书，当心知其立言之意，而不可拘滞于其辞。《礼记》此文，盖为届婚期而遭丧者，男或以中馈之乏主，不能待其女免丧，而先议别取。女或以摽梅之过期，不能待其婿免丧，而先议别嫁。故圣人明为之制，使必待三年免丧而后请。明未三年免丧以前，不容有异说也。使必待婿不取而后别嫁，必待女不嫁而后别取，明苟非婿不取、女不嫁，则断无别嫁、别取之理也。然则所谓婿不取、女不嫁者，乃充类至义之尽，要以必无之事。……何得解为“仍嫁此婿，弗别嫁也”？是皆横生臆见，殊不可从。惟谓三月庙见为庙见舅姑，谓除丧不复昏为不复行昏礼数条，尚能恪守经文注义，不为谲变之说耳。

B 段抄自毛奇龄《四书改错》卷二十二：

朱氏著《家礼》，以妇至三日庙见祠堂，则三日始庙见，而春秋次日犹讥其晚，得毋三日庙见亦非礼与？曰：此非礼之极，不特误家误国误天下，并误后世，不可不急急刊正者。夫朝庙非庙见礼也。古婚礼娶妇极重者，惟祖宗父母。其在祖宗，则有两告庙礼，一谒庙礼。而在父母则有一生见礼，一死见礼。两告者，一是亲迎时告迎。春秋楚公子娶郑所云，先布几筵告于庄共之庙是也。一是妇至时告至。春秋郑公子忽娶于陈，陈针子送妇至不告而配，针子讥其诬祖是也。……若夫父母，则妇至之日但以父母作主人，迎妇入门，与妇交拜行宾主礼，而即帅之以谒庙，至次日质明，始行见礼，其见生舅姑礼名曰妇见，以特豚献舅，脯修枣栗献姑，姑两拜，而舅倍之，谓之侠拜，于是觌妇醴妇飨妇皆于是日，或次日行之。脱不幸而舅姑死，则行死见礼于成婚三月之后，见死舅姑于庙，名曰庙见。……然总之只成一庙见之礼。脱又不幸而未行庙见，其妇身死，则非其子妇，谓之不成妇，丧葬总杀，礼所云不殡庙，不祔皇姑，婿不杖不菲，不次归棺于女氏之党，何则未成妇也，故礼有不庙见不成妇之文。朱氏不知何故倒读其文，曰不成妇，不庙见，先误认此庙字为祖庙，非祢庙，舅姑之庙，又误认此见字为见祖宗，非见舅姑。夫祖宗惟新丧奠殡可称曰见，无三月行祭，而可云见祖见宗者，此第以舅姑应拜见而不幸而死，因推此见字曰庙见祖宗，无是也。是以婚礼有三见，曰妇见，曰庙见，曰婿见。婿见者，男见女父母，而总以妇见字推及之，然且女父母死即不行死见礼，而他可见乎？乃又误认此妇字为夫妇之妇，非子妇之妇。夫夫妇之妇，则婚礼纳征即已成妇。征者，成也，谓成其夫妇名也。故春秋逆女间称逆妇，公羊所云在家称女，在途称妇者，不必荐寝后始成妇也。乃以祢庙改祖庙，以子妇改夫妇，以生舅姑改死舅姑，以三月庙见改三日庙见，以不庙见不成妇改不成妇不庙见，妇至不顾祖宗，不关父母，举两告一谒之礼而尽废之，甫下车，即牵妇入房，一如禽猕之苟合，谓之成妇，且必成妇三日而后谒祖宗，将《春秋》所云先配而后祖，是不有其祖，何以能育明明告诫之语亦并不之顾，且舅姑见存而曰庙见，庙见称之于口，告之于神，题之于祝册，书之于亲戚宗党之简帖，不祥莫大焉。

今按：关于“改三月庙见为三日”见于《朱子语类》卷第八十九：

伊川云：婿迎妇既至，即揖入内，次日见舅姑，三月而庙见，是古礼。司马礼却说妇入门即拜影堂，这又不是。古人初未成妇，次日方见舅姑，盖先得于夫，方可见舅姑，到两三月得舅姑意了，舅姑方令见祖庙。某思量，今亦不能三月之久，亦须第二日见舅姑，第三日庙见乃安，亦当行亲迎之礼。古者天子必无亲至后家之礼，今妻家远要行礼，一则令妻家就近处设一处，却就彼往迎归馆成礼，一则妻家出至一处，婿即就彼迎归自成礼。

又按：清阎镇珩《六典通考》卷一百十六《礼制考》曰：

朱子曰：司马与伊川定昏礼，都依《仪礼》。司马云：亲迎奠雁见主昏者，即出，伊川却教拜了又入堂，拜大男小女，伊川非是。伊川云：妇至，次日见舅姑，三月庙见。司马却说妇入门即拜影堂，司马非是。盖亲迎不见妻父母者，妇未见舅姑也。入门不见舅姑者，未成妇也。今亲迎用温公，入门以后用伊川，三月庙见改为三日云。

清陈虬(1851—1904)《治平通议·变法十》(成书于1891年)亦云：

一曰昏丧，昏以著代，丧以送死，礼皆不废，顾文胜则情漓，而礼反无所丽，拟婚嫁禁奁费酒食六礼，仅取问名亲迎。宋儒孜孜讲礼，乃于六礼首删问名，而径改三月庙见为三日，此岂复知礼意哉？

【小结】此条抄自《四库全书总目》卷二十四《曾子问讲录》提要、毛奇龄《四书改错》卷二十三。作伪方式有二：第一，点窜字句；第二，增加观点句：“然则毛氏之说，殆委巷之礼也夫”。

143. 袷大禘小之说

《王制》:“天子、诸侯宗庙之祭，春曰礿，夏曰禘，秋曰尝，冬曰烝。”郑注谓是“夏、殷之祭名”。《王制》又云:“诸侯礿则不禘，禘则不尝，尝则不烝，烝则不礿。”郑注云:“虞夏之制，诸侯岁朝，废一时祭。”是虞之时祭，与夏、殷同名。郑于《王制》注及《周礼·春官·大宗伯》注、《礼纬》注，并作《禘袷志》,《驳许氏五经异义》又以为《王制》所记乃殷以前之制，至周公制礼，改春为祠，夏为禴，禴即礿，以禘专为殷祭，不为时祭之名。盖因《大宗伯》“以祠春享先王，以禴夏享先王”云云，《司尊彝》亦有“春祠、夏禴”云云，又《诗·小雅·天保》“禴祀烝尝，于公先王”，及毛氏传文推测知之。殷，盛也，盛祭即大祭也。《尔雅》:“禘，大祭。”凡祭之大于余祭者，皆得为禘。故冬至祭昊天上帝于圜丘，夏至祭感生帝于南郊(《祭法》,有虞氏、夏后氏禘黄帝，殷人、周人禘喾。此禘谓圜丘。《大传》:“王者禘其祖之所自出。”此禘谓南郊)及宗庙五年一祭，皆为禘。《公羊传》五年再殷祭，谓五年之中一袷一禘。禘之言谛，审谛昭、穆，遍祭之。袷之言合，合先君之主于太祖之庙而祭之。皆有盛大之义，皆殷祭也。夏殷天子诸侯三年丧毕为袷祭，**明年为禘**，后因以为常，三年一袷，五年一禘。周制以鲁礼推之，亦三年丧毕为袷祭，明年为禘，后因以为常，亦三年一袷，五年一禘。所谓再殷祭者如此，谓再殷祭皆在此五年中耳。其实前袷距后袷，前禘距后禘，皆已六年矣。夏殷之制与周异者，天子当袷之岁，春惟一礿，而不袷，夏秋冬皆有袷，又有时祭，袷在先，时祭在后，所谓天子“犆礿，袷禘，袷尝，袷烝”是也。诸侯当袷之岁，春亦惟一礿而不袷，夏当行时祭，一禘之时，犆行一袷，而不时祭，以异于天子。惟秋冬时祭，与袷得并举，然亦时祭在先，袷祭在后，以异于天子。所谓诸侯“礿犆，禘，一犆一袷，尝袷，烝袷”是也。天子惟袷岁废一时祭。诸侯岁朝，则平常已每岁废一时祭，至袷岁，夏禘又废，凡废二时祭。云若周则当袷之岁，但行于孟秋，当禘之岁，但行于孟夏，余三时皆不行。天子诸侯皆然，但天子袷禘、时祭并举，诸侯行袷禘，则废时祭。此周制与夏殷异也。因周袷但行于秋，故时祭名尝，袷祭又名大尝，则《祭统》所云“内祭大尝禘”，是郑言三代时祭、禘袷之制如此。案《文二年公羊传》曰:“大袷者何?合祭也。其合祭奈何?毁庙之主陈于太祖，未毁庙之主皆升，合食于太祖。”此说甚精。但孔安国《论语》注曰:“禘袷之礼为序昭穆，故毁庙之主及群庙之主皆合食于太祖。”据此，似禘与袷无别矣。考郑《禘袷志》说禘云:“太王、王季以上迁主，祭于后稷之庙，其坐位与袷祭同。文、武以下迁主，若穆之迁主，祭于文王之庙。文王居室之奥，东面。文王孙成王居文王之东，而北面。以下穆主，直至亲尽之祖，以次继而东，皆北面，无昭主。若昭之迁主，祭于武王之庙。武王亦居室之奥，东面。其昭孙康王，亦居武王之东，而南面。亦以次继而东，直至亲尽之祖，皆北面，无穆主也。”盖袷为合聚昭穆，禘为谛审昭穆。《公羊传》说深得合聚之义。而郑说禘，深得谛审之义，与孔安国禘袷皆序昭穆合。袷则于太祖庙列群庙之主，禘则于文、武庙各迎昭穆之主，故云袷大禘小。而贾逵、刘歆云，禘袷一祭二名，礼无差降。说虽异而意则同。郑说必有所本。古书亡失者多，后儒不能信古，凭臆攻难，自陆淳、赵匡以下，妄说纷纷，皆不足辨。

【辨伪】王鸣盛《尚书后案》卷六《商书》云:

《王制》:“天子、诸侯宗庙之祭,春曰礿,夏曰禘,秋曰尝,冬曰烝。”郑注谓是“夏、殷之祭名。”……据《王制》又云:“诸侯礿则不禘,禘则不尝,尝则不烝,烝则不礿。”郑注云:“虞夏之制,诸侯岁朝,废一时祭。”是虞之时祭,与夏殷同名。郑于《王制》注及《周礼·春官·大宗伯》注、《礼纬》注,并作《禘祫志》、《驳许慎五经异义》,又以为《王制》所记乃殷以前之制,至周公制礼,改春为祠,夏为禴,禴即礿,以禘专为殷祭,不为时祭之名。盖因《大宗伯》“以祠春享先王,以禴夏享先王”云云,《司尊彝》亦有“春祠、夏禴”云云,又《诗·小雅·天保》“禴祠烝尝,于公先王”,及毛氏传文推测知之。殷,盛也,盛祭即大祭也。《尔雅》:“禘,大祭。”凡祭之大于余祭者,皆得为禘。故冬至祭昊天上帝于圜丘,夏正祭感生帝于南郊(《祭法》,有虞氏、夏后氏禘黄帝,殷人、周人禘喾。此禘谓圜丘。《大传》:“王者禘其祖之所自出。”此禘谓南郊)及宗庙五年一祭,皆为禘。《公羊传》五年再殷祭,谓五年之中一祫一禘。禘之言谛,审谛昭、穆,遍祭之。祫之言合,合先君之主于太祖之庙而祭之。皆有盛大之义,皆殷祭也。夏殷天子诸侯三年丧毕为祫祭,后因以为常,三年一祫,五年一禘。周制以鲁礼推之,亦三年丧毕为祫祭,明年为禘祭,后因以为常,亦三年一祫,五年一禘。所谓五年再殷祭者如此,谓再殷祭皆在此五年中耳。其实前祫距后祫,前禘距后禘,皆已六年矣。夏殷之制与周异者,天子当祫之岁,春惟一礿,而不祫,夏秋冬皆有祫,又有时祭,祫在先,时祭在后,所谓天子“犆礿,祫禘,祫尝,祫烝”是也。诸侯当祫之岁,春亦惟一礿而不祫,夏当行时祭,一禘之时,犆行一祫,而不时祭,以异于天子。惟秋冬时祭,与祫得并举,然亦时祭在先,祫祭在后,以异于天子。所谓诸侯“礿犆,禘,一犆一祫,尝祫,烝祫”是也。天子惟祫岁废一时祭。诸侯岁朝,则平常已每岁废一时祭,至祫岁,夏禘又废,凡废二时祭。云若周则当祫之岁,但行于孟秋,当禘之岁,但行于孟夏,余三时皆不行。天子诸侯皆然,但天子祫禘、时祭并举,诸侯行祫禘,则废时祭。……此周制与夏殷异也。因周祫但行于秋,故时祭名尝,祫祭又名大尝,则《祭统》所云“内祭大尝禘是”。郑言三代时祭、禘祫之制如此(《文二年公羊传》曰:“大祫者何?合祭也。其合祭奈何?毁庙之主陈于太祖,未毁庙之主皆升,合食于太祖。”此说甚精。但孔安国《论语》注曰:“禘祫之礼为序昭穆,故毁庙之主及群庙之主皆合食于太祖。”据此,似禘与祫无别矣。考郑《禘祫志》说禘云:“太王、王季以上迁主,祭于后稷之庙,其坐位与祫祭同。文、武以下迁主,若穆之迁主,祭于文王之庙。文王居室之奥,东面。文王孙成王居文王之东,而北面。以下穆主,直至亲尽之祖,以次继而东,皆北面,无昭主。若昭之迁主,祭于武王之庙。武王亦居室之奥,东面。其昭孙康王,亦居武王之东,而南面。亦以次继而东,直至亲尽之祖,无穆主也。”盖祫为合聚昭穆,禘为谛审昭穆。《公羊传》说祫,深得合聚之义。而郑说禘,深得谛审之义,与孔安国禘祫皆序昭穆合。祫则于太祖庙列群庙之主,禘则于文、武庙各迎昭穆之主,故云祫大禘小。而贾逵、刘歆云禘祫一祭二名,礼无差降。说虽异而意则同也。郑说必有所本。古书亡失者多,后儒不能信古,凭臆攻难,自陆淳、赵匡以下,妄说纷纷,皆不足辨)。

【小结】此条抄自《尚书后案》卷六《商书》。作伪方式有二:第一,点窜字句;第二,改注文为正文。

144. 有虞氏宗尧配天

案：舜为天子，当必立祖庙，尧祖庙当迁于丹朱之国。舜父瞽叟，瞽叟父桥牛，桥牛父句望，句望父敬康，敬康父穷蝉，穷蝉父颛顼。唐虞五庙，则舜当以敬康以下为四亲庙，穷蝉亲尽则入祧庙，而颛顼为太祖。马融**注《皋陶谟》“祖考来格”三句**，谓为舜除瞽叟之丧，而祭宗庙之乐，或疑舜父之丧不知在何时。马说似出臆度。然是时舜已自制《韶》乐，则在为天子后。《孟子》言“为天子父，以天下养”，舜为天子，瞽叟尚在，则马氏除丧之说未为无据。《礼记·祭法》云：“有虞氏禘黄帝而郊喾，祖颛顼而宗尧。”此谓配天之祭耳(上古配天，专尚有德。故舜郊天，犹以丹朱为尸，其时未有严父配天之礼。三代以下，遂用其姓代之，故夏郊鲧，殷郊冥)。俗儒妄以禘与祖、宗皆宗庙之祭，遂谓舜之祖庙所宗者尧，然则瞽叟以上四亲将于何庙祭之？《中庸》言舜大孝，何以云宗庙飨之耶？非也。

【辨伪】王鸣盛《尚书后案》卷二《虞夏书》云：

> 舜既为天子，必当自立祖庙，尧祖庙当迁于丹朱之国。……舜父瞽叟，瞽叟父桥牛，桥牛父句望，句望父敬康，敬康父穷蝉，穷蝉父帝颛顼。唐虞五庙，则舜当以敬康以下为四亲庙，穷蝉亲尽则入祧庙，而颛顼为太祖。马融以此为舜除瞽叟之丧，而祭宗庙之乐，或疑舜父之丧不知定在何时。马说似出臆度。……是时舜已自制《韶》乐，则在为天子后。《孟子》言“为天子父，以天下养”，舜为天子，瞽叟尚在，则除丧之说不为无据。《礼记·祭法》云：“有虞氏禘黄帝而郊喾，祖颛顼而宗尧。”此谓配天之祭耳(上古配天，专尚有德。故舜郊天，犹以丹朱为尸，其时未有严父配天之礼也。三代以下，遂用其姓代之，故夏郊鲧，殷郊冥)。俗人妄以禘与祖宗皆宗庙之祭，遂谓舜之祖庙所宗者尧，然则瞽叟以上四亲将于何庙祭之？《中庸》言舜大孝，何以曰宗庙飨之耶？非也。

【小结】此条抄自《尚书后案》卷二《虞夏书》。作伪方式为点窜字句。

145. 昭穆原庙制

【A】昭穆之义原本庙制。自太祖始基外，一传为昭，再传为穆，而由是以至于尽。如后稷为始祖，依次递序，以至王季为昭，文王为穆，武王为昭，成王为穆。则共懿以后凡入庙者，皆得以昭穆计之。此昭穆以世次而定，不可移易者也。至祧庙时则昭穆一变。如祧王季时，则文迁于昭，武迁于穆，昭穆稍变。至祧文而武仍迁昭，成仍迁穆，则不变如故。如是三变而六庙已尽，是祧在迁庙，与合食太祖者仍相继焉。此昭穆以庙次而定者，一如世次之昭穆，或移易而仍不移易者也。若或祖孙相继，则以昭继昭，以穆继穆，世次已变，则昭穆不得不移易也。且有兄弟相继如闵僖，叔侄相继如懿孝者，则不惟昭穆移易，而伦序亦移易矣。然当时之论世次庙次者，反以变为正，以乱为定，若僖跻于闵则为逆祀，孝升于懿则为畔制，此昭穆又以位次而定。举世次庙次而一概移易焉，而无可如何者也。故工史书世，以世次而言也。宗祝书昭穆，以庙次而言也。《穀梁传》云："不以亲亲害尊尊。"以位次而言也。夫父昭子穆，对位者也。父穆子昭，降等而对位者也。祧必在昭，祔必在穆；祧必在东，祔必在西。晋孙毓云："太祖在北，左昭右穆，以次而南。"【B】有谓七庙之制太祖居中，昭不必居左，穆不必居右。古人以右为尊，当以太祖庙之东，平行以次而东为四亲庙。今考庙以昭穆为左右，虽不见于经。然《周礼·冢人》曰："先王之葬居中，以昭穆为左右。"注曰："昭居左，穆居右。"故贾疏即以墓之昭穆推庙之昭穆，【C】若五七并列，则尊卑偶坐，必不可通。故汉复庙制，同堂异室，以一世为一室。唐贞观二十二年许敬宗奏亦云"共堂别室"，**虽乖古制通，易可行也**。

【辨伪】B 段抄自《四库全书总目》卷二十五《庙制考议》提要：

又谓七庙之制，太祖居中，昭不必居左，穆不必居右，古人以右为尊，当于太祖庙之东，平行以次而东为四亲庙。今考庙以昭穆为左右，虽不见于经。然考《周礼·冢人》曰："先王之葬居中，以昭穆为左右。"注曰："昭居左，穆居右。……故贾疏即以墓之昭穆推庙之昭穆。"

A、C 段源自清姚际恒《仪礼通论》卷八：

庙制之说，当以晋孙毓《集礼》为正，其言曰："宗庙之制，外为都宫，内各有寝庙，别为门垣，太祖在北，左昭右穆以次而南。"若然，则太祖与群庙不并立也。贾氏曰："入大门东行，即至庙门，其间得有每门者，诸侯五庙，太祖之庙居中，二昭居东，二穆居西，庙皆别门，每门两边，皆有隔墙，隔墙中央通门，则祖庙以西隔墙有三，门亦有三，东行经三门，乃至太祖庙门，是以每门皆有曲，有曲即相揖。"如贾之说，则是五庙并列，尊卑偶坐，垂穆不对，其义非矣。

又源自宋王溥《唐会要》卷十二：

贞观二十三年八月二十三日，礼部尚书许敬宗奏：宗祖弘农府君庙应迭毁，谨按旧仪，汉丞相韦元成以为毁主瘗埋，但万国宗享，有所从来，一旦瘗藏，事不允惬。晋博士范宣意欲别立庙宇，奉征西等主安置其中，方之瘗埋，颇叶情理，然事无典故，亦未足依。又议者或言毁主藏于天府，按天府祥瑞所藏，本非斯意，今准量去祧之外，犹有坛墠祈祷，所及窃谓合宜，今时庙制，与古不同，共堂别室，西方为首。若在西夹之中，仍处尊位，祈祷则祭未绝祇享，方诸旧仪，情实可安。弘农府君庙远亲杀，详据旧章，礼合迭毁。臣等参议迁奉神主于夹室，本情笃敬，在理为允。从之。

今按，《全唐文》卷一百五十三载李勣《请迁主祔庙表》：

窃谓合宜今时庙制，与古不同，共堂别室，西方为首。若在西夹之中，仍处尊位，祈祷则祭，未绝祈享，方诸旧仪，情实可安。弘农府君庙远亲杀，详据旧章，礼合迭毁。臣等参议迁奉神主于夹室，本情笃敬，在理为允。

关于“同堂异室”之制，清黄以周《礼书通故》第十六：“旧说，迁主所藏曰祧，祧主藏而不立。以周案：自古庙主藏于室之西壁埳中，故《公羊传》谓栗主曰藏主，此不独祧主然也。祧主亦设立，特合祔之，无专庙云尔，岂曰藏其主而不立也，藏主不立，乃坛墠之制，不可以之说祧主也。自祧礼不明，而庙制难复。东汉以来，皆用同堂异室之制，非皆因陋就简也。自谓五世即迁，毁主不立，几同无祀之鬼，于心有不忍也。”

【小结】此条B段抄自《四库全书总目》卷二十五《庙制考议》提要，A、C段源自姚际恒《仪礼通论》卷八、王溥《唐会要》卷十二。作伪方式有二：第一，点窜字句；第二，增加观点句：“虽乖古制通，易可行也”。

146. 庙制三代不同

【A】案《王制》云：“天子七庙，三昭三穆，与太祖之庙而七。”郑云：“此周制，七者，太祖及文武二祧与亲庙四，太祖后稷。殷则六庙，契及汤与二昭二穆。夏则五庙，无太祖，禹与二昭二穆而已。”【B】郑据《礼纬稽命征》及《钩命决》云：“唐虞五庙，亲庙四，与始祖五。夏四庙，至子孙五。殷五庙，至子孙六。周六庙，至子孙七。故七庙惟周制为然。”盖禹之时只有高祖以下四亲，庙至子孙并禹则五矣。汤之时只有契及四亲，至子孙并汤则六矣。周文武之庙不毁，以为二祧。始祖之庙亦不毁，则为七矣。【C】而王肃以为自古帝王皆以七庙为定制，非起于周，非也。《礼器》、《穀梁》、《王制》皆云天子七庙，而卢植、尹更始皆以为专是周制。诸书虽不云周室，其实则是专指周制，以诸书皆周儒笔也。惟朱子云“周制五庙，二昭二穆，至祧文时始立。文世室于庙之西北，祧武时始立武世室于庙之东北而为七庙。凡昭之祧主藏于武世室，穆之祧主藏于文世室”云云者，盖因周初七庙未备，在康昭以前尚与诸侯五庙无异。至穆王祧文时始加六庙，至共王祧武时始具七庙，故云然耳。若夫庙位，则必南向。考《杂记》，衅庙用羊，雍人自中屋南面举羊，宰夫北面刲之。又《祭统》，一献，爵卿，并赐爵禄，君代祖南面以赐，卿北面拜受之。夫曰北面刲羊，北面拜受，是庙南向也。而庙主必东向，盖庙外有门，垣内有堂室，皆南向。惟堂东西箱谓之夹室。《杂记》所谓衅庙之礼有东西夹室是也。室实未尝东向，而其式以西为尊，但启户于东南一隅，而北磊土壁，谓之墉，南启交窗谓之南牖。自此迤西，其在南隅曰奥，在北隅曰屋漏。当奥与屋漏之间，正西壁下为室之尽处，为至尊而庙主所藏。在其壁间且藏以石室，所称宗祏是也。则凡祭大小，皆设主于室，而后迎尸于堂焉。此其大略也。代远年湮，后儒好为臆断，或五庙九庙，或南向东向，异说纷纷矣。

【辨伪】A段抄自《尚书注疏》卷八：

《王制》云：天子七庙，三昭三穆，与太祖之庙而七。……《汉书》韦玄成议曰：周之所以七庙者，后稷始封，文王武王受命，而王是以三庙不毁，与亲庙四而七也。郑玄用此为说，惟周有七庙二祧为文王武王庙也。故郑玄王制注云：此周制，七者，太祖及文王、武王二祧与亲庙四太祖后稷也。殷则六庙，契及汤与二昭二穆。夏则五庙，无太祖，禹与二昭二穆而已。良由不见古文，故为此谬说。此篇乃是商书已云七世之庙，则天子立七庙，王者常礼，非独周人始有七庙也。文武则为祖宗不在昭穆之数，王制之文不得云三昭三穆也。刘歆、马融、王肃虽则不见古文，皆以七庙为天子常礼，所言二祧者，王肃以为高祖之父及祖也，并高祖已下共为三昭三穆耳。《丧服小记》云：王者禘其祖之所自出，以其祖配之而立四庙，庶子王亦如之，所以不同者，王肃等以为受命之王是初基之王，故立四庙，庶子王者，谓庶子之后自外继立，虽承正统之后，自更别立己之高祖已下之庙，犹若汉宣帝别立戾太子悼皇考庙之类也。或可庶子初基为王，亦得与嫡子同正立四庙也。

B段抄自王鸣盛《蛾术编》卷六十八说制六“庙制”条：

【B】《礼纬稽命征》、《钩命决》并云：“唐虞五庙：亲庙四，与始祖五。禹四庙，至子孙五。殷五庙，至子孙六。周六庙，至子孙七。”故七庙独周制为然。盖禹之时，只有高祖以下四亲，至子孙并禹则五矣。汤之时，只有契及四亲，至子孙并汤则六矣。周文、武之庙不毁，以为二祧。始祖之庙亦不毁，则为七矣。

今按：孙星衍《孙渊如先生全集》本《问字堂集》卷六《五庙二祧辨》亦云：

王肃叛经，于大礼事事与郑康成异。肃小人儒，不足言。宋之议礼者多承其误，亦可怪也！周制五庙，后稷与四亲庙合文武庙为七。其在祭法云：王立七庙，曰考庙，曰王考庙，曰皇考庙，曰显考庙，谓四亲庙也，曰祖考庙，谓始祖庙也，曰有二祧，谓文武庙也。其云远庙为祧，指先公先王之毁庙而言，犹云远庙入祧，三祧言二者，本文上有祖考庙即祧也。郑康成据此，说礼，不必出于纬书。后儒于《祭法》本文不能通解，何哉？服虔注《左传》云：曾祖之庙为祧。此曾祖非高曾之谓，犹云远祖，若《诗》称曾孙也。朱文公见伪书《咸有一德》，以为《商书》，已云七世之庙郑说恐非。不考孔壁真古文十六篇，非此《咸有一德》，又不知《吕氏春秋》引《商书》正作五世之庙，始知郑康成义不可易矣。韦元成议亦同郑。后儒又疑刘歆异议。按歆说七庙谓宗不在数中者，谓如周室始祖庙四亲庙及文武二庙之外，有功德可宗之主则增之至八，非谓文武不在七庙数中。周人祖文王而宗武王。歆但云宗，不得为文武之称也。祧字古文为濯，郑康成释为超上去意者，谓毁庙主超上入于后稷文武之庙，因名此三庙为三祧，非三庙本名祧也。夏殷庙制固出于《礼纬稽命征》，然周秦以降文献无征，赖有纬书考知古礼，儒者安能舍而不用？且《周官》冯相保章氏所掌之书类即谶纬，无足怪者。予因《五礼通考》不能深明古制郑义，故作辨及表，附以《圣证论难王义》，并附《社稷表》于后，为郑学者驳王肃社稷之说尤为典要明确，故不别作辨。

【小结】此条抄自《尚书注疏》卷八、《蛾术编》卷六十八说制六“庙制”条。作伪方式有二：第一，点窜字句；第二，增加句子。

147. 明堂之制

【A】《匠人》明堂五室，其实则十二堂。以《月令》考之，中央太庙太室，正室也，一室而四堂。其东堂曰青阳太庙，南堂曰明堂太庙，西堂曰总章太庙，北堂曰玄堂太庙。四隅之室，夹室也。四室而八堂。东北隅之室，玄堂之右夹，青阳之左夹也；其北堂曰玄堂右个，东堂曰青阳左个。东南隅之室，青阳之右夹，明堂之左夹也；其东堂曰青阳右个，南堂曰明堂左个。西南隅之室，明堂之右夹，总章之左夹也；其南堂曰明堂右个，西堂曰总章左个。西北隅之室，总章之右夹，玄堂之左夹也；其西堂曰总章右个，北堂曰玄堂左个。**此明堂之制也。明堂位，所谓昔周公朝诸侯于明堂之位是也**。【B】《孝经》云："宗祀文王于明堂，以配上帝。"《祭法》云："祖文王而宗武王。"郑注："祭五帝于明堂，曰祖宗。"是明堂为祀五天帝、五人帝，而以文、武配食之处也。文王生时，纣尚在。武王初定天下，生时宫未暇为明堂制。周公致治，制礼乐，乃立明堂于洛邑。【C】《洛诰》"王入太室祼"，即《月令》所谓太庙太室也。【D】毛奇龄《明堂问》专訾郑康成之主五室之非，误矣。

【E】案：昆山王应电谓明堂即王之六寝，宗祀文王以配上帝，不得于王之寝地，当在南郊，与郊天同。**迎尸又谓郊天**，迎尸亦当于明堂。考《通典》载南郊去国五十里，明堂在国三里之外、七里之内。相距四十余里，安有祭祀迎尸，远在四十里外者？盖《周礼·掌次》："凡祭祀，张尸次。"其尸幄切近壝宫，迎尸即于此幄。是未考注疏故耳。

【辨伪】B 段抄自王鸣盛《尚书后案》卷十九《周书》：

> 《孝经》云："宗祀文王于明堂，以配上帝。"《礼记·祭法》云："祖文王而宗武王。"郑彼注云："祭五帝于明堂，曰祖宗。"是明堂为祀五天帝、五人帝，而以文、武配食之处。……文王生时，纣尚在。武王初定天下，生时宫未暇为明堂制。……周公致太平，制礼乐，营明堂于洛邑。

E 段抄自《四库全书总目》卷十九《周礼传》提要：

> 应电以当地祇大祭，殊于经义有乖。至谓明堂即王之六寝，宗祀文王以配上帝，不得于王之寝地。当在南郊，与郊天同。迎尸则于明堂。……考《通典》载南郊去国五十里，明堂在国三里之外、七里之内，则相距凡四十余里，安有祭时迎尸，远在四十里外者？《周礼·掌次》："凡祭祀，张尸次。"盖尸幄切近壝宫，迎尸即于此幄。应电未核注疏，故有此讹。

C、A 段抄自王鸣盛《尚书后案》卷二十五《周书》：

> 【C】《洛诰》"王入太室祼"，即《月令》所谓"太庙太室也"。
>
> 【A】《匠人》明堂五室，其实则十二堂。再以《月令》考之，中央太庙太室，正室也，一室而四堂。其东堂曰青阳太庙，南堂曰明堂太庙，西堂曰总章太庙，北堂曰玄

堂太庙。四隅之室，夹室也。四室而八堂。东北隅之室，玄堂之右夹，青阳之左夹也；其北堂曰玄堂右个，东堂曰青阳左个。东南隅之室，青阳之右夹，明堂之左夹也；其东堂曰青阳右个，南堂曰明堂左个。西南隅之室，明堂之右夹，总章之左夹也；其南堂曰明堂右个，西堂曰总章左个。西北隅之室，总章之右夹，玄堂之左夹也；其西堂曰总章右个，北堂曰玄堂左个。

D 段抄自《四库全书总目》卷二十五《明堂问》提要：

其大意专訾郑康成之主五室为非。……轻议前儒，未免反成舛漏矣。

【小结】此条抄自《尚书后案》卷十九《周书》、卷二十五《周书》、《四库全书总目》卷十九《周礼传》提要、卷二十五《明堂问》提要。作伪方式有四：第一，点窜字句；第二，增加句子；第三，改变顺序；第四，多源组合，C、A 段抄自《尚书后案》卷二十五《周书》，B 段抄自《尚书后案》卷十九《周书》，D 段抄自《四库全书总目》卷二十五《明堂问》提要，E 段抄自《四库全书总目》卷十九《周礼传》提要。

148. 祼礼有二

案：《礼记·郊特牲》云：“周人尚臭，灌用鬯臭，郁合鬯，臭阴达于渊泉。既灌，然后迎牲。”《论语》“既灌”，孔安国注：“酌郁鬯，灌以降神。”此皆言始时灌地降神之祼。《祭统》云：“君执圭瓒祼尸。”郑注《周礼·司尊彝》云：“祼谓以圭瓒酌郁鬯，始献尸。”此皆言献尸之祼。**《洛诰》“杀禋”**，是先杀后祼，为献尸之祼。疏误以献尸之祼为即是降神之祼也，非也。

【辨伪】王鸣盛《尚书后案》卷十九《周书》云：

《郊特牲》云：“周人尚臭，灌用鬯臭，郁合鬯，臭阴达于渊泉。既灌，然后迎牲。”《论语》“既灌”，孔安国注：“酌郁鬯，灌以降神。”此皆言始时灌地降神之祼。《祭统》云：“君执圭瓒祼尸。”郑注《周礼·司尊彝》云：“祼谓以圭瓒酌郁鬯，始献尸。”此皆言献尸之祼。经先杀后祼，自是献尸之祼。疏误以献尸之祼即是降神之祼……大谬。

【小结】此条抄自《尚书后案》卷十九《周书》。作伪方式为点窜字句。

149. 皇天上帝

【A】案冬至所祀于圜丘，以帝喾配者，皇天也。正月所祀于南郊，以后稷配者，上帝也。诸经文有兼称者，有单称者。【B】贾公彦云：“《春秋运斗枢》云：‘太微宫有五帝座星，即《春秋文耀钩》云灵威仰、赤熛怒、含枢纽、白招拒、汁光纪也。’又《元命包》云：‘太微为天庭五帝以合时，此等是五帝之号也。’又按《元命包》云：‘紫微宫为太帝。’又云：‘天生大列为中宫太极星，其一明者，太乙常居，傍两星巨室子位，故为北辰，以起节度。亦为紫微宫，紫之言中，此宫之中天神图法，阴阳、开闭，皆在此中。’又《文耀钩》云：‘中宫大帝，其北极星下一明者，为太乙之先，合元气以斗布常，是天皇大帝之号也。’”**(《晋志》曰：北极五星在紫微宫中，名曰北辰，其纽一星，天之枢也。天运无穷，三光迭耀，而极星终古不动)**又案《尔雅》云：“北极谓之北辰。”郑注云：“天皇北辰耀魄宝。”又云：“皇天上帝，又名太乙帝君。以其尊大，故有数名也。”其紫微宫中皇天上帝，亦名昊天上帝，得连上帝而言。至于单名皇天，单名上帝，亦得。故《尚书·君奭》云“格于皇天”，郑云：“皇天，北极大帝。”又《掌次》云：“张毡案，设皇邸，以旅上帝。”上帝即大帝。观《尧典》曰：“钦若昊天。”皆是上帝单名之事。【C】是皇天得兼称上帝，上帝不得兼称皇天也。

【辨伪】王鸣盛《尚书后案》卷二十二《周书》云：

> 【A】冬至所祀于圜丘，以帝喾配者，皇天也。正月所祀于南郊，以后稷配者，上帝也。……诸文有兼称者，有单称者。
>
> 【C】盖皇天得兼称上帝，上帝不得兼称皇天故耳。
>
> 【B】(贾公彦云：“《春秋运斗枢》云‘太微宫有五帝座星，即《春秋文耀钩》云灵威仰’云云。又《元命苞》云：‘太微为天庭五帝以合时。’此等是五帝之号也。又按《元命苞》云‘紫微宫为大帝’。又云：‘天生大列为中宫太极星，其一明者，太一常居，傍两星巨辰子位，故为北辰，以起节度。亦为紫微宫，紫之言中，此宫之中天神图法，阴阳、开闭，皆在此中。’又《文耀钩》云：‘中宫大帝，其北极星下一明者，为大一之先，合元气以斗布常，是天皇大帝之号也。’又按《尔雅》云：‘北极谓之北辰。’郑注云：‘天皇北辰耀魄宝。’又云：‘皇天上帝，又名太一帝君。以其尊大，故有数名也。’其紫微宫中皇天上帝，亦名昊天上帝，得连上帝而言。至于单名皇天，单名上帝，亦得。故《尚书·君奭》云‘格于皇天’，郑云：‘皇天，北极大帝。’又《掌次》云：‘张毡案，设皇邸，以旅上帝。’上帝即大帝。《尧典》曰‘钦若昊天’，皆是上帝单名之事。”)

【小结】此条抄自《尚书后案》卷二十二《周书》。作伪方式有三：第一，点窜字句；第二，增加句子；第三，改变顺序(原文顺序为A、C、B)。

150. 古今乐律

【A】古乐：钟、磬、琴、瑟、埙、篪、柷、敔。今乐则用筝、笛、鼓、板。【B】《宋史·乐志》云蜀人房庶著书论古乐，谓：“上古世质，器与声朴，后世稍变焉。金石，钟磬也，后世易之为方响；丝竹，琴箫也，后世变之为筝笛；匏，笙也，攒之以斗；土，埙也，变而为瓯；革，麻料也，击而为鼓；木，柷敔也，贯之为板。此八音者，于世甚便。”其意盖以世所谓雅乐未必如古，而教坊所奏岂尽淫声？今古之分，分于声之变，而不在器也。【C】古乐五音十二律，今乐则称五凡工尺上一四六勾合。【D】《中兴四朝·乐志》叙云：“蔡元定尝为《燕乐》一书，证俗失以存古意。”略言“黄钟用‘合’字，大吕、太簇用‘四’字，夹钟、姑洗用‘一’字，夷则、南吕用‘工’字，无射、应钟用‘凡’字，各以上下分为清浊。其中吕、蕤宾、林钟**用‘尺’字**，其黄钟清用‘六’字，大吕、太簇、夹钟清各用‘五’字，而以上、下紧别之。紧‘五’者，夹钟清声，俗乐以为宫。此其取律寸、律数、用字纪声之略也。”唐宋所谓四声二十八调者，段安节《乐府杂录》谓用宫、商、角、羽分平、上、去、入四声，其徵音有其声无其调，去声宫七调，则正宫、高宫、中吕宫、道宫、南吕宫、仙吕宫、黄钟宫，皆生于黄钟。入声商七调，则大石调、高大石调、双调、小石调、歇指调、林钟调、越调，皆生于太簇平声。羽七调，则般涉调、高般涉调、中吕调、正平调、南吕调、仙吕调、黄钟调，皆生于南吕上声。角七调，则大食角、高大食角、双角、小石角、歇指角、林钟角、越角，皆生于应钟上平声，为徵声，商角同用，宫逐羽音。盖声由阳来，阳生于子，终于午。燕乐以夹钟收四声，曰宫，曰商，曰羽，曰闰。闰为角，其正角声变声徵声，皆不收，而独用夹钟为律本。盖徵在商之中，犹之《周礼》圜钟、函钟、黄钟三宫，有角、徵、羽而无商。商角同用，而宫逐羽音，移宫换羽，角必反宫。郑康成以为祭尚柔，而商坚刚。陈旸《乐书》以商为金声而周以木王，避其所克，似皆曲说也。若今所谓七调、十三调者，七调则凄凉调、凡字调、闭工调、正宫调、乙字调、梅花调、顶调也。十三调则黄钟调、正宫调、大石调、小石调、仙吕调、中吕调、南吕调、双调、越调、商调、商角调、般涉调、子母调也。调之高下，或以横直为喻。如琴之十三徽为横，七弦为直。是即二十八调之遗也。与《通雅》云：“十二律正倍二十四声，后以不能尽用，加四清声，合为十六。今宫谱北曲亦十六调也。”然则陈晋之以京房二变四清为乐之蠹，似属过高之论矣。

【辨伪】汪师韩《韩门缀学》卷一“古今乐器乐声”条云：

【A】古乐：钟、磬、琴、瑟、埙、篪、柷、敔。今乐则用筝、笛、鼓、板。

【C】古乐五音十二律，今乐则称五凡工尺上一四六勾合。

【B】《宋史·乐志》云蜀人房庶著书论古乐，谓：“上古世质，器与声朴，后世稍变焉。金石，钟磬也，后世易之为方响；丝竹，琴箫也，后世变之为筝笛；匏，笙也，攒之以斗；土，埙也，变而为瓯；革，麻料也，击而为鼓；木，柷敔也，贯之为板。此八音者，于世甚便。”其意盖以世所谓雅乐未必如古，而教坊所奏岂尽淫声？古今之分，分于声之变，而不在器也。

【D】又《中兴四朝·乐志》叙曰：“蔡元定尝为《燕乐》一书，证俗失以存古意。”略言：“黄钟用‘合’字，大吕、太簇用‘四’字，夹钟、姑洗用‘一’字，夷则、南吕用‘工’字，无射、应钟用‘凡’字，各以上下分为清浊。其中吕、蕤宾、林钟不可以上下分，中吕用‘上’字，蕤宾用‘勾’字，林钟用‘尺’字，其黄钟清用‘六’字，大吕、太簇、夹钟清各用‘五’字，而以上、下紧别之。紧‘五’者，夹钟清声，俗乐以为宫。此其取律寸、律数、用字纪声之略也。”唐、宋所谓四声二十八调者，段安节《乐府杂录》谓用宫、商、角、羽分平、上、去、入四声，其徵音有其声无其调，去声宫七调（正宫、高宫、中吕宫、道宫、南吕宫、仙吕宫、黄钟宫），皆生于黄钟。入声商七调（大石调、高大石调、双调、小石调、歇指调、林钟调、越调），皆生于太簇平声。羽七调（般涉调、高般涉调、中吕调、正平调、南吕调、仙吕调、黄钟调），皆生于南吕上声。角七调（大食角、高大食角、双角、小石角、歇指角、林钟角、越角），皆生于应钟。上平声调为徵声，商角同用，宫逐羽音。盖声由阳来，阳生于子，终于午。燕乐以夹钟收四声，曰宫，曰商，曰羽，曰闰。闰为角，其正角声、变声、徵声，皆不收，而独用夹钟为律本。盖徵在商之中，犹之《周礼》圜钟、函钟、黄钟三宫，有角、徵、羽而无商。商角同用，而宫逐羽音，移宫换羽，角必反宫。郑康成以为祭尚柔，而商坚刚。陈旸《乐书》以商为金声而周以木王，避其所克，似皆曲说也。若今所谓七调、十三调者，七调则凄凉调、凡字调、闭工调、正宫调、乙字调、梅花调、顶调也。十三调则黄钟调、正宫调、大石调、小石调、仙吕调、中吕调、南吕调、双调、越调、商调、商角调、般涉调、子母调也。调之高下，或以横直为喻。如琴之十三徽为横，七弦为直。是即二十八调之遗也与？《通雅》云："十二律正倍合二十四声，后以不能尽用，加四清声，合为十六。今宫谱北曲亦十六调也。"然则陈晋之以京房二变四清为乐之蠹，似属过高之论矣。

【小结】此条抄自汪师韩《韩门缀学》卷一"古今乐器乐声"。作伪方式有三：第一，点窜字句；第二，增加句子；第三，改变顺序(原文顺序为 A、C、B、D)。

今按：卷五论礼乐。多抄袭《尚书后案》、《廿二史劄记》、《四库全书总目》、《经义札记》，间及《韩门缀学》。作伪手段也比较简单，与卷四略同。

《经史杂记》卷六

151. 相墓非始于郭璞

世传相墓之术始于郭璞。然《后汉书·袁安传》，安觅地葬父，有三书生指一处云，葬此当世为三公。安从之，故累世隆盛。《晋书·羊祜传》，有相墓者言祜祖墓有帝王气，祜乃凿之。相者曰，犹当出折臂三公。祜堕马折臂，果位三公。则又在璞之前。即璞本传亦止载其卜筮灵验之处，亦未尝及相墓。又璞所著书，载其灵验事迹者曰《洞林》，抄京、费诸家最要者曰《新林》，又《卜韵》一篇，注《尔雅》、《三苍》、《方言》、《穆天子传》、《山海经》、《楚词》、《子虚》、《上林赋》，及所作诗赋诔颂共数十万言，亦无所谓《葬经》也。惟内称郭璞葬母暨阳，去水百步。或以近水言之，璞曰："当即为陆矣。"其后果沙涨数十里。又璞为人葬墓，晋明帝微服观之，问主人何以葬龙角。主人曰："郭璞云，此葬龙耳，当致天子。"帝曰："当出天子耶?"主人曰："非出天子，能致天子至耳。"此璞以相墓擅名，而后世皆以为葬术之始，而葬术之行，亦即由是时而盛。陶侃将葬父，家中忽失牛，有父老谓曰："前冈见有一牛眠山污中，若葬之，位极人臣。"又指一山曰："此亦其次，当出二千石。"侃寻得牛，因葬其处，以所指别山与周访葬其父。后果为三公，访为刺史。宋武帝父墓在丹徒侯山，有孔恭者善占墓，谓此非常地，后果为天子。齐高帝旧茔在武进彭山，冈阜相属，百里不绝，其上常有五色云。宋明帝恶之，遣占墓者高灵文往相之。灵文先给事齐高，乃诡曰："不过方伯耳。"私谓齐高曰："贵不可言。"后果登极。齐高之母刘氏与夫合葬时，墓工始下锸，有白兔跳起。及坟成，又止其上。荀伯玉家墓，有相者曰当出暴贵而不久。伯玉官果至散骑常侍，坐事诛。柳世隆晓术数，于倪塘创墓，与宾客往游，十往五往常坐一处，及卒，正葬其地。杜嶷葬祖父，梁元帝忌之，令墓工恶为之，逾年嶷卒。梁武丁贵嫔薨，昭明求得善墓地，被俞三副以己地奏帝，买葬之。有道士谓此地不利长子，教以用蜡鹅诸物厌之。后事发，昭明以此惭惧而薨。吴明彻葬父，有伊氏善占墓，谓其兄曰："葬日必有乘白马逐鹿者过此，此是最小子大贵之征。"明彻后果大贵。是相墓之术六朝时益盛行矣。据《昭明太子传》"不利长子"，《吴明彻传》"最小子大贵"之言，即术家所云大房、小房之说也。

【辨伪】赵翼《廿二史劄记》卷八"相墓"条云：

> 相墓术相传始于郭璞。然《后汉书·袁安传》，安觅地葬父，有三书生指一处云，葬此当世为上公。从之，故累世隆盛。《晋书·羊祜传》，有相墓者言祜祖墓有帝王气，祜乃凿之。相者曰，犹当出折臂三公。后祜堕马折臂，果位三公。则又在璞之前，即璞本传载其卜筮灵验之处甚多……亦未尝及相墓也。又璞所著书，载其灵验事迹者曰《洞林》，抄京、费诸家最要者曰《新林》，又《卜韵》一篇，注《尔雅》、《三苍》、《方言》、《穆天子传》、《山海经》、《楚词》、《子虚》、《上林赋》，及所作诗赋诔颂共数十万言，亦未有所谓《葬经》也。惟传内称璞葬母暨阳，去水百步。或以近水言之，璞曰："当即为陆矣。"其后果沙涨数十里。又璞为人葬墓，晋明帝微服观之，问主人何以葬龙角。主人曰："郭璞云，此葬龙耳，当致天子。"帝曰："当出天子耶?"主人曰："非出天子，能致天子至耳。"此璞以相墓擅名，而后世皆以为葬术之始也，而葬术之行，实即由是时而盛。陶侃将葬父，家中忽失牛，有老父谓曰："前冈见有一牛眠山污中，若葬之，位极人臣。"又指一山曰："此亦其次，当出二千石。"侃寻得牛，因葬其处，以所指别山与周访葬其父。后侃果为三公，访为刺史。……宋武帝父墓在丹徒侯山，有孔恭者善占墓，谓此非常地，后果为天子。齐高帝旧茔在武进彭山，冈阜相属，百里不绝，其上常有五色云。宋明帝恶之，遣占墓者高灵文往相之。灵文先给事齐高，乃诡曰："不过方伯耳。"私谓齐高曰："贵不可言。"后果登极。……齐高之母刘氏与夫合葬时，墓工始下锸，有白兔跳起。及坟成，又止其上。……荀伯玉家墓，有相之者，谓当出暴贵而不久，伯玉官果至散骑常侍，坐事诛。……柳世隆晓术数，于倪塘创墓，与宾客往游，十往五往常坐一处，及卒，正葬其地。……梁武丁贵嫔薨，昭明太子求得善墓地，被俞三副以己地奏帝，买葬之。有道士谓此地不利长子，教以用蜡鹅诸物厌之。后事发，昭明以此惭惧而薨(《昭明太子传》)。杜嶷葬祖父，梁元帝忌之，命墓工恶为之，逾年而嶷卒(《嶷传》)。吴明彻葬父，有伊氏者善占墓，谓其兄曰："葬日必有乘白马逐鹿者过此，此是最小子大贵之征。"明彻后果大贵。……可见六朝时此术已盛行。如《昭明传》曰"不利长子"，《明彻传》曰"最小子大贵"，则术家所云长房、小房之说。

【小结】此条抄自《廿二史劄记》卷八"相墓"条。作伪方式有二：第一点窜字句；第二，改变标题，将"相墓"改为"相墓非始于郭璞"。

152. 浑天仪传自齐、梁

言天体者三家：一周髀，亦曰盖天。二宣夜，三浑天。宣夜家绝无师说，不知其术若何。周髀之说谓天似覆盆，盖以斗极为中，中高而四边下，日月傍行绕之。日近而见之为昼，日远而不见为夜。蔡邕以为，考验天象，多所违失，故史官不用。浑天者以为地在其中，天周其外，日月初登于天，后入于地。昼则日在地上，夜则日入地下。王蕃**《浑天仪**

说》云："天之形状似鸟卵，天包地外，犹卵之裹黄，圆如弹丸，故曰浑天。"言其形体浑浑然也。其术以为天半覆地上，半在地下。其天居地上，见有一百八十二度半强，地下亦然。北极出地上三十六度，南极入地下亦三十六度，而嵩高正当天之中极，南五十五度当嵩高之上。又其南十二度为夏至之日道，又其南二十四度为春秋分之日道，又其南二十四度为冬至之日道，南下去地三十一度而已。是夏至日北去极六十七度，春秋分去极九十一度，冬至去极一百一十五度，此其大率也。其南北极持其两端，其天与日月星宿斜而回转。此必古有其法，遭秦而灭。至汉武帝时，落下闳始经营之，鲜于妄人又量度之。至宣帝时，司农中丞耿寿昌始铸铜而为之象。后汉张衡作《灵宪》以说其状。蔡邕、郑康成、陆绩、王蕃、姜岌、张衡、(晋人)葛洪皆论浑天之义。江南宋元嘉中，皮延宗又作《是浑天论》。太史令钱乐之亦铸铜为仪，传于齐梁，周平江陵，迁其器于长安。衡长八尺，孔径一寸，玑径八尺，圆周二丈五尺强，转而望之，以知日月星辰之所在。自唐、宋以来，其法渐密。为仪三重，其在外者曰六合仪。平置黑单环上，刻十二辰、八干、四隅在地之位，以准地面而定四方。侧立黑双环，背刻去极度数，以中分天脊，直跨地平使其半出地上，半入地下，而结于其子午，以为天经。斜倚赤单环，背刻赤道度数，以平分天腹，横绕天经，亦使半出地上，半入地下，而结于其卯酉，以为天纬。三环表里相结，不动其天经之环，则南北二极皆为圆轴，虚中而内向，以挈三辰、四游之环，以其上下四**旁**于是可考，故曰六合。次其内曰三辰仪。侧立黑双环，亦刻去极度数，外贯天经之轴，内挈黄、赤二道。其赤道则为**单赤环**，外依天纬，亦刻宿度，而结于黑双环之卯酉。其黄道则为黄单环，亦刻度数，而又斜倚于赤道之腹，以交结于卯酉，而半入其内，以为春分后之日轨；半出其外，以为秋分后之日轨。又为白单环，以承其交，使不倾。垫下设机轮，以水激之，使其日夜随天东西运转，以象天行。以其日月星辰于是可考，故曰三辰。其最在内者曰四游仪。亦为黑双环，如三辰仪之制，以贯天经之轴。其环之内则两面当中，各施直距外指两轴，而当其要中之内面又为小窾，以受玉衡。要中之小轴，使衡既得随环东西**转运**，又可随处南北低昂，以待占者之仰窥焉。以其东西南北无不周遍，故曰四游。此其大略也。

【辨伪】王鸣盛《尚书后案》卷一《虞夏书》云：

言天体者三家：一周髀(亦曰盖天)，二宣夜，三浑天。宣夜家绝无师说，不知其术若何。周髀之说谓天似覆盆，盖以斗极为中，中高而四边下，日月旁行绕之。日近而见之为昼，日远而不见为夜。蔡邕以为，考验天象，多所违失，故史官不用。浑天者以为地在其中，天周其外，日月初登于天，后入于地。昼则日在地上，夜则日入地下。王蕃《浑天说》云："天之形状似鸟卵，天包地外，犹卵之裹黄，圆如弹丸，故曰浑天。"言其形体浑浑然也。其术以为天半覆地上，半在地下。其天居地上，见有一百八十二度半强，地下亦然。北极出地上三十六度，南极入地下亦三十六度，而嵩高正当天之中极，南五十五度当嵩高之上。又其南十二度为夏至之日道，又其南二十四度为春秋分之日道，又其南二十四度为冬至之日道，南下去地三十一度而已。是夏至日北去极六十七度，春秋分去极九十一度，冬至去极一百一十五度，此其大率也。其南北极持其两端，其天与日月星宿斜而回转。此必古有其法，遭秦而灭。至汉武帝时，落下闳始经营之，鲜于妄人又量度之。至宣帝时，司农中丞耿寿昌始铸铜而为之象。后汉张衡作《灵宪》以说其状。蔡邕、郑康成、陆绩、王蕃、姜岌、张衡、(晋人)葛洪皆论浑天之义。江南宋元嘉中，皮延宗又作《是浑天论》。太史令钱乐之亦铸铜为仪，传于齐梁，周平江陵，迁其器于长安。衡长八尺，孔径一寸，玑径八尺，圆周二丈五尺强，转而望之，以知日月星辰之所在。自唐、宋以来，其法渐密，大约为仪三重，其在外者曰六合仪。平置黑单环上，刻十二辰、八干、四隅在地之位，以准地面而定四方。侧立黑双环，背刻去极度数，以中分天脊，直跨地平使其半出地上，半入地下，而结于其子午，以为天经。斜倚赤单环，背刻赤道度数，以平分天腹，横绕天经，亦使半出地上，半入地下，而结于其卯酉，以为天纬。三环表里相结，不动其天经之环，则南北二极皆为圆轴，虚中而内向，以挈三辰、四游之环，以其上下四方于是可考，故曰六合。次其内曰三辰仪。侧立黑双环，亦刻去极度数，外贯天经之轴，内挈黄、赤二道。其赤道则为赤单环，外依天纬，亦刻宿度，而结于黑双环之卯酉。其黄道则为黄单环，亦刻宿度，而又斜倚于赤道之腹，以交结于卯酉，而半入其内，以为春分后之日轨；半出其外，以为秋分后之日轨。又为白单环，以承其交，使不倾。垫下设机轮，以水激之，使其日夜随天东西运转，以象天行。以其日月星辰于是可考，故曰三辰。其最在内者曰四游仪。亦为黑双环，如三辰仪之制，以贯天经之轴。其环之内则两面当中，各施直距外指两轴，而当其要中之内面又为小窾，以受玉衡。要中之小轴，使衡既得随环东西运转，又可随处南北低昂，以待占侯者之仰窥焉。以其东西南北无不周遍，故曰四游。此其略也。

【小结】此条抄自《尚书后案》卷一《虞夏书》。作伪方式为点窜字句。

153. 唐古文非倡自昌黎

考《新唐书·文苑传序》，唐兴百余年，诸儒争自名家。大历、贞元间美才辈出，擩哜道真，涵泳圣涯，于是韩愈倡之，柳宗元、李翱、皇甫湜等和之。唐之文完然为一代法，此其极也。是宋景文谓唐之古文由韩愈倡始，其实非也。案《唐书·韩愈传》，大历、贞元间，文字多尚古学，效扬雄、董仲舒之述作，独孤及、梁肃最称渊奥。愈从其徒游，锐意钻仰，欲自振于一代。举进士，投文公卿间，故相郑余庆为之延誉，由是知名。是愈之先早有以古文名家者。今独孤及文集尚行于世，已变骈体为散文。**为左拾遗，上疏陈政，史称其为文彰明善恶，长于议论**，其胜处有先秦、西汉之遗风。**然则独孤及者为有唐文路之前驱，实昌黎先声之嚆矢也**。

【辨伪】赵翼《廿二史劄记》卷二十“唐古文不始于韩柳”条云：

《新书·文苑传序》，唐兴百余年，诸儒争自名家。大历、贞元间美才辈出，擩哜道真，涵泳圣涯，于是韩愈倡之，柳宗元、李翱、皇甫湜等和之，唐之文完然为一代法，此其极也。是宋景文谓唐之古文由韩愈倡始，其实不然。案《旧书·韩愈传》，大历、贞元间，文字多尚古学，效扬雄、董仲舒之述作，独孤及、梁肃最称渊奥。愈从其徒游，锐意钻仰，欲自振于一代。举进士，投文公卿间，故相郑余庆为之延誉，由是知名。是愈之先早有以古文名家者。今独孤及文集尚行于世，已变骈体为散文，其胜处有先秦、西汉之遗风……此皆在愈之前，固已有早开风气者矣。

【小结】此条抄自《廿二史劄记》卷二十“唐古文不始于韩柳”条。作伪方式有三：第一，点窜字句；第二，增加观点句：“为左拾遗，上疏陈政，史称其为文彰明善恶，长于议论”，“然则独孤及者为有唐文路之前驱，实昌黎先声之嚆矢也”；第三，改变标题，将“唐古文不始于韩柳”改为“唐古文非倡自昌黎”。

154. 书院创自唐开元

唐玄宗于丽正殿置修书院，称为丽正书院。《旧唐书·职官志》所载“开元七年于丽正殿置修书使”是也。后又创集贤书院者二，一在东都明福门外，一在大明宫光顺门外。盖十三年与学士张说等宴于集**贤**殿，因改名集贤，改修书使为集贤书院。其大明宫书院本命妇院，屋宇宏敞。永泰九年三月，诏仆射裴冕等十三人每日于集贤书院待诏，**是书院之名创自朝廷也**。自是，凡读书之地皆称书院。**至宋则有四大书院**，范石湖《石鼓山记》谓徂徕、金山、岳麓、石鼓也。吴草庐《重建岳麓书院记》又谓四大书院二在北，二在南。在北者嵩阳、睢阳，在南者岳麓、白鹿洞也。然考《文献通考》所载，四大书院乃白鹿洞、石鼓、应天府、岳麓四处。其创建惟石鼓最先，唐元和间，衡州秀才李宽中所建，即刺史河中吕温《题寻真观李秀才诗》者。朱子《石鼓书院记》作李宽，黄清老《石鼓学田记》仍作李宽中。次则白鹿洞，南唐升元中，白鹿洞建学馆，以本道为洞主，掌其教授。次则岳麓，宋太祖开宝中，郡守朱洞始创宇，其议则创自彭城刘鳌。又次则应天府，真宗大中祥符二年，应天府民曹诚即楚丘戚同文旧居造舍百五十间，聚书数千卷，博延生徒，讲习甚盛，府奏其事。其名闻于朝廷则自白鹿洞始，太宗太平兴国二年，知江州周述言，庐山白鹿洞学徒常数千百人，乞赐九经，肄习诏国子监给本，仍传送之。次应天府，大中祥符二年赐额。次则岳麓，大中祥符八年，召见山长周式，拜国子监主簿，使归教授，诏赐书院名，赠赐中秘书。次则石鼓，《学田记》云宋景祐丙子始赐额，盖仁宗景祐三年也。《通考》序于真宗之前，误矣。《衡州府志》，至道二年，郡人李士真即李宽旧址创书院。至景祐二年，刘沆守衡州，请于朝，赐额。马氏又谓西京嵩阳书院赐额于至道太宗二年，江宁府茅山书院赐田于天圣仁宗二年，然嵩阳、茅山后皆无闻，而四大书院之名独著。

【辨伪】汪师韩《韩门缀学》卷二“四大书院”条云：

> 自唐玄宗于丽正殿置修书院，人称丽正书院。其后创集贤书院者二，一在大明宫光顺门外，一在东都明福门外。……(《旧唐书·职官志》：“开元七年于丽正殿置修书使。”十三年与学士张说等宴于集仙殿，因改名集贤，改修书使为集贤书院。其大明宫所置书院本命妇院，屋宇宏敞。永泰九年三月，诏仆射裴冕等十三人每日于集贤书院待诏)。嗣是读书之地皆称书院。……四大书院者何？有谓徂徕、金山、岳麓、石鼓者，此范石湖《石鼓山记》之说也。有谓天下四大书院，二在北，二在南。在北者嵩阳、睢阳，在南者岳麓、白鹿洞，此吴草庐《重建岳麓书院记》之说也。余按《文献通考》所载四大书院，乃是白鹿洞、石鼓、应天府、岳麓四处。论其创建之先后，则石鼓最在前(唐元和间，衡州秀才李宽中所建，即刺史河中吕温题诗者。朱子《石

鼓书院记》作李宽，黄清老《石鼓学田记》仍作李宽中)，次白鹿洞(南唐升元中，白鹿洞建学馆，以本道为洞主，掌其教授)，次岳麓(宋太祖开宝中，郡守朱洞始创宇，其议则创自彭城刘鳌)，又次应天府(真宗大中祥符二年，应天府民曹诚即楚丘戚同文旧居造舍百五十间，聚书数千卷，博延生徒，讲习甚盛，府奏其事)。其名闻朝廷也，则白鹿洞为始(太宗太平兴国二年，知江州周述言，庐山白鹿洞学徒常数千百人，乞赐九经，肄习诏国子监给本，仍传送之)，次应天府(大中祥符二年赐额)，次岳麓(大中祥符八年，召见山长周式，拜国子学主簿，使归教授，诏赐书院名，赠赐中秘书)，次石鼓(《学田记》云宋景祐丙子始赐额，盖仁宗景祐三年也。《通考》序于真宗之前，误矣。《衡州府志》云至道二年，郡人李士真即李宽旧址创书院。至景祐二年，刘沆守衡州，请于朝，始赐额)。……马氏又言，西京嵩阳书院，赐额于至道(太宗)二年，江宁府茅山书院，赐田于天圣(仁宗)二年，嵩阳、茅山后来无闻，独四书院之名著。

【小结】此条抄自汪师韩《韩门缀学》卷二“四大书院”条。作伪方式有三：第一，点窜字句；第二，增加句子；第三，改变标题，将“四大书院”改为“书院创自唐开元”。

155. 汉侍中多用宦官

案《文选》刘越石《答卢谌诗》注引扬雄《侍中箴》曰“光光常伯”。又《籍田赋》注引应劭《汉官仪》云：“侍中，周成王常伯，任侍中殿下称制。”知汉侍中即《尚书》所谓常伯、常任是也。《汉·百官表》，侍中、中常侍皆加官，亡员，多至数十人，得入禁中。应劭曰：“入侍天子，故曰侍中。”汉魏以下或用士人，或用宦官。《古文苑》胡广《侍中箴》云：“亦惟先正，克慎左右。常伯、常任，实为政首。”《箴》中备引籍孺、闳孺、邓通、石显、**宏**恭、董贤为戒。**据此，知汉侍中多用宦官**。洪适《隶释·吉成侯州辅碑》云：“处乎左右，常伯之职。”辅亦宦官也。

【辨伪】王鸣盛《尚书后案》卷二十四《周书》云：

> 但《文选》刘越石《答卢谌诗》注引扬雄《侍中箴》云“光光常伯”。又《籍田赋》注引应劭《汉官仪》云：“侍中，周成王常伯，任侍中殿下称制。”然则常伯即汉侍中。《汉·百官表》：侍中、中常侍皆加官，亡员，多至数十人，得入禁中。应劭曰：“入侍天子，故曰侍中。”与伪孔“三公”之说绝异。此官汉、魏以下或用士人，或用宦官。《古文苑》卷十六胡广《侍中箴》云：“亦惟先正，克慎左右。常伯、常任，实为政首。”《箴》中备引籍孺、闳孺、邓通、石显、弘恭、董贤为戒。据此……《隶释》卷十七《吉成侯州辅碑》云：“处乎左右，常伯之职。”辅亦宦官也。

【小结】此条抄自《尚书后案》卷二十四《周书》。作伪方式有二：第一，点窜字句；第二，增加句子。

156. 殷五官即六官

【A】案《周礼》六官，唐虞夏商已有此制。尧时稷为天官，契为地官。舜改命禹为天官，契仍为地官，伯夷为春官，稷为夏官，皋陶为秋官，垂、益为冬官。是唐虞有六官矣。《甘誓》言“六**官**”，是夏有六官矣。《曲礼》：“天子建天官，先六太，曰太宰、太宗、太史、太祝、太士、太卜，典司六典。天子之五官曰司徒、司马、司空、司士、司寇。五官致贡曰享。”注云：“此盖殷制也。贡，功也。享，献也。致其岁终之功于王，谓之献也。”《正义》云：“此记所言，上非夏法，下异周典，故郑指为殷制。”然天官以下即殷家六卿，太宰、司徒、司马、司空、司士、司寇是也。但周立六卿放天地四时，殷六卿所法则有异。殷以太宰为一卿象天时，司徒以下五卿法地事。故《郑志》(【B】康成笺注诸经，其孙小同复裒其门人问答之词，为《郑志》十一卷)【C】崇精问焦氏云：“郑云三王同六卿，殷应六卿，此云五官，何也?”焦氏答曰：“殷立天官与五行，其取象异耳。”是司徒以下法五行，并太宰即为六官也。但太宰既尊，故并显隶属太宰之官。五官亦各有所领群众，如太宰领太宗以下，不条出其人者，略也。**是殷之五官并太宰为六卿，六卿即六官也。**

【辨伪】王鸣盛《尚书后案》卷二《虞夏书》云：

> 【A】考《周礼》六官，唐虞夏商已有此制。尧时稷为天官，契为地官。舜改命禹为天官，契仍为地官，伯夷为春官，稷为夏官，皋陶为秋官，垂、益为冬官。……是唐虞有六官明矣。《甘誓》言“六卿”，是夏有六官明矣。……《曲礼》：“天子建天官，先六太，曰太宰、太宗、太史、太祝、太士、太卜，典司六典。天子之五官曰司徒、司马、司空、司士、司寇。五官致贡曰享。”注云：“此盖殷时制也。贡，功也。享，献也。致其岁终之功于王，谓之献也。”《正义》云：“此记所言，上非夏法，下异周典，故郑指为殷礼。”然天官以下即殷家六卿，太宰、司徒、司马、司空、司士、司寇是也。但周立六卿放天地四时，殷六卿所法则有异。殷以太宰为一卿象天时，司徒以下五卿法地事。
>
> 【C】故《郑志》崇精问焦氏云：“郑云三王同六卿，殷应六卿，此云五官，何也?”焦氏答曰：“殷立天官与五行，其取象异耳。”是司徒以下法五行，并太宰即为六官也。但太宰既尊，故并显隶属太宰之官。五官亦各有所领群众，如太宰领大宗以下，不条出其人者，略也。是殷有六官明矣。

B 段抄自《四库全书总目》卷三《朱文公易说》提要：

> 昔郑玄笺注诸经，其孙魏侍中小同复裒其门人问答之词，为《郑志》十一卷。

【小结】此条抄自王鸣盛《尚书后案》卷二《虞夏书》、《四库全书总目》卷三《朱文公易说》提要。作伪方式有二：第一，点窜字句；第二，多源组合，A、C 段抄自《尚书后案》卷三《虞夏书》，B 段抄自《四库全书总目》卷三《朱文公易说》提要。

157. 六军将皆用卿

考《夏官》："万有二千五百人为军。王六军。"《诗·小雅》："瞻彼洛矣，以作六师。"六师即六军也。毛传云："天子六军。"正义云："一卿将一军。"《大雅·棫朴》云："六师及之。"《常武》云："整我六师。"是也。天子六乡六遂。六乡之制，则《大司徒》云："五家为比，五比为闾，四闾为族，五族为党，五党为州，五州为乡。"《小司徒》云："五人为伍，五伍为两，四两为卒，五卒为旅，五旅为师，五师为军。以起军旅。"是也。合乡遂之众，可制十二军，而但为六军者，不尽用民也。《夏官》凡"军将皆命卿"，则凡军帅，不特置选于六官、六乡之吏，自卿以下德任者，使兼官焉。盖六官之长，六乡之大夫，皆可为将也。六官之长即是冢宰、司徒等。六乡之大夫，则每乡卿一人，六乡六卿，平居无事，则各掌其乡之政教、禁令，而属于大司徒；有事出征，则各率其乡之一万二千五百人，而属于大司马是也。

【辨伪】王鸣盛《尚书后案》卷四《夏书》云：

> 《夏官》："万有二千五百人为军。王六军。"《诗·小雅》："瞻彼洛矣，以作六师。"六师即六军也。毛传云"天子六军"，正义云"一卿将一军"，又《大雅·棫朴》云"六师及之"，《常武》云"整我六师"，皆是也。天子六乡六遂。六乡之制，则《大司徒》云："五家为比，五比为闾，四闾为族，五族为党，五党为州，五州为乡。"《小司徒》云："颁比法于六乡之大夫"，"会万民之卒伍而用之。五人为伍，五伍为两，四两为卒，五卒为旅，五旅为师，五师为军。以起军旅。"是也。合乡遂之众，可制十二军，而但为六军者，不尽用民也。……《夏官》"凡军将皆命卿"，郑注："……则凡军帅，不特置选于六官、六乡之吏，自卿以下德任者，使兼官焉。"盖六官之长，六乡之大夫，皆可为将也。六官之长即是冢宰、司徒等。六乡之大夫，则每乡卿一人，六乡六卿，平居无事，则各掌其乡之政教、禁令，而属于大司徒；有事出征，则各率其乡之一万二千五百人，而属于大司马是也。

【小结】此条抄自《尚书后案》卷四《夏书》。作伪方式为点窜字句。

158. 兵车将居中

案《鲁颂·閟宫》笺云："兵车之法，左人持弓，右人持矛，中人御。"疏引《宣十二年左传》云："**楚许伯御乐伯，摄叔为右，以致晋师。乐伯曰：'吾闻致师者，左射以菆。'**"以证左人持弓。又引《成十六年》，晋与楚战于鄢陵，栾针为右，使告楚令尹子重曰："寡君乏使，使针御持矛焉。"《哀二年》铁之战，邮无恤御简子，卫太子为右，祷云："蒯聩不敢自佚，备持矛焉。"是右人持矛也。又引《书》云："**左不攻于左，汝不恭命；右不攻于右，汝不恭命；御非其马之正，汝不恭命。**"上言左右，下别言御，证御在中央是也。……若将之兵车则异是。《成二年左传》晋伐齐，**晋解张御郤克，郑丘缓为右。郤克伤于矢，未绝鼓音。曰："余病矣。"张侯曰："自始合，而矢贯余手及肘，余折以御，左**

轮朱殷，岂敢言病?”是御在左，将在中也。此兵车之制也。其邮无恤御简子，是将所乘，非士卒。而以为士卒者，《成二年传》杜预注：“自非元帅，御皆在中，将在左。”疑简子亦不自为元帅。盖御左将中，惟元帅为然，其余诸将皆将左御中也。

【辨伪】王鸣盛《尚书后案》卷四《夏书》云：

> 《鲁颂·閟宫》笺云：“兵车之法，左人持弓，右人持矛，中人御。”彼疏亦引《宣十二年左传》乐伯语以证左人持弓。又引《成十六年》，晋与楚战于鄢陵，栾针为右，使告楚令尹子重曰：“寡君乏使，使针御持矛焉。”《哀二年》铁之战，邮无恤御简子，卫太子为右，祷云：“蒯聩不敢自佚，备持矛焉。”是右人持矛也。又引此经云云，上言左右，下别言御，证御在中央是也。若将之兵车，则异是。此疏既引《成二年传》以说之。……其邮无恤御简子，是将所乘，非士卒。而彼疏以证士卒之车者，成二年杜预注：“自非元帅，御皆在中，将在左。”疑简子亦不自为元帅。盖御左将中，惟元帅为然，其余诸将皆将左御中也。

【小结】此条抄自《尚书后案》卷四《夏书》。作伪方式有二：第一，点窜字句；第二，增加句子。

159. 东汉功臣多儒将

邓禹年十三能诵《诗》，受业长安，与光武同游学，相亲附。后佐定天下，有子十三人，使各守一艺，修整闺门，教养子孙，皆可为后世法。见《禹传》。寇恂性好学，守颍州时修学校，教生徒，聘能为《左氏春秋》者，受学焉。见《恂传》。冯异好读书，通《左氏春秋》、《孙子兵法》，见《异传》。贾复少好学，习《尚书》，事舞阴李生。生奇之，曰：“贾君容貌志气如此，而勤于学，将相之器也。”后佐定天下，知帝欲偃武修文，乃与邓禹去甲兵，敦儒学。遂罢左右将军，使以列侯就第，阖门养威重。见《复传》。耿弇父况以明经为郎，学《老子》于安丘先生。弇亦少好学，习其父业。见《弇传》。祭遵少好经书，及为将，取士必用儒术。对酒设乐，常雅歌投壶。见《遵传》。李忠少为郎，独以好礼修整称。后为丹阳太守，起学校，习礼容，春秋乡饮，选用明经，郡中向慕之。见《忠传》。朱佑初学长安，光武往候之，佑不时见，先升舍，讲毕乃见。后以功臣封鬲侯，帝幸其第，笑曰：“主人得毋舍我讲乎?”见《佑传》。郭凉虽武将，然通经书，多智略。见《凉传》。窦融疏言：“臣子年十五，教以经艺，不得观天文谶记。”见《融传》。他如王霸、耿纯、刘隆、景丹，皆少时游学长安，亦见各本传。**其一时诸将，皆彬彬然**有儒者气象，与西汉开国功臣多出于亡命无赖者迥不侔矣。

【辨伪】赵翼《廿二史劄记》卷四“东汉功臣多近儒”条云：

> 西汉开国功臣，多出于亡命无赖，至东汉中兴，则诸将帅皆有儒者气象，亦一时风会不同也。……邓禹年十三能诵《诗》，受业长安，早与光武同游学，相亲附。其后佐定天下，有子十三人，使各守一艺，修整闺门，教养子孙，皆可为后世法(《禹传》)。寇恂性好学，守颍川时修学校，教生徒，聘能为《左氏春秋》者，亲受学焉

(《恂传》)。冯异好读书，通《左氏者秋》、《孙子兵法》(《异传》)。贾复少好学，习《尚书》，事舞阴李生。生奇之，曰："贾君容貌志气如此，而勤于学，将相之器也。"后佐定天下，知帝欲偃武修文……乃与邓禹去甲兵，敦儒学。帝遂罢左右将军，使以列侯就第，复阖门养威重(《复传》)。耿弇父况以明经为郎，学《老子》于安丘先生。弇亦少好学，习父业(《弇传》)。祭遵少好经书，及为将，取士必用儒术。对酒设乐，常雅歌投壶(《遵传》)。李忠少为郎，独以好礼修整称。后为丹阳太守，起学校，习礼容，春秋乡饮，选用明经，郡中向慕之(《忠传》)。朱佑初学长安，光武往候之，佑不时见，先升舍，讲毕乃见。后以功臣封鬲侯，帝幸其第，笑曰："主人得无舍我讲乎?"(《佑传》)郭凉虽武将，然通经书，多智略(《凉传》)。窦融疏言："臣子年十五，教以经艺，不得观天文谶记。"(《融传》)他如王霸、耿纯、刘隆、景丹，皆少时游学长安，见各本传。

【小结】此条抄自《廿二史劄记》卷四"东汉功臣多近儒"条。作伪方式有二：第一，点窜字句；第二，改变标题，将"东汉功臣多近儒"改为"东汉功臣多儒将"。

160. 宋初诸臣多习掌故

乾德三年，范质等三相俱罢，将独相赵普，而无宰相书敕，帝以问陶谷。谷曰："古来宰相未尝虚位，惟唐文宗甘露之变数日无相，左仆射令狐楚奉行。今尚书亦南省官，可以书敕。"窦仪曰："非承平令典也。皇弟开封尹同平章事，即宰相也，可书敕。"**当时虽从仪议**，然古来偶有朝无宰相之事，**非谷熟于掌故，亦不能实时记忆**。又普独相后，太祖欲置之副，而难其名称，问谷下宰相一等有何官。谷曰："唐有参知机务、参知政事。"遂以薛居正、吕余庆为参知政事。**偶承顾问**，即能援引故事。太祖改年号乾德，以为古所未有。后于宫中见"乾德钱"，以问窦仪，仪对以伪蜀曾有此号。询知果自蜀中来者，始叹曰："宰相须用读书人。"太宗时，皇子元杰封吴王，行扬州、润州大都督府长史。张洎谓："六朝皇子封王，以郡为国，置傅相、内史等，佐王为治，或王子不之国，则内史行郡事。唐改为长史，凡亲王授大都督不之镇，而朝命大臣临郡者，即有长史之号，谓亲王之上佐也。如段文昌出镇扬州，云淮南节度副大使知节度事兼扬州大都督府长史；李载义出镇幽州，云卢龙军副大使知节度事兼幽州大都督长史，是也。今王既为大都督，又为长史，则是王自为上佐矣。"据此，数事，可知宋初诸臣于朝章国典，无不究心，仓猝间即有依据，足资朝廷论讨也。

【辨伪】赵翼《廿二史劄记》卷二十四"宋初考古之学"条云：

乾德三年，范质等三相俱罢，将独相赵普，而无宰相书敕，帝以问陶谷。谷曰："古来宰相未尝虚位，惟唐文宗甘露之变数日无相，左仆射令狐楚奉行。今尚书亦南省官，可以书敕。"窦仪曰："非承平令典也。皇弟开封尹同平章事，即宰相也，可书敕。"从之。仪之论固是，然古来偶有朝无宰相之故事，谷独能记之。又普独相后，太祖欲置之副而难其名称，问谷下宰相一等有何官。谷曰："唐有参知机务、参知政事。"遂以薛居正、吕余庆为参知政事。仓猝一问，即能援引故事。……太祖改年号乾德，以为古所未有。后于宫中得“乾德钱”，以问窦仪，仪对以伪蜀曾有此号。询知果自蜀中来者，始叹曰：“宰相须用读书人。”太宗时，皇子元杰封吴王，行扬州、润州大都督府长史。张洎谓：“六朝皇子封王，以郡为国，置傅相、内史等，佐王为治，或王子不之国，则内史行郡事。唐改为长史，凡亲王授大都督不之镇，而朝命大臣临郡者，即有长史之号，谓亲王之上佐也。如段文昌出镇扬州，云淮南节度副大使知节度事兼扬州大都督府长史；李载义出镇幽州，云卢龙军副大使知节度事兼幽州大都督府长史，是也。今王既为大都督，又为长史，则是王自为上佐矣。”即此数条，可见诸臣于朝章国典，无不究心有素，仓猝间即有据依，足资朝廷制作之讨论也。

【小结】此条抄自《廿二史劄记》卷二十四“宋初考古之学”条。作伪方式有二：第一，点窜字句；第二，改变标题，将“宋初考古之学”改为“宋初诸臣多习掌故”。

161. 因讳改谥

人臣之谥，赐自朝廷，后或追改，必因善恶未论定也。宋乃有因家讳而请改者。如丞相史嵩之卒，谥忠简，以家讳改谥庄简；端明殿学士蔡抗卒，谥文简，以祖讳更谥文肃。请者许者俱无所嫌，重讳故也。**此制惟宋为然，前未闻也**。至于谥“文”者，明制惟由词臣者始得之。然如刘青田追谥文成，李空同追谥景文，皆无愧文字。至于**忠肃**、赵忠毅、邹忠介、高忠宪、冯恭定，皆不得谥文。而温体仁乃谥文忠，后追削之，**宜也**。

【辨伪】汪师韩《韩门缀学》卷三“谥因讳改”条云：

> 若人臣之谥，赐自朝廷，其后有改，必因美恶之未论定者耳。宋乃有因家讳而请改者。丞相史嵩之卒，谥忠简，以家讳改谥庄简；端明殿学士蔡抗卒，谥文简，以犯祖讳更谥文肃。请者许者皆无所嫌，时重讳也。至于“文”之谥，明制惟由词臣者始得之。然如刘青田追谥文成，李空同追谥景文，皆无愧文字。如于肃愍、赵忠毅、邹忠介、高忠宪、冯恭定，俱不得谥文。而温体仁则曾谥文忠，后乃削之矣。

【小结】此条抄自汪师韩《韩门缀学》卷三“谥因讳改”条。作伪方式有三：第一，点窜字句；第二，增加句子(“此制惟宋为然，前未闻也”等)；第三，改变标题，将“谥因讳改”改为“因讳改谥”。

162. 名宦乡贤立祠

【A】考《汉·循吏传》，元始元年，诏祠百辟卿士有益于民者，蜀以文翁，九江以召父(信臣)应诏书，岁时郡二千石率官属行礼。《晋书》，陆灵为浚仪令，去官，百姓追思，图画形像，配食县社。此名宦之义也。传曰：“乡先生殁，其人可祀于社者谓之瞽宗。”此乡贤之义也。乡贤之附学宫，起自北宋。《宋史》郑侠卒，州县皆祀之于学。杨慈湖之门人钱时、理宗宝祐间守臣季镛祀于学。王圻《续通考》，度宗咸淳中，兰溪金景文事亲至孝，知县沈应龙以景文及陈天隐、董少舒请立碑，建祠于学宫，之后名三贤堂。文天祥自童子时，见学宫所祀乡先生欧阳修、杨邦乂、胡铨像，皆谥忠，即欣然慕之。然其时未尝有乡贤之名。元仁宗时，婺源建乡贤祠祀朱文公，其地不必在学宫，乡贤之名当始于此。名宦之祠起自南宋绍兴中，张运知桂阳监，修庠序之教，祀汉以来守令有功德于桂阳者卫飒、唐羌等七人于学。宁宗时，许奕知遂宁府，民德之，画像祀于学。沿及元末顺帝时，游弘道为化州通判。海寇犯境，战死，祀于文庙侧。是时亦未尝有名宦之名，其祀或出于官，或出于民，皆本公论。【B】至明弘治九年，王云凤(字应韶，辽州和顺人，成化甲辰进士，仕至巡抚宣府)为祠**部**郎中，请天下府州县学校悉立名宦乡贤祠，遂为定制。见《明史稿》。【C】又《明会典》载万历二年，会各府按厘正名宦乡贤，有不应入祀者即行革黜。又沈德符《万历野获编》、褚人获《坚瓠集》各书所载，成化中，给事中王徽以论宦官牛玉谪普安州判，将卒，屡戒其子钦佩曰："乡贤祠甚杂乱，吾耻居其中，切不可入。"(论牛玉在成化时，尚未立乡贤祠，其卒必在弘治间)弘治中刘健为相时，河南有司欲以其封翁入乡贤，刘谢曰："吾郡乡贤祠有二程夫子在，吾父何敢并焉?"王、刘之论，**意见高远**，非后人所能及矣。

【辨伪】汪师韩《韩门缀学》卷二"名宦乡贤祠"条云：

> 【B】明弘治九年，王云凤(字应韶，辽州和顺人，成化甲辰进士，仕至巡抚宣府)为祠祭郎中，请天下府州县学校悉立名宦乡贤祠，遂为定制。见《明史稿》。
>
> 【A】按《汉·循吏传》，元始四年，诏祀百辟卿士有益于民者，蜀郡以文翁，九江以召父(信臣)应诏书，岁时郡二千石率官属行礼。《晋书》，陆云为浚仪令，去官，百姓追思，图画形像，配食县社。此名宦之义也。传曰："乡先生没，其人可祀于社者谓之瞽宗。"此乡贤之义也。乡贤之附学宫，起自北宋。《宋史》郑侠卒，州县皆祀之于学。杨慈湖之门人钱时，理宗宝祐间守臣季镛祀于学。王圻《续通考》，度宗咸淳中，兰溪金景文事亲至孝，知县沈应龙以景文及陈天隐、董少舒请立碑，建祠于学宫之后，名三贤堂。文天祥自童子时，见学宫所祀乡先生欧阳修、杨邦乂、胡铨像，皆谥忠，即欣然慕之。然其时未尝有乡贤之名。元仁宗时，婺源建乡贤祠祀朱文公，其地不必在学宫，而乡贤之名当始于此矣。名宦之附学宫起自南宋绍兴中，张运知桂阳监，修庠序之教，祀汉以来守令有功德于桂阳者卫飒、唐羌等七人于学。宁宗时，许奕知遂宁府，民德之，画像祀于学。沿及元末顺帝时，游弘道为化州通判。海寇犯境，战死，祀于文庙侧。是皆未尝有名宦之名，其祀或出于官，或出于民，皆本公论。
>
> 【C】《明会典》载万历二年，令各府按厘正名宦乡贤，有不应入祀者即行革黜。又如沈德符《万历野获编》、褚人获《坚瓠集》各书，所载成化中给事中王徽以论宦官牛玉，谪普安州判，将卒，屡戒其子钦佩曰："乡贤祠甚杂乱，吾耻居其中，切不可入。"(论牛玉在成化时，尚未立乡贤祠，其卒必已在弘治或弘治后)弘治中刘健为相时，河南有司欲以其封翁入乡贤，刘谢曰："吾郡乡贤祠有二程夫子在，吾父何敢并焉?"王、刘之论，其非后人所能及矣。

【小结】此条抄自汪师韩《韩门缀学》卷二"名宦乡贤祠"条。作伪方式有三：第一，点窜字句；第二，改变顺序(汪师韩原文顺序为B、A、C)；第三，改变标题，将"名宦乡贤祠”改为“名宦乡贤立祠”。

163. 回授之典

《宋真宗本纪》：“大中祥符四年二月，文武官并迁秩，应叙封欲回授祖父母者听。”而《陈尧叟传》云：“旧制，登枢近者母妻即封郡夫人，尧叟以父在朝，母止从父封，遂以妻封表让于母。朝廷援制不许。父既卒，帝欲褒封其母，以问王旦。旦曰：‘虽私门礼制未阕，公朝降命，亦无嫌也。’乃封上党郡太夫人，进封滕国。”盖尧叟父省华在真宗景德时判吏部铨权知开封府转光禄卿，拜左谏议大夫，而尧叟已迁刑、兵二部侍郎知枢密院事，母独得褒封，不及其父。盖景德在大中祥符之前，其制或如此也。李虚己以南郊恩封群臣母妻，虚己请罢其妻封以授祖母。诏悉封之，而不及其祖。寇瑊少孤，鞠于祖母王氏。及登朝，以妻封邑回授之。朝臣得回封祖母自瑊始，而亦不及其祖。张根为遂昌令，当改京秩，以四亲在堂，冀以父母之恩封大父母，而貤妻封及母，遂致仕，得通直郎，如其志，而致父无封。金章宗泰和元年初，命文武官官职俱至三品者许赠其祖，当并及祖母。《元史》封赠之制归于考课。至元二十年制，每岁终考课，第一考封官及妻，第二考子弟承荫叙仕，第三考封赠祖父母。一品三代，二、三品二代，四、五、六品封赠父母。品级不及封赠者，量迁官品，七品、六品止封一次，至五品而上，每加一品，封赠一次。又封赠曾祖，降祖一等，祖降父一等，父母妻并与夫、子同。父母在仕者不封，已致仕并不在仕者封之，虽在仕弃职就封者听。父母应封而让曾祖父母、祖父母者听。让不在本身而在父母，与宋同。又一条云，父母曾任三品以上官，亡没，生前有勋劳，为上知遇者，子孙虽不仕，具实迹赴所在官司保结申请，量拟封赠。无后者许有司保结申请。此制则他代所无也。明制初授散阶，京官满一考及外官满一考而以最闻者，皆给本身诰敕；七品以上皆得推恩其先；五品以上授诰命，六品以下授敕命。曾祖、祖父皆如其子孙官，凡封赠，七品至六品一次，五品一次，三品、二品、一品各一次。父职高于子则进一阶，父应停给及子为人后者，皆得貤封。

【辨伪】汪师韩《韩门缀学》卷三“移封”条云：

> 《宋真宗本纪》：“大中祥符四年二月，文武官并迁秩，应叙封欲回授祖父母者听。”而《陈尧叟传》云：“旧制，登枢近者母妻即封郡夫人，尧叟以父在朝，母止从父封，遂以妻封表让于母。朝廷援制不许。父既卒，帝欲褒封其母，以问王旦。旦曰：‘虽私门礼制未阕，公朝降命，亦无嫌也。’乃封上党郡太夫人，进封滕国。”盖真宗景德时，其父省华，判吏部铨，权知开封府，转光禄卿，拜左谏议大夫，而尧叟已迁刑、兵二部侍郎，知枢密院事，特不解母后褒封，何以不及其父。……景德在大中祥符之前，其制如此欤？又李虚己以南郊恩封郡臣母妻，虚己请罢其妻封以授祖母。诏悉封之……而不及其祖。又寇瑊少孤，鞠于祖母王氏。及登朝，以妻封邑回授之。朝臣得回封祖母自瑊始，亦不及祖。又张根为遂昌令，当改京秩，以四亲在堂，冀以父母之恩封大父母，而貤妻封及母，遂致仕，得通直郎，如其志……致使父乃无封。……金章宗泰和元年，初命文武官，官职俱至三品者，许赠其祖，是当并及祖母。《元史》封赠之制归于考课。至元二十年制，每岁终考课，第一考封官及妻，第

二考子弟承荫叙仕，第三考封赠祖父母。一品三代，二、三品二代，四、五、六品封赠父母。品级不及封赠者，量迁官品，七品、六品止封一次，至五品而上，每加一品，封赠一次。又封赠曾祖，降祖一等，祖降父一等，父母妻并与夫、子同。父母在仕者不封，已致任并不在仕者封之，虽在仕弃职就封者听。父母应封而让曾祖父母、祖父母者听。让不在本身而在父母，与宋同也。又一条云，父母曾任三品以上官，亡殁，生前有勋劳，为上知遇者，子孙虽不仕，具实迹赴所在官司，保结申请，量拟封赠。无后者许有司保结申请。此则他代所未闻者。明制初授散阶，京官满一考，及外官满一考……而以最闻者，皆给本身诰敕；七品以上皆得推恩其先；五品以上授诰命，六品以下授敕命。曾祖、祖父皆如其子孙官，凡封赠之次，七品至六品一次，五品一次……三品、二品、一品各一次。父职高于子则进一阶，父应停给，及子为人后者，皆得移封。

【小结】此条抄自汪师韩《韩门缀学》卷三“移封”条。作伪方式有二：第一，点窜字句；第二，改变标题，将“移封”改为“回授之典”。

今按，《汉语大词典》分列“移封”、“貤封”二词条，“移封”指改换封地。“貤封”指旧时官员以自身所受的封爵名号呈请朝廷移授给亲族尊长。明张居正《寿汉涯李翁七十序》：“故有赐沐之恩，有貤封之典，以体其私。”清查慎行《循例请封典有作》诗：“貤封有例遍簪裾，院吏传宣到敝庐。”清袁枚《随园随笔·封本生父母貤封外祖叔父》：“封本生父母，古未有也。宋李昉为相，始奏封叔父超、叔母谢氏。唐权文公请貤封外祖，诏从之。刘总亦貤封外祖，其制诰曰：‘段公威德，当流庆于外孙；令伯孝心，愿推恩于祖母。’”汪师韩用“移封”，王玉树用“貤封”，实则相通。

164. 后世官制不师古

案《汉表》云：“太仆秦官，掌车马。”以太仆专司马政，盖自秦失之。然官有古卑而今尊者，汉之尚书令是也；有古贵而今贱者，汉之校尉是也；有名内而实外者，侍中、给事中之官是也；有名武而实文者，太尉、大司马之官是也。此古今沿革，流迁之常，无足异也。若唐永淳元年，魏玄同上言选举法弊曰：“穆王以伯冏为太仆正，命曰‘慎简乃僚’，此自择下吏之言也。太仆正特中大夫，尚以僚属委之，则三公、九卿可知。故太宰、内史并掌爵禄废置，司徒、司马别掌兴贤诏事。是分任群司而统以数职，王命其大者而自择其小者也。”真以伪《尚书》文为真周官制，不知爵、禄、予、夺、生、杀、废、置皆人君驭臣之大柄，冢宰不敢专，告王以施之而已。至内史第掌其副贰，为考其当否，以将顺匡救之，于辟除僚属无与。而司徒所掌之兴贤，则谓其宾兴；司马所掌之诏事，则谓其以能，皆无关辟属。不知玄同所读是何《周礼》，得毋以汉诸侯得自置吏四百石以下，州郡掾史从事悉任牧守，遂上意成周时亦当如是耶？**此又非仅不师古之过也**。

【辨伪】阎若璩《尚书古文疏证》卷七第一百云：

按《汉表》云：“太仆秦官，掌舆马。”以太仆专司马政，盖自秦失之。……然官有古卑而今尊者，汉之尚书令是；有古贵而今贱者，汉之校尉是；有名内而实外，侍中、给事中之官是；有名武而实文，太尉、大司马之官是。亦古今沿革，迁流之常，无足异。……唐永淳元年，魏玄同上言选举法弊曰："穆王以伯冏为太仆正，命曰'慎简乃僚'，此自择下吏之言也。太仆正特中大夫，尚以僚属委之，则三公、九卿可知。故太宰、内史并掌爵禄废置，司徒、司马别掌兴贤诏事。是分任群司而统以数职，王命其大者而自择其小者也。"竟以伪古文为真周官制，不知爵、禄、予、夺、生、杀、废、置八者皆人君驭臣之大柄，冢宰不敢专，告王以施之而已。至内史第掌其副贰，为考其当否，以将顺匡救之，于辟除僚属无与。而司徒所掌之兴贤，则谓其宾兴；司马所掌之诏事，则谓其以能，皆无关辟属。吾不知玄同所读是何《周礼》也，得毋以汉诸侯得自置吏四百石以下，州郡掾史从事悉任之牧守，遂上意成周亦当然乎？误矣。

【小结】此条抄自《尚书古文疏证》卷七第一百。作伪方式为点窜字句。

今按，《汉语大词典》：辟除，征聘授官。《周礼·地官·胥》："自胥师以及司稽皆司市所自辟除也。"《后汉书·百官志一》："汉初掾史辟，皆上言之，故有秩比命士。其所不言，则为百石属。其后皆自辟除，故通谓百石云。"宋陆游《蜡弹省札》："七品以下听便宜辟除。"

165. 逃官无禁

汉时朝廷无禁人擅去官之令，听其来去无所追问。如贾琮为冀州刺史，有司有赃过者，望风解印绶去。朱穆为冀州刺史，令长解印绶去者四十余人，及穆到任，劾奏至有自杀者。李膺为青州刺史，有威政，属城闻风，皆引去。陈寔为太丘长，以沛相赋敛无法，乃解印绶去。宗慈为修武令，太守贪贿，慈遂弃官去。凡令、长、丞、尉各有官守，**乃竟听其自去，略不追问**。左雄疏云："今之墨绶，拜爵王廷，而齐于匹庶，动辄避负，非所以崇宪明理也。请自今守相长吏，非父母丧不得去官。其不遵法禁者，锢之终身。若被劾奏，逃亡不就法者，家属徙边，以惩其后。"黄巾贼起，诏诸府掾属不得妄有去就。据此，知当时法网之太疏矣。

【辨伪】赵翼《廿二史劄记》卷五"擅去官者无禁"条云：

贾琮为冀州刺史，有司有赃过者，望风解印绶去。……朱穆为冀州刺史，令长解印绶去者四十余人。及穆到任，劾奏至有自杀者。……李膺为青州刺史，有威政，属城闻风，皆自引去。……陈寔为太丘长，以沛相赋敛无法，乃解印绶去。……宗慈为修武令，太守贪贿，慈遂弃官去。按令、长、丞、尉各有官守，何以欲去即去？据左雄疏云："今之墨绶，拜爵王廷，而齐于匹庶，动辄避负，非所以崇宪明理也。请自今守相长吏，非父母丧不得去官。其不遵法禁者，锢之终身。若被劾奏，逃亡不就法者，家属徙边，以惩其后。"……黄巾贼起，诏诸府掾属不得妄有去就。……法网亦太疏矣。

【小结】此条抄自《廿二史劄记》卷五"擅去官者无禁"条。作伪方式有三：第一，点窜字句；第二，增加句子；第三，改变标题，将“擅去官者无禁”改为“逃官无禁”。

166. 北齐官吏猥滥

后魏颇以吏治为意，不致猥滥。及末造，国乱政淆，遂至宰县者每多厮役，士流皆耻为之。至北齐，其**猥滥**尤甚。《元文遥传》，文遥奏县令乃治民之官，请革其选。于是密令搜扬贵游子弟，发敕用之。犹恐其披诉，乃召集神武门外，令赵郡王叡宣旨唱名，厚加慰谕遣之。士人为县令自此始。以亲民之官寄之厮役，可以观世变矣。然考《晋书》，赵王伦篡位时，奴卒厮役亦加爵位。每朝会貂蝉满座，时人语曰：“貂不足，狗尾续。”又《会稽王道子传》，孝武不亲万机，与道子酣饮，姏姆、尼僧尤为亲昵，窃弄其权。许荣上疏曰：“今台府局吏、直卫武官，凡仆隶婢儿取母之姓者，本臧获之徒，无乡邑品第，皆得用为郡守县令。”云云。嬖人赵牙出自优倡，道子以为魏郡太守，茹千秋本捕贼吏，为咨议参军。事又在北齐以前矣。

【辨伪】赵翼《廿二史劄记》卷十五“北齐以厮役为县令”条云：

> 后魏……愿以吏治为意。……不至猥滥。及其末造，国乱政淆……遂至宰县者多厮役，士流皆耻为之。入北齐，其风更甚。仆射元文遥深见其弊，奏县令乃治民之官，请革其选。于是密令搜扬贵游子弟，发敕用之。犹恐其披诉，乃召集神武门外，令赵郡王叡宣旨唱名，厚加慰谕遣之。士人为县自此始(《元文遥传》)。……以亲民之官而寄之厮役……此亦可以观世变也。按《晋书》，赵王伦篡位时，奴卒厮役亦加爵位。每朝会貂蝉满座，时人语曰：“貂不足，狗尾续。”又《会稽王道子传》，孝武不亲万机，与道子酣饮，姏姆、尼僧尤为亲昵，窃弄其权。许荣上疏曰：“今台府局吏、直卫武官，凡仆隶婢儿取母之姓者，本臧获之徒，无乡邑品第，皆得用为郡守县令。”云云。嬖人赵牙出自倡优，道子以为魏郡太守，茹千秋本捕贼吏，为咨议参军。是又在北齐以前故事也。

【小结】此条抄自《廿二史劄记》卷十五“北齐以厮役为县令”条。作伪方式有二：第一，点窜字句；第二，改变标题，将“北齐以厮役为县令”改为“北齐官吏猥滥”。

167. 晋人清谈之习

【A】清谈之习起于魏正始中。何晏、王弼祖述《老》、《庄》，谓天地万物以无为本。无也者，开物成务，无往而不存者也。阮籍尝作《大人先生传》，谓世之礼法君子，如虱之处裈。其后王衍、乐广慕之，俱宅心事外，名重于时，天下言风流者，以王、乐为称首。【B】当时亦有斥其非者，如裴頠著《崇有论》以正之，江惇著《通道崇俭论》以矫之。卞壶斥王澄、谢鲲，谓悖礼伤教，中朝倾覆，实由于此。范宁亦谓王弼、何晏二人之罪，深于桀、纣。应詹谓元康以来贱经尚道，永嘉之弊由此。而俗尚已成，终莫能变也。【C】自是竞为浮诞，遂成风俗。【D】裴遐善言玄理，音词清畅，泠然若琴瑟。尝与郭象谈论，一座尽服。卫玠善玄言，每出一语，闻者无不咨叹，以为入微。王澄有高名，每闻玠言，辄叹息绝倒。后过江，与谢鲲相见，欣然言论终日。王敦谓鲲曰："昔王辅嗣吐金声于中朝，此子复玉振于江表，不意永嘉之末，复闻正始之音。"王衍为当时谈宗，自以论《易》略尽，然亦有未了，每曰："不知此生当见有能过之者否？"及遇阮修谈《易》，乃叹服焉。王戎问阮瞻曰："圣人贵名教，老庄明自然，其指同异？"瞻曰："将毋同。"戎即辟之，时人谓之"三语掾"。桓温尝问刘惔："会稽王更进耶？"惔曰："极进，然是第三流耳。"温曰："第一流是谁？"惔曰："故是我辈。"张凭初诣刘惔，处之下座，适王蒙来，清言有所不通，凭即判之，惔惊服。向秀好老庄之学，尝注解之，读者超然心悟。郭象又从而广之，儒、墨之迹见鄙，道家之风遂盛。潘京与乐广谈，广深叹之，谓曰："君天才过人，若加以学，必为一代谈宗。"京遂勤学不倦。王僧虔戒子书曰："汝未知辅嗣何所道，平叔何所说，而便盛于麈尾，自称谈士，此最险事。"可见当时父兄师友所推究者，惟《老》、《庄》，五经除《易》理外，**概置不讲，而经学几废**。至梁武帝时始崇尚经学，儒术稍振。然究以经为谈辩之资。武帝召岑之敬升讲座，敕朱异执《孝经》，唱《士孝章》，帝亲与论难。之敬剖释纵横，应对如响。简文太子出士林馆，发《孝经》题，张讥议论往复，甚见嗟赏。其后周宏正在国子监，发《周易》题，讥与之论辩。宏正谓人曰："吾每登座，见讥在席，使人凛然。"简文使戚衮说朝聘仪，徐摛与往复，衮神采自若。简文尝自升座说经，张正见豫讲筵，请决疑义。伏曼容宅在瓦官寺东，每升座讲经，生徒常数十百人。袁宪与岑文豪同候周宏正，宏正将登讲座，适宪至，即令宪树义。时谢岐、何妥并在座，递起义端，辩论有余。到溉曰："袁君正有后矣。"严值之通经学，馆在潮沟，讲说有区段次第，每登讲，五馆生毕至，听者千余。崔灵恩自魏归梁，为博士，性拙朴无文采，及解析经义，甚有理致，旧儒咸重之。沈峻精《周官》，开讲时群儒刘岩、沈熊之徒，并执经下座，北面受业。是虽讲解经义，仍与晋人清谈无异。于五经之外，仍不废《老》、《庄》，且增佛义。虚浮之习，依然未改。盖至隋平陈之后此风始息。

【辨伪】赵翼《廿二史劄记》卷八"六朝清谈之习"条云：

【A】清谈起于魏正始中。何晏、王弼祖述《老》、《庄》，谓天地万物皆以无为本。无也者，开物成务，无往而不存者也。……籍尝作《大人先生传》，谓世之礼法君子，如虱之处裈。……其后王衍、乐广慕之，俱宅心事外，名重于时，天下言风流者，以王、乐为称首。

【C】后进莫不竞为浮诞，遂成风俗。

【B】其时未尝无斥其非者……裴頠又著《崇有论》以正之(《頠传》)，江惇亦著《通道崇检论》以矫之(《惇传》)。卞壸斥王澄、谢鲲，谓悖礼伤教，中朝倾覆，实由于此(《壸传》)。范宁亦谓王弼、何晏二人之罪，深于桀、纣(《宁传》)。应詹谓元康以来贱经尚道，永嘉之弊由此(《詹传》)。……习尚已成，江河日下，卒莫能变也。

【D】裴遐善言玄理，音词清畅，泠然若琴瑟。尝与郭象谈论，一座尽服(《遐传》)。卫玠善玄言，每出一语，闻者无不咨叹，以为入微。王澄有高名，每闻玠言，辄叹息绝倒。后过江，与谢鲲相见，欣然言论终日。王敦谓鲲曰："昔王辅嗣吐金声于中朝，此子复玉振于江表，不意永嘉之末，复闻正始之音。"(《玠传》)王衍为当时谈宗，自以论《易》略尽，然亦有未了，每曰："不知此生当见有能通之者否？"及遇阮修谈《易》，乃叹服焉(《修传》)。王戎问阮瞻曰："圣人贵名教，老庄明自然，其指同异？”瞻曰：“将毋同。”戎即辟之，时人谓之“三语掾”。……桓温尝问刘惔：“会稽王更进耶？”惔曰：“极进，然是第三流耳。”温曰：“第一流是谁？”惔曰：“故是我辈。”（《惔传》）张凭初诣刘惔，处之下座，适王蒙来，清言有所不通，凭即判之，惔惊服。……向秀好老庄之学，尝批注之，读者超然心悟。郭象又从而广之，儒、墨之迹见鄙，道家之风遂盛（《秀传》）。潘京与乐广谈，广深叹之，谓曰：“君天才过人，若加以学，必为一代谈宗。”京遂勤学不倦（《京传》）。王僧虔戒子书曰：“汝未知辅嗣何所道，平叔何所说，而便盛于麈尾，自称谈士，此最险事。”……是当时父兄师友之所讲求，专推究《老》、《庄》，以为口舌之助。五经中惟崇《易》理，其他尽阁束也。至梁武帝始崇尚经学，儒术由之稍振。然谈义之习已成，所谓经学者，亦皆以为谈辩之资。武帝召岑之敬升讲座，敕朱异执《孝经》，唱《士考章》，帝亲与论难。之敬剖释纵横，应对如响（《之敬传》）。简文为太子时，出士林馆，发《孝经》题，张讥议论往复，甚见嗟赏。其后周宏正在国子监，发《周易》题，讥与之论辨。宏正谓人曰：“吾每登座，见张讥在席，使人凛然。”（《讥传》）简文使戚衮说朝聘仪，徐摛与往复，衮精采自若（《衮传》）。简文尝自升座说经，张正见预讲筵，请决疑义（《正见传》）。伏曼容宅在瓦官寺东，每升座讲经，生徒常数十百人（《曼容传》）。袁宪与岑文豪同候周宏正，宏正将登讲座，适宪至，即令宪树义。时谢岐、何妥并在座，递起义端，宪辩论有余。到溉曰：“袁君正有后矣。”（《宪传》）严植之通经学，馆在潮沟，讲说有区段次第，每登讲，五馆生毕至，听者千余。……崔灵恩自魏归梁，为博士，性拙朴无文采，及解析经义，甚有精致，旧儒咸重之（《灵恩传》）。沈峻精《周官》，开讲时群儒刘喦、沈熊之徒，并执经下座，北面受业……是当时虽从事于经义……与晋人清谈无异，特所谈者不同耳。……则梁时五经之外，仍不废《老》、《庄》，且又增佛义，晋人虚伪之习依然未改……直至隋平陈之后，始扫除之。

【小结】此条抄自《廿二史劄记》卷八“六朝清谈之习”条。作伪方式有三：第一，点窜字句；第二，改变顺序（原文顺序为 A、C、B、D）；第三，改变标题，将“六朝清谈之习”改为“晋人清谈之习”。

今按，卞壸（281-328），字望之，济阴冤句（今山东菏泽卞庄）人。东晋初名臣、书法家，累事三朝，两度为尚书令。以礼法自居，意图纠正当世，并不畏强权。后在苏峻之乱期间率兵奋力抵抗苏峻，最终战死。后追赠侍中、骠骑将军，开府仪同三司，谥曰忠贞。

168. 魏晋中正之弊

【A】案汉以来，惟以察举孝廉为士人入仕之路。迨日久弊生，夤缘势利，猥滥滋甚。**当时已有“举孝廉，父别居”之谣。至魏文帝时，从陈群之议，**【B】遂定九品中正之法。郡邑设小中正，州设大中正。由小中正品第人才，以上大中正；大中正核实，以上司徒；司徒再核，然后附尚书选用。【C】是先清其原，专归重于乡评，以核其实，**立法未尝不善**。【D】故一时乡邑清议时有主持公道者。如陈寿遭父丧，有疾，令婢丸药。客见之，乡党以为贬议，由是沈滞累年。张华申理之，始举孝廉。阎乂亦西州名士，被清议，与寿皆废弃。卞粹因弟裒有门内之私，粹遂以不训见讥，被废。并有已服官而仍以清议升黜者。如长史韩预强聘杨欣女为妻，时欣有姊丧，未经旬，张辅为中正，遂贬预以清风俗。陈寿因张华奏，已官治书侍御史，以葬母洛阳，不归丧于蜀，又被贬议，由此遂废。刘颂嫁女于陈峤，峤本刘氏子，出养于姑，遂姓陈氏，中正刘友讥之。李含为秦王郎中令，王薨，含俟葬讫除丧。本州岛大中正以名义贬含，傅咸申理之，诏不许，遂割为五品。淮南小中正王式父没，其继母终丧，归于前夫之子，后遂合葬于前夫。卞壶劾之，以为犯礼害义，并劾司徒及扬州大中正、淮南大中正含宏狥隐。诏以式付乡邑清议，废终身。温峤已为丹阳尹，平苏峻有大功，司徒长史以峤母亡，遭乱不葬，乃下其品。且中正内亦多有矜慎者。如刘毅告老，司徒举为青州大中正，尚书谓毅既致仕，不宜烦以碎务，石鉴等力争，乃以毅为之。铨正人流，清浊区别，其所弹贬，自亲贵者始。司徒王浑奏周馥理识清正，主定九品，捡括精详，褒贬允当。燕国中正刘沈举霍原为二品，司徒不过。沈上书谓原隐居求志，行成名立，张华等又特奏之，乃为上品。张华素重张轨，安定中正蔽其善，华为延誉，得居二品。王济为太原大中正，访阖邑人品状，至孙楚，则曰："此人非卿所能目，吾自为之。"状曰："天才英博，亮拔不群。"华恒为州中正，乡人任让轻薄无行，为恒所黜。陈庆之子暄，以落魄嗜酒，不为中正所品，久不得调。然进退人才权寄于下，亦未有久而无弊者也。如晋武为公子时，以相国子当品，乡里莫敢与为辈，十二郡中正共举郑默以辈之。刘卞初入太学，试经当为四品，台吏访问，欲令写黄纸一鹿车，卞不肯。访问怒言于中正，乃退为尚书令史。孙秀初为郡吏，求品于乡议，王衍将不许，衍从兄戎劝品之。及秀得志，朝士有宿怨者皆诛，而戎、衍获济。何劭初亡，袁粲（晋臣）来吊，其子岐辞以疾，粲独哭而出，曰："今年决下婢子品。"王诠曰："岐前多罪，尔时何不下？其父新亡，便下岐品，人谓畏强易弱也。"可知当时中正所品，皆以意为轻重，段灼疏中所谓"九品访人，惟问中正，据上品者非公侯之子孙，即当途之昆弟"是也。中正积习，历魏、晋及南北朝三四百年，相沿不改，选举之弊，至此而极矣。

【辨伪】赵翼《廿二史劄记》卷八"九品中正"条云：

> 【B】魏文帝初定九品中正之法，郡邑设小中正，州设大中正。由小中正品第人才，以上大中正；大中正核实，以上司徒；司徒再核，然后付尚书选用。此陈群所建白也。
>
> 【A】盖汉以来，本以察举孝廉为士人入仕之路。迨日久弊生，夤缘势利，猥滥益甚。
>
> 【C】故夔等欲先清其源，专归重于乡评以核其素行，群又密其法而差等之，固论定官才之法也。
>
> 【D】今以各史参考，乡邑清议亦时有主持公道者。如陈寿遭父丧，有疾，令婢丸药。客见之，乡党以为贬议，由是沉滞累年。张华申理之，始举孝廉（《寿传》）。阎乂亦西州名士，被清议，与寿皆废弃（《何攀传》）。卞粹因弟裒有门内之私，粹遂以不训见讥，被废（《卞壸传》）。并有已服官而仍以清议升黜者。长史韩预强聘杨欣女为妻，时欣有姊丧，未经旬，张辅为中正，遂贬预以清风俗（《辅传》）。陈寿因张华奏，已官治书侍御史，以葬母洛阳，不归丧于蜀，又被贬议，由此遂废（《寿传》）。刘颂嫁女于陈峤，峤本刘氏子，出养于姑，遂姓陈氏，中正刘友讥之（《颂传》）。李含为秦王郎中令，王薨，含俟葬讫除丧。本州岛大中正以名义贬含，傅咸申理之，诏

不许，遂割为五品(《含传》)。淮南小中正王式父没，其继母终丧，归于前夫之子，后遂合葬于前夫。卞壸劾之，以为犯礼害义，并劾司徒及扬州大中正、淮南大中正含宏狥隐。诏以式付乡邑清议，废终身(《壸传》)。温峤已为丹阳尹，平苏峻有大功，司徒长史以峤母亡，遭乱不葬，乃下其品。……且中正内亦多有矜慎者。如刘毅告老，司徒举为青州大中正，尚书谓毅既致仕，不宜烦以碎务，石鉴等力争，乃以毅为之。铨正人流，清浊区别，其所弹贬，自亲贵者始(《毅传》)。司徒王浑奏周馥理识清正，主定九品，检括精详，褒贬允当(《馥传》)。燕国中正刘沈举霍原为二品，司徒不过。沈上书谓原隐居求志，行成名立，张华等又特奏之，乃为上品(《李重传》、《霍原传》)。张华素重张轨，安定中正蔽其善，华为延誉，得居二品(《轨传》)。王济为太原大中正，访问者论邑人品状，至孙楚，则曰："此人非卿所能目，吾自为之。"乃状曰："天才英博，亮拔不群。"(《楚传》)华恒为州中正，乡人任让轻薄无行，为恒所黜。……陈庆之子暄，以落魄嗜酒，不为中正所品，久不得调。……然进退人才之权寄之于下，岂能日久无弊？晋武为公子时，以相国子当品，乡里莫敢与为辈，十二郡中正共举郑默以辈之(《默传》)。刘卞初入太学，试经当为四品，台吏访问(助中正采访之人)，欲令写黄纸一鹿车，卞不肯。访问怒言于中正，乃退为尚书令史(《卞传》)。孙秀初为郡吏，求品于乡议，王衍将不许，衍从兄戎劝品之。及秀得志，朝士有宿怨者皆诛，而戎、衍获济(《戎传》)。何劭初亡，袁粲(晋臣，非宋袁粲)来吊，其子岐辞以疾，粲独哭而出，曰："今年决下婢子品。"王诠曰："岐前多罪时，尔何不下？其父新亡，便下岐品，人谓畏强易弱也。"(《何劭传》)可见是时中正所品高下，全以意为轻重，故段灼疏言，九品访人，惟问中正，据上品者非公侯之子孙，即当途之昆弟。……选举之弊，至此而极。然魏、晋及南北朝三四百年，莫有能改之者。

【小结】此条抄自《廿二史劄记》卷八"九品中正"条。作伪方式有四：第一，点窜字句；第二，增加句子；第三，改变顺序(原文顺序为B、A、C、D)；第四，改变标题，将"九品中正"改为"魏晋中正之弊"。

169. 齐典签之权

【A】案《南史・吕文显传》，故事，府州部内论事皆用签，前叙所论之事，后书某官某签。故府州置典签掌之，本五品吏耳。宋季多以幼小王子出为方镇，人主皆以左右亲近为典签，一岁中还都者数四，人主辄问以刺史之贤否，往往出于其口，于是威行州郡，权重藩君。

【B】故《齐书・孝武诸子传论》谓帝子临州，年皆幼小，故辅以上佐，简自帝心。州国府第，先事后行，饮食起居，动应闻启。行事执其权，典签掣其肘，处地虽重，行己莫由。此宋氏之余风，在齐而弥甚也。其见于列传者，如刘暄为江夏王宝元郢州行事，有人献马，宝元欲看之，暄曰："马何须看？"妃索煮肫，暄曰："已煮鹅，不复烦此。"武陵王奕在江州，忤典签赵渥，渥启其得失，即召还京。宜都王铿举动每为签帅所判，立意多不得行。南海王子罕欲游东堂，典签姜秀不许。鱼复侯子响为行事刘寅、典签吴修之等所奏，武帝遣台使检校，子响愤杀寅、修之等，武帝使戴僧静往讨，僧静曰："王年少，长史捉之太急，忿不思难故耳。天子儿过误杀人，有何大罪，而忽遣军西上耶？僧静不敢奉诏。"后子响以抗拒台使被诛，故明帝杀诸王，无一不就典签杀之者，盖威行权重，积渐使然耳。

【辨伪】赵翼《廿二史劄记》卷十二"齐制典签之权太重"条云：

> 【B】《齐书·孝武诸子传论》谓帝子临州，年皆幼小，故辅以上佐，简自帝心。州国府第，先事后行，饮食起居，动应闻启。行事执其权，典签掣其肘，处地虽重，行己莫由。斯宋氏之余风，在齐而弥甚也。今见于列传者……刘暄为江夏王宝元郢州行事……有人献马，宝元欲看之，暄曰："马何须看？"妃索煮肫，暄曰："已煮鹅，不复烦此。"……武陵王奕在江州，忤典签赵渥，赵渥启其得失，即召还京(《奕传》)。宜都王铿举动每为签帅所判，立意多不得行(《铿传》)。南海王子罕欲暂游东堂，典签姜秀不许。……鱼复侯子响为行事刘寅、典签吴修之等所奏，武帝遣台使检校，子响愤杀寅、修之等，后以抗拒台兵被诛。……武帝使僧静往讨，僧静曰："王年少，长史捉之太急，忿不思难故耳。天子儿过误杀人，有何大罪，而忽遣军西上耶？僧静不敢奉诏。"……故明帝杀诸王，无一不就典签杀之……积威之渐，一至于此。
>
> 【A】按《南史·吕文显传》，故事，府州部内论事皆用签，前叙所论之事，后书某官某签。故府州置典签掌之，本五品吏耳。宋季多以幼小王子出为方镇，人主皆以亲近左右为典签，一岁中还都者数四，人主辄问以刺史之贤否，往往出于其口，于是威行州郡，权重藩君。

【小结】此条抄自《廿二史劄记》卷十二"齐制典签之权太重"条。作伪方式有三：第一，点窜字句；第二，改变顺序(原文顺序为B、A)；第三，改变标题，将"齐制典签之权太重"改为"齐典签之权"。

170. 齐梁台使之弊

《齐书·竟陵王子良传》，宋元嘉中，簿书赋税皆责成郡县，孝武帝急速，乃遣台使，自此公私劳扰。齐初子良疏曰："此辈使人，既非详慎，或贪险崎岖，营求此役。朝辞禁门，形态即异；暮宿村县，威福便行。胁遏津吏，恐喝邮传。既望城郭，便飞下严符，但称行台，未知所督，先诇官吏，却摄群曹。绛标寸纸，一日数至，四乡所召，莫辨枉直。万姓骇迫，争致馈遗。今日酒谐肉饫，即许附申，明日礼轻货薄，复责科算。及其犹蒜转积，鹅栗渐盈，远则分鬻他境，近则托质吏民，反请郡邑，助民祈缓。"云云。又《梁书·贺琛传》亦有疏云："今东境户口空虚，皆由使命繁数。大邦大县，舟船衔命者非惟十数，即穷幽之乡、极远之邑，亦皆必至。驽困邑宰，则拱手听其渔猎；桀黠长吏，又因之而为贪残。故细民弃业，流冗者多。"云云。据此二疏，知齐梁时台使之弊矣。

【辨伪】赵翼《廿二史劄记》卷十二"齐梁台使之害"条云：

> 《齐书·竟陵王子良传》，宋元嘉中，簿书赋税皆责成郡县，孝武帝急速，乃遣

台使，自此公私劳扰。齐初子良疏曰："此辈使人，既非详慎，或贪险崎岖，营求此役。朝辞禁门，形态即异；暮宿村县，威福便行。胁遏津吏，恐喝邮传。既望城郭，便飞下严符，但称行台，未知所督，先诃官吏，却摄群曹。绛标寸纸，一日数至，四乡所召，莫辨枉直。万姓骇迫，争致馈遗。今日酒谐肉饫，即许附申，明日礼轻货薄，复责科算。及其犹蒜转积，鹅栗渐盈，远则分鬻他境，近则托质吏民，反请郡邑，助民祈缓。"……《梁书·贺琛传》亦有疏曰："今东境户口空虚，皆由使命繁数。大邦大县，舟船衔命者非惟十数，即穷幽之乡、极远之邑，亦皆必至。驽困邑宰，则拱手听其渔猎；桀黠长吏，又因之而为贪残。故细民弃业，流冗者多。"此梁时台使之弊也。

【小结】此条抄自《廿二史劄记》卷十二"齐梁台使之害"条。作伪方式有二：第一，点窜字句；第二，改变标题，将"齐梁台使之害"改为"齐梁台使之弊"。

171. 唐试士之法

【A】李林甫《大唐六典》载试士之法。【B】"初吏部员外郎掌天下贡举之职。开元二十四年敕以为权轻，专令礼部侍郎一人知贡举。"案：礼部尚书、侍郎之职，掌天下礼仪、祠祭、燕飨、贡举之政令。凡举试之制，每岁仲冬率与计偕。其科有六：一曰秀才，试方略策五条，此科取人稍峻，贞观已后遂绝；二曰明经；三曰进士；四曰明法；五曰书；六曰算。凡正经有九：《礼记》、《左氏春秋》为大经，《毛诗》、《周礼》、《仪礼》为中经，《周易》、《尚书》、《公羊春秋》、《穀梁春秋》为小经。通二经者，一大一小，若两中经；通三经者，大小中各一；通五经者，大经并通。其《孝经》、《论语》、《老子》并须兼习。凡明经，先帖经，然后口试，并答策，取粗有文性者为通。凡进士，先帖经，然后试杂文及策，文取华实兼举，策须义理惬当者为通。凡明法，试律令，取识达义理，问无疑滞者为通。凡明书，试《说文》、《字林》，取通训诂兼会杂体者为通。凡明算，试《九章》、《海岛》、《孙子》、《五曹》、《张丘建》、《夏侯阳》、《周髀》、《五经》、《缀术》、《缉古》，取明数造术，辨明术理者为通。凡此六科求人之本，必取精究理实而升为第。其有博综兼学，须加甄奖，不得限以常科。其弘文、崇文馆学生，虽同明经、进士，以其资荫全高，试取粗通文义。太庙斋郎亦试两经，文义粗通，然后补授，考满简试。其郊社斋郎简试亦如太庙斋郎。其国子监大成十员，取明经及第人聪明灼然者，试日诵千言，并口试，仍策所习业十条通七，然后补充，各授散官，依邑令于学内习业，以通四经为限。**【C】今细绎其文，可想见有唐一代取士之式**。以此取人，可得力学之士，空疏者无侥幸之获矣。

【辨伪】臧琳《经义杂记》卷三"唐试士法"条云：

【A】李林甫《大唐六典》载试士法至详悉。

【C】持此以取人，可得力学之士，空疏者无侥幸之获。

【B】"初时吏部员外郎掌天下贡举之职。开元二十四年敕以为权轻，专令礼部侍郎一人知贡举。"……云："礼部尚书、侍郎之职，掌天下礼仪、祠祭、燕飨、贡举之政令。凡举试之制，每岁仲冬率与计偕。其科有六：一曰秀才(试方略策五条，此科取人稍峻，贞观已后遂绝)；二曰明经；三曰进士；四曰明法；五曰书；六曰算。凡正经有九：《礼记》、《左氏春秋》为大经，《毛诗》、《周礼》、《仪礼》为中经，《周易》、《尚书》、《公羊春秋》、《穀梁春秋》为小经。通二经者，一大一小，若两中经；通三经者，大小中各一；通五经者，大经并通。其《孝经》、《论语》、《老子》并须兼习。凡明经，先帖经，然后口试，并答策，取粗有文性者为通。……凡进士，先帖经，然后试杂文及策，文取华实兼举，策须义理惬当者为通。……凡明法，试律令，取识达义理，问无疑滞者为通。……凡明书，试《说文》、《字林》，取通训诂兼会杂体者为通。……凡明算，试《九章》、《海岛》、《孙子》、《五曹》、《张丘建》、《夏侯阳》、《周髀》、《五经》、《缀术》、《缉古》，取明数造术，辨明术理者为通。……凡此六科求人之本，必取精究理实而升为第。其有博综兼学，须加甄奖，不得限以常科。……其弘文、崇文馆学生，虽同明经、进士，以其资荫全高，试取粗通文义。……太庙斋郎亦试两经，文义粗通，然后补授，考满简试。其郊社斋郎简试亦如太庙斋郎。……其国子监大成十员，取明经及第人聪明灼然者，试日诵千言，并口试，仍策所习业十条通七，然后补充，各授散官，依邑令于学内习业，以通四经为限。”

【小结】此条抄自《经义杂记》卷三“唐试士法”条。作伪方式有四：第一，点窜字句；第二，增加句子；第三，改变顺序(原文顺序为A、C、B)；第四，改变标题，将“唐试士法”改为“唐试士之法”。

172. 宋道学伪学之禁

【A】《尤袤传》：“袤少从喻樗、汪应辰游。樗学于杨时，程颐高弟也。方乾道、淳熙间，程氏学稍震，忌之者目为道学，将攻之。袤在掖垣，首言：‘道学者，尧、舜所以帝，禹、汤、武所以王，周公、孔、孟所以设教。近立此名，诋訾士君子，故凡所谓廉介、恬退、践履、名节，皆目之为道学。此名一立，贤人君子一举足且入其中，俱无得免，岂盛世所宜有?’孝宗曰：‘待付出戒敕之。’”袤卒后，韩侂胄擅国，于是禁锢道学，识者以袤为知言。至于宁宗一时攻道学者，郑丙、陈贾皆言道学欺世盗名，乞摈斥勿用。而姚愈又论道学权臣结为死党，窥伺神器，命草诏谕天下。张岩、张釜、陈自强、程松等皆前后请严道学之禁，是皆阿附侂胄者也。而亦有深恶朱子者。林栗为兵部侍郎，朱子为兵部郎官，未就职，栗与朱子相见，论《易》、《西铭》不合。栗迁，吏部趣之，朱子以脚疾请告。栗遂论朱某本无学术，徒窃张载、程颐之绪余，为浮诞宗主，谓之道学，妄自推尊。所至辄携门生十数人，习为春秋、战国之态，妄希孔孟历聘之风，绳以治世之法，则乱人之首也。望停罢，以为事君无礼者之戒。太常博士叶适辨之曰：“考栗之词，始末参验，无一实者。其中‘谓之道学’一语无实最甚。自昔小人残害善良，率有指名。或以为好名，或以为立异，或以为植党。近忽创为道学之目，郑丙唱之，陈贾和之。居要路者密相付受，见士大夫有稍务洁修，粗能操守，辄以道学之名归之，以为大罪。善良受害，无所不有。”及后适迁知泉州，召入对，有“欲人臣息心既往，图报方来”之语。时侂胄亦悔，适奏及之，自是禁网渐疏。【B】至庆元伪学之禁，盖韩侂胄以赵汝愚之门，及朱子之徒，多知名士，不便于己，欲尽去之，谓不可一一诬以罪，故设为伪学之目以摈之。**一时隶名者**五十九人，宰执四人，赵汝愚为首；待制以上十三人，朱子为首；余官三十一人，刘光祖为首；又武臣三人，士人八人。用何澹、刘德秀为言官，专击伪学。然与朱子为难者亦不独一侂胄。初，王淮为相，除朱子浙东提举。台守唐仲友与淮同里为姻家，朱子行部至台，讼仲友者纷然。按得其实，前后章十上，淮乃擢陈贾监察御史，与尚书郑丙叶力攻道学。故史言后庆元伪学之禁，实始于此也。及朱子为侍讲，疏论韩侂胄之奸，侂胄恨之，使优人王喜于上前峨冠阔袖，效朱子进趋戏于上前，朱子遂去。而意犹未快。擢胡纮监察御史，**纮挟未达时不见礼于朱子之嫌**，遂劾赵汝愚，且诋其引用朱子，为伪学罪首，请禁伪学。谓"伪学猖獗，图为不轨"，引唐五王不杀武三思为说，诏伪学之党，权住进拟，用纮言也。前御史刘三杰论赵汝愚、刘光祖、徐谊之徒，前日为伪党，至此又变而为逆党。三杰又与沈继祖连疏诋朱子。又有选人余嚞上书乞斩朱子，绝伪学。考嚞生平见于史者两事，一乞斩朱子，一请加韩侂胄九锡。小人无忌惮，一至于此！及朱子没，将葬，言者谓"四方伪徒期会，送伪师之葬，会聚之时，非妄谈时人短长，即谬议时政得失，望令守臣约束"。从之。于是门生故旧无一送葬者，独一辛弃疾为文，往哭之，**良可慨也**。盖攻伪学者，本始京铠(即京镗，《侂胄传》作铠)，为铠荐刘德秀为谏官，首论留正引伪学之罪也。逮铠死，侂胄亦稍厌前事，而张孝伯亦言不弛党禁，恐后报复。侂胄以为然，于是追复汝愚、朱子职名，留正、周必大、徐谊等皆先后复官，而伪学之禁寖解。【C】盖道学伪学，皆小人设为此名以陷害善良者。**朝廷不能杜其恶习，挽其浇风，乃随波逐流**，【D】复如昔时元祐党禁，使贤人君子无一得容其身而后已，殊非治世之事矣。

【辨伪】汪师韩《韩门缀学》卷二"道学之名"条云：

【C】道学在宋，乃小人设为此名，以倾害君子者。

【A】《尤袤传》云："袤少从喻樗、汪应辰游。樗学于杨时，程颐高弟也。方乾道、淳熙间，程氏学稍震，忌之者目为道学，将攻之。袤在掖垣，首言：'道学者，尧、舜所以帝，禹、汤、武所以王，周公、孔、孟所以设教。近立此名，诋訾士君子，故凡所谓廉介、恬退、践履、名节，皆目之为道学。此名一立，贤人君子一举足且入其中，俱无得免，岂盛世所宜有？'孝宗曰：'待付出戒敕之。'"袤死数年，侂胄擅国，于是禁锢道学，识者以袤为知言。……至于宁宗一时攻道学者，郑丙言近世士大夫有所谓道学者，欺世盗名，不宜信用。陈贾……乞摈斥勿用。姚愈论道学权臣结为死党，窥伺神器，命草诏谕天下。张岩、张釜、陈自强、程松等皆请严道学之禁，是皆阿附侂胄之人。而亦有深恶朱子者。林栗为兵部侍郎，朱子为兵部郎官，未就职，栗与朱子相见，论《易》、《西铭》不合。栗迁，吏部趣之，朱子以脚疾请告。栗遂论朱某本无学术，徒窃张载、程颐之绪余，为浮诞宗主，谓之道学，妄自推尊。所至辄携门生十数人，习为春秋、战国之态，妄希孔孟历聘之风，绳以治世之法，则乱人之首也。望停罢，以为事君无礼者之戒。太常博士叶适辨之曰："考栗之词，始末参验，无一实者。其中'谓之道学'一语无实最甚，自昔小人残害良善，率有指名。或以为好名，或以为立异，或以为植党。近忽创为道学之目，郑丙唱之，陈贾和之。居要路者密相付受，见士大夫有稍务洁修，粗能操守，辄以道学之名归之，以为大罪。善良受害，无所不有。”及后适迁知泉州，召入对，有“欲人臣息心既往，图报方来”之语。时侂胄亦悔，适奏及之，自是禁网渐解。

【D】禁锢天下之贤人君子，复如昔时所谓元祐学术者，必使无所容其身而后已，此岂治世之事哉？

B段抄自汪师韩《韩门缀学》卷二“庆元伪学之禁”：

庆元伪学之禁，凡五十九人：宰执四人，赵汝愚为首；待制以上十三人，朱子为首；余官三十一人，刘光祖为首；又武臣三人，士人八人。……《宋史》谓韩侂胄以赵汝愚之门，及朱子之徒，多知名士，不便于己，欲尽去之，谓不可一一诬以罪，则设为伪学之目以摈之。用何澹、刘德秀为言官，专击伪学。……镗荐引刘德秀为谏官，首论留正引伪学之罪。……其与朱子为难者不独一侂胄。王淮为相，除朱子浙东提举。台守唐仲友与淮同里为姻家，朱子行部至台，讼仲友者纷然。按得其实，前后章六上，淮乃擢陈贾监察御史，与尚书郑丙，叶力攻道学。史言其后庆元伪学之禁，始于此。……及朱子为侍讲，疏论韩侂胄之奸，侂胄恨之，使优人王喜于上前峨冠阔袖，效朱子进趣，戏于上前，朱子遂去。而意犹未快。擢纮监察御史，纮劾赵汝愚，且诋其引用朱子，为伪学罪首，在太常，请禁伪学。谓“伪学猖獗，图为不轨”，引唐五王不杀武三思为说，诏伪学之党，权住进拟，用纮言也。前御史刘三杰论赵汝愚、刘光祖、徐谊之徒，前日为伪党，至此又变而为逆党。三杰又与沈继祖连疏诋朱子。又有选人余嚞上书乞斩朱子，绝伪学。……考嚞生平见于史者两事，一乞斩朱子，一请加韩侂胄九锡。小人无忌惮，至此极矣。及朱子既没，将葬，言者谓“四方伪徒，期会送伪师之葬，会聚之间，非妄谈时人短长，则谬议时政得失，望令守臣约束”。从之。于是门生故旧无送葬者，独辛弃疾为文，往哭之。……伪党之祸，本始京镗(即京镗，《侂胄传》作镗)，逮镗死，侂胄亦稍厌前事，张孝伯以为不弛党禁，恐后不免报复之祸。侂胄以为然，追复汝愚、朱子职名，留正、周必大、徐谊等皆先后复官，伪党之禁寖解。

【小结】此条抄自汪师韩《韩门缀学》卷二“道学之名”条、“庆元伪学之禁”条。作伪方式有四：第一，点窜字句；第二，增加句子；第三，改变顺序；第四，多源组合，C、A、D段抄自“道学之名”条，B段抄自“庆元伪学之禁”条。

173. 南宋文字之祸

胡铨先以诋和议，谪监广州盐。罗汝楫劾其横议，除名，编管新州。守臣张棣又讦其与客唱酬怨谤，再移**琼海**，吕愿中又告李光与铨作诗讥讪，乃又移昌化军。赵鼎窜潮州，又移吉阳军。秦桧令本军月具存亡申省，鼎知桧必杀己，遂不食而死。张浚窜连州，又徙永州。此数人，桧忌之最深，凡与之交际者，亦必**罗织之**，以铨株连者。如王庭珪既以作诗赠铨得祸，而铨先谪广州时，朝士陈刚中以启事为贺，谪知安远军。又有宜兴吴师古锓铨疏以传，流袁州。通判方畴亦以通书于铨，除名，编管永州。以鼎、光株连者。如叶三省、王远、王超既以通书赵鼎、李光得祸。吴元美又以家有潜光亭、商隐堂，为人首告。谓亭号潜光，有心于党李；堂名商隐，无意于事秦。以张浚株连者，江西运判张常先注前帅张宗元与张浚书上之，连逮数十人。桧尝书铨、鼎、光、浚等姓名于一德格天阁，必欲杀之。赵汾之狱，其父鼎已死，桧令大理寺鞫之，欲汾自诬与铨、光、浚等谋大逆，所株连一时名士至五十三人，会桧死，始得解。亦有不与铨等相涉，偶语言文字稍触其忌，即遭其诬陷者。如程瑀等之以《论语》得罪，则以瑀尝为《论语说》，至“弋不射宿”，谓孔子不欲阴中人，洪兴祖序之，魏安行镘之，故皆及祸。赵令衿又以观桧《家庙记》，口诵“君子之泽，五世而斩”，为桧侄婿汪召锡所告，安置汀州，后再入赵汾狱，几死。又胡舜陟以非笑朝政，下狱死。黄龟年以论桧贬。太学生张伯麟题壁曰：“夫差而忘越之杀而父乎！”杖脊刺配吉阳军。闽、浙大水，白谔有“燮理乖谬”语，刺配万安军。高登亦以考试策问闽、浙大水之由，郡守以达，桧坐以事，编管容州。进士黄友龙坐谤讪，黥配岭南。内侍裴咏坐指斥，编管邕州。径山僧清言以谤讪被黥。何兑诵其师马绅在靖康围城中乞存赵氏，桧以为分己功，编管英州。郑圯、贾子展以会中有嘲谑讲和之语，圯窜容州，子展窜德庆。桧又疏禁野史，许人首告，并禁民间结集经社。偶有触犯，即横遭诬害。甚至司马伋自言《涑水记闻》非其曾祖光所著者，其一时威焰慑人，一至于此。

【辨伪】赵翼《廿二史劄记》卷二十六“秦桧文字之祸”条云：

> 胡铨先以上书诋和议，谪监广州盐。罗汝楫劾其横议，除名，编管新州。守臣张棣又讦其与客唱酬怨谤，再移吉阳军。……吕愿中又告光与铨作诗讥讪，乃又移昌化军。赵鼎窜潮州，又移吉阳军。桧令本军月具存亡申省，鼎知桧必杀己，遂不食而死。张浚窜连州，又徙永州。盖此数人者名愈高，桧忌之愈甚……而凡与之交际者，亦必被祸不少贷。王庭珪既以作诗赠铨得祸，而铨先谪广州时，朝士陈刚中以启事为贺，谪知安远军。又有宜兴吴师古锓铨疏以传，流袁州。通判方畴亦以通书于铨，除名，永州编管。此以铨而连及者也。叶三省、王远、王超既以通书赵鼎、李光得祸。吴元美之下狱也，以家有潜光亭、商隐堂，为人首告。谓亭号潜光，有心于党李；堂名商隐，无意于事秦。……此因鼎、光而连及者也。江西运判张常先注前帅张宗元与张浚书上之，连逮数十家。……此因浚而连及者也。桧尝书铨、鼎、光、浚等姓名于一德格天阁，必欲杀之。赵汾之狱，其父鼎已死，桧令大理寺鞫之，欲汾自诬与铨、光、浚等谋大逆，所连及一时名士至五十三人，会桧死，始得免。……他如程瑀等之以《论语》得罪，则以瑀尝为《论语说》，至“弋不射宿”，谓孔子不欲阴中人，洪兴祖序之，魏安行锓之，故皆及祸。赵令衿之得罪也，则因观桧《家庙记》，口诵“君子之泽，五世而斩”，为桧侄婿汪召锡所告，故安置汀州，后再牵入赵汾狱，几死。又胡舜陟以非笑朝政，下狱死。黄龟年以论桧贬。太学生张伯麟题壁曰：“夫差，而忘越之杀而父乎！”杖脊刺配吉阳军。闽、浙大水，白谔有“燮理乖谬”语，刺配万安军。高登亦以考试策问闽、浙大水之由，郡守以达，桧坐以事，编管容州。进士黄友龙坐谤讪，黥配岭南。内侍裴咏坐指斥，编管邕州。径山僧清言以谤讪被黥。何兑诵其师马伸在靖康围城中乞存赵氏书，桧以为分己功，编管英州。郑圯、贾子展以会中有嘲谑讲和之语，圯窜容州，子展窜德庆。此则不必与铨等相涉，第语言文字稍触其忌，即横遭诬害。……桧又疏禁野史，许人首告，并禁民间结集经社。甚至司马伋自言

《涑水记闻》非其曾祖光所著。……其威焰之酷，真可畏哉！

【小结】此条抄自《廿二史劄记》卷二十六“秦桧文字之祸”条。作伪方式有二：第一，点窜字句；第二，改变标题，将“秦桧文字之祸”改为“南宋文字之祸”。

174. 历代科场之弊

【A】唐时取士有通榜之例。如陆贽知贡举，以崔元翰、梁肃所举，皆得取中。韩愈遇举子有才者辄为延誉，亦往往得售是也。时尚无糊名之例，果甄拔无私，人亦无异议。亦有狥私者。唐钱徽知贡举，段文昌嘱以杨浑之，李绅嘱以周汉宾，**已而二人**皆不中，取中者有李宗闵之婿苏巢、杨汝士之弟殷士，文昌遂劾奏徽不公。穆宗命王起、白居易覆试，被黜者孔温业、赵存约等十人。徽、宗闵、汝士皆坐贬。此唐时**科场之弊也**。至五代时，如桑维翰应举，郑珏会试，皆以张全义嘱得售。崔棁知贡举，桑维翰素恶孔英无行，向棁言之，棁不喻其意，反擢英及第。此势利之弊也。后唐清泰中，卢导知贡举，薛居正以刘涛荐取中。**申文焕知贡举**，李度工诗，枢密使王朴录其句(有“醉轻浮世事，老重故乡人”之句)，以荐遂擢第三人。**虽非势利，究亦弊也**。至聂屿与赵都同赴举，都纳赂于郑珏，屿因不捷，大诟。珏惧，俾俱成名。是直行以贿赂矣。后同光三年，裴皞知贡举，所取符蒙正等干物议，诏卢质覆试，尚无黜落，皞免议。周广顺中，赵上交知贡举，以李观诗赋失韵被黜，谪上交官。显德中，杨朴劾刘涛考试不公，命李昉覆试，黜者七人，涛坐谪。刘温叟亦以考进士因谮左迁。**是科场舞弊之罚，仅止降职**。宋即因之。开宝中李昉知贡举，徐士廉诉昉不公，帝命覆试，黜落甚多。昉责授太常卿。真宗时，刘师道以弟几道举进士，时已糊名，嘱考官陈尧咨，于卷中识号，得擢第。事泄，几道落籍，师道、尧咨俱降谪。惟王钦若知贡举，任懿托僧惠泰，赂以白金。会钦若已入院，嘱门客达于钦若妻李，李遣奴入院，书懿之名于其背，遂得中。事泄，反委罪于同知举官洪湛，湛遂坐贬。是纳赂舞弊仅止降谪，当局者且反得委卸。【B】**沿及明代，其弊更有甚焉者矣**。唐寅与江阴富人徐经同举，遂同入京会试。梁储为延誉于陈敏政。适敏政与李东阳同主会试，策题以四子造诣为问，乃是许鲁斋一段文字，通场皆不知。敏政得二卷，将以为魁。而给事中华昶劾敏政鬻题。时榜未发，诏东阳覆阅，二人卷皆不在取中，坐经尝谒见敏政，寅尝乞敏政作序，俱黜为吏，敏政致仕。昶以言事不实被调。定谳时并未实其关节之罪也。又归安人韩敬尝受业于汤宾尹，宾尹分校会试，敬卷为他校官所弃，宾尹越房搜得，兼取五人。他校官皆效尤，竞相搜取，共十七卷。宾尹又以敬卷强总裁萧云举、王图录为第一。及廷对，宾尹又为敬夤缘第一。后宾尹去官，敬亦告病，事隔三年。会邹之麟分校顺天乡试，所取童学贤有私，御事孙居相并宾尹事发之，议不及宾尹。给事中孙振基请并议，亦仅黜学贤，谪之麟，亦不及宾尹。振基再劾，时宾尹已去官，敬惟谪行人司副而已。**是明代科场舞弊之罚，较前代更为弛纵矣。**

【辨伪】A段抄自赵翼《廿二史劄记》卷二十五“宋科场处分之轻”条：

唐时有通榜例。陆贽知贡举，以崔元翰、梁肃文艺冠时，凡肃、元翰所荐，皆取之。……韩愈负文名，遇举子之有才者辄为延誉……往往得售。……时尚无糊名之例，见名甄拔，果当其才，人亦服其公而无异议。其以徇私得中者，唐钱徽知贡举，段文昌嘱以杨浑之，李绅亦托以周汉宾，及榜发皆不中选，而取中有李宗闵之婿苏巢、杨汝士之弟殷士，文昌遂奏徽取士不公。穆宗命王起、白居易重试……被黜者孔温业、赵存约等十人，遂贬徽江州刺史，李宗闵剑州刺史，杨汝士开江令。……是唐时科场之处分本轻。至五代时，郑珏举进士数不中。张全义为之属有司，乃及第。……桑维翰应举，亦张全义言于有司得第。……崔棁将知贡举，有举子孔英者素有丑行。宰相桑维翰谓棁曰："孔英来矣。"棁不喻其意，反疑维翰嘱之，乃考英及第。……此以势利舞弊者。后唐清泰中，卢导知贡举……刘涛荐薛居正必至台辅，导取之。……李度工诗，有"醉轻浮世事，老重故乡人"之句，枢密使王朴录其句荐之知贡举申文炳，遂擢度第三人。《宋史·李度传》此亦通榜之余风，虽非以势利起见，然知其人而取之，究亦弊也。聂屿与赵都同赴举，都纳赂于郑珏……屿闻不捷，乃大诟来人以恐之，珏惧，俾俱成名。……是竟以贿赂得第矣。……同光三年，礼部侍郎裴皞知贡举，所取新及第进士符蒙正等干物议，特诏翰林学士卢质覆试……既无黜落，裴皞免议。周广顺中，赵上交知贡举。……中书门下以观所试诗赋失韵，遂黜之，并谪上交官。……显德中，刘涛考试不精，杨朴劾之。世宗命翰林学士李昉覆试，黜者七人，涛坐降谪。……又刘温叟考进士……有谮之者。……温叟左迁。……是五代时虽有科场处分，不过降秩。宋初因之。开宝中，李昉知贡举，贡士徐士廉击登闻鼓，诉昉用情，帝怒，特命覆试，多黜落者，昉责授太常卿。……真宗时，三司使刘师道以弟几道举进士，嘱考官陈尧咨，时已糊名考校，乃于卷中为识号，遂擢第。已而事泄，诏几道落籍，永不预举，师道责忠武军行军司马，尧咨责单州团练使。……惟王钦若知贡举，有任懿者托素识钦若之僧惠秦，赂以白金二百五十两。会钦若已入院，僧嘱其门客达于钦若妻李，李遣奴祁睿入院，书懿名于其臂及白金之数以告钦若，遂得中。后事泄，钦若反委罪于同知举官洪湛，湛遂远贬。……然纳贿舞弊仅至窜谪。

B 段抄自赵翼《廿二史劄记》卷三十六"明代科场之弊"条：

唐寅举乡试第一，与江阴富人徐经同举，遂同入京会试。……梁储为延誉于程敏政。适敏政与李东阳同主会试，策题以四子造诣为问，乃是许鲁斋一段文字……通场士子皆不知。敏政得二卷……将以为魁。……给事中华昶遂劾敏政鬻题。时榜未发……其所录令东阳覆阅，二人卷皆不在所取中，东阳以闻。言者犹论不已，敏政、昶、寅、经俱下狱，坐经尝谒见敏政，寅尝乞敏政作序文，俱黜为吏，敏政亦勒致仕(见《明史·敏政》、《寅传》并何良俊《丛说》、箬陂《治世余闻》、王世贞《明诗评》)。昶亦以言事不实，调南太仆主簿。盖定谳时未尝实其关节之罪也。归安人韩敬尝受业于汤宾尹，宾尹分校会试，敬卷为他校官所弃，宾尹越房搜得之，并取中五人。他考官皆效尤，竞相搜取，共十七卷。宾尹又以敬卷强总裁萧云举、王图录为第一。……及廷对，宾尹又为敬赓缘第一。宾尹旋以考察夺官，敬亦告病，事已隔三年矣。会进士邹之麟分校顺天乡试，所取童学贤有私，御史孙居相并宾尹事发之……而不及宾尹。给事中孙振基请并议，礼部侍郎翁正春议黜学贤，谪之麟，亦不及宾尹。

振基再疏劾……时宾尹已去官，敬谪行人司副。

【小结】此条抄自《廿二史劄记》卷二十五“宋科场处分之轻”条、卷三十六“明代科场之弊”条。A 段抄自“宋科场处分之轻”条，B 段抄自“明代科场之弊”条。作伪方式有二：第一，点窜字句；第二，增加句子；改变标题，将“宋科场处分之轻”、“明代科场之弊”二条标题合并而为“历代科场之弊”。

175. 天子驾六马

【A】考《续汉书·舆服志》刘昭引《逸礼·王度记》曰：“天子驾六马，诸侯驾四，大夫三，士二，庶人一。”《易》京氏、《春秋》公羊氏说同。许慎从之。《史记》曰：“秦始皇以水数制乘六马。”**《庄子》逸篇云：“金铁蒙以大绁，载六骥之上，则致千里。**”【B】《荀子·劝学》篇云：“昔者伯牙鼓琴而六马仰秣。”**又《议兵》篇云：“六马不和，则造父不能以致远。”《李斯列传》云：“人生居世间，譬犹骋六骥过决隙也。**”《白虎通》云：“天子之马六者，示有事于天地四方也。”张衡《西京赋》云：“天子驾雕轸，六骏驳。”又云：“六玄**虯**之奕奕，齐腾骧而沛艾。”【C】蔡邕《独断》：“法驾，上所乘曰金根车，驾六马。”【D】然考《逸周书·王会解》：“天子车立马乘六”，**王应麟补注云：“《五子之歌》言六马，汉世此经不传，多言天子驾四。”应麟据《逸周书》，以证六马为非**。是六马之制，不独秦汉有之，晚周之时已有之矣。

【辨伪】臧琳《经义杂记》卷十一“天子驾六马”条云：

> 【A】刘昭注《逸礼·王度记》曰：“天子驾六马，诸侯驾四，大夫三，士二，庶人一。”……《易》京氏、《春秋》公羊说皆云天子驾六，许慎以为天子驾六，诸侯及卿驾四，大夫驾三，士驾二，庶人驾一。《史记》曰：“秦始皇以水数制乘六马。”
>
> 【C】蔡邕《独断下》：“上所乘曰金根车，驾六马。”
>
> 【B】又《荀子·劝学》篇：“伯牙鼓琴，而六马仰秣。”……《白虎通》曰：“天子之马六者，示有事于天地四方也。”张衡《西京赋》曰：“天子驾雕轸，六骏驳。”又曰：“六玄虬之奕奕，齐腾骧而沛艾。”……故《五经异义》据《易》京氏、《礼·王度记》、《春秋》公羊说以为天子驾六。
>
> 【D】琳考之《周书·王会》：“成王时书也，而云其西天子车立马乘六。”……而此实为姬周遗文，则周已有六马之制矣。

【小结】此条抄自《经义杂记》卷十一“天子驾六马”条。作伪方式有三：第一，点窜字句；第二，增加句子；第三，改变顺序(原文顺序为 A、C、B、D)。

176. 天子士皆用笏

案《玉藻》：“笏，天子以球玉，诸侯以象，大夫以鱼须文竹，士竹，本象。”注云：“球，美玉也。文犹饰也，大夫、士饰竹为笏，不敢与君并用纯物也。”又“天子搢珽，方正于天下也。诸侯荼，前诎后直，让于天子也。大夫前诎后诎，无所不让也”，注云：“此亦笏也，谓之珽，珽然无所屈也。杼上终葵首，终葵首者，于杼上又广其首，方如椎头，是谓无所屈，后则恒直。荼读为舒。诎谓圆杀其首，不为椎头。诸侯惟天子诎焉。大夫奉君命出入者，上有天子，下有己君，**命者也**。书之于笏，为失忘反。”盖笏之制，其来久矣，自天子至士皆用之。今此**“笏”字当作**“曶”，从勿，谐音，从曰，象形。俗讹从日者，非笏。**则徐氏新附字《说文》所无也。**

【辨伪】王鸣盛《尚书后案》卷二《虞夏书》云：

> 《玉藻》云：“笏，天子以球玉，诸侯以象，大夫以鱼须文竹，士竹，本象。”注云：“球，美玉也。文犹饰也，大夫、士饰竹为笏，不敢与君并用纯物也。”又：“天子搢珽，方正于天下也。诸侯荼，前诎后直，让于天子也。大夫前诎后诎，无所不让也。”注云：“此亦笏也，谓之珽，珽然无所屈也。杼上终葵首，终葵首者，于杼上又广其首，方如椎头，是谓无所屈，后则恒直。荼读为舒。诎谓圜杀其首，不为椎头。诸侯惟天子诎焉。大夫奉君命出入者，上有天子，下有己君，又杀其下而圜。”又“将适公所，史进象笏，书思对命”，注云：“思，所思念将以告君者也。对，所以对君者也。命，所受君命者也。书之于笏，为失忘反。”盖笏之制，其来已久，自天子至士皆用之。今此曶字，从勿，谐音，从曰，象形。俗本讹作从日者，非也。

【小结】此条抄自《尚书后案》卷二《虞夏书》。作伪方式有二：第一，点窜字句；第二，增加句子。

177. 戈戟之制

《考工记》：“戈广二寸，内倍之，胡三之，援四之。”注：“戈，今句孑戟也。内谓胡以内接柲者也，长四寸；胡六寸；援八寸。”郑司农云：“援，直刃也，胡，其孑。”又“戟广寸有半寸，内三之，胡四之，援五之”，注：“戟，今三锋戟也，内长四寸半，胡长六寸，援长七寸半。”江氏永曰：“戈、戟皆有曲胡而异用。以《春秋传》考之，获长狄侨如，‘富父终甥摏其喉，以戈杀之’，此用援之直刃摏之也。‘狼瞫取戈以斩囚’，此用胡之曲刃斩之也。‘子南以戈击子皙而伤，苑何忌斠林雍断其足’，当亦是戈胡击之斠之。他若士华免以戈杀国佐，长鱼矫以戈杀驹伯，用援用胡皆可。云‘杀子都，拔戟逐颍考叔’，‘灵辄倒戟御公徒’，皆拟用戟之刺与援者也。狂狡倒戟出郑人于井，反为郑人所获；栾乐乘槐本而覆，或以戟钩之，断肘而死，皆用下胡钩人者也。戟胡横直皆三寸，其间甚狭，何能钩人出于井？盖钩其衣若带，是以其人不伤，反能禽钩者也。钩栾乐，断肘而死，盖本欲生禽之，故不用刺与援，而用胡以钩之。钩之而胡之下锋贯肘，曳之而肘遂断也。”观此则戈戟似，而实异用也。

【辨伪】王鸣盛《尚书后案》卷十一《周书》云：

> 《考工记》：“戈广二寸，内倍之，胡三之，援四之。”注：“戈，今句孑戟也。内谓胡以内接柲者也，长四寸；胡六寸；援八寸。”郑司农云：“援，直刃也，胡，其

子。"又："戟广寸有半寸，内三之，胡四之，援五之。"注："戟，今三锋戟也，内长四寸半，胡长六寸，援长七寸半。"江氏永曰："戈、戟皆有曲胡而异用。以《春秋传》考之，获长狄侨如，'富父终甥摏其喉，以戈杀之'，此用援之直刃摏之也。'狼瞫取戈以斩囚'，此用胡之曲刃斩之也。'子南以戈击子皙而伤，苑何忌斵林雍断其足'，当亦是戈胡击之斵之。他若士华免以戈杀国佐，长鱼矫以戈杀驹伯，用援用胡皆可。云'杀子都，拔戟逐颍考叔，灵辄倒戟御公徒'，皆拟用戟之刺与援者也。狂狡倒戟出郑人于井，反为郑人所获；栾乐乘槐本而覆，或以戟句之，断肘而死，皆用下胡钩人者也。戟胡横皆三寸，其间甚狭，何能钩人出于井？盖钩其衣若带，是以其人不伤，反能禽钩者也。钩栾乐，断肘而死，盖本欲生禽之，故不用刺与援，而用胡以钩之。钩之而胡之下锋贯肘，曳之而肘遂断也。"观此则戈戟相似而实异用。

【小结】此条抄自《尚书后案》卷十一《周书》。作伪方式为点窜字句。

178. 夷狄之数互异

案《尔雅·释地》："九夷、八狄、七戎、六蛮，谓之四海。"《夏官·职方氏》："掌四夷、八蛮、五戎、六狄之数。"《礼记·明堂位》云："周公朝诸侯于明堂，九夷西面北上，八蛮北面东上，六戎东面南上，五狄南面东上。"三者数互异。郑《小雅·蓼萧》笺，《雒师谋》、《我应》注与《释地》同。《职方》及《秋官·布宪》注与《明堂位》同。按《尔雅》李巡本"四海"下有三句云："八蛮在南方，六戎在西方，五狄在北方。"惟李巡有之，孙炎、郭璞本皆无。《郑志》赵商问："《职方氏》：'掌四夷、八蛮、七闽、九貉、五戎、六狄之数。'《明堂位》：'夷九、蛮八、戎六、狄五。'礼之事异，未达其数？"郑答："《职方氏》四夷，四方夷狄也。九貉即九夷，在东方。八蛮在南方，闽其别也。戎、狄之数，或五或六，两文异耳，不甚明，故不定也。"

【辨伪】王鸣盛《尚书后案》卷二《虞夏书》云：

> 《释地》云："九夷、八狄、七戎、六蛮，谓之四海。"《夏官·职方氏》云："掌四夷、八蛮、五戎、六狄之数。"《礼记·明堂位》云："周公朝诸侯于明堂，九夷西面北上，八蛮北面东上，六戎东面南上，五狄南面东上。"(三者数互异。郑《小雅·蓼萧》笺，《雒师谋》、《我应》注与《释地》同。《职方》及《秋官·布宪》注与《明堂位》同。按《尔雅》李巡本"四海"下有三句云："八蛮在南方，六戎在西方，五狄在北方。"三句惟李巡有之，孙炎、郭璞本皆无。……《郑志》赵商问："《职方氏》：'掌四夷、八蛮、七闽、九貉、五戎、六狄之数。'《明堂位》：'夷九、蛮八、戎六、狄五。'礼之事异，未达其数？"郑答："《职方氏》四夷，四方夷狄也。九貉即九夷，在东方。八蛮在南方，闽其别也。"戎、狄之数或五或六，两文异耳，不甚明，故不定)

【小结】此条抄自《尚书后案》卷二《虞夏书》。作伪方式有二：第一，点窜字句；第二，改注文为正文。

179. 古人名字相配

【A】许氏《说文·㫃部》："㫃，旌旗之游㫃蹇之貌。古人名㫃字子游。"又云："施，旗貌。齐栾施字子旗，知施，旗也。"又《石部》云："碫，厉石也。郑公子碫，字子石。"又《黑部》："黵，虽皙而黑也。古人名黵字子皙。"是名、字恒相配也。【B】案卢植校定《礼记·檀弓下》："子显以致命于穆公。"郑注："使者，公子絷也。"卢氏曰："古者名、字相配，'显'当作'韅'。"今考《诗·白驹》："絷之维之"传："絷，绊也。"《礼记·月令》则"絷腾驹"，是絷为维绊义。《说文·页部》："显，头明饰也。从页，㬎声。"与絷义无涉。《革部》："㬎，著掖鞥也。从革，显声。"又《释名·释车》云："韅，维也。横经其腹下也。"与"维绊"义合，故名絷字。子显依《说文》当作㬎，卢氏校定作"韅"者，汉人隶省也。

【辨伪】A 段抄自王鸣盛《尚书后案》卷二十八《周书》：

> 如《说文·㫃部》云："㫃，旌旗之游㫃蹇之貌。古人名㫃字子游。"又云："施，旗貌。齐栾施字子旗，知施者旗也。"又《石部》云："碫，厉石也。郑公孙碫，字子石。"又《黑部》云："黵，虽皙而黑也。古人名黵字子皙。"是名、字恒相配。

B 段抄自臧琳《经义杂记》卷二十五"卢植《礼记》注"条：

> 卢氏校定《礼记》……《檀弓下》："子显以致命于穆公。"郑注："使者，公子絷也。"卢氏云："古者名、字相配，'显'当作'韅'。"今考《诗·白驹》："絷之维之。"传："絷，绊也。"《礼记·月令》则"絷腾驹"，是絷为维绊义。《说文·页部》："显，头明饰也。从页，㬎声。"与絷义无涉。革部："㬎，著掖鞥也，从革，显声。"又《释名·释车》云："韅，经也。横经其腹下也。"(案杜注《左传》僖廿八年云："在背曰韅。"非是)与维绊义合，故名絷字子韅。依《说文》："韅"当作"㬎"。卢云当作"韅"者，汉人隶省。

【小结】此条抄自《尚书后案》卷二十八《周书》、《经义杂记》卷二十五"卢植《礼记》注"条。作伪方式有二：第一，点窜字句；第二，多源组合，A 段抄自《尚书后案》卷二十八《周书》，B 段抄自《经义杂记》卷二十五"卢植《礼记》注"条。

180. 稽首礼最重

案《太祝》："辨九拜，一稽首，二顿首，三空首。"注云："稽首，头至地也。顿首，头叩地也。空首，头至手，所谓拜手也。"疏云："三者相因，空首者先以两手拱至地，乃头至手，以其头不至地，故云空首。顿首者，为空首之时引头至地，首顿地即举，故名顿首。稽首者，稽谓稽留之，头至地多时，则为稽首。稽首、顿首俱头至地，但稽首至地多时，顿首至地即举，故以叩地言之，谓若以首叩物然。"稽首，拜中最重，臣拜君乃用之也。

【辨伪】王鸣盛《尚书后案》卷一《虞夏书》云：

> 《太祝》："辨九拜，一稽首，二顿首，三空首。"注云："稽首，头至地也。顿首，头叩地也。空首，头至手，所谓拜手也。"疏云："三者相因，空首者先以两手拱至地，乃头至手，以其头不至地，故名空首。顿首者，为空首之时引头至地，首顿地即举，故名顿首。稽首者，稽谓稽留之，头至地多时，则为稽首。稽首、顿首俱头至地，但稽首至地多时，顿首至地即举，故以叩地言之，谓若以首叩物然。"稽首，拜中最重，臣拜君用之也。

【小结】此条抄自《尚书后案》卷一《虞夏书》。作伪方式为点窜字句。

181. 章服尊卑之制

诸儒解《尚书》"五服五章"，皆以意说经，并无所据。就其说考之，郑说为长。据伏生《大传》："天子衣服，其文华虫，作绘宗彝璪火山龙，诸侯作绘宗彝璪火山龙，子男宗彝璪火山龙，大夫璪火山龙，士山龙。山龙，青也，华虫，黄也，作绘，黑也，宗彝，白也，璪火，赤也。天子服五，诸侯服四，次国服三，大夫服二，士服一。"此说上遗日月星辰；下遗粉米黼黻；以五色为五章，既非虞之十二章，又非周之九章；不分衣裳绘绣；以作绘为一章；以璪火山龙合为一。郑注《大传》亦云："华虫，五色之虫，而以为黄。璪，水艸，苍色，而以为赤。玄或疑焉。"《大传》之说，其谬可知。孔于五服，则以天子、诸侯、卿、大夫、士之服。于作服，则以为天子服日月而下，诸侯自龙衮而下至黼黻，士服璪火，大夫加粉米。上得兼下，下不得僭上。正义："天子日月至黼黻十二章，诸侯龙至黼黻八章，士璪火二章，大夫加粉米四章。"五服卿、大夫不同，当加黼黻为六章。孔不言，略之也。孔以"日月星辰山龙华虫，尊者在上"，"璪火粉米黼黻，尊者在下"，黼黻尊于粉米，粉米尊于璪火，故以尊卑差之。衣在上为阳，阳统于上，故所尊在先。裳在下为阴，阴统于下，故所尊在后。天子、诸侯下至黼黻，大夫粉米兼服璪火，是上得兼下。士不得服粉米，大夫不得服黼黻，是下不得僭上也。此说遗去宗彝；以粉米为二；章服之制，专为欲辨尊卑，三等诸侯岂无分别？正义虽以《杂记》"天子九虞，诸侯七虞。天子七月而葬，诸侯五月而葬"证诸侯同为一等，究属牵强；帝王之制相因，周卿大夫为一，此分为二；古者尊卑降杀以两，诸侯自龙以下八章，则较天子少四章，太相县绝，必无此理；衣从上数，裳从下数，凿空无据。孔说不足信也。惟郑云："作服者，'十二章为五服，天子备有焉。公自山龙而下，侯伯自华虫而下，子男自璪火而下，卿大夫自粉米而下。'"考《周礼·春官·司服》云："公之服，自衮冕而下如王之服；侯伯之服，自鷩冕而下如公之服；子男之服，自毳冕而下如侯伯之服；孤之服，自希冕而下如子男之服；卿大夫之服，自玄冕而下如孤之服。"郑意谓周制王以大裘代三辰，衮即龙，鷩即华虫，毳即宗彝，希即粉米。又"登龙于山，登火于宗彝"，则虞周之制损益相因，即降杀以两，配合甚为有理，故知郑说是也。惟上公置孤卿一人，周道尚文，其服与卿大夫又别。虞时质朴，孤与卿大夫无别，皆服粉米而下。以此推之，则虞时士当服玄冕，而下衣无文，裳刺黻而已。

【辨伪】王鸣盛《尚书后案》卷二《虞夏书》云：

诸儒皆以意说经传，并无所据。就其说考之，郑说为是。《大传》云："天子衣服，其文华虫，作绘宗彝璪火山龙，诸侯作绘宗彝璪火山龙，子男宗彝璪火山龙，大夫璪火山龙，士山龙。……山龙青也，华虫黄也，作绘黑也，宗彝白也，璪火赤也。天子服五，诸侯服四，次国服三，大夫服二，士服一。"此说上遗日月星辰，其谬一。下遗粉米黼黻，其谬二。以五色为五章，既非虞之十二章，又非周之九章，其谬三。不分衣裳绘绣，其谬四。作绘为一章，其谬五。璪火山龙并合为一，其谬六。郑注《大传》亦云："华虫，五色之虫，而以为黄。璪，水艸，苍色，而以为赤。玄或疑焉。"是则《大传》之说，其谬显然。孔于五服，则以为天子、诸侯、卿、大夫、士之服。于作服，则以为天子服日月而下，诸侯自龙衮而下至黼黻，士服璪火，大夫加粉米。上得兼下，下不得僭上。正义："天子日月至黼黻十二章，诸侯龙至黼黻八章，士璪火二章，大夫加粉米四章。孔注五服，卿与大夫不同，当加黼黻为六章。孔不言，略之也。孔以此经上句'日月星辰山龙华虫，尊者在上'，下句'璪火粉米黼黻，尊者在下'，黼黻尊于粉米，粉米尊于璪火，故以尊卑差之。衣在上为阳，阳统于上，故所尊在先。裳在下为阴，阴统于下，故所尊在后。天子、诸侯下至黼黻，大夫粉米兼服璪火，是上得兼下。士不得服粉米，大夫不得服黼黻，是下不得僭上也。"此说遗去宗彝，其谬一。粉米为二，其谬二。章服之制，专为欲辨尊卑，三等诸侯岂无分别？正义虽以《杂记》"天子九虞，诸侯七虞。天子七月而葬，诸侯五月而葬"证诸侯同为一等，究属牵强，其谬三。帝王之制相因，周卿大夫为一，此分为二，其谬四。古者尊卑降杀以两，诸侯自龙以下八章，则较天子少四章，太相悬绝，必无此理，其谬五。衣从上数，裳从下数，凿空无据，其谬六。是孔说亦不足信也。惟郑云：作服者，"十二章为五服，天子备有焉。公自山龙而下，侯伯自华虫而下，子男自璪火而下，卿大夫自粉米而下。"考之《司服》云："公之服，自衮冕而下如王之服；侯伯之服，自鷩冕而下如公之服；子男之服，自毳冕而下如侯伯之服；孤之服，自希冕而下如子男之服；卿大夫之服，自玄冕而下如孤之服。"郑意谓周制王以大裘代三辰，衮即龙，鷩即华虫，毳即宗彝，希即粉米。又"登龙于山，登火于宗彝"，则虞周之制损益相因，皆降杀以两，配合甚为有理，故知郑说是也。惟上公置孤卿一人，周道尚文，其服与卿大夫又别。虞时质朴，孤与卿大夫无别，皆服粉米而下。以此推之，则虞时士当服玄冕，而下衣无文，裳刺黻而已。

【小结】此条抄自《尚书后案》卷二《虞夏书》。作伪方式为点窜字句。

182. 韦弁非爵弁

【A】案宋陈祥道之说，谓《周礼》之韦弁即爵弁。其说甚新，不可信。考《士冠礼》"爵弁服"，注曰："爵弁者冕之次，其色赤而微黑，如爵头然。或谓之緅，其布三十升。"《周礼》"凡兵事韦弁服"注曰："韦弁以韎韦为弁，又以为衣裳。"此爵弁、韦弁显异者也。惟

《书》云："二人雀弁执惠。"伪孔传云："雀韦弁。"似即以爵弁为韦弁者。然孔颖达疏云："据阮谌《三礼图》，雀弁以布为之。此传言雀韦弁者，此人执兵，宜以韦为之。然下言冕执兵者不可以韦为冕，未知孔意如何。"则孔疏于此传原不深信。且即以爵韦为之，要止得名曰爵弁，不得通名韦弁。故《释名》曰："以爵韦为之，谓之爵弁。韎韦为之，谓之韦弁。"二语极为分晰，不容相混。至于《周礼·司服》有韦弁无爵弁，贾疏云："爵弁之服，惟有承天变及天子哭诸侯乃服之。所服非常，故天子吉服不列之。"此义颇得。如必谓韦弁即爵弁，《司服》未尝遗爵弁，则王之吉服自大裘至冠弁，其等杀凡八。公之服自衮冕以下，大裘不得服。侯伯之服自鷩冕以下，衮冕不得服。以次杀之。士之服自皮弁以下，韦弁不得服。其制甚明。如韦弁即爵弁，士于礼已不得服矣，何以《士冠礼》曰"爵弁服纁裳"乎？且《仪礼·士昏礼》、《士丧礼》既有爵弁服，而《聘礼》曰："君使卿韦弁归饔饩。"又曰："夕夫人使下大夫韦弁归礼。"则是既有爵弁，又有韦弁明矣。又安得以《司服》不载为疑也。【B】盖祥道与陆佃皆王安石客，安石说经，既创造新义，务异先儒，故祥道与陆佃亦皆排斥旧说。由一时风气所趋，毋庸深诘也。

【辨伪】A 段抄自《四库全书总目》卷二十三《仪礼释例》提要：

> 惟宋陈祥道之说，谓《周礼》之韦弁即爵弁。其说过新，不可信。考《士冠礼》"爵弁服"注曰："爵弁者冕之次，其色赤而微黑，如爵头然。或谓之緅，其布三十升。"《周礼》"凡兵事韦弁服"注曰："韦弁以韎韦为弁，又以为衣裳。"此爵弁、韦弁显异者也。惟《书》云："二人雀弁执惠。"伪孔传云："雀韦弁。"似即以爵弁为韦弁者。然孔颖达疏云："据阮谌《三礼图》，雀弁以布为之。此传言雀韦弁者，此人执兵，宜以韦为之。然下言冕执兵者不可以韦为冕，未知孔意如何。"则孔疏于此传原不深信。且即以爵韦为之，要止得名曰爵弁，不得通名韦弁。故《释名》曰："以爵韦为之，谓之爵弁。韎韦为之，谓之韦弁。"二语极为分晰，不容相混。至于《周礼·司服》有韦弁无爵弁，贾疏云："爵弁之服，惟有承天变及天子哭诸侯乃服之。所服非常，故天子吉服不列之。"此义颇得。如必谓韦弁即爵弁，《司服》未尝遗爵弁，则王之吉服自大裘至冠弁，其等杀凡八。公之服，自衮冕以下大裘不得服。侯伯之服，自鷩冕以下衮冕不得服。以次杀之。士之服自皮弁而下韦弁不得服。其制甚明。如韦弁即爵弁，士于礼已不得服矣，何以《士冠礼》曰"爵弁服纁裳"乎？且《仪礼·士冠礼》、《士昏礼》、《士丧礼》既有爵弁服，而《聘礼》曰："君使卿韦弁归饔饩。"又曰："夕夫人使下大夫韦弁归礼。"则是既有爵弁，又有韦弁明矣。又安得以《司服》不载为疑也。

B 段抄自《四库全书总目》卷二十二《礼书》提要：

> 盖祥道与陆佃皆王安石客……安石说经，既创造新义，务异先儒。故祥道与陆佃亦皆排斥旧说。……盖一时风气所趋，毋庸深诘。

【小结】此条抄自《四库全书总目》卷二十二《礼书》提要、卷二十三《仪礼释例》提要。作伪方式有二：第一，点窜字句；第二，多源组合，A 段抄自《仪礼释例》提要，B 段抄自《礼书》提要。

183. 深衣之制

深衣之制，众说纠纷。江永据《玉藻》“深衣三袪，缝齐倍要，衽当旁”云：“如裳前后当中者，为襟为裾，皆不名衽。惟当旁而斜杀者乃名衽。”今以永说求之训诂诸书，虽有合有不合，而衷诸经文，其义最当。考《说文》云：“衽，衣裣也。”裣即襟，永以裳之前为襟，而旁为衽。《说文》乃以衣襟为衽，则不独旁为衽矣。又《尔雅》云：“执衽谓之**袺**，扱衽谓之襭。”李巡曰：“衽者，裳之下也。”云下则裳之下皆名衽，不独旁矣。然《方言》曰：“褛谓之衽。”郭璞注云：“衣襟也。”与《说文》前襟名衽义正同。而郭注又云：“或曰衽，裳际也。”云裳际则据两旁矣。永之所考，盖据郭璞后说也。又刘熙《释名》云：“襟，禁也，交于前，所以禁御风寒也。裾，倨也，倨倨然也直，亦言在后当见倨也。衽，襜也，在旁襜襜然也。”证以永说，谓裳前襟后裾，皆直幅不交裂，即《释名》所云“**倨裾然直**”也。谓在旁者乃名衽，则即《释名》“在旁襜襜”之义也。其释经文“衽，当旁”三字实非孔疏所能及。至后辨续衽钩边一条，谓续衽在左，前后相属，钩边在右，前后不相属。钩边在汉时谓之曲裾，乃别以裳之一幅斜裁之，缀于右后衽之上，使钩而前。孔疏合续衽、钩边为一。其说亦考证精核，远胜前人矣。

【辨伪】《四库全书总目》卷二十一《深衣考误》提要云：

> 深衣之制，众说纠纷。永据《玉藻》“深衣三袪，缝齐倍要，衽当旁”云：“如裳前后当中者，为襟为裾，皆不名衽。惟当旁而斜杀者乃名衽。”今以永说求之训诂诸书，虽有合有不合，而衷诸经文，其义最当。考《说文》曰：“衽，衣裣也。”裣即襟，永以裳之前为襟，而旁为衽。《说文》乃以衣襟为衽，则不独旁为衽矣。又《尔雅》曰：“执衽谓之袺，扱衽谓之襭。”李巡曰：“衽者裳之下也。”云下则裳之下皆名衽，不独旁矣。然《方言》曰：“褛谓之衽。”郭璞注曰：“衣襟也。”与《说文》前襟名衽义正同。而郭注又云：“或曰衽，裳际也。”云裳际则据两旁矣。永之所考，盖据璞注后说也。又刘熙《释名》云：“襟，禁也，交于前，所以禁御风寒也。裾，倨也，倨倨然直，亦言在后当见倨也。衽，襜也，在旁襜襜然也。”证以永说，谓裳前襟后裾，皆直幅不交裂，则即《释名》所云“倨倨然直”也。谓在旁者乃名衽，则即《释名》“在旁襜襜”之义也。其释经文“衽，当旁”三字实非孔疏所能及。其后辨续衽钩边一条，谓续衽在左，前后相属，钩边在右，前后不相属。钩边在汉时谓之曲裾，乃别以裳之一幅斜裁之，缀于右后衽之上，使钩而前。孔疏误合续衽、钩边为一。其说亦考证精核，胜前人多矣。

【小结】此条抄自《四库全书总目》卷二十一《深衣考误》提要。作伪方式为点窜字句。

184. 周之九服

《王制》曰：“凡四海之内九州，州方千里。”郑注云：“此大界方三千里，三三而九，方千里者九也。其一为县，内余八，各立一州，此殷制也。”《王制》又云：“凡九州千七百七十三国。”郑注云：“《春秋传》曰：‘禹会诸侯于涂山，执玉帛者万国。’言执玉帛，惟谓中国耳。中国而言万国，则是诸侯之地有方百里，有方七十里，有五十里。要服之内，地方七千里，乃能容之。夏末既衰，土地减，国数少，殷汤承之，更制中国方三千里之界，亦分为九州，而建此千七百七十三国焉。”郑必以《王制》所言为殷制者，此中国方三千里，上稽之唐虞及夏初，疆域皆不合，下考之《周礼》亦不符，故推以为殷汤承夏之衰而然。周公辅成王，复禹之旧，分其五服为九，亦为方万里，亦以要服之内方七千里为九州，《周礼·职方氏》：“方千里曰王畿，其外方五百里曰侯服，又其外方五百里曰甸服，又其外方五百里曰男服，又其外方五百里曰采服，又其外方五百里曰卫服，又其外方五百里曰蛮服，又其外方五百里曰夷服，又其外方五百里曰镇服，又其外方五百里曰藩服。”是周之九服为方万里也。又《大行人职》所说与《职方》同，而以“蛮服”为“要服”，其下乃云“九州之外谓之蕃国”。于“要服”下言“九州之外”，则要服之内，为九州矣。郑注《皋陶谟》云：“禹敷土毕，广辅五服而成之，至面各五千里。”“去王城五百里曰甸服，于周为王畿，其弼当侯服。其外五百里为侯服，当甸服，其弼当男服。其外五百里为绥服，当采服，其弼当卫服。其外五百里为要服，与周要服相当，去王城三千五百里。四面相距方七千里，是九州之内也。要服之弼当其夷服。又其外方五百里曰荒服，当镇服，其弼当藩服，去王城五千里。四面相距方万里。”是周之九服即禹弼成之五服，而分为九者也。

【辨伪】王鸣盛《尚书后案》卷二十四《周书》云：

> 《王制》云：“凡四海之内九州，州方千里。”郑注云：“此大界方三千里，三三而九，方千里者九也。其一为县，内余八，各立一州，此殷制也。”《王制》又云：“凡九州千七百七十三国。”郑注云：“《春秋传》曰：‘禹会诸侯于涂山，执玉帛者万国。’言执玉帛，则惟谓中国尔。中国而言万国，则是诸侯之地有方百里，有方七十里，有方五十里。……要服之内，地方七千里，乃能容之。夏末既衰，土地减，国数少，殷汤承之，更制中国方三千里之界，亦分为九州，而建此千七百七十三国焉。”郑必以《王制》所言为殷制者，以中国方三千里，上稽之唐虞及夏初，疆域皆不合，下考之《周礼》，亦不符，故推以为殷汤承夏之衰而然。周公辅成王致太平，复禹之旧，分其五服为九，亦为方万里，亦以要服之内方七千里为九州……《周礼·职方氏》：“方千里曰王畿，其外方五百里曰侯服，又其外方五百里曰甸服，又其外方五百里曰男服，又其外方五百里曰采服，又其外方五百里曰卫服，又其外方五百里曰蛮服，又其外方五百里曰夷服，又其外方五百里曰镇服，又其外方五百里曰藩服。”是周之九服为方万里也。又《大行人职》所说与《职方氏》同，而以“蛮服”为“要服”，其下乃云“九州之外谓之蕃国”。于“要服”下言“九州之外”，则要服之内，为九州矣。郑注《皋陶谟》云：“禹敷土毕，广辅五服而成之，至面各五千里。”“去王城五百里曰甸服，于周为王畿，其弼当侯服。其外五百里为侯服，当甸服，其弼当男服。其外五百里为绥服，当采服，其弼当卫服。其外五百里为要服，与周要服相当，去王城三千五百里。四面相距方七千里，是九州之内也。要服之弼当其夷服。又其外方五百里曰荒服，当镇服，其弼当藩服，去王城五千里。四面相距方万里。”是周之九服即禹弼成之五服，而分为九者也。

【小结】此条抄自《尚书后案》卷二十四《周书》。作伪方式为点窜字句。

185. 井田沟洫不同制

王畿千里，分为五等：曰六乡，曰《载师》“廛里”以下九等田，曰六遂，曰四处公邑，皆用沟洫法；曰三等采地，用井田法。二者立制不同，然五沟五涂则同。故《地官·遂人》云：“凡治野，夫间有遂，遂上有径。十夫有沟，沟上有畛。百夫有洫，洫上有涂。千夫有浍，浍上有道。万夫有川，川上有路，以达于畿。”郑注：“遂、沟、洫、浍，皆所以通水于川也。遂广深各二尺，沟倍之，洫倍沟，浍广二寻，深二仞。径、畛、涂、道、路，皆所以通车徒于国都也。”正义：“此沟洫法与井田异制，其遂、沟、洫、浍广深亦与井田沟、浍广深同。故郑还约《匠人》井田之法而言也。”《考工记》云：“匠人为沟洫，耜广五寸，二耜为耦。一耦之伐，广尺，深尺，谓之甽。田首倍之，广二尺，深二尺，谓之遂。九夫为井，井间广四尺，深四尺，谓之沟。方十里为成，成间广八尺，深八尺，谓之洫。方百里为同，同间广二寻，深二仞，谓之浍。”郑注：“此畿内采地之制。采地制井田，异于乡、遂及公邑。”一夫所佃百亩，方百步。九夫为井，方一里，三夫为屋。“一井之中，三屋九夫，三三相具，以出赋税，其治沟也。方十里为成，成中容一甸，甸方八里出田赋，缘边一里治洫。方百里为同，同中容四都、六十四成，方八十里出田赋，缘边十里治浍。”正义云：“‘畿内采地之制’者，对畿外诸侯亦制井田，与此同。云‘采地制井田，异于乡、遂及公邑’者，按《遂人》云：‘夫间有遂，十夫有沟，百夫有洫，千夫有浍，万夫有川。’方三十三里少半里，九而方一同，以南亩图之，遂纵沟横，洫纵浍横，九浍而川周其外。若九一而方一同，则百里之内九九八十一浍。井田则一同惟一浍。既沟、浍稀稠不同，又彼沟洫法以为贡，只就夫税之，十一而贡，此则九夫为井，井税一夫，美恶取于此，不税民之所自治，是沟洫、井田异也。”井田之法，畎纵遂横，沟纵洫横，浍纵自然川横。其夫间纵者分，夫间之界耳。无遂，其遂注入沟，沟注入洫，洫注入浍，浍注自然入川。此略举一成以三隅反之，一同可见矣。《遂人》云“夫间有遂”，以南亩图之，则遂纵而沟横。此不云“夫间有遂”，云“田首倍之谓之遂”，遂则横而沟纵也。自余洫、**沟**、川，依此遂、沟纵横参之可知。但彼云“九浍而川周其外”，川则人造之；此百里有浍，浍水注入川，相去逆，故宜为自然川也。此井田沟洫之制，创之三代相因不变者也。

【辨伪】王鸣盛《尚书后案》卷二《虞夏书》云：

> 王畿千里，分为五等：曰六乡，曰《载师》“廛里”以下九等田，曰六遂，曰四处公邑，皆用沟洫法；曰三等采地，用井田法。二者立制不同，然五沟五涂则同。故《地官·遂人》云：“凡治野，夫间有遂，遂上有径。十夫有沟，沟上有畛。百夫有洫，洫上有涂。千夫有浍，浍上有道。万夫有川，川上有路，以达于畿。”郑注：“遂、沟、洫、浍，皆所以通水于川也。遂广深各二尺，沟倍之，洫倍沟，浍广二寻，深二仞。径、畛、涂、道、路，皆所以通车徒于国都也。”正义：“此沟洫法与井田异制，其遂、沟、洫、浍广深亦与井田沟、浍广深同。故郑还约《匠人》井田之法而言也。”《考工记》云：“匠人为沟洫，耜广五寸，二耜为耦。一耦之伐，广尺，深尺，谓之甽。田首倍之，广二尺，深二尺，谓之遂。九夫为井，井间广四尺，深四

尺，谓之沟。方十里为成，成间广八尺，深八尺，谓之洫。方百里为同，同间广二寻，深二仞，谓之浍。”郑注：“此畿内采地之制。采地制井田，异于乡、遂及公邑。”一夫所佃百亩，方百步。九夫为井，方一里，三夫为屋。“一井之中，三屋九夫，三三相具，以出赋税，共治沟也。方十里为成，成中容一甸，甸方八里出田税，缘边一里治洫。方百里为同，同中容四都、六十四成，方八十里出田税，缘边十里治浍。”正义云：“‘畿内采地之制’者，对畿外诸侯亦制井田，与此同。云‘采地制井田，异于乡、遂及公邑’者，按《遂人》云：‘夫间有遂，十夫有沟，百夫有洫，千夫有浍，万夫有川。’方三十三里少半里，九而方一同，以南亩图之，遂纵沟横，洫纵浍横，九浍而川周其外。若一九而方一同，则百里之内九九八十一浍。井田则一同惟一浍。既沟、浍稀稠不同，又彼沟洫法以为贡，只就夫税之，十一而贡，此则九夫为井，井税一夫，美恶取于此，不税民之所自治，是沟洫、井田异也。”井田之法，畎纵遂横，沟纵洫横，浍纵自然川横。其夫间纵者，分夫间之界耳。无遂，其遂注入沟，沟注入洫，洫注入浍，浍注自然入川。此略举一成，以三隅反之，一同可见矣。《遂人》云“夫间有遂”，以南亩图之，则遂纵而沟横。此不云“夫间有遂”，云“田首倍之谓之遂”，遂则横而沟纵也。自余洫、浍、川，依此遂、沟纵横参之可知。但彼云“九浍而川周其外”，川则人造之；此百里有浍，浍水注入川，相去逆，故宜为自然川也。愚谓井田沟洫之制创于禹，三代相因不变。

【小结】此条抄自《尚书后案》卷二《虞夏书》。作伪方式为点窜字句。

186. 呵引之制

案：《宋史·礼志》有“呵引之制”一条，但言两人呵引，而制未详。《职官志赞》引一条云：“旧中书门下、翰林学士、御史中丞并绯衣双引，仍传呼。”注云：“开宝中，学士止令一吏前导，亦罢传呼，唯谢恩初上日，双引传呼。”淳化四年，令东宫三少、尚书、丞、郎入朝，以绯衣吏前导，并通官呵止。三品以上用朝堂驱使官，余用本司驱使官。又《王旦传》：“驾还，旦子弟迎于郊。忽闻后有驺诃声，惊视之，乃旦也。”又王钦若居第在太庙后壖，自言出入诃导不自安，因赐第定安坊。又阎日新言：“京城百官早朝，而学士、丞、郎、舍人以上导，从前呵止太盛，难以趋避，望令裁减。”陈襄《文昌杂录》云：“《通典》‘梁御史中丞给威仪十人，其八人武冠绛鞲，一人缃衣执杖，依次列行，七人唱呼入殿，引喤至阶。一人执青仪囊，不喤。’”国朝故事，御史中丞莅官，呵引至朝堂门，两朱衣吏双引入朝堂，至文德殿门止。《金史·仪卫志》：“百官仪从，正从一品邀喝四人。正、从二品邀喝三人。三品以下无闻外官之邀喝。惟随路副统军则不邀喝。”凡所谓呵引、引喤、驺呵、导从、诃止、诃导、邀喝，古以为入殿之仪，而后世不然。今百官之喝道乃沿明制。而《明史》于仪卫职官皆无所纪，惟《通雅·车类》有云：“北都自万历末年，四品以下乘小轿喝道。今京官喝道者，独三品以上及御史之巡城者又不同矣。”

【辨伪】汪师韩《韩门缀学》续编“引喤”条云：

《宋史·礼志》有“呵引之制”一条，但言两人呵引，而制未详。《职官志赞》引一条云：“旧中书门下、翰林学士、御史中丞并绯衣双引，仍传呼。”注云：“开宝中，学士止令一吏前导，亦罢传呼，唯谢恩初上日，双引传呼云。”淳化四年，令东宫三少、尚书、丞、郎入朝，以绯衣吏前导，并通官呵止。三品以上用朝堂驱使官，余用本司驱使官。又《王旦传》：“驾还，旦子弟迎于郊。忽闻后有驺诃声，惊视之，乃旦也。”又王钦若居第在太庙后壖，自言出入诃导不自安，因赐第定安坊。又阎日新言：“京城百官早朝，而学士、丞、郎、舍人以上导，从前呵止太盛，难以趋避，望令裁减。”陈襄《文昌杂录》云：“《通典》：‘梁御史中丞给威仪十人，其八人武冠绛鞲，一人緗衣执鞭杖，依次列行，七人唱呼入殿，引喤至阶。一人执青仪囊不喤(音横)。’”国朝故事，御史中丞莅官，呵引至朝堂门，两朱衣吏双引入朝堂，至文德殿门止。《金史·仪卫志》：“百官仪从，正、从一品邀喝四人。正、从二品邀喝三人。三品以下无闻外官之邀喝。惟随路副统军则不邀喝。”……凡所谓引喤、呵引、驺诃、导从、呵止、诃导、邀喝，古以为入殿之仪，而后世不然。今百官之喝道乃沿明制。而《明史》于仪卫职官皆无所纪，惟《通雅·车类》有云：“北都自万历末年，四品以下乘小轿喝道。今京官喝道者，独三品以上，及御史之巡城者又不同矣。”

【小结】此条抄自汪师韩《韩门缀学》续编“引喤”条。作伪方式有二：第一，点窜字句；第二，改变标题，将“引喤”改为“呵引之制”。

今按：“引喤”，古代贵官出行时，其侍从在前高声喝道。“呵引”，犹呵道。

又按：卷六论制度。多抄袭《廿二史劄记》、《尚书后案》、《韩门缀学》。作伪手段也比较简单。

《经史杂记》卷七

187. 策简长短之制

【A】案《尚书疏》引顾氏曰："策长二尺四寸，简长一尺二寸。"**此顾彪语实非也**。尝遍考之，策之制靡定，长短各有所施；简则以二尺四寸为定。《周盘传》编二尺四寸简写《尧典》一篇；束皙《穆天子传序》以前所考定古尺度，其简二尺四寸，皆定制者。惟《班书·杜周传》注孟康曰"以三尺竹简书法律"为异。《南史·王僧虔传》有"发楚王冢，获竹简书青丝编，简广数分，长二尺"，又异。按：《盐铁论》云："二尺四寸之律，古今一也。"王伯厚谓"律盖书以二尺四寸简"，杜周、朱博俱举其大数谓之三尺。汉礼仪与律令同录，曹褒礼既写以二尺四寸简，律可知也。然则二尺四寸为简定制**明矣**。【B】又按《左传疏》云："单执一札谓之为简，连编诸简乃名为策。"以传文考之，亦殊未然。襄二十五年"齐南史氏执简以往"，此书"崔杼弑其君"五字，自一行可尽，执简宜矣。若文十三年"子无谓秦无人，吾谋适不用也"，亦仅十二字，简所能容，何用连简之策？又杜元凯云："大事书之于策，小事书之于简而已。"果尔，崔杼弑君何等大事，齐却书简？绕朝赠处，常言僚友间耳，乃又书策。反复不合，疑可互称。盖古人正名百物，未尝假借。后世乃通用之耳。

【辨伪】阎若璩《尚书古文疏证》卷七第一百十一条云：

> 【B】又按：《左传疏》云："单执一札谓之为简，连编诸简乃名为策。"余尝以传文考之，亦殊未然。襄二十五年"齐南史氏执简以往"，此书"崔杼弑其君"五字，自一行可尽，执简宜矣。若文十三年"子无谓秦无人，吾谋适不用也"，亦仅十二字，简所能容，何用联简之策？又杜元凯序云："大事书之于策，小事简牍而已。"果尔，崔杼弑君何等大事，齐却书简？绕朝赠处，常言僚友间耳，乃又书策。反复皆不合，疑可互称。善乎！熊南沙有言："古人正明百物，未尝假借，后世乃通之耳！"

【A】又按：《尚书疏》引顾氏云："策长二尺四寸，简长一尺二寸。"此语不知何所自来，余遍考之，策之制靡定，长短各有所施；简则二尺四寸。……《周盘传》编二尺四寸简写《尧典》一篇；束晳《穆天子传序》以前所考定古尺度，其间二尺四寸，皆定制者。惟《班书·杜周传》注孟康曰"以三尺竹简书法律"为异。《南史·王僧虔传》有"发楚王冢，获竹简书青丝编，简广数分，长二尺"，又异。……又按：《盐铁论》云："二尺四寸之律，古今一也。"王伯厚谓"律盖书以二尺四寸简"，杜周、朱博俱举其大数谓之三尺。汉礼仪与律令同录，曹褒礼既写以二尺四寸简，律可知也。然则二尺四寸为简定制，盖非无稽云。

【小结】此条抄自阎若璩《尚书古文疏证》卷七第一百十一条。作伪方式有二：第一，点窜字句；第二，改变顺序(阎若璩原文顺序为B、A)。

188. 古尺数、步数、亩数、里数

考《王制》："古者以周尺八尺为步，今以周尺六尺四寸为步。古者百亩当今百四十六亩三十步，古者百里当今百二十一里六十步四尺二寸二分。"是古步大于今步，古里大于今里。但《王制》汉文帝博士作，古谓周，今谓汉，不得于古为夏，今为周。且周尺之制见宋秦熺《钟鼎款识》："《汉志》刘歆铜尺、后汉建武铜尺、晋前尺并同。"宋高若讷依**旧志**定十五等尺，第一为周尺，即此也，详蔡氏《律吕新书》。**周尺**较今尺止七寸四分。今尺较古尺乃一尺三寸五分。古一步六尺，见《小司徒》注引《司马法》及《汉·食货志》。今一步五尺。见杜佑《通典·刑类·甲兵》篇之《守拒法》。宋迄明沿之。国朝以五尺五寸为步，见王贻上《居易录》所载孔尚任《周尺考》。今仍以五尺为步。古步较今步止四尺四寸四分，今步较古步乃一步有七寸五分。古百步为亩，见《小司徒》注引《司马法》。自汉至今，常以二百四十步为亩，古百亩当今四十一亩三分亩之二。大亩始于汉，见桓宽《盐铁论》。顾氏《玉篇》谓始秦孝公。古三百步为里，见宣十五年《穀梁传》及《孔子家语》、《大戴礼记·王言》篇。今三百六十步为里，见唐李翱《平赋书》。宋如唐，见《文献通考·王礼》第十二卷。元以二百四十步为里，见陶宗仪《辍耕录》。明如宋，见《洪武正韵》，今仍之。是尺数、步数、亩数、里数皆古小今大。步数虽古大今小，以尺通计之，仍为古小今大。《王制》之说殊不足据也。

【辨伪】王鸣盛《尚书后案》卷二《虞夏书》云：

《王制》："古者以周尺八尺为步，今以周尺六尺四寸为步。古者百亩当今百四十六亩三十步，古者百里当今百二十一里六十步四尺二寸二分。"是古步大于今步，古里大于今里。……但《王制》汉文帝博士作，古谓周，今谓汉，不得以古为夏，今为周。且周尺之制见宋秦熺《钟鼎款识》："《汉志》刘歆铜尺、后汉建武铜尺、晋前尺并同。"宋高若讷依《隋志》定十五等尺，第一为周尺，即此也(详蔡氏《律吕新书》)。较今尺止七寸四分。今尺较古尺乃一尺三寸五分。古一步六尺(见《小司徒》注引《司马法》及《汉·食货志》)，今一步五尺(见唐杜佑《通典·刑类·甲兵》篇之《守拒法》。宋迄明治之。国朝以五尺五寸为步，见王贻上《居易录》所载孔尚任《周尺考》。今仍

以五尺为步。古步较今步止四尺四寸四分，今步较古步乃一步有七寸五分。古百步为亩（亦见《小司徒》注引《司马法》），自汉至今，常以二百四十步为亩，古百亩当今四十一亩三分亩之二（大亩始于汉，见桓宽《盐铁论》。顾氏《玉篇》谓始秦孝公）。古三百步为里（见《宣十五年穀梁传》及《孔子家语》、《大戴礼记·王言》篇），今三百六十步为里（见唐李翱《平赋书》）。宋如唐，见《文献通考·王礼》第十二卷。元以二百四十步为里，见陶宗仪《辍耕录》。明如宋，见《洪武正韵》，今仍之。是尺数、步数、亩数、里数皆古小今大（步数难古大今小，以尺通计之，仍为古小今大）。《王制》之说殊不足据。

【小结】此条抄自《尚书后案》卷二《虞夏书》。作伪方式为点窜字句。

189. 大斗重秤起于魏齐

孔颖达《正义》云，魏、齐斗秤于古二而为一，周、隋斗秤于古三而为一。顾宁人所谓古今斗尺权量之一大变局也。**然考《魏本纪》**，自孝文帝迁洛后，诏改长尺大斗，依《周礼》制度，颁之天下。又《张普惠传》，孝明帝时，尚书欲复绵麻之征，普惠疏曰：“高祖废大斗，去长尺，改重秤，本以爱民。而军国需绵麻之用，故绵上加税绵八两，布上加税麻十五斤，其时百姓免长尺大斗重秤之苦，故乐于供输。其后尺渐长阔，而绵麻又征，以致百姓嗟怨。自后大臣不知去其幅广度长乃秤重斗大，而特免绵麻之征，苟悦天下之心，所谓悦之不以其道也。”据此，知魏之斗秤自孝文时改从周制后，未久而复变。颖达所谓二而为一者，盖谓宣武、孝明时也。

【辨伪】赵翼《廿二史劄记》卷十五“魏齐斗秤”条云：

> 孔颖达《正义》，魏、齐斗秤于古二而为一，周、隋斗秤于古三而为一。顾宁人所谓古今斗尺权量之一大变局也。……自孝文帝迁洛后，诏改长尺大斗，依《周礼》制度，班之天下。……按《张普惠传》，孝明帝时，尚书欲复绵麻之征，普惠疏曰：“高祖废大斗，去长尺，改重秤，本以爱民。而军国需绵麻之用，故绢上加税绵八两，布上加税麻十五斤，其时百姓免长尺大斗重秤之苦，故乐于供输。其后尺渐长阔，而绵麻又征，以致百姓嗟怨。自后大臣不知去其幅广度长及秤重斗大，而特免绵麻之征，以苟悦天下之心，所谓悦之不以其道也。”然则魏斗秤自孝文改从周制后，仍未久而变。颖达所谓二而为一者，盖宣武、孝明时已变之制也。

【小结】此条抄自《廿二史劄记》卷十五“魏齐斗秤”条。作伪方式有三：第一，点窜字句；第二，增加句子；第三，改变标题，将“魏齐斗秤”改为“大斗重秤起于魏齐”。

190. 十万为亿

案《说文》：“亿，安也。”则非数。“**意**，满也。一曰十，万为**意**。”是此字当从心，不从人也。《诗·伐檀》：“禾三百亿。”毛传云“万万曰亿”，郑笺云“十万曰亿”。《正义》

"万万曰亿"，今数也。传以时事言之，故今《九章算术》皆以万万为亿。笺以《诗》、《书》古人之言，故以古数言之。盖以田方百里，于今数为九百万亩，而《王制》云方百里为田九十亿亩，是亿为十万也。贾逵、唐固注《国语》，皆以万万为亿。韦昭则云："十万曰亿，古数也。秦始以万万为亿。"徐岳《数术记遗》曰："黄帝为法，数有十等，及其用也，乃有三焉。十等者，亿、兆、京、垓、秭、壤、沟、涧、正、载。三等者，上中下也。下数十十变之，若言十万曰亿，十亿曰兆，十兆曰京也。中数万万变之，若言万万曰亿，万亿曰兆，万兆曰京也。上数数穷则变，若言万万曰亿，亿亿曰兆，兆兆曰京也。"甄鸾曰："毛传'万万曰亿'，中数也。郑注'十万曰亿'，下数也。"

【辨伪】王鸣盛《尚书后案》卷十九《周书》云：

> 亿，《说文》卷八上《人部》云："安也。"则非数。卷十下《心部》意字注云："满也。一曰十，万曰意。"然则此字当从心，不从人也。……《诗·伐檀》"禾三百亿"，毛传云"万万曰亿"，郑笺云"十万曰亿"。《正义》"万万曰亿"，今数也。传以时事言之，故今《九章算术》皆以万万为亿。笺以《诗》、《书》古人之言，故以古数言之。……以田方百里，于今数为九百万亩，而《王制》云方百里为田九十亿亩，是亿为十万。……贾逵、唐固注《国语》，皆以万万为亿。韦昭则云："十万曰亿，古数也。秦始以万万为亿。"……徐岳《数术记遗》曰："黄帝为法，数有十等，及其用也，乃有三焉。十等者，亿、兆、京、垓、秭、壤、沟、涧、正、载。三等者，上中下也。下数十十变之，若言十万曰亿，十亿曰兆，十兆曰京也。中数万万变之，若言万万曰亿，万亿曰兆，万兆曰京也。上数数穷则变，若言万万曰亿，亿亿曰兆，兆兆曰京也。"甄鸾曰："毛注'万万曰亿'，中数也。郑注'十万曰亿'，下数也。"

【小结】此条抄自《尚书后案》卷十九《周书》。作伪方式为点窜字句。

191. 钱法权子母

【A】《国语·周语》："景王二十一年，将铸大钱。单穆公曰：'不可，古者，天灾降戾，于是乎量资币、权轻重，以振救民。民患轻，则为之作重币以行之。于是乎有母权子而行，民皆得焉。若不堪重，则多作轻而行之，亦不废重，于是乎有子权母而行，小大利之。'"韦注曰："重曰母，轻曰子，以子贸物，物轻则子独行。物重则以母权而行之。子母相通，民皆得其欲。堪，任也，不任之者，币重物轻，妨其用也，故作轻币杂而用之。以重者贸其贵，以轻者贸其贱。子权母者。母不足，则以子平而行之。故钱小大，民皆以为利也。"案《汉书》应劭注曰："母，重也。其大倍，故为母也。子，轻也。其轻少半，故为子也。民患币之轻而物贵，为重币以平之，权时而行，以废其轻，故曰母权子，犹言重权轻也。民皆得者，本末有无皆得其利也。民患币重，则多作轻钱而行之，亦不废去重者，言重者行其贵，轻者行其贱也。"又孟康注云："重为母，轻为子。若市八十钱物，以母当五十，以子三十赎之。"正可与韦注相发明。【B】夫权子母轻重，谓权时物之贵贱而行。子母轻重之钱，盖言钱法也。今俗以母钱生息亦谓之权子母，非其本也。

【辨伪】臧琳《经义杂记》卷七"权子母轻重"条云：

【B】权子母轻重，谓权时物之贵贱而行。子母轻重之钱，此言钱法。今俗以母钱生息亦谓之权子母，非其本也。

【A】《国语·周语下》："景王二十一年，将铸大钱。单穆公曰：'不可，古者天灾降戾……于是乎量资币、权轻重，以振救民。民患轻，则为之作重币以行之。于是乎有母权子而行，民皆得焉。若不堪重，则多作轻而行之，亦不废重，于是乎有子权母而行，小大利之。'"韦注："重曰母，轻曰子，以子贸物，物轻则子独行。物重则以母权而行之。子母相通，民皆得其欲。堪，任也。不任之者，币重物轻，妨其用也，故作轻币杂而用之。以重者贸其贵，以轻者贸其贱。子权母者。母不足，则以子平而行之。故钱小大，民皆以为利也。"案《汉书》应劭注曰："母，重也。其大倍，故为母也。子，轻也。其轻少半，故为子也。民患币之轻而物贵，为重币以平之，权时而行，以废其轻，故曰母权子，犹言重权轻也。民皆得者，本末有无皆得其利也。民患币重，则多作轻钱而行之，亦不废去重者，言重者行其贵，轻者行其贱也。"又孟康注曰："重为母，轻为子。若市八十钱物，以母当五十，以子三十续之。"可与韦注相发明。

【小结】此条抄自《经义杂记》卷七"权子母轻重"条。作伪方式有三：第一，点窜字句；第二，改变顺序(原文顺序为B、A)；第三，改变标题，将"权子母轻重"改为"钱法权子母"。

今按，《汉语大词典》：子母，古称钱币轻而币值低者为子，重而币值高者为母。《国语·周语下》："古者天灾降戾，于是乎量资币、权轻重，以振救民。民患轻，则为作重币以行之，于是乎有母权子而行，民皆得焉。"三国吴韦昭注："重曰母，轻曰子。以贸物，物轻则子独行，物重则以母权而行之也。子母相通，民皆得其欲也。"

192. 合龠即两龠

《汉·律历志》"一黍为一分"，《尚书疏》作"千二百黍为一分"，《汉志》"合龠为合"，《疏》又作"十龠为合"，皆非也。按：合龠当即两龠。若十龠为合，则一合乃有黍一万二千，一升有一百二十万，毋乃太多？且一龠容千二百黍，重十二铢。两铢为两，则二十四铢也。十六两为斤。若十龠为合，则一合乃有五两，一升有五十两，重三斤零二两，亦觉太重。即以今市中量校之，米一升仅重一斤零三两。稻米与黍，其性轻重未详，然今之量自当大于古二、三倍。若古黍一升重三斤零二两，则古之量反大于今**甚远**，必无此事。《仪礼·既夕》"朝一溢米"，郑注云："二十**四**两曰溢，为米一升二十四分升之一。"则古米一升，实一斤零四两强也。

【辨伪】王鸣盛《蛾术编》卷七十二说制十"《书》疏言量之数与《汉志》异"条云：

案《汉志》"一黍为一分"，疏作"千二百为一分"；《汉志》"合龠为合"，《疏》作"十龠为合"，皆误也。"合龠"当为"两龠"。若十龠为合，有黍一万二千，一升有一百二十万，毋乃太多？且一龠容千二百黍，重十二铢。两铢为两，则二十四铢也。十六两为斤。若十龠为合，则一合有五两，一升有五十两，重三斤零二两，亦觉太重。即以今市中所用粜籴稻米量校之，米一升仅得一斤零三两。稻米与黍，其性轻重未详。……而今之量自当大于古二、三倍。若古黍一升重三斤零二两，则古之量反大于今，必无此事。《既夕礼》“朝一溢米”，郑注：“二十两曰溢，为米一升二十四分升之一。”然则古米一升，实一斤零三两强也。

【小结】此条抄自《蛾术编》卷七十二说制十“《书》疏言量之数与《汉志》异”条。作伪方式有二：第一，点窜字句；第二，改变标题，将“《书》疏言量之数与《汉志》异”改为“合龠即两龠”。

193. 古赎刑用铜

【A】古赎罪皆用铜，汉始改用黄金，但少其斤两，令与铜相敌。故郑《驳异义》言：“赎死罪千锾。锾六两大半两，为四百一十六斤十两大半两铜，与今赎死罪金三斤为价相依附。”是古赎罪皆用铜也。汉及后魏，赎罪皆黄金。后魏以金难得，合金一两收绢十匹。今律乃复依，古死罪赎铜一百二十斤，于古称为三百六十斤。孔以锾为六两，计千锾为三百七十五斤，今赎轻于古也。【B】**考《尧典》“金作赎刑**”，传曰：“金，黄金。《吕刑》‘其罚百锾’，传为‘黄铁’。均是赎罪，而金铁不同者，古金、银、铜、铁总号为金。《考工》攻金之工筑氏为削，冶氏为杀矢，凫氏为钟，桌氏为量，段氏为**铸**，桃氏为剑。其所为者有铜有铁，是铜铁俱名金，则铁亦包铜矣。”《**尧典**》“黄金”，《吕刑》“黄铁”，皆铜也。【C】《尧典》传云：“误而入**刑**，出金**赎罪**，即律过失杀伤人，各依其状以赎论是也。”《吕刑》所言“疑赦”乃罚者，即今律疑罪各从其实，以赎论是也。

【辨伪】王鸣盛《尚书后案》卷一《虞夏书》云：

【B】疏曰：“此以金为黄金。《吕刑》‘其罚百锾’，传为‘黄铁’。俱是赎罪，金铁不同者，古金、银、铜、铁总号为金。……《考工记》攻金之工筑氏为削，冶氏为杀矢，凫氏为钟，桌氏为量，段氏为镈，桃氏为剑。其所为者有铜有铁，是铜铁俱名金，则铁名亦包铜矣。”此传“黄金”，《吕刑》“黄铁”，皆铜也。

【A】古赎罪皆用铜，汉始改用黄金，但少其斤两，令与铜相敌。故郑《驳异义》言：“赎死罪千锾。锾六两大半两，为四百一十六斤十两大半两铜，与今赎死罪金三斤为价相依附。”是古赎罪皆用铜也。汉及后魏，赎罪皆用黄金。后魏以金难得，合金一两收绢十匹。今律乃复依古，死罪赎铜一百二十斤，于古称为三百六十斤。孔以锾为六两，计千锾为三百七十五斤，今赎轻于古也。

【C】误而入罪，出金以赎，即律过失杀伤人，各依其状以赎论是也。《吕刑》所言“疑赦”乃罚者，即今律疑罪各从其实，以赎论是也。

【小结】此条抄自王鸣盛《尚书后案》卷一《虞夏书》。作伪方式有二：第一，点窜字句；第二，改变顺序（王鸣盛原文顺序为B、A、C）。

194. 三代以贝玉为货币

考桓宽《盐铁论》曰："币与世易。夏后氏以玄贝。"《周书·王会》云："若人玄贝。"孔晁注曰："若人，吴越之蛮。玄贝，班贻贝也。"《释鱼》说贝文状云："余蚳，黄白文。余泉，文。"《小雅·巷伯》疏引舍人注曰"水中虫也"。李巡曰："余蚳，贝甲黄为质，白为文彩。余泉，贝甲以白为质，黄为文彩。"陆玑《毛诗疏》云："贝，龟鳖之属，其质黄质白文，白质黄文。又有紫贝，白质如玉，紫点为文，行列相当。大者径一尺六七寸。九真、交趾以为杯盘宝物。"《说文·贝部》云："海介虫也。居陆名猋，居水名蜬①。"又《周礼·小行人》云："合六币，圭以马，璋以皮，璧以帛，琮以锦，琥以绣，璜以黼。"《管子·国畜》篇云："玉起于禺氏②，金起于汝、汉，珠起于赤野③，距周七千八百里。先王为其涂之远，至之难，故托用以其重，以珠玉为上币，以黄金为中币，以刀布④为下币。"《地数》、《揆度》二篇亦云然。《史记·平准书》云："虞夏之币，金为三品，或黄、或白、或赤、或钱、或布、或刀、或龟贝。至秦，币为三等，黄金以溢名，为上币；铜钱识曰半两，重如其文，为下币。而珠、玉、龟、贝、银、锡之属为器饰宝藏，不为币。"然则自秦以下，贝玉始不为币，三代皆以为币也。

【辨伪】王鸣盛《尚书后案》卷六《商书》云：

> 桓宽《盐铁论》曰："币与世易。夏后氏以玄贝。"《周书·王会》云："若人玄贝。"孔晁注曰："若人，吴越之蛮。玄贝，班贻贝也。"《释鱼》说贝文状云："余蚳，黄白文。余泉，文。"《小雅·巷伯》疏引舍人注曰："水中虫也。"李巡曰："余蚳，贝甲黄为质，白为文彩。余泉，贝甲以白为质，黄为文彩。"陆玑《毛诗疏》云："贝，龟鳖之属，其文黄质白文，白质黄文。又有紫贝，白质如玉，紫点为文，行列相当。大者径一尺六七寸。九真、交趾以为杯盘宝物。"《说文·贝部》云："海介虫也。居陆名猋，在水名蜬。"又《周礼·小行人》云："合六币，圭以马，璋以皮，璧以帛，琮以锦，琥以绣，璜以黼。"《管子·国畜》篇云："玉起于禺氏，金起于汝、汉，珠起于赤野，距周七千八百里。先王为其涂之远，至之难，故托用于其重，以珠玉为上币，以黄金为

---

① 【蜬】生活在水中的贝类。

② 【禺氏】古代西北的一个少数民族。或以为即月氏。《管子·揆度》："至于尧舜之王所以化海内者，北用禺氏之玉，南贵江汉之珠。"尹知章注："禺氏，西北戎名，玉之所出。"《逸周书·王会》："禺氏騊駼。"孔晁注："禺氏，西北戎夷。"

③ 【赤野】古代传说中产珠玉之地。《管子·国蓄》："金起于汝汉，珠起于赤野。"尹知章注："赤野，盖在昆仑虚之西。"南朝梁江淹《扇上彩画赋》："饰以赤野之玉，文以紫山之金。"

④ 【刀布】古代货币。《管子·国蓄》："先王为其途之远，其至之难，故托用于其重：以珠玉为上币，以黄金为中币，以刀布为下币。"《荀子·荣辱》："又蓄牛羊，然而食不敢有酒肉；余刀布，有囷窌，然而衣不敢有丝帛。"杨倞注："刀布，皆钱也。刀取其利，布取其广。"《史记·平准书论》："农工商交易之路通，而龟贝、金钱、刀布之币兴焉。"司马贞索隐："布者，言货流布，故《周礼》有二夫之布。《食货志》货布首长八分，足支八分。刀者，钱也。《食货志》有契刀、错刀，形如刀，长二寸，直五千。以其形如刀，故曰刀，以其利于人也。"

中币，以刀布为下币。”《地数》、《揆度》二篇亦云然。《史记·平准书》云：“虞夏之币，金为三品，或黄、或白、或赤、或钱、或布、或刀、或龟贝。至秦，币为三等，黄金以溢名，为上币；铜钱识曰半两，重如其文，为下币。而珠、玉、龟、贝、银、锡之属为器饰宝藏，不为币。”然则自秦以下，贝玉始不为币，自此以上皆以为币，盖三代同之。

【小结】此条抄自《尚书后案》卷六《商书》。作伪方式为点窜字句。

195. 书契非起于伏羲

案《书序》云：“书契起于伏羲。”司马贞《三皇本纪》、刘恕《外纪》、陈桱《外纪》皆本之，非也。《系辞》曰：“上古结绳而治，后世圣人易之以书契。”后世圣人指黄帝、尧、舜，岂伏羲乎？许慎《说文解字·自序》曰：“黄帝史仓颉见鸟兽之迹，初造书契。”《晋书·卫瓘传》：“子恒作《书势》曰：‘昔在黄帝，有沮诵、仓颉者始作书契，以代结绳。’”则书契之作始于黄帝无疑矣。谓包牺氏为万世文字之祖者，自为画八卦言之也。六书之学，本于八卦，而八卦之画，不待于六书也。

【辨伪】王鸣盛《蛾术编》卷十五说字一“六书原本八卦出非一时”条云：

> 《尚书后辨》于《伪孔序》引阎百诗《古文尚书疏证》云：“此言书契起于伏羲。”司马贞《三皇本纪》、刘恕《外纪》、陈桱《外纪》皆本之，非也。《系辞》曰：“上古结绳而治，后世圣人易之以书契。”后世圣人指黄帝、尧、舜，岂伏羲乎？许慎《说文·自序》曰：“黄帝史仓颉见鸟兽之迹，初造书契。”《晋·卫瓘传》：“子恒作《书势》曰：‘昔在黄帝，创制造物。有沮诵、仓颉者始作书契，以代结绳。’”则书契之作始于黄帝无疑矣。谓庖牺氏为万世文字之祖，此自为画八卦言之。六书之学，原本于八卦，八卦之画，不待于六书。

【小结】此条抄自王鸣盛《蛾术编》卷十五说字一“六书原本八卦出非一时”条。作伪方式有二：第一，点窜字句；第二，改变标题，将“六书原本八卦出非一时”改为“书契非起于伏羲”。

196. 历家岁差之法

岁差者，太阳每岁与恒星相距之分也。如今年冬至，太阳躔某宿度，至明年冬至时，不能复躔原宿度，而有不及之分。但其差甚微，古人初未之觉，至晋虞喜始知之，因立岁差法，历代治历者宗焉。而所定之数，各家不同。喜以五十年差一度，刘宋何承天以百年差一度，祖冲之以四十五年差一度，隋刘焯以七十五年差一度，唐傅仁均以五十五年差一度，僧一行以八十二年差一度，宋《纪元历》以七十八年差一度，蔡伯静以六十年差一度，惟宋杨忠辅以六十七年差一度，以周天三百六十度，每度六十分，每分六十秒，约之得每年差五十二秒半。元郭守敬因之，较诸家为密。今新法历书载西洋人第谷以前恒星东行，随时修改，讫无定数，与古历累改岁差之意同。迨至第谷殚精推测，方定恒星每东行五十一秒，约七十年有余而行一度。此所差之数在古法为黄道西移之度，在新法为恒星东行之度。征之天象，恒星原有移动，则新法之理长也。盖使恒星不动而黄道西移，则恒星之黄道经纬度宜每岁不同，而赤道经纬度宜终古不变，今测恒星之黄道经度每岁东行，而纬度不变，至于赤道经度则逐岁不同，而纬度尤甚。自星纪至鹑首六宫，星在赤道南者，纬度古多而今渐少；在赤道北者，纬度古少而今渐多。自鹑首至星纪六宫，星在赤道南者，纬度古少而今渐多；在赤道北者，纬度古多而今渐少。凡距赤道二十三度以内之星，在赤道北者皆可以过赤道南，在赤道南者亦可以过赤道北，则恒星随黄道东行而非黄道之西移明矣。第谷所定，行之二百余年，验之于天，虽无差忒，但星行微渺，必历多年其差乃见。是则第谷所定之数，亦未可泥为定准。惟随时测验，依天行以推其数可也。

【辨伪】王鸣盛《尚书后案》卷一《虞夏书》云：

> 岁差者，太阳每岁与恒星相距之分也。如今年冬至，太阳躔某宿度，至明年冬至时，不能复躔原宿度，而有不及之分。但其差甚微，古人初未之觉，至晋虞喜始知之，因立岁差法，历代治历者宗焉。而所定之数，各家不同。喜以五十年差一度，刘宋何承天以百年差一度，祖冲之以四十五年差一度，隋刘焯以七十五年差一度，唐傅仁均以五十五年差一度，僧一行以八十二年差一度，宋《纪元历》以七十八年差一度，蔡伯静以六十年差一度……惟宋杨忠辅以六十七年差一度，以周天三百六十度，每度六十分，每分六十秒，约之得每年差五十二秒半。元郭守敬因之，较诸家为密。今新法历书载西人第谷以前恒星东行，随时修改，讫无定数，与古历累改岁差之意同。迨至第谷殚精推测，方定恒星每岁东行五十一秒，约七十年有余而行一度。此所差之数在古法为黄道西移之度，在新法为恒星东行之度。征之天象，恒星原有动移，则新法之理长也。盖使恒星不动而黄道西移，则恒星之黄道经纬度宜每岁不同，而赤道经纬度宜终古不变，今测恒星之黄道经度每岁东行，而纬度不变，至于赤道经度则逐岁不同，而纬度尤甚。自星纪至鹑首六宫，星在赤道南者，纬度古多而今渐少；在赤道北者，纬度古少而今渐多。自鹑首至星纪六宫，星在赤道南者，纬度古少而今渐多；在赤道北者，纬度古多而今渐少。凡距赤道二十三度半以内之星，在赤道北者皆可以过赤道南，在赤道南者亦可以过赤道北，则恒星循黄道东行而非黄道之西移明矣。第谷所定，行之二百余年，验之于天，虽无差忒，但星行微渺，必历多年其差乃见。然则第谷所定之数，亦未可泥为定率。惟随时测验，依天行以推其数可也。

【小结】此条抄自《尚书后案》卷一《虞夏书》。作伪方式为点窜字句。

197. 古历家九道八行之说

【A】案张衡、蔡邕、王蕃等说浑天者皆云：周天三百六十五度四分度之一，天体圆如弹丸，北高南下，北极出地上三十六度，南极入地下三十六度。北极去南极直径一百二十二度弱，其依天体隆曲，南极去北极一百八十二度强。正当天之中央，南北二极中等之处，谓之赤道，去南北极各九十一度。春分，日行赤道，从此渐北。夏至赤道之北二十四度，去北极六十七度，去南极一百一十五度，日行黑道。从夏至日以后，日渐南，至秋分还行赤道，与春分同。冬至，行赤道之南二十四度，去南极六十七度，去北极一百一十五度，其日之行处谓之黄道。又有月行之道，与日道相近，交路而过，半在日道之里，半在日道之表。其当交则两道相合，交去极远处，两道相去六度。《汉书·天文志》："日有中道，月有九行。中道者，黄道，一曰光道。日，冬则南，夏则北，冬至于牵牛，夏至于东井。日之所行为中道。冬至，日南极，晷长。夏至，日北极，晷短。月有九行者，黄道一，黑道二，出黄道北；朱道二，出黄道南；白道二，出黄道西；青道二，出黄道东。立春、春分，月东从青道；立秋、秋分，西从白道；立冬、冬至，北从黑道；立夏、夏至，南从朱道。"戴震谓："月道出入黄道内外，二十七日有奇而交道一终。交终不复于原处，其差一度又几半度。每年之差，自东而西十九度奇。故古历家有九道八行之说，所以考其差也。春分青道为正东，立春青道为东南，冬至黑道为正北，立冬黑道为东北，秋分白道为正西，立秋白道为西北，夏至朱道为正南，立夏朱道为西南。如交在冬至南纬二十三度半而入阴历，半交必在春分黄道内五度半，春分无南北纬，则月北纬五度半，是为春分青道。凡三十交，退在立冬南纬十六度奇而入阴历，半交必在立春黄道内五度半，立春南纬十六度奇，则月南纬几十一度，是为立春青道。又三十交退在秋分，无南北纬而入阴历，半交必在冬至黄道里五度半，冬至南纬二十三度半，则月南纬十八度，是为冬至黑道。又三十交，退在立秋，北纬十六度奇而入阴历，半交必在立冬黄道里五度半，立冬南纬十六度奇，则月南纬几十一度，是为立冬黑道。又三十交退在夏至，北纬二十三度半而入阴历，半交必在秋分黄道里五度半，秋分无南北纬，则月北纬五度半，是为秋分白道。又三十交退在立夏，北纬十六度奇而入阴历，半交必在立秋黄道里五度半，立秋北纬十六度奇，则月北纬几二十二度，是为立秋白道。又三十交退在春分，无南北纬而入阴历，半交必在夏至黄道里五度半，夏至北纬二十三度半，则月北纬二十九度，是为夏至朱道。又三十交退在立春，南纬十六度奇而入阴历，半交必在立夏黄道里五度半，立夏北纬十六度奇，则月北纬几二十二度，是为立夏朱道。又三十交退在冬至，月复循青道，以四年过半循二青道，四年过半循二黑道，四年过半循二白道，四年过半循二朱道。十八年过半，八行一周。古历自南而北交于黄道为中交，常以中交为主，今历谓之正交。古历自北而南为正交，今历谓之中交。日食，朔当交也。月食，望当交也。【B】**察此九道**，可以知交道出入焉，可以考当交、半交距赤道远近焉，可以明交终所差，每月交于某宫、某度焉，可以辨交之中终与朔望不齐，每朔望去交远近及当交而有食焉。"戴所言南北纬者，在赤道南为南纬，在赤道北为北纬。九道之说于是明矣。【C】自宋人疑之，至元而遂废。

【辨伪】王鸣盛《尚书后案》卷十二《周书》云：

> 【A】张衡、蔡邕、王蕃等说浑天者皆云：周天三百六十五度四分度之一，天体圆如弹丸，北高南下，北极出地上三十六度，南极入地下三十六度。北极去南极直径一百二十二度弱，其依天体隆曲，南极去北极一百八十二度强。正当天之中央，南北二极中等之处，谓之赤道，去南北极各九十一度。春分，日行赤道，从此渐北。夏至赤道之北二十四度，去北极六十七度，去南极一百一十五度，日行黑道。从夏至日以后，日渐南，至秋分还行赤道，与春分同。冬至，行赤道之南二十四度，去南极六十七度，去北极一百一十五度，其日之行处谓之黄道。又有月行之道，与日道相近，交

路而过，半在日道之里，半在日道之表。其当交则两道相合，交去极远处，两道相去六度。……考《汉书·天文志》云："日有中道，月有九行。中道者，黄道，一曰光道。日，冬则南，夏则北，冬至于牵牛，夏至于东井。日之所行为中道。冬至，日南极，晷长。……夏至，日北极，晷短。……月有九行者，黄道一，黑道二，出黄道北；朱道二，出黄道南；白道二，出黄道西；青道二，出黄道东。立春、春分，月东从青道；立秋、秋分，西从白道；立冬、冬至，北从黑道；立夏、夏至，南从朱道。"……戴震《九道八行说》云："月道出入黄道内外，二十七日有奇而交道一终。交终不复于原处，其差一度又几半度。每年之差，自东而西十九度奇。古历家有九道八行之说，所以考其差也。……春分青道为正东，立春青道为东南，冬至黑道为正北，立冬黑道为东北，秋分白道为正西，立秋白道为西北，夏至朱道为正南，立夏朱道为西南。如交在冬至南纬二十三度半而入阴历，半交必在春分黄道内五度半，春分无南北纬，则月北纬五度半，是为春分青道。凡三十交，退在立冬南纬十六度奇而入阴历，半交必在立春黄道内五度半，立春南纬十六度奇，则月南纬几十一度，是为立春青道。又三十交退在秋分，无南北纬而入阴历，半交必在冬至黄道里五度半，冬至南纬二十三度半，则月南纬十八度，是为冬至黑道。又三十交退在立秋，北纬十六度奇而入阴历，半交必在立冬黄道里五度半，立冬南纬十六度奇，则月南纬几十一度，是为立冬黑道。又三十交退在夏至，北纬二十三度半而入阴历，半交必在秋分黄道里五度半，秋分无南北纬，则月北纬五度半，是为秋分白道。又三十交退在立夏，北纬十六度奇而入阴历，半交必在立秋黄道里五度半，立秋北纬十六度奇，则月北纬几二十二度，是为立秋白道。又三十交退在春分，无南北纬而入阴历，半交必在夏至黄道里五度半，夏至北纬二十三度半，则月北纬二十九度，是为夏至朱道。又三十交退在立春，南纬十六度奇而入阴历，半交必在立夏黄道里五度半，立夏北纬十六度奇，则月北纬几二十二度，是为立夏朱道。又三十交退在冬至，月复循青道。以四年过半循二青道，四年过半循二黑道，四年过半循二白道，四年过半循二朱道。十八年过半，八行一周。古历以自南而北交于黄道为中交，常以中交为主，今历谓之正交。古历自北而南为正交，今历谓之中交。日食，朔当交也。月食，望当交也。

【C】九道自宋人疑之，至元而遂废。

【B】可以知交道出入焉，可以考当交、半交距赤道远近焉，可以明交终所差，每月交于某宫、某度焉，可以辨交之中终与朔望不齐，每朔望去交远近及当交而有食焉。"戴所言南北纬者，在赤道南为南纬，在赤道北为北纬。九道之说于是明矣。

【小结】此条抄自王鸣盛《尚书后案》卷十二《周书》。作伪方式有二：第一，点窜字句；第二，改变顺序(王鸣盛原文顺序为A、C、B)。

198. 晦朔弦望

【A】案杨子《法言·五百》篇云："月未望则载魄于西，既望则终魄于东。"宋咸注曰："载魄当作朏。"其实魄即朏也。《礼记·乡饮酒义》云："月三日则成魄。"《白虎通·日月》篇云："日之为言实也，常满有节。月之为言阙也，有满有阙。八日成光，二八十六日转而归功晦至朔旦，受符复行。故《援神契》曰‘月三日成魄’。”【B】《诗·天保》疏云：“日月在朔交会，俱右行于天，日迟月疾。从朔而分，至三日，月去日已当二次，始死魄而出，渐渐远日，而月光渐长。八日、九日，月体正半，昏而中，似弓之张而弦直，谓之上弦。渐进至十五、十六日，月体满，与日正相当，谓之望。从此渐亏，至二十三日、二十四日，亦正半在，谓之下弦。渐亏至晦而尽。”诸家皆言三日为魄，以二日有时不见也。盖前月有三十日，则是月合朔早，二日初昏，月去日差远，已有微明见于西方。前月二十九日小尽，则是月合朔晚，二日初昏，月去日未远，未可得见，必三日初昏始见西方也。【C】**此其大略也**。“魄”当作“霸”，《说文·月部》：“霸，月始生霸然也。承大月二日，承小月三日，从月，䨣声。《周书》曰‘哉生霸’。普伯切。”【D】今**《康诰》**、《武成》、《顾命》诸篇皆作“魄”，惟《汉·律历志》引《武成》则作“霸”。考古钟鼎文，《公諴鼎》云：“惟十有四月，既**生**霸。”王俅《啸堂集古录·周雝公缄鼎铭》云：“惟十有四月，既死霸。”《周高**元**尊铭》云：“惟十有六年十月，既生霸。”《周毛父敦铭》云：“惟六月，既生霸。”皆作“霸”。周伯琦《六书正讹》云：“霸，俗作必驾切。以为霸王字。而月霸乃用魄字。”**沿习已久，“月霸”字遂废不用。**

【辨伪】王鸣盛《尚书后案》卷十五《周书》云：

> 【A】扬子《法言》卷六《五百》篇云：“月未望则载魄于西，既望则终魄于东。”宋咸注曰：“载魄当作朏。”其实魄即朏也。……《礼记·乡饮酒义》云：“月三日则成魄。”《白虎通》卷下《日月》篇云：“日之为言实也，常满有节。月之为言阙也，有满有阙。八日成光，二八十六日转而归功晦。至朔旦，受符复行。故《援神契》曰‘月三日成魄’。”
>
> 【C】《说文·月部》云：“霸，月始生霸然也。承大月二日，承小月三日，从月，䨣声。《周书》曰‘哉生霸’。普伯切。”
>
> 【B】《诗·天保》疏云：“日月在朔交会，俱右行于天，日迟月疾，从朔而分，至三日，月去日已当二次，始死魄而出，渐渐远日，而月光稍长，八日、九日，月体正半，昏而中，似弓之张而弦直，谓上弦也。渐进至十五、十六日，月体满，与日正相当，谓之望。从此渐亏，至二十三日、二十四日，亦正半在，谓之下弦。渐亏至晦而尽。”诸家皆言三日为魄，以二日有时不见也。盖前月有三十日，则是月合朔早，二日初昏，月去日差远，已有微明见于西方。前月二十九日小尽，则是月合朔晚，二日初昏，月去日未远，未可得见，必三日初昏始见西方也。
>
> 【D】《武成》“惟一月壬辰，旁死魄”，又“既生魄”。《顾命》：“惟四月载生魄。”皆作魄。……《汉·律历志》引《武成》亦作“霸”。考古钟鼎文……《公諴鼎》云：“惟十有四月，既死霸。”又王俅《啸堂集古录》卷上《周雝公缄鼎铭》云：“惟十有四月，既死霸。”……《周高克尊铭》云：“惟十有六年十月，既生霸。”……又卷下《周毛父敦铭》云：“惟六月，既生霸。”……周伯琦《六书正讹》云：“霸，俗作必驾切。以为霸王字。而月霸乃用魄字。”

【小结】此条抄自王鸣盛《尚书后案》卷十五《周书》。作伪方式有三：第一，点窜字句；第二，增加句子；第三，改变顺序（王鸣盛原文顺序为A、C、B、D）。

199. 古今宿度不同

天分三百六十五度四分度之一，日行一昼夜周天，天行一昼夜周天，而又过之。以所过之数为一度，而二十八宿分之度有未尽，又得四分之一。案《汉书·律历志》所载，东方七十五度，则角十二，亢九，氐十五，房五，心五，尾十八，箕十一也。北方九十八度，则斗二十六，牛八，女十二，虚十，危十七，室十六，壁九也。西方八十度，则奎十六，娄十二，胃十四，昴十一，毕十六，觜二，参九也。南方百一十二度，则井三十三，鬼四，柳十五，星七，张十八，翼十八，轸十七也。合共三百六十五度而已。《后汉书》刘昭《补律历志》："永元十五年，诏造黄道铜仪。东方七十七度，则角十三，亢十，氐十六，房五，**心**五，尾十八，箕十也。北方九十六度，则斗二十四度四分度之一，**牛**七，**女**十一，虚十，危十六，**室**十八，**壁**十也。西方八十三度，则奎十七，娄十二，胃十五，昴十二，毕十六，觜三，参八也。南方一百九度，则井三十，**鬼**四，柳十四，星七，张十七，翼十九，轸十八也。"合共三百六十五度，而系四分度之一于斗宿焉。而《晋书·天文志》云："周天三百六十五度五百八十九分度之百四十五。"《魏书》及《隋书·天文志》俱载宋何承天《论浑天象体》云："周天三百六十五度三百四分之七十五若以四分之一计之。"则《晋志》尚余九分，《隋志》尚余四分，前人约略言之，不似后人细密也。唐《麟德甲子元历》，东方七十五度，北方九十八度，西方八十度，南方一百十二度，赤道之度皆同前汉。东方七十七度，北方九十六度，西方八十三度，南方一百九度，黄道之度同于后汉。至开元《大衍历》经，赤道则东与北皆同前汉，而西八十一度，多其一焉。南一百十二度，少其一焉。盖一行以仪测定，得毕、觜、参、鬼四宿分度，与古不同也。黄道则东七十五度少，北九十七度太，西八十二度，南百一十度半，不但不与汉同，且与《麟德历》亦异。盖赤道分天之半，一定不易。故古今不甚参差。黄道行赤道之中，推岁差所在，二至前后以差减而得，二分前后以差加而得，故求之有余。分就近，分太半、少及强弱之数。《唐书》明其故而言之不详。至《宋史》乃详之。宋少精算者，北宋之《应天》、《乾元》、《仪天》、《崇天》、《明天》、《奉天》、《观天》、《纪元》，自建隆至靖康百六十余年，历凡八改。南宋之《统元》、《乾道》、《淳熙》、《会元》、《统天》、《开禧》、《会天》、《成天》，自建炎至德祐百五十年，历又八改。众说无所适从。于众中为举景祐所测验者。赤道则东方七十五度，北方九十八度，西方八十一度，南方百十一度，合共三百六十五度。黄道则东方七十五度少，北方九十七度二千五百六十三秒十九，西方八十二度少，南方百十一度半，合共三百六十**五**度。所谓太半、少者，独黄道有之耳。《元史》则赤道、黄道皆有**太少、半**，而详其分数，每一度析为百分。赤道东方七十九度二十分，北方九十三度八十分，太西方八十三度八十五分，南方一百八度四十分，合共三百六十三度二百二十五分。黄道东方七十八度一十二分，北方九十四度一十分，太西方八十三度九十五分，南方一百九度八分，合共三百六十四度一百二十五分。其所多二十五分，即四分度之一也。盖历法至郭守敬《授时历》，考测已为至精。西法始自前明，分周天三百六十整度，每度六十分，即以浑天，如纸界乌丝别为之格。周天凡二十一千六百分而已，非若古之一度百分者，周天有三十六千五百二十五分也。又以觜参易换，古先觜后参，今先参后觜。赤道东方七十六度一百九十三分，则角十一度四十四分，亢九度十九分，氐十六度四十一分，房五度二十八分，心六度九分，尾二十一度六分，箕八度四十六分也。北方九十度二百三分则斗二十四度二十四分，牛六度五十分，女十一度七分，虚八度四十一分，危十四度五十三分，室十七度整，壁十度二十八分也。西方七十八度一百八十五分，则奎十四度三十分，娄十二度四分，胃十五度四十五分，昴十度二十四分，毕十六度三十四分，参二十四分整，觜十一度二十四分也。南方一百三度一百九十九分，则井三十二度四十九分，鬼二度二十一分，柳十二度四分，星五度四十八分，张十七度十九分，翼二十度二十八分，轸十五度三十分也。合共三百四十七度七百八十分(合十三度)。黄道东方七十二度二百六十四分，北方九十八度二百五十四分，西方六十九度一百七十一分，南方一百七度九十一分，合共三百四十六度七百八十分(合十三度)。若今钦天监所测，角九，亢十，氐十七，房四，心六，尾十五，箕八，斗二十三，牛七，女十，虚十，危十九，室十四，壁十二，奎十一，娄十二，胃十一，昴八，毕十三，参一，觜十一，井三十，鬼三，柳十六，星八，张十七，翼十六，轸十二，各宿一度之前俱有初度，合共三百六十度。此与《明史》所载西法又各不同。且明之西法，如《元历》之度后有分，今则以初度先于一度，是又西法之变差错为整齐也。

【辨伪】汪师韩《韩门缀学》卷四“宿度古今不同”条云：

> 天何以分三百六十五度四分度之一也？日行一昼夜周天，天行一昼夜周天，而又过之。以所过之数为一度，而二十八宿分之度有未尽，又得四分之一也。《汉书·律历志》所载，东方七十五度，则角十二，亢九，氐十五，房五，心五，尾十八，箕十一也。北方九十八度，则斗二十六，牛八，女十二，虚十，危十七，营室十六，壁九也。西方八十度，则奎十六，娄十二，胃十四，昴十一，毕十六，觜二，参九也。南方百一十二度，则井三十三，鬼四，柳十五，星七，张十八，翼十八，轸十七也。合共三百六十五度而已。《后汉书》刘昭《补律历志》：“永元十五年，诏造黄道铜仪。东方七十七度，则角十三，亢十，氐十六，房五，星五，尾十八，箕十也。北方九十六度，则斗二十四度四分度之一，牵牛七，须女十一，虚十，危十六，营室十八，东壁十也。西方八十三度，则奎十七，娄十二，胃十五，昴十二，毕十六，觜三，参八也。南方一百九度，则东井三十，舆鬼四，柳十四，星七，张十七，翼十九，轸十八也。”合共三百六十五度，而系四分度之一于斗宿焉。乃《晋书·天文志》云：“周天三百六十五度五百八十九分度之百四十五。”《魏书》及《隋书·天文志》俱载宋何承天《论浑天象体》云：“周天三百六十五度三百四分之七十五，若以四分之一计之。”则《晋志》尚余九分，《隋志》尚余四分，前人约略言之，不似后人细密也。唐《麟德甲子元历》，东方七十五度，北方九十八度，西方八十度，南方一百十二度，赤道之度皆同前汉。东方七十七度，北方九十六度，西方八十三度，南方一百九度，黄道之度同于后汉。至开元《大衍历》经，赤道则东与北，皆同前汉，而西八十一度，多其一焉。南一百十二度，少其一焉。盖一行以仪测定，得毕、觜、参、鬼四宿分度，与古不同也。黄道则东七十五度少，北九十七度太，西八十二度，南百一十度半，不但不与汉同，且与《麟德历》亦异。盖赤道分天之半，一定不易。故今古不甚参差。黄道行赤道之中，推岁差所在，二至前后以差减而得，二分前后以差加而得，故求之有余分，就近分太半少及强弱之数。《唐书》明其故而言不详。至《宋史》乃详之。宋少精算者，

北宋之《应天》、《乾元》、《仪天》、《崇天》、《明天》、《奉天》、《观天》、《纪元》，自建隆至靖康百六十余年，历凡八改。南宋之《统元》、《乾道》、《淳熙》、《会元》、《统天》、《开禧》、《会天》、《成天》，自建炎至德祐百五十年，历又八改，众说无所适从。于众中为举景祐所测验者。赤道则东方七十五度，北方九十八度，西方八十一度，南方百十一度，合共三百六十五度。黄道则东方七十五度少，北方九十七度二千五百六十三秒十九，西方八十二度少，南方百十一度半，合共三百六十四度。所谓太半、少者，独黄道有之耳。《元史》则赤道、黄道皆有太半、少，而详其分数，每一度析为百分。赤道东方七十九度二十分，北方九十三度八十分，太西方八十三度八十五分，南方一百八度四十分，合共三百六十三度二百二十五分。黄道东方七十八度一十二分，北方九十四度一十分，太西方八十三度九十五分，南方一百九度八分，合共三百六十四度一百二十五分。其所多二十五分，即四分度之一也。盖历法至郭守敬《授时历》，考测已为至精。西法始自前明，分周天三百六十整度，每度六十分，即以此浑天，如纸界乌丝别为之格。周天凡二十一千六百分而已，非若古之一度百分者，周天有三十六千五百二十五分也。又以觜参易换，古先觜后参，今先参后觜。赤道东方七十六度一百九十三分，则角十一度四十四分，亢九度十九分，氐十六度四十一分，房五度二十八分，心六度九分，尾二十一度六分，箕八度四十六分也。北方九十度二百三分，则斗二十四度二十四分，牛六度五十分，女十一度七分，虚八度四十一分，危十四度五十三分，室十七度整，壁十度二十八分也。西方七十八度一百八十五分，则奎十四度三十分，娄十二度四分，胃十五度四十五分，昴十度二十四分，毕十六度三十四分，参二十四分整，觜十一度二十四分也。南方一百三度一百九十九分，则井三十二度四十九分，鬼二度二十一分，柳十二度四分，星五度四十八分，张十七度十九分，翼二十度二十八分，轸十五度三十分也。合共三百四十七度七百八十分(合十三度)。黄道东方七十二度二百六十四分，北方九十八度二百五十四分，西方六十九度一百七十一分，南方一百七度九十一分，合共三百四十六度七百八十分(合十三度)。若今钦天监所测，角九，亢十，氐十七，房四，心六，尾十五，箕八，斗二十三，牛七，女十，虚十，危十九，室十四，壁十二，奎十一，娄十二，胃十一，昴八，毕十三，参一，觜十一，井三十，鬼三，柳十六，星八，张十七，翼十六，轸十二，各宿一度之前俱有初度，合共三百六十度。此与《明史》所载西法又各不同，且明之西法，如《元历》之度后有分，今则以初度先于一度，是又西法之变差错为整齐也。

【小结】此条抄自汪师韩《韩门缀学》卷四“宿度古今不同”条。作伪方式有二：第一，点窜字句；第二，改变标题，将“宿度古今不同”改为“古今宿度不同”。

200. 历数节气之度

岁有分至启闭，察其日躔、发敛焉。月有朔望朏霸，考其日月相推、交道表里焉。日有永短昏昕，验其昼夜刻漏、出入里差焉。星辰有列星见伏昏旦中星，日躔月逡，所在按其十有二次及众星与黄赤道相直焉。历有赢缩，迟疾进退，消长之微，察之圭槷，随时测验，积微至著，修正不失焉。分谓春分、秋分，至谓冬至、夏至，启谓立春、立夏，闭谓立秋、立冬，是谓八节。夏至日极北，以后渐向南，至秋分南北中，至冬至而南极；极则复向北，至春分而中，夏至而复北极。自南而北为敛，自北而南为发，发敛一终而岁成焉。朔谓月一日，日月合朔也。望谓月十五日，月满与日相望也。朏从月出，月未盛之明也。霸月始生，霸然也。承大月二日，小月三日，此月之盈亏消息也。永谓仲夏昼长，短谓仲冬昼短，昏者日入三商为昏，昕者旦明日将出也。昼长宵短，昼短宵长，以昏昕为度，视日之见没也。列星见伏者，见谓见于东方。《诗》云"三星在天"，**《毛诗》**云："三星，参也。在天，谓始见东方也。"是昏见也。《国语》："辰角见而雨毕，天根见而水涸，木见而草木节解，驷见而**霜陨**，火见而清风戒寒。"《昭四年左传》"西陆朝觌"，是皆谓旦见东方也。伏者，日躔其宿，则其星随日西没而不见。若《夏小正》云："叁月参则伏。"传曰："伏者，非亡也。星无时不见，我有不见之时，故曰伏也。"昏旦中者，若《月令》"孟春昏参中，旦尾中"之属，中谓正南方之中也。日月躔逡者，躔谓行历其次，逡谓行过而退。若《月令》"孟春之月，日在营室"，郑注"日月会于陬訾"，"仲春日在奎"，注"日月会于降娄"之属。星辰之分为十二次者也。赢谓行疾而前侵，缩谓行迟而不及。日月行一度，岁一周天。月日行十三度十九分度之七，二十七日九百四十分日之三百一十四而一周天。日月交会之后，积二十九日九百四十分日之四百九十九。月一周天之外，又行及日而一会，是其常也。但日月之行皆有迟有疾，故有二十九日不及九百四十分日之四百九十九而一会者，亦有过乎九百四十分日之四百九十九而一会者，必审乎此，而后可定月之大小也。今历或两三月相仍皆大，或两三月相仍皆小，是日月有赢缩也。日月在天，必假恒星以识其躔舍。而恒星约六十九年有余而右移一度，故"日发敛一终而成岁"。冬至起乎此，仍复乎其所，而星则稍移，是谓岁差。故岁功终古不忒，而星之见伏昏旦中，历久必变。历家必随时修改，不可执古以例今也。

【辨伪】王鸣盛《尚书后案》卷十二《周书》云：

> 分至启闭，纪于岁者也，察之日躔、发敛。朔望朏霸纪于月者也，察之日月相推、交道表里。永短昏昕，纪于日者也，察之昼夜刻漏、出入里差。列星见伏昏旦中星，日躔月逡，所在纪于十二辰者也，察之十有二次及众星与黄赤道相直。赢缩迟疾，进退消长之微，纪于历数者也，察之圭槷，随时测验，积微至著，修正不失。分谓春分、秋分，至谓冬至、夏至，启谓立春、立夏，闭谓立秋、立冬，是为八节。夏至日极北，以后渐向南，至秋分南北中，至冬至而南极；极则复向北，至春分而中，夏至而复北极。自南而北为敛，自北而南为发，发敛一终为一岁。……朔谓月一日，日月合朔①也。望谓月十五日，月满与日相望也。朏从月出，月未盛之明也。霸月始

① 所谓日月合朔，指的是太阳和月亮在天球上处于同一经度，天文学上称此时日月的黄经差等于零，实际上在合朔的时候，太阳、月亮、地球三者接近一条直线，此时位居中间的月亮，未被太阳光照亮的半面，正对向地球，在地球上看不到月亮的存在。日月合朔是一个具体的瞬间，这一瞬间可能出现在农历初一这一天从零时至24时之间的任何一个时刻。例如：1998年12月19日，即农历十一月初一（相应于伊斯兰教历8月29日），日月合朔在北京时间6时42分；又如：1999年1月17日，即农历十二月一日（相应于伊斯兰教历9月29日），日月合朔在北京时间23时46分。

生，霸然也。承大月二日，小月三日，是纪于月之盈亏消息者也。永谓仲夏昼长，短谓仲冬昼短，昏者日入三商为昏，昕者旦明日将出也。昼长宵短，昼短宵长，以昏昕为度，是纪于日之见没者也。列星见伏者，见谓见于东方。《诗》云“三星在天”，毛传云：“三星，参也。在天，谓始见东方也。”是昏见也。《国语》：“辰角见而雨毕，天根见而水涸，本见而草木节解，驷见而陨霜，火见而清风戒寒。”《昭四年左传》“西陆朝觌”，是皆谓旦见东方也。伏者，日躔其宿，则其星随日西没而不见。若《夏小正》云：“叁月参则伏。”传曰：“伏者，非亡也。星无时不见，我有不见之时，故曰伏。”是也。昏旦中者，若《月令》“孟春昏参中，旦尾中”之属，中谓正南方之中也。日月躔逡者，躔谓行历其次，逡谓行过而退。若《月令》“孟春之月，日在营室”，郑注“日月会于陬訾”，“仲春日在奎”，注“日月会于降娄”之属。……今并言星辰者，辰即列星之分为十二次者。……赢谓行疾而前侵，缩谓行迟而不及。日月行一度，岁一周天。月日行十三度十九分度之七，二十七日九百四十分日之三百一十四而一周天。日月交会之后，积二十九日九百四十分日之四百九十九。月一周天之外，又行及日而一会，是其常也。但日月之行皆有迟有疾，故有二十九日不及九百四十分日之四百九十九而一会者，亦有过乎九百四十分日之四百九十九而一会者，必审乎此，而后可定月之大小也。今历或两三月相仍皆大，或两三月相仍皆小，是日月有赢缩也。日月在天，必假恒星以议其躔舍。而恒星约六十九年有余而右移一度，故“日发敛一终而成岁”。冬至起乎此，仍复乎其所，而星则稍移，是谓岁差。故岁功终古不忒，而星之见伏昏旦中，历久必变。历家必随时修改，以示民不可执古以例今也。

【小结】此条抄自王鸣盛《尚书后案》卷十二《周书》。作伪方式为点窜字句。

201. 古今星象不同

案《明史·天文志》言，三垣二十八宿之星，有古多今少，古少今多，古无今有，古有今无之说，今以钦天监所测参之，与《明志》又各有同异焉。如紫微垣之六甲，古六今一，华盖古十六今四，天厨古六今五，天市垣之市楼古六今二，太微垣之常陈古七今三，郎位古十五今十，长垣古四今二，氐宿之亢池古六今四，尾宿之天龟古五今四，斗宿之鳖古十四今十三，牛宿之罗堰古三今二，女宿之十二国中赵、周、秦、代，古各二今各一，扶筐古七今四，虚宿之司危、司禄古各二今各一，败臼①古四今一，离瑜古三今二，天垒城古十三今五，危宿之杵古三今一，臼古四今三，车府古七今五，天钩古九今六，天钞古十今四，盖屋古二今一，室宿之羽林军古四十五今二十六，螣蛇古二十二今十五，壁宿之天厩古十今三，奎宿之天溷古七今四，毕宿之天节古八今七，觜宿之座旗古九今五，鬼宿之外厨古六今五，轸宿之青丘古七今**四**，此古多今少与《明史》同者也。若紫微垣之传舍古九明五今**六**，天牢古六明二今一，角宿之库楼古十明八今九，危宿之人古五明三今四，井宿之军井古十三明五今六，此古多今少，而自明至今，多少又有不同也。至如角宿之柱

① 【败臼】星名。《星经》卷下：“败臼四星，在虚、危南，主政治。”隋李播《天象赋》：“败臼察灾而扬辉，天垒守夷而骈照。”

古十五今十四，氐宿之骑官古二十七今七，心宿之积卒古十二今二，牛宿之九坎古九今四，右旗古九今八，天桴古四今二，室宿之土功吏古二今一，毕宿之九州殊域古九今七，九斿古九今八，此亦古多今少，而《明史》又无述焉。又紫微垣之御女四，天柱五，大理二五，帝内座五，大赞府(《步天歌》云后门东边大赞府，今星无之)天床六，内厨二，四势四，太微垣之五，诸侯五，亢宿之折威七，氐宿之帝席三，斗宿之天钥八，农丈人一，牛宿之天田九，女宿之离珠五，室宿之八魁九，毕宿之咸池三，张宿之天庙十四，翼宿之东瓯五，轸宿之军门二，土司空四，器府**二十**，此古有今无与《明志》同者也。若井宿之积水一星，今亦无之，而《明志》无述焉。至《明志》所载紫微垣之天理四星全无，而今又俱见之。《明史》又有古少今多者，昴宿七星而有三十六，盖以测远镜得之。有古无今有者，策星傍客星，神宗万历元年所出，先大后小，至今则又无闻焉。其异同又不得而知也。

案：梅文鼎《揆日候星纪要》又谓西儒新增南极之星(二十一)，名火鸟(十)，水委(三)，蛇首、蛇腹、蛇尾(十五)，小斗(七)，飞鱼(七)，南船(五)，海山(六)，十字架(四)，马尾(四)，马腹(三)，蜜蜂(四)，三角形(三)，海石(五)，金鱼(四)，夹臼(二)，附臼(一)，异雀(十)，孔雀(十)，波斯(十一)，鸟喙(六)，鹤(十二)，共一百三十四星。此当自古有之，特古人未之见耳。

【辨伪】汪师韩《韩门缀学》卷四“星有古今不同”条云：

> 三垣二十八宿之星……而乃有古多今少，古少今多，古无今有，古有今无者，《明史·天文志》始著其说，以今钦天监所测，则与《明史》又有同有异。其同者，如紫微垣之六甲(古六今一)，华盖(古十六今四)，天厨(古六今五)，天市垣之市楼(古六今二)，太微垣之常陈(古七今三)，郎位(古十五今十)，长垣(古四今二)，氐宿之亢池(古六今四)，尾宿之天龟(古五今四)，斗宿之鳖(古十四今十三)，牛宿之罗堰(古三今二)，女宿之十二国中赵、周、秦、代(古各二今各一)，扶筐(古七今四)，虚宿之司危、司禄(古各二今各一)，败臼(古四今一)，离瑜(古三今二)，天垒城(古十三今五)，危宿之杵(古三今一)，臼(古四今三)，车府(古七今五)，天钩(古九今六)，天钞(古十今四)，盖屋(古二今一)，室宿之羽林军(古四十五今二十六)，螣蛇(古二十二今十五)，壁宿之天厩(古十今三)，奎宿之天溷(古七今四)，毕宿之天节(古八今七)，觜宿之座旗(古九今五)，鬼宿之外厨(古六今五)，轸宿之青丘(古七今三)，此古多今少之与《明史》同者也。而若紫微垣之传舍(古九明五今八)，天牢(古六明二今一)，角宿之库楼(古十明八今九)，危宿之人(古五明三今四)，井宿之军井(古十三明五今六)，此亦古多今少，而自明至今，又有多少之不同也。至如角宿之柱(古十五今十四)，氐宿之骑官(古二十七今七)，心宿之积卒(古十二今二)，牛宿之九坎(古九今四)，右旗(古九今八)，天桴(古四今二)，室宿之土功吏(古二今一)，毕宿之九州殊域(古九今七)，九斿(古九今八)，此亦古多今少而《明史》无述焉。……若紫微垣之御女(四)，天柱(五)，大理(二)，五帝内座(五)，大赞府(《步天歌》云后门东边大赞府，今星无之)天床(六)，内厨(二)，四势(四)，太微垣之五，诸侯(五)，亢宿之折威(七)，氐宿之帝席(三)，斗宿之天钥(八)，农丈人(一)，牛宿之天田(九)，女宿之离珠(五)，室宿之八魁(九)，毕宿之咸池

(三)，张宿之天庙(十四)，翼宿之东瓯(五)，轸宿之军门(二)，土司空(四)，器府(三十二)，此古有今无之与《明史》同者也。而若井宿之积水一星，今亦无之，而《明史》无述焉。其同异不可知也。至《明史》所载紫微垣之天理四星全无，而今则又俱见之。《明史》又有古少今多者，昴宿七星而有三十六，盖以测远镜得之。有古无今有者，策星旁客星，神宗万历元年所出，先大后小，至今则又无闻焉。又梅文鼎《揆日候星纪要》谓西儒新增南极之星(二十一)，名火鸟(十)，水委(三)，蛇首、蛇腹、蛇尾(十五)，小斗(七)，飞鱼(七)，南船(五)，海山(六)，十字架(四)，马尾(四)，马腹(三)，蜜蜂(四)，三角形(三)，海石(五)，金鱼(四)，夹白(二)，附白(一)，异雀(十)，孔雀(十)，波斯(十一)，鸟喙(六)，鹤(十二)，共一百三十四星。此当自古有之，特古人未之见耳。

【小结】此条抄自汪师韩《韩门缀学》卷四“星有古今不同”条。作伪方式有二：第一，点窜字句；第二，改变标题，将“星有古今不同”改为“古今星象不同”。

202. 置　闰

考天体至圆，绕地左旋，日月皆右旋。以丽天之故，皆为天所曳而左转。昼夜之分必以日之周匝为限。日为天所曳而绕地一周之间，已右行二千九百三十二里千四百六十一分里之三百四十八矣。即以此所行之里数为天之一度，故日一昼夜行一度也。日右行一度，则比日之匝，而天之左旋者过一度矣，积三百六十五日四分日之一而周复其故处，故分周天之数为三百六十五度四分度之一，是一岁日行之数也。日行通率，每日十三度十九分度之七，积二十七日九百四十分日三百一十四而一周天。自前月合朔以来比月之周天，而日又行二十七度有奇矣。故必更越二日，凡二十九日九百四十分日之四百九十九，而复与日会，是为一月(天之旋如磨左转，日月如蚁行磨上而右转，磨速蚁迟，故蚁为磨曳转)，十二会，得全日三百四十八(凡为二十九日者，十二也。全日，净日也。对余分言)，余分之积又五千九百八十八(凡为四百九十九分者十二也)，如日法，九百四十而一(如算日之法，以九百四十分为一日)得六(凡为六日)不尽三百四十八(将余分五千九百八十八除之，六日外犹余此数)，通计得日三百五十四日九百四十分日之三百四十八，是一岁月行之数也(一岁三百六十日，而月行少五日又五百九十二分)。岁有十二月，月有三十日，三百六十者，一岁之常数也。故日与天会而多五日九百四十分日之二百三十五(举全数云有六日)为气盈；月与日会而少五日九百四十分日之五百九十二(即每岁小月六，少六日弱)为朔虚。合气盈、朔虚，一岁余十一日弱，未满三岁已成一月，则置闰焉。故一岁闰率，则十日有奇(日之八百二十七)，三岁一闰率，则三十二日有奇(日之六百单一)，五岁再闰，则五十四日有奇(日之三百七十五)。十有九岁七闰，则气朔分齐，是为一章也。闰法十九岁气朔分齐为一章，此亦大略也。盖十九岁犹有余分未尽，若整齐则须十一月甲子朔子时半冬至为历元，而十九年为章，二十七章为会，凡五百一十三年。三会为统，凡一千五百三十九年。三统为元，则积四千六百一十七年，日月皆无余分，而又得十一月甲子朔夜半冬至，而又为历元矣。

【辨伪】王鸣盛《尚书后案》卷一《虞夏书》云：

天体至圆，绕地左旋，日月皆右旋。以丽天之故，皆为天所曳而左转。昼夜之分必以日之周匝为限。日为天所曳而绕地一周之间，已右行二千九百三十二里千四百六十一分里之三百四十八矣。即以此所行之里数为天之一度，故日一昼夜行一度也。日右行一度，则比日之匝，而天之左旋者过一度矣，积三百六十五日四分日之一而周复其故处，故分周天之度为三百六十五度四分度之一，是一岁日行之数也。月行通率，每日十三度十九分度之七，积二十七日九百四十分日之三百一十四而一周天。自前月合朔以来比月之周天，而日又行二十七度有奇矣。故必更越二日，凡二十九日九百四十分日之四百九十九，而复与日会，是为一月(天之旋如磨左转，日月如蚁行磨上而右转，磨速蚁迟，故蚁为磨曳转)，十二会，得全日三百四十八(凡为二十九日者，十二也。全日，净日也，对余分言)，余分之积又五千九百八十八(凡为四百九十九分者十二也)，如日法，九百四十而一(如算日之法，以九百四十分为一日)得六(凡得六日)不尽三百四十八(将余分五十九百八十八除之，六日外犹余此数)，通计得日三百五十四日九百四十分日之三百四十八，是一岁月行之数也(一岁三百六十日，而月行少五日又五百九十二分)。岁有十二月，月有三十日，三百六十者，一岁之常数也。故日与天会而多五日九百四十分日之二百三十五(举全数云有六日)为气盈；月与日会而少五日九百四十分日之五百九十二(即每岁小月六，少六日弱)为朔虚。合气盈、朔虚，一岁余十一日弱，未满三岁已成一月，则置闰焉。故一岁闰率，则十日有奇(日之八百二十七)，三岁一闰率，则三十二日有奇(日之六百单一)，五岁再闰，则五十四日有奇(日之三百七十五)。十有九岁七闰，则气朔分齐，是为一章也。闰法十九岁气朔分齐为一章，此亦大略也。盖十九岁犹有余分未尽，若整齐则须十一月甲子朔子时半冬至为历元，而十九年为章，二十七章为会，凡五百一十三季。三会为统，凡一千五百三十九年。三统为元，则积四千六百一十七年，日月皆无余分，而又得十一月甲子朔夜半冬至，而又为历元矣。

【小结】此条抄自王鸣盛《尚书后案》卷一《虞夏书》。作伪方式为点窜字句。

203. 日食有昼食夜食之分

案《春秋·隐三年》："春，王二月己巳，日有食之。"《桓三年》："秋七月壬辰朔，日有食之既。"《京房易传》推隐三年之食，贯中央，上下竟而黑。桓三年之食，贯中央，上下竟而黄。郑康成以为月正掩日，日光从四边出，故言从中起也。《南齐书·天文志》："旧说日有五蚀，谓起上下左右中央也。"又云："若日中有亏，名为西子，不名**谓**蚀也。"庄十八年春，王三月，日有食之。《穀梁传》曰："不言日，不言朔，夜食也。"范氏《集解》本于郑氏，以为"朔日，日始出，其食亏伤之处未复，故知，此自以夜食。夜食则亦属前月之晦"。杨士勋疏引徐邈云："夜食则星无光。"张靖《策废疾》云："立八尺之木，不见其影。"并与范意异。《南齐书》难曰："日之夜**食**验于夜星之亡，昼蚀既尽，昼星何故反见？"答曰："夜食度远，与所当而同没；昼食度近，非由冲而得明也。"案：日食固有食未复而入地，或先食而后出地者，故《史记》以"明旦日食而出，出而解，为夜食"，而星之无光，殆难考信。至西子之说，似即日中黑子耳。惟是古历有定朔、平朔之异，古历皆以月之大小相间。而《后汉书》所载卫承等以为当先小，李梵等以为当先大。宋何承天始有三大二小之说，人无信者。至唐《麟德历》而定朔之乃行，后世循用。案日食，自汉至隋，凡二百九十三，而食于晦者七十七，晦前一日者三，初二日者三。唐至五代凡一百一十，而食于晦者一，初二日者一，初三日者一。宋较前代为密，宋之日食凡一百四十八，虽无晦食者，而有当食不食者十三，**当时乃有五星救护之说。群臣表贺者，盖由历法之不精也**。元凡四十五，亦无晦食，而有推食不食者一，食而失推者一，夜食书昼者一，至加时差四五刻者。人皆谓推测之法后人精于前人，而犹不能无误，其实前人非疏，历本当随时改易，假使以今所立之法，后去数百年要亦以渐而差也。自明崇正初日食失验，用徐光启言，诏西洋人推算，而历法**渐精矣**。

【辨伪】汪师韩《韩门缀学》卷四“日食”条云：

> 《春秋·隐公三年》：“春，王二月己巳，日有食之。”《桓公三年》：“秋七月壬辰朔，日有食之既。”《京房易传》推隐三年之食，贯中央，上下竟而黑。桓三年之食，贯中央，上下竟而黄。郑康成以为月正掩日，日光从四边出，故言从中起也。《南齐书·天文志》云：“旧说日有五蚀，谓起上下左右中央也。”又云：“若日中有亏，名为西子，不名为蚀也。”庄公十八年，春王三月，日有食之。《穀梁传》曰：“不言日，不言朔，夜食也。”范氏《集解》本于郑君，以为“朔日，日始出，其食有亏伤之处未复，故知，此自以夜食。夜食则亦属前月之晦”。杨士勋疏引徐邈云：“夜食则星无光。”张靖《策废疾》云：“立八尺之木，不见其影。”并与范意异。《南齐书》难曰：“日之夜蚀，验于夜星之亡，昼蚀既尽，昼星何故反见?”答曰：“夜食度远，与所当而同没；昼食度近，非由冲而得明也。”按：日食固有食未复而入地，或先食而后出地者，故《史记》以“明旦日食而出，出而解，为夜食”，而星之无光，殆难考信。至西子之说，似即日中黑子耳。惟是古历有定朔、平朔之异，古历皆以月之大小相间。而《后汉书》所载卫承等以为当先小，李梵等以为当先大。宋何承天始有三大二小之说，人无信者。至唐《麟德历》而定朔之法乃行，后代循用。按日食，自汉至隋，凡二百九十三，而食于晦者七十七，晦前一日者三，初二日者三。唐至五代凡一百一十，而食于晦者一，初二日者一，初三日者一。宋较前代为密，宋之日食凡一百四十八，虽无晦食者，而有当食不食者十三，元凡四十五，亦无晦食，而有推食不食者一，食而失推者一，夜食书昼者一，至加时差四五刻者。人皆谓推测之法，后人精于前人，而犹不能无误，其实前人非疏，历本当随时改易，假使以今所立之法，后去数百年，要亦以渐而差也(崇正初日食失验，乃以徐光启言，诏西洋人推历法)。

【小结】此条抄自汪师韩《韩门缀学》卷四“日食”条。作伪方式有三：第一，点窜字句；第二，增加句子；第三，改变标题，将“日食”改为“日食有昼食夜食之分”。

204. 求　地　中

【A】《周礼·大司徒》云：“以土圭之法测土深，正日影，以求地中。日南则景短多暑，日北则景长多寒，日东则景夕多风，日西则景朝多阴。日至之景尺有五寸，谓之地中。”【B】郑引郑司农云：“土圭之长，尺有五寸。以夏至之日立八尺之表，其影适与土圭等，谓之地中。【C】据中表之东表而言，于昼漏半中表景得正时，东表日已昳矣，是地与日为近。昼漏半已得正夕景，故云景夕多风。据中表之西表而言，是地与日为近。亦于昼漏半中表景得正时，西表日未中仍得朝时之景，故云日西则景朝多阴。据中表之南表而言，昼漏半，立八尺之表，表北得尺四寸景，不满尺五寸，不与土圭等，是其日南，是地与日为近南，景短多暑。据中表之北表而言，亦昼漏半，表北得尺六寸，是地与日为近北，景长多寒也。”然则日至之景尺有五寸，适当土中也。

【D】案《易通卦验》云：“冬至日，置八神，树八尺之表，日中，视其影如度者，岁美人和。晷不如度者，岁恶人伪。”“神”读如“引”，言八引者，树杙于地，四维四中，引绳以正之，故名曰引。立表者，先正方面，于视日审矣。

【辨伪】王鸣盛《尚书后案》卷十八《周书》云：

【A】《周礼·大司徒》云：“以土圭之法测土深，正日景，以求地中。日南则景短多暑，日北则景长多寒，日东则景夕多风，日西则景朝多阴。日至之景尺有五寸，谓之地中。”

【C】据中表之东表而言，于昼漏半中表景得正时，东表日已昳矣，是地与日为近。昼漏半已得夕景，故云景夕多风。据中表之西表而言，是地于日为近西。亦于昼漏半中表景得正时，西表日未中仍得朝时之景，故云日西则景朝多阴。据中表之南表而言，昼漏半，立八尺之表，表北得尺四寸景，不满尺五寸，不与土圭等，是其日南，是地于日为近南，景短多暑。据中表之北表而言，亦昼漏半，表北得尺六寸景，是地于日为近北，景长多寒也。然则日至之景尺有五寸，适当土中也。

王鸣盛《尚书后案》卷十二《周书》云：

【D】《易通卦验》云：“冬至日，置八神，树八尺之表，日中，视其景如度者，岁美人和。晷不如度者，岁恶人伪。”“神”读如引，言八引者，树杙于地，四维四中，引绳以正之，故名曰引。立表者，先正方面，于视日审矣。

【B】郑引司农注云：“土圭之长尺有五寸。以夏至之日立八尺之表，其景适与土圭等，谓之地中。”

【小结】此条抄自王鸣盛《尚书后案》卷十二《周书》、卷十八《周书》。作伪方式有二：第一，点窜字句；第二，捏合为一，A、C 段抄自卷十八，D、B 段抄自卷十二。

205. 箕风毕雨

考东方苍龙七宿，角、亢、氐、房、心、尾、箕。箕，东方木宿，**风中央土气，木克土，土十为木八妻**，从妻所好，故好风也。西方白虎七宿，奎、娄、胃、昴、毕、觜、参。毕，西方金宿，**雨西方金气克木，木八为金九妻**，从妻所好，故好雨也。《诗纬》云：

“箕为天口，主出气。”《诗·大东》云：“惟南有箕，不可以簸扬。”《渐渐之石》云：“月离于毕，俾滂沱矣。”《仲尼弟子列传》云：“夫子当行，使弟子持雨具，已而果雨。弟子问：‘何以知之？’夫子曰：‘昨暮月不宿毕乎？’”郑众注《大宗伯》云：“风师，箕也。雨师，毕也。”《汉·天文志》云：“箕星为风，东北之星也。”下即继以《书》云“星有好风”，是箕好风，毕好雨，从古有此说也。又昭九年《春秋传》曰：“火，水妃也。”妃者，合也。《阴阳书》有五行妃合之说。甲乙，木也，丙丁，火也，戊己，土也，庚辛，金也，壬癸，水也。木克土，土克水，水克火，火克金，金克木。火畏水，以丁为壬妃，故一与二合丁壬也。土畏木，以己为甲妃，故三与十合甲己也。水畏土，以癸为戊妃，故五与六合戊癸也。金畏火，以辛为丙妃，故七与四合丙辛也。木畏金，以乙为庚妃，故九与八合乙庚也。其一与二，三与十，五与六，七与四，九与八相合之义，则见于昭十七年《春秋传》曰：“水，火之牡也。”刘歆说云：“水以天一为火二牡，木以天三为土十牡，土以天五为水六牡，火以天七为金四牡，金以天九为木八牡。阳奇为牡，阴偶为妃。故曰：‘水，火之牡。’又曰：‘火，水妃也。’”《易·系辞》：“天数五，地数五，五位相得而各有合。”天数一、三、五、七、九，地数二、四、六、八、十，一、二、三、四、五，得五皆为六、七、八、九、十，此之谓“相得”。而丁壬等之各为牡妃，其中具有相合之义，此天地五行之合也。由此推之，皆从己所克得其妃，从妃所好也。

【辨伪】王鸣盛《尚书后案》卷十二《周书》云：

> 郑云“箕，东方木宿，从妻好风，毕，西方金宿，从妻好雨”云云者。东方苍龙七宿，角、亢、氐、房、心、尾、箕。西方白虎七宿，奎、娄、胃、昴、毕、觜、参。……《诗纬》云：“箕为天口，主出气。”《诗·大东》云：“惟南有箕，不可以簸扬。”《渐渐之石》云：“月离于毕，俾滂沱矣。”《仲尼弟子列传》云：“夫子当行，使弟子持雨具，已而果雨。弟子问：‘何以知之？’夫子曰：‘昨暮月不宿毕乎。’”……郑众注《大宗伯》云：“风师，箕也。雨师，毕也。”《汉·天文志》云：“箕星为风，东北之星也。”下即继以《书》云“星有好风”，是箕好风，毕好雨，从古有此说。昭九年《春秋传》曰：“火，水妃也。”妃者合也。《阴阳书》有五行妃合之说。甲乙木也，丙丁火也，戊己土也，庚辛金也，壬癸水也。木克土，土克水，水克火，火克金，金克木。火畏水，以丁为壬妃，故一与二合丁壬也。土畏木，以己为甲妃，故三与十合甲己也。水畏土，以癸为戊妃，故五与六合戊癸也。金畏火，以辛为丙妃，故七与四合丙辛也。木畏金，以乙为庚妃，故九与八合乙庚也。其一与二，三与十，五与六，七与四，九与八相合之义，则昭十七年《春秋传》曰：“水，火之牡也。”刘歆说云：“水以天一为火二牡，木以天三为土十牡，土以天五为水六牡，火以天七为金四牡，金以天九为木八牡。阳奇为牡，阴偶为妃。故曰：‘水，火之牡也。’又曰：‘火，水妃也。’”《易·系辞》：“天数五，地数五，五位相得而各有合。”天数一、三、五、七、九，地数二、四、六、八、十，一、二、三、四、五，得五皆为六、七、八、九、十，此之谓“相得”。而丁壬等之各为牡妃，其中具有相合之义，此天地五行之合也。……此郑推言之，皆从己所克得其妃，从妃所好也。

【小结】此条抄自《尚书后案》卷十二《周书》。作伪方式有二：第一，点窜字句；第二，增加句子。

206. 古宫室之制

【A】读《礼》者必明古人宫室之制，然后所位所陈，揖让进退，不失其方。**虽先王制度，代远难稽，姑即见于《礼》文者约略言之，犹可概见焉**。门与东、西塾同在一基。**《说文》云：“塾门，侧堂也**。”《仪礼·士虞礼》所谓“七俎在西塾之西”，《士冠礼》所谓“摈者负东塾”是也。【B】前为堂，后为室，堂以南向为尊。户在其东南，牖在其西南，户外之西，牖外之东，**堂正中南向**，王位在焉。堂两旁为东、西夹。刘熙《释名》谓“在堂两头曰夹”。【C】《仪礼·公食大夫礼》云：“公迎宾入，大夫立于东夹南，士立于门，小臣东堂下，宰夫夹北，内官之士在宰东上，介门西。”盖均即位于堂上下，**东西夹者是也。两夹之前堂谓之东西箱**。【D】《仪礼·觐礼》篇注云：“东箱，东夹之前，相翔待事之处。”《特牲馈食礼》注云：“西堂，西夹之前，近南。”疏曰：“即西箱也。”《尔雅·释宫》云：“室有东、西箱，曰庙。”郭璞注云：“夹室前堂是东西箱，即东西堂。”**是两箱**在东西夹室之前矣。故《公食大夫礼》云：“公揖退于箱下。公受宰夫束帛以侑，西向立。”注云：“箱，东夹之前，俟事之处。受束帛于序端。”盖东箱即接序端，公当于序端受束帛，故先立于东箱以俟之。取其地近则事便也。**【E】其间有墙焉，即东西序**。《尔雅·释宫》：“东西墙谓之序。”注云：“所以序别内外。”**疏云：“此谓室前堂上东西箱之墙也。后室两旁则为东西房**。”【F】刘熙《释名·释宫室》篇云：“房，旁也，在室两旁也。”是房在夹室之后矣。【G】但大夫、士虽有东西夹室，而后室却只有西边一室，东边一房，无所谓东西房者。【H】考《礼记·礼器疏》推郑意云：《士丧礼》小敛，妇人髽于室，而《丧大记》诸侯之礼云：“小敛，妇人髽带麻于房中。”以《士丧》男子括发在房，妇人髽于室，无西房故也。《士丧礼》“妇人髽于室”，在男子之西，则诸侯之礼“妇人髽于房”，亦在男子之西，是有西房矣。有西房则有东房，是诸侯有左右房。士只一房也，知大夫亦只一房者。【I】**考《诗正义》曰**：“《乡饮酒义》‘尊于房户之间，宾主共之。’”是大夫无西房，故以房与室户之间为中也。【J】房虽与室毗连，其间有墉以间之，各不相通，故各于南隅设户以通于堂。其后室之中东西北三面皆墉，惟南一面东为户，西为牖。西房之户出于西序内室牖之西，东房之户出于东序内室户之东，盖皆东南隅，惟东房之户则在西南隅，因欲通于堂故也。【K】故《小雅·斯干》诗云：“筑室百堵，西南其户。”郑笺谓天子之寝左右房，异于一旁者之室，户也。是燕寝室内或开西户以达于东房。考燕寝西户之制，不见于经。《玉藻》曰：“君子之居恒当户，寝恒东首。”则燕寝也。而注以当户为向明，则燕寝之户是南向也。**【L】盖周自**文王迁丰仅作灵台辟雍。其余犹诸侯制度。武王迁镐因之。镐京宫室，周公亦未及改作。成王崩于镐京，其丧礼陈设定在路寝①，必有东西房，一如诸侯路寝之制。其后厉王之乱，宫室毁坏，**先王制作无复可因**。宣王中兴，别更起造，自依天子之制。**故《斯干》之诗，郑注以为天子之寝也**。**【M】后之学者于**序、楹、楣、阿、箱、夹、户、牖之属，不

① 【路寝】古代天子、诸侯的正厅。《诗·鲁颂·閟宫》：“松桷有舄，路寝孔硕。”毛传：“路寝，正寝也。”《文选·张衡〈西京赋〉》：“正殿路寝，用朝群辟。”薛综注：“周曰路寝，汉曰正殿。”宋陆游《老学庵笔记》卷十：“古所谓路寝，犹今言正厅也。”

能备知其处，其于古人陈设之地、进退之位、**揖让之节，皆茫然无据**，且将以后世之规模，臆测先王之度数矣。

【辨伪】I 段抄自王鸣盛《蛾术编》卷六十六说制四“西南其户”：

《乡饮酒义》云：“尊于房户之间。”由无西房，故以房与室户之间为中也。

H、F、J 段抄自王鸣盛《尚书后案》卷二十五《周书》云：

【H】《礼记·礼器疏》推郑意云：《士丧礼》小敛，妇人髽于室。而《丧大记》诸侯之礼云：“小敛，妇人髽带麻于房中。”以《士丧》男子括发在房，妇人髽于室，无西房故也。《士丧礼》“妇人髽于室”，在男子之西，则诸侯之礼“妇人髽于房”，亦在男子之西，是有西房矣。有西房自然有东房，是诸侯有左右房，士止一东房也。知大夫亦止一房者。

【F】刘熙《释名》卷五《释宫室》篇云：“房，旁也，在室两旁也。”……是房在夹室之后矣。

【J】房虽与室连比，其间有墉以间之，各不相通，故各于南隅设户以通于堂。其后室之中东西北三面皆墉，惟南一面东为户，西为牖。故西房之户出于西序内室牖之西，东房之户出于东序内室户之东也(户皆在东南隅，惟东房之户则在西南隅，因欲通于堂，故如此)。

D 段抄自《四库全书总目》卷二十《宫室考》提要：

《仪礼·觐礼》篇注曰：“东箱，东夹之前，相翔待事之处。”《特牲馈食礼》注曰：“西堂，西夹之前，近南。”疏曰：“即西箱也。”《尔雅·释宫》曰：“室有东、西厢，曰庙。”郭璞注曰：“夹室前堂。据此，则东西厢即东西堂。”明在东西夹室之前。……《公食大夫礼》曰：“公揖退于箱下，公受宰夫束帛以侑，西乡立。”注云：“箱，东夹之前，俟事之处，受束帛于序端。”盖东厢即接序端，公当于序端受束帛，故先立于东厢以俟之。地近则事便也。

A 段抄自《四库全书总目》卷二十《仪礼图》《仪礼旁通图》提要：

惟是读《仪礼》者必明于古人宫室之制，然后所位所陈，揖让进退，不失其方。……门与东、西塾同在一基。……则《士虞礼》“七俎在西塾之西”无其地。及《士冠礼》“摈者负东塾”之类。

B、G、L、E 段抄自王鸣盛《蛾术编》卷六十六说制四“《顾命》宫室制度”条云：

【B】《释名》云：“夹室在堂两头，故曰夹也。”……前为堂，后为室。堂两旁为东西夹室……户在其东南，牖在其西南。堂以南向为尊，王位在户外之西，牖外之东。

【G】但大夫士宫室，其前堂虽亦有东西夹室，而后室却只有西边一室，东边一房，无所谓东西房。

【L】以文王迁丰，仅作灵台辟雍，其余犹诸侯制度。武王迁镐因之。……镐京宫室，周公亦未及改作。成王崩于镐京，故丧礼陈设之处在路寝者，有东西房，如诸侯路寝之制。……其后厉王之乱，宫室毁坏，宣王中兴，别更起造，自然依天子法，不作诸侯制。

【E】《释宫》云："东西墙谓之序。"注云："所以序别内外。"

C 段抄自《四库全书总目》卷二十二《参读礼志疑》提要：

考《仪礼·公食大夫礼》："公迎宾入，大夫立于东夹南，士立于门，小臣东堂下，宰东夹北，内官之士在宰东上，介门西。"盖均即位于堂之上下。

K 段抄自《四库全书总目》卷二十《仪礼释宫增注》提要：

又《诗·斯干》云："筑室百堵，西南其户。"郑笺谓天子之寝左右房，异于一房者之室户也。……此燕寝室内或开西户以达于东房。考燕寝西户之制，不见于经。《玉藻》曰："君子之居恒当户，寝恒东首。"则燕寝也。而注以当户为向明，则燕寝之户南向也。

M 段抄自《四库全书总目》卷二十《仪礼释宫》提要：

如序、楹、楣、阿、箱、夹、牖、户、当荣、当碑之属，读《仪礼》者尚不能备知其处。则于陈设之地、进退之位，俱不能知，甚或以后世之规模臆测先王之度数，殊失其真。

【小结】此条抄自王鸣盛《蛾术编》卷六十六说制四"西南其户"条、"《顾命》宫室制度"条、王鸣盛《尚书后案》卷二十五《周书》、《四库全书总目》卷二十《宫室考》提要、《仪礼图》《仪礼旁通图》提要、《仪礼释宫》提要、《仪礼释宫增注》提要、卷二十二《参读礼志疑》提要。作伪方式有四：第一，点窜字句；第二，增加句子；第三，改变顺序；第四，多源组合，A 段抄自《仪礼图》《仪礼旁通图》提要，B、G、L、E 段抄自"《顾命》宫室制度"条，C 段抄自《参读礼志疑》提要，D 段抄自《宫室考》提要，H、F、J 段抄自《尚书后案》卷二十五《周书》，I 段抄自"西南其户"条，K 段抄自《仪礼释宫增注》提要，M 段抄自《仪礼释宫》提要。

207. 天子诸侯朝门之制

据《天官·宰夫阍人》、《夏官·司士太仆》、《秋官·小司寇朝士》、《冬官·匠人》诸职之经注及疏，又据《明堂位》、《玉藻》、《文王世子》等篇之经注及疏，并《诗·大雅·

绵》篇、《论语·乡党》篇参考之，天子诸侯各有三朝，一外朝，二治朝，三燕朝。但天子五门，自外向内数之，一皋门，二库门，三雉门，四应门，五路门。皋门内库门外为外朝，朝士建其法，小司寇掌其政，列三槐、九棘，设嘉石、**肺**石，致万民而询国危、国迁，立君于斯，断狱于斯。库门内雉门外，则右社稷，左宗庙，不设朝。雉门，阍人掌其禁，而又谓之中门，以其居五门之中。设两观，《释宫》谓之"阙"，《冢宰》谓之"象魏"，一物三名。应门内路门外为治朝，司士正其位，宰夫掌其法，而太仆正王之位，王日视朝于斯。路门内为燕朝，即路寝，太仆正其位，掌摈相，而族人朝于斯，图宗人嘉事于斯，燕射于斯，王日听政于斯。诸侯则三门，库门内为外朝，雉门内为治朝，路门内为燕朝，无皋、应。但库门为天子皋门制，雉门为天子应门制，惟此为异。以上皆以郑康成之说为定。案外朝在库门外，《朝士》注甚明。而《小司寇》注云"在雉门外"。"雉"本当作"库"，贾疏已明言之。《三礼义宗》及《通典》承误作"雉"，遂疑康成自相矛盾，非也。治朝①、燕朝②对外朝而言，皆内朝③。《玉藻》说诸侯之事云："朝服以日视朝于内朝，群臣辨色始入，君日出而视朝，退适路寝听政。使人视大夫，大夫退，然后适小寝。"此内朝即治朝。若《文王世子》云："其朝于内朝，臣有贵者以齿。其在外朝，则以官。"此以路门外为外朝者，对路寝庭为外朝，其实亦是内朝也。

【辨伪】王鸣盛《尚书后案》卷二十五《周书》云：

> 今据《天官·宰夫阍人》、《夏官·司士太仆》、《秋官·小司寇朝士》、《冬官·匠人》诸职之经注及疏，又据《明堂位》、《玉藻》、《文王世子》等篇之经注及疏，并《诗·大雅·绵》篇、《论语·乡党》篇参考之，天子诸侯各有三朝，一外朝，二治朝，三燕朝。但天子五门，自外向内数之，一皋门，二库门，三雉门，四应门，五路门。皋门内库门外为外朝，朝士建其法，小司寇掌其政，列三槐、九棘，设嘉石、肺石，致万民而询国危、国迁，立君于斯，断狱讼于斯。库门内雉门外，则右社稷，左宗庙，不设朝。雉门，阍人掌其禁，而又谓之中门，以其居五门之中。设两观，《释宫》谓之"阙"，《冢宰》谓之"象魏"，一物三名。应门内路门外为治朝，司士正其位，宰夫掌其法，而太仆正王之位，王日视朝于斯。路门内为燕朝，即路寝，太仆正其位，掌摈相，而族人朝于斯，图宗人嘉事于斯，燕射于斯，王日听政于斯。诸侯则三门，库门内为外朝，雉门内为治朝，路门内为燕朝，无皋、应。……但库门为天子皋门制，雉门为天子应门制，惟此为异。以上诸文皆以康成郑氏说为定（外朝在库门外，《朝士》注甚明。而《小司寇》注云"在雉门外"。"雉"本当作"库"，贾疏已明言之。《三礼义宗》及《通典》承误作"雉"，后人遂疑康成自相矛盾，非也。治朝、燕朝对外朝言，皆内朝。《玉藻》说诸侯之事云："朝服以日视朝于内朝，群臣辨色始入，君日出而视朝，退适路寝听政。使人视大夫，大夫退，然后适小寝。"此内朝即治朝。

① 【治朝】古代天子诸侯三朝之一。在路门外，司士掌之，为每日视朝之所。

② 【燕朝】古代天子、诸侯在路门内的路寝会见臣子。亦指天子、诸侯处理政事后休息之所。

③ 【内朝】古代天子、诸侯处理政事和休息的场所。对外朝而言。"内朝"有二：一在路门外，为天子、诸侯处理政事之处，亦谓之"治朝"；一在路门内之路寝，为天子、诸侯处理政事后休息之所，亦谓之"燕朝"。卿、大夫治其邑事之处也称"内朝"。

若《文王世子》云："其朝于内朝，臣有贵者以齿。其在外朝，则以官。"此以路门外为外朝者，对路寝燕朝为外朝，其实亦是内朝)。

王鸣盛《蛾术编》卷六十九说制七"天子诸侯各有三朝"亦云：

据《周礼》《天官·宰夫阍人》、《夏官·司士太仆》、《秋官·小司寇朝士》、《冬官·匠人》诸职之经注及疏，《礼记·曲礼》、《明堂位》、《玉藻》、《文王世子》等篇之经注及疏，并《诗·大雅·绵》篇、《论语·乡党》篇参考之，天子诸侯，各有三朝，一外朝，二治朝，三燕朝。但天子五门，自外向内数之，一皋门、二库门、三雉门、四应门、五路门。皋门内库门外为外朝，朝士建其法，小司寇掌其政。列三槐九棘，设嘉石肺石，致万民而询。国危国迁立君于斯，断狱讼于斯。库门内雉门外，则右社稷、左宗庙，不设朝。雉门阍人掌其禁，而又谓之中门，以其居五门之中。设两观，《释宫》谓之阙，《冢宰》谓之象魏，一物三名。应门内路门外为治朝，司士正其位，宰夫掌其法，而太仆正王之位，王日视朝于斯。路门内为燕朝，即路寝。太仆正其位掌摈相，而族人朝于斯，图宗人嘉事于斯，燕射于斯，王日听政于斯。诸侯则三门，库门内为外朝，雉门内为治朝，路门内为燕朝，无皋、应。鲁亦无皋、应。但库门为天子皋门制，雉门为天子应门制，惟此为异。以上诸文，皆以康成之说为定。天子外朝在库门外，《朝士》注甚明。而《小司寇》注云："在雉门外。""雉"本当作"库"，传写误作"雉"，贾公彦所见本已误，贾不得回护斡旋之。《三礼义宗》及《通典》承误作"雉"，后人遂疑康成自相矛盾，非也。……治朝、燕朝对外朝而言，皆内朝。……《玉藻》说诸侯之事云："朝服以日视朝于内朝，群臣辨色始入，若日出而视朝，退适路寝听政。使人视大夫；大夫退，然后适小寝。"此内朝即治朝。《文王世子》云：公族朝于内朝，臣有贵者以齿。其在外朝则以官。

【小结】此条抄自王鸣盛《尚书后案》卷二十五《周书》。另王鸣盛《蛾术编》卷六十九说制七"天子诸侯各有三朝"条亦有类似内容。作伪方式为点窜字句。

208. 外朝治朝无堂阶

【A】案江永云："古宫室之制，堂必筑土崇高，庙寝皆有之。"有堂即有阶。《论语》"摄齐升堂"，谓路寝内朝。《仪礼·士相见》"君在堂，升见无方阶"，《燕礼》"公升即席"，《檀弓》"杜蒉入寝，历阶而升"是也。若路门外治朝，库门外外朝，皆平地为庭，无堂无阶，故谓之朝廷。廷者，庭中也。【B】《小宗伯》注云："宗庙、社稷在库门内之左右。"《匠人》云："外有九室，九卿朝焉。"注云："九室，如今朝堂诸曹治事处。"此当在应门内之左右，其中间则平地。【C】《曾子问》"诸侯旅见天子，雨沾服失容则废"，明在庭中也。《聘礼》"使者受命于朝"，及司士、朝士等职，言治朝、外朝皆无升阶之文。又人君出入乘车，登车于路寝西阶之前，下车于阼阶之前，见《春官·乐师》郑注。郑本之《尚书大传》，盖治朝、外朝皆无堂阶，故可乘车出入。**使有堂阶，则九等、七等之级，车马岂能升降乎？**

【辨伪】A、C 段抄自王鸣盛《蛾术编》卷六十九“天子诸侯各有三朝”条：

【A】江慎修曰：“古宫室之制，堂必筑土崇高，庙寝皆有之。”有堂即有阶，《论语》“摄齐升堂”，谓路寝内朝。《士相见礼》“君在堂，升见无方阶”，《燕礼》“公升即席”，《檀弓》“杜蒉入寝，历阶而升”，是也。若路门外治朝，库门外外朝，皆平地为庭，无堂无阶，故谓之朝廷。廷者，庭中也。

【C】《曾子问》“诸侯旅见天子，雨沾服失容则废”，明在庭中也。《聘礼》“使者受命于朝”，及司士、朝士等职，言治朝、外朝皆无升阶之文。又人君出入乘车，登车于路寝西阶之前，下车于阼阶之前，见《春官·乐师》郑注，郑本之《尚书大传》，盖治朝、外朝，皆无堂阶，故可乘车出人。

B 段见于王鸣盛《尚书后案》卷二十五《周书》：

《小宗伯》注云：“宗庙、社稷在库门内之左右。”《匠人》云：“外有九室，九卿朝焉。”注云：“九室，如今朝堂诸曹治事处。”此当在应门内之左右，其中间则皆平地。

【小结】此条抄自王鸣盛《蛾术编》卷六十九“天子诸侯各有三朝”条、王鸣盛《尚书后案》卷二十五《周书》。作伪方式有三：第一，点窜字句；第二，增加句子；第三，多源组合，A、C 段抄自《蛾术编》卷六十九“天子诸侯各有三朝”条，B 段抄自《尚书后案》卷二十五《周书》。

209. 门屏间谓之宁

案：郑注《觐礼》据《礼纬》云“天子外屏”。外屏者，经云侯氏肉袒入庙门，天子辞，再拜稽首。“出，自屏南适门西。”疏云：“据此，文，出门乃云屏南，知是外屏。庙如此，寝可知矣。”《释宫》云：“两阶间谓之乡，中庭之左右谓之位，门屏之间谓之宁，屏谓之树。”此一节皆从内向外言之。阶庭是路寝之阶庭，则门是路门，屏是路门外之屏。故《曲礼》疏云路门外有屏，即树塞门是。此说是矣。又据郭注“人君视朝所宁立处”，谓天子受朝于路门外之朝，于门外宁立，以待诸侯之至。此说亦是。又引李巡云“正门内两塾间曰宁”。谓诸侯内屏在路门内，天子外屏在路门外，而近应门。此则虽是而微误。正门是应门，屏是所以蔽路门，则宁当在路门外之两塾间。是门侧堂，内外各有二。宁既在路门外两塾间，则南距应门之两塾间尚远，何得云近？李巡微误，此疏亦因之微误。又考《说文·宁部》云：“辨积物也。”疑与《贝部》之贮字同。门屏间字当作著，《齐风》“俟我于著”，《昭十一年传》“朝有著定”是也。

【辨伪】王鸣盛《尚书后案》卷二十五《周书》条云：

郑注《觐礼》据《礼纬》云“天子外屏”。外屏者，经云侯氏肉袒入庙门，天子辞，再拜稽首。“出，自屏南适门西。”疏云：“据此，文，出门乃云屏南，知是外屏。庙如此，寝可知。”《释宫》云：“两阶间谓之乡，中庭之左右谓之位，门屏之间谓之宁，屏谓之树。”此一节皆是从内向外言之。阶庭是路寝之阶庭，则门是路门，屏是路门外之屏。故《曲礼》疏云路门外有屏，即树塞门是。此说是矣。又据郭注“人君视朝所宁立处”，谓天子受朝于路门外之朝，于门外宁立，以特诸侯之至。此说亦是。又引李巡云“正门内两塾间曰宁”。谓诸侯内屏在路门内，天子外屏在路门外，而近应门。此则虽是而微误。正门是应门，屏是所以蔽路门，则宁当在路门外之两塾间。塾是门侧堂，内外各二。宁既在路门外两塾间，则南距应门之两塾间尚远，何得云近？李巡微误，此疏亦因之微误。又考《说文》卷十四上《宁部》云：“辨积物也。”此字疑与《贝部》之贮字同。门屏间字当作著，《齐风》“俟我于著”，《昭十一年传》“朝有著定”。

【小结】此条抄自王鸣盛《尚书后案》卷二十五《周书》。作伪方式为点窜字句。

210. 五行万物之本

考《唐志》曰：“五行见象于天为五星，分位于地为五方，行于四时为五气，德秉于人为五常，用于人为五材，播于音律为五声，发于文章为五色，而总其气为五行。”人禀五行之气以生，故于物为最灵。木为岁星，火为荧惑，金为太白，水为辰星，土为填星。见《汉·天文志》。木臭膻，火臭焦，土臭香，金臭膻，水臭朽。臭即气也，见《月令》。金色白，木色青，水色黑，火色赤，土色黄。金声商，木声角，水声羽，火声徵，土声宫，见杜预《昭元年》、《二十五年传》解。惟五常所属，《天文志》以仁属木，义属金，礼属火，知属水，信属土，宋儒皆从之。而郑康成以信属水，知属土，与《天文志》异。《乾凿度》孔子曰：“八卦之序成立，则五气变形。故人生而应八卦之体，得五气以为五常，仁、义、礼、知、信是也。万物始生于震。震，东方之卦也，阳气始生，受形之道也，故东方为仁。成于离。离，南方之卦也，阳得正于上，阴得正于下，尊卑之象定，礼之序也，故南方为礼。入于兑。兑，西方之卦也，阴用事而万物宜，义之理也，故西方为义。渐于坎。坎，北方之卦也，阴气形盛，阳气含闭，信之类也，故北方为信。四方之义皆统于中央，故乾、坤、艮、巽位在四维；中央所以绳四方行也，智之决也，故中央为智。道兴于仁，立于礼，理于义，定于信，成于智，五者道德之分也。”郑盖用《乾凿度》之说也。

【辨伪】王鸣盛《尚书后案》卷十二《周书》云：

又案曰《唐志》曰：“五行见象于天为五星，分位于地为五方，行于四时为五气，德禀于人为五常，用于人为五材，播于音律为五声，发于文章为五色，而总其气为五行。”人禀五行之气以生，故于物为最灵。今考木为岁星，火为荧惑，金为太白，水为辰星，土为填星。见《汉·天文志》。木臭膻，火臭焦，土臭香，金臭腥，水臭朽。臭即气也，见《月令》。金色白，木色青，水色黑，火色赤，土色黄。金声商，木声角，水声羽，火声徵，土声宫，见杜预《昭元年》、《二十五年传》解。惟五常所属，《天文志》以仁属木，义属金，礼属火，知属水，信属土，宋儒皆从之。而郑以信属水，知属土，与《天文志》异。《乾凿度》孔子云：“八卦之序成立，则五气变形。故人生而应八卦之体，得五气以为五常，仁、义、礼、信、智是也。万物始出于震。震，东方之卦也，阳气始生，受形之道也，故东方为仁。成于离。离，南方之卦也，阳得正于上，阴得正于下，尊卑之象定，礼之序也，故南方为礼。入于兑。兑，西方之卦也，阴用事而万物得其宜，义之理也，故西方为义。渐于坎。坎，北方之卦也，阴气形盛，阳气含闭，信之类也，故北方为信。四方之义皆统于中央，故乾、坤、艮、巽位在四维；中央所以绳四方行也，智之决也，故中央为智。道兴于仁，立于礼，理于义，定于信，成于智，五者道德之分也。”郑说本此。

【小结】此条抄自王鸣盛《尚书后案》卷十二《周书》。作伪方式为点窜字句。

211. 五行所生之次

《易·系辞》曰：“天一，地二，天三，地四，天五，地六，天七，地八，天九，地十。”即五行生成之数也。天一生水，地二生火，天三生木，地四生金，天五生土，此其生数也。《月令》，春其数八，夏其数七，中央其数五，秋其数九，冬其数六。数者，五行佐天地生物成物之次也。五行自水始，火次之，木次之，金次之，土为后。木生数三，成数八。火生数二，成数七。金生数四，成数九。水生数一，成数六。但言八七九六者，举其成数。土生数五，成数十，但言五者，土以生为本也。《白虎通》曰：“行者，为天行气也。水训准，平均法则之称。言水在黄泉养物，平均有准则也。木，触也。阳气动跃，触气而出也。火之为言化也，阳气用事，万物变化也。金训禁，言秋时万物阴气所禁止也。土训吐，言土居中，总吐万物也。”生物谓木火七八之数，成物谓金水九六之数，则春夏生物，秋冬成物。故《易·系辞》“精气为物，游魂为变”，注云：“精气为七八，游魂为六九。”是七八生物，九六终物也。《洪范》一曰水者，乾贞于十一月子，十一月一阳生，故水数一。二曰火者，坤贞于六月未，六月两阴生，阴不敢当午也。三曰木者，正月三阳生，是建寅之月，故次木。四曰金者，八月四阴生，是建酉之月，故次金。五曰土者，五阳生，三月建辰之月，辰为土，土王四季，载四行，又广大，故次土也。水在北方者，从盛阴之气，所以润下从阴也。火在南方者，从盛阳之气，炎上从阳也。木在东方者，东是半阴半阳。曲直，以阴阳俱有，体质尚柔，故可曲可直。金在西方者，亦半阴半阳，但物既成就，体性坚刚，虽可改革，须火柔之。土在中央者，以其包载四行，含养万物，为万物之主，稼穑所以养万物也。所谓阴阳所生之次也。《逸周书·小开武解》云：“五行：一黑位水，二赤位火，三苍位木，四白位金，五黄位土。”孔晁注云：“言其所顺而动。”是亦阴阳所生之次也。若播五行于四时，则《月令》木火土金水，更生休王，是又相生递王之次也。《春秋繁露·五行之义》篇云：“五行，一曰木，二曰火，三曰土，四曰金，五曰水。木，五行之始也。水，五行之终也。土，五行之中也。此其天次之序也。木生火，火生土，土生金，金生水，水生木，此其父子也。木居左，金居右，火居前，水居后，土居中央，此其父子之序。相受而布，故木受水，火受木，土受火，金受土，水受金也。诸授之者皆其父，受之者皆其子也。常因其父以使其子，天之道也。”此董子之言，义各有所取也。

【辨伪】王鸣盛《尚书后案》卷十二《周书》云：

《易·系辞》曰：“天一，地二，天三，地四，天五，地六，天七，地八，天九，地十。”此即五行生成之数。天一生水，地二生火，天三生木，地四生金，天五生土，此其生数也。……《月令》，春其数八，夏其数七，中央土其数五，秋其数九，冬其数六。郑注："数者，五行佐天地生物成物之次也。……而五行自水始，火次之，木次之，金次之，土为后。木生数三，成数八。火生数二，成数七。金生数四，成数九。水生数一，成数六。但言八七九六者，举其成数。土生数五，成数十，但言五者，土以生为本。"此与书注相发，彼正义曰："《白虎通》云：'行者，为天行气也。水训准，平均注则之称。言水在黄泉养物，平均有准则也。木，触也。阳气动跃，触地而出也。火之为言化也，阳气用事，万物变化也。金训禁，言秋时万物阴气所禁止也。土训吐，言土居中，总吐万物也。'生物谓木火七八之数，成物谓金水九六之数，则春夏生物，秋冬成物。故《易·系辞》'精气为物，游魂为变'，注云：'精气谓七八，游魂谓九六。'是七八生物，九六终物也。《洪范》云云，所以一曰水者，乾贞于十一月子，十一月一阳生，故水数一。二曰火者，坤贞于六月未，六月两阴生，阴不敢当午也。三曰木者，正月三阳生，是建寅之月，故次木。四曰金者，八月四阴生，是建酉之月，故次金。五曰土者，三月五阳生，三月建辰之月，辰为土，土王四季，载四行，又广大，故次土也。水在北方者，从盛阴之气，所以润下从阴也。火在南方者，从盛阳之气，炎上从阳也。木在东者，东是半阴半阳。曲直，以阴阳俱有，体质尚柔，故可曲可直。金在西方者，亦半阴半阳，但物既成就，体性坚刚，虽可改革，须火柔之。土在中者，以其包载四行，含养万物，为万物之主，稼穑所以养万物也。"……郑云"阴阳所生之次"，传亦云"皆其生数"也。《逸周书》卷三《小开武解》云："五行：一黑位水，二赤位火，三苍位木，四白位金，五黄位土。"孔晁注云："言其所顺而动。"是亦言阴阳所生之次，与《洪范》合也。至于"播五行于四时"，则《月令》木火土金水，更相休王，是为相生递王之次，与此次不同。《春秋繁露》卷十一《五行之义》篇云："五行，一曰木，二曰火，三曰土，四曰金，五曰水。木，五行之始也。水，五行之终也。土，五行之中也。此其天次之序也。木生火，火生土，土生金，金生水，水生木，此其父子也。木居左，金居右，火居前，水居后，土居中央，此其父子之序。相受而布，是故木受水，火受木，土受火，金受土，水受金也。诸授之者皆其父，受之者皆其子也。常因其父以使其子，天之道也。"董子言如此，义各有取也。

【小结】此条抄自王鸣盛《尚书后案》卷十二《周书》。作伪方式为点窜字句。

212. 五事配五行

五事配五行，诸说互异。貌木、言金、视火、听水、思土，伏生、董仲舒、刘歆、眭孟等之言灾异，班固之志五行，郑康成之注《大传》，及孔传、孔疏之注诸经，皆同此说。盖伏生等说本《易》八卦方位，四正卦：东震为春、为木，西兑为秋、为金，北坎为冬、为水，南离为夏、为火。坤土寄王西南，位实中央。五事分配之，《说卦传》云："震，动也。兑，说也。坎，陷也。离，丽也。"貌主动，为震。言主说，说从言，为兑。听者耳，有陷象，为坎。视者光之丽于物，为离。又云："震为足，坎为耳，离为目，兑为口。"耳目口固显合，而足亦貌之动也。又云："坎为耳痛，兑为口舌。"注家云："坎为耳，为疾，故为耳痛。兑得震声，故为口舌。"又虞翻《逸象》云："坤为思、为土，坎为虚、为入、为纳，为见、为明、为光。"皆足以证伏生等之说。**后儒各逞意见，异论纷纷矣。**

【辨伪】王鸣盛《尚书后案》卷十二《周书》云：

> 又案曰："五事"配"五行"，诸说互异。貌木、言金、视火、听水、思土，伏生、董仲舒、刘歆、眭孟等之言灾异，班固之志五行，郑康成之注《大传》，及孔传、孔疏并同……伏生等说本《易》八卦方位，四正卦：……东震为春、为木，西兑为秋、为金，北坎为冬、为水，南离为夏、为火。坤土寄王西南，位实中央。"五事"分配之，《说卦传》云："震，动也。兑，说也。坎，陷也。离，丽也。"貌主动，为震。言主说，说字从言，为兑。听者耳，有陷象，为坎。视者光之丽于物，为离，又云："震为足，坎为耳，离为目，兑为口。"耳目口固显合，而足亦貌之动也。……又云："坎为耳痛，兑为口舌。"注家云："坎为耳，为疾，故为耳痛。兑得震声，故为口舌。"又虞翻《逸象》云："坤为思、为土，坎为虚、为入、为纳，离为见、为明、为光。"是皆足以证伏生等说。

【小结】此条抄自王鸣盛《尚书后案》卷十二《周书》。作伪方式有二：第一，点窜字句；第二，增加句子。

213. 董、刘《春秋》灾异之说

【A】董仲舒治《公羊》，刘向治《穀梁》，推其阴阳，验以祸福。**其于天人相应之理，言之皆深切著明**，为儒者宗。**故何邵公注《公羊》，范武子解《穀梁》，每皆据其说焉。说见《汉书·五行志》，今略考之。**【B】如隐三年二月己巳，日有食之。《汉志》："《穀梁传》曰：'言日不言朔，食晦。'《公羊传》曰：'食二日。'董仲舒、刘向以为其后戎执天子之使，郑获鲁隐，灭戴、卫，鲁宋咸杀君。"案《汉书》引《公羊传》"食二日"，此西汉儒说《公羊》之言，传无此文。传曰："其或日或不日，或失之前或失之后，失之前者，朔在前也。"何注谓"二日食，己巳日有食之"是也。又云："是后卫州吁弑其君完，诸侯初僭，鲁隐系获，公子翚进谄。"与董、刘义合也。【C】隐九年三月癸酉，大雨，震电，庚辰，大雨雪。《汉志》："大雨，雨水也，震，雷也。刘向以为周三月今正月也，当雨水，雪杂雨，雷电未可以发也。既已发也，则雪不当复降。皆失节，故谓之异。于《易》，雷以二月出，其卦曰'豫'，言万物随雷出地，皆逸豫也。以八月入，其卦曰'归妹'，言雷复，入地则孕毓根核，保藏蛰虫，避盛阴之害；出地则养长华实，发扬隐伏，宣盛阳之德。入能除害，出能兴利，人君之象也。是时隐以弟桓幼，代而摄立。公子翚见隐公居位已久，劝之遂立。隐既不许，翚惧而易其辞，遂与桓共杀隐。天见其将然，故正月大雨水而雷电。是阳不闭阴，出涉危难而害万物。天戒若曰，为君失时，贼弟佞臣将作乱矣。后八日大雨雪，阴见间隙而胜阳，篡弑之祸将成也。公不寤，后三年而杀。"案《穀梁传》："八日之间，再有大变，阴阳错行，故谨而曰之也。"范解《穀梁》，何注《公羊》，皆与刘子政义合，是《公》、《穀》说同也。【D】桓十四年秋八月壬申，御廪灾，乙亥，尝。《汉志》董仲舒以为先是四国共伐鲁，大破之于龙门。百姓伤者未瘳，怨咨未复，而君臣俱惰，内怠政事，外侮四邻，非能保守宗庙终其天年者也，故天灾御廪以戒之。刘向以为夫人八妾所舂米之臧以奉宗庙者也。时夫人有淫行，挟逆心，天戒若曰，夫人不可以奉宗庙。桓不寤，与夫人俱会齐，夫人谮桓公于齐侯，齐侯杀桓公。董子推所以致灾之由，可谓远识矣。而子政复推其本，以为夫人文姜不可以奉宗庙祭祀，益深切著明矣。【E】庄七年四月辛卯，恒星不见，夜中星陨如雨。《汉志》："董仲舒、刘向以为常星二十八宿者，人君之象也；众星，万民之类也。列宿不见，象诸侯微也；众星陨坠，民失其所也。夜中为中国也。不及地而复，象齐桓起而救存之也。乡亡桓公，星遂至地，中国其良绝矣。刘向又以为夜中者，言不得终性命，中道败也。或曰象其叛也。言当中道叛其上也。天垂象以视下，将欲人君防恶远非，慎卑省微以自全安也。如人君有贤明之材，畏天威命，若高宗谋祖己，成王泣金縢，改过修正，立信布德，存亡继绝，修废举逸，下学而上达，裁什一之税，复三日之役，节用俭服，以惠百姓，则诸侯怀德，士民归仁，灾消而福兴矣。遂莫肯改寤，法则古人，而各行其私意，终于君臣乖离，上下交怨。自是之后，齐、宋之君弑，谭、遂、邢、卫之国灭，宿迁于宋，蔡获于楚，晋相弑，五世乃定，此其效也。"案董、刘以常星二十八宿人君之象。《穀梁集解》引郑康成云："众星列宿，诸侯之象，不见者，是诸侯弃天子礼义法度也。"与董、刘合。何氏以列星为常，以时列见，范氏以经星为常，列宿皆随，文立解。盖不知常星即二十八宿也。子政说此经，言详理精，可为人君炯鉴。【F】庄十一年秋，宋大水。《汉志》："宋大水，董仲舒以为时鲁、宋比年为乘丘、鄑之战，百姓愁怨，阴气盛，故二国俱水。刘向以为时宋愍公骄慢，睹灾不改，明年与其臣宋万博戏，妇人在侧，矜而骂万，万弑公之应。"《左氏》以宋来告灾，公使吊之，故书《公羊》"以有及我"之文。故董谓两国俱水，何氏本之言。比年兴兵，而百姓怨之，应《穀梁》言。宋为王者之后，故刘子政言宋愍骄慢之应。三传义不同而各得本传意也。【G】庄十七年冬，多麋。《汉志》："刘向以为麋色青，近青祥也。麋之为言迷也，盖牝兽之淫者也。是时，严公将取齐之淫女，其象先见，天戒若曰，勿取齐女，淫而迷国。严不寤，遂取之。夫人既入，淫于二叔，终皆诛死，几亡社稷。董仲舒指略同。"何注《公羊》云："麋之为言，犹迷也。"本董、刘义也，乃又谓："象鲁为郑瞻所迷惑。"则据《春秋》说，以取齐女为听郑瞻计，较先儒迂远矣。范解《穀梁》，语未发明，亦当以子政说补之也。【H】庄十八年春王三月，日有食之。《穀梁传》曰："不言日，不言朔，夜食也。"《汉志》："史推合朔在夜，明旦日食而出，出而解，是为夜食。刘向以为夜食者，阴因日明之衰而夺其光，象周天子不明，齐桓将夺其威，专会诸侯而行伯道。其后遂九合诸侯，天子使世子会之，此其效也。《公羊传》曰'食晦'，董仲舒以为宿在东壁，鲁象也。"今《公羊》无传，何注无"食晦"之文，而《汉志》引《公羊传》曰"食晦"者，盖董仲舒等所见。《公羊》有之，盖汉初《公羊》家说也。【I】僖十年冬，大雨雪。《汉志》："刘向以为先是釐公立妾为夫人，阴居阳位，阴气盛也。《公羊经》曰：'大雨雹。'董仲舒以为公胁于齐桓公，立妾为夫人，不敢进群妾，故专壹之象见诸雹，皆为有所渐胁也，行专壹之政云。"《左氏》、《穀梁》无说，何注《公羊》云："夫人专爱之所生也。"与**董、刘义**同。【J】僖二十年五月乙巳，西宫灾。《汉志》："西宫灾，刘向以为釐立妾为夫人，以入宗庙，故天灾愍宫。若曰去其卑而亲者，将害宗庙之正礼。董仲舒以为釐娶于楚，而齐媵之，胁公使立以为夫人。西宫者，小寝，夫人之居也。若曰妾何为居此宫，诛去之意也。以天灾之，故大之曰西宫也。"何注《公羊》，既用董义，而又采《礼纬》，非也。范解《穀梁》，未能发明，当以刘子政之说补之。

【K】"僖二十九年秋，大雨雹。刘向以为盛阳雨水，温暖而汤热，阴气胁之不相入，则转而为雹；盛阴雨雪，凝滞而冰寒，阳气薄之不相入，则散而为霰。故沸汤之在闭器，而湛于寒泉，则为冰，及雪之销，亦冰解而散，此其验也。故雹者阴胁阳也，霰者阳胁阴也，《春秋》不书霰者，犹月食也。釐公末年信用公子遂，遂专权自恣，将至于杀君，故阴胁阳之象见。釐公不寤，遂终专权，后二年杀子赤，立宣公。《左传》曰：'圣人在上无雹，虽有不为灾。'说曰：'凡物不为灾不书，书大，言为灾也。'"此说可谓通阴阳之原矣。范注《穀梁》，盖即抄袭刘义而**尚未详尽**也。【L】僖三十三年十二月，陨霜，不杀草。《汉志》："刘向以为今十月，周十二月。于《易》，五为天位，为君位。九月阴气至，五通于天位，其卦为《剥》，剥落万物，始大杀矣。明阴从阳，命臣受君令而后杀也。今十月陨霜而不能杀草，此君诛不行，舒缓之应也。是时，公子遂颛权，三桓始世官，天戒若曰，自此之后，皆为乱矣。文公不寤，其后遂杀公子赤，三家逐昭公。董仲舒指略同。"何注《公羊》云："阳假阴威，阴威列索，故阳自陨霜，而反不能杀。此禄去公室，政在公子遂之应。"范解《穀梁》引《京房易传》云："君假与臣权，陨霜不杀草。"皆与董义合也。【M】僖三十三年十二月，李梅实。《汉志》："刘向以为周十二月，今十月也。李梅当剥落，今反华实，近草妖也。先华而后实，不书华，举重者也。阴成阳事，象臣颛君作威福。一曰冬当杀，反生，象骄臣当诛，不行其罚也。故冬华华者，象臣邪谋有端而不成，至于实，则成矣。是时僖公死，公子遂颛权，文公不寤，后有子赤之变。一曰君舒缓甚，奥气不臧，则华实复生。董仲舒以为李梅实，臣下强也。"其说可补三传之阙。【N】文三年秋，雨螽于宋。《汉志》："刘向以为先是宋杀大夫而无罪。有暴虐赋敛之应。《穀梁传》曰：'上下皆合，言甚。'董仲舒以为宋三世内取，大夫专恣，杀生不中，故螽先死而至。"杨疏引郑玄云："坠地而死。"与董、刘合。何注《公羊》谓："群臣将争强相残杀之像。是后大臣比争斗相杀。"盖由三世内娶，贵近妃族，祸自上下，故异之云尔。盖用董仲舒说也。【O】宣十六年夏，成周宣榭火。杜注："宣榭，讲武屋。"《正义》引服云："宣扬威武之处。"《公羊》、《穀梁》经作"宣榭灾"。《汉志》："'宣榭灾'（旧本作'火'）榭者，所以藏乐器，宣，其名也。董仲舒、刘向以为十五年王札子杀召伯、毛伯，天子不能诛。天戒若曰，不能行政令，何以礼乐为而臧之？"《左氏》以宣榭为讲武之屋，服、杜注皆本《汉书》。《公》、《穀》以宣榭为藏乐器之所，与董、刘义同，乃何氏不得其解，以为宣王并以乐器，为宣王中兴所作。既违《公羊》本文，复乖《左》、《穀》之义矣。【P】成三年二月甲子新宫灾，三日哭。《汉志》："新宫灾，《穀梁》以为宣公，不言谥，恭也。刘向以为时鲁三桓子孙始执国政，宣公欲诛之，恐不能，使大夫公孙归父如晋谋。未反，宣公死，三家谮归父于成公。成公父丧未葬，听谮而逐其父之臣，使奔齐，故天灾宣宫，明不用父命之象也。一曰，三家亲而亡礼犹宣公杀子赤而立。亡礼而亲，天灾宣庙，示去三家也。董仲舒以为成居丧亡哀戚心，数兴兵战伐，故天灾其父庙，示失子道，不能奉宗庙也。"案《公羊》当从董说。天意以成失子道，不能奉宗庙，不如灾之。若谓宣篡立，故灾之，则天何不诛之于未亡之先，而必欲灾之于入庙之后乎？何注谓臣威太重，结怨强齐，则与宣庙无涉矣。《穀梁》当从刘说，谓成不能用父命以诛三家。夫能用父命，方可谓之孝。天意若曰，尔不能听父生前之命，安用死后之庙哉？不如灾之。徒为三日之哭，不敢称谥，**岂得为孝乎**？《公羊》、《穀梁》云礼者，正微辞以婉刺也。何休、杜预云："善得礼。"失经旨，亦非董、刘之意也。【Q】成七年春正月，鼷鼠食郊牛角，改卜牛。鼷鼠又食其角，乃免牛。

《左氏》、《公羊》无传。《汉志》："刘向以为不敬而备霧之所致也。昔周公制礼乐，成周道，故成王命鲁郊祀天地，以尊周公。至成公时，三家始颛政，鲁将从此衰。天愍周公之德，痛其将有败亡之祸，故以郊祭而见戒云。鼠，小虫，性盗窃。鼷，又其小者也。牛，大畜，祭天尊物也。角，兵象，在上，君威也。小小鼷鼠，食至尊之牛角，象季氏乃陪臣盗窃之人，将执国命以伤君威，而害周公之祀也。改卜牛，鼷鼠又食其角，天重语之也。成公怠慢昏乱，遂君臣更执于晋。至于襄公，晋为溴梁之会，天下大夫皆夺君政。其后三家逐昭公，卒死于外，几绝周公之祀。董仲舒以为鼷鼠食郊牛角，皆养牲不谨也。"何注《公羊》引《京房易传》曰："祭天不慎，鼷鼠食郊牛角。又食者，重录鲁不觉寤。"即本董义也。然惟刘子政以"角，兵象，在上，君威也"，食角为伤君威，更为深切著明也。【R】昭九年夏四月陈灾。《公羊》、《穀梁》皆作"陈火"。《汉志》："陈火，董仲舒以为夏征舒杀君，楚严王托欲为陈讨贼，陈国辟门而待之，至因灭陈。陈臣子尤毒恨甚，极阴生阳，故致火灾。刘向以为先是陈侯弟招杀陈太子偃师，皆外事，不因其宫馆者，略之也。八年十月壬午，楚师灭陈，《春秋》不与蛮夷灭中国，故复书陈火也。"董、刘推所以致灾之由，一自远者言之，一自近者言之也。《公羊》何注云："陈已灭，复火者，死灰复燃之象也。楚为无道，托讨贼行义，陈臣子辟门虚心待之，而灭其国；若是，天存之者，悲之也。"**与董说合**。《穀梁》范注云："陈已灭矣，犹书火者，不与楚灭也。"**与刘说合**。贾、服解《左传》，何、范注《公》、《穀》，无不尽同。惟杜氏注《左》好为异例，轻改旧说，非也。【S】定元年冬十月陨霜，杀菽。《汉志》："刘向以为周十月，今八月也。消卦为《观》，阴气未至君位而诛，罚不由君，出在臣下之象也。是时，季氏逐昭公，昭公死于外，定公得立，故天见灾以视公也。釐公二年十月，陨霜，不杀草，为嗣君微，失秉事之象也。其后卒在臣下，则灾为之生矣。异故言草，灾故言菽，重杀谷。一曰菽，草之难杀者也，言杀菽，知草皆死也；言不杀草，知菽亦不死也。"义与传合。《志》又云："董仲舒以为菽，草之强者，天戒若曰，加诛于强臣。言菽，以微见季氏之罚也。"何注《公羊》云："菽者少类，为稼强，季氏象也。是时定公喜于得位，而不念父黜逐之耻，反为淫祀，立炀宫，故天示以当早诛季氏。"**盖据董义也**。【T】定二年夏五月壬辰，雉门及两观灾。《汉志》："董仲舒、刘向以为此皆奢僭过度者也。先是，季氏逐昭公，昭公死于外。定公即位，既不能诛季氏，又用其邪说，淫于女乐而退孔子。天戒若曰，去高显而奢僭者。一曰，门阙，号令所由出也，今舍大圣而纵有罪，无以出号令矣。"何邵公注《公羊》以鲁雉门为僭天子，与《汉志》所载董、刘说正合，乃范武子于《穀梁》**未能发明**，当据以补之。【U】哀三年五月辛卯，桓宫、僖宫灾。《汉志》："董仲舒、刘向以为此二宫不当立，违礼者也。哀公又以季氏之故不用孔子。孔子在陈闻鲁灾，曰：'其桓、釐之宫乎?'以为桓，季氏之所出，釐，使季氏世卿者也。"案哀公时，桓、僖有庙者。服解《春秋》，亦本董、刘之义。至于桓、僖亲尽，不当有庙，天故灾之。三传说并同也。【V】哀四年六月辛丑，亳社灾。《公羊经》作"蒲社"。《汉志》："亳社灾，董仲舒、刘向以为亡国之社，所以为戒也。天戒若曰，国将危亡，不用戒矣。春秋火灾，屡于哀、定之间，不用圣人而纵骄臣，将以亡国，不明甚也。一曰，天生孔子，非为定、哀也。盖失礼不用，火灾应之，自然象也。"是《公》、《穀》及董、刘义皆以亳社为殷社，乃何氏不知"蒲"字为"亳"字之声借，见《公羊》经作"蒲"，遂以为先世之亡国，非也。【W】哀十二年十二月螽，《汉志》："是时哀用田赋。刘向以为春用田赋，冬而螽。十三年九月螽，十二月螽，三螽虐取于民之效也。"《穀梁》三螽，范皆无说，用"田赋"传曰："古者公田什一，用田赋非正也。"故子政据以为说也。

【辨伪】A段抄自赵翼《廿二史劄记》卷二"汉儒言灾异"条：

董仲舒治《公羊春秋》，始推阴阳，为儒者宗。宣、元之后，刘向治《穀梁》，数其祸福。

B段抄自臧琳《经义杂记》卷二十二"隐三年日食"条：

《五行志下之下》："隐公三年二月己巳，日有食之。《穀梁传》曰：'言日不言朔，食晦。'《公羊传》曰：'食二日。'董仲舒、刘向以为其后戎执天子之使，郑获鲁隐……灭戴……卫，鲁宋咸杀君。"……案《汉志》引《公羊传》"食二日"，此西汉儒说《公羊》之言，传无此文。传曰："其或日或不日，或失之前或失之后，失之前者，朔在前也。"何注谓"二日食，己巳日有食之"是也。又云："是后卫州吁弑其君完，诸侯初僭，鲁隐系获，公子翚进谄谋。"与董、刘义皆合。

C段抄自臧琳《经义杂记》卷二十"隐九年大雨"条：

《春秋》隐九年三月癸酉，大雨，震电，庚辰，大雨雪。……又《汉书·五行志》："大雨，雨水也，震，雷也。……刘向以为周三月今正月也，当雨水，雪杂雨，雷电未可以发也。既已发也，则雪不当复降。皆失节，故谓之异。于《易》，雷以二月出，其卦曰'豫'，言万物随雷出地，皆逸豫也。以八月入，其卦曰'归妹'，言雷复入地。则孕毓根核，保藏蛰虫，避盛阴之害；出地则养长华实，发扬隐伏，宣盛阳之德。入能除害，出能兴利，人君之象也。是时隐以弟桓幼，代而摄立。公子翚见隐居位已久，劝之遂立。隐既不许，翚惧而易其辞，遂与桓共杀隐。天见其将然，故正月大雨水而雷电。是阳不闭阴，出涉危难而害万物。天戒若曰，为君失时，贼弟佞臣将作乱矣。后八日大雨雪，阴见间隙而胜阳，篡杀之祸将成也。公不寤，后二年而杀。"案《穀梁传》："八日之间，再有大变，阴阳错行，故谨而日之也。"范解引刘向云：……何邵公注《公羊》云：……皆与刘子政义合，盖《公》、《穀》说同也。

D段抄自臧琳《经义杂记》卷二十四"御廪灾"条：

《春秋》桓十四年秋八月壬申，御廪灾，乙亥，尝。……又《汉书·五行志上》，《春秋》御廪灾，董仲舒以为先是四国共伐鲁，大破之于龙门。……百姓伤者未瘳，怨咎未复，而君臣俱惰，内怠政事，外侮四邻，非能保守宗庙终其天年者也，故天灾御廪以戒之。刘向以为御廪夫人八妾所舂米之臧以奉宗庙者也。时夫人有淫行，挟逆心，天戒若曰，夫人不可以奉宗庙。桓不寤，与夫人俱会齐，夫人谮桓公于齐侯，齐侯杀桓公。……董生推所以致灾之由，可谓远识矣。……而子政复推其本，以为夫人文姜不可以奉宗庙祭祀，益深切著明矣。

E 段抄自臧琳《经义杂记》卷十“恒星不见”条：

《五行志下之下》，严公七年四月辛卯夜，恒星不见，夜中星陨如雨。董仲舒、刘向以为常星二十八宿者，人君之象也；众星，万民之类也。列宿不见，象诸侯微也；众星陨坠，民失其所也。夜中者为中国也。不及地而复，象齐桓起而救存之也。乡亡桓公，星遂至地，中国其良绝矣。刘向以为夜中者，言不得终性命，中道败也。或曰象其叛也。言当中道叛其上也。天垂象以视下，将欲人君防恶远非，慎卑省微以自全安也。如人君有贤明之材，畏天威命，若高宗谋祖己，成王泣金縢，改过修正，立信布德，存亡继绝，修废举逸，下学而上达，裁什一之税，复三日之役，节用俭服，以惠百姓，则诸侯怀德，士民归仁，灾消而福兴矣。遂莫肯改寤，法则古人，而各行其私意，终于君臣乖离，上下交怨。自是之后，齐、宋之君弑，谭、遂、邢、卫之国灭，宿迁于宋，蔡获于楚，晋相弑杀，五世乃定，此其效也。……案：董、刘以常星①为二十八宿人君之象。《穀梁集解》引郑康成云：“众星列宿，诸侯之象，不见者，是诸侯弃天子礼义法度也。”与董、刘合。何氏以列星②为常，以时列见，范氏以经星③为常，列宿皆随文立解。盖不知常星即二十八宿也。……子政说此经，言详理精，可为人君炯鉴。

F 段抄自臧琳《经义杂记》卷二“庄十一年宋大水”条：

《春秋》庄十一年秋，宋大水。……《五行志上》：“董仲舒以为时鲁、宋比年为乘丘、鄑之战，百姓愁怨，阴气盛，故二国俱水。刘向以为时宋愍公骄慢，睹灾不改，明年与其臣宋万博戏，妇人在侧，矜而骂万，万弑公之应。”……《左氏》以宋来告灾，公使吊之，故书《公羊传》“以有及我”之文。故董生谓两国俱水，何氏本之言。为比兴兵，而百姓怨之，应亦同《穀梁》言。宋为王者之后，故书。故刘子政言宋愍骄慢之应。义不同而各得本传意也。

G 段出自臧琳《经义杂记》卷十五“庄廿九年有蜚”条：

《左传》：秋有蜚为灾也。凡物不为灾不书。杜无注。《汉志》云：刘歆以为负蠜也，性不食谷，食谷为灾，介虫之孽。可取以补注《左传》。《汉志》又云：刘向以为

---

① 【常星】即恒星。《史记·天官书》：“夫常星之变希见，而三光之占亟用。”《汉书·刘向传》：“夜常星不见。”

② 【列星】罗布天空定时出现的恒星。《公羊传·庄公七年》：“恒星者何？列星也。”何休注：“恒，常也，常以时列见。”

③ 【经星】旧称二十八宿等恒星曰经星。与行星称纬星相对。因恒星相对位置不变，故称。《穀梁传·庄公七年》：“夏，四月，辛卯，昔，恒星不见。恒星者，经星也。”范宁注：“经，常也，谓常列宿。”《汉书·天文志》：“凡天文在图籍昭昭可知者，经星常宿中外官凡百一十八名，积数七百八十三星，皆有州国官宫物类之象。”宋沈括《梦溪笔谈·象数一》：“星有三类：一、经星，北极为之长；二、舍星，大火为之长；三、行星，辰星为之长。”

蜚色青，近青眚也，非中国所有。南越盛暑，男女同川泽，淫风所生，为虫臭恶。是时严公取齐淫女为夫人，既入，淫于两叔，故蜚至矣。天戒若曰：今诛绝之，尚及不将生臭恶，闻于四方。严不寤，其后夫人与两叔作乱，二嗣以杀，卒皆被辜。董仲舒指略同。案《公羊传》云：何以书？记异也。何注：蜚者，臭恶之虫也，象夫人有臭恶之行，言有者，南越盛暑所生，非中国之所有。范注引穀梁说曰：蜚者，南方臭恶之气所生也，象君臣淫泆有臭恶之行。皆本西汉儒旧义。

H段抄自臧琳《经义杂记》卷十三"庄十八年日食"条：

《五行志下之下》："严公十八年三月，日有食之。《穀梁传》曰：'不言日，不言朔，夜食。'……史推合朔在夜，明旦日食而出，出而解……是为夜食。刘向以为夜食者，阴因日明之衰而夺其光，象周天子不明，齐桓将夺其威，专会诸侯而行伯道。其后遂九合诸侯，天子使世子会之，此其效也。《公羊传》曰'食晦'，董仲舒以为宿在东壁，鲁象也。"……案今《公羊》无传，何注无"食晦"之文，而《汉志》引《公羊传》曰"食晦"者，盖董仲舒等所见。《公羊》有之，或汉初《公羊》家说也。

I段抄自臧琳《经义杂记》卷十五"僖十年大雨雪"条：

《汉志中下》云："釐公十年冬，大雨雪。……刘向以为先是釐公立妾为夫人，阴居阳位，阴气盛也。《公羊经》曰：'大雨雹。'董仲舒以为公胁于齐桓公，立妾为夫人，不敢进群妾，故专壹之象见诸雹，皆为有所渐胁也（孟康曰：谓阴阳渐胁），行专壹之政云。"案《左氏》、《穀梁》无说，何注《公羊》云："夫人，专爱之所生也。"与先儒义同。

J段抄自臧琳《经义杂记》卷一"西宫灾"条：

《春秋》僖二十年五月乙巳，西宫灾。……又《汉书·五行志上》："西宫灾……刘向以为釐立妾母为夫人，以入宗庙，故天灾愍宫。若曰去其卑而亲者，将害宗庙之正礼。董仲舒以为釐娶于楚，而齐媵之，胁公使立以为夫人。西宫者，小寝，夫人之居也。若曰妾何为居此宫，诛去之意也。以天灾之，故大之曰西宫也。"……何氏既用董义，而又采《礼纬》……亦曲说也。范解《穀梁》，未能发明，当以刘子政说补之。

K段抄自臧琳《经义杂记》卷十四"僖廿九年大雨雹"条：

《汉志》："釐公二十九年秋，大雨雹。刘向以为盛阳雨水，温暖而汤热，阴气胁之不相入，则转而为雹；盛阴雨雪，凝滞而冰寒，阳气薄之不相入，则散而为霰。故沸汤之在闭器，而湛于寒泉，则为冰，及雪之销，亦冰解而散，此其验也。故雹者阴胁阳也，霰者阳胁阴也。《春秋》不书霰者，犹月食也。釐公末年信用公子遂，遂专权自恣，将至于杀君，故阴胁阳之象见。釐公不寤，遂终专权，后二年杀子赤，立宣公。《左氏传》曰：‘圣人在上无雹，虽有不为灾。’说曰：‘凡物不为灾不书，书大，言为灾也。’”……案范注《穀梁》，抄袭刘义，语多破碎。……盖通乎阴阳之原矣。

L 段抄自臧琳《经义杂记》卷二十七“陨霜不杀草”条：

《汉志中下》云：“僖公三十三年十二月，陨霜，不杀草。……刘向以为今十月，周十二月。于《易》，五为天位，为君位。九月阴气至，五通于天位，其卦为《剥》，剥落万物，始大杀矣。明阴从阳，命臣受君令而后杀也。今十月陨霜而不能杀草，此君诛不行，舒缓之应也。是时，公子遂颛权，三桓始世官，天戒若曰，自此之后，将皆为乱矣。文公不寤，其后遂杀子赤，三家逐昭公。董仲舒指略同。”……何注《公羊》云：“……阳假与阴威，阴威列索，故阳自陨霜，而反不能杀也。此禄去公室，政在公子遂之应也。”范解《穀梁》引《京房易传》曰：“君假与臣权，陨霜不杀草。”何、范义与董、刘合。

M 段抄自臧琳《经义杂记》卷十四“李梅实”条：

《春秋》僖卅三年十二月，李梅实。……《五行志中下》云：“刘向以为周十二月，今十月也。李梅当剥落，今反华实，近草妖①也。先华而后实，不书华，举重者也。阴成阳事，象臣颛君作威福。一曰冬当杀，反生，象骄臣当诛，不行其罚也。故冬华华者，象臣邪谋有端而不成，至于实，则成矣。是时僖公死，公子遂颛权，文公不寤，后有子赤之变。一曰君舒缓甚，奥气不臧，则华实复生。董仲舒以为李梅实，臣下强也。”……此说可以补三传注之阙。

N 段抄自臧琳《经义杂记》卷十六“雨螽于宋”条：

《汉志中下》云：“文公三年秋，雨螽于宋。刘向以为先是宋杀大夫而无罪。有暴虐赋敛之应。《穀梁传》曰：‘上下皆合，言甚。’董仲舒以为宋三世内取，大夫专恣，杀生不中，故螽先死而至。”……杨疏引郑玄云：“坠地而死。”与董、刘义合。……何注：“……群臣将争强相残贼之象。是后大臣比争斗相杀。”盖由三世内娶，贵近妃族，祸自上下，故异之云尔。本董仲舒说。

O 段抄自臧琳《经义杂记》卷一“宣谢火”条：

---

① 【草妖】因某种原因而引起草木变异的现象。古人以为妖孽。《汉书·五行志中下》：“僖公三十三年：‘十二月，陨霜不杀草。’刘歆以为草妖也。”《后汉书·五行志二》：“中平元年夏……有草生，其茎靡累肿大如手指，状似鸠雀龙蛇鸟兽之形，五色各如其状，毛羽头目足翅皆具。近草妖也。”《隋书·五行志下》：“高祖时，上党有人，宅后每夜有人呼声，求之不得。去宅一里所，但见人参一本，枝叶峻茂。因掘去之，其根五尺余，具体人状，呼声遂绝。盖草妖也。”

《春秋》宣十六年夏，成周宣谢火。杜注："宣谢，讲武屋。"《正义》引服虔云："宣扬威武之处。"……《公羊》、《穀梁》经作"宣谢灾"。……又《汉书·五行志上》："'宣榭灾'(旧本作'火'……)，榭者，所以藏乐器，宣，其名也。董仲舒、刘向以为十五年王札子杀召伯、毛伯，天子不能诛。天戒若曰，不能行政令，何以礼乐为而藏之?"……案《左氏》以宣谢为讲武之屋，服、杜注皆本《汉书》。……《公》、《穀》以宣谢为藏乐器之所，董、刘义同。……何氏不得其解，而以为宣王并以乐器，为宣王中兴所作。既违《公羊》本文，复乖《左》、《穀》之义矣。

P 段抄自臧琳《经义杂记》卷十八"新宫灾"条：

《春秋》成三年二月甲子新宫灾，三日哭。……又《汉书·五行志上》云："新宫灾，《穀梁》以为宣公，不言谥，恭也。刘向以为时鲁三桓子孙始执国政，宣公欲诛之，恐不能，使大夫公孙归父如晋谋。未反，宣公死，三家谮归父于成公。成公父丧未葬，听谗而逐其父之臣，使奔齐，故天灾宣宫，明不用父命之象也。一曰，三家亲而亡礼，犹宣公杀子赤而立。亡礼而亲，天灾宣庙，欲示去三家也。董仲舒以为成居丧亡哀戚心，数兴兵战伐，故天灾其父庙，示失子道，不能奉宗庙也。"……案《公羊》当从董说。天意以成失子道，不能奉宗庙，不如灾之。……若谓以宣篡立，故灾之，则天何不诛之于未亡之先，而必欲灾之于入庙之后乎？何注谓臣威大重，结怨强齐，则与宣庙无涉。《穀梁》当从刘说，谓成不能用父命以诛三家。夫能用父命，方可谓之孝。天意若曰，尔不能听父生前之命，安用死后之庙哉？不如灾之。……而徒为三日之哭。哭而哀礼也。不敢称谥，恭也。夫能用父命，方可谓之孝，有礼而恭，非孝子之能事也。……余谓《公羊》、《穀梁》云礼也者，皆微辞以婉刺也。何休、杜预云："善得礼。"失经传之旨，亦非董、刘之意也。

Q 段抄自臧琳《经义杂记》卷二"鼷鼠食郊牛角"条：

《春秋》成七年春王正月，鼷鼠食郊牛角，改卜牛。鼷鼠又食其角，乃免牛。《左氏》、《公羊》无传。……《五行志中上》："刘向以为不敬而备霿之所致也。昔周公制礼乐，成周道，故成王命鲁郊祀天地，以尊周公。至成公时，三家始颛政，鲁将从此衰。天愍周公之德，痛其将有败亡之祸，故于郊祭而见戒云。鼠，小虫，性盗窃。鼷，又其小者也。牛，大畜，祭天尊物也。角，兵象，在上，君威也。小小鼷鼠，食至尊之牛角，象季氏乃陪臣盗窃之人，将执国命以伤君威，而害周公之祀也。改卜牛，鼷鼠又食其角，天重语之也。成公怠慢昏乱，遂君臣更执于晋。至于襄公，晋为溴梁之会，天下大夫皆夺君政。其后三家逐昭公，卒死于外，几绝周公之祀。董仲舒以为鼷鼠食郊牛，皆养牲不谨也。"案何注《公羊》云，《京房易传》曰："祭天不慎，鼷鼠食郊牛角。又食者，重录鲁不觉寤。"即本董义。……刘子政以"角，兵象，在上，君威也"，食角为伤君威……尤为深切著明。

R 段抄自臧琳《经义杂记》卷一"昭九年陈灾"条：

《春秋》昭九年夏四月陈灾。……《公羊》、《穀梁》经皆作“陈火”。……《公羊》何注云：“陈已灭，复火者，死灰复燃之象也。楚为无道，托讨贼行义，陈臣子辟门虚心待之，而灭其国；若是，则天存之者，悲之也。”《穀梁》范注云：“陈已灭矣，犹书火者，不与楚灭也。”又汉书《五行志上》：“陈火，董仲舒以为陈夏征舒杀君，楚严王托欲为陈讨贼，陈国辟门而待之，至因灭陈。陈臣子尤毒恨甚，极阴生阳，故致火灾。刘向以为先是陈侯弟招杀陈太子偃师，皆外事，不因其宫馆者，略之也。八年十月壬午，楚师灭陈，《春秋》不与蛮夷灭中国，故复书陈火也。”……董、刘说《公》、《穀》，推所以致灾之由，一自远者言之，一自近者言之。……故贾、服解《左传》，范注《穀梁》，无不尽同。独杜氏好为异例，轻改旧说，非也。

S段抄自臧琳《经义杂记》卷十五“陨霜杀菽”条：

《春秋》定元年冬十月陨霜，杀菽。……《汉志》云：“刘向以为周十月，今八月也。消卦为《观》，阴气未至君位而杀诛，罚不由君，出在臣下之象也。是时季氏逐昭公，公死于外，定公得立，故天见灾以视公也。釐公二年十月，陨霜，不杀草，为嗣君微，失秉事之象也。其后卒在臣下，则灾为之生矣。异故言草，灾故言菽，重杀谷。一曰菽，草之难杀者也，言杀菽，知草皆死也；言不杀草，知菽亦不死也。”义与传合。《志》又云：“董仲舒以为菽，草之强者，天戒若曰，加诛于强臣。言菽，以微见季氏之罚也。”案何注《公羊》云：“菽者少类，为稼强，季氏象也。是时定公喜于得位，而不念父黜逐之耻，反为淫祀，立炀宫，故天示以当早诛季氏。”与董合。

T段抄自臧琳《经义杂记》卷一“雉门及两观灾”条：

《春秋》定二年夏五月壬辰，雉门及两观灾。……《汉书·五行志上》：“董仲舒、刘向而为此皆奢僭过度者也。先是，季氏逐昭公，昭公死于外。定公即位，既不能诛季氏，又用其邪说，淫于女乐而退孔子。天戒若曰，去高显而奢僭者。一曰，门阙，号令所由出也，今舍大圣而纵有罪，亡以出号令矣。”案刘子政、何邵公皆以鲁雉门为僭天子，与《汉志》所载，董、刘说正合。……范武子《集解》最为空疏，宜据旧义补正之。

U段抄自臧琳《经义杂记》卷二十“桓宫、僖宫灾”条：

《春秋》哀三年五月辛卯，桓宫、僖宫灾。……《汉书·五行志上》：“董仲舒、刘向以为此二宫不当立，违礼者也。哀公又以季氏之故不用孔子。孔子在陈闻鲁灾，曰：‘其桓、釐之宫乎?’以为桓，季氏之所出，釐，使季氏世卿者也。”……哀公时，桓、僖有庙者。服解亦本董、刘之义。至于桓、僖亲尽，不当有庙，天故灾之。三传说并同也。

V段抄自臧琳《经义杂记》卷一“亳社灾”条：

《春秋》哀四年六月辛丑，亳社灾。《左氏》无传，《公羊经》作“蒲社”。……《汉书·五行志上》：“董仲舒、刘向以为亡国之社，所以为戒也。天戒若曰，国将危亡，不用戒矣。春秋火灾，屡于定、哀之间，不用圣人而纵骄臣，将以亡国，不明甚也。一曰，天生孔子，非为定、哀也。盖失礼不明，火灾应之，自然象也。”案《公》、《穀》及董、刘义皆以亳社为殷社……乃何氏见《公羊》作蒲，而以为先世之亡国。……不知“蒲”为“亳”字之声借。

W 段抄自臧琳《经义杂记》卷十六“哀十二年螽”：

【W】《汉志》云：“哀公十二年十二月螽，是时哀用田赋。刘向以为春用田赋，冬而螽。十三年九月螽，十二月螽，此三螽，虐取于民之效也。”……《穀梁》三螽，范皆无说，用“田赋”传云：“古者公田什一，用田赋非正也。”故子政据以为说。

【小结】此条使用捏合法，抄自臧琳《经义杂记》卷一“亳社灾”条、“昭九年陈灾”条、“西宫灾”条、“宣谢火”条、“雉门及两观灾”条、卷二“鼷鼠食郊牛角”条、“庄十一年宋大水”条、卷十“恒星不见”条、卷十三“庄十八年日食”条、卷十四“李梅实”条、“僖廿九年大雨雹”条、卷十五“僖十年大雨雪”条、“陨霜杀菽”条、“庄廿九年有蜚”条、卷十六“哀十二年螽”条、“雨螽于宋”条、卷十八“新宫灾”条、卷二十“隐九年大雨”条、“桓宫、僖宫灾”条、卷二十二“隐三年日食”条、卷二十四“御廪灾”条、卷二十七“陨霜不杀草”条、赵翼《廿二史劄记》卷二“汉儒言灾异”条。作伪方式有三：第一，点窜字句；第二，增加句子；第三，多源组合，A 段抄自“汉儒言灾异”条，B 段抄自“隐三年日食”条，C 段抄自“隐九年大雨”条，D 段抄自“御廪灾”条，E 段抄自“恒星不见”，F 段抄自“庄十一年宋大水”条，G 段出自“庄廿九年有蜚”条，H 段抄自“庄十八年日食”条，I 段抄自“僖十年大雨雪”条，J 段抄自“西宫灾”条，K 段抄自“僖廿九年大雨雹”条，L 段抄自“陨霜不杀草”条，M 段抄自“李梅实”条，N 段抄自“雨螽于宋”条，O 段抄自“宣谢火”条，P 段抄自“新宫灾”条，Q 段抄自“鼷鼠食郊牛角”条，R 段抄自“昭九年陈灾”条，S 段抄自“陨霜杀菽”条，T 段抄自“雉门及两观灾”条，U 段抄自“桓宫、僖宫灾”条，V 段抄自“亳社灾”条，W 段抄自“哀十二年螽”条。

214. 汉儒以灾异规时政

【A】**灾异之说，莫详于六经**。《周易》**吉、凶、悔、吝**，皆关天道。其次《尚书》，《洪范》一篇备言五福六极之征，其他**谟**诰，亦无不以惠迪、从逆为吉凶。至《诗》、《礼》、《乐》，则多详于人事，而“正月繁霜”诸诗，亦一二见焉。惟《春秋》记人事兼书天变，【B】凡日食三十六、地震五、山陵崩**三**、彗星见三、夜恒星不见星陨如雨一、火灾十四以及五石陨坠、六鹢退飞、多麋、有蜮、鸜鹆来巢、昼暝晦、大雨雹、李梅冬实、七月霜、八月杀菽之类，大书特书不一书，岂果与人事无涉，**徒托空言哉**？【C】是盖三代以来记载之古法，**而天人相应之理系焉**。自战国纷争，诈力相尚，**至嬴秦暴虐**，天理几于澌灭矣。

汉兴，董仲舒治《公羊春秋》，始推阴阳。刘向治《穀梁》，数其祸福。班固志《五行》，所载天象，每一变必验一事。是汉儒之言天者，实有验于人。故诸上疏者皆言之深切著明，无复忌讳。而尤言之最切者，则莫如董仲舒，谓国家将有失道之败，乃天先出灾害以谴告之，以此见天心之仁爱人君，欲止其乱也。谷永亦言，灾异者天所以儆人君过失，犹严父之明诫，改则祸消，不改则咎罚。是皆援天道以证人事，若有毫发不爽者。而其时人君亦多遇灾而惧，如成帝以灾异用翟方进言，遂出宠臣张放于外，赐萧望之爵，登用周堪为谏大夫。哀帝亦因灾异，用鲍宣言，用彭宣、孔光、何武，而罢孙宠、息夫躬等。其视天犹近，故应之以实不以文。降及后世，【D】人事繁兴，情伪日起，**视天甚远**。【E】凡事皆可以人力致而天无权。故自汉以后，**即图治之君，无复因灾异以求端于天，即效忠之臣**，亦无复援灾异以规时政。或日食求言，亦只皆奉行故事而已。**而天人相应之理几乎息矣。**

【辨伪】赵翼《廿二史劄记》卷二“汉儒言灾异”条云：

【D】迨人事繁兴，情伪日起，遂与天日远一日。

【A】即以六经而论，《易》最先出，所言皆天道。《尚书》次之。《洪范》一篇备言五福、六极之征，其他诏诰亦无不以惠迪、从逆为吉凶。至《诗》、《礼》、《乐》……则已多详于人事。……如“正月繁霜”诸作，不一二见也。惟《春秋》记人事兼记天变。

【C】盖犹是三代以来记载之古法……战国纷争，诈力相尚，至于暴秦，天理几于灭绝。汉兴，董仲舒治《公羊春秋》，始推阴阳……刘向治《穀梁》，数其祸福。……《五行志》所载天象，每一变必验一事。……是汉儒之言天者，实有验于人，故诸上疏者皆言之深切著明，无复忌讳。……而尤言之最切者，莫如董仲舒，谓国家将有失道之败，天乃先出灾害以谴告之，以此见天心之仁爱人君，欲止其乱也。谷永亦言，灾异者天所以儆人君过失，犹严父之明诫，改则祸消，不改则咎罚。是皆援天道以证人事，若有杪忽不爽者。而其时人君亦多遇灾而惧，如成帝以灾异用翟方进言，遂出宠臣张放于外，赐萧望之爵，登用周堪为谏大夫。……哀帝亦因灾异，用鲍宣言，召用彭宣、孔光、何武，而罢孙宠、息夫躬等。其视天犹有影响相应之理，故应之以实不以文。降及后世……

【E】一若天下事皆可以人力致而天无权。……故自汉以后，无复援灾异以规时政者。间或日食求言，亦只奉行故事。

【B】《春秋》，日食三十六，地震五，山陵崩二，彗星见三，夜恒星不见星陨如雨一，火灾十四，以及五石陨坠，六鹢退飞，多麋，有蜮，鸜鹆来巢，昼暝晦，大雨雹，雨木冰，李梅冬实，七月霜，八月杀菽之类，大书特书不一书。如果与人无涉，则圣人亦何事多费此笔墨哉？

【小结】此条抄自赵翼《廿二史劄记》卷二“汉儒言灾异”条。作伪方式有四：第一，点窜字句；第二，增加句子；第三，改变顺序（赵翼原文顺序为D、A、C、E、B）；第四，改变标题，将“汉儒言灾异”改为“汉儒以灾异规时政”。

今按：卷七论制度，涉及度量衡、书契、历法、天文、宫制、五行、灾异等。多抄袭《尚书后案》、《廿二史劄记》、《蛾术编》、《韩门缀学》。作伪手段大多比较简单，第206、213条比较复杂，又开始走迷宫了。

《经史杂记》卷八

215. 黑 水 无 考

案屈原《天问》曰："黑水玄趾，三危安在？"盖自战国时，此地已渺茫矣。汉儒皆不能言黑水所出，故班《志》张掖、酒泉、敦煌郡下并无其文。至郦道元始原黑水出张掖鸡山，而谓南流至敦煌，过三危，入南海。亦不过据《禹贡》顺经为义，与他水历叙所过郡县者**不同**。故杜佑云："道元注《水经》，锐意寻讨，亦不能知黑水所经之处，年代久远，今已堙涸也。"郦说仅见于《正义》，而检今《水经注》无此文。盖今书已非全本，惟《山海经》曰："灌湘之山又东五百里，曰鸡山，黑水出焉，而南流注于海。"此则为郦说之所本。颜师古注《汉书》，亦用郦说。《太平御览》引《张掖记》云："黑水出县界鸡山，亦名玄圃①，昔有娀氏女简狄浴于玄丘②之水，即黑水也。"据此，则鸡山当在今甘州府张掖县界，汉为觻得县地。然今张掖县西有张掖河，即古羌谷水，出羌中，北流至县西，为张掖河，合弱水，东北入**居沿海**。此乃弱水，并不经三危入南海，安得以为黑水耶？张守节《史记正义》又引《括地志》云："黑水源出伊吾县北百二十里，又南流二千里而绝。三危山在敦煌县东南四十里。"此所言黑水源又与张掖鸡山不同。唐伊吾县，伊州治也，本伊吾庐地，贞观初内附，乃置郡县。今为哈密，并无黑水源。所谓南流绝三危者，亦无考。而张守节又自为之说曰："南海即扬州东大海，岷江下至扬州东入海也。其黑水源在伊州，从伊州

---

① 【玄圃】传说中昆仑山顶的神仙居处，中有奇花异石。玄，通"悬"。《文选·张衡〈东京赋〉》："左瞰阳谷，右睨玄圃。"李善注："《淮南子》曰：'……悬圃在昆仑阊阖之中。''玄'与'悬'古字通。"北魏郦道元《水经注·河水一》："昆仑之山三级：下曰樊桐，一名板松；二曰玄圃，一名阆风；三曰层城，一名天庭。是为太帝之居。"唐李康成《玉华仙子歌》："夕宿紫府云母帐，朝餐玄圃昆仑芝。"

② 【玄丘】传说中的地名。汉刘向《列女传·契母简狄》："（简狄）与其妹娣浴于玄丘之水。有玄鸟衔卵过而坠之……简狄得而含之，误而吞之，遂生契焉。"

东南三千余里至鄯州，鄯州东南四百余里至河州，入黄河。”“南海去此甚远，隔绝南山、陇、岷之属。当是洪水浩浩，西戎不深致功，古文故有疏略。”是诸说皆不足据，当从杜佑，阙疑为是。

【辨伪】王鸣盛《尚书后案》卷三《虞夏书》云：

> 屈原《天问》曰：“黑水玄趾，三危安在？”盖自战国时，此地山川已渺茫矣。汉儒皆不能言黑水、三危所在，故班《志》张掖、酒泉、敦煌郡下无其文。……至郦道元始云“黑水出张掖鸡山”而谓南流至敦煌，过三危，入南海。亦不过顺经为义，与他水历叙所过郡县者，相去远矣。故杜佑云：“道元注《水经》，锐意寻讨，亦不能知黑水所经之处，年代久远，今已堙涸也。”……郦说仅见于《正义》，而检今《水经注》无此文。盖今书已非全本，惟《山海经》曰：“灌湘之山又东五百里，曰鸡山，黑水出焉，而南流注于海。”……此则为郦说之所本。颜师古注《汉书》，亦用郦说。《太平御览》引《张掖记》曰：“黑水出县界鸡山，亦名玄圃，昔有娀氏女简狄浴于玄丘之水，即黑水也。”据此，则鸡山当在今甘州府张掖县界，汉为觻得县地。然今张掖县西有张掖河，即古羌谷水，出羌中，北流至县西，为张掖河，合弱水，东北入居延海。此乃弱水，并不经三危入南海，安得以为黑水邪？张守节《史记正义》又引《括地志》云：“黑水源出伊吾县北百二十里，又南流二千里而绝。三危山在敦煌县东南四十里。”此所言黑水源与张掖鸡山又别。唐伊吾县，伊州治也，本伊吾卢地，贞观初内附，乃置郡县。今为哈密，并无黑水源。所谓南流绝三危者，亦无考。而张守节又自为之说曰：“南海即扬州东大海，岷江下至扬州东入海也。其黑水源在伊州，从伊州东南三千余里至鄯州，鄯州东南四百余里至河州，入黄河。”“南海去此甚远，阻隔南山、陇、岷之属。当是洪水浩浩处，西戎不深致功，古文故有疏略。”……是诸说皆不足据，黑水当从杜佑，阙疑为是。

【小结】此条抄自王鸣盛《尚书后案》卷三《虞夏书》。作伪方式为点窜字句。

216. 今三江与《汉志》、《水经》不合

【A】**案徐坚《初学记》引郑康成书注以证三江曰**：“左合汉为北江，右会彭蠡为南江，岷江居其中，则为中江。故《书》称‘东为中江’者，明岷江至彭蠡，与南北合，始得称中也。”【B】苏氏轼曰：“豫章江入彭蠡，而东至海，为南江。岷江，江之经流，会彭蠡以入海，为中江。汉自北入江，会彭蠡，为北江。”**《禹贡》之三江，确乎可据者也**。【C】若《汉·地理志》于会稽毗陵县注：“北江在北，东入海。”此即今岷江也。吴县注：“南江在南，东入海。”此即今吴松江也。丹阳芜湖县注：“中江出西南，东至会稽阳羡县入海。”此即今荆溪也。但此中江东流至阳羡者，与今水道全不相合。盖高淳东**灞**，自明洪武、永乐两次修筑之后，若宣州、歙州及今广德州西境诸水，悉从芜湖以达大江，不复涓滴入太湖。惟广德州东境及溧阳、金坛、宜兴诸水总汇荆溪，东入太湖耳。故三吴水道遂与《汉志》相反。考东坝之所由始，周应合《景定建康志》云：“唐景福三年，杨行密将台蒙作五堰，拖轻舸馈粮，而中江之流始狭(五堰者，银林在溧水县东南一百里，长二十里。少东

曰分水堰，长十五里。又东五里曰苦李堰，长八里。又五里曰何家堰，长九里。又五里曰余家堰，所谓鲁阳五堰也)，后易为上下二坝，通名东坝。”据此，似东坝创自台蒙，然《元和志》：“当涂县有芜湖水，在县西南八十里，源出县东南之丹阳湖，西北流入大江。”则元和以前，此地已置堰，故水不东流溧阳，而西北入江，已与《汉志》“东至阳羡”不合矣。然《汉志》中江虽至阳羡入震泽，若毗陵之北江，即今通州入海之大江，不入震泽也。吴县之南江即松江，乃震泽下流，非入震泽者也。而俗儒误以《汉志》三江当禹三江，误以《汉志》三江之中江入震泽，遂以三江皆入震泽，**谬矣**。盖《汉志》中江即今芜湖之县河，高淳之胥溪，溧阳之永阳江，宜兴之荆溪，西连固城、石臼、丹阳诸湖，受宣、歙、金陵、姑**熟**、广德及大江水，东连三塔湖、长荡湖，达荆溪震泽。此水三代以上本不相通，中三五里辄有高阜，犹是后代开凿所遗。盖春秋吴王阖庐伐楚，用伍员计开之。《左传》襄三年，楚子重伐吴，“克鸠兹，至于衡山”，哀十五年，楚子西、子期伐吴及桐汭，皆由此道。自是江湖始通。后世误以为禹迹，**非也**。《汉志》又有分江水、浙江水二条。分江水出丹阳郡石城县，首受江，东至余姚入海，过郡二，行千二百里。浙江水出丹阳郡黝县南蛮中，东入海。“黝”，师古：“音伊，字本作**黟**。音同。”而《水经 · 沔水》中篇云：“沔水与江合流，又东过彭蠡泽。又东至石城县，分为二，其一东北流，又过毗陵县北，为北江。其一东至会稽余姚县，东入海。”此盖附会《汉志》之分江水。因《汉志》别有南江在吴南，故不目曰南江，而郦注则遂目为南江，并援郭璞岷江、松江、浙江之说(璞先有《水经注》三卷，今不传，此所引盖出其中)，以此水与松江、浙江强相贯通，以附会一江分为三目。其说云：“南江东与贵长池水合，又东径宣城之临城县南，又东合泾水、桐水，又东径安吴县，又东，旋溪水注之。又东径宁国县南，又东径故鄣县南，安吉县北，又东北为长渎，东注于具区，谓之五湖口。”此下南江又分二派，一派东出为松江，下七十里分为三江口入海。一派又东至会稽余姚县东入海。以此二派合北江为三江。又《水经注》：松江上承太海，东径笠泽，流七十里，江水奇分，谓之三江口。《吴越春秋》称范蠡去越乘舟，出三江之口，入五湖之中者也。此别为三江、五湖，虽称相乱，不与《职方》同。庾仲初《扬都赋》注曰：“今太湖东注为松江，下七十里有水口，分流东北入海为娄江，东南入海为东江，与松江而三也。”考郦氏言三江口非《职方》“三江”，亦非《禹贡》“三江”。其后张守节《史记正义》于《夏本纪》解曰：“三江者，在苏州东南三十里，名三江口。一江西南上七十里至太湖，名曰松江，古笠泽江也。一江东南上七十里至白蚬湖，名曰上江，亦曰东江。一江东北下三百余里入海，名曰下江，亦曰娄江。于其分处号曰三江口。”后儒注《禹贡》者多因之。

【辨伪】B 段抄自胡渭《禹贡锥指》卷六：

苏氏曰：“豫章江入彭蠡，而东至海，为南江。岷江，江之经流，会彭蠡以入海，为中江。汉自北入江，会彭蠡，为北江。”

A 段抄自王鸣盛《尚书后案》卷三《虞夏书》云：

【A】郑云“左合汉为北江”……“会彭蠡为南江”……“岷江居其中，则为中江。故《书》称东为中江者，明岷江至彭蠡，与南北合，始得称中也者。”

【C】《汉志》为说。《志》于会稽毗陵县注："北江在北，东入海。"……此即今岷江也。吴县注："南江在南，东入海。"此即今吴松江也。……丹阳芜湖县注："中江出西南，东至会稽阳羡县入海。"此即今荆溪也。……但此中江东流至阳羡者，与今水道全不相合。盖高淳东坝，自明洪武、永乐两番修筑之后，若宣州、歙州及今广德州西境诸水，悉从芜湖以达大江，不复涓滴入太湖。惟广德州东境及溧阳、金坛、宜兴诸水，总汇荆溪，东入太湖耳。故三吴水患少，而水道遂与《汉志》相反。东坝之所由始，考周应合《景定建康志》云："唐景福三年，杨行密将台蒙作五堰，拖轻舸馈粮，而中江之流始狭。五堰者，银林堰在溧水县东南一百里，长二十里。少东曰分水堰，长十五里。又东五里曰苦李堰，长八里。又五里曰何家堰，长九里。又五里曰余家堰，长十里，所谓鲁阳五堰也。后易为上下二坝，通名东坝。"据此，似东坝创自台蒙，其实《元和志》："当涂县有芜湖水，在县西南八十里，源出县东南之丹阳湖，西北流入大江。"则元和以前，此地已置堰，故水不东流，而西北入江，与《汉志》"东至阳羡"，已不合矣。然《汉志》中江虽至阳羡入震泽，若毗陵之北江，即今通州入海之大江，不入震泽也。吴县之南江即松江，乃震泽下流，非入震泽者也。……误以《汉志》三江当禹三江，误以《汉志》三江之中江入震泽，而遂以三江皆入震泽邪！……盖《汉志》中江即今芜湖之县河……高淳之胥溪……溧阳之永阳江……宜兴之荆溪……西连固城、石臼、丹阳诸湖，受宣、歙、金陵、姑孰、广德及大江水，东连三塔湖、长荡湖，达荆溪震泽。此水三代以上本不相通，中三五里辄有高阜，犹是后代开凿所遗。盖春秋时，吴王阖庐伐楚，用伍员计开之。《左传》襄公三年，楚子重伐吴，"克鸠兹，至于衡山"。……哀公十五年，楚子西、子期伐吴及桐汭……皆由此道。自是江湖始通。……后世误以为禹迹。《汉志》……而又有分江水、渐江水二条。分江水出丹阳郡石城县，首受江，东至余姚入海，过郡二(丹阳、会稽)，行千二百里。渐江水出丹阳郡黝县南蛮夷中，东入海。"黝"，师古："音伊，字本作黟。音同。"……《水经》卷二十八《沔水》中篇云："沔水与江合流，又东过彭蠡泽。又东至石城县，分为二，其一东北流，又过毗陵县北，为北江。其一东至会稽余姚县，东入海。"此盖附会《汉志》之分江水。因《汉志》别有南江在吴南，故不目曰南江，而郦注则遂目为南江，并援郭璞岷江、松江、浙江为三江之说(璞先有《水经注》三卷，今不传，此所引盖出其中)，以此水与松江、浙江强相贯通，欲以附会一江分为三目。其说云："南江东与贵长池水合，又东径宣城之临城县南……又东合泾水、桐水，又东径安吴县……又东，旋溪水注之。……又东径宁国县南……又东径故鄣县南……安吉县北……又东北为长渎，东注于具区，谓之五湖口。"此下南江又分二派，一派东出为松江，下七十里分为三江口入海。一派又东至会稽余姚县东入海。以此二派合北江为三江。……又案曰《水经注》：松江上承太湖，东径笠泽，流七十里，江水奇分，谓之三江口。《吴越春秋》称范蠡去越乘舟，出三江之口，入五湖之中者也。此别为三江、五湖，虽称相乱，不与《职方》同。庾仲初《扬都赋》注曰："今太湖东注为松江，下七十里有水口，分流东北入海为娄江，东南入海为东江，与松江而三也。"……考郦氏言三江口非《职方》"三江"，要亦非《禹贡》"三江"。……其后张守节《史记正义》于《夏本纪》解曰："三江者，在苏州东南三十里，名三江口。一江西南上七十里至太湖，名曰松江，古笠泽江也。一江东南上七十里至白蚬湖……名曰上江，亦曰东江。一江东北下三百余里入海，名曰下江，亦曰娄江。于其分处号曰三江口。”俗儒注《禹贡》因之。

【小结】此条抄自王鸣盛《尚书后案》卷三《虞夏书》、胡渭《禹贡锥指》卷六。作伪方式有三：第一，点窜字句；第二，增加句子；第三，多源组合，A、C段抄自《尚书后案》卷三《虞夏书》，B段抄自《禹贡锥指》卷六。

217.《禹贡》九州

【A】案《禹贡》九州：冀、沇、青、徐、扬、荆、豫、梁、雍，此夏制也。《释地》云："两河间曰冀州，河南曰豫州，河西曰雝州，汉南曰荆州，河南曰扬州，济、河间曰沇州，济东曰徐州，燕曰幽州，齐曰营州。"孙炎注此文与《职方》、《禹贡》并不同，疑是殷制。《职方》云："东南曰扬州，正南曰荆州，河南曰豫州，正东曰青州，河东曰沇州，正西曰雍州，东北曰幽州，河内曰冀州，正北曰并州。"郑注云："此州界扬、荆、豫、沇、雍、冀与《禹贡》略同，青州则徐州地也。幽、并则青、冀之北也，无徐、梁。"贾公彦疏云："周改《禹贡》，以徐、梁二州合之于雍、青，分冀州地以为幽、并。"盖冀、沇、荆、扬、豫、雍，唐虞三代所同，余州沿革互异。孔颖达疏云："王者废置，理必相因。《职方》有幽、并，无徐、梁。周立州名必因于古，知舜时当有幽、并。《职方》幽、并山川，于《禹贡》皆冀州之地，知分冀州为之也。《释地》无梁、青，有幽、营，云'燕曰幽州，齐曰营州'。《尔雅》是殷制，则营州亦有所因，知舜时亦有营州。齐即青州地，知分青州为之也。"是九州外益幽、并、营三州为十二州也。《汉·地理志》云："尧遭洪水，**褱**山襄林，天下分绝为十二州，使禹治之。水土既平，更制九州。"皇甫谧《帝王世纪》亦云："尧遭洪水，分为十二州，今《虞书》是也。及禹平水土，还为九州，今《禹贡》是也。"《宋书·州郡志》亦云："唐尧之世，置十有二牧。及禹平水土，更制九州。"【B】以舆地约之，今山西太原、平阳、汾州、潞安、蒲州、泽州、大同、宁武、朔平等府，平、定、忻、代、保、德、解、绛、吉、隰、辽、沁等州，河南怀庆、卫辉、彰德等府，直隶顺天、永平、保定、广平、顺德、宣化等府，及真定、河间二府之西北境，东北则奉天、锦州等府，北则逾塞，直抵阴山下，西起东受降城之北，东讫于大辽水，皆《禹贡》冀州域也。【C】今河南卫辉府东南境，直隶大名府及真定、河**南**二府东南境，山东东昌府及兖州、曹州、济南、青州四府之西北境，皆为《禹贡》兖州域也。【D】今山东登州、莱州、青州等府及济南、泰安二府之北境，东北跨海，为今奉天、锦州等府及朝鲜国，皆《禹贡》青州域也。【E】今江南徐州府泗州、海州及凤阳、淮安二府北境，山东兖州、沂州二府，济宁州、泰安府南境，曹州府东南境，皆《禹贡》徐州域也。【F】今江南江淮、苏松、安徽三布政司所辖，及江西、浙江，西则河南之汝宁，湖北之黄州等府，皆《禹贡》扬州域也。【G】今湖北武昌、汉阳、安陆、黄州、德安、荆州、宜昌、施南等府及襄阳之南境，湖南全省及四川叙州、重庆、夔州等府之江南地，广西、桂林、贵州、遵义等府，皆《禹贡》荆州域也。【H】今河南之河南、开封、陈州、归德、南阳、汝宁六府，许、陕、汝、光四州，及直隶大名、山东曹州、江南颍州之西境，湖广襄阳、德安之北境，郧阳之东境，皆《禹贡》豫州域也。【I】今陕西汉中府之南境及兴安府、商州，甘肃巩昌府之南境及阶州、秦州，湖北之郧阳府，四川全省(内叙州、重庆、夔州等府江南境，宜属荆)及云南、贵州北境，皆《禹贡》梁州域也。【J】今陕西之西安、同州、凤翔、延安、榆林，兴安，甘肃之兰州、平凉、巩昌、庆阳、宁夏、西宁、凉州、甘州、镇西十五府，乾州、邠州、鄜州、绥德、肃州、迪化、安西**七**州，洮**洲**一厅，汉中府除凤县，秦州除徽县、两当为梁州，余皆《禹贡》雍州域也。其在化外者，南至西倾、积石，西逾三危，北至沙漠，辽阔不可纪极矣。

【辨伪】A段抄自王鸣盛《尚书后案》卷一《虞夏书》：

冀、沇、青、徐、扬、荆、豫、梁、雍，夏制也。《释地》云："两河间曰冀州，河南曰豫州，河西曰雝州，汉南曰荆州，江南曰扬州，济、河间曰沇州，济东曰徐州，燕曰幽州，齐曰营州。"孙炎注此文与《职方》、《禹贡》并不同，疑是殷制。《职方》云："东南曰扬州，正南曰荆州，河南曰豫州，正东曰青州，河东曰沇州，正西曰雍州，东北曰幽州，河内曰冀州，正北曰并州。"郑彼注云："此州界扬、荆、豫、沇、雍、冀与《禹贡》略同，青州则徐州地也。幽、并则青、冀之北也，无徐、梁。"贾公彦疏云："周改《禹贡》，以徐、梁二州合之于雍、青，分冀州地以为幽、并。"盖冀、沇、荆、扬、豫、雍，唐虞三代之所同，余州沿革互异。……孔颖达疏云："王者废置，理必相沿。《职方》有幽、并，无徐、梁。周立州名必因于古，知舜时当有幽、并。《职方》幽、并山川，于《禹贡》皆冀州之域，知分冀州为之。《释地》无梁、青，有幽、营，云'燕曰幽州，齐曰营州'。《尔雅》是殷制，则营州亦有所因，知舜时亦有营州。齐即青州地，知分青州为之。"则此十二州自是九外益三也。……《汉·地理志》则云："尧遭洪水，怀山襄陵，天下分绝为十二州，使禹治之。水土既平，更制九州。"皇甫谧《帝王世纪》亦云："尧遭洪水，分为十二州，今《虞书》是也。及禹平水土，还为九州，今《禹贡》是也。"《宋书·州郡志》亦云："唐尧之世，置十有二牧。及禹平水土，更制九州。"

B段至J段抄自王鸣盛《尚书后案》卷三《虞夏书》：

【B】以今舆地约之，山西太原、平阳、汾州、潞安、蒲州、泽州、大同、宁武、朔平等府，平、定、忻、代、保、德、解、绛、吉、隰、辽、沁等州，河南则怀庆、卫辉、彰德等府，直隶则顺天、永平、保定、广平、顺德、宣化等府，及真定、河间二府之西北境，东北则奉天、锦州等府，北则逾塞，直抵阴山下，西起东受降城之北，东讫于大辽水，皆冀州域也。

【C】以今舆地约之，河南卫辉府东南境，直隶大名府及真定、河间二府东南境，山东东昌府及兖州、曹州、济南、青州四府之西北境，皆兖州域也。

【D】以今舆地约之，山东登州、莱州、青州等府及济南、泰安二府之北境，东北跨海，为今奉天、锦州等府及朝鲜国，皆青州域也。

【E】以今舆地约之，江南徐州府泗州、海州及凤阳、淮安二府北境，山东兖州、沂州二府，济宁州、泰安府南境，曹州府东南境，皆徐州域也。

【F】以今舆地约之，江南江淮、苏松、安徽三布政司所辖，及江西、浙江，西则河南之汝宁，湖北之黄州等府，皆扬州域也。

【G】以今舆地约之，湖北武昌、汉阳、安陆、黄州、德安、荆州、宜昌、施南等府及襄阳之南境，湖南全省，及四川叙州、重庆、夔州等府之江南地，广西、桂林、贵州、遵义等府，皆荆州域也。

【H】以今舆地约之，河南之河南、开封、陈州、归德、南阳、汝宁六府，许、陕、汝、光四州，及直隶大名府、山东曹州府、江南颍州府之西境，湖广襄阳府、德安府之北境，郧阳府之东境，皆豫州域也。

【I】以今舆地约之，陕西汉中府之南境及兴安州、商州，甘肃巩昌府之南境及阶州、秦州，湖北之郧阳府，四川全省(内叙州、重庆、夔州等府江南境，宜属荆)及云南、贵州北境，皆梁州域也。

【J】以今舆地约之，陕西之西安、同州、凤翔、延安、榆林，甘肃之兰州、平凉、巩昌、庆阳、宁夏、西宁、凉州、甘州、镇西十四府，乾州、邠州、兴安、鄜州、绥德、肃州、迪化、安西八州，洮州一厅，汉中府除凤县，秦州除徽县、两当为梁州，余皆雍州。其在化外者，南至西倾、积石，西逾三危，北至沙漠，辽阔不可纪极矣。

【小结】此条抄自王鸣盛《尚书后案》卷一《虞夏书》、卷三《虞夏书》。A段抄自卷一，B、C、D、E、F、G、H、I、J段抄自卷三。作伪方式为点窜字句。

218. 九河遗迹

【A】案《尔雅·释水》载九河之名，徒骇、太史、马颊、覆釜、胡苏、简、洁、钩盘、鬲津。郭璞云："徒骇，今在成平。东光县今有胡苏亭。"【B】汉李寻、解光云："议者常欲求九河故迹而穿之。"韩牧云："可于《禹贡》九河处穿之，纵不能为九，但为四、五宜有益。"观此，汉时九河犹有可考。【C】至成帝时，河堤都尉许商上书曰："古记九河，名有徒骇、胡苏、鬲津。今见在成平、东光、鬲县界中。自鬲津北至徒骇，相去三百余里。是九河所在，徒骇最北，鬲津最南。盖徒骇是河之本道，东出分为八枝也。"许商上言三河，下言三县，则徒骇在成平，胡苏在东光，鬲津在鬲县，余不复知。【D】其言三河，确有可据。其后郦道元于《水经·河水》注云："自鬲盘、东光、河间、乐成以东，城地并存，川渎多亡。"《漳水》注云："九河既播，八枝代绝。遗迹故称，往往时存。"唐以下诸家纷纷访求，各自立说。如谓钩盘在景城郡界，马颊、覆釜在平原郡界者，杜佑《通典》也；谓河北道德州安德县马颊河在县南五十里，平昌县马颊河在县南十里，棣州阳信县钩盘河经县北四十里者，李吉甫《元和郡县志》也；谓简河在贝州历亭县界者，张守节《史记正义》也；谓河北道冀州蓨县马颊河经邑界，德州安德县马颊河在县南五十里，德平县马颊河在县南十里，棣州滴河县马颊河在县北二十里，阳信县钩盘河在县北四十里，沧州乐陵县马颊河在县东六十里，钩盘河在县东南五十里者，乐史《太平寰宇记》也。皆不如许商所言，约略在三百里间者为可信也。【E】今直隶、河间府交河东有成平故城，东光县东有东光故城，山东济南府德州北有鬲县故城，皆汉县也。

【辨伪】王鸣盛《尚书后案》卷三《虞夏书》云：

【A】《释水》载九河之名“徒骇、太史、马颊、覆釜、胡苏、简、洁、钩盘、鬲津”。郭璞云：“徒骇今在成平。东光县今有胡苏亭。”

【C】成帝时河堤都尉许商上书曰：“古记九河名，有徒骇、胡苏、鬲津，今见在成平、东光、鬲县界中。自鬲津北至徒骇相去三百余里。”是九河所在，徒骇最北，鬲津最南。盖徒骇是河之本道，东出分为八枝也。许商上言三河，下言三县，则徒骇在成平，胡苏在东光，鬲津在鬲县，余不复知。

【E】今直隶、河间府交河县东有成平故城，东光县东有东光故城……山东济南府德州北有鬲县故城，皆汉县也。

【B】又案曰汉李寻解光云：“议者常欲求九河故迹而穿之。”韩牧云：“可于《禹贡》九河处穿之，纵不能为九，但为四五宜有益。”观此，汉时九河犹有可考。

【D】其言三河，确有可据。其后郦道元于《水经》第五卷《河水》注云：“自鬲盘、东光、河间、乐成以东，城地并存，川渎多亡。”第十卷《漳水》注云：“九河既播，八枝代绝。遗迹故称，往往时存。”唐以下诸家纷纷访求，各自立说。如谓钩盘在景城郡界，马颊、覆釜在平原郡界者，杜佑《通典》也。谓河北道德州安德县马颊河在县南五十里，平昌县马颊河在县南十里，棣州阳信县钩盘河经县北四十里者，李吉甫《元和志》也。……谓简河在贝州历亭县界者，张守节《史记正义》也。谓河北道冀州蓨县马颊河经邑界，德州安德县，马颊河在县南五十里，德平县马颊河在县南十里，棣州滴河县马颊河在县北二十里，阳信县钩盘河在县北四十里，沧州乐陵县马颊河在县东六十里，钩盘河在县东南五十里者，乐史《太平寰宇记》也。皆不如许商所言约略在三百里间者为可信。

【小结】此条抄自王鸣盛《尚书后案》卷三《虞夏书》。作伪方式有二：第一，点窜字句；第二，改变顺序(王鸣盛原文顺序为 A、C、E、B、D)。

219. 九江非湖汉九水

【A】案《浔阳地记》云：“一曰乌白江，二曰蚌江，三曰乌江，四曰嘉靡江，五曰畎江，六曰源江，七曰廪江，八曰提江，九曰箘江。”张须元《缘江图》云：“一曰三里江，二曰五州江，三曰嘉靡江，四曰乌土江，五曰白蚌江，六曰白乌江，七曰箘江，八曰沙提江，九曰廪江。”参差随水长短，或百里，或五十里。始于鄂陵，终于江口，会于桑落洲。《汉·地理志》，楚考烈王自陈徙寿春，秦灭楚，以其都置九江郡。高帝更为淮南国，寻阳县属焉。文帝析为庐江郡，寻阳改属庐江。武帝又复淮南国为九江郡，寻阳属庐江如故。【B】应氏于九江郡曰：江有庐江寻阳分为九。王莽改豫章郡曰九江郡，柴桑县曰九江亭，九江郡曰延平郡，后汉复故。故司马彪《郡国志》仍曰庐江郡寻阳县南有九江也。【C】汉寻阳在江北，今黄州府蕲州东浔水城，一名兰池城，是九江在南。东晋成帝咸和中，温峤始移于江南，则九江在县北矣。今九江府德化县西十五里，是非汉寻阳也。【D】又《江图》曰“始鄂陵，终江口，会桑落洲”者，今桑落洲在九江府城东北五十里江中。鄂陵，今黄州府武昌县。《县志》云：“江入县境，过中洲，至双柳夹，又自峥嵘洲过碛矶，至太洲为三江口者是也。”《释文》引《地记》曰：“九江，刘歆以为湖汉九水，入彭蠡泽者。”非也。案湖汉亦得名九江，但九水注于彭蠡，且《通典》以湖汉水隶扬州，非荆州也。

【辨伪】王鸣盛《蛾术编》卷四十五说地九“九江”条云：

【A】《浔阳地记》云：“一曰乌白江，二曰蚌江，三曰乌江，四曰嘉靡江，五曰畎江，六曰源江，七曰廪江，八曰提江，九曰菌江。”张须元《缘江图》云：“一曰三里江，二曰五州江，三曰嘉靡江，四曰乌土江，五曰白蚌江，六曰白乌江，七曰菌江，八曰沙提江，九曰廪江。”参差随水长短，或百里，或五十里。始于鄂陵，终于江口，会于桑落洲。案郑引《地志》云云者，楚考烈王自陈徙都寿春，秦灭楚，以其都置九江郡，高帝更为淮南国，寻阳县属焉。文帝析为庐江郡，寻阳改属庐江。武帝又复淮南国为九江郡，寻阳属庐江如故。

【C】其地在江北，今黄州府蕲州东浔水城，一名兰池城是，故云九江在南。东晋成帝咸和中，温峤始移于江南，则九江在县北矣。今九江府德化县西十五里是，非汉寻阳也。

王鸣盛《尚书后案》卷三《虞夏书》云：

【B】应氏于九江郡曰：江自庐江寻阳分为九。王莽改豫章郡曰九江郡，柴桑县曰九江亭，九江郡曰延平郡，后汉复故。故司马彪《郡国志》仍曰庐江郡寻阳县南有九江也。

【D】又《江图》云“始鄂陵，终江口，会桑落洲”者，今桑落洲在九江府城东北五十里江中。鄂陵，今黄州府武昌县。《县志》云：江入县境，过中洲，至双柳夹，又自峥嵘洲过碛矶，至大洲为三江口者是。……《释文》引《地记》曰：“九江，刘歆以为湖汉九水，入彭蠡泽也。”……按湖汉亦得名九江……但九水注于彭蠡。……《通典》以湖汉水隶扬州，非荆州也。

【小结】此条抄自王鸣盛《蛾术编》卷四十五说地九“九江”条、王鸣盛《尚书后案》卷三《虞夏书》。作伪方式有二：第一，点窜字句；第二，多源组合，A、C 段抄自《蛾术编》卷四十五说地九“九江”条，B、D 抄自《尚书后案》卷三《虞夏书》。

220. 太原六名

案杜预《春秋释例》云：“晋、大卤、太原、大夏、参虚、晋阳，一地六名。”考《昭元年》“晋荀吴帅师败狄于大卤”，三传皆作“太原”。《穀梁》云：“中国曰太原，夷狄曰大卤。”此大卤之名所出。**《禹贡》“既修太原”**，《左传》“台骀处太原”云云，此太原之名所出。又《左传》“迁实沈于大夏”，《史记》“禹凿龙门，通大夏”，“齐桓公西伐大夏”，此大夏之名所出。又《春秋》定十三年，“晋赵鞅入于晋阳以叛”，此晋阳之名所出。皆即太原一地也。在汉则晋阳县属太原郡，为刺史治所，今为太原县，属山西太原府。《诗》“薄伐猃狁，至于太原”，《国语》“宣王料民于太原”，毛苌、郑康成皆不详，其地当在雍州，即原隰，与此太原无涉。《后汉·西羌传》："穆王西征犬戎，获其五王，遂迁戎于太原。"又云："夷王命虢公率六师伐太原之戎，至于俞泉。"又云："宣王二十七年，遣兵伐太原戎，不克。"事亦见《汲郡古文》。此三言太原，皆与"伐猃狁"、"料民"之太原为一。司马相如《上林赋》"延蔓太原"，阮籍《东平赋》"萧条太原"，此古人通称，并与此太原无涉。

【辨伪】王鸣盛《尚书后案》卷三《虞夏书》云：

杜预《春秋释例》云："晋、大卤、太原、大夏、参虚、晋阳，一地六名。"考《昭元年》"晋荀吴帅师败狄于大卤"，三传皆作"太原"。《穀梁》云："中国曰太原，夷狄曰大卤。"此大卤之名所出。此经及《左传》"台骀处太原"云云，此太原之名所出。又《左传》"迁实沈于大夏"，《史记》"禹凿龙门，通大夏"，"齐桓公西伐大夏"，此大夏之名所出。……又《春秋》定十三年，"晋赵鞅入于晋阳以叛"，此晋阳之名所出。皆即太原一地也。在汉则晋阳县属太原郡，为刺史治所，今为太原县，属山西太原府。……(《诗》"薄伐猃狁，至于太原"，《国语》"宣王料民于太原"，毛苌、郑康成、韦昭皆不详，其地当在雍州，即原隰，与此太原无涉。《后汉书·西羌传》："穆王西征犬戎，获其五王，遂迁戎于太原。"又云："夷王命虢公率六师伐太原之戎，至于俞泉。"又云："宣王二十七年，遣兵伐太原戎，不克。"事亦见《汲郡古文》。此三言太原，皆与"伐猃狁""料民"之太原为一。司马相如《上林赋》"延蔓太原"，阮籍《东平赋》"萧条太原"，此古人通称，并与此太原无涉)。

【小结】此条抄自《尚书后案》卷三《虞夏书》。作伪方式有二：第一，点窜字句；第二，改注文为正文。

221. 孟津在河北

【A】案《左传·昭四年》椒举曰："周武有孟津之誓。"杜不注孟津所在，孔颖达《书序疏》云："孟者，河北地名，《春秋》所谓'向盟'是也。""盟"古通"孟"，其地在河北，其渐讹而南者，自东汉始也。考更始二年使朱鲔等屯洛阳，光武亦使冯异守孟津以拒之。是时孟津犹在河北。安帝永初五年，羌入寇河东，百姓惊奔，南渡河。使朱宠将五营士屯孟津。灵帝中平六年，何进谋诛宦官，使丁原烧孟津，火照城中。城中者，洛阳城中也。则已移其名于河南。【B】犹蒲津关在蒲州，临晋关在朝邑，而《史记正义》于"汉王出临晋关"下云："即蒲津关，在临晋县。"唐临晋属蒲州，是移河西之关名于河东。黎阳津在浚县，白马津在滑县，而《通典》黎阳下有白马津。延津在延津县北，而《唐志》新乡县有延津关。棘津在胙城县北，而《寰宇记》云在汲县南七里，则又皆移河南之津名于河北。大抵历代寖久，土俗传讹，类多如是。西汉河南无孟津，杜预云河阳县南孟津，确不可易也。

【辨伪】B 段抄自胡渭《禹贡锥指》卷十三中之上：

犹蒲津关在蒲州，临晋关在朝邑，而《史记正义》于"汉王出临晋关"下云："即蒲津关，在临晋县。"唐临晋属蒲州，是移河西之关名于河东也。黎阳津在浚县，白马津在滑县，而《通典》于黎阳下曰有白马津。……大抵历代寖久，土俗传讹，类如此也。渭按：延津在延津县北，而《唐志》新乡县有延津关，棘津在胙城县北，而《寰宇记》云在汲县南七里，此皆移河南之津名于河北……预云："河阳县南孟津。"确不可易。

A 段抄自王鸣盛《蛾术编》卷四十四说地八"孟津"：

昭四年"椒举曰：'周武有孟津之誓。'"杜不注孟津所在。孔颖达《书序疏》云："孟者，河北地名，《春秋》所谓向盟是也。""盟"古通"孟"。其地本在河北，其渐讹而南也，自东汉始。考更始二年，使朱鲔等屯洛阳，光武亦令冯异守孟津以拒之。是时孟津犹在河北。安帝永初五年，羌入寇河东至河内，百姓惊奔南渡河，使朱宠将五营士屯孟津。灵帝中平六年，何进谋诛宦官，使丁原烧孟津，火照城中。城中者，洛阳城中也。则已移孟津名于河南。

【小结】此条抄自王鸣盛《蛾术编》卷四十四说地八"孟津"条、胡渭《禹贡锥指》卷十三中之上。作伪方式有二：第一，点窜字句；第二，多源组合，A 段抄自王鸣盛《蛾术编》卷四十四说地八"孟津"条，B 段抄自《禹贡锥指》卷十三中之上。

222. 傅岩在虞虢之间

傅岩在虞虢之间(虢有三，此与虞相近，则北虢也)，王应麟云："在陕州平陆县北。"平陆今属山西解州，傅岩在县东北二十五里，一名隐贤社。《水经注》云："沙涧水出虞山，东南径傅岩，历傅说隐室前，俗名谓之圣人窟。岩东北十余里，即《左传》之颠軨坂。有东西绝涧，左右幽空穷深，地壑中则筑以成道，指南北之路，谓之軨桥也。"说执役正于此地。《尸子》以为在北海之洲者，**非也**。

【辨伪】董增龄《国语正义》卷十七《楚语》上云：

王应麟曰："傅岩在陕州平陆县北。"平陆今属山西解州，傅岩在县东北二十五里，一名隐贤社。《水经·河水》注云："沙涧水出虞山，东南径傅岩，历傅说隐室前，俗谓之圣人窟。岩东北十余里，即《左传》之巅軨坂。有东西绝涧，左右幽空穷深，地穴壑中则筑以成道，指南北之路，谓之軨桥。"说执役正于此地。墨子、尸子并言傅岩在北海之洲，荒远不足信。

【小结】此条抄自董增龄《国语正义》卷十七《楚语》上。作伪方式有二：第一，点窜字句；第二，增加句子。

223. 太湖非笠泽

案孔传："震泽，吴南太湖名。"《山海经》"浮玉之山，北望具区"，注云："太湖也。"

《尔雅》“十薮，吴越之间曰具区”，注云：“具区，今吴县西南。太湖即震泽也。”按《周礼》“扬州泽薮曰具区”，班固以为即震泽。盖泽自吴西南境东出为松江，一名笠泽①，在今吴江县界，北去吴五十里。《水经注》云：“笠泽在吴南松江左右。”《国语》“越伐吴，吴御之笠泽。越军江北，吴军江南”者是也。孔、郭指此为太湖，误矣。《越绝书》曰：“太湖周三万六千顷。”《水经注》引韦昭曰：“方员五百里。”卢熊《苏州府志》引颜真卿《石柱记》云：“四万四千顷。”王鏊《姑苏志》云：“东西二百余里，南北一百二十里，占苏、湖、常三州。”今案苏之吴、吴江，湖之乌程、长兴，常之宜兴、武进、无锡，此七县者，皆濒太湖。杨修《五湖赋》云：“头首无锡，足蹄松江，负乌程于背上，怀大吴以当胸。”数言可作图经也。湖中有七十二山，其最著者曰包山、夫椒山、胥母山、大雷山、小雷山、三山。其上源西北有宣歙、金陵、九阳。江之水由常州之百渎以下，西南有苕、霅诸水，由湖州之七十二溇以入焉。百渎，在宜兴者七十四，在武进者二十六。七十二溇，在乌程者三十八，在长兴者三十四，皆所以宣通脉络，杀其奔冲之势，而归于太湖者也。其下流为松江，江水东北流，岐分为三江口。

【辨伪】胡渭《禹贡锥指》卷六云：

> 孔传云：“震泽，吴南太湖名。”《山海经》：“浮玉之山，北望具区。”注云：“太湖也。”《尔雅》“十薮，吴、越之间曰具区”，注云：“具区，今吴县西南。太湖即震泽也。”今按：《周礼》：“扬州泽薮曰具区。”班固以为即震泽。盖泽自吴西南境，东出为松江，一名笠泽，在今吴江县界，北去吴五十里。《水经注》云：“笠泽在吴南松江左右。”《国语》“越伐吴，吴御之笠泽，越军江北，吴军江南”者是也。孔、郭指此为太湖则误矣。《越绝书》曰：“太湖周三万六千顷。”《水经注》引韦昭曰：“方员五百里。”卢熊《苏州府志》引颜真卿《石柱记》曰：“四万八千顷。”王鏊《姑苏志》曰：“东西二百余里，南北一百二十里，占苏、湖、常三州。”……今按：苏之吴、吴江，湖之乌程、长兴，常之宜兴、武进、无锡，此七县者，皆濒太湖。杨修《五湖赋》云：“头首无锡，足蹄松江，负乌程于背上，怀大吴以当胸。”数言可作图经也。湖中有七十二山，其最著者曰包山……夫椒山……胥母山……大雷山、小雷山……三山。……其上源西北有宣歙、金陵、九阳。江之水由常州之百渎以下，西南有苕、霅诸水，由湖州之七十二溇以入焉。百渎在宜兴者七十四，在武进者二十六；七十二溇在乌程者三十八，在长兴者三十四。……皆所以宣通脉络，杀其奔冲之势，而归于太湖者也。其下流为松江，江水东北流，岐分为三江口。

【小结】此条抄自胡渭《禹贡锥指》卷六。作伪方式为点窜字句。

---

① 【笠泽】(1)即松江。《左传·哀公十七年》：“三月，越子伐吴，吴子御之笠泽。”唐陆广微《吴地记》：“松江一名松陵，又名笠泽……其江之源，连接太湖。”(2)指太湖。清方文《毗陵与何次德同舟至吴门》诗：“将归笠泽买吴舠，画舫青帘过驿桥。”清赵翼《读史》诗之一：“范蠡既霸越，一舸笠泽中，手挟西施去，同泛烟濛濛。”

224. 五湖即太湖

案《周礼》："扬州浸曰五湖。"据《国语》、《史记》、《吴越春秋》，则即是太湖。虞翻曰："太湖东通松江，南通雪溪，西通荆溪，北通滆湖，东连韭溪，凡有五道，故名五湖。"韦昭曰："五湖者，胥湖、蠡湖、洮湖、滆湖就太湖而五，实一湖也。"前说较长。张勃、郦道元、张守节、陆龟蒙、李宗谔诸家之说，虽名称各殊，道里互别，然皆在太湖上下二三百里之间。惟李善以洞庭、彭蠡、震泽、巢湖、鉴湖为五湖，司马贞以具区、洮、滆、彭蠡、青草为五湖。夫洞庭、青草在荆域，而以为五湖之一，殊与《职方》不合，**非也**。

【辨伪】胡渭《禹贡锥指》卷六云：

> 《周礼》："扬州浸曰五湖。"据《国语》、《史记》、《吴越春秋》，则即是太湖。虞翻曰："太湖东通松江，南通雪溪，西通荆溪，北通滆湖，东连韭溪……凡有五道，故名五湖。"韦昭曰："五湖者，胥湖、蠡湖、洮湖、滆湖就太湖而五，实一湖也。"前说较长。张勃、郦道元、张守节、陆龟蒙、李宗谔诸家之说，虽名称各殊，道里互别，然皆在太湖上下二三百里之间。唯李善以洞庭、彭蠡、震泽、巢湖、鉴湖为五湖，司马贞以具区、洮、滆、彭蠡、青草为五湖。夫洞庭、青草在荆域，而以为五湖之一，则显与《职方》相背矣。**不可从**。

【小结】此条抄自胡渭《禹贡锥指》卷六。作伪方式为点窜字句，将"不可从"改为"非也"。

225. 涂山不得有二

考《哀七年左传》云："禹会诸侯于涂山。"《昭四年左传》云："穆有涂山之会。"杜预注并云："涂山在寿春东北。"则涂山不得有二。《汉志》："九江郡治寿春，有当涂，侯国。"应劭曰："禹所娶涂山侯国也。有禹**墟**。"《续汉志》："九江郡治阴陵，属县有当涂，有平阿。"平阿下注"有涂山"。二志所言亦是一处。杜预据刺史治而言，二志据所在而言。而刘昭注于当涂，则云"禹会诸侯涂山"；于平阿，则云"穆有涂山之会"。分而为二，将何所据？考其致误之由，平阿本当涂地，故《晋志》淮南郡（仍治寿春）平阿则云"有涂山"，当涂则云"古涂山国"。至宋齐，但有当涂无平阿，盖县省也，则非两地各有涂山明矣。《隋志》涂山县属钟离郡，旧曰当涂有涂山。《唐志》钟离县属濠州钟离郡，武德七年，省涂山县入焉，有涂山。以上数条所说涂山，皆在钟离，即《汉志》之当涂。宋又析置怀远军，山在其境。元改军为县，明仍之。故《明志》凤阳府怀远县，荆山在县西南，涂山在县东南，淮水经两山峡间，本朝因之。乃《史记索隐》又据皇甫谧说，谓九江当涂有禹庙，则涂山在江南也。考九江本秦郡，汉高帝为淮南国，武帝为九江郡，晋武帝又为淮南郡，隋开皇为豪州，大业为钟离郡，唐为濠州钟离郡，宋属淮南路，元属安丰路，其地皆在今凤阳府。其九江得名本因寻阳。九江惟因汉文帝分淮南（即九江）为庐江，寻阳来属，则九江反不属九江郡界。王莽尝改豫章郡为九江，柴桑县曰九江亭。后汉复故，而温峤遂移寻阳于江南(见《通典》)，隋又以寻阳为九江(即湓城，见《隋志》)，然则汉九江治寿春，即今寿州，从九江分属庐江之寻阳县，即今之黄梅县，皆在江北。而其后，以二名皆移之江南，今为江西九江府治德化县矣。晋中原乱，淮南民南度，**成化**初于江南侨立淮南郡，割丹**阳**之于湖，侨立当涂县(见《晋志》)，隋属丹**阳**郡，唐属宣州宣城郡，宋改为太平州，元为路，明为府，治当涂，本朝因之。然则汉九江所属之当涂，即今凤阳怀远县，亦在江北，而其后亦移之江南，今为太平府治当涂县矣。此涂山所以讹也。皇甫谧在西晋初所言九江当涂，正指江北。小司马据后代所置，指为江南，其误甚矣。涂山当以在今怀远县为正。

【辨伪】王鸣盛《尚书后案》卷二《虞夏书》云：

考《哀七年左传》云："禹会诸侯于涂山。"《昭四年左传》云："穆有涂山之会。"杜预注并云："涂山在寿春东北。"则涂山不得有二。《汉志》："九江郡治寿春，有当涂，侯国。"应劭曰："禹所娶涂山侯国也。有禹虚。"《续汉志》："九江郡治阴陵。……属县有当涂，有平阿。"平阿下注"有涂山"。二志所言亦是一处。杜预据刺史治而言，二志据所在而言。而刘昭注于当涂，则云"禹会诸侯涂山"；于平阿，则云"穆有涂山之会"。分而为二，将何所据？考其致误之由，平阿本当涂地，故《晋志》淮南郡(仍治寿春)平阿则云"有涂山"，当涂则云"古涂山国"。至宋齐，但有当涂无平阿，盖县省也，则非两地各有涂山明矣。《隋志》涂山县属钟离郡，旧曰当涂有涂山。《唐志》钟离县属濠州钟离郡，武德七年，省涂山县入焉，有涂山。以上各条所说涂山，皆在钟离，即《汉志》之当涂。宋又析置怀远军，山在其境。元改军为县，明仍之。故《明史志》凤阳府怀远县，荆山在县西南，涂山在县东南，淮水经两山峡间，是本朝因之。乃《史记索隐》又据皇甫谧说，谓九江当涂有禹庙，则涂山在江南也。考九江本秦郡，汉高帝为淮南国，武帝为九江郡，晋武帝又为淮南郡，隋开皇为豪州，大业为钟离郡，唐为濠州钟离郡，宋属淮南路，元属安丰路，其地皆在今凤阳府。其九江得名本因寻阳。九江惟因汉文帝分淮南(即九江)为庐江，寻阳来属，则九江反不属九江郡界。又王莽尝改豫章郡为九江，柴桑县曰九江亭。……后汉复故，而温峤遂移寻阳于江南(见《通典》)。隋又以寻阳为九江(即湓城，见《隋志》)，然则汉九江治寿春，即今之寿州，从九江分属庐江之寻阳县，即今之黄梅县，皆在江北。而其后，以二名皆移之江南，今为江西九江府治德化县矣。……晋中原乱，淮南民南度，成帝初于江南侨立淮南郡，割丹杨之于湖，侨立当涂县(见《晋志》)，隋属丹杨郡，唐属宣州宣城郡，宋改为太平州，元为路，明为府，治当涂，本朝因之。然则汉九江所属之当涂，即今凤阳怀远县，亦在江北，而其后亦移之江南，今为太平府治当涂县矣。此涂山所以讹也。皇甫谧在西晋初所言九江当涂，正指江北。小司马据后代所置，指为江南，其误甚矣。……涂山当以在今怀远县为正。

【小结】此条抄自王鸣盛《尚书后案》卷二《虞夏书》。作伪方式为点窜字句。

226. 河徙始末

考自周定王五年，河徙而不详其所以徙。郑以屯氏为禹河，则汉之北渎，是定王时徙矣，至王莽遂空。自后代有变迁，历东汉及唐，至宋横陇之决河，已改流，然犹存京东故道。至和二年，李仲昌开六塔河，北流遂闭。至金明昌五年，河徙自**武阳**，而东至寿张，注梁山泺，分为二派，汲胙之流遂绝。元至元间，又徙自新乡，出武阳之南，合泗夺淮河，又一大变。时会通河成，资河以利漕。明孝宗时，筑断黄陵冈，更以一淮受全河，汴、泗、沂亦全注之。此河徙之大略也。

【辨伪】王鸣盛《尚书后案》卷三《虞夏书》云：

> 又案曰：自周定王五年，河徙而不详其所以徙。郑以屯氏为禹河，则汉之北渎，是定王时徙矣，至王莽遂空。自后代有变迁，历东汉及唐，至宋横陇之决河，已改流，然犹存京东故道。至和二年，李仲昌开六塔河，北流遂闭。至金明昌五年，河徙自阳武，而东至寿张，注梁山泺，分为二派，汲胙之流遂绝。元至元间，又徙自新乡，出阳武之南，合泗夺淮河，又一大变。时会通河成，资河以利漕。明孝宗时，筑断黄陵冈，更以一淮受全河，汴、泗、沂亦全注之。此河徙之略也。

【小结】此条抄自王鸣盛《尚书后案》卷三《虞夏书》。作伪方式为点窜字句。

227. 汉水有二源

考**桑钦**《水经》历叙西汉源流，而其首乃云："漾水出陇西氐道县嶓冢山，东至武都沮县为汉水。"案"漾水出陇西氐道县，东至武都沮县为汉水"，此十七字的系东汉源，乃以为西汉源，且又插入"嶓冢山"三字，则是氐道亦有此山。《水经》作于魏晋间人，因《班志》似不合《禹贡》，故错互其词。郭璞注《山海经》，遂云"嶓冢，今在武都氐道县南"，皆非也。常璩《华阳国志·汉中志》则云："汉水有二源，东源出武都氐道县漾山，西源出陇西嶓冢山。"璩心知氐道嶓冢是后撰，故改为漾山。但氐道本属陇西，如璩与郭说，则曾改属武都。又于西源举陇西，不举西县，皆未详。郦注于此下又引《汉中记》："嶓冢以东，水皆东流。嶓冢以西，水皆西流。"《汉中记》不知何书，所云嶓冢似即指在沔阳者，故郦故驳之，以为沔水无西入之理。因引刘澄之、郭景纯云"东汉从沔阳分支南流，入穴通山，入西汉"一说，又引庾仲邕云"东汉通谷水，自武遂川至关城，合西汉"一说，而总之云："诸言漾者，多言西漾水至葭萌入东汉，是以经云漾水出氐道县，东至沮县为汉水。"诊其沿注，似与刘、郭、庾三说相符。东西两川，俱受沔、汉之名者，义或在兹矣。此则郦自以注家之体，回护《水经》之文耳。其实郦此注言二汉通流，正可以调停《尚书》与《班志》不合之处，而圆融其说。若《水经》则以东汉源为西汉源，与《禹贡》以西汉源为东汉源，正互相抵牾，似不可据。其以氐道亦有嶓冢，则当直斥其附会矣。

【辨伪】王鸣盛《尚书后案》卷三《虞夏书》云：

《水经》卷二十历叙西汉源流，而其首乃云："漾水出陇西氐道县嶓冢山，东至武都沮县为汉水。"愚谓"漾水出陇西氐道县，东至武都沮县为汉水"，此十七字的系东汉源，乃以为西汉源，且又插入"嶓冢山"三字，则是氐道亦有此山。《水经》作于魏晋间人，因《班志》似不合《禹贡》，故错互其词。郭璞注《山海经》遂云"嶓冢，今在武都氐道县南"，皆非也。常璩《华阳国志·汉中志》则云："汉水有二源，东源出武都氐道县漾山，西源出陇西嶓冢山。"璩心知氐道嶓冢系后撰，故改为漾山。但氐道本属陇西，如璩与郭说，则曾改属武都。又于西源举陇西，不举西县，皆未详。郦注于此下又引《汉中记》"嶓冢以东，水皆东流。嶓冢以西，水皆西流"。《汉中记》不知何书，所云嶓冢似即指在沔阳者，郦故驳之，以为沔水无西入之理。因引刘澄之、郭景纯云"东汉从沔阳分支南流，入穴通山，入西汉"一说，又引庾仲邕"东汉通谷水，自武遂川至关城，合西汉"一说，而总之云："诸言漾者，多言西漾水至葭萌入东汉，是以经云漾水出氐道县，东至沮县为汉水。"诊其沿注，似与刘、郭、庾三说相符。东西两川，俱受沔、汉之名者，义或在兹矣。此则郦自以注家之体，回护《水经》之文耳。其实郦此条言二汉通流，正可以调停《尚书》与《班志》不合之处，而圆融其说。若《水经》则以东汉源为西汉源，与《禹贡》以西汉源为东汉源，正互相抵牾，似不可据。其以氐道亦有嶓冢，则并可直斥其附会，而不必回护也。

【小结】此条抄自王鸣盛《尚书后案》卷三《虞夏书》。作伪方式为点窜字句。

228. 汉人用字不同

【A】案《中庸》"子庶民"，郑注："子犹爱也。"《皋陶谟》："予弗子。"故不子为不爱。【B】《金縢》："若尔三王，是有丕子之责于天"，郑注："丕读曰不。"【C】《说文》："丕，大也。从一，不声。"丕既以不为声，自可借为不字。《尚书》以丕为不，不为丕者甚多。《史记》"丕"作"负"，盖不有**附**音，又有浮音，负与跗、浮皆语有轻重，是假借字也。《白虎通》曰："天子曰不豫，言不复豫政也。诸侯曰负子，子，民也，言忧民不复子之也。"《公羊传》曰："属负兹。"《礼记音义》曰："天子曰不豫，诸侯曰不兹。"然则子可通作兹，不亦可通作负，犹《禹贡》"陪尾"，《史记》作"负尾"也。隗嚣移檄曰"庶无负子之责"，亦以负为不。《索隐》乃云"谓三王负于上天之责"，是不识负字故也。而又妄改郑读**不**为负以迁就《史记》，**大谬**。是汉人所用之字，唐人已罕识矣。

【辨伪】王鸣盛《尚书后案》卷十三《周书》云：

【B】若尔三王，是有丕子之责于天。……郑曰："丕读曰不。"

【A】《中庸》"子庶民"，郑注："子犹爱也。"《皋陶谟》曰："予弗子。"故不子为不爱。

【C】《说文》云："丕，大也。从一，不声。"丕既以不为声，自可借为不字。《尚书》以丕为不，不为丕者甚多。郑读"丕"为"不"。……《史记》"丕"作"负"，盖不有跗音，又有浮音，负与跗、浮皆语有轻重耳，是假借字也。《白虎通》曰："天子曰不豫，言不复豫政也。诸侯曰负子，子，民也，言忧民不复子之也。"《公羊传》曰："属负兹。”《礼记音义》曰：“天子曰不豫，诸侯曰不兹。”然则子可通作兹，不亦可通作负，犹《禹贡》“陪尾”，《史记》作“负尾”也。隗嚣移檄曰“庶无负子之责”，亦以负为不。《索隐》乃云“谓三王负于上天之责”，是不识负字故也。且云郑读丕为负妄改郑读以迁就《史记》，大可异矣。……可见汉人所用之字，唐人已罕识矣。

【小结】此条抄自王鸣盛《尚书后案》卷十三《周书》。作伪方式有三：第一，点窜字句；第二，改变顺序(原文顺序为B、A、C)；第三，将注文改为正文。

229. 唐宋人不识釆字

案《说文》：“釆，辨治也。象兽指爪分别也。读若辨，蒲苋切。平，从亏从八。语平舒也。”又“正也，符兵切”。二字不同而形声易混。考《诗·小雅·采菽》“平平左右”，疏云：“《尧典》‘平章百姓’，《书传》作‘辨章’。”司马贞《史记索隐》曰“今文作辨章”是也。郑注《周礼·冯相氏》引“辨秩东作”、“辨秩南讹”、“辨秩西成”、“辨在朔易”，贾疏谓“是据《书传》”，《史记》作“便”，假借同音字耳，**世皆**误为平，遂训为和。《洪范》“王道釆釆”，亦改为平。《诗》“平平”，《韩诗》作“便便”，云“闲雅貌”。毛传云：“平平，辨治也。”《襄十一年左传》引《诗》作“便蕃左右”。《尔雅》：“便便，辨也。”则《诗》亦当作“釆”，《洪范》双声与《诗》正同，亦当作“釆”。**陆德明《释文》、孔颖达《诗疏》、徐广《史记注》，皆不识“釆”字而误认。平，亦有便音**。《三辅皇图》长安城南出第三门曰“便门”，亦作“平门”，亦“釆”字之误。《广韵》二仙“平，房连切”，注云：“辨治也。”十二庚“平，符兵切”，注云：“正也，和也，易也”，俱误认平可两读。唐、宋以来宰辅衔名皆误用“平章”，**而辨治之“釆”**，世遂无识之者矣。

【辨伪】王鸣盛《尚书后案》卷一《虞夏书》云：

《说文》：“釆，辨别也。象兽指爪分别也。读若辨，蒲苋切。……”“平，从亏从八。语平舒也。”又：“正也，符兵切。”……二字不同而形声易混。……《诗·小雅·采菽》“平平左右”，疏云：“《尧典》‘平章百姓’，《书传》作‘辨章’。”……司马贞《史记索隐》曰“今文作辨章”是也。郑注《周礼·冯相氏》引“辨秩东作”、“辨秩南讹”、“辨秩西成”、“辨在朔易”，贾疏谓“是据《书传》”。……《史记》作“便”，假借同音字耳，伪孔误为平，遂训为和。并《洪范》“王道釆釆”，亦改为平。《诗》“平平”，《韩诗》作“便便”，云“闲雅貌”。毛传云：“平平，辨治也。”《襄十一年左传》引《诗》作“便蕃左右”。《尔雅》：“便便，辨也。”则《诗》亦当作“釆”，而《洪范》双声与《诗》正同，亦当作“釆”。《三辅黄图》长安城南出第三门曰“便门”，一作“平门”，亦“釆”字之误耳。……《广韵》二仙“平，房连切”，注云：“辨治也。”十二庚“平，符兵切”，注云：“正也，和也，易也。”俱误认平可两读。唐宋以来宰辅衔名皆误用平章，而世无识釆字者矣。①

---

① 清梁玉绳《史记志疑》卷二十“毋党毋偏王道平平”条亦有考证，与此大致相同。梁氏称“《九经古义》纠其误，嘉定王光禄鸣盛《尚书后案》辨之尤详”。

【小结】此条抄自王鸣盛《尚书后案》卷一《虞夏书》。作伪方式为点窜字句。

230. 甄故有二音

【A】案庄季裕《鸡肋》篇："甄彻，字见独。登进士时，林摅为枢密，当唱名，读'甄'为'坚'，上以为'真'。摅辨不逊，坐贬。"**《吴志》**："孙坚入洛，屯军城南，甄宫井上，旦有五色气，令人入井，探得传国玉玺，以甄与己名音协，为受命之符。"是三国以前未有音之人切者。孙权即位，孙坚为帝，江左诸儒为吴讳，始改音"真"。孙奕《示儿编》甄有二音，【B】学者皆押入先韵，独真韵反未尝押，皆相承之久，信耳不信目之过。然《文选·女箴》云："散气流形，既陶既甄，在帝庖羲，肇经天人。"则已押入真韵矣。【C】又考《史记·田敬仲完世家》"昔日赵攻甄，子弗能救"，《正义》曰："甄，地名，在濮州甄城县北，音绢。"是坚音转为绢。《周礼·春官·典同》"薄声甄"，注："甄读为甄耀之甄，甄犹掉也。"**《释文》"甄音震"，是真音转为震。据此，知甄故有二音也。**

【辨伪】A 段抄自张自烈《正字通》卷七：

> 宋庄季裕《鸡肋》篇曰："甄彻，字见独。登进士时，林摅为枢密，当唱名，读坚音，上以为真音。摅辨不逊，坐贬。"《吴书》："孙坚入洛，屯军城南，甄宫井上，旦有五色气，令人入井，探得传国玺，以甄与己名音叶，为受命之符。"则三国以前未有音之人切者。孙权即位，尊坚为帝，江左诸儒为吴讳，故改音"真"。孙奕《示儿编》曰甄有二音，张华《女箴》云："散气流形，既陶既甄，在帝庖羲，肇经天人。"即已押真韵。

B 段抄自元熊忠《古今韵会举要》卷四平声上：

> 《示儿编》曰"甄有二音"，学者皆押甄字在先韵，独真韵反未尝押，此皆相承之久，信耳不信目之过。《文选》张华《女箴》云："散气流形，既陶既甄，在帝庖羲，肇经天人。"则已押入真韵矣。

【小结】此条抄自《正字通》卷七、《古今韵会举要》卷四平声上。作伪方式有三：第一，点窜字句；第二，增加句子；第三，多源组合，A 段抄自《正字通》，B 段抄自《古今韵会举要》。C 段出自《史记正义》、《周礼注疏》。

231. 妇 人 识 字

【A】案宋钱沈伯之妻瀛国夫人，正肃公孙也。绍兴初随其姑长公主入谢钦圣向后于禁中。先有戚里妇数人在焉。俱从后步过受釐殿，同行者皆仰视，读"釐"为"离"。夫人笑于旁曰："受禧也。"盖取宣室受釐之义耳。后喜回顾主曰："好人家男女终是别。"【B】考《说文》："釐，家福也。从里敊声。"**徐氏据《唐韵谱》为里之切，则音"离"。许氏训"家福也"，从敊，当作虚其切，音禧为正。**《前汉·贾谊传》："上方受釐宣室。"注："徐广曰：

‘祭祀福胙也，读禧’为是。”

【辨伪】A段出自宋王明清《挥麈后录》卷之七百三五：

钱忱伯诚妻瀛国夫人，唐氏正肃公介之孙。既归，钱氏随其姑长公主入谢钦圣向后于禁中，时绍圣初也。先有戚里妇数人在焉。俱从后步过受釐殿，同行者皆仰视，读“釐”为“离”。夫人笑于旁曰：“受禧也。”盖取宣室受釐之义耳。后喜回顾主曰：“好人家男女终是别。”

【小结】此条A段抄自《挥麈后录》卷之七百三五，B段引自《说文》、《汉书注》。作伪方式有二：第一，点窜字句；第二，增加句子。

232. 汉时俗字

【A】**案汉时即多俗字**。如《易·噬嗑》象曰：“先王以明罚勑法。”《释文》：“勑，耻力反。《字林》作勅。郑云：‘勑犹理也。一曰整也。’”古或借作饬，或作饰。《汉·艺文志》引《易》曰“明罚饬法”。《史记·五帝纪》云“信饬百官”，徐广曰：“饬，古勑字。”此字古本作敕，《说文·攴部》：“敕，诫也。臿地曰敕。从攴，朿声。”**《易·噬嗑》及《尚书·皋陶谟》：“敕我五典五惇”，“敕天之命”**，《康诰》“惟民其敕懋和”，《多士》“敕殷命终于帝”，“告敕于帝”，本皆作敕。《毛诗·小雅·楚茨》“既匡既敕”，笺云：“祝释嘏辞，以敕孝孙。”盖古者教戒之辞亦曰敕。《陈咸传》言“公移敕书”，而孙宝告督邮，何并遣武吏，俱载其文为“敕曰”。韦贤、丙吉、赵广汉、韩延寿、王尊、朱博、龚遂《传》言敕者十数，《后汉书》乃变为勑。《隶释》韩勑《孔庙礼器碑》勑字，叔节《西岳华山碑》“京兆尹勑”，《监都水掾霸陵杜迁市石沛相杨统碑》“孝以勑内”，《仙人唐公房碑》“勑尉部吏收公房妻子”，皆作勑，**而《易·噬嗑》敕字亦皆作勑矣**。【B】《说文》：“昃：日在西方，时侧也。从日，仄声。”徐铉曰：“俗则作昃，非是。”《离》九三“日昃之离”，荀爽曰：“初为日出，二为日中，三为日昃。”《丰》彖“日中则昃”，孟喜作“稷”。《中候握河纪》云：“昒明**备礼**，至于日稷。”郑注：“稷读曰侧。”《穀梁春秋》云“戊午日下稷”，《公羊》、《左传》皆作“昃”。范宁曰：“稷，昃也。”《隶释·成阳灵台碑》“日稷不夏”，李翕《析里桥郙阁颂》：“劬劳日稷”，《费凤别碑》“乾乾日稷”。然樊毅《复华下民租田口算碑》仍云“劳神日昃”，是庂字之俗作昃，自汉已然矣。【C】肜，《说文》训为船行也。从舟，彡声。并无肜字从肉，为祭名者。祭名之字，见《尚书》、《尔雅》及何休《公羊·宣八年》注，当从肉，读若融。郑笺《丝衣》诗作融，不作肜，今本注疏皆为俗人改作肜。赖陆德明《释文》足本，尚仍其旧。然《文选》张平子《思玄赋》“展泄泄以肜肜”，衡自注云“和貌”，李善注引《左传》“其乐也融融”，而云“融与肜古字通”。《后汉书·马融传》“丰肜对蔚”，《隶释·殽坑君神祠碑阴》郡吏名有“马肜仲选”，是肜亦汉俗字，非魏晋人改也。【D】又《尚书》“亮采惠畴”，“寅亮天工”，“亮采有邦”及“亮阴”，皆作亮。**《说文》无亮字，《礼记·郊特牲》“祊之为言，倞也”**注：“倞，犹索也。倞或作谅。”【E】唐杨倞注《荀子》亦作倞，愚谓倞疑亮之正文，移人于下，误京为亮，遂作亮耳。然今观石经，蔡邕已以《周书》“天命自度”之度为亮，而诸葛武侯亦以此为名，则知其从来久矣。【F】**景，光也。《说文》**：“从日，京声。"葛洪《字苑》始加彡。邹季友云："景，古影字。"又天宝三年卫包改。考高诱注《淮南子》云："景古影字。"诱，汉末人，时已有加彡者，非始于葛洪。**又考《尚书》，惟"影响"景加彡**，见《颜氏家训·书证》篇，**则颜氏所见本亦如此**，亦非卫包所改。**然则影亦汉末俗字明矣**。

【辨伪】A 段抄自王鸣盛《尚书后案》卷二《虞夏书》：

《易·噬嗑》象曰："先王以明罚勑法。"《释文》："勑，耻力反。《字林》作勅。郑云：'勑犹理也。一云整也。'"古或借作饬，或作饰。《汉·艺文志》引《易》云"明罚饬法"。《史记·五帝纪》云"信饬百官"，徐广曰："饬，古勑字。"……此字古本作敕，《说文》卷三下《攴部》云："敕，诫也。臿地曰敕。从攴，束声。"……《康诰》云"惟民其敕懋和"，《多士》云"敕殷命终于帝"，又"告敕于帝"，并《易·噬嗑》象词本皆作敕。《毛诗·小雅·楚茨》"既匡既敕"，笺云："祝释嘏辞，以敕孝孙。"盖古者教戒之辞亦曰敕。《汉·陈咸传》言"公移敕书"，而孙宝告督邮，何并遣武吏，俱载其文为"敕曰"。韦贤、丙吉、赵广汉、韩延寿、王尊、朱博、龚遂《传》言敕者十数，《后汉书》始变为勑。又韩勑《孔庙礼器碑》勑字，叔节《西岳华山碑》云"京兆尹勑"，《监都水椽霸陵杜迁市石沛相杨统碑》云"孝以勑内"，《仙人唐公房碑》云"勑尉部吏收公房妻子"，皆作勑。

E、B 段抄自王鸣盛《尚书后案》卷二十一《周书》：

疑亮即倞字，移人于下，误京作亮，遂作亮。……惟唐杨倞注《荀子》尚作倞耳。……今观石经，蔡邕已用此字，而诸葛孔明亦以此为名，则其来久矣。

《说文》厢字注云："日在西方，时侧也。从日，仄声。"……徐铉曰："俗别作昃，非是。"……《离》九三"日昃之离"，荀爽云："初为日出，二为日中，三为日昃。"……《丰》象"日中则昃"，孟喜作"稷"。《中候握河纪》云："昒明礼备，至于日稷。"郑注云："稷读曰侧。"《穀梁春秋经》云"戊午日下稷"，《公羊》、《左传》皆作"昃"。范宁曰："稷，昃也。"《隶释》卷一《成阳灵台碑》云"日稷不夏"，卷四李翕《析里桥郙阁颂》云"劬劳日稷"，卷九《费凤别碑》云"乾乾日稷"……樊毅《复华下民租田口算碑》仍云"劳神日昃"，则厢之作昃，自汉已然也。

C 段抄自王鸣盛《尚书后案》卷七《商书》：

《说文》卷八下《舟部》云："彤，船行也，从舟，彡声，丑林切。"而无从肉为祭名之字。……祭名则见《尚书》、《尔雅》及何休《公羊·宣八年》注，当从肉，读若融。……郑康成《丝衣》诗笺作融，不作彤，今本注疏亦为俗人改作彤。赖陆德明《释文》足本，尚仍其旧。……然《文选》张平子《思玄赋》"展泄泄以彤彤"，衡自注"和貌"，李善注引《左传》"其乐也融融"，而云"融与彤古字通"。又《后汉书》六十上《马融传》"丰彤对蔚"，洪适《隶释》卷二《殽坑君神祠碑阴》郡吏名有"马彤仲选"，则彤乃汉俗字，非魏晋人造也。

D段抄自王鸣盛《蛾术编》卷二十六说字十二：

《舜典》“亮采惠畴”，“钦哉！惟时亮天功”。《皋陶谟》“亮采有邦”，《说命》“王宅忧亮阴”。

F段抄自惠栋《九经古义》三：

《大禹谟》惟影响依字当作景向，刘向奏云：神明之应，应若景向。是也。邹季友曰：影，古文作景。葛洪始加彡。此天宝三载卫包改古文从今文时所易也。栋案：高诱《淮南子注》曰：景古影字。诱，汉末人，当时已有作景旁彡者，非始于葛洪《字苑》。景旁从彡，已见《颜氏家训》，亦非卫包所改。①

【小结】此条抄自《尚书后案》卷二《虞夏书》、卷七《商书》、卷二十一《周书》，《蛾术编》卷二十六说字十二，《九经古义》三。作伪方式有三：第一，点窜字句；第二，增加句子；第三，抄自多书，A段抄自《尚书后案》卷二，E、B段抄自《尚书后案》卷二十一，C段抄自《尚书后案》卷七，D段抄自《蛾术编》，F段抄自惠栋《九经古义》三。

233. 古字多假借

【A】古人漆书竹简，传写维艰。师弟相传，多由口授。往往同音异字，**每多假借**。【B】如《说文》：“假，非真也。古雅切。一曰至也。”引《虞书》曰：“‘假于上下’，古頟切。”“格，木长儿。古百切”，又“叚，借也。古雅切”。凡叚借、真假，字皆作假。而“至也”一解，专属之格字。《尚书》二十八篇，格字凡十九见，而无假字。除《说文》所引《虞书》外，《益稷》“格则承之庸之”，又“祖考来格”，**《高宗肜日》“惟先格王”**，《西伯戡黎》“格人元龟”，《大诰》“矧曰其有能格知天命”，《召诰》“天迪格保”，《洛诰》“王宾杀禋，咸格”，《多士》“则惟帝降格”，《君奭》“格于皇天”，“格于上帝”，又“矧曰其有能格”，又“天寿平格”，《多方》“惟帝格于夏”，《吕刑》“罔有降格”，又“庶有格命”，《舜典》“格汝舜”，《汤誓》“格尔众庶”，《盘庚》上“格汝众”。《诗·大雅·抑》篇“神之格思”，《礼记·大学》篇“格物”。以上诸格字，皆当作假。惟《商颂·烈祖》篇“鬷假无言”，郑云“至”，尚存本字。**余经史类皆叚借作格**。考汉碑薛尚功《钟鼎款识·趠鼎铭》“惟王来格于成周年镐”，《伯姬鼎铭》“王格太室”，《畝敦铭》“王格于太室”，《郝敦铭》“王格于宣榭”，《牧敦铭》“王在周在师保父宫，格太室”，《敔敦铭》“王格于成周”。凡金石文字**亦皆借作格**。【C】《说文》：“艾，冰台也。从艸乂声。五盖切。”此艸名。“乂，芟艸也。

① 清孙志祖《读书脞录》卷四“景古影字”条对惠栋之说有所驳斥：《颜氏家训·书证》篇，景字至晋世葛洪《字苑》傍始加彡，而惠氏栋《九经古义》乃云：高诱《淮南子》注曰：“景古影字。”诱，汉末人，当时已有作景旁彡者，非始于葛洪《字苑》。志祖案：高诱《淮南注》并无此语。俗刻《原道篇》注有之，乃明人妄加。唯《大戴礼·曾子天圆篇》注有景，古以为影字语，卢辩固在葛洪后也。段懋堂则云：惠定宇说汉张平子碑即有影字，不始于葛洪，然则古义之说盖误据俗本《淮南子》，当改引张平子碑方合。

从丿从乀相交。鱼废切。”又刈字注云：“乂或从刀。”《辟部》：“嬖，治也。从辟乂声，鱼废切。”**三字音义互异凡一切训治之嬖，又假借作乂，此字《尚书》屡见**。《尧典》“有能俾乂”，“烝烝乂”，《皋陶谟》“俊乂在官”，“万邦作乂”；《禹贡》“淮沂其乂”，“云土梦作乂”；《微子》“用乂雠敛”；《洪范》“从作乂”，“乂用明”，“乂用昏不明”；《康诰》“用保乂民”，“乃其乂民”，“惟民其康乂”，“乃非德用乂”，“用康乂民”，又重句；《召诰》“其自时中乂”，“亦敢殄戮用乂民”；《洛诰》“其自时中乂”；《多士》“保乂有殷”、“用乂厥辟”又“保乂有殷”；《多方》“尔曷不夹介乂我周王”；《立政》“以乂我受民”，“惟正是乂之”，“兹乃俾乂”；《康王之诰》“保乂王家”；《吕刑》“率乂于民棐彝”。一概皆假借作乂，训为治。《尔雅·释诂》亦云：“乂，治也。”《五行志》又假借作“艾”。应劭曰：“艾，治也。”师古曰：“艾读曰乂。”蔡邕石经亦假借作“艾”。【D】《仪礼·士冠礼》“赞者奠纚笄栉于筵南端”，栉借为节。“束帛俪皮”，俪借为离。“戒宾曰：‘某有子某。’”某借为谋。“以病吾子”，病借为秉。“眉寿万年”，眉借为麋。“嘉荐亶时”，亶借为瘅。《士昏礼》“授如初礼”，礼借为醴。“腊一肫髀不升”，肫借为钧，髀借为脾。“赞见妇于舅姑”，舅借作咎。《士相见礼》“问夜膳荤”，荤借为熏。“在野曰草茅之臣”，茅借作苗。皆见郑康成注者。【E】《尔雅·释诂》“迓，迎也”，郭璞注云：“《公羊传》‘跛者迓跛者。’”邢昺疏云：“《公羊·成二年》传文，引以证迓为迎也。”《宣二年左传》“狂狡辂郑人”，杜注“辂，迎也。”《周礼·秋官》有“讶士”，及《聘礼》“厥明讶宾于馆”，郑注皆云：“讶，迎也。”《召南·鹊巢》“百两御之”，郑注：“御，迎也。”《说文·言部》：“讶，相迎也，从言牙声。《周礼》曰：‘诸侯有卿讶发。’吾驾切。”又迓注云：“讶或从辵。”**迓、讶、御**字形虽别，音义实同，当以讶为正，余皆假借也。【F】又《说文》：“卟，卜以问疑也。从口卜读，与稽同，古兮切。”“禾，木曲头，止不能上也。古兮切。”“稽，留止也，从禾，从尤，旨声。古兮切。”卟本卜问字，因与稽同音，假借作稽。**如“明用稽疑”是也**。稽考之稽亦当作卟，亦以同音假借作稽，如无稽之言是也。《尧典》“稽古”当作“禾”，以极于上而止，有上同义也，乃亦假借作稽。于是一稽字或为卜问，或为稽考，或为上同，其实惟留止一义，彼三义皆假借也。**略举数字可以类推矣**。

【辨伪】A 段抄自《四库全书总目》卷三十三《九经古义》提要：

> 古者漆书竹简，传写为艰。师弟相传，多由口授。往往同音异字，辗转多歧。

B 段抄自王鸣盛《尚书后案》卷七《商书》：

> 《说文》卷三下《又部》云：“叚，借也。阙。古雅切。”又卷八上《人部》云：“假，非真也。从人，叚声，古疋切。一曰至也。《虞书》曰‘假于上下’，古頟切。”又卷六上《木部》云：“格，木长儿。从木，各声，古百切。”自后世叚字废而不用，叚借之叚、非真之假，皆作假。而“至也”之解，则专属之格字。《尚书》二十八篇，格字十九见，而无假字。除《说文》引《虞书》外，《益稷》“格则承之庸之”，又“祖考来格”，此经“格王”，《西伯戡黎》“格人”，《大诰》“矧曰其有能格知天命”，《召诰》“天迪格保”，《洛诰》“王宾杀禋，咸格”，《多士》“则惟帝降格”，《君奭》“格于皇天”，又“格于上帝”，又“天寿平格”，《多方》“惟帝降格于夏”，《吕刑》“罔有降格”，又“庶

有格命”……《君奭》“矧曰其有能格”……《舜典》“格汝舜”……《汤誓》“格尔众庶”，《盘庚》上“格汝众”。……据《说文》及《史记》、《汉书》等所引推之，则凡格皆当作假。……若《商颂·烈祖》为“鬷假无言”，郑云“至”……则尚存古字。……《诗·大雅·抑》篇“神之格思”……《礼记·大学》篇“格物”。……薛尚功《钟鼎款识》卷九《趩鼎铭》云“惟王来格于成周年镐”，卷十《伯姬鼎铭》云“王格大室”，卷十四《戠敦铭》云“王格于大室”，又《邠敦》云“王格于宣榭”，《牧敦》云“王在周在师保父宫，格大室”，《敔敦》云“王格于成周”。

D段抄自臧琳《经义杂记》卷十九“《仪礼》古文”：

《仪礼·士冠礼》“赞者奠纚笄栉于筵南端”，古文栉为节。“束帛俪皮”，古文俪为离。“戒宾曰：‘某有子某。’”古文某为谋。“以病吾子”，古文病为秉。“眉寿万年”，古文眉作麋。“嘉荐亶时”，古文亶为瘅。《士昏礼》“授如初礼”，古文礼为醴。“腊一肫髀不升”，古文肫为钧，髀为脾。“赞见妇于舅姑”，古文舅皆作咎。《士相见礼》“问夜膳荤”，古文荤作熏。“在野则曰草茅之臣”，古文茅作苗。皆见郑康成注。

E段抄自王鸣盛《尚书后案》卷十一《周书》：

《释诂》云：“迓，迎也。”郭璞注云：“《公羊传》‘跛者迓跛者’。”邢昺疏云：“《公羊·成二年》传文，引以证迓为迎也。”《宣二年左传》“狂狡辂郑人”，杜注：“辂，迎也。”《周礼·秋官》有“讶士”，及《聘礼》“厥明讶宾于馆”，郑注皆云：“讶，迎也。”《召南·鹊巢》“百两御之”，郑注：“御，迎也。”字形虽别，音义实同……当以迓为正，余皆假借。考《说文·言部》讶字注云：“相迎也。从言，牙声。《周礼》曰：‘诸侯有卿讶发。’吾驾切。”又迓字注云：“讶或从辵。”

C、F段抄自王鸣盛《尚书后案》卷十二《周书》：

【C】案曰“乂”，《五行志》作“艾”。应劭曰：“艾，治也。”师古曰：“艾读曰乂。”蔡邕石经亦作“艾”。……考《说文》卷一下《艸部》艾字注云：“冰台也。从艸乂声，五盖切。”此乃艸名。……“芟艸也。从丿从乀相交。鱼废切。”又刈字注云：“乂或从刀。”……惟卷九上《辟部》嬖字注云：“治也。从辟乂声，《虞书》曰：‘有能俾嬖。’鱼废切。”……《尧典》文有“烝烝乂”，《皋陶谟》“俊乂在官”，“万邦作乂”；《禹贡》“淮沂其乂”，“云土梦作乂”；《微子》“用乂雠敛”；《洪范》“从作乂”，“乂用明”，“乂用昏不明”；《康诰》“用保乂民”，“乃其乂民”，“惟民其康乂”，“乃非德用乂”，“用康乂民”，又重句；《召诰》“其自时中乂”，“亦敢殄戮用乂民”；《洛诰》曰“其自时中乂”；《多士》“保乂有殷”；《君奭》“巫咸乂”，“王家保乂”，“有殷用乂”，“厥辟乂”，“保乂有殷”；《多方》“尔曷不夹介乂我周王”；《立政》“以乂我受民”，“惟正是乂之”，“兹乃俾乂”；《康王之诰》“保乂王家”；《吕刑》“率乂于民棐彝”……一概皆作乂，训为治。《尔雅·释诂》亦云：“乂，治也。”

【F】《禾部》："木曲头，止不能上也。古兮切。"又《稽部》："留止也，从禾，从尤，旨声。古兮切。"卟本为卜问字，因与稽同音，借作稽。……稽考之稽，亦当作卟，亦以同音借作稽。伪《大禹谟》"无稽之言"是也。《尧典》"稽古"，本当作禾，以极于上而止，有上同义也。乃又借稽用之。于是一稽字或作卜问，或作稽考，或作上同，其实本义惟留止，彼三义皆假借也。…………《说文》："卟，卜以问疑也。从口、卜，读与稽同，《书》云'卟疑'。古兮切。"

【小结】此条抄自《四库全书总目》卷三十三《九经古义》提要、王鸣盛《尚书后案》卷七《商书》、卷十一《周书》、卷十二《周书》、臧琳《经义杂记》卷十九"《仪礼》古文"条。作伪方式有三：第一，点窜字句；第二，增加句子；第三，抄自多书，A 段抄自《四库全书总目》卷三十三《九经古义》提要，B 段抄自王鸣盛《尚书后案》卷七，C、F 段抄自王鸣盛《尚书后案》卷十二，D 段抄自臧琳《经义杂记》卷十九"仪礼古文"条，E 段抄自王鸣盛《尚书后案》卷十一。

234. 古字多通用

【A】古人质朴文省，**经典之字，类多通用**。谈经者不考其源，每以近代之形声测古书之义旨，**误矣**。【B】如《乡饮酒礼》"众宾辩有脯醢"注云："今文辩皆作遍。"《乡射礼》云"司射乃比众耦辩"，注云："众宾射者降，比之耦乃遍。"《大射仪》"大夫辩受酬"注："今文辩作遍。"又"辩献大夫"，又"射爵辩"，又"士旅于西阶上辩"。《曲礼》："主人延客食胾，然后辨殽，主人未辨，客不虚口。"《左传》"子言辨舍爵于季氏之庙"，杜预云："辨，遍也。"《荀子·修身》篇云"扁善之度"，注云："扁读为辩。"《韩诗外传》云："君子有辩善之度。"**是辩、遍通也**。【C】《礼记·大学》"在亲民"，程子曰："亲当作新。"义本汉儒。郑康成于《书》注及《诗》笺文皆作"亲"，而训则为新。盖古亲与新通也。熊朋来遽谓程子读亲为新，非汉儒所及，妄矣。【D】《尚书大传》："文王有四邻，以免于牖里之害。"又《商传》云："太王与三子见文王于羑里。"《周本纪》亦言"西伯囚羑里"，羑与牖通。老子《德经·鉴远》篇"不窥羑，见天道"，《释文》云："羑、牖通。"《板》篇疏又云："牖与诱古字通。"《韩诗外传》"牖作诱"，是羑与牖、诱并通也。【E】《觐礼》"太史是右"，注"古文是为氏"。《曲礼》"五官之长曰伯是"，《职方》注云："是或为氏。"《汉·地志》"西河有鯢是"，《说文》作"鯢氏"。"造父后有非子玄孙氏为庄公"，师古曰："氏与是同。"汉《韩敕孔庙后碑》以"于氏"为"于是"，班固《通幽赋》"氏中叶之炳灵"，亦以氏为是。汉末有是仪，亦作"氏"。陈寿《魏志》以为孔融改氏为是，不知营陵是姓，顺帝前已见于碑载。洪适《隶释》岂汉季始改乎？【F】《洪范》"无有作好""无有作恶"，《吕览》引云："毋或作好，毋或作恶。"高诱曰："或，有也。"《韩非子》曰："无或作利，从王之指；无或作恶，从王之路。"皆以"或"为"有"。《诗·小雅·天保》"无不尔或承"，笺云："或之言有也。"《商颂·玄鸟》"正域彼四方"，传云："域，有也。"又"奄有九有"，传云"九有，九州"。《韩诗》作"九域"，训与毛传同。《说文》"或"重文"域"，从土。是或即域，九或即九有。《隐三年穀梁传》"有，内辞也，或，外辞也"，**是有、或、域并通也**。【G】《易·履》上九"视履考祥"，《释文》云："祥本亦作详。"《公羊·昭十一年》经"盟于侵羊"，疏云："《穀梁》

作‘禓祥’，服氏注引作‘详’。”《吕刑》“告尔祥刑”，《后汉·刘恺传》引作“详刑”，郑氏《周礼》注亦云：“度作详刑，以诰四方。”皆古“祥”字。故《左传》“禓祥”，服氏引《公羊》作“详”，今《公羊》作“侵羊”者，《春秋繁露》云羊之为言祥也。与郑众《百官六礼辞》亦云：“羊者，祥也。”是祥可通详，又可省作羊也。【H】《说文》：“噫，饱食息也。”经典皆作叹词。而马注《周书》则作“懿”。《诗·大雅·瞻卬》“懿厥哲妇”，笺云：“懿者，有所伤痛之词也。”又《大雅》有《抑》篇，楚词作“懿”。韦昭云：“懿，读曰抑。”《小雅·十月之交》“抑此皇父”，笺云：“抑之言噫。”徐邈音噫，《韩诗》云：“抑，意也。”《周颂》“噫嘻成王”，定本作“意”。《淮南·谬称》曰：“意而不戴。”高诱曰：“意，恚声。”蔡邕石经《论语》云：“意与之与？”古文“意”作“抑”。刘熙《释名·释言语》篇云：“噫，忆也。忆念之，故发声忆之也。”**是噫、意、懿、抑皆通也**。【I】又《说文》：“诪，酬也。”引《周书》：“无或诪张为幻”。郭璞注《尔雅》本则作“侜张”。《诗·陈风·防有鹊巢》云：“谁侜予美。”笺云：“谁侜张欺诳我所美之人也。”《释文》马又以“**侜**”作“辀”。《后汉·皇后纪》孝仁董皇后詈何后曰：“汝今辀张，怙汝兄。”是也。扬雄《国三老箴》曰：“负乘覆餗，奸寇侏张。”《魏书·恩幸传》“侏张不已”，《北齐书·源彪传》“吴贼侏张”，侏张即诪张。郭忠恕《汗简》谓“嘲，《古文尚书》作啁”。今考《尚书》，**今“嘲”字“啁”，即嘲也**。诪、侜、辀、侏、啁，字体五变，古字、古音实通也。**由此以推，不可枚举矣。**

【辨伪】A 段抄自《四库全书总目》卷三十三《九经古义》提要：

古人字数无多，多相假借。沿流承袭，遂开通用一门。谈经者不考其源，每以近代之形声，究古书之义旨。穿凿附会，多起于斯。①

B 段抄自王鸣盛《尚书后案》卷一《虞夏书》：

《乡饮酒礼》“众宾辩有脯醢”注云：“今文辩皆作遍。”《乡射礼》云“司射乃比众耦辩”，注云：“众宾射者降，比之耦乃遍。”《大射仪》“大夫辩受酬”注：“今文辩作遍。”又“辩献大夫”，又“射爵辩”，又“士旅于西阶上辩”。《曲礼》：“主人延客食胾，然后辨殽，主人未辨，客不虚口。”《左传》“子言辨舍爵于季氏之庙”，杜预云：“辨，遍也。”《荀子·修身》篇云“扁善之度”，注云：“扁读为辨。”《韩诗外传》云“君子有辩善之度”是也。

C 段抄自王鸣盛《尚书后案》卷十三《周书》：

---

① 清方东树《汉学商兑》卷中之下：“《四库提要》论惠氏《九经古义》曰：‘古者漆书竹简传写为艰，师弟相传多由口授，往往同音异字，辗转多歧；又六体孳生，形声渐备，豪厘辨别，后世乃详。古人字数无多，多相假借，沿流承袭，遂开通用之门。谈经者不考其源，每以近代之形声，究古书之义旨，穿凿附会，多起于斯。’云云。按以此义求之，近人说经，无过高邮王氏《经义述闻》，实足令郑朱俯首，自汉唐以来未有其比也。然王氏所以援据众说，得真得正，确不可易者，不专恃《说文》一书也，故谓说经者不可不治《说文》，此同然之论也。揭《说文》以为帜，攘袂掉臂，以为之宗，则陋甚矣。”方氏此说甚确。

郑于《书》注及《诗》笺文皆作“亲”，而训释则为新。盖古亲与新通也。……《礼记》“在亲民”，程子曰“亲当作新”，语本汉儒。熊朋来遽谓程子读亲为新，非汉儒所及也，妄也。

D段抄自王鸣盛《尚书后案》卷二十五《周书》：

《尚书大传》云：“文王有四邻，以免乎牖里之害。”又《商传》云：“太公与三子见文王于羑里。”《周本纪》亦言：“西伯囚羑里。”则羑与牖通。老子《道德经·鉴远》篇：“不窥羑，见天道。”《释文》云：“羑、牖通。”《板》篇疏又云：“牖与诱古字通用。”《韩诗外传》“牖作诱”。……然则羑与牖、诱并同。

E段抄自王鸣盛《尚书后案》卷十二《周书》：

《觐礼》“太史是右”注云：“古文是为氏。”《曲礼》：“五官之长曰伯是。”《职方》注云：“是或为氏。”《汉·地志》“西河有鲵是”，《说文》作“鲵氏”。又“造父后有非子玄孙氏为庄公”，师古曰：“氏与是同。……”《韩敕修孔庙后碑》，以“于氏”为“于是”，班固《通幽赋》“氏中叶之炳灵”，亦以“氏”为“是”。汉末有是仪，亦作氏。陈寿《魏志》以为孔融改氏为是，不知营陵是姓，顺帝前已见于碑载。洪适《隶释》岂汉季始改乎！

F段抄自王鸣盛《尚书后案》卷二十《周书》：

《洪范》：“无有作好，遵王之道。无有作恶，遵王之路。”《吕览》引云“毋或作好，毋或作恶”，高诱曰：“或，有也。”《韩非子》曰：“无或作利，从王之指。无或作恶，从王之路。”……皆以“或”为“有”。《诗·小雅·天保》“无不尔或承”，笺云：“或之言有也。”《商颂·玄鸟》“正域彼四方”，传云：“域，有也。”又“奄有九有”，传云“九有，九州”。《韩诗》作“九域”，训与毛传同。《说文》卷十二下《戈部》“或”字……重文域字注云：“或又从土。”是或即域，九或即九有。《隐三年穀梁传》：“有，内辞也，或，外辞也。”是或即有也。

G段抄自王鸣盛《尚书后案》卷二十二《周书》：

《易·履》上九“视履考祥”，《释文》云：“祥本亦作详。”……《公羊·昭十一年》经“盟于侵羊”，疏云：“《穀梁传》作‘祲祥’字，服氏注引者作‘详’。”《吕刑》“告尔祥刑”，《后汉·刘恺传》引作“详刑”。郑氏《周礼》注亦云：“度作详刑，以诰四方。”皆古祥字。故《左传》“祲祥”，服虔引《公羊》作“详”。今《公羊》作“侵羊”者，《春秋繁露》云：“羊之为言犹祥与?”郑众《百官六礼辞》亦云：“羊者，祥也。”……然则祥可通详，又可省作羊。

H段抄自王鸣盛《尚书后案》卷十三《周书》：

《说文》云："饱食息也。"经典皆借为叹词，而马作懿者，《诗·大雅·瞻卬》"懿厥哲妇"，笺云："懿者，有所伤痛之词也。"……又《大雅》有《抑》篇，《楚语》作"懿"。韦昭云："懿读曰抑。"《小雅·十月之交》"抑此皇父"，笺云："抑之言噫。"徐邈音噫，《韩诗》云："抑，意也。"《周颂》"噫嘻成王"，定本作"意"。《淮南·缪称》曰"意而不戴"，高诱曰："意，恚声。"蔡邕石经《论语》云："意与之与？"古文"意"作"抑"。……刘熙《释名》卷四《释言语》篇云："噫，忆也。忆念之，故发此声忆之。"

I段部分内容抄自王鸣盛《尚书后案》卷二十一《周书》：

《说文》卷三上《言部》云："诪，酬也。……《周书》曰：'无或诪张为幻。'"……郭璞注《尔雅》本则作"侜张"。《诗·陈风·防有鹊巢》云："谁侜予美。"彼笺云："谁侜张诳欺我所美之人乎！"是也。据《释文》，则马又以"诪"作"辀"。《后汉·皇后纪》孝仁董皇后詈何后曰："汝今辀张，怙汝兄。"是也。扬雄《国三老箴》曰："负乘覆餗，奸寇侏张。"……又郭忠恕《汗简》卷上之一谓"嘲，《古文尚书》作啁"。今考《尚书》无嘲字。……诪、侜、辀、侏、啁，字体五变，古字、古音实同也。

I段部分内容抄袭《四库全书总目》卷十九《周官集传》提要：

扬雄《国三老箴》"负乘覆餗，奸寇侏张"……《魏书·恩幸传》"侏张不已"，《北齐·源彪传》"吴贼侏张"，侏张即诪张。

【小结】此条抄自王鸣盛《尚书后案》卷一《虞夏书》、卷十二《周书》、卷十三《周书》、卷二十《周书》、卷二十一《周书》、卷二十二《周书》、卷二十五《周书》、《四库全书总目》卷十九《周官集传》提要、卷三十三《九经古义》提要。作伪方式有四：第一，点窜字句；第二，增加句子；第三，改变顺序；第四，多源组合，A段抄自《四库全书总目》卷三十三《九经古义》提要，B段抄自《尚书后案》卷一，C段抄自《尚书后案》卷十三，D段抄自《尚书后案》卷二十五，E段抄自《尚书后案》卷十二，F段抄自《尚书后案》卷二十，G段抄自《尚书后案》卷二十二，H段抄自《尚书后案》卷十三，I段由《尚书后案》卷二十一与《四库全书总目》卷十九《周官集传》提要捏合而成。

235. 古字音义相兼

【A】《诗·卫风·芄兰》"能不我甲"，传云："甲，狎也。"笺云："狎，习也。"徐邈音胡甲反，颜师古《匡谬正俗》曰："甲虽训狎，自有本音，不当便读为狎。"其说非也。汉儒训故音义相兼。此"甲"字据《释文》、《韩诗》本作"狎"，古文省少，以甲为狎。既有狎音，即从狎义，非假借也。徐氏释音，独得古人之意，小颜斥以为非，**过矣**。《释诂》云："狎，习也。"《释言》云："甲，狎也。"郭璞曰："谓习狎。"**《书·多方》："甲于内乱"**，郑、王亦皆以甲为狎。《说文·犬部》"狎，犬可习"是也。【B】《邶风·匏有苦叶》"人涉卬否"，《小雅·白华》"卬洪于煁"，《大雅·生民》云"卬盛于豆"，毛传并云："卬，我也。"《释诂》，卬、身皆为我。郭璞曰："卬，犹姎也，语之转耳。"【C】古以而为汝，《中庸》"抑而强与"，郑注"而之言汝也"。《论语》"且而从辟人之士"，**《周书·洪范》："其害于而家，凶于而国"**，《史记·高祖本纪》："此非而所知"，**《陈平世家》**"顾而父知田耳"是也。【D】又以如为而，《顾命》"其能而乱四方"，传释为如。《易》"用晦而明"虞翻注，《诗》"垂带而厉"郑笺，《左传》隐七年"歃如忘"服虔注，《庄七年》"星陨如雨"、《僖二十六年》"室如县磬"、《昭四年》"牛谓叔孙见仲而何"杜预解，《孟子》"九一而助"赵岐解，皆作如。"而"又读为"能"。《礼运》"耐以天下为一家"，注云："耐，古能字，后乃假借鳖三足为能。"《乐记》"人不耐无乐"，仍作耐。亦有不安寸直作而，则《易·屯卦》"利建侯而不宁"，刘向《说苑》"能"字皆为"而"也。能又读曰如。《诗·大雅·民劳》云："柔远能迩。"郑笺"能，犹伽也"。《广雅》云："伽，若也。"伽即如也。【E】《士丧礼》"牢中旁寸"，注"牢读为楼"。《焦氏易林》曰："失羊补牢，无益于忧。"与忧为韵。《淮南子·本经训》"牢笼天地，弹压山川"，高诱注云："牢读如'屋溜'之'溜'，楚人谓牢为溜。"盖萧、肴、豪、尤四韵，古音本通也。【F】《淮南子》："人知其一，不知其他。但知暴虎，不知冯河。鹿生三年，其角乃堕；子生三年，而离父母之怀(音窠)。"堕字乃平上通也。《释文》作许规反，非也。今人读此字以坠落解者，作徒果切。以毁坏解者，别为许规反，尤谬。《说文》本作"隓"，从阜差声。徐铉曰："《说文》无差字。"盖从二左也，众力左之。古人尚右，左有毁败之象，亦取谐声。《春秋·定十二年季》"叔孙州仇帅师堕郈。""季孙斯、仲孙何忌帅师堕费。"杜预云："堕，毁也。"是堕为败城阜。《昭二年传》"寡君将堕币焉"，注"输也"。《隐六年公羊传》"输平，犹堕威也"，《哀十二年传》"是堕党崇仇也"，是凡事降坠废坏皆为堕也。今俗讹作"隳"，**读如许规反，非也**。

【辨伪】A 段抄自王鸣盛《尚书后案》卷二十三《周书》：

> 案曰郑、王皆以甲为狎。……《诗·芄兰》云："能不我甲。"传云："甲，狎也。"笺云："狎，习。"徐邈音"胡甲反"。颜师古《匡谬正俗》曰："甲虽训狎，自有本音，不当便读为狎。"其说非也。汉儒训故音义相兼。此甲字据《释文》，《韩诗》本作狎，古文省少，以甲为狎。既有狎音，即从狎义，非假借也。徐氏释音，独得古人之义，小颜斥以为非，何也？又《释诂》云："狎，习也。"《释言》云："甲，狎也。"郭璞曰："谓习狎。"《说文·犬部》云"狎，犬可习也"是也。

B 段抄自桂馥《说文解字义证》卷三十九：

> 《释诂》："卬，我也。"郭云："卬，犹姎也，语之转耳。"《诗·匏有苦叶》"人涉卬否"，《白华》"卬烘于煁"，《生民》"卬盛于豆"，传并云："卬，我也。"

C 段抄自王鸣盛《尚书后案》卷十二《周书》：

而为汝者，《中庸》“抑而强与”，郑注“而之言女也”是也。……案曰：郑以而为汝者说见上文。又《论语》“且而从辟人之士”，《史记·高祖本纪》“此非而所知”……“顾而父知田耳”是也。

D段抄自王鸣盛《尚书后案》卷二十九《周书》：

盖古“如”字作“而”(《顾命》“其能而乱四方”，传释为如。《易》“用晦而明”虞翻注，《诗》“垂带而厉”郑笺，《左传》隐七年“歃如忘”服虔注，《庄七年》“星陨如雨”，《僖二十六年》“室如县罄”、《昭四年》“牛谓叔孙见仲而何”杜预解，《孟子》“九一而助”赵岐解，皆作“如”)而读为能(《礼运》“耐以天下为一家”，注云：“耐，古能字。”疏云：“……后乃假借鳖三足为能。此及《乐记》‘人不耐无乐’，仍作耐。亦有不安寸直作而，则《易·屯》彖云：‘利建侯而不宁。’及刘向《说苑》能字皆为而也。”)，能读曰如(《诗·大雅·民劳》云“柔远能迩”，郑笺云：“能犹伽也。”……《广雅》云：“伽，若也。”然则伽即如也)。

E段抄自《四库全书总目》卷二十《仪礼小疏》提要：

又《士丧礼》“牢中旁寸”，注云：“牢读为楼。”……考焦延寿《易林》……又曰“失羊补牢，无益于忧”为韵。《淮南子·本经训》“牢笼天地，弹压山川”，高诱注曰：“牢读如‘屋溜’之‘溜’，楚人谓牢为溜。”盖萧、肴、豪、尤四韵，古音本通。

F段抄自王鸣盛《尚书后案》卷二《虞夏书》：

《淮南子》：“人知其一，未知其他。但知暴虎不知冯河。鹿生三年，其角乃堕；子生三年，而离父母之怀。”怀音窠，此平上通。《释文》云“许规反”，非也。今人读此字以坠落解者，为徒果反。以毁坏解者，别为许规反，尤谬。考堕《说文》本作“隓”……从阜差声。徐铉曰：“《说文》无差字。盖从二左也，众力左之。”古人尚右，左有毁败之象，亦取谐声。《春秋·定十二季》，“叔孙州仇帅师堕郈。”“季孙斯、仲孙何忌帅师堕费。”杜预云：“堕，毁也。”是堕为败城阜。《昭二年传》“寡君将堕币焉”，注“输也”。《隐六年公羊传》“输平犹堕成也”，《哀十二年传》“是堕党而崇仇也”。是凡事降坠废坏皆为堕也。……今俗皆书堕为隳。

【小结】此条抄自王鸣盛《尚书后案》卷二《虞夏书》、卷十二《周书》、卷二十三《周书》、卷二十九《周书》、《说文解字义证》卷三十九、《四库全书总目》卷二十《仪礼小疏》提要。作伪方式有三：第一，点窜字句；第二，增加句子；第三，多源组合，A段抄自《尚书后案》卷二十三，B段抄自《说文解字义证》，C段抄自《尚书后案》卷十二，D段抄自《尚书后案》卷二十九，E段抄自《四库全书总目》卷二十《仪礼小疏》提要，F段抄自《尚书后案》卷二。

236. 古人校书最精

《文选·魏都赋》注引《风俗通》曰："按刘向《别录》，雠校，一人读书，校其上下，得谬误为校；一人持本，一人读书，若怨家相对，为雠。"又张景阳《杂诗》十首注引《风俗通》曰："刘向为孝成皇帝典校书籍，皆先书竹，为易刊定，可缮写者以上素也。今东观书，竹素也。"此亦当本刘氏《别录》。西汉无纸，故先书于竹简，有误者用书刀刊削之。及雠校已定，则缮写于缣素也。案：今校书皆一人校其上下。据《风俗通》，知刘子政用二人对校，盖一人并看两本，恐有漏略，故一人读书，一人持本，视听两用，庶可无失。然犹恐有音同文异者，故必一人先校，是雠、校不同，阙一不可。可见古人校书之精也。

【辨伪】臧琳《经义杂记》卷三"刘向校书"条云：

> 《文选·魏都赋》注引《风俗通》曰："按刘向《别录》，雠校，一人读书，校其上下，得缪误为校；一人持本，一人读书，若怨家相对，为雠。"案：今人校书，皆一人校其上下。据《风俗通》，知刘子政用二人对校，盖一人并看两本，恐有漏略，故一人读书，一人持本，视听两用，庶可无失。然犹虑有音同文异者，故必一人先校，此校与雠之不同然，阙一不可也。又张景阳《杂诗》十首注引《风俗通》曰："刘向为孝成皇帝典校书籍，皆先书竹，为易刊定，可缮写者以上素也。今东观书，竹素也。"此亦当本刘氏《别录》。西汉无纸，故先书于竹简，有误者用书刀刊削之。……及雠校已定，则缮写于缣素。

【小结】此条抄自《经义杂记》卷三"刘向校书"条。作伪方式为点窜字句。

今按：卷八论地理、文字。主要抄袭《尚书后案》、《蛾术编》、《经义杂记》等书。作伪手段比较中间几卷又要复杂一些。作伪日劳，抑可概见矣。古人云："作德日休，作伪日拙。"王氏号为理学家，竟然费数年之力，成此伪书，可怜无补费精神。考辨至此，搁笔长叹。本欲撰一后记，亦嫌多余。

征引文献

【说明】

按作者姓氏音序排列。

C

陈鳣:《简庄疏记》,《续修四库全书》第1157册,上海:上海古籍出版社2002年版。

D

董增龄:《国语正义》,《续修四库全书》第422册,上海:上海古籍出版社2002年版。

G

顾炎武:《顾炎武全集》,上海:上海古籍出版社2011年版。

桂馥:《说文解字义证》,北京:中华书局1987年版。

H

胡承珙:《毛诗后笺》,《续修四库全书》第67册,上海:上海古籍出版社2002年版。

胡渭:《禹贡锥指》,上海:上海古籍出版社2006年版。

J

焦循:《孟子正义》,北京:中华书局1987年版。

Q

秦蕙田:《五礼通考》,《文渊阁四库全书》第135册,台北:台湾"商务印书馆"1986年版。

清高宗敕撰：《四库全书总目》，北京：中华书局1965年版。

S

孙志祖：《读书脞录》，《续修四库全书》第1152册，上海：上海古籍出版社2002年版。

W

汪师韩：《韩门缀学》，《续修四库全书》第1147册，上海：上海古籍出版社2002年版。

王明清：《挥麈后录》，上海：上海古籍出版社2012年版。

王鸣盛：《蛾术编》，上海：上海书店出版社2012年版。

王鸣盛：《尚书后案》，北京：北京大学出版社2012年版。

吴骞：《皇氏论语义疏参订》，《续修四库全书》第153册，上海：上海古籍出版社2002年版。

X

熊忠：《古今韵会举要》，北京：中华书局2000年版。

Y

阎若璩：《尚书古文疏证》，上海：上海古籍出版社2010年版。

Z

臧琳：《经义杂记》，《续修四库全书》第172册，上海：上海古籍出版社2002年版。

张自烈：《正字通》，《续修四库全书》第234册，上海：上海古籍出版社2002年版。

赵翼：《廿二史劄记》，上海：上海古籍出版社2011年版。

郑玄注，孔颖达疏：《礼记正义》，上海：上海古籍出版社2008年版。

郑之侨：《鹅湖讲学会编》，《四库全书存目丛书》史部第247册，济南：齐鲁书社1997年版。

中国科学院图书馆整理：《续修四库全书总目提要(稿本)》，济南：齐鲁书社1996年版。